Richard Kocher
Herausgeforderter Vorsehungsglaube

RICHARD KOCHER

Herausgeforderter Vorsehungsglaube

Die Lehre von der Vorsehung
im Horizont der gegenwärtigen Theologie

media
maria

Diese Dissertation ist 1992 und 1999 in zwei Auflagen
im EOS-Verlag, St. Ottilien, erschienen.

Die Zitate wurden zumeist der neuen deutschen Rechtschreibung angepasst.

Herausgeforderter Vorsehungsglaube
Die Lehre von der Vorsehung im Horizont der gegenwärtigen Theologie
Richard Kocher
© Media Maria Verlag, 3. Auflage, Illertissen 2024
Alle Rechte vorbehalten
ISBN 978-3-947931-55-2
www.media-maria.de

*Ich widme dieses Buch in Dankbarkeit allen Personen,
die mich auf meinem geistlichen Weg begleitet haben.
Ohne sie hätte ich ihn nicht gehen können.*

Inhaltsverzeichnis

Abkürzungsverzeichnis 14

Vorwort zur dritten Auflage 17

Rezension von Prälat Prof. Dr. Leo Scheffczyk 18

0   Einführung: Konzept und Vorgehensweise 28

1   Relevanz und Problematik des Vorsehungsglaubens .. 33

1.1   Die existentielle Bedeutung des Vorsehungsglaubens 33
1.2   Zur wissenschaftlichen Aufarbeitung der Vorsehungs-
        lehre und der Literaturauswahl dieser Arbeit 37
1.3   Schwierigkeiten und Probleme der Providentialehre 40
1.3.1   Das naturwissenschaftliche Weltbild der Neuzeit 41
1.3.2   Die evolutionistische Herausforderung 44
1.3.3   Die Kontraposition einer Existentialphilosophie 45

2   Der Missbrauch des Begriffs der Vorsehung 47

2.1   Darstellung und Wertung der Vorsehung in Lehmkuhls
        »Die göttliche Vorsehung« 48
2.2   Die Vorsehungsliteratur während der beiden Weltkriege .. 50
2.2.1   Der Aufschrei bei Wiechert und Borchert 50
2.2.2   Die Vorsehungsliteratur zum Ersten Weltkrieg:
        Inhalt und Wertung 52
2.2.3   Die Vorsehungsliteratur zum Zweiten Weltkrieg:
        Inhalt und Wertung 55
2.3   Die missbräuchliche Verwendung des Begriffs der
        Vorsehung im Dritten Reich 59
2.3.1   Vorsehung, Sendungsbewusstsein und Inspiration bei
        Hitler 59

2.3.2	Klarstellungen des Lehramtes und von theologischer Seite	61
3	**Exemplarische Verdeutlichungen gelebten Vorsehungsglaubens**	**64**
3.1	Die Vernachlässigung von Beispielen gelebten Vorsehungsglaubens in der theologischen Wissenschaft	64
3.2	Der »Heilige der Vorsehung«: Josef Benedikt Cottolengo	65
3.3	Vorsehung beim Presseapostolat: Maximilian Kolbe	68
3.4	Geborgen im Schatten deiner Flügel: Nijole Sadunaite	69
3.5	Theologische Auswertung der exemplarischen Verdeutlichungen gelebten Vorsehungsglaubens	72
3.5.1	Zufall oder Fügung der Vorsehung?	72
3.5.2	Vorsehung und Um-Welt	73
3.5.3	Das je neu notwendige Vertrauen	75
3.5.4	Selbstverantwortlichkeit und Prädestination	77
3.5.5	Die Leidensproblematik	78
4	**Göttliche Vorsehung und menschliche Freiheit**	**80**
4.1	Bleibender Geheimnischarakter und grundsätzliche Klärungen	80
4.2	Das christliche Freiheitsverständnis in Abgrenzung von Determination und Autonomie	82
4.3	Die Freiheitsproblematik im Horizont der quantenphysikalischen Entdeckungen	85
4.3.1	Die veränderte Situation der Naturwissenschaft und ihrer Beziehung zur Theologie	85
4.3.2	Theologische Wertung der quantenphysikalischen Erkenntnisse für die Freiheitsproblematik	87

5 Vorsehung und Evolution 89

5.1	Die Herausforderung des Glaubens durch den Evolutionismus	91
5.1.1	Die derzeitige Situation von Glaube und Naturwissenschaft	91
5.1.2	Der atheistische Vorentscheid im Neodarwinismus	92
5.2	Die Teleologie im Naturgeschehen	94
5.2.1	Die antiteleologische Position	95
5.2.1.1	Die innere Zerrissenheit des Charles Darwin	96
5.2.1.2	Die neodarwinistische Antiteleologie	99
5.2.2	Die teleologische Position	100
5.2.2.1	Das Versagen der neodarwinistischen Antiteleologie	101
5.2.2.2	Der Portmann'sche Ansatz der Selbstdarstellung alles Lebendigen	103
5.2.3	Theologische Stellungnahme zur Frage nach der Teleologie	105
5.3	Die Entwicklungsproblematik: naturwissenschaftlicher Faktenstand und theologische Deutung	106
5.3.1	Problemstand und Ideologie bei Darwin und Haeckel	106
5.3.2	Die Entwicklung der Arten: naturwissenschaftlicher Faktenstand	108
5.3.3	Theologische Aufarbeitung der Übergangsproblematik ..	113
5.3.3.1	Rahners Theorie der aktiven Selbsttranszendenz	113
5.3.3.1.1	Der Inhalt von Rahners Theorie der Selbstüberbietung ...	113
5.3.3.1.2	Die Kritik der Rahner'schen Selbsttranszendenztheorie ..	115
5.3.3.2	Hengstenbergs Theorie eines dynamischen Kreationismus	122
5.3.3.2.1	Der Inhalt und die Tragfähigkeit eines dynamischen Kreationismus	122
5.3.3.2.2	Die Anwendung des Konzepts der schöpferischen Impulse auf die schöpfungsrelevanten Fragen	124
5.4	Biotechnik und Schöpfungsordnung	127
5.4.1	Die »Menschenmacher«	127
5.4.2	Die heutigen Möglichkeiten und Perspektiven der Gentechnologie	129

5.4.3	Das fragwürdige Ziel des künftigen Umbaus	131
5.4.4	Der Verweis auf die Schöpfungsordnung	134
6	**Vorsehung und Wunder**	137
6.1	Die Bedeutung des Wunders für die Vorsehungslehre	137
6.2	Die Lehre vom Wunder in der gegenwärtigen Theologie	139
6.3	Der philosophische Vorentscheid: Auswirkung und Geschichte	141
6.3.1	Tragweite und Folgen des philosophischen Vorentscheids in der Theologie der Gegenwart	142
6.3.2	Der Vorentscheid bei Strauß und Bultmann	144
6.4	Das Wunder im Horizont des naturwissenschaftlichen Weltverständnisses	148
6.5	Elemente einer Antwort auf die neuzeitliche Bestreitung des Wunders	149
6.5.1	Die naturwissenschaftliche Erkenntnisform in der historisch-kritischen Wissenschaft?	149
6.5.2	Kritik am deistischen Weltbild der geschlossenen Immanenz	154
6.5.3	Zurückweisung einer naturwissenschaftlich verengten Wirklichkeitsbetrachtung	156
6.5.4	Erneuerung des Schöpfungsglaubens	159
6.5.5	Wunder in der Geschichte des christlichen Glaubens	161
6.5.5.1	Glaubwürdigkeit und Tatsächlichkeit von Wundern	161
6.5.5.2	Konsequenzen für die Theologie des Wunders	163
6.6	Zusammenfassung der Ausführungen zu »Vorsehung und Wunder« und Ausblick	168
7	**Das Handeln Gottes in der Welt**	171
7.1	Die gegenwärtige Situation und der geschichtliche Problemstand	171
7.2	Die Zweitursachentheorie Weissmahrs: Inhalt und Verbreitung	174

7.3	Kritische Auseinandersetzung mit der Zweitursachentheorie	179
7.3.1	Die voraus-setzende Art der Argumentation	179
7.3.2	Zurückweisung einer verengten Wirklichkeitsbetrachtung	180
7.3.3	Das Versagen der Zweitursachentheorie als Erklärungsmodell der Auferstehung Jesu	183
7.3.4	Gottes fortdauerndes unvermitteltes Schöpfungswirken	187
7.3.5	Die Parapsychologie in der Wundertheologie Weissmahrs	188
7.3.5.1	Die undifferenzierte Berufung auf psychogene Kräfte und die Parapsychologie	189
7.3.5.2	Reflexionen zu den Wesensgrenzen des Menschen	192
7.3.5.3	Kritische Wertung der Wundertheologie Weissmahrs und anderer Vertreter der Zweitursachentheorie	195
7.3.6	Der depotenzierte Gott und der aufgewertete Mensch	196
7.4	Zusammenfassende Stellungnahme zur Zweitursachentheorie und künftige Aufgabe	200
7.5	Die Schöpfungsintention eines convivium Gottes mit den Menschen	202
7.6	Die personalen Strukturen der Schöpfung und das personale Handeln Gottes in der Welt	205
7.7	Das Konzept der schöpferischen Impulse	209
7.7.1	Das Steuerungsmodell in seiner theologischen Relevanz	209
7.7.2	Die Seinsaktmitteilung beim Wunder- und Fügungswirken Gottes	212
7.8	Zusammenfassende Wertung zum Konzept eines Handelns Gottes in der Welt	216
8	**Vorsehung und Bittgebet**	218
8.1	Die Bedeutsamkeit und die theologische Problematik des Bittgebetes	218
8.2	Die inhaltliche Bestimmung des Bittgebetes	221

8.3	Die Betonung des »Mitgeh-Gottes« heutiger Bittgebetstheologie	224
8.4	Die spannungsvolle Einheit von göttlichem »Muss« und menschlicher Selbstverfügung	228
8.4.1	Die biblische Grundlage von der göttlichen Allmacht und der menschlichen Freiheit	228
8.4.2	Einseitigkeiten heutiger Bittgebetstheologie	230
8.5	Zur Verhältnisbestimmung von göttlichem Plan und menschlich-freiem Beten nach Thomas von Aquin	233
9	**Erkundung der Wege der Vorsehung?**	237
9.1	Die Fragwürdigkeit, Gottes Willen erkunden zu wollen	237
9.2	Beispiele fehlgegangener Identifizierungen von Gottes Willen mit Geschichtsereignissen	238
9.2.1	Wilders »Die Brücke von San Luis Rey«	238
9.2.2	Hegels »Philosophie der Weltgeschichte«	239
9.3	Vorsehung und Erkenntnis	242
9.3.1	Die Zeichen der Zeit	243
9.3.2	Der praktische Vorsehungsglaube als Erkenntnisquelle	244
9.3.3	Verhältnisbestimmung von Mysterium und Einsicht	247
10	**Vorsehung und Theodizee**	249
10.1	Die Leiden der Welt als Anfrage an die Vorsehung	250
10.2	Theodizee und Vorsehungsglaube im Umbruch der Zeit: Krise und Chance	252
10.2.1	Kritische Einwendungen zur traditonellen Theodizeetheologie	252
10.2.2	Der Umbruch in der Glaubensstruktur	254
10.3	Das Theodizeeproblem im Horizont eines existentialistischen Denkens	257
10.3.1	Die »existentialistische« Ethik in Senecas »De providentia«	258
10.3.2	Der verzweifelte Pessimismus des existentialistischen Evolutionismus	260

10.4	Theologische Antwortversuche zur Theodizee	262
10.4.1	Der ohnmächtige oder leidende Gott	262
10.4.2	Greshakes Theorie vom Leid als Preis der Liebe	265
10.5	Die Bewältigung des Leides aus der Kraft des Glaubens	267
10.6	Stellvertretung im Leid	272
10.6.1	Relevanz und Problematik der Proexistenz im Leid	272
10.6.2	Biblisch-theologische und personale Begründung der Stellvertretung	273
10.6.3	Die Bedeutsamkeit der Proexistenz für unsere Zeit	276
10.7	Das biblische Gottesbild vom machtvollen und geheimnisvollen Gott	277
10.7.1	Zulassung und Einbeziehung des Bösen durch Gott	277
10.7.2	Der Deus absconditus et semper maior	279
10.8	Die eschatologische Vollendung in ihrer theologischen und existentiellen Relevanz	283
10.8.1	Die Eschatologie in ihrer Relevanz für das Theodizeeproblem und die Vorsehungslehre	284
10.8.2	Die endzeitliche Vollendung des Menschen in ihren Auswirkungen für den Glaubensvollzug	285
11	**Zusammenfassung und Ausblick**	287
11.1	Überblick über die Ergebnisse der Dissertation	288
11.2	Weitgespannte Horizonte und »geerdete« Theologie	291
11.3	Vom Burgfrieden zur konstruktiven Auseinandersetzung	293
11.4	Die Torheit neuzeitlicher »Emanzipation« des Menschen von seinem Schöpfer	294
11.5	Die befreiende Kraft des Vorsehungsglaubens	297
Anmerkungen		300
Literaturverzeichnis		418
Über den Autor		445

Abkürzungsverzeichnis

AAS	Acta Apostolicae Sedis, Commentarium Officiale, Città del Vaticano 1909 ff.
ATG	Archivo Teológico Granadino, Granada 1938 ff.
BiKi	Bibel und Kirche, Stuttgart 1946 ff.
BL	*Bibellexikon, hg. v. H. Haag, Einsiedeln-Zürich-Köln ³1982.
BZThS	Bonner Zeitschrift für Theologie und Seelsorge, Düsseldorf 1924–1931.
CGG	Christlicher Glaube in moderner Gesellschaft, Freiburg 1981 ff.
DH	*H. Denzinger u. P. Hünermann (Hg.), Enchiridion symbolorum, definitionum et declarationum de rebus fidei et morum, Barcelona-Freiburg-Rom ³⁷1991.
DT	Divus Thomas. Jahrbuch für Philosophie und spekulative Theologie, Fribourg 1914 ff.
DThC	*Dictionnaire de théologie catholique, hg. v. A. Vacant, E. Mangenot u. E. Amann, Paris 1930 ff.
EKL	*Evangelisches Kirchenlexikon. Kirchlich-theologisches Handwörterbuch, hg. v. H. Brunotte u. O. Weber, Göttingen 1955 ff.
EThL	Ephemerides Theologicae Lovanienses, Brügge 1924 ff.
FKTh	Forum Katholische Theologie, Aschaffenburg 1985 ff.
FZThPh	Freiburger Zeitschrift für Theologie und Philosophie, Fribourg 1955 ff.
GL	*Gotteslob. Katholisches Gebet- und Gesangbuch, hg. v. den Bischöfen Deutschlands und Österreichs und der Bistümer Bozen-Brixen und Lüttich, München 1975.
GuL	Geist und Leben. Zeitschrift für Aszese und Mystik, Würzburg 1947 ff.
HDG	Handbuch der Dogmengeschichte, Freiburg 1951 ff.
HerKorr	Herder Korrespondenz. Monatshefte für Gesellschaft und Religion, Freiburg 1946 ff.
HThG	*Handbuch theologischer Grundbegriffe, hg. v. H. Fries, 2 Bde., München 1962–63.
HThK	Herders Theologischer Kommentar zum Neuen Testament.
HThR	The Harvard Theological Review, Cambridge, Massachusetts 1908 ff.
HTTL	*Herders theologisches Taschenlexikon, hg. v. K. Rahner, Freiburg, 1972–73.
HWP	Historisches Wörterbuch der Philosophie, Darmstadt 1971 ff.
IKaZ	Internationale katholische Zeitschrift »Communio«, Frankfurt 1972–1980, Paderborn 1981 ff.
KEK	*Katholischer Erwachsenen-Katechismus. Das Glaubensbekenntnis

der Kirche, hg. v. der Deutschen Bischofskonferenz, Kevelaer u. a. 1985.
KKD Kleine Katholische Dogmatik, Regensburg 1970 ff.
KuG Kirche und Gesellschaft, Augsburg 1930 ff.
LThK *Lexikon für Theologie und Kirche, hg. v. J. Höfer u. K. Rahner, Freiburg ²1957 ff.
LThK/E *Ergänzungsbände: Das Zweite Vatikanische Konzil, Dokumente und Kommentare, 3 Bde., Freiburg 1966–1968.
MB *Die Feier der heiligen Messe. Messbuch für die Bistümer des deutschen Sprachgebietes, Teil II, hg. im Auftrag der Bischofskonferenzen Deutschlands, Österreichs und der Schweiz sowie der Bischöfe von Luxemburg, Bozen-Brixen und Lüttich, Freiburg u. a. 1984.
MThZ Münchener Theologische Zeitschrift, München 1950 ff.
MySal *Mysterium salutis. Grundriss heilsgeschichtlicher Dogmatik, hg. v. J. Feiner u. M. Löhrer, Einsiedeln-Zürich 1971 ff.
NHThG *Neues Handbuch theologischer Grundbegriffe, hg. v. P. Eicher, 4 Bde., München 1984–85.
NT Novum Testamentum. An International Quarterly for New Testament and Related Studies, Leiden 1956 ff.
NZSTh Neue Zeitschrift für Systematische Theologie und Religionsphilosophie, Berlin 1959 ff.
OCA Orientalia Christiana Analecta, Rom 1935 ff.
PG *Patrologia cursus completus, series graeca (161 Bde.), hg. v. J. P. Migne, Paris 1857–1866.
PL *Patrologia cursus completus, series latina (221 Bde.), hg. v. J. P. Migne, Paris 1844–1855.
QD Quaestiones disputatae, Freiburg 1958 ff.
RGG *Die Religion in Geschichte und Gegenwart. Handwörterbuch für Theologie und Religionswissenschaft, hg. v. K. Galling, Tübingen ³1956 ff.
RThom Revue Thomiste, Paris 1893 ff.
SBS Stuttgarter Bibelstudien, Stuttgart 1965 ff.
ScG *Summa contra Gentiles, in: S. Thomae Aquinatis opera omnia, Bd. 2, hg. v. R. Busa, Stuttgart-Bad Cannstatt 1980, 1–152.
SJTh Scottish Journal of Theology, Edinburgh 1948 ff.
StdZ Stimmen der Zeit, Freiburg 1871 ff.
STh *Thomas von Aquin, Summa theologica. Deutsch-lateinische Ausgabe, Graz-Wien-Köln 1934.
THAT *Theologisches Handwörterbuch zum Alten Testament, hg. v. E. Jenni unter Mitarbeit v. C. Westermann, Bd. 1, München ⁴1984.
ThLZ Theologische Literaturzeitung, Leipzig 1878 ff.
ThPh Theologie und Philosophie, Freiburg 1966 ff.
ThQ Theologische Quartalschrift, Stuttgart 1946 ff.
ThRv Theologische Revue, Münster 1902 ff.

ThSt	Theological Studies, Baltimore 1940 ff.
ThW	*Theologisches Wörterbuch zum Neuen Testament, hg. v. G. Kittel, fortgesetzt v. G. Friedrich, Stuttgart 1933 ff.
ThZ	Theologische Zeitschrift, Basel 1945 ff.
TRE	*Theologische Realenzyklopädie, hg. v. G. Krause, Berlin 1976 ff.
TThZ	Trierer Theologische Zeitschrift, Trier 1888 ff.
VS	La Vie Spirituelle, Paris 1869 ff.
WA	*M. Luther, Werke. Kritische Gesamtausgabe (»Weimarer Ausgabe«), Weimar 1883 ff. (Nachdruck: Weimar-Graz 1964).
ZKTh	Zeitschrift für Katholische Theologie, Wien 1877 ff.
ZNW	Zeitschrift für die neutestamentliche Wissenschaft und die Kunde der älteren Kirche, Berlin 1934 ff.

Die Abkürzungen wurden größtenteils der Theologischen Realenzyklopädie entnommen.

Die im Abkürzungsverzeichnis mit einem Stern (*) versehenen Werke wurden in der Literaturliste nicht noch einmal aufgezählt.

Die Bibelzitate wurden der Einheitsübersetzung entnommen. Die Namen und Abkürzungen der biblischen Bücher entsprechen den Loccumer Richtlinien.

Übersetzungen aus der Patrologia graeca und der Patrologia latina wurden vom Verfasser vorgenommen.

Einfügungen des Verfassers in Zitate sind durch eckige Klammern gekennzeichnet worden <...>, Einfügungen des Verlags durch [...].

Dr. H. Grochtmann hat dem Verfasser dieser Arbeit dankenswerterweise Kopien seines Briefwechsels mit den Professoren Bender, Kasper, Knauer, Knoch und Weissmahr zukommen lassen. Teile davon sind in Grochtmanns Dissertation »Unerklärliche Ereignisse, überprüfte Wunder und juristische Tatsachenfeststellung« (Langen 1988) abgedruckt; andere, hier verwendete, nicht. Die Kopien des Briefwechsels liegen vor.

Vorwort zur dritten Auflage des Buches

»Herausgeforderter Vorsehungsglaube« von Pfarrer Dr. Richard Kocher

Die vorliegende Arbeit wurde im Sommersemester 1992 von der Katholisch-Theologischen Fakultät Augsburg als Dissertation angenommen. Mit geringfügigen Änderungen wird sie in dritter Auflage veröffentlicht.

Hörerinnen und Hörer von Radio Horeb sowie Mitbrüder haben mich nach der Veröffentlichung meines Buches »Zeitgeist oder Hl. Geist der Zeit« im November 2022 (ebenfalls im Verlag Media Maria erschienen) darum gebeten.

Offensichtlich stößt das Thema der Vorsehung Gottes weiterhin auf Interesse – nicht nur in wissenschaftlichen Kreisen. Dies verwundert nicht, da die existentielle Relevanz der Vorsehungslehre beträchtlich ist gerade in der heutigen Zeit einer weitverbreiteten Hoffnungs- und Perspektivlosigkeit.

Im Rückblick auf vergangene Ereignisse unseres Lebens können wir oft feststellen, dass vieles gefügt und offensichtlich so von Gott gewollt war. Das scheinbar wirre Spiel der Fäden in unserem Leben ergibt ein sinnvolles Muster.

»Wir wissen, dass Gott bei denen, die ihn lieben, alles zum Guten führt« (Röm 8,28). Wenn diese Glaubenserkenntnis beim Leser dieser Dissertation eine Stärkung und Bestätigung erfahren würde durch die aufgezeigten Beispiele und die theologische Argumentation, dann hätte sie ihren Zweck erfüllt.

Balderschwang, im November 2023 *Richard Kocher*

Rezension von Prälat Prof. Dr. Leo Scheffczyk, von Papst Johannes Paul II. am 21. Februar 2001 zum Kardinal erhoben

»Vorsehung« als Schlüssel zum Geheimnis von Gottes Welthandeln[1]

Das philosophisch-theologische Denken der Gegenwart bewegt sich in der Frage des Gott-Welt-Verhältnisses in merkwürdigen Sprüngen, die von einem Extrem zum anderen wechseln. Betont man auf der einen Seite in beinahe pantheistischer Manier die Welthaftigkeit Gottes (der »werdende Gott«; Gott als »die Zukunft«; Gott als »Motor der Evolution«), so nähert man sich auf der anderen Seite der deistischen Weltlosigkeit Gottes (etwa dort, wo Gott existentialistisch und agnostizistisch als das »Woher meines Umgetriebenseins« ausgegeben wird oder wo Gott als die gesetzliche Harmonie alles Seienden verstanden wird, die nicht eingreift und würfelt (A. Einstein), oder wo er nur noch als der die Autonomie des Menschen ermöglichende und begrenzende Horizont angesehen wird).

In der transzendentaltheologischen Fassung des Gott-Welt-Verhältnisses greifen diese Extreme sogar ineinander über, da Gott einerseits als Grund alles Seienden erscheint und andererseits in seiner Selbstmitteilung als absolutes Insein in der Tiefe der menschlichen Existenz verstanden wird, aber gerade deshalb nicht in der Welt »vorkommen« darf.

1) Demgegenüber ist es das Anliegen dieser umfangreichen, material äußerst gefüllten und denkerisch differenzierten Arbeit, wieder die vom vernunftgemäßen Glauben vorgegebene Mitte zwischen den unheilvollen Extremen zu finden, ohne welche die menschliche Existenz an den Problemen des Gott-Welt-Verhältnisses scheitern müsste. Den Schlüssel zur Öffnung und Erhellung dieser Probleme entnimmt der Verfasser generell der christlichen Schöpfungswahrheit, speziell aber jenem Moment dieser Wahrheit, in dem das Weitergehen des Schöpfungshandelns als

Vorsehung seine Konkretisierung und gleichsam seine Immanentisierung in der Welt erfährt. So wird die Wahrheit von der Vorsehung hier zum Testfall des wahren Gottes- und Weltverständnisses und der Deutung des gegenseitigen Bezuges von Gott und Welt erhoben.

Aber dies geschieht nicht in einer theoretisch-abstrakten Fixierung auf den Vorsehungsbegriff allein und seinen theologischen Gehalt, sondern durch die Eröffnung der ganzen Spannweite von Erkenntnisbereichen und Ordnungen, in die das Licht der Vorsehungswahrheit hineinstrahlt und an denen seine Gültigkeit, aber auch seine Güte und Ergiebigkeit erwiesen werden können.

2) Das Werk trägt zutreffend den Untertitel »Die Lehre von der Vorsehung im Horizont der gegenwärtigen Theologie«. Unter dem Begriff des »theologischen Horizontes« ist nicht nur die grundsätzliche Einstellung auf den theologischen Gesichtskreis und dessen besondere Bedeutung verstanden, sondern auch die Entgrenzung des Blickes auf den ganzen Umfang der zahlreichen Problemfelder, in die sich die Wahrheit von der Vorsehung als »articulus mixtus« [gemischter Glaubensartikel] zwischen Philosophie, Theologie und heute besonders auch der Naturwissenschaft hineinerstreckt.

Unter »Horizont« kann hier aber auch im Sinne der modernen Hermeneutik und ihrer Anthropozentrik das ganze den Menschen betreffende Bezugssystem verstanden werden, in dem der Mensch zum Verständnis seiner selbst als gottbezogenes Wesen vorkommt. Tatsächlich eignet der Arbeit eine starke Ausrichtung auf die Vorsehung als Frohbotschaft für den Menschen, der sich in der anonymen Massengesellschaft »als winziges Rädchen einer riesigen Maschinerie« wie verloren vorkommen muss, aber im Vorsehungsglauben die Gewissheit seiner vom Schöpfer geschenkten Einmaligkeit im Ursprung wie im geschichtlichen Werden empfangen kann.

Unter diesem Gesichtspunkt nehmen die entscheidenden Problemaussagen des Werkes einen personologischen Charakter an, der Vorsehung nicht als deterministisches Gesetz, sondern als personales Geschehen zwischen Gott und dem Menschen auslegt. Das verleiht dem Werk einen deutlich hervortretenden praktischen Bezug und eine Lebendigkeit, wie sie dem Vertrauensglauben an die Vorsehung einzig angemessen ist. Trotzdem weiß der Verfasser in einer bemerkenswerten Verknüpfung von Praxis und Theorie den praktischen Bezug immer wieder auf die Höhe der theoretischen Reflexion zu erheben, auf der dann die geistigen Entscheidungen fallen.

Aber was an dem Werk inhaltlich zuerst ins Auge fällt, ist die mit dem Begriff des Horizontes verbundene Spannweite der aufgenommenen Sachgebiete und Problemfelder. Als Vorbau dient die Erörterung der »Relevanz und Problematik des Vorsehungsglaubens«, dessen zentrale theologische Position vielfach verkannt und vom gleißenden Licht des naturwissenschaftlichen Denkens wie des weltanschaulichen Evolutionismus überblendet, aber auch von einem tragisch gestimmten Existentialismus (Heidegger, Sartre) angefochten wird. Es spricht für die lebensnahe und konkret-realistische Einstellung des Verfassers, dass unter den widerständigen Kräften des christlichen Vorsehungsglaubens nicht nur der »Missbrauch des Begriffes Vorsehung« auf gegnerischer Seite (Hitler; Weltkriegsliteratur; Erfahrung des überdimensionierten Leides in einer »verratenen Generation«, für die E. Wiechert und W. Borchert als Sprachrohre herangezogen werden) aufgeführt wird, sondern auch manche Formen christlicher Erbauungsliteratur dazu gerechnet werden mit ihrer Überzeichnung eines strafenden Gottes und eines sich der Passivität verschreibenden Menschen.

Diese realistisch aufgenommenen Negativposten dürfen und können nach Meinung des Verfassers aber den Blick auf die positiven Zeichen eines wirklichkeitserfüllten Vorsehungsglaubens nicht verstellen. In dem umfänglichen Material zur »exemplarische[n] Verdeutlichung gelebten Vorsehungsglaubens«, das aus den Biografien zeitnaher Heiliger und Märtyrer genommen ist (Josef Benedikt Cottolengo, Maximilian Kolbe, Nijole Sadunaite), werden beredte Zeugnisse für das erkennbare Wirken der Vorsehung erhoben. Sie könnten von der Kritik möglicherweise als zu demonstrativ empfunden werden, als ob damit das Geheimnis der Vorsehung, auf das immer Bedacht genommen ist, bewiesen werden sollte. Aber es ist zu beachten, dass diese Zeichen bewusst an die Bedingung einer bestimmten Welterfahrung, an das Vorhandensein einer Innendimension im Menschen und zuletzt an den Glauben zurückgebunden sind, ohne dass sie hinwiederum als schlichte Produkte dieses Glaubens ausgegeben werden könnten. Darum ist der Einwand des »Homo Faber« (Max Frisch) und einer rein positivistischen Weltsicht

Rezension von Prälat Prof. Dr. Leo Scheffczyk 21

zwar immer möglich, aber gerade wegen seines Reduktionismus nicht überzeugend.

Nachdem so der zeit- und geistesgeschichtliche Grundriss entworfen ist, beginnt seine Ausführung mit der Grundsatzerörterung über »Göttliche Vorsehung und menschliche Freiheit«, der sich die Sach- und Problemkapitel »Vorsehung und Evolution«, »Vorsehung und Wunder«, »Das Handeln Gottes in der Welt«, »Vorsehung und Bittgebet«, die kritische Frage nach der »Erkundung der Wege der Vorsehung?« und das besonders dornige Thema »Vorsehung und Theodizee« anschließen. Die Thematik ist so weit gefächert, dass in diesem fortlaufenden Gespräch mit der Theologie, der Philosophie und den Naturwissenschaften eigentlich kein wesentlicher Aspekt unberücksichtigt bleibt. Freilich ist die Abfolge der Themen, wie der Verfasser selbst vermerkt, nicht linear entwickelt und in eine logisch zwingende Aufeinanderfolge gebracht. Das sich hier nahelegende Bild ist eher das von Segmenten, die einander berühren und sich zu einem Kreis zusammenfügen. Das mag einer systematischen Betrachtungsweise unvollkommen erscheinen, wird aber aufgewogen durch die nur so zu bewältigende Materialfülle, die sich am Ende doch zu einem Ganzen rundet.

Der Verfasser weiß, dass er mit vielen Themen »heiße Eisen« anpackt, an denen sich heute kontroverse Meinungen entzünden. Er scheut aber die Auseinandersetzung nicht und gibt sich nicht mit vorschnellen Harmonisierungen zufrieden, die häufig nur Anbiederungen der Theologie an die Meinungen der Mehrheit sind. So vertritt er z. B. nicht die Auffassung von dem heute angeblich herrschenden friedlich-schiedlichen Nebeneinander von Naturwissenschaft und christlichem Glauben, sondern weiß um die vielen weltanschaulichen Extrapolationen der Naturwissenschaften, die um eines vordergründigen Friedens willen mit dem Glauben nicht zu harmonisieren sind. Trotzdem verfällt der Autor keineswegs einem szientistischen Fatalismus, für den es keinerlei Anzeichen einer Annäherung zwischen Naturwissenschaft und Religion gäbe. So weist er z. B. beim Eingehen auf die Freiheitsproblematik nach, dass die quantenphysikalischen Entdeckungen der Indetermination durchaus einen Ansatz von analog verstandener »Freiheit« zulassen, freilich ohne dass damit der Determinismus in den Reihen der Naturwissenschaftler als gänzlich aufgegeben angesehen werden könnte.

Da manche naturwissenschaftlichen Ergebnisse auch von der Theologie übernommen werden, muss es folgerichtig auch zu innertheologischen Auseinandersetzungen mit theologischen Entwürfen kommen, die in einem neuen Konkordismus Ungleiches vermittels verbaler Kombinationen zusammenzwingen möchten, dabei aber in die Gefahr geraten, das Glaubensgeheimnis rationalistisch zu verwässern.

Demgegenüber ist es das Anliegen des Verfassers, der sich hier des Grundsatzes versichert, dass Glauben und Wissen sich im Wesen nicht widersprechen können, in allen Grenzfragen nicht nur den Standpunkt des Dogmas einzunehmen, sondern ihn mit z.T. neuen Argumenten in das Gespräch einzubringen. Darum werden die das Gott-Welt-Verhältnis betreffenden Grundsätze nicht einfach aus der Allmacht Gottes und aus der Kausalursächlichkeit abgeleitet, sondern aus der personalen Unmittelbarkeit Gottes im Mittun mit der Schöpfung (besonders deutlich hervortretend im Kapitel über das Bittgebet) erklärt, sodass sich das Wirken Gottes auch am Mitwirken des Menschen entscheidet.

Dass der Verfasser sich bei Aufnahme dieser differenzierten Thematik den von vielen Seiten kommenden Herausforderungen stellen und sie geistig bewältigen kann, liegt an der Breite und Sicherheit des aus den verschiedensten Sachgebieten erworbenen Wissensstandes. Zwar ist nicht auszuschließen, dass in manchen Spezialfragen (etwa der Molekularbiologie, der Interpretation der Abstammungslehre oder der theologischen Abstimmung von Schöpfung und Entwicklung) die Einzelforschung noch andere Erklärungen anzubieten vermag, was aber die Konsistenz und Solidität des Argumentationsverfahrens des Autors ernstlich nicht gefährden kann, zumal dieses Verfahren immer an einer reichen Zahl von Zeugen Anhalt sucht, aber auch durch die Stringenz der eigenen Gedanken und Beobachtungen abgesichert ist.

3) Fragt man nach den tragenden Grundvorstellungen des Werkes, so lassen sie sich besonders in den Problemkreisen »Evolution«, »Wunder« und »Theodizee« ausmachen. Mit Recht wird im ersten Problemkreis anerkannt, dass die Teleologie [Zielgerichtetheit eines Prozesses oder einer Handlung] im Evolutions- und Naturgeschehen zwar keinen Beweis für Gottes Vorsehung zu liefern vermag, dass aber ein förmlicher Antiteleologismus den Ansatzpunkt für ein Wirken der göttlichen Vorsehung zerstören müsste, sodass der Vorsehungsglaube nur noch (nach

Art Calvins) als ein abgründiges Geheimnis dem Menschen zur Verehrung vorgestellt werden könnte. Aber der Verfasser intendiert auch keine Rationalisierung dieses Glaubens mithilfe der naturwissenschaftlichen Teleologie, sondern beabsichtigt nur die Grundlegung eines vernunftgemäßen Zuganges zu ihm nach Art einer Präambel. Für solche haben Biologen wie A. Portmann mit ihrer Deutung der »Gestalt« der Organismen dem Theologen den Blick geöffnet.

Dieser aber zeigt sich nach dem Durchschreiten des Zugangsweges vor allem an der innertheologischen Frage interessiert, wie das Einwirken des vorsehenden Gottes auf die zielgerichtete, zum Höheren aufsteigende Schöpfung gedanklich gefasst und umgrenzt werden kann. Der Verfasser ist hier offensichtlich von der sachgemäßen Überzeugung bestimmt, dass ein Verfehlen dieses entscheidenden Punktes der Zusammenführung von göttlicher Allursächlichkeit und geschöpflicher Zweitursächlichkeit alles verderben und Gott entweder auf subtile Weise (trotz verbaler Gegenbehauptungen) aus dem Geschehen verbannen oder ihn zu einem einfachen Gehilfen des Geschöpfes degradieren kann.

Diese Gefahr sieht der Verfasser in der Theorie von der »aktiven Selbsttranszendenz des Geschöpfes« gegeben, die Gott bezeichnenderweise als »zur Konstitution der endlichen Ursache gehörig« betrachtet und zu einem bloßen »Moment an der Wirkkraft des Endlichen« erklärt, was allein schon in der Ausdrucksweise das Fehlen jeder personalen Sicht des Gott-Welt-Mensch-Verhältnisses erkennen lässt, die der Verfasser seinerseits mit der biblischen Vorstellung des Wort- und Rufgeschehens einzubringen sucht.

Das Problem erfährt eine Verschärfung auf der höheren Ebene des Wunders, an dem sich, obgleich es nicht das Wesen der Vorsehung ausmacht, sondern nur ihren sichtbaren Ausdruck darstellt, heute Wesentliches in der Auffassung vom Gott-Welt-Verhältnis entscheidet, dies schon auf biblisch-exegetischem Boden; denn die hier herrschende Ablehnung der Wunder (der Naturwunder) erfolgt letztlich nicht aus historischen Beweisgründen, sondern (wie bei Bultmann) aus einem philosophischen Vorentscheid. Ihm unterliegt im Grunde auch die neuere Theorie von dem alleinigen Wirken Gottes vermittels der Zweitursachen, die Gott vorgeblich seiner Göttlichkeit wegen aus dem innerweltlichen Getriebe der Zweitursachen heraushalten möchte, aber so in die Gefahr gerät,

Gott das direkte, unmittelbare Einwirken zu verbieten und ihn so quasideistisch aus dem Wirken und Leben der Welt auszuschließen; denn die Kennzeichnung Gottes allein als des »tragenden Grundes« der Welt besagt noch kein wirkliches Tätigsein und kein Hervorbringen von Neuem, das es in der Welt tatsächlich gibt und das so von den Geschöpfen hervorgebracht werden müsste.

Der Verfasser erbringt in umsichtigen Überlegungen den Nachweis, dass die Meinung, Gott könne nur über geschöpfliche Zweitursachen in der Welt tätig sein, weder den hier verwandten Begriff der »causa prima«, der Erstursache, trifft, die grundsätzlich einer Zweitursache nicht bedarf, noch auch die entscheidende Behauptung zu begründen vermag, dass das Ganze der Welt (das Gott ohne Zweitursache geschaffen hat) einen anderen ontologischen Status besitze als die Einzelseienden (denen sich Gott angeblich angleichen müsste, wenn er ohne sie auf die Welt einwirken würde). Diese Theorie zieht aus der Wahrheit, dass die Zweitursachen auf die Erstursache angewiesen sind, den falschen Schluss, dass auch die Erstursache der Zweitursachen bedürfe. Sie setzt ontologisch den generellen und universalen concursus divinus [göttliche Mitwirkung], den Gott bei jeder geschöpflichen Bewegung tätigt, mit den außerordentlichen Wunderwirkungen gleich und kann so das Außerordentliche an ihnen nicht erklären.

Die Unstimmigkeit dieser Theorie wird besonders an der Auferstehung Christi veranschaulicht, von der in der Theorie behauptet wird, dass die geschöpfliche Ursache für das Wunder in der äußersten Gottes- und Nächstenliebe des Menschen Jesus gelegen sei. Aber es bleibt unerfindlich, wie ein endlicher menschlicher Liebesakt Mitursache für ein alle Kräfte der Natur übersteigendes Ereignis sein kann. Wenn man ihm aber diese Kraft, die nur eine schöpferische sein kann, zubilligt, dann ist der Schritt nicht mehr weit zur Anerkennung einer gänzlich geschöpflichen Verwirklichung des Wunders. Tatsächlich fallen im Kreis der Verfechter dieser Theorie auch schon die Begriffe vom »vollmächtigen Menschen« und einer vollmächtigen Zweitursächlichkeit, die das Wunder »aus eigener Kraft« hervorbringt. Ist dem Geschöpflichen einmal schöpferische Kraft zuerkannt, dann bleibt die Berufung auf Gott als den »transzendentalen Urgrund« ein überflüssiger theologischer Überbau. Damit fällt die Theorie wieder auf den Boden des Immanentismus zurück, den sie zu überwinden angetreten ist. Die Behauptung, dass Gott immer nur durch Zweitursachen wirken könne und hinter ihnen allein als der tragende Urgrund stehe, ist eine Preisgabe der tätigen unmittelbaren Allursächlichkeit Gottes; sie kann insbesondere den Seinszuwachs, der in den Wundern erster Ordnung (quoad substantiam [was die Substanz angeht]) geschieht, nicht begründen.

Die entscheidende Herausforderung erwächst dem Vorsehungsglauben aber, zumal »nach Auschwitz«, aus der Existenz des Leidens in der Welt, weshalb der Verfasser auch das Theodizeeproblem in seiner ganzen Schwere aufnimmt. An dieser Einbeziehung wird zunächst deutlich, dass der Vorsehungsgedanke nicht gleichzusetzen ist mit einer frommen Versicherung irdischen Wohlergehens. Dann würde er zur »Ideologie vom Rechtsanspruch (des Menschen) auf Glück in der Welt« entarten. Im Angesicht der menschlichen Leiderfahrung beweist der Vorsehungsglaube auch seine Dunkelheit, die mit der Souveränität und Hoheit Gottes gegeben ist, dessen Gedanken nicht des Menschen Gedanken sind. Aber Dunkelheit ist keine totale Finsternis, die für das theologische Denken absolut undurchdringlich wäre. So weist der Verfasser zunächst per viam negationis [auf dem Weg der Verneinung] nach, dass der existentialistische Pessimismus genauso wie die Theorien vom ohnmächtigen und leidenden Gott am Geheimnis vorbeizielen. Das gilt aber auch von der Zweitursachentheorie, insofern sie, konsequent festgehalten, die irdische Wirklichkeit sich selbst überlassen und das Übel in der Welt einfach aus der Existenz der Zweitursachen ableiten muss, d. h. konkret als Konsequenz der mit Unvollkommenheiten behafteten Evolution und der störungsanfälligen Freiheit des Menschen ausgeben muss. Dem stellt der Verfasser die biblisch-soteriologische Deutung des Leides entgegen, die im Kreuz, in der Proexistenz Christi und nicht zuletzt im Ausblick auf das eschatologische Vollendungsziel ihre Gründe hat. Im Glauben an die erst im Jenseits gegebene Vollendung des Menschen, die der eigentliche Zielpunkt des göttlichen Vorsehungshandelns ist, wird das jetzt waltende Geheimnis nicht erklärt, aber doch mit so viel Licht versehen, dass der Mensch das Leid sinnvoll tragen und daran wachsen kann.

4) Die hier vorgelegte Arbeit gewinnt ihre Bedeutung für eine theologisch begründete und lebensbezogene Vorsehungslehre aus der Zusam-

menschau der wesentlichen Bezugspunkte dieser Wahrheit im zeitnahen Denken. Die häufig disparat erscheinenden Elemente des Vorsehungsglaubens sind hier zu einer Einheit gefügt, die jenen »nexus mysteriorum inter se« [Zusammenhang aller theologischen Aussagen] verwirklicht, aus dem Licht auf das Wesen der Sache fällt. Dabei ist nicht zu verkennen, dass eine besondere Antriebskraft der aus allen Bereichen der Wirklichkeit schöpfenden Gedankenbewegung (auch aus Literatur, Dichtung und moderner Lebenswelt) die Auseinandersetzung mit einer zuletzt wohl idealistisch zu nennenden Deutung des Gott-Welt-Verhältnisses ist, die das »inkarnatorische« Verständnis allen Welthandelns Gottes vernachlässigt oder gar aufgibt und so in einer symbolischen Fassung der göttlichen Weltbewegung dem modernen Menschen das Herausfordernde und Anstößige eines heilsrealistischen Glaubens nehmen möchte mit dem zweifelhaften »Erfolg«, dass der Glaube entgegenständlicht, Gott entpersönlicht (vgl. die entlarvenden Ausdrücke über Gott als »Moment« am Endlichen oder als »transzendenter Grund«, ähnlich der Tillich'schen »Tiefe des Seins«) und sein Handeln in der Geschichte auf der rein gedanklichen Ebene und in der Innerlichkeit des Menschen angesiedelt wird, was der Verfasser mit Recht als gnostischen Zug im Glaubensverständnis ansieht. Zu welchen Folgerungen das im Leben des Glaubens führt, insbesondere im Bereich des Vorsehungsglaubens, zeigen Aussagen vonseiten der »autonomen Moral«, die Einspruch gegen die Vorstellung erheben, dass Gott konkret hinter jedem Leiden oder Sterben stehe; denn diese Geschehnisse gehören einfach »zur rätselvollen und angstbewirkenden Dimension der menschlichen Existenz«. Die Nähe zu einem praktischen Deismus ist hier nicht zu verkennen.

Dass der Verfasser gegen diese Entstellungen des heilsrealistischen Glaubens mit treffenden Argumenten angeht, ist aber nicht das einzige Verdienst dieses Buches. Es erschöpft sich nicht in der Abwehr denkerischer Fehlentwicklungen, sondern zeigt die Möglichkeiten zu einer abgewogenen Neuinterpretation des Schöpfungs- und Vorsehungsglaubens auf der Grundlage eines personalen Denkens auf. Danach ist Schöpfung, dem biblischen Verständnis entsprechend, die Eröffnung einer Gemeinschaft Gottes mit dem Menschen, eines convivium [Mit-lebens], das sich im ganzen Weltverlauf an allen Kreaturen als wirksame Gestalt des

Weltbezuges Gottes aufweisen lässt. So rückt die Beweisführung von der einseitigen Bindung des Schöpfungsverstehens an das Kausalschema ab, an dem im Grunde auch die moderne Transzendental-Scholastik noch hängt, mit dem aber weder die Schöpfung am Anfang noch in ihrem Verlauf zu verstehen ist; denn schon die creatio prima, die uranfängliche Erschaffung der Welt, besagt keine einfache Wirkursächlichkeit, da diese immer an ein Werden und Verändern gebunden ist. »Schöpfung dagegen bedeutet eine einzigartige Setzung einer Begründungs- und Mitteilungsrelation« (vgl. H.-E. Hengstenberg), die angemessen nur als personales Wort- und Rufgeschehen verstanden werden kann.

Daraufhin sind der Schöpfung personale Strukturen eingeprägt, die sich im Welthandeln Gottes als seine Freiheit (grundsätzlich auch über die Naturgesetze), seine Souveränität und an seiner personalen Unmittelbarkeit in seinem Handeln erweisen. Was der Verfasser innerhalb der personalen Fassung des Gott-Welt-Verhältnisses an Argumenten beibringt (das »Konzept der schöpferischen Impulse«, des »dynamischen Kreationismus«, der Indienstnahme der Stufungen der Schöpfung durch Gott, der neuen Sinnstiftung), ist zwar keine vollständige Ausführung dieses Neuansatzes, aber wohl eine Bereitlegung wesentlicher Elemente.

Es ist nicht zu erwarten, dass das Werk wegen seines entschiedenen Eintretens für eine am Geist der Schrift und der Tradition der Kirche orientierten Fassung der Schöfungswirklichkeit, die zugleich mit der Verwendung personologischer Denkmittel ihre Neuheit erweist, überall Zustimmung finden wird. In manchen Einzelheiten (wie etwa im geringen Eingehen auf die biblisch-hermeneutische Wunderproblematik, im Verzicht auf die von A. Kolping angeschnittene Frage nach den »Wundergrenzen«, in dem nur geringen Eingehen auf die verschiedenen Wunderarten) sind kritische Nachfragen möglich und dürften nicht ausbleiben. Sie werden aber die Bedeutsamkeit und Gediegenheit dieses neue Aspekte erschließenden Werkes nicht mindern können.

Veröffentlicht in: *Forum Katholische Theologie*, 9. Jahrgang, Heft 4/1993, 299–305.

0 Einführung:
Konzept und Vorgehensweise

Die Lehre von der Vorsehung ist gegenwärtig herausgefordert wie selten zuvor in der Geschichte. Die vorliegende Arbeit will versuchen, auf Anfragen an die Vorsehung eine Antwort zu geben. Beim Blick ins Inhaltsverzeichnis dieser Dissertation mag es erstaunen, in welcher Breite das Thema angegangen wurde: Nicht nur die klassischen Themen der traditionellen Vorsehungslehre[1] sind behandelt worden, sondern auch andere neu hinzugekommene Bereiche – bedingt durch den enormen Wissenszuwachs und die technische Entwicklung – wurden aufgearbeitet. Es sollte der Versuch gemacht werden, entgegen manchen Atomisierungstendenzen in der Theologie einen systematischen Überblick und Durchstieg zu bringen. Es ist an der Zeit, die Lehre von der Vorsehung wieder in einem größeren Zusammenhang darzustellen und nicht wieder eine Detailstudie zu bieten. Die Konzentration auf das Wesentliche brachte es mit sich, dass manches nur angeschnitten wird, was eigentlich weiter vertieft werden müsste. Vielleicht kann diese Dissertation Impulse dazu liefern.

Ein personales Denken durchzieht wie ein roter Faden die Ausführungen dieser Arbeit. Der »personale Rahmen« dürfte wohl der beste hermeneutische [erklärende] Schlüssel zur Besprechung der aufgeworfenen Fragen sein. Personalität ist in der Tat schon der Ausdruck einer »endlichen Unendlichkeit«, die ein kausal-relationales Denken weit hinter sich lässt und auch für die Übertragung auf Gott geeigneter ist als alle anderen Begriffe.[2]

Es wurde nicht versucht, Überleitungen zwischen den einzelnen Kapiteln herzustellen; jedes steht mehr oder weniger für sich, wenngleich durchgehende theologische Leitlinien und etliche Querverweise für eine gewisse Vernetzung sorgen. Manchmal ließ es sich nicht vermeiden, dass bestimmte Themen, wie etwa die Theodizee, öfters auftauchen. Dies wäre aber nur dann ein Manko, wenn damit Wiederholungen verbunden wären und nicht verschiedene Facetten einer Problemstellung

Einführung

aufleuchten würden. Die Anordnung der Abschnitte ist trotz deren »relativer Autonomie« nicht beliebig. Dies wird ersichtlich, wenn jetzt – in gebotener Kürze – der Inhalt der einzelnen Kapitel umrissen wird.

In einem einführenden Abschnitt wird die existentielle Relevanz, aber auch die weltanschauliche und theologische Problematik der Vorsehung deutlich. Für das zunächst verblüffende Faktum einer nur geringen Bearbeitung der Providentialehre [Vorsehungslehre] in der theologischen Literatur sind die Gründe darzulegen.

Bevor eine Auseinandersetzung mit den Herausforderungen an das Lehrstück von der Vorsehung aufgenommen werden kann, ist es notwendig, »Altlasten« aufzuarbeiten. Jeder, der heute über die Vorsehung etwas schreibt, wird den argen Missbrauch berücksichtigen müssen, der mit ihr begangen wurde. Sie diente als Vorwand machtpolitischen Kalküls in einem totalitären System und musste in theologischen Traktaten zur Rechtfertigung von Krieg und Gewalt herhalten. Sie wurde so zu einem durch die Geschichte belasteten Begriff. Jeder Missbrauch schlägt aber zurück und macht eine Sache verdächtig.

Vor theologischen Darlegungen auf mehr theoretischer Ebene gilt es gerade bei der Providentia [Vorsehung], sich zunächst der christlichen Erfahrung zuzuwenden, sich in exemplarischen Verdeutlichungen gelebten Vorsehungsglaubens gleichsam der Tatsächlichkeit der Vorsehung überhaupt zu vergewissern. Es gibt kaum eine andere Lehre, die ähnlich stark auf den existentiellen Vollzug drängt und sich in ihm bewähren muss, wenngleich eine Grundlagenreflexion nicht durch ein vorschnelles Ausweichen auf praktisches Handeln übergangen werden darf.[3] Die Beispiele gelebten Vorsehungsglaubens können nachhaltig der Gefahr wehren, die Vorsehung zu weit entfernt von der Erfahrungswirklichkeit darzulegen.[4] Auf diese kann bei den weiteren Ausführungen als gediegene Ausgangsbasis zurückgegriffen werden.

Die Ergebnisse der Dogmatikertagung im Jahr 1987 wurden unter dem Titel »Vorsehung und Handeln Gottes« veröffentlicht. Diese Titelangabe zeigt, welche Bedeutung im Lehrstück der Providentia dem Wirken Gottes zukommt. Eine grundsätzliche Besinnung darauf und die Beziehung Gottes zum Menschen, der Welt und der Geschichte ist unumgänglich. Wer allerdings heute von einem »Weltplan« oder einem »Eingreifen« Gottes in Natur und Geschichte spricht, trägt die Beweislast: Er muss darlegen, wie ein derartiges Handeln denkbar ist. Wenn dieses nicht auf Theorieniveau begründet werden kann, erübrigt sich die Rede über die Vorsehung, denn wie soll Gott Relevanz für unser Leben haben, wenn er gar keine lebendige Beziehung dazu hat? Die Lehre von der Vorsehung ist hierbei Testfall des Gottesbildes und Kritik des Zeitgeistes,[5] denn von jeher schon erfolgte bei ihr eine Auseinandersetzung mit geistesgeschichtlichen Strömungen und Zeittendenzen. Ein Großteil dieser Arbeit setzt sich deshalb mit diesem Themenkomplex auseinander.

Den Reflexionen zum Handeln Gottes wurde ein relativ kurz gehaltenes Kapitel über das Verhältnis von göttlicher Allmacht und menschlicher Freiheit vorgeschaltet. Es ergibt sich mit einer inneren Notwendigkeit, hier zuerst Position zu beziehen, da die nachfolgenden Abschnitte wesentlich darauf aufbauen.

Die Frage nach dem Handeln Gottes wird in der theologischen Wissenschaft besonders bei der evolutiven Höherentwicklung und der Theologie des Wunders erörtert. Bei Ersterem werden deshalb neben den Fragen der Teleologie im Naturgeschehen und der Gentechnologie, durch die der Mensch in die Lage versetzt wird, eine geradezu schöpferische Mächtigkeit zu übernehmen, die vorgelegten Theoriemodelle einer aktiven Selbsttranszendenz (Rahner) und eines dynamischen Kreationismus (Hengstenberg) angesprochen werden müssen. Im Abschnitt über das Wunder wird vor allem der neuzeitliche Rationalismus zur Sprache kommen müssen, der die Möglichkeit des Wunders von vornherein negiert, obwohl dieses in der Heilsgeschichte ein bevorzugtes Mittel der Vorsehung ist, ihre Ziele zu erreichen.

Die Ausführungen über das Wunder und die Evolution führen hin zur Frage des Handelns Gottes in der Welt. Die von Weissmahr vorgelegte Zweitursachentheorie, wonach Gott *nur* zweitursächlich vermittelt in dieser Welt handeln kann, hat sich weitgehend durchgesetzt. Diese Theorie wird kritisch auf ihre Tragfähigkeit hin zu analysieren sein. Sollte sie nicht überzeugen können, wird es unumgänglich sein, einen eigenständigen Antwortversuch zu unterbreiten.

Fragen des Bittgebetes, die sich im Zusammenhang mit der Vorsehungslehre stellen, greift der folgende Abschnitt auf. Es muss besonders erörtert werden, ob die Vorsehung starr vorgegeben ist oder ob sie durch Gebet »beeinflusst« werden kann.

Einführung

Es ist ein dringendes Desiderat der Vorsehungslehre, diese nicht in abstrakte theologische Höhen hinaufzuschrauben und von der konkreten Wirklichkeit loszulösen. Dem wurde schon im Kapitel der exemplarischen Verdeutlichungen gelebten Vorsehungsglaubens Rechnung getragen. In der Frage nach der Erkennbarkeit des Planes der Vorsehung für den Menschen wird ein weiterer Abschnitt dieser Art eingeschaltet. Für den Glaubenden ist es unerlässlich, die Spuren und Fügungen Gottes in seinem Leben deuten zu können. Deshalb sind Unterscheidungskriterien zu ermitteln, die klären, ob etwas nur der Einbildung oder dem Wunschdenken zuzuschreiben ist oder ob Gott in einem Ereignis, einer Begegnung »gesprochen« hat.

Von jeher war die Providentialehre verbunden mit der Theodizee; manchmal so sehr, dass der Eindruck einer Identifizierung dieser beiden Lehrinhalte vermittelt wird.[6] Die klassische Frage »Si Deus – unde malum?« [Wenn es Gott gibt, woher kommt das Böse?] stellt sich gerade vor dem Hintergrund des biblischen Gottesbildes und der in der Vorsehungslehre entfalteten Fürsorge Gottes für sein Geschöpf in voller Schärfe. Der wirre und oft ungerechte Lauf des Weltgeschehens wurde schon von den Kirchenvätern und wird bis heute als ein gewichtiger Einwand gegen einen barmherzigen und vorsehenden Gott angeführt. Die allgemeine »Dürre des Daseins« tritt hier besonders hervor in einem Jahrhundert, das wie keines zuvor in der Geschichte von Krieg, Gewalt und Massenvernichtung gezeichnet ist.

Schon dieser kurze Inhaltsüberblick der Dissertation zeigt die enorme Komplexität der Vorsehungslehre. Scheinbar einfache Inhalte erweisen sich zudem bei schärferem Hinblick als sehr schwierig und abgründig. Was Augustinus über die Erbsündenlehre gesagt hat, kann auch hier Anwendung finden: »Sed inter omnia quae in hac uita possidentur, corpus homini grauissimum est uinculum iustissimis dei legibus propter antiquum peccatum, quo nihil est ad praedicandum notius, nihil ad intelligendum secretius« [Aber unter allen Dingen, die sie (die Menschen) in diesem Leben besitzen, ist der Körper für den Menschen die schwerste Fessel aufgrund der äußerst gerechten Gesetze Gottes wegen der alten Sünde, im Vergleich zu der nichts für die Verkündigung bekannter und nichts für das Verstehen geheimnisvoller ist].[7] Trotzdem wird man es nicht bei Anfragen oder der schweigenden Verehrung eines Mysteriums bewenden lassen können, weil der Vorsehungsglaube zum einen »keineswegs in einer bloßen Resignation gegenüber einem bloßen Unerforschlichen und Übermächtigen bestehen«[8] kann und zum anderen das munus defensivum [Aufgabe der Verteidigung], das die Theologie von Anfang an hatte, mitbedacht werden muss: »Wenn wir nicht reden, sprechen die anderen; wenn wir nicht erklären, was etwa Entwicklung oder Evolution theologisch bedenkt ‹gemeint ist wahrscheinlich bedeutet› … erklären es die anderen, und zwar gegen die Theologie.«[9]

Eine längst überfällige Diskussion muss neu in Gang gebracht werden.[10] Die bei der Dogmatikertagung in Erfurt angesprochenen Fragen zur Vorsehung sind quaestiones *disputatae* [Fragen, die bereits diskutiert worden sind], aber auch weiterhin quaestiones *disputandae* [Fragen, über die noch diskutiert werden muss]. Es besteht beachtlicher Klärungsbedarf. Der Disput muss wieder gewagt werden.

*Meine Vorsehung wird keinem ermangeln,
der sie annehmen will und unverbrüchlich auf mich hofft.*[1]
Caterina von Siena

1 Relevanz und Problematik des Vorsehungsglaubens

1.1 Die existentielle Bedeutung des Vorsehungsglaubens

Vorsehung im eigentlich christlichen Sinn meint Vor- bzw. Fürsorge, selbst wenn die deutsche und lateinische (pro-videre [vorher-sehen]) Vokabel eher einen auf die Zukunft ausgerichteten Erkenntnisvorgang im Blick hat und der griechische Ausdruck »Pronoia« wieder einen anderen Akzent setzt.[2] Die existentielle Relevanz des Vorsehungsglaubens kann wohl kaum hoch genug eingeschätzt werden. Dies soll anhand einiger Beobachtungen zur providentiellen Deutung christlicher Existenz, der Liturgie und biblisch-theologischer Reflexionen verdeutlicht werden. Ebenso muss aber auch auf unverkennbare Krisenzeichen eingegangen werden.

Man spricht wieder von der Vorsehung. Im Zusammenhang mit den epochalen Umbrüchen und Veränderungen durch die Reformpolitik Gorbatschows ging man in der letzten Zeit öfters auf sie ein.[3] Bei der Jahreswende oder anderen ähnlichen markanten Daten, wie Geburtstagen oder Jubiläen, legt es sich nahe, auf sie zu rekurrieren.[4] Jeder hat in seinem Leben wahrscheinlich schon die Erfahrung von Fügungen gemacht, die gar nicht spektakulärer Art sein müssen. Fragen folgender Art stellen sich oft: Warum begegnete man einem bestimmten Menschen, fiel einem dieses Buch in die Hand, das man gerade brauchte, war man wie bestellt da, um helfen zu können, obwohl nichts geplant war? Auch unser Sprachgebrauch weist in reicher Fülle auf die Fügungen der leitenden Vorsehung Gottes hin.[5] Das seelsorgliche Interesse an Fragen, die sich im Umfeld des Vorsehungsglaubens bewegen, ist groß. Es wird wohl kaum einen Seelsorger geben, der nicht mit Menschen zu tun gehabt hat, die ihm Fügungen ihres Lebens berichteten und anschließend mit der Frage aufwarteten, ob alles nur Zufall oder Einbildung sei oder ob nicht doch Gott seine Hand mit im Spiel gehabt habe. Vieles erscheint dem *Glaubenden* als eine gute Fügung: die Erfahrung einer großen Liebe, eine Errettung aus einer Gefahrensituation, eine positive Wendung im Berufsleben, die Genesung nach einer schweren Krankheit.[6] Aus vielen Lebenszeugnissen geht hervor, dass Gott unmittelbar und schöpferisch am Werk ist, ohne dass dies auffällt und Wunder genannt werden müsste. Das Wissen darum, dass Gott letztlich alles gut machen wird, kann den Menschen tragen. Wie viele haben in schwierigen Situationen ihres Lebens im Vertrauen auf den vorsehenden Gott nicht aufgegeben und dadurch die Kraft bekommen durchzuhalten! Der Vorsehungsglaube als persönliches Vertrauen ist »immer eine Quelle von Ruhe und Trost gewesen, die dem Einzelnen niemals versiegen darf, wenn dieser Glaube nicht wieder zu einer theologischen Theorie werden soll«.[7] Die Glaubenstreue vieler Menschen wurzelt deshalb weniger in Unterweisungen als in religiös gedeuteten Lebenserfahrungen. Die Menschen rechnen – im Gegensatz zur Theologie, wie Krolzik vermerkt[8] – mit einem vollmächtigen Handeln Gottes oder eines »höheren Wesens«. Die praxis pietatis [Glaubenspraxis, gelebte Frömmigkeit] erweist sich hier wohl stärker als manche theologischen Erwägungen, die einem Handeln Gottes in Welt und Geschichte reserviert gegenüberstehen.

Die Liturgie der Kirche mit ihren Liedern und Gebeten ist eine Fundgrube eigener Art. Worte der Zusage, des Beistands und des Geleits – entnommen aus der Liturgie oder der Heiligen Schrift – haben Menschen so tief angesprochen und tun es immer noch, dass sie ihr ganzes Leben unter solche Aussagen stellen.[9] In den Psalmen und den von ihnen durchtränkten Lob- und Dank-, Vertrauens- und Bittliedern im Gotteslob wird mit Freude und Dankbarkeit die Erfahrung des Schutzes und der Regierung des allmächtigen und gütigen Schöpfers gepriesen.[10] Die aus der Tradition hervorgeholten Fürbitten bezeugen mit »einer geradezu brachialen Gläubigkeit«[11] den jetzt und hier helfenden und rettenden persönlichen Gott. Gebete für den Frieden wären sinnlos, wenn es kein machtvolles Handeln Gottes in der Welt gäbe. »Jedes Morgen- und Abendlied würde sich erübrigen, wenn Gott nicht als helfender Begleiter unseres Lebens, ja der Geschichte aller Menschen und der Welt verstanden werden könnte.«[12] Die Kirche scheut sich nicht, in der Trauungsliturgie diese Leitung Gottes als konkreten Grund anzugeben, der das Brautpaar zusammengeführt hat.[13] Umgekehrt empfinden auch die meisten Brautleute die Art und Weise ihres ersten Kennenlernens und Zusammenfindens nicht als Zufall, sondern als eine Fügung Gottes oder zumindest eines wohlwollenden Schicksals. Bei Orationen für plötzlich Verstorbene oder kleine Kinder wird zum Ausdruck gebracht, dass man sich dem Ratschluss der Vorsehung fügt und nicht daran glaubt, dass blindes Schicksal oder Zufall am Werk war.[14] Die Berufung in ein hierarchisches Amt der Kirche wird als ein Wirken der Vorsehung Gottes interpretiert.[15] In Votivmessen für Staat und Gesellschaft wird in den Orationen die Überzeugung ausgesprochen, dass Gott auf geheimnisvolle Weise die Geschicke der Welt lenkt und dass in seiner Hand die Herzen der Menschen sind.[16] Überhaupt ist in den liturgischen Texten von der Vorsehung viel häufiger die Rede, als man gemeinhin annehmen mag.[17]

Die Fürsorge Gottes für den Menschen ist in der Heiligen Schrift grundgelegt und dort aus jeder Seite ersichtlich. Die Geschichte der Erzväter enthält besonders viele Beispiele der Leitung durch Gott. Die göttliche Führung ist beim Jahwisten sogar das Hauptthema seiner Theologie.[18] Aus der Lebensbeschreibung des ägyptischen Josef geht exemplarisch hervor, dass Gott in der Lage ist, scheinbare Zufälligkeiten wie das Passieren einer Karawane in Dotan, eine Begegnung mit einem königlichen Beamten im Gefängnis oder eine siebenjährige Dürrekatastrophe zu einem sinnvollen Ganzen zusammenzukomponieren. Man hat es mit Zufällen zu tun, »in *gläubigen Augen jedoch [mit] Segnungen und Führungen Gottes*«.[19] »Gott ... hat mich vor euch hergeschickt« (Gen 45,7) nach Ägypten, sagt Josef zu seinen Brüdern, obwohl er genau weiß, dass sie es waren, die ihn in die Sklaverei verkauft haben.

Dass der allmächtige Gott in einer besonderen und persönlichen Vorsehung sich der Belange des einzelnen Menschen annimmt, wie dies in den unübertreffbaren Bildern der Bergpredigt von den Lilien des Feldes und den Vögeln des Himmels zum Ausdruck kommt (vgl. Mt 6,26.28), ist in der Tat eine ungeheure Botschaft. Eine das Individuelle und den Einzelnen betreffende Providentia ist das Kernstück des Vorsehungsglaubens.[20] Erst in dem Pro-me-Bezug [Für-mich-Bezug, Bezug auf den einzelnen Menschen] wird der Vorsehungsglaube christlich. Ausdruck der sorgenden Hilfe, die Gott dem Menschen gibt, sind behütende Mächte, die Engel. Wieder wird der individuelle Zug deutlich, denn nach der Lehre der Kirche ist jedem Einzelnen ein schützender Engel zur Seite gestellt.[21] Trotzdem darf die Vorsehung nicht existentialistisch atomisiert und nur erfahrungsbezogen gesehen werden. Die Einordnung in den übergreifenden Zusammenhang der Weltgeschichte, die für den Einzelnen eine Einfügung bedeutet, muss gewahrt und das unmittelbare Betroffensein durch die väterliche Herrschaft Gottes verlängert werden in Aussagen über den Menschen, die Geschichte und das Wirken Gottes überhaupt. Gerade von der Botschaft des Neuen Testamentes her wird eine scheinbare Individualisierung der Vorsehung, wie man sie aus der Bergpredigt herauslesen könnte, abgewehrt, da sie von der universalen Gottesherrschaft übergriffen verstanden wird.

Die Vorsehung ist nicht nur in der Vorstellung »einfacher Menschen«, sondern auch aus theologischer Sicht so zentral, dass sie und der Gottesgedanke eine unauflösbare Einheit bilden. Es wäre, so Ambrosius, höchste Grausamkeit, den Menschen zu erschaffen und ihn dann sich selbst zu überlassen.[22] Ein Gott, der sich nicht sorgt, der nicht vorsieht, würde nach Laktanz jegliche Göttlichkeit verlieren;[23] er wäre mit jemandem zu vergleichen, der für die Einrichtung eines Hauses die größte Sorge trägt, nicht aber für die Bewohner. Von Clemens von Alexandrien wird die Vorsehung als derart bedeutend eingestuft, dass ihre Leugnung gleichbedeutend ist mit einer Negation der christlichen Glaubenslehre, ja der Existenz Gottes.[24] Im religiösen Bewusstsein sind nach Scheeben der Name Gottes und die Vorsehung deckungsgleich.[25]

Obwohl dem Vorsehungsglauben eine große existentielle, liturgische und biblisch-theologische Relevanz zukommt, dieser sich als ungeheuer zählebig erweist – er überlebte nicht nur das »Feuer der Aufklärung«, sondern hält sich, wie aus Umfragen ersichtlich ist, auch heute noch in beachtlicher Weise im Bewusstsein der Menschen[26] –, sind Krisenzeichen doch unverkennbar. Eine säkularisierte Sprache[27] und magische bzw. abergläubische Praktiken (Talisman, Horoskope, Unglückszahlen und -zeichen …) verraten, dass er kaum noch prägende Kraft hat; sonst dürfte auch die Angst der Menschen vor der Zukunft nicht so groß und irrational aufgeladen sein. Die schlimmste Erfahrung von Goritschewa im Westen war, dass sich die Christen von den Nichtchristen nicht abheben; sie haben keine Ausstrahlungskraft: »Es gibt praktisch keine Ereignisse, die sie als von Gott kommend verstehen würden.«[28] Die mangelnde Erfahrbarkeit des Wirkens Gottes in dieser Welt ist sicher ein Grund dafür. Man muss sich deshalb auch fragen, ob nicht ein beachtlicher Riss klafft zwischen der *lex orandi* [Gesetz des Betens] und der *lex credendi* [Gesetz des Glaubens], denn das Bewusstsein, dass Gott mit seiner lenkenden Kraft in den Geschicken der Welt tätig ist, ist auch unter Christen kaum mehr vorhanden; eine deistische Grundeinstellung prägt das Denken vieler. Nicht zu übersehen ist auch die große Zahl jener, deren Glaube an eine gütige Vorsehung im Ansturm des Leides zusammengebrochen ist, zumal es manchmal den Anschein hat, als ob es auch Fügungen negativer Art geben kann.[29] Der Verlust des Vorsehungsglaubens hat für den Einzelnen freilich schlimme Folgen. Das Gefühl des Preisgegebenseins ist entsetzlich.[30]

1.2 Zur wissenschaftlichen Aufarbeitung der Vorsehungslehre und der Literaturauswahl dieser Arbeit

Aufgrund der Bedeutsamkeit des Vorsehungsglaubens wäre zu erwarten, dass ihm auch in der theologischen Wissenschaft ein entsprechender Platz eingeräumt wird. Es ist auf den ersten Blick wenig verständlich, warum das Lehrstück von der Vorsehung »gegenwärtig zu den gemiedenen und offenkundig uninteressant gewordenen Provinzen der christlichen Lehre gehört«[31] und in die theologisch weniger bedeutsame sekundäre Frömmigkeitsliteratur (was keine Wertung im Sinn von zweitklassig sein soll!) abgewandert ist. Populärwissenschaftliche Bücher oder Veröffentlichungen, die für den Schriftenstand in der Kirche bestimmt sind, also »Frömmigkeitsliteratur«, die sicher ihren Anspruch und ihre eigene Berechtigung hat, können diese Lücke nicht füllen. Die Wichtigkeit der Providentialehre wird in den einschlägigen Veröffentlichungen zwar durchweg hervorgehoben,[32] zugleich ist aber die Klage über die Vernachlässigung unüberhörbar.[33] Angesichts der überbordenden Fülle von Literatur auf anderen theologischen Gebieten, die oft selbst vom Fachmann nicht mehr in ihrer Totalität eingesehen werden kann, ist die mangelnde Aufarbeitung der Vorsehung erstaunlich. Verstärkt wird dieser Sachverhalt durch einen Blick in das Register von Katechismen. Aufgrund der spärlichen Erwähnung der Vorsehung dort könnte man meinen, dass sie keine Relevanz habe.[34] In den einschlägigen Dogmatikhandbüchern[35] und Lexikaartikeln[36] wird man zwar schon fündig, aber auch hier fließen die Quellen nur sehr dürftig (was sicher damit zusammenhängt, dass die Vorsehung ein Einzelthema der Gotteslehre war); meist sind die entsprechenden Artikel ziemlich ähnlich, sodass sie keine neuen Einsichten und Ansätze liefern. Selbst das Lehramt der Kirche hat sich kaum zur Vorsehung geäußert. Die seltenen lehramtlichen Verlautbarungen sind grundsätzlicher Art und nehmen in der umfangreichen Schmaus-Dogmatik nicht einmal eine ganze Seite ein![37]

Es gibt kaum neuere Arbeiten, die das Thema direkt angehen. Nur wenige Veröffentlichungen stellen hier eine *gewisse* Ausnahme dar:[38] »Vorsehung und Handeln Gottes«, welche die Vorträge der Dogmatikertagung vom Januar 1987 in Erfurt enthält,[39] und der Teilband 4 der Reihe »Christlicher Glaube in moderner Gesellschaft« (1982)[40]. Die Vorträge und anschließenden Diskussionen eines interdisziplinären Treffens, das Luyten 1975 unter dem Titel »Zufall, Freiheit, Vorsehung« herausgegeben hat, könnte man auch noch hierzu zählen.[41] Bei der gründlichen Arbeit von L. Scheffczyk »Schöpfung und Vorsehung« (1963) liegt der Schwerpunkt auf der dogmengeschichtlichen Entfaltung und der Schöpfungslehre. Außerdem endet diese Darstellung mit dem 19. Jahrhundert und enthält somit gerade die uns heute interessierenden Fragen nicht. Die letzten wissenschaftlichen Monografien im deutschen Sprachraum wurden vor über 40 (!) Jahren geschrieben von E. Stakemeier »Über Schicksal und Vorsehung« (1949)[42], J. Konrad (aus evangelischer Sicht) »Schicksal und Gott« (1947)[43] und H.-E. Hengstenberg »Von der göttlichen Vorsehung« (1940)[44]. Damit ist die Zahl der größeren Monografien schon erschöpft. Zwei Kleinschriften, eine theologische Meditation und eine Dissertation sind noch der Erwähnung wert: F. v. Steenberghens »Vorsehung heute« (1971)[45], K. P. Fischers »Zufall oder Fügung?« (1977)[46], H. W. Unkels »Theorie und Praxis des Vorsehungsglaubens nach Pater Joseph Kentenich« (1980–81)[47] und G. Hubers »Machtvoll wirkt sein Arm. Vom Walten der Göttlichen Vorsehung« (1984)[48].

Als Ergebnis kann festgehalten werden, dass schon seit Jahrzehnten das Thema der Vorsehung in einer umfassenden Systematik nicht mehr angegangen worden ist. In diesem Zusammenhang erscheint es angebracht, Anmerkungen zur Literaturauswahl dieser Dissertation zu machen. Es wurde eine Beschränkung auf den deutschen Sprachraum und dort auf Veröffentlichungen seit 1960 vorgenommen, ohne allerdings einen Anspruch auf Vollständigkeit zu erheben. Dieses Prinzip wurde aber nicht streng durchgezogen, wie die Bezugnahme auf nicht wenige fremdsprachige Bücher und Aufsätze zeigt.[49] Insofern Grundsätzliches zur Vorsehung anzumerken ist, wurde dies auch an Gestalten der Geschichte, wie etwa Hegel oder D. F. Strauß, gezeigt. Da der Misskredit, in den die Vorsehung heute gefallen ist, seine Wurzeln in der weiter zurückliegenden Vergangenheit hat, war es notwendig, besonders in diesem Punkt den oben genannten Zeitrahmen beträchtlich zu überschreiten. Von esoterischer und anthroposophischer Seite für das Thema dieser Dissertation relevante Schriften wurden eingesehen; sie sind aber in der Regel derart abstrus, dass sie keiner weiteren Erörterung wert sind.[50] Vereinzelt waren Bücher nicht mehr erreichbar[51], erwiesen sich als wenig hilfreich für die Themenstellung der Dissertation (weil sie fast nur philosophischer Art sind[52] oder sich auf bestimmte Einzelaspekte beschränken[53]) oder verdienen es nicht, näher in Betracht gezogen zu werden[54]. Zur Literaturauswahl macht Fischer in seiner exzellenten Schrift »Zufall oder Fügung?« folgende Anmerkung: »Der Umstand, dass die hier thematisierte Frage <der Vorsehung> von geistlichen Autoren nur selten gesucht wird, bringt es mit sich, dass die fast unüberschaubare theologische Literatur hierzu wenig Greifbares bietet. Der Kritiker dieses Essays muss diesen Umstand gerechterweise berücksichtigen.«[55] Dies gilt auch für die vorliegende Arbeit. Es dürfte bei einiger Suche nicht schwerfallen, einen Theologen zu finden, der sich irgendwo zur Vorsehung geäußert hat und hier nicht berücksichtigt wurde; das Thema ist ja auch derart zentral, dass man kaum daran vorbeikommt. Allerdings ist es eben nur selten explizit in das Zentrum einer eigenen Veröffentlichung gerückt worden. Auffallend ist bei Fischers Literaturangabe auch die beträchtliche Zahl von naturwissenschaftlichen Büchern.[56] Die Zeit, in der die Vorsehung rein »binnendogmatisch« abgehandelt werden konnte, ist vorbei. Ein Gespräch mit Vertretern der Naturwissenschaft ist unabdingbar geworden; dies erklärt, warum den aus diesem Bereich sich ergebenden Fragen ein großer Raum gegeben wurde.

Die zur Vorsehungslehre angebotene Literatur offenbart eine verbreitete Skepsis und massive Zweifel, die schon aus den Buch- und Aufsatztiteln ersichtlich sind.[57] Besonders klar ist die Frontstellung in C. Amerys »Das Ende der Vorsehung. Die gnadenlosen Folgen des Christentums« (1974)[58]. Veröffentlichungen dieser Art sind wohl nicht immer nur als publikumswirksame Aufmachungen zu deuten, sondern verraten die Nöte und Anfragen der Zeit, auf die nun eingegangen werden soll.

1.3 Schwierigkeiten und Probleme der Providentialehre

Die Gründe für die Vernachlässigung der Vorsehungslehre haben sicher eine längere Vorgeschichte in der geistesgeschichtlichen Auseinandersetzung der letzten Jahrhunderte.[59] Wer im Horizont gegenwärtiger Theologie bleibt, wird allerdings keine lange Ursachenanalyse machen müssen. Die traditionellerweise im Lehrstück über die Vorsehung behandelten Themen sind fast ausnahmslos »heiße Eisen« heutiger Theologie. So braucht es dann auch nicht zu verwundern, dass sie von kaum jemand mehr angegangen werden. Verschärft wird dies dadurch, dass zusätzlich zu den sowieso schon recht schwierigen theologischen Fragen[60] noch Strömungen und Tendenzen der Zeit kommen, die für den Vorsehungsglauben geradezu kontraproduktiv sind.

Die moderne Existentialphilosophie mit ihrer negativen Bestimmung des menschlichen Daseins setzt der Lehre von der Vorsehung beträchtlich zu. Die Konstellationen haben sich zudem durch das neuzeitliche Natur-, Welt- und Menschenverständnis negativ verändert. Angesichts eines wissenschaftlich geschulten Bewusstseins will man das Lehrstück von der Vorsehung heute kaum mehr vertreten. Im Denkhorizont des Evolutionsparadigmas werden eigene Vorstellungen und Modelle über Ursprung und Vollendung des Lebens und der Welt vorgelegt, die oft erheblich vom biblischen und lehramtlichen Verständnis von Schöpfung und Vorsehung differieren.

1.3.1 Das naturwissenschaftliche Weltbild der Neuzeit

Die Manager der wissenschaftlich-technischen Weltgestaltung versuchen mit respektablem Erfolg, die Differenz zwischen ihren Berechnungssystemen und der Welt zu minimieren.[61] Die Wirklichkeit wird den Bedingungen der Mathematik angepasst durch eine Normierung in nahezu allen Bereichen des Lebens, angefangen von Begriffsbestimmungen bis hin zu den Güteklassen der Lebensmittel. Da eine solche Normierung sich als zweckmäßig erweist und zuverlässige Berechenbarkeit möglich macht, wird sie bewusst zum allgemeinen Grundsatz erhoben. Als Resultat ergibt sich ein Gesamtgefüge einer technisch gestalteten Welt mit einer eigenen Verlässlichkeit. Eine solche künstliche Welt, die erheblich abweicht von der real vorgegebenen mit ihren Unwägbarkeiten und Risiken, wird in ihrem sekundären Charakter kaum mehr erkannt. Sie wird immer mehr als die Welt schlechthin erlebt. Es entsteht eine veränderte Sicht der Wirklichkeit; man spricht von der »modernen Welterfahrung«. Das künstlich verkehrte Weltverhältnis sorgt für eine beträchtliche bewusstseinsmäßige Kluft zwischen einer durch technische Konstruktionsmächtigkeit umgestalteten Welt und jener, wie wir sie aus der Offenbarung kennen.

Die Ränder der Welt waren früher sozusagen numinos, in Bezug auf das Göttliche schaudervoll und anziehend zugleich, eingesäumt. Der Übergang von der sichtbaren zur unsichtbaren Wirklichkeit erfolgte nahtlos. Wie wohl kaum zuvor in der Geschichte wird die Welt heute dagegen in ihrer Profanität erlebt: »Was früher ›hierophan‹ oder ›theophan‹ empfunden wurde, erscheint jetzt als ›profan‹.«[62] Vieles wird nicht mehr Gott und seinem Wirken zugeschrieben, sondern erscheint durch den Siegeszug der Naturwissenschaften in den letzten beiden Jahrhunderten natürlich erklärbar ohne die Einschaltung eines metaphysischen Prinzips.[63]

Die technisch-konstruktivistische Mentalität einer nur eindimensionalen Weltbetrachtung wird in dem Roman »Homo faber« von M. Frisch treffend zum Ausdruck gebracht. Die Hauptperson des Romans, der Ingenieur Walter Faber, schreibt in sein Tagebuch: »Ich glaube nicht an Fügung und Schicksal, als Techniker bin ich gewohnt, mit den Formeln der Wahrscheinlichkeit zu rechnen. Wieso Fügung?«[64] Er erlebt zwar eine »ganze Kette von Zufällen«, bleibt aber bei seinem Bekenntnis zur Stochastik [Sammelbegriff für die Gebiete Wahrscheinlichkeitstheorie und Statistik]: »Ich brauche, um das Unwahrscheinliche als Erfahrungstatsache gelten zu lassen, keinerlei Mystik; Mathematik genügt mir.« Zwischen dem Wahrscheinlichen und dem Unwahrscheinlichen gibt es keinen Wesens- oder Seinsunterschied, sondern nur Unterschiede der Häufigkeit nach: »Es ist aber, wenn einmal das Unwahrscheinliche eintritt, nichts Höheres dabei, keinerlei Wunder oder Derartiges, wie es der Laie so gerne haben möchte. Indem wir vom Wahrscheinlichen sprechen, ist ja das Unwahrscheinliche immer schon inbegriffen, und zwar als Grenzfall des Möglichen, und wenn es einmal eintritt, das Unwahrscheinliche, so besteht für unsereinen keinerlei Grund zur Verwunderung, zur Erschütterung, zur Mystifikation.« Der »Homo faber« steht hier für den vom naturwissenschaftlichen Denken geprägten Menschen, der gegenüber dem, was man früher oft vorschnell als Fügung der Vorsehung betrachtet hat, misstrauisch und ablehnend geworden ist.[65] Nicht wenige Erzählungen von »wunderbaren Ereignissen«, selbst wenn sie noch so engagiert vorgetragen werden, tragen in der Tat das Gepräge eines Konstrukts an sich. Allzu offensichtlich spielen andere Motive mit hinein, die von einseitiger subjektiver Belichtung bis hin zum Betrug oder gar Wahn reichen. Die Psychologie erhebt ihren Einspruch, wenn in die Gleichungen menschlicher Lebenserfahrungen allzu rasch Fügungen als unbekannte Größen eingebracht werden. Sie entlarvt (so zumindest bei S. Freud) religiöse Ideen dieser Art als Illusion, ein Produkt kindlichen Wunschdenkens, und stellt dem illusionären Denken das Realitätsprinzip entgegen. Auch von theologischer Seite wird man dem nicht immer widersprechen, zumal eine gewisse »Entgötterung« der Welt sicher dort angebracht ist, »wo Glaube an ›höhere Gewalt‹ oder ›Fügungen‹ nachweislich menschliche Verfügungsgewalt ersetzen oder Verantwortung abtreten soll«.[66]

Die fortschreitende Entdeckung der naturgesetzlichen Zusammenhänge bleibt für das Bekenntnis des christlichen Vorsehungsglaubens nicht ohne Folgen. In gewisser Weise stellt sich uns heute, wenngleich unter völlig anderen äußeren Bedingungen, die gleiche Frage wie bei der Landnahme der Israeliten nach dem Exodus. Damals ging es darum, ob der Nomadengott, der Mitgeh-Gott, wie ihn die Israeliten auf ihrer

Relevanz und Problematik 43

Wüstenwanderung erfahren hatten, auch zuständig ist für die Sesshaftwerdung und die damit verbundene Lebenskultur; konkret, ob Jahwe ein Gott ist, der für Fruchtbarkeit und Wachstum verantwortlich ist, oder ob man sich einen neuen Gott suchen muss, was dann in der Baalsverehrung auch geschehen ist. Die Frage ist für viele heute in einer vergleichbaren Umbruchsituation ähnlich: Ist Gott angesichts einer technisch durchrationalisierten Welt, die immer mehr nur die vestigia hominis [Spuren des Menschen] erkennen lässt, in der bisher gedachten Weise zuständig oder muss man sich vom »alten Gott« verabschieden? Entsteht nicht für den Christengott aufgrund des modernen Verständnisses von Welt und Geschichte »Wohnungsnot«? Schon in Spinozas theologisch-politischem Traktat wird man des Problems ansichtig, das entsteht, wenn man die rationalistische Weltsicht an die Offenbarung heranträgt: »Wenn sich nun manches in der Heiligen Schrift findet, von dem wir die Ursachen nicht anzugeben wissen und das außerhalb der Naturordnung, ja ihr entgegen geschehen zu sein scheint, so darf uns das nicht stutzig machen; wir müssen vielmehr ohne Weiteres annehmen, dass das, was wirklich geschehen ist, auf natürlichem Wege geschah.«[67]

Die Mentalität einer Zeit, in der wie bei Spinoza die positivistische Begrenzung des Denkens geradezu als eine Pflicht der intellektuellen Redlichkeit verstanden wird, führt in der Theologie zu beträchtlichen Schwierigkeiten und Spannungen. Da Gott dann auch kein bestimmender und richtungsweisender Einfluss mehr auf den Lauf der Dinge zugebilligt werden kann, hat das Gebet nur noch den Sinn als Aussprache vor Gott; es wird »Selbstpflege«. Jegliche Bitte um eine Intervention Gottes erscheint sinnlos.[68] Das Wunder wird in der Sicht des »Homo faber« als widersprüchlich, ohne Übereinstimmung mit der Schönheit, die der Natur innewohnt, empfunden.[69] Für die Theologie besteht die Gefahr, dem aus der neuzeitlichen Rationalität sich erhebenden Denken Schritt für Schritt nachzugeben und Gottes Wirken in der Geschichte immer subtiler zu interpretieren, sodass dieser am Ende den »Tod von tausend Einschränkungen« und Modifizierungen stirbt. Mit Ratzinger[70] warnt Kasper vor einem »blutleeren Interpretationschristentum«: »Ist Gott nur noch der transzendentale Grund der Geschichte und gibt es keine Tatsachen mehr, die für oder gegen den Glauben ins Gewicht fallen, dann leidet ein solcher Glaube an seiner eigenen Unwiderleglichkeit. Sie ist keine Stärke, sondern eine Schwäche. Die Glaubensaussagen werden dann zu völlig inhaltslosen Leerformeln und zu einem ideologischen Überbau über der konkreten Wirklichkeit. Eine geschichtliche Theologie muss deshalb den Mut zur geschichtlichen Konkretion haben und darf für die Praxis nicht einfach folgenlos bleiben.«[71]

1.3.2 Die evolutionistische Herausforderung

Bei fast allen Definitionen der Vorsehung seit der Antike ist das finale Moment ein Kernstück. Die Vorsehung als zielhaftes Handeln Gottes ist schon mit der creatio [Schöpfung] gesetzt. Sie bedeutet die stete Fortsetzung des Werkes der Schöpfung, ist »Extension des Schöpfungsglaubens«[72]. Der Vorsehungsglaube ruht deshalb auf dem Schöpfungsglauben auf und setzt diesen voraus;[73] gleichzeitig gewinnt Letzterer erst im Glauben an die Vorsehung seine Tiefe und seinen existentiellen Ernst. Eine Vernachlässigung der Schöpfungswahrheit hat deshalb auch eine Beeinträchtigung der Vorsehungslehre zur Folge. Wenn sich die Frage nach dem Anfang der Welt in einem grauen Urnebel vor Jahrmilliarden auflöst, dann entschwindet der Schöpfungs- und mit ihm der Vorsehungsglaube.

Die Ablehnung jeglicher Teleologie, die angeblich keine existentielle Kraft mehr hätte, seitens nicht weniger Naturwissenschaftler und etlicher Theologen[74] wirkt sich hier verheerend aus, weil der Vorsehungsglaube in einer Weltdeutung, in der die Finalursächlichkeit gänzlich ausgeschieden ist, niemals einen Anhalt und ein Vorverständnis finden kann. Eine Einheitsauffassung von Wirkursächlichkeit und Finalität erweist sich somit als unabdingbar, die aber gerade im Denkhorizont einer »von selbst« ablaufenden Evolution vehement bestritten wird. Ein Handeln Gottes im Naturgeschehen wird hier als nachträglicher Überbau abgelehnt.

Die Vorsehung Gottes hat die »Voraussicht, Führungsfähigkeit und Gestaltungskraft des Menschen in einem früher nicht erkennbaren Maße in ihre Planungen eingesetzt«.[75] Sollte man sogar nicht noch weitergehen und vom homo providens [vorhersehenden Menschen] sprechen, der durch seine technische Konstruktionsmächtigkeit immer mehr in die

Relevanz und Problematik 45

Lage versetzt wird, selbst die Rolle der Vorsehung des »alten Gottes« zu übernehmen, zumal sich in der Genetik eine Tür zur Verwirklichung dieses Wunsches aufzutun scheint? Die Hoffnung darauf, Natur und Geschichte allmählich doch noch in den Griff zu bekommen, hat durch die Gentechnologie mächtig Auftrieb genommen. Der Mensch glaubt, hier den Schlüssel zur Sprache der Schöpfung gefunden zu haben. Die neuartigen Techniken erlauben es ihm, »sein eigenes Schicksal in die Hand zu nehmen« und die »Grenzen einer vernunftgemäßen Herrschaft über die Natur zu überschreiten«.[76] Er will wie Wagner in Goethes Faust »des Zufalls künftig lachen«,[77] indem er in bisher nie gekannter Weise selbst Vorsehung spielt und lebenswichtige Vorgänge, wie die Zeugung eines Menschen, nicht mehr dem Zufall überlässt.

Es ergeben sich für die Vorsehung aus diesem Bereich viele Fragen, die an Brisanz sicher noch zunehmen werden, da unser Menschenverständnis von der Biologie entscheidend beeinflusst wird, mehr noch als von jeder anderen naturwissenschaftlichen Disziplin.

1.3.3 Die Kontraposition einer Existentialphilosophie

Einflussreiche Strömungen der modernen (Existential-)Philosophie erweisen sich nicht nur als wenig hilfreich, sondern auch als eine Art Gegenpart zu wesentlichen Punkten der Providentialehre. Durch die existentialistische Subjektivierung wird der Erlösungs- und Vorsehungsglaube weltlos und blutleer. Dieser wird allenfalls noch als eine »Chiffre zum Ausdruck der Existenzphänomene ›Gehaltensein‹ und ›Verpflichtetsein‹«[78] verstanden werden können; doch nicht nur das: Mit der Bestimmung des menschlichen Daseins als »Ekel« (Sartre), »Angst« (Heidegger) und »Scheitern« (Jaspers) erscheint die Vorsehung mit ihrem Weltbild der Geborgenheit geradezu als ein Gegenentwurf zur vorherrschenden pessimistischen Weltsicht der Unsicherheit und Geworfenheit. Die harte Realitätserfahrung in diesem Jahrhundert mit grausam geführten Kriegen hat sicher zur Entstehung dieses negativen Bildes der Wirklichkeit beigetragen. Das Moment des Sinnlosen und nicht Einsehbaren erhält eine derartige Gewichtung, dass von vornherein jegliche Annäherung an eine zielgerichtet führende Vorsehung sich dem Verdacht auf

Ideologie aussetzt.[79] Der Mensch versteht sich in dieser Perspektive als ein ins Dasein Gestoßener, der allein schon mit der Tatsache seiner bloßen Existenz nicht fertigwird: »Dass ich bin, ist sozusagen ein Angriff auf mich selbst ... Die Tatsache, dass ich bin, überfordert mich, ich weiß nicht, wie ich damit fertig werden soll.«[80] Das ganze Dasein ist nichts anderes als ein angstvoller Vorlauf zum Tod; der Mensch ist aus dem Nichts in das Nichts hineingehalten. Ein Leben nach dem Tod wird als billige Vertröstung abgetan.

Aus diesen Ausführungen geht erneut hervor, wie wichtig eine Aufarbeitung der anstehenden Fragen ist. Mit Auer kann festgehalten werden: »Das Weiterwirken der deistischen Gedanken, atheistisch-nihilistische Ideen in unserer Zeit sowie die großen Erschütterungen vor allem durch die Katastrophen des 2. Weltkrieges (vgl. J.-P. Sartre und E. Wiechert) lassen eine neue Besinnung auf die christliche Vorsehungslehre als notwendig erscheinen. Maßgeblich mag dabei eine Rückbesinnung auf die biblischen Grundlagen sein, in denen die Vorsehungslehre als echtes ›Glaubensgeheimnis‹ erscheint, das wohl menschliches Verständnis sucht (fides quaerens intellectum [Glaube, der nach Einsicht sucht]), aber nicht durch eine philosophische Lehre ersetzt werden kann.«[81]

> *Wir können und dürfen uns alle nur
> als Mittel der Vorsehung betrachten,
> der eine mehr, der andere weniger.*[1]
> A. Hitler

2 Der Missbrauch des Begriffs der Vorsehung

Die Vorsehung musste im Lauf der Geschichte schon vieles »mitmachen«. In der Aufklärungszeit verkam sie zu einer Vernunftwahrheit, die identisch war mit einer sinnvollen Einrichtung von Welt und Geschichte. Es mag auch durchaus sein, dass es einen Missbrauch bzw. ein kulturell bedingtes Missverständnis des Gebetes und damit der Vorsehung bezüglich kriegerischer Auseinandersetzungen für lange Zeit gegeben hat. Uns interessiert in diesem Zusammenhang aber nur, wie stark die Vorsehung Schaden genommen hat durch eine fragwürdige Inanspruchnahme durch Politik und Theologie in der jüngeren Vergangenheit dieses Jahrhunderts und seiner zwei großen Kriege, weil dies auch Ausstrahlungen auf die gegenwärtige Theologie erwarten lässt. W. Borchert (1921–1947) und E. Wiechert (1887–1950) erheben hier eine harte und spöttische Anklage gegen Theologie und Kirche.[2] In »Draußen vor der Tür« sagt Beckmann über Gott: »Die Theologen haben dich alt werden lassen.«[3] Stimmt das? Ist es die Schuld der Theologen, wenn Gott alt aussieht? Es besteht Klärungsbedarf. Ein möglicher Missbrauch des Begriffs der Vorsehung soll aber nicht nur hinsichtlich der Vorsehungsliteratur während der beiden Weltkriege untersucht werden. Oft ist feststellbar, dass bei fragwürdigen theologischen Vorgaben, wie einem schiefen Gottes- und Menschenbild, die Auswirkungen schlimmer sein können als bei einer offensichtlich missbräuchlichen Inanspruchnahme der Vorsehung für dubiose oder gar verbrecherische Ziele. In einem größeren Ausgriff soll deshalb zunächst die Darstellung der Vorsehung in einer wichtigen Schrift vor dem Ersten Weltkrieg in einem ersten Abschnitt ausgeleuchtet werden.

Daran schließt sich die Aufarbeitung der Vorsehungsliteratur während und teilweise auch nach den beiden Weltkriegen an. Der Missbrauch der Vorsehung im Dritten Reich wird in einem eigenen dritten Abschnitt behandelt. Eine kritische Wertung schließt sich an jeden der drei Teile an.

2.1 Darstellung und Wertung der Vorsehung in Lehmkuhls »Die göttliche Vorsehung«

Die von dem Moraltheologen A. Lehmkuhl vor dem Ersten Weltkrieg herausgegebene Schrift »Die göttliche Vorsehung«[4] wurde ausgewählt, weil sie typisch erscheint für eine Frömmigkeitsrichtung, die damals sehr stark verbreitet war und ihren Niederschlag nicht nur in der Darstellung der Viten der Heiligen und der »Erbauungsliteratur« gefunden hat, sondern auch in der dogmatischen Theologie. Außerdem ist zu berücksichtigen, dass im Gesamtverzeichnis des deutschsprachigen Schrifttums 1911–1965 unter dem Stichwort »Vorsehung«[5] für den infrage kommenden Zeitraum nur fünf Schriften ausgewiesen sind, wobei sich vier (Lehmkuhls Ausgabe mit eingeschlossen) auf Colombière beziehen.[6]

Lehmkuhl ist es ein Anliegen, die Hingabe des Menschen an die Leitung Gottes herauszuarbeiten. Detailliert wird im Inhaltsverzeichnis aufgelistet, in welchen konkreten Lebenssituationen man auf Gott vertrauen soll: bei Familiensorgen, Geldverlusten, in Krankheit, Armut, Demütigung, bei natürlichen Mängeln, wenn einem die Witterung zu schaffen macht. Gestützt durch Beispiele aus der Heiligen Schrift und dem Leben der Heiligen wird dargelegt, dass es gerade in leidvollen Situationen darauf ankommt, auf Gott sein Vertrauen zu setzen, denn, so wird immer wieder betont, alles Leid wird uns letztlich von Gott geschickt,[7] auch wenn er selbst nicht die Quelle des Bösen ist.

Diese Darstellung der Vorsehung ist aber trotz ihrer positiven Zielsetzung nicht von Einseitigkeiten frei; besonders am Menschen- und Gottesbild wird die Kritik ansetzen müssen.

In beachtlicher Weise scheint der stoische Ataraxiegedanke [Unerschütterlichkeitsgedanke] bei der Bewältigung des Leides eingeflossen zu sein, wenn es heißt, dass man die größten Unfälle des Lebens ertragen soll, ohne davon erschüttert zu werden.[8] Bilder wie jenes vom Fels

Die missbrauchte Vorsehung 49

im Meer, der unbewegt in der Brandung steht, so wild diese auch sein mag, sind stoischem Gedankengut entnommen. Der von seinen Brüdern den Ismaeliten verkaufte Josef wird getadelt, weil er sich über seine Not betrübt hat.[9] Spätestens hier wird man sich fragen müssen, ob eine menschliche Notsituation durch den Hinweis auf den späteren glücklichen Ausgang nicht verharmlost wird. Es wäre doch seltsam gewesen, wenn Josef vom schändlichen Verhalten seiner Brüder nicht zutiefst betroffen gewesen wäre und das nicht nur leiblich, sondern auch und gerade seelisch. Wird nicht auch in den Psalmen die Klage des Menschen über Unrecht, Krankheit und Schuld immer wieder ausgesprochen, ohne dass dies in eine grundsätzliche Auflehnung gegen Gott einmünden würde? Wer überdies Josef kritisiert, muss den einmal eingeschlagenen Weg ganz zu Ende gehen und Jesus im Garten Getsemani ebenfalls des mangelnden Vertrauens auf den Beistand des himmlischen Vaters bezichtigen. Mit guten Gründen sollte man das allerdings nicht tun und gar nicht erst Wege beschreiten, die in diese Richtung führen.

Mit der Anthropologie korrespondiert ein entsprechendes Gottesbild. In kaum mehr erträglicher Formulierung heißt es, Gott würde »den Stahl in das gesunde Fleisch stoßen, um euch aufzurütteln«.[10] Was ist das für ein Gott, der seine Hauptaufgabe darin sieht, dem Menschen ständig Leid zu schicken? Man hätte sich klarere Differenzierungen darüber gewünscht, wer für die Entstehung des Übels verantwortlich zeichnet. Sind es nicht oft wir selbst mit der Korruptheit unserer Handlungen? Anstatt Gott als Prüfungsinstanz für unser Leben darzustellen, wäre es besser gewesen zu betonen, dass dieser zu uns steht, uns seine Gnade schenkt trotz unserer Sünden.

Das aber eben dargelegte Gottes- und Menschenbild bleibt nicht folgenlos: Es muss eine lähmende Auswirkung für den Menschen haben und ihn zur Passivität verdammen. Wieso soll man eine Änderung leidvoller Zustände anstreben, wenn Gott das Leid »geschickt« und der Mensch sich in die Haltung des ruhig Hinnehmenden eingeübt hat? Die vorschnelle Vertröstung auf den Ausgleich im Jenseits erscheint als eine weitere logische Konsequenz.

Bei Lehmkuhl wird man allgemein den Interpretationsrahmen der damaligen Zeit sehen müssen, in dem dann auch die Vorsehung ihre Auslegung fand. Die Überbetonung eines den Menschen fordernden und ihn bei Nichtentsprechung hart strafenden Gottes, in dessen Schickungen man sich zu ergeben habe, prägte große Teile der Theologie von damals und damit auch die Darstellung der Vorsehung. Insofern wird man von einem eigentlichen Missbrauch des Begriffs der Vorsehung kaum sprechen dürfen. Trotzdem hat aber das aufgezeigte schiefe Gottes- und Menschenbild Folgen für die kommende Zeit der Theologie gehabt, und zwar mehr noch als die missbräuchliche Verwendung der Vorsehung etwa im Dritten Reich! In einem Ausschlag des Pendels in das gegenteilige Extrem wird die Hingabe an eine führende Vorsehung heute nämlich oft als Abtretung von Eigenverantwortung misstrauisch beargwöhnt. Vereinfacht formuliert könnte man so sagen: Auf die fraglose Auslieferung an Gottes Vorsehung folgte eine Hinterfragung bis hin zur Ab- und Auflehnung. Diesen Wechsel in der Einstellung gilt es später noch genau zu analysieren.[11]

2.2 Die Vorsehungsliteratur während der beiden Weltkriege

Wer sich die grauenhaften Ereignisse der Weltkriege vergegenwärtigt, wie etwa das furchtbare Gemetzel beim Nahkampf eines Sturmangriffs oder das Leid der Angehörigen, wenn sie vom Tod ihrer Lieben erfuhren,[12] der wird mit einer gewissen Spannung an die Texte über die Vorsehung in dieser Zeit herangehen, weil er sich fragt, wie man versucht hat, auf die quälenden Fragen nach dem Warum des Leides Antwort zu geben. Was hat man auf den Aufschrei eines Wiechert oder Borchert entgegnet? Auch auf das Bittgebet wird eingegangen werden müssen, da besonders im Ersten Weltkrieg intensiv um den Sieg der deutschen Waffen gebetet wurde. Wurde die Vorsehung missbraucht?

2.2.1 Der Aufschrei bei Wiechert und Borchert

Eine völlig abweisende Antwort auf die Möglichkeit einer Vorsehung in einer Zeit, in der Totenlisten mit sechs Nullen geschrieben wurden und der Tod ständig rülpste, weil er sich überfressen hatte,[13] wurde von Wiechert und Borchert gegeben.

Die missbrauchte Vorsehung 51

Wiechert, der zu seiner Zeit viel gelesene, heute aber etwas in Vergessenheit geratene »Dichter des gescheiterten Vorsehungsglaubens«[14], ließ die zahllosen Stimmen derer, die im Grauen des Ersten Weltkrieges den Glauben an Gott verloren hatten, in seinem Roman »Das einfache Leben« zu Wort kommen. Für den Helden des Romans nimmt der Vatergott immer mehr die Züge der steinernen Maske des Fatums [Schicksals] an. Er zieht sich von diesem blutigen Stern zurück. »Augen ohne Wimpern« ruhen auf den »zerrissenen und verbrannten Körpern zu beiden Seiten der verrosteten und zerfallenen Drahtverhaue.«[15] Über den endlosen schweigenden Zügen der Kinder sind die Finger des Hungers aufgehoben oder das Messer des Schlächters. Eine Träne gilt für Gott nicht mehr »als der Regen oder der Tau und der Schrei nicht mehr als der Donner der Woge, und das Stöhnen ganzer Städte und Reiche nicht mehr als der flüchtige Laut des Windes«.[16] »Ein Volk, das zwei Millionen Tote hingegeben hat, kann vielleicht das Recht haben, Gott zu fragen, was er sich dabei gedacht habe ... Wenn aber Gott nicht antwortet, auf diese zwei Millionen nicht und auf die Millionen auch nicht, die man hinterher umgebracht hat ... sondern es so aussieht, als würde er nach zwanzig oder zweihundert Millionen ebenso wenig antworten, ein stummer Gott, eisig vor Gleichgültigkeit, wie ein furchtbarer Lehrer vor hilflosen, weinenden Kindern: Dann ... könnte es sein, dass es hier und da einem zu viel wird, vor der Steinwand zu knien und als Antwort das Echo zu bekommen.«[17] Wiechert fragt sich, »was das denn für eine Liebe sei, die im Opfern und im Schweigen bestehe«.[18] In Anspielung auf den Schöpfungsbericht heißt es weiter: »Und die schweigend dabeisitzt, das Haupt in die Hände gestützt, und ansieht, was sie gemacht hat, und findet, dass sie es sehr gut gemacht habe.« Im »Totenwald« schildert Wiechert, wie sein Glaube an die Vorsehung Gottes durch die schrecklichen Erlebnisse im Konzentrationslager ausgelöscht wurde: »Die Vorstellung von ihm, die Jahrtausend alte Idee, der Glaube an sein Regiment, und mochte es auch ein hartes Regiment sein sollen, zerbrachen so, wie jenen Verdammten das Bild der Erde zerbrochen war.«[19]

Ähnlich wie Wiechert wurde Borchert zum Sprachrohr einer verratenen Generation[20] – er nennt sie »Generation ohne Gott«[21] –, die auf den Schlachtfeldern des Zweiten Weltkrieges in unverantwortlicher Weise in den Tod geschickt worden war. In einer Aufforderung an einen

Freund heißt es bei ihm: »Und erzähl deinen Kindern nie von dem heiligen Krieg: Sag die Wahrheit, sag sie so rot, wie sie ist: voll Blut und Mündungsfeuer und Geschrei.«[22] Dieser Aufforderung ist Borchert selbst nachgekommen, als er das Schicksal des Heimkehrers Beckmann in seinem bekanntesten Werk »Draußen vor der Tür«[23] beschrieb. Um die Abwesenheit eines Heilsplanes vorzuführen, bemüht er die Ruine des allegorischen Mysteriumspieles, in dem Gott als alter weinerlicher Mann auftritt, der sich zugrunde heult und »an den keiner mehr glaubt«.[24] Im Gespräch mit ihm entlädt sich die angestaute Verbitterung Beckmanns: »Wann bist du eigentlich lieb, lieber Gott? Warst du lieb, als du meinen Jungen, der gerade ein Jahr alt war, als du meinen kleinen Jungen von einer brüllenden Bombe zerreißen ließt? ... Nein, richtig. Du hast es nur zugelassen. Du hast nicht hingehört, als er schrie und als die Bomben brüllten ... Oder warst du lieb, als von meinem Spähtrupp elf Mann fehlten? ... Die elf Mann haben gewiss laut geschrien in dem einsamen Wald, aber du warst einfach nicht da, einfach nicht da, lieber Gott. Warst du in Stalingrad lieb, lieber Gott, warst du da lieb, wie? ... Wann hast du dich jemals um uns gekümmert, Gott?«[25] Dabei ist es keineswegs so, dass Beckmann nicht glauben möchte. Aber aufgrund der gemachten Erfahrungen kann er dem »Märchenbuchliebengott«[26] kein Vertrauen mehr schenken. Übrig bleibt nur die Negation, die »freie Luft unseres Neins«,[27] eine eisige Einsamkeit und ein trotziges Ja zum Leben.

2.2.2 Die Vorsehungsliteratur zum Ersten Weltkrieg: Inhalt und Wertung

Bei der eingesehenen Vorsehungsliteratur zu den beiden Weltkriegen handelt es sich meist um die im Deutschen Bücherverzeichnis ausgewiesenen Veröffentlichungen, die *während* der Weltkriege zum Thema der Vorsehung geschrieben wurden.[28]

Schon ein erster Überblick über das Schrifttum zur Vorsehung im Ersten Weltkrieg – man hat es ausnahmslos mit Kleinschriften zu tun, die den Umfang von 40 Seiten selten überschreiten – liefert interessante Informationen.[29] Es zeigt sich, dass

1. nahezu alle Schichtungen und Stände der katholischen Hierarchie, angefangen vom Kaplan über den Professor bis zum Erzbischof, sich zur Vorsehung geäußert haben, die Professoren sich aber besonders stark herausgefordert fühlten (immerhin 4 von 10!);
2. die katholischen Stellungnahmen (8) im Vergleich zu den evangelischen (2) überwiegen;
3. je länger der Krieg gedauert hat, desto weniger zur Vorsehung geschrieben wurde (Becks Gespräch über den Weltkrieg und die Vorsehung ist eine Größe eigener Art, darauf muss gesondert eingegangen werden).

Der Einstieg in das Thema ist bei allen fast gleich: Anhand der Schilderung der Not des Krieges für die Soldaten an der Front und der enormen Zerstörungen drängt sich von selbst die Sinnfrage bzw. die Vereinbarkeit mit einer gütigen Vorsehung auf.[30] Freilich werden hier schon Unterschiede deutlich. Mit zunehmender Länge des Krieges wurden die Fragen immer quälender und bohrender gestellt. Jemand, der 1914 oder am Anfang des Jahres 1915 schrieb mit der Hoffnung auf einen baldigen Sieg der deutschen Waffen, tat dies anders als jemand, der 1916 schon auf fünf Millionen Kriegstote zurückblicken musste.[31] Die Bereitschaft, den Krieg zu rechtfertigen, verging spürbar. Offensichtlich war man sich am Beginn des Krieges noch nicht bewusst, dass man es mit einem modernen Krieg zu tun hatte mit einem bislang nicht bekannten Potential an Zerstörung.

Eine betont nationale, nicht aber nationalistische Einstellung ist bei allen Veröffentlichungen anzutreffen. Wiederholte Male wurde die These des deutschen Kaisers aufgriffen, wonach dem Deutschen Reich der Krieg aufgedrängt wurde und die Schuld bei den anderen Nationen zu suchen sei.[32] Aber auch dort gibt es Unterschiede und Stufungen. Während Eßer mit seinen kritischen Äußerungen sich positiv abhebt,[33] fallen die beiden evangelischen Pastoren Delbrück und Horbach, Kaplan Dederichs und Professor Gspann negativ mit ihren überzogenen Feindbildern auf.[34] Fast allgemein kann gesagt werden, dass der Krieg als ein Straf- und Läuterungsmittel Gottes gesehen wurde für Sünden,[35] besonders den sittlichen Verfall vor dem Krieg. Die kriegerische Auseinandersetzung ist nicht nur negativ besetzt; sie setzt Kräfte des Guten frei: Geduld im Ertragen von Widerwärtigkeiten, Opferbereitschaft, Kameradschaftlichkeit, nationales Ehrgefühl, Rückgang sittenloser Ausschweifung und Weckung der Glaubenskräfte (»Not lehrt beten«).[36]

Andeutungen, etwa im Anschluss an Jes 55,8 f., wonach die Vorsehung Gottes menschlicher Einsichtnahme nicht ohne Weiteres offensteht, oder im Hinblick auf die Torheit des Kreuzes sind selten;[37] aber auch euphorische Aussagen wie die folgende sind singulär: »Wahrlich: Krieg und Vorsehung, das Problem ist gelöst. Die Frage quält nicht mehr.«[38]

Da nahezu alle (!) eingesehenen Schriften von der Gerechtigkeit der deutschen Sache überzeugt sind, wurde die Frage des Bittgebetes relativ einfach gelöst: Man muss sich selbst von Sünden rein halten und Gott nur intensiv genug um den Sieg bitten, dann wird er zweifellos dem deutschen Volk geschenkt werden.[39] Genuin theologische Ansatzpunkte sind in dieser auf Breitenwirksamkeit bedachten Literatur nur wenig zu erwarten; dass sie aber beim Bittgebet nur bei Schreiber anzutreffen sind, überrascht in dieser Spärlichkeit dann doch.[40]

Sowohl vom Zeitpunkt der Abfassung (1918) wie vom literarischen Genus (gewählt wird die Form des Gesprächs zwischen einem Studenten, der im Krieg den Glauben verloren hat, und seinem alten Pfarrer) hebt sich Becks Schrift »Weltkrieg und Vorsehung« von den übrigen ab. Die blutige Saat der Gewalt und Zerstörung war nun nicht mehr zu übersehen: »Ganze Bataillone wurden weggemäht von den Maschinengewehren.«[41] In der Sprache und im Ausdruck des Studenten schwingt die ganze Bitterkeit des erlebten Leides mit.[42] Der Pfarrer verweist in seiner Entgegnung auf ein falsches Gottesbild;[43] das sündhafte Begehren nach Ruhm und Vorrang als eigentlichen Grund des Krieges, die Fortschritte einer gottentfremdeten Naturwissenschaft, die nun auf den Menschen selbst im »›Triumph‹ der Kultur zum Vernichtungskampfe«[44] zurückschlagen, den Geheimnischarakter der Vorsehung sowie auf die Liebe Gottes als Motiv von Schöpfung und Erlösung und den Ausgleich im Eschaton [im Jenseits]. Auch wenn der gute Ausgang des Gesprächs etwas gekünstelt erscheint;[45] so dürfte doch Becks »Weltkrieg und Vorsehung« das Beste sein, was zur Vorsehung im Ersten Weltkrieg geschrieben wurde.

Wenn aus heutiger Sicht auf die Vorsehungsliteratur im Ersten Weltkrieg zurückgeblickt wird, ist darauf zu achten, keinem Anachronismus zu verfallen. Die Kriegsbegeisterung war 1914 allgemein. Im Vergleich zu dem damals üblichen übertriebenen Nationalismus sind die eingesehenen theologischen Aufsätze sogar noch relativ moderat im Ton. Trotzdem kann damit nicht alles entschuldigt werden. Es ist bedrückend, wenn sich keine einzige (!) kritische Anmerkung zu der aggressiven Hochrüstungspolitik und dem unverantwortlichen »Säbelrasseln« des wilhelminischen Deutschland findet und die Kriegsschuld allein den anderen Staaten angelastet wird.

Es bleibt der bittere Nachgeschmack, dass die Vorsehung zur Rechtfertigung des Krieges herangezogen wurde. Trotz andersartiger verbaler Beteuerungen wurde das wahnwitzige Töten an der Front bei Weitem nicht in voller Schärfe erkannt. Dementsprechend oberflächlich und seicht wurde das Theodizeeproblem, die Rechtfertigung Gottes angesichts des Leids, angegangen. Aufgrund der Voreingenommenheit für die deutsche Kriegsführung ist es beschämend, was zum Bittgebet gesagt wurde. Der Geheimnischarakter der Vorsehung wurde nicht zur Genüge erkannt und betont. Es blieb nicht ungestraft, wenn man vorschnell davon ausging, Gott auf seiner Seite zu haben. Insofern hat die obige Kritik Wiecherts, dass die Kirche zu den Opfern nicht immer das Richtige gesagt habe, tatsächlich eine gewisse Berechtigung, wenngleich auch hier nicht in unguter Weise verallgemeinert werden darf.

2.2.3 Die Vorsehungsliteratur zum Zweiten Weltkrieg: Inhalt und Wertung

Die Situation im Zweiten Weltkrieg war eine völlig andere als im Ersten. Die braune Diktatur suchte das Erscheinen von Literatur zu verhindern, die kritische Anfragen zum Kriegsgeschehen enthielt. Deshalb wird im Unterschied zum Ersten Weltkrieg auch auf Veröffentlichungen nach dem Krieg zurückgegriffen werden müssen.[46] Es kommt zusätzlich hinzu, dass die Erinnerungen an die grauenvollen Ereignisse des Völkerringens von 1914 bis 1918 nachgewirkt haben, sodass zum Zweiten Weltkrieg in ethischer und religiöser Hinsicht allgemein und zur Vorsehung im Besonderen erheblich weniger geschrieben wurde.[47]

Trotzdem kamen auch während des Krieges Schriften zur Vorsehung heraus. Da es nur drei sind, die ausfindig gemacht werden konnten, kann auf sie näher eingegangen werden.[48]

Zu Unrecht wird H. Schneiders Kleinschrift »Gott am Steuer. Ein Büchlein von der göttlichen Vorsehung« von R. Pesch in negativem Licht dargestellt. Das Bild vom Steuermann am Ruder bei Schneider ist nicht reißerisch zu verstehen;[49] sondern soll lediglich verdeutlichen, dass Gott sich das Ruder nicht aus der Hand nehmen lässt: Gerade im Unwetter lenkt und leitet er. Es findet keine »Fahrt ins Blaue« statt. Schneider beschränkt sich auf die Theodizeefrage und bietet hier die sonst üblichen Argumente. Ungute Vereinnahmungen biblischer Stellen oder Rechtfertigungsversuche des Krieges unterbleiben.

Freundorfers »Vorsehung, Leid und Krieg« ist eine Sammlung von vier kleinen Aufsätzen, die zu verschiedenen Zwecken abgefasst wurden und von denen jeder in sich geschlossen ist. In dem für uns wichtigen dritten Aufsatz »Der religiöse Sinn der Kriegszeit« greift er unverkennbar auf die Argumentationsweise der braunen Machthaber vom notwendigen Krieg zurück, ohne dass er sich entsprechend davon distanziert.[50] Jesus ist für ihn das »höchste Vorbild der Tapferkeit«; er hätte »Berufstreue bis zum Heldentod« gezeigt und ist sowieso »der Held der Helden und der Erste unter den Helden«.[51]

Auch wenn Hophan mit einer ganzen Serie quälender Fragen aufwartet,[52] ist seiner »Vorsehung« deutlich anzumerken, dass sie nicht unter dem unmittelbaren Eindruck der furchtbaren Verwüstungen des Krieges entstanden ist – sie wurde in der Schweiz verfasst. Er hätte sonst anders schreiben müssen. In einer poetischen, ausdrucksstarken Sprache geht er auf 157 Seiten die einschlägigen Problemstellungen an. Erfreulich ist die Betonung des Geheimnischarakters der göttlichen Vorsehung, die ihren Schleier erst beim Jüngsten Gericht fallen lassen wird.[53] Die Vorsehung ist für ihn schon zu einem belasteten Begriff geworden.[54]

In einem kurzen Resümee zu diesen drei Schriften kann festgehalten werden, dass nur bei Freundorfer fragwürdige Aussagen getroffen werden, die sich aber weniger auf die Vorsehung denn auf eine allgemein verfehlte Einschätzung der Kriegspolitik zurückführen lässt. Von einer eigenen Literatur zur Vorsehung während des Zweiten Weltkrieges kann nicht gesprochen werden.

Die missbrauchte Vorsehung 57

Leider hat sich die Einschätzung des Benediktiners Grün hinsichtlich seiner 1948 herausgegebenen »Gespräche über die göttliche Vorsehung« bewahrheitet, wonach sein Werk ein »Buch der Gegenwart, damit vielleicht der schnellen Vergänglichkeit«[55] ist, denn es hat keine größere Beachtung gefunden. Es hebt sich durch Umfang (360 Seiten) und Qualität vom übrigen Vorsehungsschrifttum ab. Es gehört wohl zum Besten, was über die Vorsehung geschrieben wurde. Grün nimmt ähnlich wie Beck in Gesprächsform – offensichtlich eignet sich dieses literarische Genus bestens – die Auseinandersetzung mit den bohrenden Fragen Wiecherts, den Einwürfen Nietzsches und den Gedankenführungen des Großinquisitors bei Dostojewski ebenso auf wie mit dem Existentialismus (Jaspers, Heidegger und Sartre) und modernen naturwissenschaftlichen Fragestellungen.[56] Zu diesem großen geistigen Horizont kommt ein gutes psychologisches Einfühlungsvermögen und ein Gespür für die Nöte der Zeit hinzu. Grün hat die anstehenden Fragen selbst existentiell durchlitten[57]; vorschnelle Lösungen sind bei ihm deshalb nicht anzutreffen.

Seine Ausführungen zum Theodizeeproblem sind es wert, näher betrachtet zu werden. Grüns Ehrfurcht vor dem leidenden Menschen und seinen quälenden Fragen verhindert, dass er diesen mit oberflächlichen Antworten abfertigt. Für den Zusammenbruch des Glaubens in den Leidsituationen des Krieges macht er mangelnde Glaubenskraft und – wie Beck – eine falsche Vorstellung von der Vorsehung verantwortlich. Er verweist auf einen häretischen Gottesbegriff, wonach viele Gott als einen Rachegott ihrer persönlichen Vergeltungswünsche sahen: Gott ist aber kein Erfüllungsgehilfe menschlicher Wünsche, auch wenn diese noch so berechtigt erscheinen. Ein bei jeglichem Vergehen intervenierender Gott würde zu einem Aufpasser-Gott verkommen und die Übermächtigung durch den »Terror des Wunders«[58] zu einem Dauerzustand der Angst führen und zu einer verhängnisvollen Lohnmoral als Motivkraft menschlichen Handelns. In selbstkritischer Haltung weist Grün eine Egozentrik zurück, die erst dann anfängt, nach dem Warum des Leides zu fragen, wenn es einen selbst trifft.[59] Es ist nicht redlich, Gott die Schuld anzulasten, wo doch wir selbst dafür verantwortlich waren, dass »die von unserer Duldung und Bewunderung gemästete Bestie ihre Bestialität an uns ausließ und uns in die allgemeine Vernichtung hineinriss«.[60] Es gab ferner nicht wenige, die erklärten, dass sie nicht mehr an einen gerechten Gott glauben könnten, wenn er die himmelschreienden Verbrechen der Nationalsozialisten nicht bestrafen würde: »Nun ist die erwünschte Niederlage da, und wie viele Deutsche folgern jetzt: Es gibt keinen Gott, unsere völkische Katastrophe ist Beweis dafür!«[61] Den harten Anfragen O. Engels in seinem Aufsatz »Die Ferne Gottes«[62] hält er entgegen, was Fries Wiechert erwidert hat: Dieser »könnte uns dann überzeugen, wenn alle Menschen, die in seiner Lage standen ... dasselbe sagten wie er: Gott ist tot. Doch dem ist nicht so. Neben die Schar derer, die nicht mehr rufen können ›Mit Gott!‹ treten die Reihen derer, die in derselben Situation, in derselben Heimsuchung Gott fanden oder wiederfanden, die in derselben Glut der Leiden bekannten: Gott lebt. Derselbe Abgrund von Qual und Schmerz kann ein tödlicher oder ein gesegneter sein ... Wirklichkeit steht neben Wirklichkeit, Tatsache neben Tatsache. Wann wurde Gott mehr gepriesen und verstoßen als in den Tagen und Nächten des Krieges, wo wurde er mehr geliebt und verflucht als hinter Kerkermauern und Stacheldrähten! Geheimnis Gottes, Geheimnis des Menschen.«[63] Es ist wichtig, diese doppelte Erfahrung festzuhalten, da heute oft in einseitiger Verkürzung nur mehr das Destruktive des Leides als »Gegenbeweis« gegen Gott ins Feld geführt wird. Es gibt aber auch die Möglichkeit des Standhaltens aus der Kraft des Glaubens. Grün zitiert als Beleg dafür die Überschriften aus den Selbstzeugnissen des damals bekannten Buches »Sieger in Fesseln. Christuszeugnisse aus Lagern und Gefängnissen« und stellt die Frage, ob solche Lebensbeispiele sieghaften Glaubens nicht ein größeres Gewicht hätten als die Gegenzeugnisse eines Wiechert und seiner Gesinnungsgenossen: »Für den Gläubigen wohl, für den Ungläubigen kaum; denn selten besitzt er noch so viel gesundes Gespür, die Realität zu erahnen, die allein inmitten einer Hölle des Elends und der Grausamkeit solche Zeugnisse möglich machen kann.«[64]

Der zeitliche Abstand zu den Ereignissen von damals wird immer größer; trotzdem ist zu bedenken, dass sich die Erinnerung an den Missbrauch des Begriffs der Vorsehung lange hält. Als ein verstärkendes Moment hierfür muss die Art und Weise ihrer Verwendung im Dritten Reich gesehen werden. Ein »mörderischer Wahnsinn«[65] hatte dort die Vorsehung für sich usurpiert.

2.3 Die missbräuchliche Verwendung des Begriffs der Vorsehung im Dritten Reich

2.3.1 Vorsehung, Sendungsbewusstsein und Inspiration bei Hitler

Das pseudoreligiöse Gebaren der braunen Machthaber im Dritten Reich ist bekannt. Kultelemente der katholischen Kirche wurden nicht nur für den äußeren Ablauf der prozessionsartigen Aufmärsche und für bildliche Darstellungen, sondern auch in terminologischer Hinsicht übernommen.[66] Ein theologischer Ausdruck hatte es Hitler und der braunen Bewegung besonders angetan: die Vorsehung. »Selbst Christen waren gerührt, wenn sie am Schlusse seiner Reden sein übliches Finale auf die göttliche Vorsehung hörten.«[67] In seinen Reden ist über die Vorsehung oft mehr zu finden als in vielen Katechismen und theologischen Werken! In einem Buch, das Reden Hitlers in der Kriegszeit dokumentiert, ist im Stichwortverzeichnis zur Vorsehung folgende Auflistung zu finden: »Glaube a. d. V., Eingreifen d. V., Beistand d. V., Segen d. V., Prüfungen durch d. V., Bitten a. d. V., Dank a. d. V.«[68] Nur von dieser Aufstellung her muss jemand, der vom Verfasser nichts weiß, annehmen, ein theologisches Werk vor sich zu haben! Was Hitler der Vorsehung im Einzelnen alles zuschreibt, ist erstaunlich:[69] Sie hat ihn dazu bestimmt, seinen konkreten Weg zu gehen. Es war ihr Wille, dass dem deutschen Volk der Kampf nicht erspart blieb; trotz grausamer Prüfung wird sie ihm in Zukunft weiterhin beistehen und schließlich den Siegespreis verleihen. Beachtlich ist die pseudoreligiöse Aufladung in den folgenden Sätzen: Für den Heldenmut an der Front »wird – das können wir als Menschen, die an eine Vorsehung glauben, annehmen – auch ein unvergänglicher Lohn kommen«.[70] Er erbittet sich von der Vorsehung, »dass sie den Weg unserer Soldaten behütet und segnet wie bisher!«.[71] Sie hat überhaupt den Kampf der Nationalsozialisten gesegnet.

Mit der Vorsehung generell eng zusammenhängend ist der Gedanke der Erwählung durch Gott, dem seitens des Menschen ein Sendungsbewusstsein korrespondieren kann. Bei großen Gestalten der Geschichte ist dies oft feststellbar.[72] Hitlers Missionsbewusstsein scheint sehr stark entwickelt gewesen zu sein. Der Vergleich mit dem johanneischen Christus, der als souveräner Hirte der Herde vorangeht, ihr gleichsam den Weg bahnt (vgl. Joh 10,4), drängt sich bei den folgenden Worten Hitlers auf, die er nach Wagener, einem Vertrauten von ihm in den Jahren 1929–1933, mit hellen leuchtenden Augen und in die Weite blickend gesagt haben soll:[73] »Auch ich bin vielleicht nur dazu bestimmt, mit der Fackel der Erkenntnis vor Euch herzuziehen. Ihr müsst hinter mir das Werk vollbringen. *Ich muss meiner Eingebung und meinem Auftrag folgen. Ihr aber könnt hinter mir die Dinge sehen und erkennen, wie sie sind.* Die Fackel wirft nur manchmal ihr flackerndes Licht auf meinen Weg voraus. Aber die hinter mir gehen, marschieren im Licht. Darum gehören wir zusammen, Ihr und ich! Ich, der durch das Dunkel Führende, und Ihr, die Ihr sehend vollenden sollt!«[74] Hitler verstand sich offensichtlich als jemand, in dem das Ganze seines Volkes sich sammelt, aber auch als der Einsame, der den Weg zu erkunden hat. Geht man dem Ursprung der Vorsehung bei Hitler, der Macht der Intuition, nach, so stößt man auf interessante Äußerungen, die Wagener so wiedergegeben hat: »Ich ertappe mich sogar selbst bisweilen darauf, dass nicht *ich* spreche, sondern dass es aus mir spricht … Es kommen mir bisweilen Gedanken, Auffassungen, Anschauungen, die ich nirgends gelesen, nirgends gehört und nie vorher gedacht hatte, die ich auch logisch nicht begründen kann und die mir sogar gar nicht logisch begründbar erscheinen. Aber sie stellen sich später dann meistens doch als richtig heraus.«[75] Auf die Frage Wageners, ob solche Erkenntnisse aus dem Jenseits oder aus dem Diesseits durch Vermittlung der menschlichen Sinne kommen, antwortete Hitler so: »Im Allgemeinen habe ich in solchen Augenblicken ein Gefühl wie ein inneres Vibrieren, wie wenn ich von einem unsichtbaren Kontakt berührt würde. Habe ich den Moment erfasst, dann war es eigentlich immer richtig, was ich aus diesem Gefühl heraus sagte oder tat. Habe ich ihn versäumt, dann zeigte sich nachher fast stets, dass es richtig gewesen wäre, der inneren Stimme zu gehorchen.«[76] Hitler war der Überzeugung, dass auf solche Intuitionen der »inneren Stimme« große Entscheidungen der Weltgeschichte und der menschlichen Erfindungskunst zurückzuführen sind. Er stellt die Formel auf, dass der Mensch umso mehr Mittel der führenden Vorsehung ist, je mehr er auf ihre intuitiven Eingebungen hört.[77]

2.3.2 Klarstellungen des Lehramtes und von theologischer Seite

Wenn Hitler die Vorsehung sogar mit dem Prädikat »allmächtig« auszeichnete und unbedingten Glauben und Gehorsam ihr gegenüber forderte,[78] sollte man sich trotzdem nicht täuschen lassen. *Faktisch* betrachtete er sie nicht als etwas starr Vorgegebenes, das mit unabänderlicher Notwendigkeit eintritt. Die Hingabe an eine leitende Vorsehung ist also leeres Gerede. Es wurde dadurch aber suggeriert, dass Hitler von einer Vorsehung gesandt, deren ausführendes Organ er lediglich sei, während er sich auf der anderen Seite als der durchaus eigenmächtige Gestalter einer neuen Zeit verstand.[79] Eine berechnende Taktik, eine Doppelstrategie ist erkennbar, die auch in Rosenbergs »Mythus des 20. Jahrhunderts« anzutreffen ist.[80] Durch die Berufung auf Gottes Vorsehung und Leitung wurde es möglich, die eigene Geschichtsgestaltung mit der Aura des Numinosen und Unabänderlichen zu umgeben. Mit der Vorsehung wurde zudem eine Instanz ins Spiel gebracht, gegen die es keinen Einspruch mehr geben kann. Ein Widerstand gegen Hitler und seine verbrecherischen Pläne ist in dieser Linie identisch mit einer Auflehnung gegen Gott und sein geschichtsmächtiges Wirken.

Die Kirche hat sich gegen den Missbrauch des Begriffs der Providentia an einer exponierten Stelle, nämlich in der Enzyklika »Flagranti cura« vom 14. März 1937, verwahrt. Wenn jemand schon nicht Christ sein will, so schrieb der Papst damals, dann »sollte er wenigstens darauf verzichten, den Wortschatz seines Unglaubens aus christlichem Begriffsgut zu bereichern«.[81] Gegen die »willkürlichen ›Offenbarungen‹, die gewisse Wortführer der Gegenwart aus dem sogenannten Mythus von Blut und Rasse herleiten«[82] und die zu einer Umdeutung heiliger Worte und Begriffe führen, hat die Enzyklika in scharfer Sprache Stellung genommen: »Wer nach angeblich altgermanisch vorchristlicher Vorstellung das düstere unpersönliche Schicksal an die Stelle des persönlichen Gottes rückt, leugnet Gottes Weisheit und Vorsehung, die kraftvoll und gütig vom einen Ende der Welt bis zum anderen waltet (Weisheit 8,1) und alles zum guten Ende leitet. Ein solcher kann nicht beanspruchen, zu den Gottgläubigen gerechnet zu werden.«[83]

Guardini ging im Jahr 1939 in seiner Kleinschrift »Was Jesus unter der Vorsehung versteht« auf Hitlers Sicht von Vorsehung und Sendung ein.[84] Ausgangspunkt seiner Überlegungen ist, dass sich gerade bei starken, wagemutigen und schöpferischen Menschen das Gefühl findet, mit ihnen habe es eine besondere Bewandtnis: »Je größer der Mensch, desto deutlicher und sicherer kann dieses Gefühl werden – so sehr, dass er sich als Mittelpunkt des Geschehens um ihn her empfindet; von einem geheimnisvollen Auftrag gesendet, von einer nie fehlenden Weisheit geführt, von besonderem Schutz behütet.«[85] Eine solche Deutung ist »tiefsinnig und enthält viel Wahrheit ... sie geht aber an dem, was Jesus unter Vorsehung versteht, vorbei«.[86] Jesu Botschaft spricht vom *glaubenden* Menschen, der sich in der Liebe bewähren muss, nicht vom *großen* Menschen. Ob sein Aufgabenbereich klein und alltäglich genannt werden muss oder es sich um die Vollbringung großer Taten handelt, ist in dieser Sicht sekundär. Außerdem darf der Versuchung, Vorsehung mit Erfolg gleichzusetzen, nicht nachgegeben werden, weil sonst ein diametraler Widerspruch zu Jesu Botschaft und Sterben am Kreuz entsteht! Das Fazit formuliert Guardini prägnant in dieser Weise: »So geht es also nicht. Jesus versteht unter Vorsehung etwas anderes.«[87] Dass es so tatsächlich nicht geht, um die Formulierung Guardinis aufzugreifen, zeigt das unrühmliche Ende der braunen Machthaber. Es ist offensichtlich, wie wenig ernst es ihnen selbst mit ihrem Gerede vom Schicksal und der führenden Vorsehung war; ihr Lebensende diskreditiert ihre »Lehre«:[88] »Wenn aber noch ein Zweifel bestanden haben sollte, wodurch die Führenden bestimmt wurden, so hat der Ausgang ihn behoben. Als es Zeit gewesen wäre, nicht nur andere dem ›Schicksal‹ auszuliefern, sondern ihm selbst standzuhalten, haben sie eine Ehrlosigkeit bewiesen, die nicht mehr unterboten werden kann. Wer sehen wollte, konnte sehen, dass der ganze ›Schicksalsglaube‹ nichts anderes als das Werkzeug eines zynischen Machtwillens gewesen war.« Als eigentliche Quelle der Inspirationen Hitlers kann man mit Stakemeier im Blick auf den unmenschlichen Stolz, die fanatische Entschlossenheit und den Rausch der Macht und Gewalttätigkeit »im Anschluss an größte Theologen« von dämonischen Mächten sprechen, die selbst wieder »Werkzeuge in einer höheren Hand«[89] sind. Der Vater der Lüge und der Menschenmörder von Anbeginn kann sein Antlitz kaum verbergen (vgl. Joh 8,44).

Bestimmte Begriffe können heute kaum mehr verwendet werden, ohne die ihnen durch die Geschichte aufgebürdete Last zu berücksichtigen. Dies gilt besonders für die Vorsehung. Die Hypothek, die ihr aufgeladen wurde, besteht wohl darin, dass mit diesem Terminus alles und jedes gerechtfertigt wurde, einschließlich Krieg und Massenvernichtung. Auch wenn bei den eingesehenen Schriften über die Vorsehung ab 1960 nur R. Pesch auf den Missbrauch bei Hitler kurz eingeht, muss doch die geschichtliche Belastung, zumal im deutschen Sprachraum, berücksichtigt werden. Ein näherer Hinblick auf die genannte Literatur zeigt nämlich durchaus, dass jegliche vorschnelle Identifizierung der göttlichen Vorsehung mit geschichtlichen Ereignissen als suspekt betrachtet wird.[90] Manchmal hat man den Eindruck, dass jeder Versuch, der in diese Richtung geht, verworfen wird. Der Ausfall einer Geschichtstheologie, in der wie bei den Propheten die Zeitereignisse im Licht Gottes gedeutet werden, mag also im deutschen Sprachbereich zu einem beträchtlichen Teil auf die missbräuchliche Verwendung des Begriffs der Vorsehung im Dritten Reich und in der theologischen Literatur rückführbar sein.

*Aber eines ist deutlich: Gott verlässt keinen,
der auf ihn vertraut.¹*
N. Sadunaite

3 Exemplarische Verdeutlichungen gelebten Vorsehungsglaubens

3.1 Die Vernachlässigung von Beispielen gelebten Vorsehungsglaubens in der theologischen Wissenschaft

Die Relevanz gelebten Glaubens für das Lehrstück der Providentia ist im ersten Kapitel schon angesprochen worden. Die Vermutung legt sich nahe, dass zumindest in der »Frömmigkeitsliteratur« anhand der Beschreibung des Lebens der Heiligen oder bedeutender Menschen das Wirken der Vorsehung dargelegt wird. Einzelne Heilige wie Franziskus[2] und Don Bosco[3] oder auch eine Persönlichkeit wie Kardinal Newman[4] würden sich geradezu anbieten. Dies ist aber kaum geschehen.[5] In der genannten Literaturgattung werden meist nur einzelne Momente des Handelns Gottes (wie seine strafende Gerechtigkeit)[6] oder der inneren Haltung des Menschen (wie die Hingabe an Gottes Führung)[7] beschrieben, die Vorsehung als solche aber nicht thematisiert.

Es ist erstaunlich, wie weit man in die Vergangenheit zurückgreifen muss, um eine Beispielsammlung für auffallende Zufälligkeiten und Fügungen der Vorsehung Gottes zu finden. Infolge eines vagen Hinweises, den Gollwitzer in einem Brief an E. Mayer gegeben hatte[8], konnte die Veröffentlichung »Der Zufall. Eine Vorform des Schicksals. Die Anziehungskraft des Bezüglichen« (²1924) des in den 20er-Jahren bekannten Dichters W. v. Scholz ausfindig gemacht werden.[9] Noch erheblich weiter zurück führt eine Schrift des Jahres 1841 von J. C. F. Burk: »Vorsehung und Menschenschicksale oder Preis der Weisheit und Liebe Gottes in der besonderen Lebensführung einzelner Menschen. Eine Auswahl geschichtlicher Thatsachen«.[10]

Die vielen Beispiele bei Burk und Scholz verdeutlichen mehr als noch so gelehrte abstrakte Abhandlungen, dass es beim Vorsehungsglauben um die führende Macht Gottes und die Hingabe des Menschen geht. Dies gilt noch mehr für das Leben der Heiligen; kommentiert doch sozusagen der Heilige Geist die Lehre, die er in der Bibel grundgelegt hat, durch die Heiligen. Ihre Bedeutsamkeit für die Theologie kann nicht hoch genug veranschlagt werden.[11] Sie sind ein lebendiges zweites Evangelium, das sich in ihnen jeweils neu in spezifischer Form inkarniert. Das personale Geführtsein durch Gott in seiner providentia specialissima, seiner Vorsehung, die ganz auf die einzelne Person in ihrer Einmaligkeit ausgerichtet ist, leuchtet an ihnen hell auf. Gleichzeitig sind sie eine große Herausforderung, denn an ihnen wird ersichtlich, wie Gott durch Menschen handeln kann, wenn sie sich ihm ganz zur Verfügung stellen. Hier ist ein Hauptgrund zu sehen, warum so viele Heilige von ihren Mitmenschen verfolgt und verleumdet wurden. Die anderen spürten, dass Gott auch sie zu einer ähnlich großen Hingabe aufforderte, die zu geben sie aber nicht bereit waren.

Im Folgenden geht es um J. B. Cottolengo, der als der »Heilige der Vorsehung« schlechthin gilt und deshalb nicht übergangen werden kann, M. Kolbe, einen Heiligen und Märtyrer unserer Zeit, dessen Presseapostolat eindeutig unter dem leitenden Stern der Vorsehung stand, und N. Sadunaite, deren Lebenserinnerungen aus der jüngsten Vergangenheit zeigen, dass ein scheinbar allmächtiger Polizeiapparat nichts erreichen kann gegen eine einzige Frau, wenn Gott auf ihrer Seite steht. In diesen Lebensläufen, die theologisch ausgewertet werden, wird deutlich, wie vielfältig und reichhaltig die Wege Gottes sind, um Menschen zu führen und zu schützen. In ihnen spiegelt sich eine schöpferische göttliche Fantasie, die man nur mit Dankbarkeit und freudiger Verehrung zur Kenntnis nehmen kann.

3.2 Der »Heilige der Vorsehung«: Josef Benedikt Cottolengo

Cottolengo gilt als der große Karitasapostel des 19. Jahrhunderts.[12] Er lebte (1786–1842) und wirkte in Turin. Man könnte meinen, dass sein Leben nach der Schablone des Pfarrers von Ars oder Don Boscos geschrieben wurde; so groß waren die Ähnlichkeiten zu diesen Heiligen, wenngleich er nie deren Bekanntheitsgrad erreichte.[13]

Der promovierte Theologe hatte 1827 ein Schlüsselerlebnis, als eine arme Frau aufgrund ihrer französischen Herkunft in kein Hospital aufgenommen wurde und auf der bloßen Erde liegend im Arrestlokal der Polizei starb. Cottolengo konnte es wie der Mann dieser Frau mit seinen drei kleinen Kindern kaum fassen, dass dies in einer sich christlich nennenden Stadt vorkommen konnte. Er wollte der Not abhelfen, wusste aber noch nicht wie. Beim intensiven Gebet vor dem Tabernakel hatte er ein Gotteserlebnis von außerordentlicher Intensität. Der hierbei erhaltenen Eingebung gemäß begann er in einem Gebäude, Volta Rossa genannt, Zimmer zu mieten und sie zu möblieren, obwohl er keinen Pfennig hatte, um beides zu bezahlen: »Regen wir uns darüber nicht auf. Wir werden sehen, dass dies zum ›System Cottolengo‹ gehört.«[14] Hilfsbereite Frauen nahmen sich der Kranken an. Dieser erste Versuch schlug allerdings aus den verschiedensten Gründen fehl. Nur ein halbes Jahr später fand er in Valdocco, einer Vorstadt Turins, ein kleines Haus, das er mietete. Er nannte es »Piccola Casa della Divina Provvidenza« (Kleines Haus der göttlichen Vorsehung), das bis heute »il Cottolengo« genannt wird. Es sollte der Grundstein für ein riesiges Werk werden.[15]

Da sich die Auswüchse des Frühkapitalismus in der aufstrebenden Industriestadt Turin in schlimmer Weise zeigten, öffnete Cottolengo die Tore seines Hauses weit, sodass nur zehn Jahre später 1500 »Kranke ohne Pflege, vorzeitig verbrauchte Männer und Frauen, Unfallgeschädigte ohne Pensionen, Greise ohne Fürsorge, sich selbst überlassene, verwilderte Kinder, Alkoholiker, Prostituierte«[16] Herberge bei ihm fanden. Besonders am Herzen lagen ihm die geistig Behinderten: »Das sind die Edelsteine der *Piccola Casa*. Wir sind dieser Geschenke der Vorsehung gar nicht würdig. Wir müssen die Ehre verdienen, ihnen dienen zu dürfen.«[17] Einzige Bedingung für die Aufnahme war, dass man sonst nirgends untergekommen war. Das notwendige Geld für die Verpflegung der Armen und den Aufkauf der Gebäude zu deren Unterbringung bettelte sich Cottolengo überall zusammen. Die Vorsehung half ihm manchmal in spektakulärer Weise. Als ein hemmungsloser Gläubiger ihn am Hals würgte, griff er unbewusst mit seiner Hand in die Tasche und fand dabei eine Rolle mit Goldmünzen. Eine Münze fiel zu Boden, mit den übrigen konnte er genau seine Schulden begleichen. Cottolengo, der sich sicher war, kein Geld eingesteckt zu haben, wurde es schwarz vor den

Exemplarische Verdeutlichungen 67

Augen. Zu einer herbeigerufenen Schwester sagte er: »Suchet, es liegt ein Goldstück am Boden, die Münze der göttlichen Vorsehung. Mit den übrigen habe ich einen Gläubiger bezahlt. Bewahrt diese Münze sorgfältig auf; denn die Vorsehung hat soeben ein Wunder gewirkt.«[18] Cottolengo wohlgesonnene Gläubiger klagten ihm ihr Leid, weil sie ihre Angestellten nicht mehr bezahlen konnten, wenn sie ihr Geld von ihm nicht erhielten. Es bereitete ihm eine furchtbare innere Qual, diese gutmütigen Menschen mit leeren Händen wegschicken zu müssen: »Alle Vernunftgründe dieser Leute sprechen für sie.«[19] Seine Arbeiten einstellen konnte er aber auch nicht: »Weh mir, wenn ich aufhöre zu tun, was ich tun muss. Ich fühle in mir eine Gewissensqual, die ich nicht auszuhalten vermag.«[20] In vertrauensvollem Gebet wandte er sich immer wieder an Gott um Hilfe. Unversehens wurde dann in der Spitalkirche Geld gefunden oder jemand brachte genau den ausstehenden Betrag vorbei, sodass er jede Rechnung innerhalb der damals üblichen Frist von drei Monaten noch begleichen konnte. In zwei dicken Quartbänden, welche die Grundlage für den Heiligsprechungsprozess bildeten, ist eine große Zahl solcher Beispiele für unerwartete Hilfe nachzulesen.[21]

Sein Vertrauen auf die Vorsehung Gottes war das Kernstück seiner Spiritualität und das Gesetz seines Handelns; deshalb nannte er seine Niederlassung auch nach der göttlichen Vorsehung.[22] Cottolengo wusste nicht einmal, wie viele Brüder und Schwestern in den von ihm gegründeten 14 (!) religiösen und karitativen Genossenschaften lebten. Als er sie bei einer Prozession einmal zählen wollte, spürte er in der Magengegend einen so durchdringenden Schmerz, dass ihm jede Lust daran verging. Den Schwestern verbot er, in den Anliegen der Piccola Casa zu beten. Sie sollten dies nur für die Kirche und besonders für den Papst tun; für die Casa würde Gott schon selber sorgen. Kein Geld durfte angelegt werden; sogar dann nicht, wenn eine große Schenkung oder eine bedeutende Stiftung gegeben wurde. Trotz eines gewaltigen Drucks seitens der Behörden weigerte er sich beharrlich, eine Buchführung oder sonstige Maßnahmen zur Registrierung von Vorhandenem vorzunehmen. Er hätte darin eine Korruption seines Werkes erkannt.

Dass dem »Handlanger der Vorsehung« viel abverlangt wurde, ist schon deutlich geworden. Bis zu seinem Tod sollte das so bleiben. Eine große Nervenfieber-Epidemie suchte 1841 Turin heim. Sechs von zehn in der Piccola Casa arbeitenden Priestern starben. Er sah in dieser Prüfung die Aufforderung Gottes, sich von allen irdischen Dingen zu lösen und nur noch mehr auf Gott zu vertrauen: »Zwei Vorsehungen sind zu viel.«[23] Seinen eigenen Tod schon vor Augen, überanstrengte er sich in maßloser Weise. Menschlich gesehen stand sein Werk kurz vor seinem Heimgang vor dem Zusammenbruch. Das Kleine Haus existiert aber heute noch. 1960 beherbergte es 6000 oder 7000 Menschen. Dem Prinzip des Gründers blieb das Werk treu. Es wird über nichts Buch geführt, obwohl riesige Mengen an Lebensmitteln jeden Tag herbeigeschafft werden müssen (täglich etwa 200 Zentner Mehl und jeden Monat 30 Tonnen Kartoffeln). Der Unterhalt wird nur durch Spenden und Zuwendungen gewährleistet. Das »Wunder von Turin« dauert also noch an.

3.3 Vorsehung beim Presseapostolat: Maximilian Kolbe

Wenn von Maximilian Kolbe (1894–1941) gesprochen wird, dann meist aufgrund seiner Tat der Stellvertretung in Auschwitz, als er für einen Familienvater freiwillig in den Hungerbunker ging. Weniger bekannt dürfte sein, dass dieser Heilige ein Zeuge ersten Ranges für das Wirken der Vorsehung Gottes in unserer Zeit ist; beim Presseapostolat Kolbes zeigt sich dies besonders.[24]

Mit einer Gruppe Gleichgesinnter begann er in Polen die Herausgabe der Zeitschrift »Der Ritter der Immaculata«. Schon bei der zweiten Ausgabe fehlte das Geld, das er für die erste noch zusammenbetteln konnte. »Nun müssen Sie sich selber aus dem Matsch ziehen, ohne das Kloster zu kompromittieren«,[25] meinte der Guardian. Nach der heiligen Messe entdeckte Pater Maximilian auf dem Altar einen Umschlag mit einem Zettel, auf dem stand: »Für meine geliebte Mutter, die Unbefleckte«. Er enthielt genau den zur Bezahlung anstehenden Betrag. In dieser Weise wurde dem Heiligen wiederholt, wenngleich oft erst in letzter Minute, geholfen. Der Erfolg seines Presseapostolates war überwältigend.[26]

Was dann nach der Versetzung Kolbes nach Japan geschah, muss man wohl aus menschlicher Sicht mit dem Provinzial als kaum mehr fassbar einstufen:[27] Nur wenige Tage nach der Ankunft in Nagasaki beschloss Kolbe, auch in diesem Land den Ritter herauszugeben. Des Japanischen noch nicht mächtig, machte er einem Verkäufer mit Händen und Füßen klar, dass er (selbstverständlich ohne Geld zu haben) eine Druckmaschine für eine enorme Summe kaufen wolle. Eine Stunde später erschien eine unbekannte Dame und bezahlte den Preis dafür.[28] Wie zuvor schon in Polen war auch in Korea und Japan der Erfolg durchschlagend. Monatlich wurden 100 000 Exemplare gratis verteilt. Unbekannte Wohltäter deckten den gewaltigen Kapitalbedarf.»Aber das Eigenartige: Niemals kam auch nur ein einziger Yen zu viel, wie auch niemals auch <sic> nur ein einziger Yen am Betrag fehlte.«[29]

Bei einem Spaziergang in der Umgebung Nagasakis beharrte Kolbe an einem Bergabhang trotz aller Widerrede kategorisch darauf, dass hier ein Haus gebaut werden müsse. Als er beim Erwerb des Grundstücks im Wert von 100 000 Yen – damals eine Summe von astronomischer Höhe – dem Besitzer nur einen Yen als Anzahlung geben konnte, glaubte dieser, es mit einem Verrückten zu tun zu haben. Diesmal schien Kolbe für Oh Ki Sun zu weit gegangen zu sein. Auf seine Vorbehalte hin erklärte ihm der Heilige, dass die Muttergottes wegen seines mangelnden Vertrauens sehr betrübt sei: »Rasch, knie dich nieder und bitte sie um Verzeihung!«[30] Wieder brachte die unbekannte Dame genau den ausstehenden Betrag vorbei. Als eine Atombombe Nagasaki ausradierte, wurden bei der von Kolbe gegründeten Niederlassung – dank der besonderen Lage an einem Bergrücken – durch den Luftdruck nur die Scheiben eingedrückt.

3.4 Geborgen im Schatten deiner Flügel: Nijole Sadunaite

Nijole Sadunaite (geb. am 22.7.1938) wurde wegen der Verbreitung der »Chronik der Litauischen Kirche« 1974 zu je drei Jahren strengen Regimes und Verbannung nach Sibirien verurteilt.[31] Unter dem Titel »Geborgen im Schatten deiner Flügel« sind ihre geradezu abenteuerlichen Erlebnisse seit ihrer Freilassung 1989 erschienen. Diese sind ein Zeugnis für das Wirken der göttlichen Vorsehung, das seinesgleichen sucht.[32]

Sadunaites Leben war ständig in Gefahr, da der Geheimdienst unter fadenscheinigen Vorwänden bald wieder nach ihr fahndete, um sie erneut inhaftieren zu können. Nur durch Flucht, Verkleidung, sorgfältige

Planung und natürlich Gottes Hilfe konnte sie wiederholte Male ihren Häschern entkommen. Als sie sich im Zimmer ihrer Freundin Kibiekaite ein wenig ausruhte, sah sie im Traum zwei Milizmänner in Uniform, die sie suchten. »Ich erwachte, setzte mich auf und spürte mit meinem ganzen Wesen, dass ich wirklich gesucht wurde. Bald war ein langes zorniges Klingeln an der Türglocke zu hören. Wenn nicht der Traum gewesen wäre, hätte ich jetzt die Tür geöffnet.«[33] So aber zog die Miliz unverrichteter Dinge wieder ab, weil sie glaubte, niemand sei in der Wohnung. »Ein anderes Mal kam mir plötzlich der Gedanke, die Wohnung sofort zu verlassen. Kaum war ich weg, kam die Miliz, um die Personalausweise der Bewohner zu überprüfen, was sie dort seit Jahrzehnten nicht getan hatte.«[34] Es galt ihr als eine Grundregel, die Wohnung stets in der gleichen Verkleidung zu verlassen, mit der sie diese betreten hatte. Doch einmal machte sie eine Ausnahme, ohne eigentlich recht zu wissen warum, und rettete dadurch ihr Leben. Im Gang warteten nämlich spät abends zwei Männer auf sie, die wie Verbrecher aussahen. Einer wetzte sein Messer an der Treppe. Sie beobachteten Nijole heimlich. Da sie ihnen aber nicht verdächtig vorkam, gelangte sie unbehelligt ins Freie. »Erst draußen wurde mir voll bewusst, dass diese Männer mit Sicherheit auf eine warteten, die mit einer Kappe auf dem Kopf das Haus verlassen wird – auf eine solche also, die aussah wie ich, als ich das Haus betrat. Das KGB dingt sich oft Mörder, damit diese die von ihm Verfolgten überfallen oder töten. Aber die Pläne Gottes sind nicht die Gedanken der Menschen.«[35] Als sie mit Untergrundliteratur zu Bekannten fuhr, beschloss sie kurzfristig, zuvor noch andere Leute zu besuchen. Später stellte sich heraus, dass die Wohnung ihrer Freunde genau zu dieser Zeit durchsucht wurde. Sie wäre der Miliz direkt in die Hände gelaufen. »Wieder hatte mir der gütige Gott geholfen, indem er mir eingab, zunächst woanders hinzufahren. Ich bin ihm aus tiefstem Herzen dankbar für seine wunderbare Regie.«[36] Dass sie nur ihrem eigenen umsichtigen Verhalten ihre wiederholte Rettung verdankt, weist sie zurück.[37] Der Rückblick auf die Erfahrungen der Vergangenheit ist für sie immer verbunden mit einem Dank für die erhaltene Führung: »Und so sind inzwischen – Gott sei Dank! – schon Jahre vergangen, in denen mich das KGB mit allen Kräften und mithilfe der Miliz sucht und nicht findet. Wie real sind für mich die Worte aus Psalm 27 geworden: ›Der Herr ist

Exemplarische Verdeutlichungen

mein Licht und mein Heil, wen sollte ich fürchten. Der Herr ist meines Lebens Zuflucht – vor wem sollte ich bangen?«« [38] »Es gab in diesen Jahren viele dramatische Augenblicke. Und immer glich die Hand des gütigen Vaters meine Ungeschicklichkeiten aus, sodass niemand zu Schaden kam. Es ist wahr: Meine Schwäche ist meine Stärke! Gepriesen sei die Barmherzigkeit Gottes!« [39] »Viele Leute warnten mich, doch nicht so unvorsichtig <sic> und unverkleidet zur Arbeit zu fahren, weil das KGB unablässig nach mir fahnde … Wir wollen im Vertrauen auf Gott unsere Pflicht tun, denn ohne seinen Willen fällt uns kein Haar vom Haupt … Das KGB fahndet nach mir nicht nur in Litauen, sondern, soweit mir bekannt ist, auch in Lettland, in der Ukraine und in den Weiten Russlands. Selbst meine Bekannten in Moskau, die mir in meine sibirische Verbannung geschrieben hatten, wurden ausgefragt und verhört, während ich seelenruhig in Vilnius lebte … Ich habe mich also gar nicht besonders versteckt. Aber Gott hat mir geholfen, Konfrontationen mit KGB-Agenten zu entgehen. Manchmal sah ich sie, bevor sie mich entdecken konnten; manchmal warnten mich andere Leute rechtzeitig, sodass ich verschwinden konnte. Es gab die verschiedensten Ereignisse in diesen Jahren, die ich nicht alle schildern kann.« [40] Wie frei sie trotz aller Bedrohung ist und welche seelische Größe sie hat, zeigt sich darin, dass ihr sogar ihre Häscher leidtun und sie für diese betet.[41]

Trotz aller Bewahrung blieb es aber auch Nijole nicht erspart, ihren Teil des Leidenskelches zu leeren. Am 11. Februar 1988 wurde sie »in Vilnius am hellichten Tag von ein paar Männern auf offener Straße zusammengeschlagen und in den Unterleib getreten, wobei sie schwere Verletzungen erlitt. Erst beim Hinzukommen von Passanten flohen die Täter.« [42] Der Überfall, von dem sie sich bald wieder erholte, war wenige Tage vor dem 70. Jahrestag der Unabhängigkeit Litauens eindeutig als eine Einschüchterung zu verstehen.

3.5 Theologische Auswertung der exemplarischen Verdeutlichungen gelebten Vorsehungsglaubens

3.5.1 Zufall oder Fügung der Vorsehung?

Im Einzelnen wird bei den oben beschriebenen Ereignissen wohl nie exakt nachgewiesen werden können, ob es sich nicht doch nur um seltene Zufälle oder ganz »natürliche« Eingebungen gehandelt hat statt um echte Fügungen der Vorsehung. Die Erfahrung von Ersteren hat wohl jeder von uns schon gemacht, ohne dass er dafür gleich Gottes Vorsehung ins Spiel bringen möchte: So ist es etwa durchaus möglich, in einer finanziellen Notsituation unerwartet Hilfe zu bekommen oder intuitiv richtig zu handeln. »Immer werden ›natürliche‹ Zusammenhänge genannt werden können, die das Geschehnis erklären; besonders wenn von vornherein das Urteil feststeht, es gebe nur solche.«[43]

In dem eingangs erwähnten Roman »Homo faber« von Frisch ist dieses Denken auf die Spitze getrieben worden. Bei einer lebensgefährlichen Krankheit versucht der Ingenieur Faber, mit der Stochastik sich an das Berechenbare zu klammern: *Meine Operation wird mich von sämtlichen Beschwerden für immer erlösen, laut Statistik eine Operation, die in 94,6 von 100 Fällen gelingt ... Was mich ... nervös macht: wenn Hanna mich tröstet, weil sie nicht an die Statistik glaubt.*[44] In grotesker Verkehrung wird hier das Natürlich-Naheliegende, der menschliche Trost, als Verunsicherung empfunden, während die Statistik zu Heil bringender Göttlichkeit avanciert mit der Pseudosicherheit, die sie bieten kann. Mit seinem Versuch, das Leben nur von der ratio [Verstand] her zu verstehen, muss Faber scheitern. Vor den Trümmern seines Lebens gesteht er sich das Versagen seiner »mathematischen Philosophie« (»Mathematik genügt mir«[45]) ein.

Beim »Homo faber« fällt der Satz: *Du behandelst das Leben nicht als Gestalt, sondern als bloße Addition.*[46] Die Verkürzung von Welterfahrung auf bloße Addition ist aber ähnlich töricht, wie wenn jemand seinen Farbfernseher auf Schwarz-Weiß einstellt und anschließend behauptet, es gäbe beim Fernsehen keine Farben. Bei einer unvoreingenommenen Betrachtung der oben geschilderten drei Beispiele wird man sich vernünftigerweise dem Gedanken einer leitenden Vorsehung nicht

Exemplarische Verdeutlichungen 73

verschließen können. Es zeigt sich klar, dass es Sinngehalte jenseits des Machbaren, Planbaren und Errechenbaren gibt: Die Wirklichkeit der Welt ist mehrdimensional, sie hat »doppelten Boden«; sie ist transparent auf ein Handeln Gottes hin. Fügungen des Lebens können deshalb in intellektuell redlicher Weise nicht bestritten werden. Die Fügung ist »offenkundig ein fundamentales Widerfahrnis für die unmittelbar davon Betroffenen und übt zudem oft genug tiefgreifende Wirkungen auf deren Herzensgesinnung und Lebensführung aus. Wer dies leugnet, muss wohl in einem tieferen Sinn ›farbenblind‹ sein!«[47] Wer sich mit der Berufung auf die Konstellation besonderer Umstände und reiner Zufälligkeiten zu retten versucht, wird sich die Frage gefallen lassen müssen, ob er nicht bestimmte Erlebnisse und Beobachtungen auf ein quantitatives Gleis abzuschieben versucht und sich damit weigert, die Bedeutungsebene eines Ereignisses zu betreten. Tiefer gesehen kann dies damit zusammenhängen, dass man sich nicht mit der existentiellen Bedeutsamkeit, die ein Phänomen haben könnte, auseinandersetzen möchte. Man versteckt sich hinter dem Zufall, um sich vor Betroffenheit zu schützen. Im letzten Kern stößt man somit auf Verweigerung und Ungehorsam. In gewisser Weise ist die Diskussion hier ähnlich wie bei der Frage nach der Teleologie im Naturgeschehen: Man wird sich entweder mit viel Anstrengung auf den Zufall hinausreden oder einen steuernden teleologischen Faktor annehmen müssen.

3.5.2 *Vorsehung und Um-Welt*

Mit dem ihm eigenen psychologischen Gespür hat Guardini aufgewiesen, dass sich die Welt um einen glaubenden Menschen anders ordnet.[48] Dinge und Personen verhalten sich um diesen in manchmal schon märchenhaft anmutender Art anders: »Sie werden ihm in besonderer Weise von Gott zu-gefügt. Die Welt um ihn her tritt in eine Sinn- und Wirkgestalt, deren Motiv die Liebe des Vaters für sein Kind – sagen wir mit weniger Lyrismus: für seinen Sohn und seine Tochter bildet.«[49] Wie soll man sich das Anderswerden der Wirklichkeit um den Glaubenden vorstellen? Die »innere Welt« eines Menschen ist das Ergebnis einer Auslese verschiedenster Art: Sinneseindrücke, Triebe, Willensimpulse,

Eigenschaften des Charakters, die herrschende Gemütslage und noch etliche andere Faktoren bestimmen, was in sie aufgenommen wird. Die Gesamtheit des Vorhandenen wird gleichsam ausgesiebt. Eine je eigene Zweckmitte, ein Perspektivenpunkt entsteht so, der die Welt einen Dichter anders erleben lässt als einen Wissenschaftler. Das Interessante daran ist nun, dass die Umwelt je nach der Sinnesart des Einzelnen einen verschiedenen Charakter annimmt. Um eine selbstsüchtige Person verhalten sich die Dinge anders als um eine selbstlose. Schon oft konnte man die Erfahrung machen, dass jemand, der überängstlich und übervorsichtig ist, »unfallanfälliger« ist als andere.[50] Ein Liebender sieht alles aus anderer Sicht, obwohl er nach wie vor dem gleichen Beruf nachgeht und mit den gleichen Personen Umgang hat. »Auch verschiedene Begabungen erzeugen verschiedene Umwelten«:[51] Während der eine zwei linke Hände hat, wenn er ein Werkzeug auch nur in die Hand nimmt, gelingt dem anderen das meiste, was er anfängt. Je nach Maß des Gerätegefühls wird dem einen alles sperrig und feindlich, dem anderen dagegen als freundlich und leicht begegnen. Die Umwelt entsteht somit nur zu einer Hälfte »von außen«, zur anderen aber »von innen«. Der Mensch ist in einem tiefen Sinn seines eigenen Glückes Schmied. Gleiches gilt für das Schicksal, obwohl dieser Begriff ja gerade die Unvermeidbarkeit im Gang des Geschehens bezeichnet. Das Schicksal ändert sich aber in dem Maß, wie sich die Tiefenhaltung eines Menschen, seine »Gesinnung«, ändert. Vielleicht lassen sich damit die meisten der von Scholz beschriebenen Phänomene wenngleich nicht erklären, so doch aber verständlich machen: Aufeinander Bezügliches übt tatsächlich eine »Anziehungskraft« aus, weil offensichtlich eine Korrelation zwischen der »Innen-« und »Umwelt« besteht.

Nach Guardini ist erst nach diesen Beobachtungen und Feststellungen »freie Bahn für den Blick«[52] geschaffen worden: In der Offenbarung zeigt sich nun das Eigentliche. In ihr leuchtet hell auf, was sich im Natürlichen schon vorbildet. Die Gnade knüpft daran an und überbietet es. Jemand, der in den vorletzten Dingen des Lebens eine Gelassenheit entwickelt und die Sorge um das Reich Gottes an die erste Stelle setzt, wird »gleichsam die Eintrittsstelle für die sich auf die Welt richtende schöpferische Kraft Gottes«.[53] Das Wesen der Liebe leuchtet hier hell auf, denn bei ihr geht es ja gerade um den Verzicht auf Selbstdurch-

Exemplarische Verdeutlichungen 75

setzung und die Bereitschaft, dem anderen – ob Gott oder dem Mitmenschen – einen »Platz« im eigenen Sein zu geben. »In dieser Ohnmacht des Für-andere-da-Seins gewinnt Gott Macht und Raum in der Welt.«[54] Die Voraussetzung für den Einbruch des Göttlichen ist bei der klassischen Stelle der Vorsehungslehre in der Bergpredigt so formuliert: »Euch aber muss es zuerst um sein Reich und um seine Gerechtigkeit gehen; dann wird euch alles andere dazugegeben« (Mt 6,33). In welch überschwänglicher Weise die »Zugabe Gottes« für den erfolgt, der in das Einvernehmen der Sorge um das Reich Gottes tritt, haben die obigen Beispiele reich illustriert. Die Welt ändert sich um jemand, der die Anliegen Gottes zu den eigenen gemacht hat, in geradezu explosiver Weise: »Die Ordnungen des Daseins stellen sich in deinen Dienst.«[55] In der Vita des heiligen Martin von Tours von Sulpicius Severus, den Dialogen Gregors des Großen über Benedikt von Nursia und den Fioretti des heiligen Franziskus werden viele Wunder und außergewöhnliche Ereignisse geschildert. »Diese Geschichten sind unbedingt ernst, und sie sind wahr«,[56] selbst wenn das nicht von jedem der dort berichteten Wunder behauptet werden soll. Wesentlich ist hierbei das »Gesamtwunder dieses Daseins, das Werden des Neuen im Vollzug der Vorsehung, und das ist Wahrheit«.[57]

3.5.3 Das je neu notwendige Vertrauen

Es ist scheinbar nur eine Kleinigkeit, aber doch wieder ein »Wunder im Wunder«, wenn bei Kolbe oder Cottolengo immer wieder nur so viel an Spenden gegeben wurde, wie zur Deckung aktuell anstehender Verbindlichkeiten notwendig war. Offensichtlich sollte sich das Vertrauen auf Gottes Hilfe immer wieder neu bewähren. Auf keinem Ruhekapital sollte es sich ausruhen; je neu war es herausgefordert. Das erhaltene Geld mag somit für Grundsätzlicheres stehen. Bonhoeffer hat dies treffend zum Ausdruck gebracht, als seine Verhaftung unmittelbar bevorstand: »Ich glaube, dass Gott uns in jeder Notlage so viel Widerstandskraft geben will, wie wir brauchen. Aber er gibt sie nicht im Voraus, damit wir uns nicht auf uns selbst, sondern allein auf ihn verlassen. In solchem Glauben müsste alle Angst vor der Zukunft überwunden sein.«[58] Zweifaches geht daraus hervor: Der auf Gott Vertrauende kann darauf bauen, dass dieser ihm in schwierigen Situationen des Lebens sein Geleit gibt. Bonhoeffer hat aus diesem Wissen Kraft und Zuversicht geschöpft. Auf der anderen Seite wird aber immer ein gewisses Moment der Offenheit, des Ausstehenden, sich menschlicher Verfügungsgewalt Entziehenden bleiben müssen: Gott schenkt uns heute noch nicht die Gnaden, die wir erst morgen brauchen. »Sorgt euch also nicht um morgen; denn der morgige Tag wird für sich selbst sorgen. Jeder Tag hat genug eigene Plage« (Mt 6,34).

Ein entscheidender Punkt des Vorsehungsglaubens überhaupt wird hier deutlich: das Vertrauen. Welchen Heiligen man immer auch hernimmt, bei jedem ist es offensichtlich, dass es nur darauf ankommt. Gott schenkt dem Menschen alles nach dem Maß seiner Hingabe und seines Vertrauens. Kaum etwas anderes erscheint aber schwieriger als dies. Es erfordert ein Loslassen von sich selbst und ein Einschwingen auf die Absichten Gottes. Wo der Mensch dieses Vertrauen aufbringt, da ändert sich alles in seinem Leben, entsteht eine neue Um-Welt. Er erlaubt Gott, durch ihn zu wirken, ihn als Werkzeug zu gebrauchen.

Wenn man von der Vorsehung spricht, auch im wissenschaftlichen Kontext, meint man fast immer den Vorsehungs*glauben*. Die genannten Lebenszeugnisse bestätigen in beeindruckender Weise die biblische Sicht des Glaubens als Feststehen und Überzeugtsein (vgl. Hebr 11,1), als Schild, an dem alle feurigen Geschosse des Bösen abprallen und ausgelöscht werden können (vgl. Eph 6,16), und als »Sieg, der die Welt überwindet« (1 Joh 5,4). Mitten im Zwielichtigen und Zweideutigen des Irdischen gewährt er Teilnahme am Leben und an der überirdischen Wirklichkeit Gottes. Der Glaube leuchtet auf als festes Stehen auf dem Grund der göttlichen Wahrheit. »Es ist zwar richtig, dass der gläubige Mensch Drangsale, Nöte und Stürme zu bestehen hat. Aber diese sind nicht im Inneren des Glaubens. Im Inneren herrscht vielmehr Festigkeit und Ruhe, wie in einem Wirbelsturm ein windstiller Kern ist ... Die Not des Glaubens kommt ... zutiefst aus unserem zaghaften Herzen, das sich selbst behalten und sich Gott nicht gänzlich hingeben möchte.«[59] Aus dieser Perspektive sind kritische Anmerkungen zu machen zu einem Verständnis des Glaubens, das diesen als einen irrationalen Sprung ins Ungewisse, als ständiges Geworfensein und als dauernde Unsicherheit definiert. Diese Aspekte gehören zwar auch zum Glauben dazu, machen aber eindeutig nicht dessen Wesen aus.[60]

3.5.4 Selbstverantwortlichkeit und Prädestination

In vielen Dingen gilt, dass die Heiligen zwar zu bewundern, aber nicht nachzuahmen sind, denn zur Erfüllung eines Auftrags wurden nur ihnen von Gott besondere Gnaden verliehen. Als Widerschein der Herrlichkeit Gottes sind diese dankbar zu bewundern und *an*zunehmen, aber nicht zu *über*nehmen. Jeder erhält von Gott eine eigene nur ihm zukommende Aufgabe zugewiesen; keiner soll das Abziehbild eines anderen werden. Wer sich deshalb mit dem Verweis auf Cottolengo oder Kolbe in Schulden stürzen würde – und sei es auch für eine gute Sache – ohne einen dahinterstehenden Auftrag Gottes, würde damit nur zeigen, dass er das Zeugnis dieser Heiligen gründlich missverstanden hat.

Wie sehr die Gnade jedem menschlichen Wirken zuvorkommt, ist daran ersichtlich, dass Cottolengo schon im Alter von nur vier oder fünf Jahren nach eigener Aussage die Beauftragung zu seinem Werk erhielt[61] oder dass Don Bosco in einem ersten Traumgesicht seine künftige Aufgabe vor Augen gestellt wurde, als er gerade neun Jahre alt war.[62] Die Prädestination zur Ausführung bestimmter Tätigkeiten ist unverkennbar. Trotzdem muss betont werden, dass auch der Mensch den ihm zukommenden Anteil einbringen muss, ja, dass dieser umso größer ist, je mehr Gott an Gnade schenkt. Er muss sich so einsetzen, als ob alles von ihm abhinge, gleichzeitig aber alles von Gott erwarten; das sind »die beiden wechselseitig sich bedingenden Seiten des Vorsehungsglaubens«.[63] Dieses Paradoxon kann nicht weiter erhellt, sondern nur als Realität konstatiert werden. In immer wieder neuen Variationen und aus wechselnden Perspektiven hat P. de Caussade in seinem Büchlein »Ewigkeit im Augenblick. Von der Hingabe an die göttliche Vorsehung« diese einfache und doch so schwere Ausrichtung auf den Willen Gottes als ein Kernstück des Vorsehungsglaubens beschrieben. Er spricht von einer weiteren Art der Pflichterfüllung neben der Ausrichtung auf den göttlichen Willen, wie er sich in der Offenbarung kundtut, und der passiven Unterwerfung und Annahme des Wirkens Gottes: »Das sind die Pflichten, die sich aus der Inspiration ergeben und zu denen der Geist Gottes durch Seine Salbung die Herzen geneigt macht, die Ihm unterworfen sind ... Diese dritte Art von Pflichten überschreitet jedes Gesetz, jede Form und jede bestimmte Materie. Sie bewirkt das Einzigartige und das Außerordentliche bei den Heiligen.«[64] Das erfordert natürlich vom Einzelnen eine große Offenheit des Herzens, »eine Beweglichkeit der Seele, die jeden Hauch der Gnade spürt, der uns leitet«.[65]

3.5.5 Die Leidensproblematik

Cottolengo, Kolbe oder Sadunaite mussten nicht weniger, sondern mehr als andere leiden und die Kreuzesnachfolge antreten. Die Umstände des Sterbens von Cottolengo legen einen Vergleich mit der Verlassenheit des Herrn am Kreuz nahe. Der Heilige starb, als man ihn am dringendsten gebraucht hätte. Vielleicht sollte aber gerade dadurch in letzter Klarheit gezeigt werden, dass es sich beim Unternehmen der Piccola Casa ganz um das Werk Gottes handelt; auch ohne den Gründer kann es bestehen, weil es nicht Menschenwerk ist. Gott ist der eigentliche Urheber und der tragende Grund. Cottolengo verstand sich selbst nie anders denn als »Handlanger der Vorsehung«.

Dass die Leiden in Auschwitz außerordentlich waren, bedarf keiner eigenen Begründung. Wie die anderen Häftlinge musste Kolbe schwere Baumstämme im Laufschritt schleppen. Zusätzlich kam bei ihm der Hass der KZ-Schergen auf die Kirche und insbesondere die »Pfaffen« hinzu. Einmal wurde er aus Hass fast zu Tode getreten und geschlagen, nur weil man ihn beim Beten des Rosenkranzes erwischt hatte. Die Leiden und Verfolgungen von Nijole wurden schon so deutlich angesprochen, dass sie hier nicht mehr eigens erwähnt werden müssen.

Gott bewahrte die Genannten nicht *vor*, wohl aber *im* Leid. Es mag sein, dass man sich heute oft ein zu naives Bild vom *lieben* Gott macht, von dem man erwartet, dass er alle Hindernisse aus dem Weg räumt. An solchen verfehlten Gottesbildern scheitert nicht selten der Glaube, da das Leben mit seinen Anforderungen eine andere Sprache spricht. Die Vorsehung ist – weil mit der Schöpfung und deren Führung zur Vollendung verbunden – »patrozentrisch«. Zum Bild des Vaters gehört aber auch eine gewisse väterliche Strenge und Herbheit, ohne dass diese als Lieblosigkeit ausgelegt werden dürfte. Die zugleich väterlich behütende wie auch fordernde, den Menschen in die Bewährung stellende Art Gottes muss wieder mehr erkannt und betont werden. Der Vogel, der sein in Todesangst schreiendes Junges aus dem Nest stößt, tut dies, damit es fliegen lernt, nicht um es zu quälen. Kurz vor dem Aufschlag fängt er es wieder auf.

In dem Verhältnis Gott-Mensch (plus Welt) herrscht das Freiheitsgesetz der personalen Beziehung, in der ... die je engere Bindung an den anderen und das je eigentlichere Selbstsein Hand in Hand gehen in wechselseitiger Steigerung (nicht in umgekehrter Proportionalität).[1]

W. Kern

4 Göttliche Vorsehung und menschliche Freiheit

In diesem kurzen, aber doch wichtigen Kapitel sind im Horizont gegenwärtiger Fragestellungen grundsätzliche Positionen darzulegen. Da in einem späteren Kapitel ein Modell des Handelns Gottes in der Welt vorgelegt wird, ist es von grundlegender Bedeutung, wie die Vorsehung Gottes und die Freiheit des Menschen einander zugeordnet werden können. Die Vorstellung einer völligen Determination, die nicht selten in naturwissenschaftlichen Darlegungen anklingt, ist ebenso zurückzuweisen wie die Tendenz des gegenteiligen neuzeitlichen Autonomiestrebens, die Schöpfung nicht mehr in genügender Verbundenheit mit Gott zu sehen. Die quantenphysikalischen Entdeckungen haben zu einer veränderten Sicht der Weltwirklichkeit geführt. Die Freiheitsproblematik ist zentral davon betroffen. Es scheint, dass durch die Erkenntnisse der Quantenphysik eine »Entkrampfung« des über die letzten Jahrhunderte hindurch gespannten Verhältnisses von Naturwissenschaft und Glaube möglich ist.

4.1 Bleibender Geheimnischarakter und grundsätzliche Klärungen

Bei der Frage nach der Vermittlung von freiem menschlichen und göttlichen Wirken handelt es sich um eine der schwierigsten metaphysischen, über die Erfahrungswelt hinausgehenden Fragen überhaupt, die nicht mehr spekulativ durchschaut werden kann und bei der man sich nach jahrhundertelangen Kontroversen mit dem grundsätzlichen Postulat der Vereinbarkeit beider begnügen muss ohne eine Erkenntnis des genauen Zueinanders.[2] Die hier sich ergebenden Dunkelheiten will schon die Schrift nicht beantworten.[3] Der Welle-Korpuskel-Charakter des Lichtes kann allerdings ein naturwissenschaftliches Analogon dafür abgeben, dass scheinbar einander ausschließende Wirklichkeiten komplementär gesehen werden müssen. Das sogenannte Bohr'sche Korrespondenzprinzip sagt aus, dass man es hierbei mit einem echten und *grundsätzlichen* Paradoxon zu tun hat, denn je nach Versuchsanordnung zeigt das Licht Charaktereigenschaften von Wellen oder Teilchen.[4]

Zur Verdeutlichung des Zusammenwirkens von göttlicher Vorsehung und menschlicher Freiheit bringt Hengstenberg das Gleichnis vom Kind und Käfer.[5] Ein Kind legt grünes Futter in kleinen Blättchen in den Sand, in den ein Käfer, den Futterblättchen nacheilend, eine bestimmte Linie einprägt. Der Käfer erkennt nicht die dahinterstehende höhere Sinngebung, die er mit seiner Bewegung ausführt. Er ernährt sich genau so, als ob er keiner Führung unterstehen würde, und dennoch nimmt in seinem Kriechen und Krabbeln der Gedanke des Kindes Gestalt an. Dieses Gleichnis ist geeignet, Sachverhalte des Zusammenwirkens zwischen göttlicher Vorsehung und menschlichem Tun verständlich zu machen:
1. Das Tun des Käfers und des Kindes sind ganz verschiedener Wesenheit. Der Käfer wird in seiner »käferigen« Tätigkeit nicht gehindert, wenn er den Bissen nacheilt.[6] Menschliches und göttliches Tun bilden in diesem Sinn ebenfalls keine Synthese, kein »Drittes«, das aus menschlichem und göttlichem Wirken zusammengesetzt wäre. Göttliches Wirken liegt auf völlig anderer Ebene,[7] denn Gott ist kein integriertes Glied in der Ursachenkette, keine Kraft neben anderen Kräften, die in der Welt wirken. Gottes Handeln ist fundamental anders; alles geschöpfliche Wirken trägt und begründet es im Sein. »Eine Vermischung beider Finalitäten müsste alle geschöpfliche Bewegung absorbieren und auflösen.«[8] Freiheitstaten des Menschen sind deshalb nicht als konkurrierendes Prinzip zum Vorsehungswirken Gottes zu sehen.
2. Trotzdem muss aber festgehalten werden, dass menschliches und göttliches Handeln aufs Engste verbunden sind und eine lebendige Sinneinheit bilden – ähnlich wie das Krabbeln des Käfers und der

Gedanke des Kindes –, bei der Gott den Menschen als Werkzeug gebraucht unter Einbeziehung von dessen freier Willensentscheidung.[9] Nur so kann in einem Je-ganz-Modell auch gesagt werden, dass ein Handeln in der Welt *zugleich* ganz die Tat des Menschen und Gottes ist.
3. Der Mensch dient einer höheren Sinngebung und Aufgabe, die Gott in für uns oft nicht einsehbarer Weise setzt. Gott ist in absoluter Souveränität am Werk: »Er gibt das Leitmotiv an, das variiert werden soll. Er bestimmt die Partitur.«[10] Das Geschöpf kann Gott niemals zuvorkommen, wenngleich Gott den freien Willen des Menschen nicht lahmzulegen braucht, um ihn zu gewinnen.

Diese Einsichten des Zusammenspiels von göttlichem und freiem menschlichen Wirken sind eine geeignete Ausgangsbasis, falsche Verhältnisbestimmungen abzuwehren, wie sie beim Determinismus und beim Freiheitspathos mancher existentialistischer Denkrichtungen in Erscheinung treten.

4.2 Das christliche Freiheitsverständnis in Abgrenzung von Determination und Autonomie

Sicher gibt es Argumente biologischer und soziologischer Herkunft, welche die Willensfreiheit relativieren und deshalb berücksichtigt werden müssen; aber schon die einfache Erfahrungstatsache, dass man dem Menschen von jeher die Verantwortung für sein Tun zugesprochen hat und dass dieser bestimmten Zeittendenzen sich widersetzen kann, indem er gegen den Strom schwimmt, widerstreitet allen deterministischen Weltsichten.[11] Alle Versuche, dem Strafrecht jegliches Moment von Freiheit und Verantwortlichkeit zu entziehen, sind gescheitert, weil sie an der starken Realität der moralischen Verantwortlichkeit vorbeigehen. Die Lebendigkeit unseres Freiheitssinnes weigert sich, einem Determinismus das Wort zu reden. Die ganze sittliche Existenz des Menschen würde in einem deterministischen Denkhorizont zusammenfallen. Phänomene wie Schuld, Reue oder das Gewissen als solches ließen sich nicht mehr einordnen. Im Übrigen halten sich die Deterministen, wenn es um lebenspraktische Dinge und die eigene Person geht, oft selbst nicht an ihre philosophischen Prämissen und verwickeln sich in heillose Widersprüche, wenn sie ein Freiheitsverhalten einfordern, das zuvor abzustreiten auf theoretischer Ebene sie nicht müde wurden.[12]

Im Gegensatz zu den bei manchen wissenschaftstheoretischen Werken mitschwingenden Determinismen wird heute die Freiheit in einigen philosophischen Entwürfen so stark betont, dass man schon von einer »vagabondage absolu«[13] [grenzüberschreitenden Suche nach Freiheit] sprechen muss. Freiheit wird missverstanden als Beliebigkeit, als »tun, was man will«. Sie wird dann nur mehr in einem negativen Sinn als Freiheit von jeder Kontrolle ausgelegt. Viele Schriftsteller und Philosophen unserer Zeit vertreten einen derartigen Freiheitsbegriff – »jusqu'au suicide!« [bis zum Selbstmord], wie Bro hinzufügt.[14] Der Existenzialismus Sartre'scher Prägung, der in diesem Zusammenhang kurz zur Sprache gebracht werden soll, ist sicher die extremste Spielart des modernen Autonomiebewusstseins.[15] In gewisser Weise vermag seine Philosophie mit ihrem Freiheitspathos zu den nicht selten im naturwissenschaftlichen Horizont auftauchenden Determinismen ein Korrektiv sein; sie kann zu einer Sensibilisierung für die Unableitbarkeit und Einmaligkeit des Menschen beitragen. Wird sie freilich so absolut gesehen wie bei Sartre, dann muss sie folgerichtig auch als Freiheit von Gott verstanden werden, dann gilt die Alternative »Entweder er oder ich«: Wenn Gott existiert, kann der Mensch nicht mehr frei sein. Also darf es Gott um der menschlichen Freiheit willen nicht geben.

Guardini weist diese Gedankenführung Sartres entschieden zurück: »Wer so denkt, in dem ist ein Irrgedanke wirksam geworden: Gott sei ein Anderer; der große Andere, der den Menschen erdrückt.«[16] Bei der Bestimmung Gottes als eines dem Menschen fremden Anderen wiederholt sich die Versuchung des Menschen im Paradies. Die Schlange hatte den Stammeltern Gott als einen gewalttätigen und launischen Herrscher vor Augen gestellt, als den Anderen, ihnen Feindlichen, der etwas vorenthält, was ihnen eigentlich zusteht. Gott ist aber gerade nach christlichem Verständnis nicht der über den Menschen hinweg Verfügende, sondern jemand, der ihm in liebender Sorge nähersteht als er sich selbst. Die exemplarischen Verdeutlichungen gelebten Vorsehungsglaubens konnten dies eindrucksvoll belegen. Der neuzeitliche Atheismus rebelliert somit nicht gegen den Gott des christlichen Glaubens, sondern gegen das Götzenbild eines Oberaufseher-Gottes. Gott ist nicht Konkurrent, sondern Garant menschlicher Freiheit, wobei diese dann auch relativ zu sehen ist, »näherhin als Fähigkeit der Verantwortung gegenüber Gott oder dem Absoluten«.[17]

Mit dem Tod Gottes ist auch die Abschaffung des Menschen bei Sartre festzustellen. Bei einer derart entfesselten Freiheitsmacht ist der Rückschlag auf den Menschen unvermeidbar; sie wendet sich gegen ihn, denn ein Reich absoluter Freiheit wird nach Sartre immer zugleich auch ein Reich der Henker und Schlächter sein. Die vorher so verherrlichte Freiheit erhält nun plötzlich eine negative Färbung: »Je suis condamné à être libre« [Ich bin dazu verdammt, frei zu sein].[18]

Wie ist aber nun das Verhältnis von göttlicher Allmacht und menschlicher Freiheit in Abhebung von Sartre positiv zu fassen? In Caterina von Sienas »Gespräch von Gottes Vorsehung« wird die Synthese von Gottes Allmacht und zugleich freisetzender Liebe eindrucksvoll beschrieben. Sie sieht das Weltall von der Faust Gottes umschlossen und hört die Stimme des Vaters: »Mein Kind, nun sieh und wisse, keiner kann Mir entrissen werden. Sie sind Mein, von Mir erschaffen und unaussprechlich geliebt.«[19] Die Allmacht Gottes, die sich in geradezu erdrückender Weise zeigt, ist zugleich die Macht der Liebe. Nur wenn beides zusammen gesehen wird, ist die Allmacht nicht vernichtend und die Liebe nicht ohnmächtig.[20] Das in der Zurückweisung eines falschen Gottesbildes schon angeklungene christliche Verständnis der Freiheit der Kinder Gottes differiert erheblich vom Sartre'schen Freiheitspathos. »Radikal frei ist, wer alle Kräfte für die anderen zur Verfügung hat, weil er sie für sich selbst nicht braucht – wer also, mit einem Wort, frei ist für die Liebe.«[21] So radikal frei sein kann nur Gott oder jemand, der von diesem der Sorge um das eigene Dasein enthoben wurde. Wahre Freiheit zeigt sich deshalb in der Bindung an Gott und der Verwirklichung des Guten, denn erst hierbei wird deutlich, worauf sie eigentlich angelegt ist.[22] Es tritt hier das nicht weiter erhellbare Paradoxon auf, dass gerade der Gehorsame der Freie ist. Freiheit und Bindung an Gott entsprechen sich: Sie wachsen proportional zueinander. Das Leben des Herrn macht dies ebenso offensichtlich wie das der ihm nachfolgenden Heiligen. Das zwischenmenschliche Verhältnis einer einander frei machenden Liebe kann verständlich machen, dass das Eigensein der Seienden desto größer ist, je größer die Einheit ist. Man möchte sich von der Hinneigung zum anderen gar nicht befreien als Fessel zum Selbstsein, sondern bindet sich gerade deshalb an ihn, weil sich hier ein Raum auftut, ganz selbst und frei zu sein. Beim-anderen-Sein und Bei-sich-selbst-Sein schließen sich also nicht gegenseitig aus, sondern sind in paradoxer Verschränkung zu sehen. Auf die Gott-Welt-Beziehung angewandt heißt dies: Je intensiver Gott in der Welt wirkt, desto mehr wirkt das Geschöpf selbst. Je eigenständiger es handelt, desto mehr vermittelt es Gottes Aktivität in die Welt hinein.[23] Gottes Handeln beschränkt die menschliche Freiheit nicht; indem er durch und mit ihr handelt, entschränkt er sie. »Bindung an Gott ist Entbindung der Freiheit.«[24] Bei der Entscheidung des Menschen für das sittlich Verwerfliche gilt das Gesetz einer wachsenden Freiheit mit zunehmender Bindung nicht. Indem dieser das Böse in seinem Leben verwirklicht, pervertiert er die Ordnung Gottes und baut in sich eine falsche Wertordnung auf, die nicht im Horizont einer noch größeren Freiheit steht: Der Wein schenkt nur die Berauschung des Weines, mehr nicht![25]

4.3 Die Freiheitsproblematik im Horizont der quantenphysikalischen Entdeckungen

4.3.1 Die veränderte Situation der Naturwissenschaft und ihrer Beziehung zur Theologie

Der klassische Determinismus der Physik früherer Jahrhunderte wurde aufgelockert durch das von der Quantenmechanik vermittelte Weltbild. Infolge der Heisenberg'schen Unschärferelation hat sich gezeigt, dass bei jedem natürlichen Vorgang verschiedene Möglichkeiten sich auftun, die in ihrem Eintreffen nur mehr nach statistischen Häufigkeitsangaben beschrieben werden können. Eine *prinzipielle* Indeterminiertheit gilt für das ganze Naturgeschehen. »Für die ›Naturerkenntnis‹ bedeutet das einen Rückschritt und Verzicht. Denn Statistik ersetzt die Erkenntnis ›kausaler‹ Zusammenhänge durch eine ›*Beschreibung der Phänomene*‹.«[26] Rawer spricht von einem Dilemma, in das die klassische Physik durch die Quantenphysik gekommen war, aus dem bis heute kein rationaler Ausweg gefunden wurde.[27] Es gibt nämlich keine anschaulichen Modellvorstellungen mehr, welche etwa die beim Licht beobachteten Phänomene erklären könnten; zeigt dieses doch eine merkwürdige Mischung von Eigenschaften, die je nach Experiment auf eine Welle oder einen Strom schnell fliegender Partikel schließen lassen. Man ist nun gezwungen, ein »Konglomerat« zweier verschiedener, anschaulich unvereinbarer Vorstellungen zu benutzen.

Die Zahl der Physiker, welche die Hoffnung hegen, die Unbestimmtheitsrelation könne jemals aus ihrem Fach wieder völlig verschwinden, ist heute sehr gering.[28] Diese nehmen für uns noch unzugängliche, verborgene Parameter an. Da man mit solchen vermuteten Größen nicht rechnen kann, gehen die Forscher in ihrer praktischen Arbeit vom indeterministischen Ansatz aus, der die bevorzugte Einstellung der heutigen Physiker ist.

Die Forschungsergebnisse aus der Quantenphysik haben zu einer beachtlichen Veränderung des Verhältnisses von Naturwissenschaft und Religion beigetragen. Brücken konnten geschlagen werden, die so früher nicht möglich waren. Für Rawer und Jordan sind aufgrund der Indeterminiertheit im atomaren Geschehen die früheren Vorbehalte der Naturwissenschaften gegenüber religiösen Fragen weitgehend gegenstandslos geworden.

Jordan versucht, Freiheit in der quantenphysikalischen Indetermination zu orten; freie Willensentscheidungen würden somit auf der Spontaneität des Zerfalls bestimmter Atome im Gehirn beruhen. Die Indetermination wird bei ihm allerdings nicht schon mit der Freiheit an sich gleichgesetzt.[29] Den Naturwissenschaftlern fällt es deshalb heute nicht schwer, die Möglichkeit freier Willensentscheidungen mit ihrem Naturverständnis in Einklang zu bringen – im Gegensatz zu früheren Zeiten, in denen die Folgen solcher Entscheidungen als Durchbrechung der Naturgesetze angesehen werden mussten, »als ›areligiöse Wunder‹ sozusagen«.[30] Gleiches gilt für das Wunder und das verborgene Einwirken Gottes auf die Psyche des Menschen. Der Naturwissenschaftler kann sich an der Diskussion solcher Phänomene weitgehend ohne sacrificium intellectus [Unterordnung des eigenen Erkennens] beteiligen. »Ebenso *kann* man (ohne es logisch zu müssen) in der übermächtigen Fülle ständig neuer indeterminierter Entscheidungen göttliches Wirken, göttliche Fügung und Herrschaft sehen – *creatio continua* [fortgesetzte Schöpfung].«[31] Für Jordan ist alles vom göttlichen Wirken durchwaltet, und zwar »nicht nur im Sinne eines Uhrmacher-Wirkens gegenüber einer dann sich selbst überlassenen Natur ... Und wer will Gott dafür tadeln, dass er aus der Verborgenheit wirkt?«[32] Die Behauptung deterministischer Naturauffassung, wonach Gott arbeitslos geworden sein soll gegenüber dem gesetzmäßig ablaufenden Naturgetriebe, hat für ihn jeglichen Halt unter den Füßen verloren.[33]

4.3.2 Theologische Wertung der quantenphysikalischen Erkenntnisse für die Freiheitsproblematik

Es ist sicher als sehr positiv zu werten, dass durch die Entdeckungen der Quantenphysik sozusagen ein Raum für Freiheit wieder sichtbar geworden ist, in dem dann die menschliche Freiheit nicht von vornherein als Spielverderber erscheint.[34] Trotzdem ist es verfehlt, selbst wenn ein Physiker wie Jordan einem hier die Hand reicht, Gottes Vorsehungswirken und menschliche Entscheidungsfreiheit auf der Ebene der atomaren Unbestimmtheit lokalisieren zu wollen. Sogar von naturwissenschaftlicher Seite wird erkannt, dass das Gefühl, frei zu sein, und das Verantwortungsbewusstsein nicht einfach von den unvorhersagbaren Quantensprüngen irgendeines Elektrons abhängen können.[35] Allein schon die Tatsache, dass es heute noch Naturwissenschaftler gibt, selbst wenn es nur wenige sind, die mit einem prinzipiellen Determinismus, einer noch »feineren«, uns allerdings noch unbekannten Struktur im atomaren Geschehen rechnen, muss nachdenklich stimmen. Es *könnte* sein – auch wenn dies sehr unwahrscheinlich ist –, dass man wieder auf »Wohnungssuche« für Gott gehen muss, sollte sich herausstellen, dass das Unbestimmtheitsverhalten im atomaren Bereich durch weitere Forschung und Entdeckung bislang verborgener Gesetzmäßigkeiten erhellt werden kann. Außerdem darf der Einfluss der mikrophysikalischen Gesetzmäßigkeiten nicht überschätzt werden. In der Makrophysik bleiben die Kausalitätsgesetze weiterhin bestehen, die den Determinismus des Geschehens nicht beseitigen. Erkenntnisse der Mikrophysik heben nicht die Kausalität in der Makrophysik auf.

Die Suche nach Lücken im Naturgeschehen zur Ansiedelung des Wirkens Gottes ist zudem untheologisch.[36] Die Freiheit des Menschen ist ausgerichtet auf ein zu verwirklichendes Gut. Sie kann sich aber auch verweigern. Sie trägt somit die positive Bestimmung, sich entscheiden zu können, was von der Indetermination [Unbestimmtheit] nicht gesagt werden kann. »Indetermination ist zwar die Bedingung der Freiheit, denn bei einer durchgängigen Determination wäre natürlich keine Freiheit möglich, nicht jedoch die so bedingte (Freiheit) selbst.«[37] Freiheit ist mehr und etwas *prinzipiell* anderes als die mikrobiologisch eröffnete Indetermination, selbst wenn freies menschliches Handeln offensichtlich darauf aufbaut und ohne sie nicht zustande kommen würde.

Zu dem Versuch, das Wunder in diesem Auslegungsrahmen erklärbar zu machen,[38] ist kritisch anzumerken, dass, ähnlich wie bei der Evolutionsproblematik, zwischen grundsätzlich Denkbarem und faktisch Möglichem unterschieden werden muss. Die Wahrscheinlichkeit, dass ein Ziegelstein einem Maurer von selbst in die Hand fliegt, ergibt eine Zahl mit mehreren Milliarden Nullen. Ereignisse dieser Art müssten zu Recht als Wunder empfunden werden, da ihr rein zufälliges Zustandekommen faktisch ausgeschlossen werden muss. Analoges gilt für die Wunder. »Es ist denkbar abwegig, etwa menschliche Tränen aus einer Madonna aus Gips, plötzliches Nachwachsen eines Beines oder die Erweckung eines toten Menschen durch neuere Erkenntnisse in der Mikrophysik erklären zu wollen.«[39] Übernatürliche Wunder wird man also nicht als extreme Ausnahmefälle der Mikrophysik auffassen dürfen.

Das Äußerste, was abschließend gesagt werden kann, besteht wohl darin, dass in den Indeterminismen des atomaren Geschehens die Spur einer analog zu verstehenden Freiheit sich abschattet. Freiheit ist dann naturwissenschaftlich zwar akzeptabel, aber nicht erklärbar. »Dann bleibt es aber im Entscheidenden zwar bei der Nicht-Widersprüchlichkeit, aber auch für immer bei einer letztlichen Dispartheit <sic>, ›Nicht-Synthetisierbarkeit‹ (*Rahner*) von Vorsehungsglauben und naturwissenschaftlichem (Kausal-)Denken.«[40]

> *Der Gläubige kann zu Recht darauf verweisen,*
> *dass es bisher niemandem <sic> gelungen ist,*
> *diese Übergänge <der Arten> ohne jeden*
> *Schöpfungsimpuls Gottes überzeugend zu erklären.*[1]
> *H. Staudinger*

5 Vorsehung und Evolution

Die Einschätzung der Tragweite von Darwins Evolutionstheorie wird in Fachkreisen beachtlich kontrovers diskutiert;[2] allein schon die Buchtitel renommierter Autoren zeigen die Frontstellung an.[3] Dies macht es für den Theologen nicht leicht, die einschlägigen Fragen anzugehen; dazu kommt noch, dass sich die Theologie aus den verschiedensten Gründen[4] in beachtlicher Weise von der Auseinandersetzung mit Fragen der Evolution dispensiert hat.[5] Die spärliche Behandlung des Evolutionsparadigmas in den einschlägigen theologischen Artikeln zum Thema der Vorsehung,[6] ja in der Theologie überhaupt, könnte die Vermutung nahelegen, dass es zwischen den beiden Bereichen nur wenig Berührungspunkte und Spannungen gibt; dieser erste Eindruck täuscht aber beträchtlich.

Der Totalitätsanspruch der neodarwinistischen Evolutionstheorie, die sich als eine prima philosophia [Erste Philosophie] gebärdet, die Frage nach der Teleologie im Naturgeschehen, dem Handeln Gottes bei der evolutiven Höherentwicklung (besonders bei der Entstehung neuer Arten und des Menschen) sowie die Gentechnologie, durch die der Mensch in die Lage versetzt wird, in bisher nie gekannter Weise die Rolle der Vorsehung selbst zu übernehmen, zeigen, dass zum Thema dieser Dissertation hier viel aufzuarbeiten ist. Betrachten wir diese vier Punkte kurz näher.

Die Frontstellung, die das Christentum zum neodarwinistischen Evolutionismus einnehmen muss, ist sofort erkennbar, wenn etwa bei Dawkins die Erhaltung selbstsüchtig dominierender Gene als letzter Daseinszweck definiert wird[7] oder Monod die ultima ratio [letzte Möglichkeit] aller teleonomischen Strukturen und Leistungen der Lebewesen in einem ganz realen Sinn in den verschiedenen Radikalen der Polypeptid-Ketten lokalisiert.[8] Der sich hier anmeldende Totalitätsanspruch wird kritisch zu hinterfragen sein, da es nicht folgenlos bleiben kann, wenn das Phänomen »Leben« nur mehr als Organisation auf molekularer Ebene verstanden und der Mensch als ein »Säurefaden bestimmter Länge und Struktur«[9] definiert wird. Außer der neodarwinistischen Antiteleologie muss Darwins Position zur Frage nach der Teleologie im Naturgeschehen und der Entwicklung der Arten zur Sprache gebracht werden, da sich wieder einmal zeigt, dass die Fragen des 19. Jahrhunderts die Probleme unserer Zeit in sich enthalten. Die Gründe für das Wirken eines teleologischen Faktors aus naturwissenschaftlicher Sicht sind zu erheben. Eine verfehlte neodarwinistische Evolutionstheorie mit ihrem Postulat der vielen kleinen Übergänge ist noch immer bei vielen Theologen die Ausgangsbasis für ihre Überlegungen hinsichtlich des Handelns Gottes in einer sich entwickelnden Welt. Deshalb ist es zunächst erforderlich, klar den wissenschaftlichen Forschungsstand zu erheben. Erst auf dieser Grundlage ist es sinnvoll, in einem zweiten Schritt die für uns wichtige Frage nach dem Wirken Gottes bei der Evolution zu erörtern. Die Tragfähigkeit divergierender theologischer Entwürfe wird zu überprüfen sein. Ferner ist auf die Gentechnologie einzugehen, die dem Menschen in bisher nicht gekannter Weise die Möglichkeit totaler Planung einräumt und heute schon die Konturen der »schönen neuen Welt« erkennen lässt, wenn alles umgesetzt wird, was technisch möglich ist. »Was jahrtausendelang als blindes Schicksal, unabänderliche Fügung hingenommen werden musste, als Fatum der Menschheit und des Einzelnen, haben die Wissenschaftler nun im letzten Drittel des 20. Jahrhunderts bloßgelegt: Es ist eine chemische Maschinerie ... verborgen im Inneren einer jeden Körperzelle.«[10] Allein schon die Wortwahl in diesem Zitat zeigt die Beziehung zur Providentia: Schicksal, Fügung und Fatum. »Biologie als Schicksal« ist der vielsagende Titel eines Buches von E. O. Wilson, dem Begründer der Soziobiologie. Nach der Einschätzung prominenter Naturwissenschaftler haben die Biochemiker angefangen, Gott zu spielen.[11] Im Lehrstück der Vorsehung wurde bislang die Frage der Gentechnologie ausgespart. Künftig wird wohl keine größere wissenschaftliche Arbeit über die Vorsehung mehr davon absehen können.

5.1 Die Herausforderung des Glaubens durch den Evolutionismus

5.1.1 Die derzeitige Situation von Glaube und Naturwissenschaft

Wer glaubt, dass das Verhältnis von Naturwissenschaft und Glauben zufriedenstellend sei, täuscht sich beachtlich. Von beiden Seiten wird der gegenwärtige Zustand als unbefriedigend empfunden.[12] Aus christlicher Sicht steht zu viel auf dem Spiel, als dass man es dabei belassen könnte. Ein gegenseitiges Abstecken der Reviergrenzen (die Naturwissenschaft erklärt das Wie und das Woraus, die Theologie das Warum und Wozu) genügt heute bei Weitem nicht mehr; es besteht Handlungsbedarf. Positiv und offensiv ist an die anstehenden Probleme heranzugehen, denn bei näherem Zusehen ist der »faule Friede der Koexistenz ... in Wahrheit die Unterwerfung des Glaubens unter die Tyrannei des Nihilismus«.[13] Das neu einsetzende Reflektieren darf deshalb nicht als das Wiederanbrechen eines überflüssigen Gezänks verstanden werden. Ein beachtenswerter Aufsatz von Schönborn trägt den bezeichnenden Titel »Schöpfungskatechese und Evolutionstheorie. Vom Burgfrieden zum konstruktiven Konflikt«.[14] Diese neue von Schönborn vorgeschlagene Marschroute ist eigentlich erstaunlich. War man nach jahrelangen, oft zermürbenden und manchmal nicht besonders rühmlichen Auseinandersetzungen und Rückzugsgefechten nicht froh, endlich ein schiedliches Nebeneinander gefunden zu haben, zumal bedeutende Persönlichkeiten der Wissenschaft wie Heisenberg, Planck oder Jordan eine beachtliche Offenheit für eine religiöse Weltdeutung im Horizont der heutigen Naturwissenschaft gezeigt haben? Wird das jetzt nicht alles aufs Spiel gesetzt? Der Konflikt ist aber insofern vorprogrammiert und unvermeidbar, »als ›Evolution‹ über ihren naturwissenschaftlichen Gehalt hinaus zu einem Denkmodell erhoben worden ist, das mit dem Anspruch auf Erklärung des Ganzen der Wirklichkeit auftritt und so zu einer Art von ›Erster Philosophie‹ geworden ist«.[15] Das evolutionistische und christliche Bild vom Menschen schließen sich gegenseitig aus. Eine Koexistenz scheint nur dann erreichbar zu sein, wenn jede Seite Elemente aufgibt, die das eigene Selbstverständnis fundamental berühren.

Wenn Naturwissenschaftler originäre Anliegen der Theologie verteidigen[16] und Biologen »sozusagen freihändig versuchen, eine mehr oder weniger philosophische Deutung ihrer Forschungsintentionen und Ergebnisse zu entwerfen«,[17] weil klare philosophische Begriffe in ihrem Milieu nicht präsent sind, dann zeigt dies drastisch, wie beachtlich groß die Versäumnisse seitens der Theologie und Philosophie sind. Auch um der ganz konkreten Auswirkungen für unsere Zivilisation und der religiösen Sozialisation willen ist der faule Friede einer Koexistenz aufzukündigen: »Religionslehrer können ein Lied davon singen, wie ihre Schüler, wenn von Gott und Schöpfung die Rede ist, erkennen lassen, dass sie über das Zustandekommen des Menschen inzwischen so Bescheid wissen, dass dieses Wissen zugleich auch die Wahrheit darüber enthält, was der Mensch ist.«[18] Die Schwäche der bisherigen Gespräche zwischen Theologie und Naturwissenschaft lag darin, »dass die Theologie von sich aus Ergebnisse anderer Wissenschaften nur zur Kenntnis nehmen kann und unterstellen muss, dass sie lege artis, nach den Regeln der Kunst, gewonnen wurden«.[19] Es erweist sich deshalb als unumgänglich, in wissenschaftlichen Darlegungen streng zu unterscheiden zwischen Forschungsergebnissen und weltanschaulichen Extrapolationen [Schätzung anhand weltanschaulicher Deutungen]. Dass Letztere sehr reichhaltig vorhanden sind, soll zumindest kurz aufgezeigt werden.

5.1.2 Der atheistische Vorentscheid im Neodarwinismus

Ein heutiger Evolutionismus, der sich im Vergleich zu früheren Vorlagen (etwa wie bei Haeckel) durch verfeinerte Ausarbeitung und durch größere Fähigkeit der Integration scheinbar unvergleichbarer Dimensionen auszeichnet,[20] ist keineswegs von vornherein auf eine Konfrontation mit Glaubensvorstellungen aus. Aus seiner Sicht hat er das gar nicht mehr nötig; er kann es sich leisten, sozusagen ein »Angebot zur Güte« machen. Spaemann bringt einen anschaulichen Vergleich dafür mit den Regentänzen der Hopi-Indianer:[21] Diese bewirken zwar keinen Regen, haben aber dennoch eine latente Funktion für den Stammeszusammenhalt; die Rechtfertigung ihrer Tänze wird also auf rein soziologischer Basis gesehen. Ähnlich ist es mit der Gottesvorstellung, die zwar keinen

Anhalt an der Wirklichkeit hat (und deshalb Ockhams Rasiermesser geopfert werden müsste), aber funktional durch damit verbundene Selektionsvorteile dennoch als vorteilhaft erscheint.[22] Allerdings verträgt diese Art der Begründung die Publizität nicht: »Hopi-Indianer hören auf, Regentänze zu machen, wenn sie erfahren, dass sie dadurch zwar etwas anderes, aber nicht Regen machen.«[23]

Nicht zu übersehen ist aber auch die Gruppe jener, die keineswegs Kulanz an den Tag legen, sondern mit beachtlicher ideologischer Vorgabe jeglichen Gottes- oder Schöpfungsglauben ablehnen. Einer der berühmtesten Selbstorganisationsvertreter ist S. W. Fox, der in Miami am Institut für molekulare und zellulare Evolution arbeitet. Seine Proteinoid-Mikrosphären sind in den Oberstufen-Biologiebüchern abgebildet. In einem Vortrag bei der ISSOL[24] in Mainz (10. bis 15.7.1983) sprach er über die Selbstsequenzierung der Aminosäuren. Am Schluss seines Referates zeigte er seine Verärgerung über eine Veröffentlichung, die etliche Zitate aus der Bibel enthält. Der Schöpfungsglaube ist für ihn ein Unkraut, das ausgejätet werden muss![25] In der Vorrede zu Monods »Zufall und Notwendigkeit« äußert sich Eigen in ähnlicher Weise: »Die Molekularbiologie hat dem Jahrhunderte aufrecht erhaltenen Schöpfungsmystizismus ein Ende gesetzt, sie hat vollendet, was Galilei begann. Wenn wir schon eine Begründung unserer Ideen finden wollen, so sollten wir diese in der letzten Stufe, nämlich beim Zentralnervensystem des Menschen, suchen, denn hier ist der Ursprung aller Ideen, auch von der göttlichen Durchdringung unseres Seins.«[26]

Ein Beispiel unter vielen für eine Grenzüberschreitung schlimmster Art ist das Buch von H. v. Ditfurth »Wir sind nicht nur von dieser Welt. Naturwissenschaft, Religion und die Zukunft des Menschen«, in dem die Evolution wie ein moderner Schöpfungsmythos dargestellt wird.[27] Ditfurth wollte damit »ein Angebot an die Kirchen«[28] vorlegen. Der Philosoph Löw hat dieses Angebot geprüft und kam zu einem restlos vernichtenden Ergebnis.[29] Das Einzige, was nach dem Kahlschlag an Glaubenswahrheiten bei Ditfurth noch übrig bleibt, ist der Schöpfungsbegriff, wobei selbst dieser recht eigenwillig ausgelegt wird.[30] Aufgrund des monistisch-positivistischen Vorentscheids für eine materialistische Weltsicht ist das Ergebnis der zwanghaften Synthese von Glauben und Wissen bei ihm von vornherein festgelegt. Wenn man davon ausgeht, dass es Ditfurth sicher ernst war mit seinem Angebot an die Kirchen, dann muss man zurückfragen, welches Bild von Kirche und Glauben er hatte, als er eine solche völlig inakzeptable Offerte unterbreitete: »Es wirft ein merkwürdiges Licht auf den gegenwärtigen Zustand des institutionellen Christentums, dass man auf die Idee kommen kann, ihm solche Angebote zu machen … Sein Angebot an die Kirchen besteht in Wirklichkeit aus Floskeln eines sonst soliden Materialisten, mit denen er die Frommen überreden will, die mit dem materialistischen Weltbild noch Schwierigkeiten haben.«[31]

Der Literaturnobelpreisträger Mauriac hat schon bei Monods »Zufall und Notwendigkeit« auf das beachtliche *Glaubensmoment* aufmerksam gemacht, das man bei der Lektüre dieses Buches einbringen müsse.[32] Auch bei anderen prominenten Neodarwinisten wie dem Anthropologen Sir Keith, dem Anatomen Sir Zuckerman und dem Biochemiker Kahane wird einem beträchtlich viel an »Glauben« abverlangt. Nach Zuckerman ist es dem »brennend Glaubenden«[33] sogar möglich, zwei einander kontradiktorisch ausschließende Fakten gleichzeitig zu vertreten; jedem religiös Gläubigen würde dies als blinder Dogmatismus vorgeworfen werden.[34] Nicht selten bekommt man den Eindruck, dass eine atheistische Vorentscheidung getroffen wird, die dann wissenschaftlich orchestriert wird. Vieles spricht dafür, dass diese Scheu, die grundsätzliche Begrenztheit der naturwissenschaftlichen Methode einzugestehen, »nicht nur in der geistigen Unbeweglichkeit einzelner Forscher liegt, die in einer bestimmten Wissenschaftskonzeption aufgewachsen sind und sich nicht davon zu lösen vermögen, sondern dass außerdem eine atheistische Vorentscheidung eine wichtige Rolle spielt. Beides hängt freilich unterschwellig zusammen.«[35]

5.2 Die Teleologie im Naturgeschehen

Gott sieht alles voraus; dies ist ein Faktum, von dem auszugehen ist. Aufs Engste damit verbunden ist, dass er die Welt und alles in ihr Geschaffene in seiner providentia generalis, allgemeinen Vorsehung, auf das von ihm vorauserkannte Ziel hinführt. Es ist somit von vornherein anzunehmen, dass Gottes Regierung in der sinnhaften Ordnung des Universums aufleuchtet.

In den Schriften der Kirchenväter wird häufig darauf abgehoben;[36] meist ist damit wie schon in der Bergpredigt (vgl. Mt 6,25–34) eine *conclusio* [Rückschluss] auf die *conditio humana* verbunden: Wenn Gott sich der Schöpfung schon so annimmt, wie dann erst des Menschen.

So unbefangen wie in früheren Jahrhunderten ist es im Zeitalter einer evolutiven Weltdeutung allerdings nicht mehr möglich, auf die teleologische Struktur der Weltwirklichkeit zu verweisen und Abzweckungen für die menschliche Existenz zu gewinnen. Der Frage nach der Teleologie im Naturgeschehen muss heute unter veränderten Vorzeichen nachgegangen werden.

Eine rein evolutionistische Weltdeutung, die alles auf Zufall und Notwendigkeit (zusätzlich einiger »Spielregeln«) zurückführt, wird einen steuernden Faktor nicht akzeptieren können und ihren Widerspruch anmelden. Die Theologie jedoch kann auf die Aussage, dass die Zweitursachen durch Gott zielstrebig angeordnet sind, nicht verzichten; »denn bei einer in sich selbst ziellos ablaufenden Welt oder bei einer Welt, die nur wie eine Maschine oder ein Uhrwerk unter dem Wirken einer Außenfinalität abliefe, könnte die Wahrheit von einem lebendig final wirkenden Gott in der Welt nicht mehr gehalten werden«.[37] Wer Ja sagt zur Teleologie, zu einem Plan in der Natur, setzt damit in philosophischer Hinsicht eine Lawine in Gang, die erst zum Stehen kommt bei der Frage nach Gott, sei es, dass man diesen wie Leibniz als eine Zentralmonade [Der Mensch ist nach Leibniz aus unzähligen Monaden zusammengesetzt, hinter der eine Zentralmonade, die Seele, steht], wie Hegel als das Absolute oder wie Aristoteles als den unbewegten Beweger fasst.[38] Dies mag ein Grund dafür sein, dass sich an der Frage nach der Teleologie die Geister scheiden, auch in der Naturwissenschaft. Zwei gegensätzliche Entwürfe stehen einander diametral gegenüber. Sie sind zu sichten und einer kritischen Würdigung zu unterziehen.

5.2.1 Die antiteleologische Position

Der Streit um die Finalität im Naturgeschehen ist nicht neu; er entbrannte besonders im vergangenen Jahrhundert durch die Veröffentlichungen von Darwin. Dieser sah die Konsequenzen seiner Evolutionstheorie in aller Klarheit; deshalb schwieg er anfangs und ging einer Veröffentlichung seiner Erkenntnisse aus dem Weg. Sie standen »gegen das Schöpfungsdogma, gegen einen vorausplanenden Schöpfer, gegen die Teleologie, gegen die Physicotheologie, nach der alles, was den Menschen umgab, zu dessen Nutz und Frommen geschaffen sein sollte«.[39] Popper sieht Darwins revolutionären Einfluss auf unser Weltbild darin, dass seine Theorie der natürlichen Auslese zeigte, »dass es *grundsätzlich möglich ist, die Teleologie auf Kausalität zurückzuführen, indem man das Vorhandensein von Plan und Zweck in der Welt rein physikalisch erklärt*«.[40] Die natürliche Erklärung der Entwicklung der Lebewesen ohne die Bezugnahme auf ein metaphysisches Prinzip zog natürlich jene an, die eine materialistische Erklärung der Weltwirklichkeit suchten. Nur wenige Tage nach der Erstausgabe von Darwins Werk über die Entstehung der Arten am 24.11.1859 hatte sich Engels eine Ausgabe davon besorgt und teilte Marx seine unverhohlene Freude über die Zerstörung der Teleologie mit: »Übrigens ist der Darwin, den ich jetzt grade <sic> lese, ganz famos. Die Teleologie war nach einer Seite hin noch nicht kaputt gemacht, das ist jetzt geschehen. Dazu ist bisher noch nie ein so großartiger Versuch gemacht worden, historische Entwicklung in der Natur nachzuweisen, und am wenigsten mit solchem Glück.«[41] Allerdings spürte selbst Engels, dass es so leicht nun auch wieder nicht geht. Er fügte hinzu: »Die plumpe englische Methode muss man natürlich in den Kauf nehmen.« Auf der einen Seite also eine Freude über die zerstörte Teleologie, auf der anderen aber auch ein gewisses Unbehagen.

5.2.1.1 Die innere Zerrissenheit des Charles Darwin

Darwins Briefe sowie seine Autobiografie lassen wie bei Engels beides erkennen. So meint er einerseits, dass das alte Argument vom Plan in der Natur, das ihm früher so schlüssig erschien, versagt, da das Gesetz der natürlichen Auslese entdeckt worden ist: »Alles in der Natur ist das Ergebnis feststehender Gesetze.« Gleich darauf fragt er sich aber: »Wie kann die ganz allgemein wohltuende Anordnung der Welt erklärt werden?«[42] Für die Existenz Gottes spricht die »Unmöglichkeit, einzusehen, dass dieses ungeheure und wunderbare Weltall, das den

Menschen umfasst ... das Resultat blinden Zufalls oder der Notwendigkeit sei. Denke ich darüber nach, dann fühle ich mich gezwungen, mich nach einer ersten Ursache umzusehen, die im Besitze eines dem des Menschen in gewissem Grade analogen Intellekts ist, und ich verdiene, Theist genannt zu werden.«[43] Diese Forderung wurde bei ihm »sehr allmählich und mit vielen Schwankungen schwächer«.[44] Doch der Zweifel an der rein natürlichen Erklärbarkeit des Naturgeschehens blieb. Nachdem er die Prägung durch seine religiöse Erziehung und ererbte Erfahrung in Anschlag gebracht hatte, glaubte er, sich damit bescheiden zu müssen, ein Agnostiker zu bleiben.[45] Die innere Unsicherheit, ja die Verwirrung, wird in einem Brief an A. Gray deutlich: »Nun zur theologischen Seite der Frage. Dies ist mir immer peinlich. Ich bin verunsichert. Ich hatte nicht die Absicht, atheistisch zu schreiben ... Andererseits kann ich mich keineswegs damit abfinden, dieses wunderbare Universum und insbesondere die Natur des Menschen zu betrachten und zu folgern, dass alles nur das Ergebnis roher Kräfte sei. Ich bin geneigt, alles als das Resultat vorbestimmter Gesetze aufzufassen, wobei die Einzelheiten, ob gut oder schlecht, dem Wirken dessen überlassen bleiben, was wir Zufall nennen könnten. Nicht dass mich diese Einsicht *im Mindesten* befriedigte. Ich fühle zutiefst, dass das ganze Problem für den Intellekt des Menschen zu hoch ist ... Ganz gewiss stimme ich mit Ihnen überein, dass meine Anschauungen keineswegs notwendigerweise atheistisch sind ... Doch je mehr ich darüber nachdenke, desto größer wird meine Verwirrung, wie ich wahrscheinlich schon mit diesem Brief bewiesen habe ...«[46] Die gleiche Zerrissenheit findet sich in einem anderen Brief an einen holländischen Studenten: »Doch ich möchte sagen, dass die Unmöglichkeit, sich vorzustellen, dieses großartige und wunderbare Universum samt uns bewussten Wesen sei durch Zufall entstanden, mir das Hauptargument für die Existenz Gottes zu sein scheint.«[47] Er fügt aber gleich hinzu: »Ob aber dies ein Argument von wirklichem Wert ist, habe ich nie zu entscheiden vermocht.« In einem Brief an seinen Mitstreiter T. H. Huxley spricht er von einem Punkt, der ihm viel Kummer mache. Seine sonst ruhige und beherrschte Art hinter sich lassend fragt er sich: »Wenn, wie ich annehmen muss, äußere Bedingungen geringe *direkte* Auswirkungen haben, was zum Teufel bestimmt dann jede besondere Abänderung? Was bringt einen Federschopf auf dem Kopf eines

Hahns hervor oder Moos an einer Moosrose?«[48] Darwin überkamen beim Anblick einer Feder in einem Pfauenrad[49] oder beim Bedenken der äußerst komplizierten ineinandergreifenden Mechanismen des Auges[50] »Krankheiten« und »Fieberzustände«. Da die Herkunft der Blütenpflanzen völlig im Dunkeln bleibt, sprach er von einem abscheulichen Geheimnis.[51] Gray (1810–1888), einer der größten Botaniker seiner Zeit, verwies Darwin auf die eigenen Studien zur Orchideenbefruchtung und bemerkte, »dass so viele Anpassungen und Mit-Anpassungen von unglaublich feiner aufeinander abgestimmter Präzision unmöglich das Resultat ungezählter Zufallsereignisse sein könnten«.[52]

Wichtig ist für unseren Zusammenhang der Konflikt zwischen Gray und Darwin hinsichtlich der Einschätzung von Variationen bei Lebewesen. Da ihm seine Forschungsergebnisse wichtige Hinweise für die Evolution lieferten, wurde Gray zu einem der frühesten christlichen Darwinisten und eifrigen Verteidiger des Darwinismus in Amerika. »Darwin schrieb sogar einmal, Gray habe den ›Origin‹ [Ursprung] genauso gut verstanden wie er selber.«[53] Trotzdem wies Gray die Rolle des Zufalls in Darwins Konzept zurück. Letztlich gäbe es nur zwei Gründe für die Variationen der Arten: die der unmittelbaren sekundären Ursachen und einen primären unauflöslichen, der in Gott begründet sei. In einer Rezension über Darwins »Origin« meinte Gray deshalb, dass die Formen in der Natur für einen Plan sprechen würden: »Ströme, die durch Gravitation über eine schräge Ebene hinabfließen ... mögen sich während dieses Flusses ihr Bett herausgespült haben; aber ihre besonderen Verläufe können ihnen zugewiesen sein; und wo wir sehen, dass sie endgültige und nützliche Bewässerungskanäle bilden, die durchaus nicht den Gesetzen von Gravitation und der Dynamik zuzuschreiben sind, da sollten wir besser glauben, dass diese Verteilung geplant war.«[54] Darwin wies Grays Interpretation entschieden zurück. In der dritten Ausgabe des »Origin« wird dann auch das »offensichtlich immer noch teleologisch imprägnierte Stützgerüst aus der Bauzeit seines mechanistischen Modells ... abgerissen mit dem ausdrücklichen Abweis jeder Interpretation der natürlichen Auslese als aktiver Kraft oder gar als eines Ausdrucks von etwas Göttlichem«.[55] Trotzdem zeigt sich insgesamt, dass bei Darwin von einer freudigen Gewissheit über die Eliminierung des Schöpfungsglaubens nicht die Rede sein kann; dafür hat er zu klar erkannt, dass die überall antreffbare Zweckmäßigkeit und Ordnung in der Natur sich nicht so leicht in sein System integrieren lässt.

5.2.1.2 Die neodarwinistische Antiteleologie

Der Konflikt, der zwischen Darwin und Gray aufgebrochen war, ist bis heute noch virulent: Ob es im Naturgeschehen eine von einer Erstursache ausgehende Finalität gibt, ist *die* Frage schlechthin geblieben. Das weltanschauliche Engagement ist hier ganz beachtlich, sonst könnte man manche Emotion oder sogar missionarischen Pathos (wie bei Monod) nicht verstehen.[56] Es fließt mehr an Vorgaben ein, als gewöhnlich zugegeben wird. Wie Vollmert zutreffend feststellt, weigert sich eine beachtliche Zahl von Wissenschaftlern, »das Wirken zielbewusst lenkender Kräfte auch nur in Erwägung zu ziehen, weil wir zäh an dem Dogma festhalten, dass alles, was ist und geschieht, natürlich (im Sinne von naturwissenschaftlich) erklärbar sein muss«.[57] Für die Ablehnung einer Teleologie stehen Namen wie Lorenz, Monod, Wuketits[58] oder Schindewolf[59]. Die Position der beiden zuerst genannten Wissenschaftler soll nun kurz dargelegt werden.

Monods Bestseller »Zufall und Notwendigkeit« ist »die schärfste Absage an jede Teleologie, die nur denkbar ist«.[60] Die diesbezüglichen Aussagen Monods sind in der Tat eindeutig: »Grundpfeiler der wissenschaftlichen Methode ist das Postulat der Objektivität der Natur. Das bedeutet die *systematische* Absage an jede Erwägung, es könne zu einer ›wahren‹ Erkenntnis führen, wenn man die Erscheinungen durch eine Endursache, d. h. durch ein ›Projekt‹, deutet.«[61] Freilich kommen auch Monod wie Darwin Zweifel an der Richtigkeit seiner Thesen im Hinblick auf die wunderbare Fülle des Geschaffenen. »Bei dem Gedanken an den gewaltigen Weg, den die Evolution seit vielleicht drei Milliarden Jahren zurückgelegt hat, an die ungeheure Vielfalt der Strukturen, die durch sie geschaffen wurden, und an die wunderbare Leistungsfähigkeit von Lebewesen – angefangen vom Bakterium bis zum Menschen – können einem leicht wieder Zweifel kommen, ob das alles Ergebnis einer riesigen Lotterie sein kann, bei der eine blinde Selektion nur wenige Gewinner ausersehen hat.«[62] Monod blieb aber bei seiner reduktionistischen Deutung und seinem Glauben an die Häufung unwahrscheinlicher Zufälle.

Vor der österreichischen Akademie der Wissenschaften hielt Lorenz am 23.1.1976 einen Vortrag zum Thema »Die Vorstellung einer zweckgerichteten Weltordnung«.[63] Was der Titel schon ankündigte, wurde dann auch ausgeführt: Eine zweckgerichtete Weltordnung sei letztlich nur eine Vorstellung unsererseits, ein »Denkzwang«[64], der keinen Anhalt an der Wirklichkeit habe. Weil der Mensch feststelle, »dass im Weltgeschehen das Sinnlose überwiegt«[65], suche er einen verborgenen Sinn im Weltablauf; dabei sei es gerade Aufgabe des Menschen, so Lorenz mit Berufung auf N. Hartmann, Sinn zu stiften: Werte können nämlich für ihn nur *empfunden,* nicht aber einer vorgegebenen Wirklichkeit objektiv entnommen werden.[66] Bei der individuellen Entwicklung eines Lebewesens liege sicher ein Finalgeschehen vor, »die Verwirklichung eines vorgegebenen Planes«.[67] Für die stammesgeschichtliche Entwicklung der Lebewesen werde nach Lorenz irrtümlicherweise das Gleiche angenommen; dadurch wird »post festum [im Nachhinein] ein Richtungspfeil angebracht, der den Menschen als das von Anfang an vorherbestimmte Ziel des Weltgeschehens erscheinen lässt. Der Versuch, Sinn und Richtung in das evolutive Geschehen hineinzuinterpretieren, ist genauso verfehlt wie die Bestrebungen so vieler sonst wissenschaftlich denkender Menschen, aus geschichtlichen Ereignissen Gesetzlichkeiten zu abstrahieren, die es erlauben, den weiteren Verlauf der Geschichte vorauszusagen.«[68] Deshalb hat Lorenz versucht, den »Irrglauben <!> zu widerlegen, dass das Weltgeschehen vorherbestimmt und zweckgerichtet sei«.[69] Die Vorsehung ist für ihn lediglich eine sogenannte.[70]

5.2.2 Die teleologische Position

Das Buch »Geschöpfe ohne Schöpfer? Der Darwinismus als biologisches Problem« darf als eines der besten gegenwärtigen Veröffentlichungen zur Evolutionsproblematik betrachtet werden.[71] Dort heißt es: »Allerdings fordert der Stand der Forschung mit ihren mannigfaltigen, zum Teil höchst unwahrscheinlichen Hypothesen immer dringender zu der Frage hinaus <sic>, ob bei der Entstehung des Lebendigen und seiner Entfaltung noch andere Kräfte wirksam sind als bei chemischen Umsetzungsprozessen im anorganischen Bereich.«[72] Diese Frage weiterhin zu

Vorsehung und Evolution 101

verdrängen oder methodisch auszuschalten, komme einem Kurzschluss gleich. Es waren die besten Wissenschaftler ihrer Zeit, die bewiesen haben,»dass es gerade im Interesse der Wissenschaft war, die Biologie auf teleologische Erklärungsmodelle zu stützen. Biologen wie von Baer, Eimer, auch Jakob von Uexküll ... stellten fest, dass die Leugnung zielgerichteter Prozesse in lebenden Organismen zugleich die wichtigsten Phänomene der Biologie aus dieser Wissenschaft ausschließt.«[73] Vor der Darlegung der Forschungsergebnisse Portmanns, die zeigen, dass man ohne das Heranziehen eines finalen Faktors das Naturgeschehen letztlich nicht richtig erfassen kann, sind aber die zuvor aufgeführten Einwände des Neodarwinismus aufzuarbeiten.

5.2.2.1 Das Versagen der neodarwinistischen Antiteleologie

Die neodarwinistische Antiteleologie kommt nicht ohne einen teleologischen Faktor aus. Durch die Hintertür wird dieser wieder eingeführt, selbst wenn die Argumentation der einzelnen Wissenschaftler hierbei unterschiedlich ist. Ihnen gemeinsam ist, dass die Evolution, ähnlich wie Hegels Weltgeist, Züge einer bewusst denkenden Persönlichkeit annimmt.

Bei Ditfurth heißt es, dass die Evolution »*prüft, auswählt, bewertet, ausprobiert* und *nach Problemlösungen sucht*«.[74] Solche Annahmen einer unbewussten Intelligenz oder eines unbewussten Bewusstseins des genetischen Materials[75] lassen sich schwer oder überhaupt nicht mit dem Fehlen jeglicher Teleologie in Verbindung bringen. Nicht selten wirkt sogar bis in die physikalische Begrifflichkeit ein teleologischer Horizont hinein.[76]

Bei Monod fällt auf, dass er immer wieder von Rätseln und Wundern spricht[77] und das, obwohl er doch mit einer beachtlichen Portion Optimismus die Probleme für grundsätzlich erkannt und oft schon gelöst gesehen hatte. Bei der Erklärung des Wirkens der Selektion, die bei ihm mit einer ganz beachtlichen geistigen Macht ausgestattet erscheint, wird das besonders klar, sodass nach Scheffczyk die Theologen diese Rätsel nur anders benennen würden: Mysterium.[78] Die zirkuläre Argumentationsstruktur Monods, die auf eine Petitio Principii, eine Behauptung, welche das zu Beweisende schon als wahr voraussetzt, hinausläuft, ist unverkennbar: Die Selektion setzt nämlich im makromolekularen Bereich an, wo ihr schon ein teleonomischer Apparat zur Verfügung steht. Die entscheidende Frage, wie es zum Entstehen dieses Apparates und des in ihm wirkenden Selektionsfaktors kommt, wird aber gerade nicht beantwortet: »Es wird also hier im Grunde das als existent vorausgesetzt, dessen Entstehen gerade geklärt werden soll, nämlich organische Ganzheit, Struktur, Teleonomie und damit auch Finalität.«[79]

Monod warnt vor dem Gefühl, alles für vorherbestimmt zu halten: »Wir müssen immer vor diesem so mächtigen Gefühl auf der Hut sein, dass alles vorherbestimmt sei. Die moderne Naturwissenschaft kennt keine notwendige Vorherbestimmtheit. Das Schicksal zeigt sich in dem Maße, wie es sich vollendet – nicht im Voraus.«[80] Monod geht hier von der Erfahrung aus, dass viele Dinge im Leben uns als gefügt, als vorherbestimmt erscheinen. Doch diesem mächtigen Gefühl gegenüber gilt es misstrauisch zu sein, es als Illusion zu entlarven. Wird damit nicht die Wahrheit einer Welterfahrung niedergehalten, nur weil sie nicht in das vorgefertigte System passt? Dass die Naturwissenschaft keine notwendige Vorherbestimmung kennt, ist sicher richtig. Hier wird aber der Kurzschluss produziert, dass eine Erfahrung von Fügung (oder Schicksal), die anders ist als der naturwissenschaftliche Erfahrungsbegriff, an Letzterem gemessen wird. Ähnliche Konfundierungen trifft man bei Lorenz.

Den Versuch, Sinn und Richtung in die Evolution hineinzuinterpretieren, weist dieser – wie wir schon gesehen haben – mit einem Vergleich ab: Genauso töricht wäre es, aus geschichtlichen Abläufen Gesetzlichkeiten zu abstrahieren, um den weiteren Verlauf der Geschichte vorauszusagen. Dieser Vergleich ist nun allerdings völlig ungeeignet, um für die Eliminierung der Teleologie im Weltgeschehen herzuhalten, denn es kann nicht darum gehen, verborgene Gesetzmäßigkeiten im Geschichtsablauf herauszufinden; worauf es bei einer christlichen Geschichtsauslegung ankommt, wird bei den Propheten deutlich, die das Auf und Ab der Geschichte Israels, das Kommen und Gehen der Menschen und Völker im Lichte Gottes interpretierten. An einzelnen heilsgeschichtlichen Ereignissen, wie etwa dem Auszug aus Ägypten, leuchtet das Heil schaffende Wirken Gottes besonders hell auf, ohne dass es dabei verzweckt

Vorsehung und Evolution 103

oder in ein Deutungsschema für ein künftiges Handeln gepresst werden kann. In ähnlicher Weise kann die Naturforschung Hinweise auf die vestigia Dei [Spuren Gottes] abgeben, ohne dass dadurch künftige Entwicklungsstufen prognostiziert werden könnten. Es geht auch nicht, wie Lorenz es in grotesker Verzerrung unterstellt, um eine völlige Determination, wenn das Wirken eines finalen Faktors im Naturgeschehen behauptet wird.[81]

Dass ein Mann wie Lorenz, für den der Geist des Menschen »sein Dasein ganz sicher der kreativen Selektion«[82] verdankt, sich über den »Abbau des Menschlichen«[83] beklagt, ist mit Staunen festzustellen. Wer die Fundamente untergräbt, sollte sich nicht über den Einsturz beklagen.

Als in ganz beachtlicher Weise sperrig für eine rein evolutive Weltdeutung erweisen sich die Forschungsergebnisse des großen Baseler Zoologen Portmann, die in ihrer Gesamtheit ein beachtliches Zeugnis für das Wirken eines finalen Faktors in der Evolution ergeben.

5.2.2.2 Der Portmann'sche Ansatz der Selbstdarstellung alles Lebendigen

Portmann geht von der Beobachtung aus, dass in der Natur ein ungeheurer Reichtum an Formen, Farben, Schönheit und Gestalthaftigkeit festzustellen ist, der die Bedürfnisse der Art- und Selbsterhaltung bei Weitem übersteigt, ja sich sogar teilweise entgegen diesem Prinzip entwickelt. Nach evolutionistischer Vorgabe wären eigentlich nur wenige adaptive, optimal angepasste und mit höchster Zweckmäßigkeit ausgerüstete Einheitstypen zu erwarten, nicht aber die gegenwärtige Fülle von Formen.

Anhand zahlreicher Beispiele lässt sich zeigen, wie wenig die Faktoren Mutation, Selektion und Isolation diese erklären können:[84] So geht »die faktische Ausgestaltung höherer Blütenformen ... in allen Fällen weit über das hinaus, was das bloße Funktionieren der Bestäubungseinrichtungen erfordert«.[85] Ähnliches gilt für die Prachtkleider männlicher Vögel. Über die reine Erhaltungsökonomie hinaus wird hier ein enormer Energieaufwand betrieben, der sich von der Idee der reinen Arterhaltung her nicht erklären lässt. Anhand der Schönheit einer Pfauenfeder wurde dieses Phänomen in der Literatur oft angesprochen.[86] Die Verschiedenartigkeit der Entwicklung einer Sehfähigkeit der Lebewesen ist so frappierend, dass man mit dem Philosophen Szilasi davon sprechen kann, dass Sehfähigkeit ontologisch [auf die Lehre vom Sein bezogen] zu fassen ist, die sich ontisch [das tatsächlich Seiende betreffend] in der Subjektorganisation Auge und der Objektorganisation Gestalt niederschlägt.[87] Die Verteilung farbiger Muster bei Strudelwürmern des Meeres, bei marinen Schnurwürmern und vielen Meeresschnecken, deren Augen keiner Abbildung fähig sind, können unmöglich durch Selektion seitens der Artgenossen im neodarwinistischen Sinn gezüchtet worden sein. »Die weite Verbreitung von recht komplizierten Mustern ohne ökologischen Sinn und ohne ausgesprochenen Selektionswert sollte zu denken geben.«[88]

Portmann wandte sich wiederholt gegen eine die Erscheinung der Welt entmächtigende Denkweise, die sich in der Biologie immer mehr breitmacht.[89] Die Abwertung der Sinneserlebnisse geht hierbei so weit, dass sie zum trügerischen Schein erklärt werden. Wenn die methodischen Inhalte der Physik und Chemie dominieren, deren Bedeutung Portmann sehr wohl erkannt hat, dann wird Leben (Bios) als besonderes Phänomen oberhalb der Materie nicht mehr ansichtig. Von reduktionistischen und gradualistischen Denkmodellen sowie von Atomisierungstendenzen der Gestalten der Organismen auf ihre Gene setzte er sich deshalb entschieden ab. Es ist denkbar abwegig, in den Steuerungsmodellen moderner Maschinen ein Modell des lebendigen Organismus zu sehen und zu glauben, die Zielgerichtetheit der Lebewesen damit erklären zu können. Wenn Portmann die Erklärbarkeit des Höheren aus dem Niederen ablehnt, dann kommt hier die philosophische Einsicht, wonach eine Ganzheit grundsätzlich mehr ist als die Summierung ihrer Teile, zum Tragen. Man kann von einer Verursachung von oben nach unten sprechen: Vom Lebendigen her werden alle Bereiche der Wirklichkeit integriert. Der neodarwinistische Versuch, neue Synorganisation durch die Summation von vielen Zufallsmutationen erklären zu wollen, ist nur möglich »durch eine unzulässige Vereinfachung und Phänomenblindheit gegenüber der neuen Qualität des Lebendigen«.[90] Der Vorwurf J. v. Uexkülls, wonach das Forschen und Experimentieren stets aufwendiger, das Denken aber immer einfacher und billiger werde,[91] traf somit nicht auf Portmann zu, sondern eher auf seine Gegner.

Empirische Beobachtungen, wie der Artgesang der Grasmücken[92] – unscheinbare Vögel der Gattung Sylvia – und deren Spielverhalten, haben bei Portmann zu einer anderen Wertehierarchie geführt. Letztes Telos [Endzweck] im Bereich des Lebendigen ist nicht die Arterhaltung, sondern die Selbstdarstellung, die als eine Funktion der Innerlichkeit verstanden wird.[93] Lebendiges wird dadurch erst verstehbar. Portmann überwindet damit eine Grundauffassung, in der die Arterhaltung als oberstes Kennzeichen der Lebewesen betrachtet wird.

Auf die Frage, auf wen die Naturphänomene letztendlich zurückzuführen seien, schwieg sich Portmann trotz beharrlichen Nachfragens aus. Er sprach nie von mehr als einem Geheimnisgrund und blieb damit seinem wissenschaftlichen Forschungsideal treu, das ihm keine weitergehenden Aussagen erlaubte.[94] Wenn sich aber wiederholt Äußerungen bei ihm finden, wie »dem Geheimnis des Schöpferischen in Ehrfurcht«[95] zu begegnen, dann zeigen diese klar die innere Einstellung Portmanns zu seinen Forschungsergebnissen.

5.2.3 Theologische Stellungnahme zur Frage nach der Teleologie

Als Ergebnis lässt sich aus naturwissenschaftlicher Sicht festhalten, dass sich Wirkursächlichkeit von Zielursächlichkeit übergriffen zeigt und als solche auch philosophisch und theologisch interpretiert werden kann und muss. Die Reflexionen zur Teleologie sind aus theologischer Sicht zwar nicht zu den Fundamenten des Glaubens zu rechnen, die Theologie bedarf ihrer aber trotzdem als Präambeln des Glaubens, soll sie nicht ihren vernunftmäßigen Charakter verlieren. Die Schöpfung zeigt in ihrer Zielausrichtung die vestigia Dei. »Wenn es diese Hinweise und Spuren nicht gäbe, würde der teleologisch geprägte Schöpfungsglaube weltlos, die evolutive Welt aber gottlos.«[96] Die Annahme von Plan und Ziel in der Schöpfung führt letztlich zur Anerkennung der Existenz Gottes; darauf verweisen auch anerkannte Biologen.[97]

Einen tieferen Grund für das Abrücken von einer teleologischen Betrachtung der Wirklichkeit geben Spaemann und Löw an: »Die Reduktion unserer Erkenntnis der Natur auf deren kausale Erklärung, so wie sie programmatisch seit der frühen Neuzeit durchgeführt wurde, steht unter einem bestimmten Willen: dem Willen zur Naturbeherrschung. Für diesen Zweck sehen wir von der teleologischen Betrachtung der Wirklichkeit ab. Der Mensch hat Zwecke, und diesen will er die Natur als Mittel unterwerfen.«[98] Wohin ein einseitig verstandenes Herrschaftsdenken über die Natur geführt hat, erleben wir angesichts einer progressiven Zerstörung der Lebensgrundlagen immer deutlicher. Wer einen teleologischen Faktor in seine Überlegungen einbaut, erkennt, dass die Schöpfung eine eigene Würde und ein eigenes Vollendungsziel hat. Der Blick öffnet sich für ein größeres Ganzes, das vom Schöpfer in seine Schöpfung hineingelegt wurde. Damit wird aber ein reines Herrschaftsdenken über die Natur zutiefst fragwürdig. Da der Wille zur Naturbeherrschung ein beachtliches Hindernis darstellen kann, die ganze Wirklichkeit unverstellten Blicks zur Kenntnis zu nehmen, kann die Wiederentdeckung des teleologischen Denkens zu einer Überlebensfrage ersten Ranges werden. Umdenken ist angesagt.

5.3 Die Entwicklungsproblematik: naturwissenschaftlicher Faktenstand und theologische Deutung

5.3.1 Problemstand und Ideologie bei Darwin und Haeckel

Darwin selbst hatte die Anfragen an seine Theorie, die sich bis heute kaum verändert haben, klar gesehen und sich damit auseinandergesetzt. In beachtlicher intellektueller Redlichkeit ging er in seinem grundlegenden Werk »Die Entstehung der Arten« auf die »Schwierigkeiten der Theorie«[99] im 6. und auf die »Einwände gegen die natürliche Zuchtwahl«[100] im 7. Kapitel ein. Er schreibt: »Auf die Frage, warum wir in der vorkambrischen Zeit keine reichen fossilführenden Ablagerungen finden, vermag ich keine befriedigende Antwort zu geben. Trotzdem ist die Schwierigkeit einer überzeugenden Erklärung des Fehlens großer Lager von fossilreichen Schichten unterhalb des kambrischen Systems sehr groß ... Die Frage muss also vorerst unbeantwortet bleiben; sie wird mit Recht als wesentlicher Einwand gegen die hier entwickelten Ansichten vorgebracht werden.«[101] Die Dürftigkeit der geologischen Urkunden hatte Darwin, wie er selbst bekennt, in diesem Ausmaß bei

Weitem nicht erwartet.[102] Es überraschte ihn, dass »die unendlich zahlreichen Übergänge zwischen allen aufeinanderfolgenden Arten«[103] nicht gefunden werden konnten.

Die Schwierigkeiten würden aber nach Darwin gar völlig verschwinden, wenn man bedenke, wie wenig von den Fossilresten noch vorhanden und erforscht worden sei. Er verwendet ein Bild: Von dem stammesgeschichtlichen Band der Entwicklung der Lebewesen sei nur noch das letzte und auch dieses nur bruchstückhaft vorhanden.[104] »Wir vergessen immer, wie groß die Erde im Vergleich zu dem kleinen Gebiet ist, dessen geologische Formationen geprüft worden sind ... Wir dürfen nie außer Acht lassen, dass nur ein kleiner Teil der Erde genau durchforscht worden ist.«[105]

Beachtet werden muss, dass der Ausgangspunkt für Darwin seine Theorie war, die er im Naturgeschehen dann bestätigt wissen wollte. »Wenn wirklich zahlreiche zur selben Gattung oder Familie gehörige Arten mit einem Mal ins Leben getreten wären, so müsste das meiner Theorie der Entwicklung durch natürliche Zuchtwahl gefährlich sein. Denn die Entwicklung einer Gruppe von Formen, die alle von gleichen Vorfahren abstammen, *muss* ein sehr langsamer Vorgang gewesen sein und die Vorfahren *müssen* lange vor ihren abgeänderten Nachkommen gelebt haben.«[106]

Noch viel deutlicher als bei Darwin ist bei dem deutschen Biologen E. Haeckel (1834–1919) die Anpassung der Wirklichkeit an die vorgegebene Idee zu konstatieren. Darwins noch filigranartig »zarter« Stammbaum mit vielen feinen gestrichelten Linien, die vermuteten Verwandtschaftsbeziehungen darstellend, wächst sich bei Haeckel zu einer knorrigen Eiche aus![107] Die Fossilien hatte er vorsichtshalber gar nicht erst einbezogen: Sie hätten sowieso nur gestört. Wer sich heute einen von seriöser Wissenschaft aufgestellten Stammbaum betrachtet, hat es mit einer Schematik zu tun, die fast pilzartig auseinanderdriftet und mit Fragezeichen und gestrichelten Linien übersät ist.[108]

Traditionellerweise trägt die Paläontologie mit ihrer Rekonstruktion der Entwicklungsreihen und der Suche nach missing links an Artenverzweigungspunkten neben der biogenetischen Grundregel die Hauptbeweislast für die Richtigkeit von Darwins Theorie. Auf die Ergebnisse dieser Forschungsrichtung ist nun näher einzugehen.

5.3.2 Die Entwicklung der Arten: naturwissenschaftlicher Faktenstand

Wie wir gesehen haben, hat Darwin sich darauf berufen, dass ein beträchtlicher Teil der Erde noch systematisch nach Fossilien abgesucht werden müsste. Über hundert Jahre nach seinem Tod, nachdem sich Generationen von Biologen und Paläontologen auf die Suche danach gemacht haben und riesige Mengen von Fossilien ausgewertet werden konnten, kann dieses Argument seriöserweise nicht mehr gebracht werden. Darwins Beobachtungen werden völlig bestätigt, denn es ist festzustellen, »dass mit Beginn des Kambriums alle Stämme der Wirbellosen *sprunghaft, hoch organisiert* und *weltweit* auftraten«.[109] Gerade von führenden Autoritäten, die sich zu einer evolutionistischen Weltdeutung bekennen und denen deshalb nicht vorgeworfen werden kann, sie wollten die Evolutionstheorie verunglimpfen, wird dieser Tatbestand immer wieder bekräftigt: Namen wie O. H. Schindewolf[110], G. G. Simpson[111] und C. Patterson[112] müssen hier genannt werden. O. Kuhn, der sich jahrzehntelang mit paläontologischen Forschungen beschäftigt hat, fasst diese so zusammen: »Mit der Feststellung, dass die Typen und Subtypen unvermittelt auftreten, ist die *klassische Abstammungslehre*, deren Sinngebung ja gerade darin lag, dass sie kleinste Schritte, die keiner eigentlichen Erklärung zu bedürfen schienen, zu großen Wirkungen addierte, widerlegt. Wir müssen diese Feststellung hier einmal mit größtem Nachdruck treffen, nachdem vielfach immer noch so getan wird, als wäre das Beweismaterial für die Umbildung der Tier- und Pflanzenwelt in bester Ordnung und bedürfe keinerlei Argumente mehr ... Die ersten Schildkröten, die ersten Flugsaurier oder die ersten Fledermäuse treten jeweils fix und fertig auf ... Das sprunghafte, unvermittelte und fertige Auftreten der Baupläne ist Tatsache, an der nicht mehr gerüttelt werden kann.«[113] Diesem Faktum wird in der letzten Zeit immer mehr Rechnung getragen, sei es in einer Kritik an gängigen Lehrbuchdarstellungen oder mit der Vorlage von alternativen Entwürfen, die in beachtlicher Weise von dem ursprünglichen Darwin'schen Grundkonzept abweichen.[114] In welche Schwierigkeiten dadurch der klassische Darwinismus kommt, wird bei Lorenz deutlich: Die Evolution »ist nicht imstande, um eines zukünftigen Vorteiles willen auch nur die geringsten gegenwärtigen Nachteile in Kauf zu nehmen, mit anderen Worten, sie kann nur solche Maßnahmen ergreifen, die einen unmittelbaren Selektionsvorteil erbringen«.[115] Bildlich gesprochen: Ein Schild mit der Aufschrift »Wegen Umbaus geschlossen« ist im evolutiven Geschehen nirgendwo anbringbar. Im Sinne der darwinistischen Ausleseprinzipien müsste man sich aber die Übergangstypen als nicht besonders lebenstüchtig vorstellen. Wenn man sich denkerisch die Schwierigkeiten, die sich für die Brückentiere lebenspraktisch ergeben würden, vergegenwärtigt, dann hat man »aufgehört, an die darwinistische Selektionstheorie zu glauben ... Zwischenstufen (das gilt für alle großen Übergänge) wären als hilflose Nicht-mehr- und Noch-nicht-Wesen der Selektion zum Opfer gefallen.«[116] R. Goldschmidt hat für sie die Bezeichnung »hopeful monsters« geprägt. Das »frustrierende Unternehmen der unauffindbaren Ahnenformen«[117] ist besonders bei den als typisch angesehenen Brückentieren, wie dem Archäopteryx oder dem Quastenflosser, ersichtlich: »So finden sich zum Beispiel zusammen mit den Quastenflossern, die nach weitverbreiteter Auffassung als Urform der Vierfüßer gelten, bereits die ersten Amphibien. Sie treten also geologisch gleichzeitig mit jenen Fischen auf, aus denen sie sich entwickelt haben sollen. Dagegen fehlt es völlig an Vorstadien zu den Flugsauriern aus der Obertrias oder zum Archäopteryx aus dem Oberjura ... Gleichzeitig mit dem Archäopteryx gibt es schon voll ausgeprägte Vögel, sodass auch hier die von der spekulativen Plausibilität geforderte und in manchen Darstellungen vorgetäuschte Reihenfolge bzw. Zeitordnung durch die tatsächlichen Funde nicht bestätigt wird.«[118] Wenn man wie Darwin mit der Individuenarmut der Ursprungspopulationen argumentiert, bleibt der Einwand: »Einerseits sind es die tüchtigsten Varietäten, die zu neuen Arten führen, andererseits müssen sie auch besonders individuenarm gewesen sein, weil sonst fossile Überreste gefunden worden wären, ein Widerspruch, der nur im Nebel der Jahrmilliarden an Schärfe verliert.«[119] Kahle spricht von primären Lücken, die prinzipieller Art sind und von denen deshalb nicht zu erwarten ist, dass sie künftig durch noch zu entdeckendes Fossilmaterial geschlossen werden könnten.[120] Weitere Vertröstungen, wonach sich bei eifriger Forschung die missing links doch noch finden lassen würden, sind deshalb unangebracht. Auch von philosophischer Seite werden die Anfragen an das »Verschwinden der Dokumente«, an Teilhards Rede vom Weiß des Ursprungs (»le Blanc de l'Origine«)

immer härter: »Was verschwindet nun wirklich im ›weißen Punkt‹ der Forschung, die als Verbindungsglieder benötigten Leitfossilien oder aber auch eherne Denkgesetze, wie etwa das ›natura non facit saltus‹ [Die Natur macht keine Sprünge], oder beides?«[121] Zusammenfassend lässt sich sagen: »Aufgrund des Drucks der Daten führt die Entwicklung in der Paläontologie damit zu einer früher von Evolutionstheoretikern heftig angegriffenen Position der Schöpfungstheoretiker, die schon immer behauptet haben: *Es gibt keine Zwischenglieder.*«[122]

Wenn trotz dieses eindeutigen empirischen Befundes dennoch versucht wird, durch beschreibende Darstellungen, die in Wirklichkeit keine Erklärung sind, die großen Schöpfungen der Entwicklung verständlich zu machen, dann lässt sich die Absurdität dieses Unternehmens mit den Händen greifen. Die folgende Schilderung bei Monod ist ein Beispiel dafür: »Das Auftreten der vierfüßigen Wirbeltiere und ihre erstaunliche Entfaltung in den Amphibien, Reptilien, Vögeln und Säugetieren geht darauf zurück, dass ein Urfisch sich ›entschieden‹ hatte, das Land zu erforschen, auf dem er sich jedoch nur durch unbeholfene Sprünge fortbewegen konnte. Im Gefolge dieser Verhaltensänderung schuf er den Selektionsdruck, durch den sich dann die starken Gliedmaßen der Vierfüßler entwickeln sollten. Unter den Nachkommen dieses ›kühnen Forschers‹, dieses Magellan der Evolution, können einige mit einer Geschwindigkeit von mehr als 70 Kilometern in der Stunde laufen, andere klettern mit einer verblüffenden Gewandtheit auf den Bäumen, andere haben schließlich die Luft erobert und damit den ›Traum‹ des Urfisches verwirklicht.«[123] Die Kritik an diesen Äußerungen ist restlos vernichtend. So stellt der Biologe Illies erstaunt fest, dass eine ganze Generation positivistischer Biologen ihre ätzende Kritik ausgoss über die These Lamarcks von den Giraffen, deren Hälse sich aus dem Bedürfnis, an die Blätter im Baumgipfel zu gelangen, verlängert haben sollen, während ein Jahrhundert später bei Monod unkritisch akzeptiert wird, dass Fische sich »entschieden« haben, an Land zu gehen: »All das ist doch reiner Lamarckismus [Theorie, dass Organismen Eigenschaften an ihre Nachkommen vererben können, die sie während ihres Lebens erworben haben].«[124] Noch schärfer fällt die Kritik Ratzingers aus, der von mythologischen Versatzstücken spricht, »deren Scheinrationalität niemanden im Ernst blenden kann«.[125] In den obigen Formulierungen sieht er die

»Selbstironie des Forschers <am Werk>, der von der Absurdität seiner Konstruktion überzeugt ist, sie aber aufgrund seines methodischen Entscheids ... aufrechterhalten muss«.[126]

Auch andere für Makroevolutionen vorgebrachte Beispiele[127] sowie der Hinweis auf Rudimente, Merkmale, die im Lauf der Entwicklung funktionslos geworden sind, und Atavismen [das Wiederauftreten von anatomischen Merkmalen bei einem Lebewesen, die bei entfernteren stammesgeschichtlichen Vorfahren ausgebildet waren][128] können die ihnen aufgebürdete Beweislast nicht tragen. Alle gegenwärtigen Versuche, sei es durch Züchtungen[129] oder gezielt ausgelöste Mutationen (besonders bei der dafür geeigneten Drosophila-Fliege), Artgrenzen zu übersteigen, sind fehlgeschlagen.

Eine Frage, die in diesen Bereich hineingehört, ist natürlich die nach der Entstehung des Menschen. Gegenüber den fantasievollen Darstellungen des Übergangs zwischen Tier und Mensch ist »äußerste Skepsis angebracht«.[130] Sehr ernüchternd ist in diesem Zusammenhang der Abschnitt »Offene Fragen« in den QD 12/13 »Das Problem der Hominisation«.[131] Auch wenn sich seit dieser Veröffentlichung – es wird Bezug genommen auf die dritte Auflage des Jahres 1965 – im Einzelnen noch manches verändert hat, so ist der Forschungsstand, wie Vergleiche mit heutigen Lehrbüchern zeigen, im Wesentlichen kein anderer geworden. Nicht einmal für Teilgebiete oder einzelne Merkmalskomplexe ist der Weg des evolutiven Prozesses sicher erkannt worden. Aus heutiger Sicht ist deshalb die Mahnung Pius' XII. in »Humani generis« zu allergrößter Mäßigung und Vorsicht bei der theologischen Auswertung der naturwissenschaftlichen Forschungsergebnisse nur zu bestätigen,[132] zumal das weltanschauliche Interesse groß ist, Übergangsformen zu finden.

Dass die menschliche Daseinsweise nicht einfach eine komplizierte Säugetierart mehr ist, sondern als eine gänzlich neue Lebensform, als neue Stufe des Seienden zu verstehen ist, lässt sich anhand vieler Einzelbeobachtungen empirisch erhärten: »Alle humanen Merkmale, also körperliche und geistige, treten als Eigenschaften eines ›Systems‹ auf, das als Ganzes ein ›Sonderfall‹ ist.«[133] Das Wachsen und Heranreifen des menschlichen Embryos ist von Anfang an spezifisch menschlich.[134] Das *extrauterine Frühjahr* [Nach Portmann braucht der Mensch ein knappes Jahr außerhalb des Mutterschoßes, um unumgängliche soziale Überlebensfähigkeiten zu gewinnen], das beim Menschen überhaupt nicht zu erwarten wäre, wenn man die Entwicklungsreihen beim Tier zum Vergleich hernimmt, weist darauf hin, dass dieser von vornherein als ein Kulturwesen angelegt ist. Er bringt Vorstrukturierungen mit, die ihn aber trotzdem nicht determinieren. Der relativ unfertige Zustand des Menschenkindes ist von Anfang an auf eine spätere Entwicklung angelegt. Auch für das Lebensende fällt das unverwechselbar Menschliche auf. Das *Altern* des Menschen, das oft ein letztes Reifen ist, unterscheidet sich »grundsätzlich von dem bei Tieren ausnahmslos zu beobachtenden plötzlichen Verfall«.[135] Des Weiteren müssen die *Sprache* des Menschen[136], sein *Schamgefühl*[137] und das Phänomen des *Errötens,* die *aufrechte Haltung* und die Tatsache, dass der Mensch sich von Anfang an in einer *religiösen Verehrung* auf ein transzendentes Wesen bezogen weiß, genannt werden. Aufgrund dieser Beobachtungen postuliert Illies für die Herkunft des menschlichen Wesens einen »höheren, schöpferischen Eingriff«.[138]

Bei einer Zusammenschau des hier nur umrisshaft dargelegten Faktenmaterials ergibt sich eine Sichtweise der Entwicklung der Lebewesen, die erheblich differiert vom Neodarwinismus. In dem im renommierten Schulbuchverlag Weyel im Jahr 1986 herausgegebenen Buch von Junker und Scherer »Entstehung und Geschichte der Lebewesen. Daten und Deutungen für den Biologieunterricht« sind schon auf der Umschlagvorderseite zwei gleichberechtigte Entwürfe abgebildet. Der eine zeigt einen herkömmlichen Stammbaum, bei dem die Fragezeichen an den Verästelungspunkten der Artenverzweigungen angebracht sind, während der andere von mehreren verschiedenen kleinen Bäumen ausgeht, die sich leicht nach oben verbuschen, aber sonst nicht miteinander in Verbindung stehen. Die Fragezeichen sind hier an der Wurzel der Bäume angebracht. Dieser letztere Entwurf, der von den Autoren des genannten Buches favorisiert wird, geht also von nicht mehr aufeinander rückführbaren Grundtypen aus, die aber dennoch für eine bestimmte und begrenzte Ausdifferenzierung offen sind (deshalb die leichte Verbuschung nach oben). Junker und Scherer nehmen eine kurze, aber bewegte Erdgeschichte an und begründen diese Sicht detailliert.[139] Eine weitere Diskussion dieses Ansatzes, bei dem, wie es scheint, noch manches geklärt werden muss, ist an dieser Stelle nicht möglich. Es wird sich zeigen, ob er sich in der Biologie selbst behaupten kann. Seitens der Theologie gilt es jedoch, sich offenzuhalten für große anstehende Umwälzungen, die sich ergeben könnten hinsichtlich der Einschätzung des evolutiven Geschehens; es könnten sich sonst manche unliebsamen Entwicklungen der Vergangenheit wiederholen, bei denen man es der Theologie zum Vorwurf gemacht hat, nicht rechtzeitig Veränderungen der Zeit und der Umstände in ihrer Tragweite erkannt zu haben.

Nach der Darlegung des Befundes aus naturwissenschaftlicher Sicht zur Problematik der Artenübergänge und der Zurückweisung von ideologischen Deutungsmustern ist nun der entscheidenden Frage nachzugehen, wie man sich das Handeln Gottes aus theologischer Sicht bei der evolutiven Höherentwicklung vorzustellen hat. Sowohl beim traditionellen Stammbaum wie bei dem Modell mehrerer kleiner Bäume besteht die Annahme, dass sich die Arten auseinander heraus entwickeln können, wenngleich dies für Letzteres nur in erheblich eingeschränktem Umfang gilt. Rahner hat 1961 in seiner grundlegenden Schrift »Die Hominisation als theologische Frage« dieses Problem angegangen und hat dort die Theorie der Selbstüberbietung vertreten, die von vielen rezipiert wurde.[140] Nach Darlegung und Kritik seines Ansatzes soll gezeigt werden, dass nur ein richtig verstandener dynamischer Kreationismus sowohl Forschungsstand und Faktenmaterial als auch theologischen Erfordernissen gerecht wird.

5.3.3 Theologische Aufarbeitung der Übergangsproblematik

5.3.3.1 Rahners Theorie der aktiven Selbsttranszendenz

5.3.3.1.1 Der Inhalt von Rahners Theorie der Selbstüberbietung

Die Äußerung des Lehramts in »Humani generis« ist für Rahner verpflichtende Ausgangsbasis seiner Überlegungen zur Frage der Entstehung eines neuen Menschen. In dieser Enzyklika wird die direkte Schöpfung der menschlichen Seele durch Gott als eine verpflichtende Glaubenslehre festgehalten: »Animas enim a Deo immediate creari catholica fides nos retinere iubet.«[141] Es stellt sich nun allerdings die schwierige theologische

Frage, wie man sich die *direkte* Erschaffung der Seele durch Gott vorzustellen hat, ohne dass Gottes Wirken verräumlicht oder verzeitlicht wird, weil dies gegen seine Transzendenz verstoßen würde. Das Problem wird nicht dadurch gelöst, dass man eine Evolution für den Leib des Menschen annimmt, die Seele aber davon ausschließt. Es ist deshalb sicher richtig, »dass nur eine sehr vielschichtige und nuancierte Antwort die richtige sein kann und jede Simplifikation des Problems nur in die Irre führt«.[142]

Immer wieder betont Rahner, dass Gott transzendental tragender Grund der Welt ist und deshalb auch nicht in ihr »vorkommt«.[143] Die Folge davon ist für ihn, dass Gott als Grund des Seienden »immer nur durch das Endliche vermittelt anwesend«[144] ist. Da Gott in seinem Wirken nicht von außen stößt, kann die Orientierung für die Entwicklung nur so gedacht werden, »dass sie eben durch die (freilich letztlich gottgeschaffene) Wirklichkeit des sich so Entwickelnden selbst ›aus‹ ihm heraus geschieht«.[145] Die bisherige Annahme eines Gottes, der unmittelbar selbst in der Welt als Handelnder auftritt, würde diesen zu einem Demiurgen [Baumeister] machen, der mit mirakulösen Sondereingriffen und kategorialen Stößen an bestimmten Raumzeitpunkten tätig würde.[146] Bei einer unmittelbaren und alleinigen Erschaffung der Geistseele durch Gott substituiere dieser »innerhalb der geschlossenen Kausalkette«[147] die Zweitursachen. Ein unvermitteltes Handeln Gottes in der Welt sei nur beim Gnadengeschehen anzunehmen: Eine raumzeitlich-geschichtlich lokalisierbare Ursächlichkeit ist für Rahner das Charakteristikum des übernatürlichen heilsgeschichtlichen Wirkens Gottes.[148]

Das, was »Sein«, »Wirken« und »Ursächlichkeit« ist, werde ursprünglich erfahren beim erkennenden Subjekt selbst, in dessen eigenem Vollzug und Selbstbesitz. Die reale Selbstüberbietung des Menschen geschehe im Erkennen (und Wollen): »Dieser Vollzug darf nicht als ›intentionaliter‹, ›denkender‹, ›bloß‹ gedanklicher abgesetzt werden vom ›realen‹ Selbstvollzug eines Seienden, sondern was dieser eigentlich und ursprünglich ist, wird gerade in jenem verwirklicht und erfahren. Das geistige Geschehen als solches ist das ontische, das reale und wirkliche Geschehen.«[149] Die Identität von Sein und Erkennen wird deutlich, die Rahner schon früher entwickelt hatte. Das erkennende Sichüberbieten sei nur möglich im Horizont des Absoluten, im Vorgriff auf das Sein überhaupt. Von diesen Grundannahmen ausgehend kommt Rahner auf

Vorsehung und Evolution 115

den Begriff der aktiven Selbsttranszendenz zu sprechen: »Es soll der Begriff des göttlichen Wirkens als aktives, dauerndes Tragen der Weltwirklichkeit derart entwickelt werden, dass eben dieses Wirken erscheint als die aktive Ermöglichung der aktiven Selbsttranszendenz des endlichen Seienden durch sich selbst, und zwar so, dass, weil dieser Begriff allgemein gilt, er auch von der ›Erschaffung der geistigen Seele‹ gilt.«[150] Die Selbstüberbietung geschehe in der Kraft der absoluten Seinsfülle. »Das Werden ist ... die vom Niedrigeren selbst erwirkte Selbsttranszendenz des Wirkenden, ist Selbstüberbietung.«[151] Die Zeugung eines Menschen gehöre somit »zu jener Art von geschöpflicher Wirkursächlichkeit ... in der das Wirkende die mit seinem Wesen gesetzten Grenzen wesentlich übersteigt in der Kraft der göttlichen Ursächlichkeit«.[152] Selbsttranszendenz besage deshalb auch Wesensselbsttranszendenz.[153] Die Selbstüberbietungstheorie gelte nicht nur für die Zeugung eines neuen Menschen, auf die Rahner das Hauptaugenmerk richtet, sondern auch für das erstmalige Entstehen eines Menschen aus dem Tierreich, ja überhaupt für die ganze Evolution.[154]

Wie kann nun gesagt werden, dass Gott zwar die treibende Kraft der Entwicklung ist, ohne dass er zu einer Ursache neben anderen herabsinkt? Durch eine dialektische [in Gegensätzen denkende] Aussage ist dies möglich. Die unendliche Ursache gehöre »zur ›Konstitution‹ der endlichen Ursache als solcher ... ohne ein inneres Moment an ihr als Seiendem zu sein«.[155] Angewandt auf die Entstehung eines neuen Menschen heißt dies: Die die Selbstüberbietung ermöglichende Kraft Gottes ist dem Wirken der Eltern innerlich, ohne zu den Konstitutiven ihres Wesens zu gehören. In den dialektischen Formeln »unbewegt bewegt«[156] und »in-ihm-über-ihm«[157] (mit »ihm« ist der endliche Geist gemeint) versucht Rahner, die Ursächlichkeit des absoluten Seins zu beschreiben, das Moment der Bewegung wird, gleichzeitig aber darübersteht.

5.3.3.1.2 Die Kritik der Rahner'schen Selbsttranszendenztheorie

Selbst Vertreter der Theorie der aktiven Selbsttranszendenz haben mittlerweile erkannt, dass dieser Begriff mit Vorsicht zu handhaben ist und nicht zu schnell für ausstehende Erklärungen herangezogen werden darf.[158] Klar grenzen sich Dolch[159], Kern[160], Lais[161], Seifert[162], Scheffczyk[163], Schmaus[164], Wenisch[165] und mit einer gewissen Einschränkung auch O. H. Pesch[166] davon ab. Besonders harsch fällt die Kritik bei Hengstenberg aus, der sich gründlich mit Teilhard und dem darauf aufbauenden Rahner auseinandergesetzt hat: Rahner habe »sein völliges Unverständnis für Schöpfung erwiesen«[167] in seiner Arbeit »Die Hominisation als theologische Frage«. Neuerdings hat Lülsdorff im Jahr 1989 in seiner Dissertation »Creatio Specialissima Hominis – Die Wirkweise Gottes beim Ursprung des einzelnen Menschen« sich mit der anstehenden Thematik auseinandergesetzt und überzeugend für eine *unmittelbare* Erschaffung der Seele durch Gott plädiert. Den Anfragen naturwissenschaftlicher und philosophisch-theologischer Art an Rahners These ist deshalb genau nachzugehen.

Von Theologen wird die *naturwissenschaftliche* Seite der Frage nicht selten unterschätzt. Sicher sind Fragestellungen naturwissenschaftlicher Art auch nicht das Formalobjekt genuin theologischer Untersuchungen, aber insofern als diese auf empirischen Beobachtungen und Ergebnissen ruhen – gerade bei diesem Bereich! –, können sie legitimerweise nicht übergangen werden.

Rahner hat sich Gedanken gemacht über die Reichweite der Selbsttranszendenz. Er will seinen Begriff des Werdens als Selbstüberbietung nicht als Freibrief verstanden wissen, »jedes mit allem ursächlich zu verknüpfen«.[168] Der zu überbietende Ausgangspunkt könne sehr wohl Verweis daraufhin sein, in welcher Richtung der Überschritt gehe und wie weit er überhaupt erfolgen könne. Die aktive Selbstüberbietung bedeute »immer ein Stück Diskontinuität, die gar nicht vermieden werden kann und darf; anderseits aber verlangt die mit dem endlichen Wesen des sich selbst transzendierenden Werdenden gegebene Grenze des Werdenkönnens, dass die Diskontinuität nicht zu groß gedacht wird, ja bedeutet das heuristische Postulat, die ›Sprünge‹ möglichst klein und die Übergänge möglichst fließend sein zu lassen, ohne freilich damit eine ›Erklärung‹ der Höherentwicklung geben zu wollen.«[169] Auf das Postulat der möglichst kleinen Sprünge und die zentrale Bedeutung dieser Annahme bei Darwin und dem Neodarwinismus sind wir schon gestoßen. Dass diese Forderung durch die Forschung als widerlegt zu betrachten ist, haben wir auch schon gesehen. Damit ist der Theorie der Selbstüberbietung die empirische Basis entzogen. Eine wie auch immer geartete Selbstüberbietung

Vorsehung und Evolution 117

hat nicht jene Reichweite, die vom Faktenmaterial her gefordert werden muss. Die Annahme eines schöpferischen Impulses zeichnet sich schon in naturwissenschaftlicher Sicht immer deutlicher als die einzige sinnvolle »Erklärung« für die Ausdifferenzierung der Arten ab.

Des Weiteren ist in die Diskussion die Zweigeschlechtlichkeit des Menschen als vollgültige Realität kaum eingebracht worden, obwohl gelegentlich von der Selbsttranszendenz der Eltern gesprochen wird. Von der Selbsttranszendenz müsste man deshalb immer im Plural sprechen, als Selbsttranszendenz von Mann und Frau. Das Fehlen jeglicher Überlegungen in dieser Hinsicht bei Rahner zeigt, wie sehr er sich von der phänomenologischen Ebene entfernt hat.[170] Zudem ist zu fragen, wie die Eltern sich dann noch selbst überbieten können sollen, wenn die Beseelung des Embryos nach Rahner erst in einer späteren Entwicklungsphase nach der Zeugung stattfindet – eine Annahme, der wieder jegliche empirische Grundlage fehlt und die deshalb aus heutiger Sicht abgewiesen werden muss.[171]

Die biologische Ohnmächtigkeit der Eltern muss viel mehr berücksichtigt werden: Sie können nicht einmal mit absoluter Sicherheit darüber entscheiden, ob eine geschlechtliche Vereinigung die Zeugung eines Kindes zur Folge hat oder nicht, ob also eine Überbietung auf einen neuen Menschen hin stattfindet. Es bleibt dem natürlichen Geschehen überlassen, ob das Kind männlich oder weiblich sein wird. Die Eltern müssen in vielem untätig abwarten. Angesichts dieser faktischen Ohnmacht ist die Frage zu stellen, ob es allein schon von der Erfahrung der Eltern her angemessen ist, diese als »Urheber« eines namentlich unverwechselbaren Individuums anzusprechen, da ihnen doch sonst beim Zeugungsgeschehen vieles verwehrt ist, auf das sie sicher gern Einfluss nehmen würden.

Bei näherer Betrachtung des Selbsttranszendierungsgeschehens ergeben sich Fragen über Fragen besonders dann, wenn man klären möchte, wie die neue geistige Person aus der Selbstüberbietung des Niedrigeren entstehen soll. Aufgrund der »biologischen Lebendigkeit« der Keimzellen kann die Überbietung in den personalen Geist nicht stattfinden, da diese ja erhalten bleibt und der Geist als neues, die Lebendigkeit überformendes Konstituens hinzukommt. »Soll man also denken, dass der Keim sich selbst dieses Konstituens erwirkt? Dieses Konstituens, dem sogar Substantialität zukommt, die als personale in den Keimzellen nicht da ist, da sie eben noch kein Ich (im Keim) sind? Man sieht: Es braucht hier ganz eindeutig ein schöpferisches ›Es werde‹. Nur dadurch kommt etwas aus dem Nichts zum Sein.«[172] Es ist erstaunlich, welche Unterstützung diese Position auch von naturwissenschaftlich kompetenter Seite erfährt. Der Gehirnforscher und Nobelpreisträger J. C. Eccles scheut sich nicht, durch einen Aufweis aus den Gegensätzen von einer göttlichen Schöpfung zu sprechen:»Da unsere erlebte Einmaligkeit mit materialistischen Lösungsvorschlägen nicht zu erklären ist, bin ich gezwungen, die Einmaligkeit des Selbst oder der Seele auf eine übernatürliche spirituelle Schöpfung zurückzuführen. Um es theologisch auszudrücken: Jede Seele ist eine neue göttliche Schöpfung ... Ich behaupte, dass keine andere Erklärung haltbar ist.«[173]

Nach diesen naturwissenschaftlich-phänomenologischen Einwänden gegen die Selbstüberbietungstheorie sind nun *philosophische* und *theologische* Bedenken einzubringen.

Da Teilhards Sicht der Evolution größten Einfluss auf Rahner und dessen Theorie der aktiven Selbsttranszendenz ausgeübt hat, ist diese zunächst kurz zu umreißen. Teilhard hat versucht, die theologische Schöpfungswahrheit und das moderne naturwissenschaftliche Denken miteinander zu versöhnen. Er sieht den Kosmos in einer dauernden Entwicklung auf immer höhere Formen von Differenzierung und Komplexität hin. Seine Hauptthese besteht darin, einem Seienden einen umso höheren Grad an Perfektion einzuräumen, je komplexer es ist. Komplexität versteht er im allerformalsten Sinn als Verbindung einer Vielheit von Teilen zu einer Einheit. In seiner Vision einer absoluten Einheit gehen Heilswahrheit und Naturwissen ineinander über. Geist und Materie, ja sogar Gott, sind bei ihm in einen einzigen kosmogonischen Werdensprozess eingebaut und bezeichnen nur noch verschiedene Aspekte bzw. Zustände der einen Wirklichkeit. Dieser Einigungsprozess vollzieht sich durch das Einwirken göttlicher Kraft. Auch wenn er davon spricht, dass der Punkt Omega transzendent bleibe und kein Faktor im Naturgeschehen werden dürfe, so redet er doch auch einer Verräumlichung und Verzeitlichung des Wirkens Gottes eindeutig das Wort: Gott geht manifest als Trieb- oder besser Anziehungskraft in das Weltgeschehen ein und wird somit zu einem Stück Welt, zu einem Faktor ihres Funktionierens.[174] Der Punkt Omega – quasi der »Deus ex machina« [unerwartet in einer Notsituation auftauchender Helfer] – ist bei Teilhard im Unterschied zu Aristoteles ein bewegter Beweger.

Die Faszination des Teilhard'schen Entwurfes ist heute im Schwinden begriffen. Seine Synthese – so großartig sie sein mag – wird wegen ihrer Verwischung der beiden Denkbereiche Naturwissenschaft und Theologie und wegen unhaltbarer Spekulationen mit deutlichen Worten von naturwissenschaftlicher[175], philosophischer[176] und theologischer[177] Seite abgewiesen. Zu beachten ist bei diesen Einwendungen der Subjektwechsel: Es geht bei Teilhard nicht mehr um eine Theologie, die Gedanken der Biologie aufnimmt, sondern um eine biologische Philosophie (Monod, Eigen und Vollmert), eine Theologisierung der Evolutionstheorie (Spaemann).[178] Wenn heute der evolutionistische Grundzug bei Teilhard scharf abgelehnt wird, dann trifft dies immer auch eine darauf aufbauende Metaphysik. Nicht nur nach Hengstenberg hat Rahner »Teilhard de Chardin in der Theologie ›hoffähig‹ gemacht, ohne ihn zu nennen«.[179] Es ist nicht zu übersehen, »dass die Dinge bezüglich Gott und Schöpfung *bei Karl Rahner ähnlich* liegen wie bei Teilhard de Chardin«.[180] Bei beiden ist nicht mehr ersichtlich, wie die Konfundierung von Gott als Erstursache und dem Geschöpf als Zweitursache vermieden werden soll.

Rahner geht davon aus, dass die Geistigkeit des Menschen eine *wesentlich* vom Materiellen verschiedene Wurzel hat und einen Grund, der nur durch eine schöpferische Neusetzung entstehen kann. Auf die Frage, was Materie sei, antwortet er von der Ontologie einer existentialen Metaphysik her so: Sie ist »das der Transzendenz auf das Sein überhaupt Verschlossene«.[181] Gleichzeitig definiert er Materie als »Moment am Geist, Moment am ewigen Logos«.[182] »Das Materielle ist also für eine christlich-theistische Philosophie überhaupt nur *als* Moment an Geist und für (endlichen) Geist denkbar.«[183] Es ist für ihn durchaus thomanisch zu sagen, »dass Materielles nichts anderes ist als eingegrenzter, gewissermaßen ›gefrorener‹ Geist = Sein = Akt«.[184] Damit der Geist sich vollenden kann, dürfe er nie so gedacht werden, dass er sich von der Materialität wegbewege, »sondern nur so, dass er sich selbst durch die Vollendung des Materiellen sucht und findet«.[185]

Hierzu ist anzumerken, dass Geist und Materie zwar aufeinander bezogen sind, dennoch aber nicht eine »innere ontologische Wesensverwandtschaft«[186] postuliert werden kann; die Materie darf deshalb auch nicht als »eingegrenzter, gefrorener Geist« bezeichnet werden. Die Einheit und Zuordnung von Geist und Materie setzt ihre substantielle Verschiedenheit und nicht im Mindesten eine »Materialität« der Seele voraus.[187] Obwohl Rahner keine einfache Ineinssetzung von Geist und Materie vornimmt, läuft sein Argumentationsgang dennoch auf so etwas Ähnliches hinaus. Er identifiziert Sein und Geist, indem er zwischen beiden ein Gleichheitszeichen setzt. Dem Geist wird eine widersprüchliche Doppelrolle zugewiesen, indem er einerseits die Materie entschränkt – es geht um »Entschränkung des Beschränkten«[188] – und zum anderen erst zu sich selber kommt, indem er dieses einschränkende Moment, die Materialität, an sich selbst ursprünglich setzt »als Ermöglichung seines eigenen Zu-sich-selber-Kommens«.[189] »Der Geist muss also, um zu sich selber zu kommen, dasselbe Moment setzen, das er doch gerade am Materiellen überwinden soll ... Vom Sein her gesehen: Im Sein und durch es kann sowohl die Materie sich auf Geistigkeit hin überschreiten als auch der Geist – sich selber Grenzen setzend – sich zu Materialität ›einfrieren‹. Damit ist die Formel für einen Evolutionismus gefunden, der noch schrankenloser ist als der teilhardsche, wenn auch viel subtiler.«[190]

Ähnlich widersprüchlich ist es, wenn der transzendentale Grund ein unbewegt-bewegender sein soll. Rahner fragt sich selbst, ob er mit dieser Dialektik »nur eine paradoxale, in sich innerlich aber widersprüchliche Konstruktion, die nur verschleiern soll, dass sich unser Denken in einem Engpass verfangen hat«,[191] aufgestellt hat. Es ist verräterisch, wenn Gott immer wieder als »Moment« an der Bewegung des Geschöpfes bezeichnet wird, mag er auch noch so sehr transzendental-tragender Grund sein und bleiben. Es ist nicht mehr möglich, eine Verzeitlichung und Verräumlichung des Wirkens Gottes und eine Konfundierung von göttlichem und menschlichem Wirken abzuwehren: »Gott als zur ›Konstitution‹ der endlichen Ursache gehörig und Gott als ›Moment‹ an der Wirkkraft des Endlichen, in beiden Fällen sieht man nicht, wie die Konfundierung von Ersturursache (Gott) und Zweitursache (Geschöpf) vermieden ... werden soll.«[192]

Hengstenberg sieht neben der Reduzierung aller Ursprungsrelationen auf die Kausalkategorie »Rahners maßlose Überschätzung des Werdens«[193] als Grund an für das Scheitern einer richtigen Zusammenschau

Vorsehung und Evolution 121

von Gottes Wirken und der Eigenaktivität des Geschöpflichen. Rahner betont immer wieder, dass die Erkenntnis nicht bloß ein intentionaler Vollzug ist. Das in der Erkenntnis gegebene »Mehr-werden« ist aber in keiner Weise in eine Linie zu stellen mit dem substantiellen Werden eines neuen Seienden.[194] Erkenntnis ist *Sinn*-, nicht *Seins*entnahme! Es ist verfehlt zu sagen, dass die Erkenntnis eines anderen bedeutet, dass der Erkennende das andere wird; ebenso wenig ist ja auch die Selbsterkenntnis mit dem eigenen Sein identisch. Der Eigenstand des erkennenden Subjekts kommt nicht mehr richtig in den Blick. Der idealistische Weltaspekt verdunkelt offensichtlich wahres substantielles Sein. In gewisser Weise kann man sagen, dass das »Werden« des Menschen, das im Erkennen sich vollzieht, eine bloß akzidentelle Transzendenz ist: »Der Mensch übersteigt nicht sein Niveau der Seinsmächtigkeit (sein ›Wesen‹), sondern erreicht bloß eine größere Aktualität auf diesem Niveau.«[195] Die Selbstüberbietung des Menschen, die existentiell zwar im Erkennen und Wollen möglich ist, vermag also nicht das Entstehen neuen substantiellen Seins zu erklären, selbst dann nicht, wenn sie angeblich in der Kraft Gottes geschehen soll.

Wenn des Weiteren für die Heilsordnung ein kategoriales unvermitteltes Wirken Gottes angenommen wird, das man zuvor grundsätzlich und prinzipiell als unmöglich ausgeschieden hat, dann begibt man sich in einen unhaltbaren inneren Widerspruch:[196] Alles, was über die »kategorialen Stöße« des Handelns Gottes diskreditierend gesagt wurde, würde ja dann in gleicher Weise auf das Gnadenhandeln zutreffen. Die Reservierung eines direkten Einwirkens Gottes für die Sphäre der Übernatur »stellt eher einen glatten Widerspruch als eine Lösung dieser Probleme dar. Denn wie soll, erstens, in der Ordnung der Übernatur das möglich sein, was aus ganz prinzipiellen Gründen ... und allgemein ausgeschlossen wurde? ... Zweitens schließt ein unmittelbares göttliches Eingreifen in die Ordnung der Übernatur ... auch eine unmittelbare Einwirkung auf die Ordnung der Natur ein.«[197]

Verbaliter [wörtlich] wird zwar bekräftigt, dass die Selbstüberbietungstheorie den lehramtlichen Aussagen gerecht wird, inhaltlich kann dies aber nicht gesagt werden, da ein *direktes* und *unvermitteltes* Schaffen Gottes nicht mehr gehalten werden kann.[198]

5.3.3.2 Hengstenbergs Theorie eines dynamischen Kreationismus

5.3.3.2.1 Der Inhalt und die Tragfähigkeit eines dynamischen Kreationismus

Hengstenbergs Theorie einer gestuften Schöpfung, die als Weiterschaffen Gottes an schon Geschaffenem zu verstehen ist, hat in der letzten Zeit immer mehr Beachtung gefunden.[199]

Ausgangspunkt aller Überlegungen muss ein genuin-theologischer Schöpfungsbegriff sein. Mit ihm ist die völlig unabhängige, in absoluter Selbstmächtigkeit gesetzte Urhebung neuen Seins gemeint. Dieses Sein versteht Thomas von Aquin als »das Innerste und Tiefste in allen Dingen, da ihm für alles, was sonst noch im Ding ist, die Aufgabe des Formgebenden zukommt«.[200] Das endliche und kontingente Seiende ist mit dem unendlichen Sein verbunden, in dem es gründet. Wesentlich für die Entstehung von Neuem ist die Mitteilung eines Seinsaktes, eines *actus essendi*. Dieser bedeutet nicht einen bloßen Zustand des Verwirklichtseins, sondern einen ständig durchlaufenden Vollzug, solange das Geschöpf existiert.[201] Einen solchen Seinsakt empfängt im Erschaffenwerden jedes selbstständig Seiende von Gott. Es kann diesen actus nicht selber »machen«, »auch nicht ›mithilfe Gottes‹. Denn Gott widerspricht niemals den Seinsgesetzen.«[202] Gott teilt bei der Erschaffung das Sein an das zu Schaffende so mit, dass dieses das mitgeteilte Sein – von Gott dazu ermächtigt – *vollziehen* kann. Das gilt auch für die Entstehung neuer Arten: »In einem bestimmten Kairos [günstigen Zeitpunkt] innerhalb der ›Naturgeschichte‹ gelangt eine Lebensform in den Stand, dass sie einen neuen *actus essendi* vom Schöpfer empfangen kann. Damit kommt eine neue Lebensform zur Existenz. Der Schöpfer teilt, ohne in etwas einzugreifen oder etwas kausal zu verändern ... den neuen *actus essendi* an das Geschöpfliche mit. Mitteilung ist transkausal.«[203] Deshalb muss überall dort, wo in der Evolution neue Ganzheiten und Sinngehalte entstehen, auf die Mitteilung eines neuen Seinsaktes durch das schöpferische Tun Gottes geschlossen werden. Ein echter Seinszuwachs ist nur möglich durch schöpferische Seinsmitteilung. Das Neue, verstanden als Sinngehalt und geformte Individualität, muss Gottes schöpferischer Selbstmitteilung zugeschrieben werden; es liegt außerhalb geschöpflicher Reichweite. Löw geht sogar so weit, aus dem Fehlen jeglicher Zwischenübergangsformen eine Art Gottesbeweis zu erkennen für die Notwendigkeit eines schöpferischen Impulses bei der Höherentwicklung.[204]

Wie soll man sich aber die Mitteilung eines neuen Seinsaktes konkret vorstellen? Gibt es ein Modell, das zum Verständnis beitragen könnte? Hengstenberg versucht mithilfe der Ausdrucksrelation, die er ontologisch fasst, ein Denkmodell vorzulegen. Er verdeutlicht sie am menschlichen Sprachwort, und zwar im Akt seines Gesprochenwerdens. Vier Momente können hierbei unterschieden werden: der Geist als das sich Ausdrückende, die Lautmaterien als Ausdrucksmedium, ein Teilhabeverhältnis zwischen den beiden und als Resultat das Ausgedrückte: der Wortleib. Für das Teilhabeverhältnis stellt Hengstenberg die Formel auf: »Gegenseitige Soseinsaneignung zweier Partner bei voller Belassung der Soseinsintegrität beider. Am genannten Beispiel verifiziert: Die Klangmaterie empfängt etwas vom Sosein des Geistes, sie wird intentional ... sinngeladen, ohne das eigene Sosein zu verlieren. Der Geist wird gleichsam inkarniert, erdverwurzelt ... Geist wird nicht Materie und Materie nicht Geist. Eines empfängt etwas vom anderen gerade aufgrund seines unverletzlichen Eigenseins. Auf diese Weise sind sowohl Dualismus als auch Monismus vermieden. Man kann das Ganze im Großen auf das Verhältnis von Leib und Geist in der menschlichen Person anwenden.«[205]

Wenn Gott dauernd das Geschöpf in überzeitlicher Weise zum Seinsvollzug seiner selbst ermächtigt, dann entspricht dies dem Begriff des concursus divinus. Kreatürliche Handlungen sind deshalb von Gott getragen und umgriffen, aber nicht bewirkt. Es ist also streng zu differenzieren zwischen Vollzug und Verursachung des Seinsakts, die ontologisch keineswegs gleichrangig sind.[206] Der Mensch ist nur fähig, unselbstständig Seiendes, wie Sprachworte und Kulturdinge, nicht aber Selbststandseiendes hervorzubringen. Hengstenberg gelingt es damit widerspruchslos, eine frühere Lebensform konditional für eine spätere anzusehen, ohne eine Herleitung der späteren aus der früheren im kausalen Sinn zu postulieren. Die spätere *Form* ist originär von Gott geschaffen.

Diese Theorie Hengstenbergs erweist sich zunehmend aus naturwissenschaftlicher, philosophischer und theologischer Sicht als die einzig haltbare, die sowohl dem Faktenmaterial wie theologischen Erfordernissen gerecht wird.

Materie und »Spielregeln« erklären nicht das Auftreten von neuen Qualitäten, auch wenn sie die Bedingungen dafür sind, unter denen diese auftauchen können. Dies gilt gerade hinsichtlich des Übergangs von »toten« chemischen Prozessen zum lebendigen Einzeller. Vollmert konnte von naturwissenschaftlicher Seite eindeutig belegen, dass die bisherigen Erklärungsversuche hierfür völlig unzureichend sind und alles auf einen schöpferischen Impuls hinweist.[207] Aus philosophischer Perspektive lehnt Löw den Reduktionismus, Präformationismus und Fulgurationismus als Erklärungsansätze für die Entstehung des Neuen in der Natur ab, weil sie einer genauen Kritik nicht standhalten können.[208] Die einzig haltbare Möglichkeit sieht er wie Seifert[209] in einem dynamischen Kreationismus, »der in zeitlicher Abfolge die sich ändernden Einzelkonstellationen in Formen einrücken lässt, welche dann essentiell neue Eigenschaften haben«.[210] Das Auftreten von neuen Arten wird verursacht durch das »Einrücken von Materiellem in Artlogoi ... welche den Schöpfungsgedanken Gottes entsprechen«.[211] Besonders die Priesterschrift der Genesis mit ihrem Wort-Antwort-Charakter ist erstaunlich aktuell geworden. »Es bedarf kaum besonderer Hinweise, wie zwanglos dieser Bericht mit dem Stand unserer gegenwärtigen biologischen Erkenntnisse vereinbar ist.«[212] Man hat es mit einem dialogischen, in der traditionellen christlichen Schöpfungslehre weithin vernachlässigten Verständnis zu tun, bei dem Gott spricht und die Schöpfung antwortet. Dieser Schöpfungsimpuls Gottes kann als der wissenschaftlich nicht mehr ermittelbare Grund für die immer größere Ausdifferenzierung des Lebens und die aufsteigende Richtung der Entwicklung betrachtet werden. Man sollte deshalb eher von einer höherführenden Schöpfung denn von einer Evolution sprechen, weil dieser Ausdruck sachlich treffender ist.

5.3.3.2.2 Die Anwendung des Konzepts der schöpferischen Impulse
         auf die schöpfungsrelevanten Fragen

Die dargelegte Theorie eines dynamischen Kreationismus lässt sich nun sowohl auf die Entstehung des Menschengeschlechts wie auch auf die einer neuen Geistperson anwenden.

Die unmittelbare Erschaffung des Menschen durch Gott darf nicht auf die Seele beschränkt bleiben, da Geist wie Leib ein absolutes Novum in der Natur sind: »Der Mensch ist ein total neuer Seinsentwurf des Schöpfers mit Geist *und* Leib.«[213] Nur so wird man auch der Würde des menschlichen Leibes gerecht. Da der Geist ohne einen entsprechenden Leib beim Menschen nicht in Existenz treten kann, muss der erste Mensch in seiner Gesamtheit neu geschaffen worden sein, »wenn auch das Anknüpfen Gottes an vorgegebene Teilmaterie nicht ausgeschlossen ist«.[214] Es kann zu Recht darauf verwiesen werden, dass nach dem jahwistischen Schöpfungsbericht Gott den Menschen aus dem Ackerboden bildete und ihm dann erst den Lebensatem einblies (vgl. Gen 2,7), dass Gott also an schon Vorhandenes, welcher Art auch immer, bei seinem Schöpferwirken anknüpfte.[215]

Bei der Zeugung eines Menschen tritt das unableitbare Individuum einer neuen geistigen Person ins Sein, also etwas, was vorher in keiner Weise da war. Die zur Bildung einer neuen Geistperson notwendige Schöpfermacht ist unmöglich an die Eltern delegierbar. Wenn die Zweitursachen kraft der ihnen innewohnenden Potenzen mehr zu geben vermögen, als sie sind, muss auch die Geistigkeit der Person infrage gestellt werden: »Denn wie soll die wesenhaft teilbare und ausgedehnte Materie aus sich eine einfache, unteilbare, geistige Substanz hervorbringen? Dies kann wohl unmöglich durch die ›Selbsttranszendenz‹ der materiellen Sekundärursachen erklärt werden.«[216] Die Theorie einer aktiven Selbsttranszendenz erweist sich somit als untauglich zur Erklärung der Entstehung der menschlichen Person. Ein göttliches »Es werde« ist notwendig, soll die Individualität und Gottunmittelbarkeit des Menschen gewahrt bleiben. In dem unmittelbaren Erschaffensein des Menschen durch seinen Schöpfer gründet dessen ständige Verwiesenheit auf Gott. Die Unruhe des Herzens, von der Augustinus und Pascal so treffend gesprochen haben, hat darin ihren Ursprung, ebenso wie das Kindsein des Menschen gegenüber dem Vatergott, aber auch seine Verantwortung gegenüber dem Ruf Gottes.

Dies soll nun nicht heißen, dass das geschöpfliche Mittun bei der Entwicklung der Arten oder der Zeugung eines Menschen annulliert oder übergangen wird.[217] Es geht um einen Gesamtakt, bei dem das Geschöpf alle seine Vordispositionen biologischer und psychischer Art mit einbringt. Beide sind beteiligt, Schöpfer und Geschöpf, sodass man sogar sagen kann, dass das Neue sowohl von Gott *erschaffen* wie vom Geschöpf *erwirkt* wird. Allerdings sind die Ebenen des Handelns streng voneinander zu trennen, will man dem Geschöpf nicht formelle Schöpferkraft zubilligen und Gott dort ins Spiel bringen, wo das Geschöpf selbst tätig werden kann. Beide wirken je ganz bei der Entstehung des Neuen, aber nicht in einer Aufteilung von Aktivitäten auf gleicher Ebene. »Der Gesamtakt kann vielmehr nach dem Vorhergesagten nur so verstanden werden, dass das Geschöpf gleichsam in horizontal-kategorialer Kausalität alle Vorbedingungen für das Entstehen des Neuen schafft, während Gott in vertikal-transzendenter Kausalität dem so Zubereiteten den neuen Seinsakt mitteilt.«[218] Für das Erbgut bedeutet dies, dass nichts davon verloren geht, sondern bei der Entstehung der neuen Art eine Um- bzw. Neuordnung sich vollzieht. Das alte Genmaterial trägt keine aktive Potenz in sich in Bezug auf den von Gott mitzuteilenden neuen Seinsakt, ist aber dennoch dafür offen. Außerdem ist die Umprägung des Erbguts nicht dem Schöpfer anzulasten, sondern muss auf die von Gott eingeschaffenen neuen Prinzipien zurückgeführt werden.[219] Gott stört oder ersetzt somit nichts von den geschöpflichen Aktivitäten bei der Verschmelzung der Gameten und den Vorgängen der befruchteten Eizelle.

Der Einwand, dass Gott zu einem »Sondereingriff« in die Natur veranlasst werde, greift deshalb nicht, sondern zeugt eher »von einem kompletten Unverständnis für die Schöpfungsrelation«;[220] das göttliche Wirken sinkt eben nicht zu einem Tun neben dem der Geschöpfe herab, da es auf eine Wirkung abzielt, »die dem geschöpflichen Wirken wesenhaft transzendent ist: auf das ›Wunder‹ eines neuen substantiellen Seienden«.[221] Ein transzendenter, ewiger Schöpfungsakt wird terminativ auf eine bestimmte Raum-Zeit-Stelle appliziert. Da diese Seinsmitteilung ein überzeitliches Geschehen ist – ein zeitlicher Verlauf würde dem metaphysischen Aspekt der Schöpfung widersprechen –, kann die Erstursache sehr wohl in den Bereich der Zweitursachen hineinwirken, ohne verräumlicht und verzeitlicht zu werden. Nur wenn man Schöpfung in diesem Sinn versteht, verkommt sie nicht zu einem fallweise geschehenden »Eingreifen« Gottes. Zugleich wird man die beiden Extreme einer in ihrer Autonomie sich verschließenden und letztlich gott-losen Welt und einer Immanentisierung des Schöpfers, der in seiner Schöpfung aufgeht, vermeiden können. Gleichzeitig gelingt es hierbei, Gottes Personalität, Weltüberhobenheit und zugleich machtvolle Gegenwart zu behaupten.

Auf die Entstehung eines neuen Menschen angewandt, hieße das, dass ein innigeres Zusammenwirken von Gott und den Eltern bei der Zeugung eines Kindes kaum mehr vorstellbar ist. Durch die Stiftung eines personal-geistigen Seinsaktes im Anschluss an die elterliche Zeugung ruft Gott jeden Menschen in eine unvertauschbare Beziehung zu sich. Wenn dem Menschen Zeugungsmacht verliehen wurde, dann bedeutet das, ihm »Macht auf die Macht und den Willen Gottes hin gegeben zu haben«.[222] Hier wird zutiefst Personalgeschehen deutlich. Gott lässt sich vom menschlichen Zeugungshandeln freiwillig so betreffen, es so auf sich »einwirken«, dass auch er schöpferisch tätig wird. Die menschliche Zeugung ist deshalb »keine ur-*sächliche*, wohl aber eine personal-wirksame Einwirkung auf Gott als Gott«.[223] Sie ist als ein Mittun mit Gott zu sehen, nicht als ein grundsätzlich eigenständiges Tun der Eltern, dem durch ein göttliches »Eingreifen« Unrecht geschehen würde.

5.4 Biotechnik und Schöpfungsordnung

5.4.1 Die »Menschenmacher«

Die Zerstörung des Menschenbildes durch die evolutionistische Richtung der modernen Biologie ist drastisch und in ihren Auswirkungen verheerend. Das Bild des Menschen löst sich auf in ein Abschlusskapitel zur Zoologie oder in einen Exkurs zu maschineller Intelligenz. Der Glaube an die Gottebenbildlichkeit geht in einer definitiv naturalistischen Anthropologie völlig verloren;[224] der Abschied davon ist komplett und zeitigt entsprechende Folgen. Nur vor dem Hintergrund dieses biologistischen Menschenbildes können die rigorosen »Umbaumaßnahmen«, die beim Menschen in einer Art genetischer Alchemie vorgenommen werden sollen, verständlich werden.

Namhafte Personen wie Dawkins, Ditfurth und Wilson sowie die Vertreter der Evolutionären Erkenntnistheorie[225] (Lorenz, Riedel und Vollmer) haben zu diesem Zerstörungswerk ihren Beitrag geleistet, auch wenn sie das selbst nicht wahrhaben wollen. Besonders in der Soziobiologie kommt der qualitative Unterschied des Menschen zum Tier nicht mehr zum Tragen, obwohl er für jeden, der sehen möchte, gar nicht zu übersehen ist.[226] Das specificum humanum [unverwechselbar Menschliche] erscheint als nichts anderes als die Kumulation der schon beim Tier vorhandenen Ansätze. Vom Verhalten tierischer Sozietäten wird unbedenklich auf den Menschen geschlossen. Wie weitverbreitet diese Mentalität ist, zeigt die folgende masochistisch anmutende Auflistung, die dadurch noch mehr Gewicht erhält, dass die meisten der genannten Personen Bestsellerautoren, Nobelpreisträger und auf ihrem Gebiet anerkannte Autoritäten sind.

Der Mensch wird als ein

»nackter Affe« (Morris)[227],

»Fehlschlag der Natur« (Löbsak)[228],

»Roboter, blind programmiert zur Erhaltung der selbstsüchtigen Moleküle, die Gene genannt werden ... ein vorübergehender Behälter für eine kurzlebige Kombination von Genen« (Dawkins)[229],

Säurefaden von bestimmter Länge und Struktur (nach Lederberg)[230],

»unfertiges, oft zusammengepfuschtes Produkt stammesgeschichtlicher Improvisation« bezeichnet, das »eine weitere Verbesserung dringend nötig« (J. Huxley)[231] habe.

Eine lange Krankheitsgeschichte, zu der sich die ursprüngliche Amöbe ausgewachsen hat, ist mit ihm an ihr vorläufiges Ende gelangt.[232]

Schon Darwin hatte die Vermutung geäußert, dass der Mensch künftiger Zeiten bei Weitem vollkommener sein würde als der jetzt existierende.[233] Teilhard hat dieses Vollendungsgeschehen, den Punkt Omega, in hymnischer Sprache und mit geradezu sakralem Pathos beschrieben. Zur Herbeiführung der »planetaren Sympathie« hielt er genetische Manipulationen nicht nur für ethisch möglich, sondern forderte sie geradezu. Der jetzt lebende Mensch, der Steinzeitmensch der Zukunft, das Übergangswesen zwischen dem Tier und dem eigentlichen Menschen,[234] muss sich freilich damit begnügen, sich nur als abgebrannte Stufe einer fliegenden Rakete zu verstehen. Weil der jetzt lebende Mensch dies nicht einsehen wolle, spricht Ditfurth wiederholt von einem Mittelpunktswahn und anthropozentrischen Vorurteilen. Eines Tages werde die »Prügelhilfe in der Gestalt handgreiflicher Beweise«[235] radikal Schluss damit machen.

Vorsehung und Evolution 129

Berühmt-berüchtigt für die konkrete Umsetzung solcher Ideologien ist das CIBA-Symposion, das 1963 in London stattfand. Auf ihm hatte sich die Elite der angelsächsischen Biologen (darunter viele Nobelpreisträger) getroffen, die ihre Vorstellungen über künftige Forschungsrichtungen und Genmanipulationen darlegte. Professor Sir Haldane plädierte für die gezielte Translation von Gibbon- oder Plattnasenaffengenen in die menschliche Erbsubstanz zur Ausbildung eines Greifschwanzes; falls dies möglich sei, sollte eine »Contergansorte« ohne Beine gezüchtet werden. Durch Kombination der beiden Züchtungen hätte man endlich den idealen Astronauten, da wegen des beengten Raumes in Weltraumkapseln ein Greifschwanz nützlicher sei als zwei Beine zur Bedienung der vielen technischen Apparaturen.[236] Durch gezielte Kreuzungen zwischen Menschen und Gorillas ließe sich der ideale Arbeiter für Bergwerke herstellen, auch an einen Bediener für Ein-Mann-Torpedos wurde gedacht ... Haldane trat für die Freigabe von Experimenten an Kindern ein. Crick stellte die Frage, ob der Mensch überhaupt ein Recht darauf hätte, Kinder zu haben.[237] Er plädierte für die Beimengung von Chemikalien an Speisesalz, die eine Fortpflanzung verhindern soll. Das Gegenmittel, das dann wieder fruchtbar mache, solle nur an Eltern weitergegeben werden, die als Erbträger erwünscht seien. Geschlechtliche Fortpflanzung sollte überhaupt nur noch für Experimente zugelassen werden. Professor Lederberg sprach sich für die Züchtung von Menschen mit einem größeren Gehirn aus.[238]

5.4.2 Die heutigen Möglichkeiten und Perspektiven der Gentechnologie

Wenngleich die hochfahrenden Träume von der Züchtung eines Supermenschen auf genetischem Weg, ähnlich wie die Fortschrittsideologie, einen Dämpfer erhalten haben,[239] so ist doch nicht zu verkennen, dass die Gentechnologie zur Spitzenforschung gehört und entsprechend gesponsert wird. In den westlichen Industriestaaten und in Japan wird mit gewaltigem Forschungsaufwand versucht, eine Genkarte des Menschen zu erstellen.

Die Perspektiven, die sich auftun, sind in der Tat enorm und kommen in ihren Folgen, wenn sie umgesetzt werden, einer zweiten Genesis gleich. Man muss sich vor Augen halten, dass durch die Gentechnologie der letzten Jahre ein völlig neues Stadium erreicht wurde, das alles Bisherige weit in den Schatten stellt. Hier geht es nicht mehr nur um die züchterische Verstärkung bestimmter vom Menschen gewünschter Merkmale bei Tieren, die trotz ihrer Fragwürdigkeit noch innerhalb des von der Natur bereitgestellten Variabilitätsspektrums bleiben, sondern um einen völligen Umbau bisheriger Arten. Dies könnte eine totale Umplanung der Biosphäre zur Folge haben. In bisher nie gekannter Weise wird der Mensch zum »homo faber« [schaffenden Menschen].

Einige Beispiele zeigen, was heute schon möglich ist. Das Genom einer Maus wurde durch ein Ratten-Gen manipuliert. Das Ergebnis war eine Riesenmaus, die fast doppelt so groß war wie ihre natürlichen Artgenossen.[240] Durch die Kryokonservierung von Embryonen bei minus 196 °C und deren spätere Einpflanzung – von der Instruktion über die Achtung vor dem beginnenden Leben und die Würde der Fortpflanzung als »*Beleidigung der den menschlichen Wesen geschuldeten Achtung*«[241] bezeichnet – lassen sich heute schon die verrücktesten Verwandtschaftsbeziehungen konstruieren. Da es bei Tieren schon gelungen ist, Embryonen einer Art durch Mütter einer anderen austragen zu lassen, tritt Packard für Kühe als Leasing-Mütter menschlicher Embryonen ein, denn diese »rauchen nicht, fressen nicht wild drauflos oder saufen. Die Anatomie von Vierfüßlern macht zudem das Gebären zu einer viel einfacheren Sache, als es bei zweifüßigen Säugetieren der Fall ist.«[242] Außerdem könne man Kühe, nachdem sie ihren Zweck erfüllt haben, schlachten und die Tiefkühltruhe damit auffüllen. Durch Klonierung wurde es schon in den 60er-Jahren möglich, genetisch exakte Duplikate von Fröschen herzustellen. Aufgrund großer Schwierigkeiten ist das bei Säugetieren noch nicht möglich. »Doch diese Probleme sind rein technologischer Art und lassen sich zweifellos in absehbarer Zeit bewältigen.«[243] Die Möglichkeit der Klonierung beim Menschen ist somit realistisch in den Blick zu nehmen. Die Seltenheit von Genies in der Gesamtbevölkerung wurde schon oft beklagt. Durch Klonierung könnte die sonst im Tode verlöschende genetische Einmaligkeit jedes von ihnen gleichsam verewigt werden. Je nach Wunsch wäre die genetische Einzel- oder Serienherstellung von Menschen wie Ludwig van Beethoven,

Albert Einstein, Boris Becker oder eines Adolf Hitler denkbar.[244] Da das menschliche Genom und das von Menschenaffen ziemlich ähnlich ist, liegt die Versuchung nahe, hier zu manipulieren. Eizellen von Schimpansen, die mit menschlichem Sperma befruchtet wurden, haben schon die ersten Zellteilungen durchgeführt. Wohl erschrocken über die eigene Kühnheit brachen die Wissenschaftler das Experiment ab. »Doch wie lange wird es gehen, bis skrupellosere Biologen sich entschließen, solche Experimente zu Ende zu führen?«[245]

Angesichts solcher Perspektiven ist es zumindest verständlich, wenn Jonas dafür eintritt, der »karitativen Versuchung«[246] der Gentechnologie zu widerstehen, also auf legitime »Reparaturmöglichkeiten« zu verzichten, weil sonst schon ein Spalt geöffnet wird, durch den das Unheil einströmen kann. Da keine Ehrfurcht den Menschen mehr vor dem Zauber leichtfertigen Frevels schützt, plädiert er in schon verzweifelnd anmutenden Äußerungen dafür, dass der Mensch wieder Furcht und Zittern, eine neue Scheu vor dem Heiligen – »selbst ohne Gott«[247] – lernen müsse. Die Medizin wird aber unter dem Druck des menschlichen Leidens die ihr durch die Gentechnik angebotenen Chancen wahrnehmen. Zu ertragreich sind die bislang schon erworbenen und zu verheißungsvoll die künftig zu erwartenden Früchte dieses Forschungszweiges.[248] Auch Johannes Paul II. spricht von der Erlaubtheit rein therapeutischer Eingriffe zur Heilung von Krankheiten, die auf Chromosomenmissbildungen zurückgehen. Diese lägen in der »Logik der Tradition der christlichen Moral«.[249]

5.4.3 Das fragwürdige Ziel des künftigen Umbaus

In dem hymnischen Text »Epilog – jenseits von Wissenschaft« schreibt Bresch: »Die Zukunft der so kindhaft hilflosen Menschheit ist in unsere Hände gelegt. Wir müssen ihr helfen, sehen zu lernen. DAS IST DER AUFTRAG.«[250] Doch die Frage ist, was die angeblich so hilflose Menschheit sehen soll. Welche Gestalt soll die Zukunft unter ihren Händen annehmen? Das »Vorausbedenken des nie zuvor Bedachten«[251] ist gerade in diesem Bereich sehr schwierig, da kaum absehbar ist, in welche Richtung innovatorische Entdeckungen gehen werden. Trotzdem sind Zielangaben prinzipieller Art zu bedenken.

Das Ziel der Entwicklung bleibt in einem rein evolutiven Denken reichlich diffus und oberflächlich.[252] Die genauso unbestimmte wie gefährliche Parole genereller Art lautet hierbei oft »Mit der Evolution sein«. »Von diesem Blickwinkel aus ist alles, was die Entwicklung offenhält oder fördert, recht und alles, was die Entwicklung einengt oder vereitelt, unrecht.«[253] Damit erübrigt sich auch die Frage, ob eine Handlung in sich gut oder schlecht ist; fortan entscheidend ist, ob sie innerhalb des Evolutionsparadigmas funktional oder dysfunktional ist. Bisher gültige Normen und Werte verlieren damit ihren Sinn. Was wird aber nun an *konkreten* Umbauzielen angegeben?

Es geht um eine gewisse Verbesserung des Humanum, eine »Stärkung der Kräfte der Mitmenschlichkeit, der Solidarität und der Sozialisation«[254] und um eine Steigerung der Intelligenz, die in einer technisch-rationalen Welt sehr gefragt ist. In die Richtung einer Zunahme der geistigen Potenz gehen die Äußerungen von Monod[255] und Ditfurth[256]. Ansonsten sind die Spekulationen darüber, was wünschenswert ist – je nach vorgegebenem Wertmaßstab und Perspektive –, verschieden. Die Militärs wollen ebenso harte wie bedingungslos gehorchende Soldaten; Sportfans eine wieselflinke und laufstarke Mannschaft, die ein Powerplay über 90 Minuten durchhält; der konsumorientierte Mensch unserer Zeit einen Genuss ohne Reue in jeglicher Hinsicht.

Einwände ethischer und praktischer Art werden laut. Eine Frage nach der anderen stellt sich: Sollte es tatsächlich gelingen, eine Menschenrasse mit sehr hohem Intelligenzquotienten zu züchten, dann müsste man gleichzeitig verhindern, dass diese sich mit den Normalbegabten vermischt, damit nicht alles wieder zunichte wird. Ein Rassismus bisher nie gekannter Schärfe könnte entstehen. Was geschieht mit den vielen »Nieten«, den Fehlversuchen, die in großer Zahl anfällig sein werden? Sind sie nur als Sprossen auf der Leiter des Erfolgs zu sehen? Können Liebe und Hingabebereitschaft überhaupt angezüchtet werden? Setzen diese nicht personale Entscheidungen voraus, die jenseits der Planbarkeit liegen? Was soll ein längeres Leben, wenn man mit der daraus resultierenden Freizeit nichts anfangen kann? Welche Instanz entscheidet über die genetischen Manipulationen und deren Umsetzung? Was heißt es überhaupt, mit der Evolution zu sein: Muss man dann nicht auch mit dem Recht des Stärkeren oder mit den Parasiten sein? Es ist wohl kein

Zufall, wenn angesichts der sich ergebenden Probleme in kaum einem utopischen Zukunftsroman eine positive Vision aufgezeigt wird.[257]

Die Befürchtungen könnten sich bewahrheiten, dass die schon bestehenden Widersprüche der modernen Zivilisation sich ins Gigantische steigern, wenn neue genetische Erzeugnisse mit irreversiblen Folgen freigesetzt werden. Hierbei handelt es sich nicht mehr um Maschinen, die jederzeit abgeschaltet werden könnten, sondern um Organismen, die sich selbst reproduzieren und eine Eigendynamik entwickeln können, die mit keiner noch so großen Technik mehr aufgefangen werden kann. Die Aussetzung von Neomikroben könnte zu einem Hasardspiel ersten Ranges mit der Umwelt werden, zumal gerade heute die Vernetzung der verschiedensten biologischen Systeme erkannt wird. Aufgrund dieses universalen Konnex kann die Veränderung eines Teils zu einer Systemänderung im Ganzen führen. Die Verantwortung, die auf dem Menschen lastet, muss kosmisch genannt werden. Letztlich wird er ihr aber gerecht werden können, zumal wenn in einer rein funktional ausgerichteten Wissenschaft nur die Furcht vor negativen Folgen als ein formales Postulat bleiben wird.[258]

Jonas hat auf das »quasi-*zwanghafte*«[259], ja sogar *tyrannische* Moment der Technik verwiesen, da mit jedem Schritt der Großtechnik schon ein Zugzwang zum nächsten entsteht. »Um der menschlichen Autonomie willen, der Würde, die verlangt, dass wir uns selbst besitzen und uns nicht von unserer Maschine besitzen lassen, müssen wir den technologischen Galopp unter außertechnologische Kontrolle bringen.«[260] Die Notwendigkeit einer Kontrollinstanz wird heute mehr als früher erkannt, wenngleich die bislang von Kommissionen erstellten Richtlinien, die weitgehend Freiwilligkeitscharakter haben, völlig unzureichend sind, um wirksam in die Forschungsabläufe eingreifen zu können.[261] Die Überwindung der Kluft zwischen Naturwissenschaft und Glaube wird heute umso dringender, da nur durch fächerübergreifende Synthesen die großen Menschheitsfragen gelöst werden können. Eine nur positivistisch eingestellte Wissenschaft, die per definitionem von der Frage der Sinn- und Werthaftigkeit absieht, vermag sie jedenfalls nicht zu lösen; umgekehrt verliert jede Religion, deren ethische Maßstäbe nur auf eine reine Innerlichkeit ausgerichtet sind, ihren welthaften Charakter.

5.4.4 Der Verweis auf die Schöpfungsordnung

»Mich wunderts, dass ich noch fröhlich bin!«, möchte man mit dem Dichter sagen, wenn man bedenkt, was auf dem CIBA-Symposium von führenden Wissenschaftlern vertreten wurde. Man hat es mit einem frevelhaften Eingriff in die Schöpfungsordnung zu tun, durch den der Mensch in maßloser Hybris versucht, durch eigene Konstruktionsmächtigkeit eine vorgegebene Ordnung zu verbessern, die im Schöpfungsbericht als gut, beim Menschen sogar als sehr gut qualifiziert wird (vgl. Gen 1,31). Ähnlich wie bei den Selbstorganisationshypothesen wird eine Mentalität ansichtig, die sich keinem Schöpfer mehr verdanken und ihm Rechenschaft für ihr Tun geben möchte. Hinter dem technischen Konstruktivismus eines Umbaus der Umwelt und des Menschen steht eine tiefe, wenngleich oft unausgesprochene Unzufriedenheit mit dem konkreten Menschsein. Wo sich diese artikuliert, ist die Hybris mit den Händen zu greifen.[262] Menschliches Leben steht bei dieser genetischen Alchemie von Anfang an unter dem Diktat eines »um zu«; es ist nicht mehr um seiner selbst willen, sondern wegen eines bestimmten Dienstes oder einer Leistung gewollt. Dazu wird es hergestellt. Sollte es dieser Erwartung durch irgendeinen Defekt nicht genügen, erscheint es ganz konsequent, eine solche »Niete« zu eliminieren.

Der Hypothese einer neuen Seinsstufe über der psychosomatischen Seinsart des Menschen ist aus der Sicht einer christlichen Theologie eine eindeutige Absage zu erteilen. Der vom Christusereignis abgeleitete eschatologische Zustand wird »zwar noch eine gewisse Intensivierung oder Expansion des menschlichen Seinsstandes ‹zulassen› ... aber nicht mehr etwa das Entstehen einer neuen Art über dem Menschen«.[263] Das Christusereignis erweist sich als grundsätzlich sperrig für eine radikal evolutive Weltsicht. Es ist zudem daran zu erinnern, dass das letzte Erfülltsein des Menschen aufgrund seiner Gottebenbildlichkeit nur in der Gemeinschaft mit Gott möglich ist. Was in der Theologie »Paradies« genannt wird – verstanden als ungetrübte Gemeinschaft des Menschen mit Gott –, ist nicht mit einer Superwohlstandsgesellschaft zu identifizieren, in welcher der biogenetische Zukunftsmensch lebt. Die Erfüllung durch Gott »verhält sich letztlich wenigstens insofern wertneutral zum zivilisatorischen Stand, als auch ein Zivilisierter von Gott begnadet und heil sein kann, während das Leben eines Zivilisierten durchaus heillos ›verfahren‹ sein kann«.[264]

Zenger stellt in seinen »Untersuchungen zu Komposition und Theologie der priesterlichen Urgeschichte«[265] über die Grundschicht des priesterlichen Schöpfungsberichtes (P^g) fest: »Schöpfung bedeutet nach P^g Setzung fundamentaler, immer geltender und durch keine außergöttliche Macht revidierbarer oder gar zerstörbarer Ordnungen. Dass ›Himmel und Erde‹ von Gott geschaffen sind, meint nach P^g: Der Welt wohnt nach dem Willen Gottes eine konstitutive Ordnung inne, die den in bzw. auf ihr lebenden Lebewesen Mahnung und Verheißung zugleich sein will.«[266] »Die erste Schöpfung ist endgültig«[267], sie bedeutet die Errichtung eines »Lebenshauses« für alles Lebendige. Die Kreatürlichkeit des Menschen und daraus resultierend seine Endlichkeit und Begrenztheit wird darin als gut qualifiziert. Es kann deshalb nicht Aufgabe des Menschen sein, die ihm vom Schöpfer gesetzten Grenzen überwinden zu wollen. »Vollendung lässt sich nur innerhalb dieser Grenzen erreichen, während ihre Negierung seinsfremd, irreal und eine Überforderung wäre.«[268]

Der Mensch ist von Gott berufen zum Hirten und Pfleger einer ihm anvertrauten Schöpfung. Darin soll sich seine herrscherliche Sonderstellung der übrigen Schöpfung gegenüber verwirklichen. Der Kulturauftrag, die Erde zu bebauen und sie zu hüten (vgl. Gen 2,15), steht in diametralem Gegensatz zur konstruktivistischen »Macher-Mentalität« der Neuzeit. In diesem Zusammenhang verdient die Erzählung von der Sintflut näher betrachtet zu werden. Zenger verweist auf die Vernetzung von Gen 1 und Gen 9, die in den bisherigen Kommentaren viel zu wenig beachtet wurde. Seine Beobachtungen zu Komposition und Bildersprache der Flutgeschichte zeigen, dass diese in der Sicht von P^g ein zweiter Akt der Schöpfung ist.[269] Der Bogen Gottes am Himmel – das hebräische Wort für Regenbogen und Kampfbogen ist identisch! – ist, ähnlich wie bei den Pharaonen und der Marduk-Mythologie, ein Zeichen göttlicher Mächtigkeit, »Störungen abzuwehren und so das Leben zu sichern«.[270] Als Bundeszeichen ist er eine Metapher für die Königsherrschaft Gottes, »der sich die Verfügungsgewalt über *seine* Erde nicht aus der Hand nehmen lassen will«.[271] Die Sintflutgeschichte mit dem Aufleuchten des Bogens Gottes in den Wolken macht somit energisch klar, dass Gott nicht gewillt ist, die Pervertierung seiner Schöpfung durch den Menschen hinzunehmen: »Der den Anfang des Lebens gesetzt hat, gibt dieses Leben nicht aus seiner Hand.«[272] Die ökologisch-theologischen Folgerungen, in denen der deutlich warnende Ton unverkennbar ist, formuliert Zenger so: »Menschen, die die Erde als ›Lebenshaus‹ zerstören, verfehlen ihr Menschsein. Eine Menschheit, die die Erde als Material ihrer Bedürfnisbefriedigung betrachtet, die die Tiere als rechtlose Kreaturen benutzt, die das Machbare zum Maßstab ihrer Entscheidungen macht (und erst *danach* über die Moral des Gemachten nachdenkt), die Waffen produziert, die den Biotop Erde insgesamt zerstören können – eine solche Menschheit handelt schöpfungswidrig und schickt sich an, wie ›alles Fleisch‹ zu werden, von dem Gen 6,12 redet.«[273] Auch wenn der Mensch heute vieles von dem im Griff hat, was ihm früher einfach vorgegeben war, gilt es doch auch, die eindeutigen Grenzen zu erkennen. »Der Satz, der Mensch habe selbst die Vorsehung zu übernehmen, ist Frevel und Verderben, denn er greift das Königsrecht dessen an, der allein vom Wesen zu herrschen vermag.«[274]

*Du und ich, wir mögen nicht übereinstimmen,
selbst bis zum Schluss dieses Buches,
ob es Wunder gibt oder nicht.
Aber wollen wir doch zum wenigsten
keinen Unsinn reden.*[1]
C. S. Lewis

6 Vorsehung und Wunder

6.1 Die Bedeutung des Wunders für die Vorsehungslehre

Die Bedeutsamkeit des Wunders für die biblische Überlieferung sowie für Glauben und Leben der Kirche muss hoch eingestuft werden. In zahlreichen Gebeten, Kirchenliedern und im Credo wird der Gott, »der Wundertaten hat vollbracht«[2], verherrlicht. Grundsätzlich gilt, dass »eine Religion ohne Wunder ... nicht die inkarnatorisch und real-eschatologisch bestimmte Religion des katholischen Christentums«[3] wäre.

Das Urdogma des Alten Testamentes besteht in der Herausführung der Israeliten aus Ägypten. »Mit hoch erhobenem Arm« (Ex 6,6) und unter »Zeichen und Wundern« (Ex 7,3; Dtn 4,34; 6,22 u. ö.) hat der geschichtsmächtig handelnde Gott diese Befreiung erwirkt. Beim öffentlichen Auftreten Jesu und demgemäß in der Darstellung der Evangelisten nehmen Wunder einen großen Raum ein.[4] Alle Evangelien sehen in Jesu Wunderwirken eine wichtige Verdeutlichung seiner Sendung und Botschaft. Nach der Apostelgeschichte haben Wunder der Verbreitung des Evangeliums gedient und fast schon selbstverständlich das Wirken der Apostel begleitet. Gott bedient sich nicht selten eines überraschenden Rettungswunders, um jene zu bewahren, die seine Pläne ausführen. Das Handeln Gottes in der Welt involviert somit in nicht unerheblichem Maß Wunder zum Gelingen der göttlichen Heilsabsichten.[5]

Im Leben der Heiligen stößt man, wie wir schon bei Cottolengo und Kolbe gesehen haben, immer wieder auf das Wunder bzw. die wunderbare Fügung. Von den Heiligen gehen Kräfte der Verwandlung, Heilung und Vermehrung aus. Eine erstaunliche Fülle von Charismen ist in ihrem Leben zu finden: Krankenheilungen, Herzenserkenntnis, Bilokation, Voraussagungen. Offensichtlich vermögen diese, wie auffallende Gebetserhörungen zeigen, auch am Vollendungsziel »Wirkungen dieses Vollendungszustandes auf die noch unvollendete Schöpfung von Gott und Christus her zu vermitteln«.[6] Auch die Lebenszeugnisse glaubender Menschen zeigen, dass es mehr wunderbare Fügungen und Wunder gibt, als man gemeinhin annimmt und von der Theologie zur Kenntnis genommen wird. Allerdings werden diese in der Regel kaum »von außen« her nachprüfbar und deshalb immer anfechtbar sein; das ändert aber nichts an deren Existenz und lebenspraktischer Relevanz. Bei aller Vorsicht gegenüber einem unkritischen Enthusiasmus und manchen Anfragen aus theologischer, naturwissenschaftlicher und parapsychologischer Sicht ist nicht zu leugnen, dass im Zusammenhang mit der charismatischen Erneuerung oft erstaunliche Heilungen geschehen und in vielen Heilungsberichten ein »Erweis von Geist und Kraft« (1 Kor 2,4) abgelegt wird.[7]

Wunder werden unter die »providentia extraordinaria«, als außerordentliches Eingreifen der Fürsorge Gottes, eingeordnet und haben von daher einen festen Platz in der Vorsehungslehre. Auf dem Ersten Vatikanischen Konzil wurden sie als der Fassungskraft des Menschen angemessene Zeichen definiert, welche die Allmacht und das unermessliche Wissen Gottes in reichem Maße bestätigen.[8] Wie bei Erscheinungen geht es bei ihnen um Manifestationen des lebendigen, geschichtsmächtig handelnden Gottes, der die Welt- und Heilsgeschichte nicht nur an einem fernen Anfang angestoßen hat, sondern ihr bleibend nahe ist in seiner Vorsehung. Wenn es Wunder nicht gibt, wird der Vorsehungsglaube zu einem frommen Überbau, der zwar einen allmächtigen Gott postuliert, praktisch aber davon ausgeht, dass er diese Mächtigkeit nirgends zeigt und einsetzt. Wunder sind also deshalb wichtig, weil sie prinzipiell die Möglichkeiten des Wirkens Gottes aufzeigen. Sie sind ferner von Relevanz durch ihren Verweischarakter auf die endgültige Zukunft und Vollendung von Welt und Mensch. Der vorsehende Gott zeigt, wenngleich nur vereinzelt und schattenhaft, dass er mächtig genug ist, seine Verheißungen einer neuen und besseren Welt zu erfüllen. Wunder können somit den Glauben an die Vorsehung Gottes, welche die Welt einem guten

Vorsehung und Wunder 139

Ende zuführt, beträchtlich stärken. Umgekehrt gilt aber auch, dass ihre Vernachlässigung der Vorsehungslehre abträglich ist. Wer Wunder kleinschreibt, tut dies dann in Konsequenz auch bei der Vorsehung; beides hängt zusammen.[9]

6.2 Die Lehre vom Wunder in der gegenwärtigen Theologie

Aufgrund der Bedeutsamkeit des Wunders könnte man meinen, dass ihm ein entsprechender Platz und eine positive Würdigung in der Theologie eingeräumt werden. Dies scheint aber nicht der Fall zu sein.

Die lange Liste von Namen bekannter Theologen in Grochtmanns Dissertation »Unerklärliche Ereignisse, überprüfte Wunder und juristische Tatsachenfeststellung« (sie erschien 1988 in Erstauflage), die Wunder ablehnen, da eine Durchbrechung der Naturgesetze nicht möglich und dem heutigen Menschen mit solchen Berichten der Zugang zur Bibel versperrt sei, ist erschreckend.[10] Beim sechsten religionsgeschichtlichen Treffen der Universität Angers hatten sich im Jahre 1982 zehn Universitätsprofessoren und sechs weitere Referenten (die meisten der Anwesenden waren Historiker und keine Theologen) getroffen und sich mit dem Thema des Wunders in der Zeit vom 6. Jh. bis zur Gegenwart befasst. Die Frage nach der historischen Zuverlässigkeit der Quellen über die Wunder wurde durchweg positiv beantwortet. »Welcher Unterschied zwischen diesen Historikern und den meisten Theologen, die in den vergangenen zwanzig Jahren über Wunder geschrieben haben!«[11] In der theologischen Literatur heutiger Theologie ist eine das Wunder relativierende Sprechweise fast schon gang und gäbe geworden. Wenngleich das Naturwunder nur selten rundweg abgestritten wird, wird es doch fast allgemein infrage gestellt,[12] da es in der Folge und als Ergebnis doch nur als Überhöhung oder literarische Umschreibung betrachtet wird. Grochtmann spricht von einer fast panischen Angst, auch nur ein einziges Ereignis offen anzuerkennen, das Naturgesetze durchbricht.[13] Die Tendenz ist unverkennbar, nur mehr solche Wunder für historisch wahrscheinlich zu halten, die heute natürlich erklärbar sind.[14] Krankenheilungen und Exorzismen werden allein aus dem Grund als historisch betrachtet, weil sie als therapeutische Heilungsvorgänge interpretiert werden können.[15]

Ein deutlicher Zug wird erkennbar, der immer mehr wegführt vom äußeren Geschehen und stattdessen hinführt auf das Seelisch-Innerliche als bewirkende Kraft und Ereignisort des Wunders. Das Wunder wird verstanden als verobjektivierter Ausdruck innerseelischer Vorgänge. Die einzelnen zur Bestreitung der Historizität von Wundern vorgetragenen Gründe, wie das nicht genügend aufgeklärte Bewusstsein der Menschen von damals,[16] die Übernahme religionsgeschichtlicher Parallelen[17] oder die Verwendung bestimmter literarischer Schemata[18] (oft in Verbindung mit dem Überbietungsmotiv alttestamentlicher Vorlagen) vermögen die ihnen aufgebürdete Beweislast nicht zu tragen. Erzbischof Degenhardt bringt die derzeitige Situation treffend zum Ausdruck: »Wenn man auch sonst gegen Dogmen ist, hier wird dogmatisch postuliert, Wunder könne es nicht geben. Auch Exegeten, Erklärer der Heiligen Schrift, versuchen, die in den Evangelien als Wunder Jesu berichteten Taten so zu erklären, dass vom Wunder nichts mehr bleibt ... Heute wisse man um die Unumstößlichkeit von Naturgesetzen. Göttliches Eingreifen sei weder erforderlich noch denkbar ... Was wir Menschen für möglich halten, was wir für erfahrbar ansehen ... das müssen auch die Grenzen des göttlichen Wirkens sein, so denken viele. Von der Größe und Unbegreiflichkeit Gottes ist nichts mehr da.«[19]

Wenn man das bisher Gesagte zusammenfasst, dann kann man sagen, dass eine beachtliche Lücke zwischen der Bedeutsamkeit des Wunders einerseits und der theologischen Würdigung und Darstellung andererseits klafft. Trotz einiger positiver Ansätze[20] kann von einer tiefgreifenden Revision jedoch überhaupt nicht die Rede sein; wohl aber ist durch die Diskussion der letzten Jahre deutlich geworden, dass man der Wunderfrage auf ehrliche Weise nicht entkommen kann. Es gilt, sich ihr zu stellen hinsichtlich der »hohen systematischen Implikationen«[21] der historisch-kritischen Methode, die nun näher zur Sprache gebracht werden sollen.

6.3 Der philosophische Vorentscheid: Auswirkung und Geschichte

Wer dem Wunder in der Vorsehungslehre einen Platz einräumen will, muss sich mit dem Vorentscheid auseinandersetzen, der an die Texte der Heiligen Schrift herangetragen wird, weil hier der eigentliche Grund hinter den vielen anderen Gründen zu finden ist, die zur Bestreitung des Wunders angeführt werden. Ein erster Hinweis darauf, dass es wohl nicht nur um wissenschaftlich »neutrale« Forschung bei der Wunderkritik geht, kann darin gesehen werden, dass mit der historisch-kritischen Methode völlig verschiedene, ja einander entgegenstehende Auslegungen des gleichen Textes vorgenommen werden können. Offensichtlich kommt es auf das dieser Methode vorausgehende Vorverständnis, den philosophischen Vorentscheid, an, ob man Wunder überhaupt für möglich hält. Für die neutestamentliche Wunderexegese lässt sich feststellen, dass die hermeneutischen und weltanschaulichen Vor-urteile das Ergebnis meist schon im Voraus bestimmen.[22] Man muss sich wirklich fragen, ob die methodischen Neuansätze in der Interpretation sachlich ausreichend und genügend vorurteilsfrei sind, »wenn wir oft gegen den sich ursprünglich aufdrängenden Sinn der Texte die ›eigentliche‹ Aussageabsicht der Evangelien betonen«.[23] Manchmal, wenngleich selten, wird der Vorentscheid ganz offen zugegeben: »Die moderne Exegese, deren Fruchtbarkeit nicht zu bezweifeln ist, ist ein Kind der oft geschmähten Aufklärung und steht mit dieser im Bund ... Stellt man sich einmal auf den Standpunkt historisch-kritischer Exegese, dann gibt es zunächst keine Möglichkeit, etwas außerhalb dieser Betrachtungsweise zu lassen.«[24]

Wie sehr diese Weichenstellung die Ergebnisse wichtiger theologischer Fragen im Voraus festlegt, soll nun gezeigt werden, bevor auf die Vorgeschichte des positivistischen Vorentscheids, der über die Schiene Spinoza, Strauß und Bultmann in viele Teile heutiger Theologie einmündet, eingegangen wird.

6.3.1 Tragweite und Folgen des philosophischen Vorentscheids in der Theologie der Gegenwart

An den meisten umstrittenen Punkten heutiger Theologie trifft man auf den philosophischen Vorentscheid.

Das Resultat führender Theologen nach einer eingehenden Untersuchung zur Jungfrauengeburt, in der die Ergebnisse der Exegese ausführlich berücksichtigt wurden, ist eindeutig: Für Ratzinger[25], Kasper[26] und Scheffczyk[27] ist allein der weltanschauliche Vorentscheid der Grund für die Bestreitung dieser Glaubenswahrheit. Es lässt sich überzeugend darlegen, dass alle zur Bestreitung dieser Glaubenswahrheit vorgelegten Erklärungsversuche weder dem Verständnis des Textes noch dem Glauben der Kirche gerecht werden. Nicht selten muten sie beachtlich willkürlich und grotesk an.[28] Zum gleichen Ergebnis kommt man, wenn man die Diskussion um die Auferstehung Jesu und die hierbei eingebrachten Argumente prüft. Wieder geht es um den philosophischen Vorentscheid,[29] eine ungute Spiritualisierung des Glaubens, die gnostische Züge verrät, und um Aporien [Unmöglichkeit, eine philosophische Frage zu lösen] und Widersprüchlichkeiten, wenn man die Texte der Heiligen Schrift entgegen dem offensichtlichen Sinn auslegt.[30] Ebenfalls aus der genannten prinzipiellen Weichenstellung heraus wird die personale Existenz des Teufels bestritten.[31] Deshalb gebe es auch keine Besessenen, sondern nur Psychotiker; man habe es mit dem psychopathologischen Phänomen des Persönlichkeitsverlustes zu tun. Auch die Ablehnung der eucharistischen Realpräsenz leitet sich oftmals aus weltanschaulichen Vorgaben ab, welche ein unvermitteltes Einwirken Gottes auf seine Schöpfung für unmöglich halten.

Wenn allerdings nicht selten versucht wird, trotz der positivistischen Vorgabe an der Realität des Übernatürlichen und des Wunders festzuhalten, dann kommt es zu Kompromissen, die »etwas Groteskes an sich haben«.[32] Die Folgen solchen Vorgehens für den gelebten Glauben sind schlimm. Ganz abgesehen davon, dass die Einheit der Bibel zu einer heterogenen Literatursammlung zerfällt, geht von den Zeichen Jesu, die man noch als historisch gelten lässt, »wenig zum Glauben aufrufende Kraft«[33] aus; auch das Jesus-Bild, das uns die historisch-kritische Forschung bietet, wirkt seltsam blass und abgestanden. Man kann nur schwer begreifen, wie von einer *solchen* Gestalt eine Bewegung wie das Christentum ausgehen konnte.»Offensichtlich stimmt dann doch irgendetwas mit der Art der Textbehandlung und der Rekonstruktion nicht. Wir haben allen Grund, hierüber nachzudenken.«[34] Wird die schon im Neuen Testament deutlich werdende kritische Linie zum Wunder dahingehend überstiegen, dass die Ebene des Historisch-Faktischen nicht nur relativiert, sondern eliminiert wird, dann führt dies letztlich zur Zerstörung des Glaubens. Schlier stellt die nihilistischen Züge im Konzept seines früheren Lehrers Bultmann heraus, die auch für alle anderen zutreffen, die Bultmann in der übertriebenen Enthistorisierung gefolgt sind: Alles muss in der Schwebe gelassen werden,»in der Schwebe nicht einmal nur des konkreten Wortes der Schrift, sondern des aus der Schrift vielleicht sich ereignenden Geisteswortes, das nie Gestalt, nie Konkretion annimmt und nie auswendig wird, sondern nur aufgefangen im jeweiligen ›existentiellen‹ Glauben, der aber gar nicht ›existiert‹, sondern sich sofort wieder verflüchtigt«.[35] Übertriebene Enthistorisierung ist deshalb nicht Stärke, sondern Schwäche des Glaubens. Ein akosmisch gewordenes Verständnis von Offenbarung führt zu »Glaubensnot und Abfall«.[36] Die deutschen Bischöfe haben es zu Recht beklagt, dass ein philosophisches Weltverständnis als Vorverständnis zur Verstehensgrundlage der biblischen Texte gemacht wird. Es entsteht »im Grunde nichts anderes als eine neue Form der Gnosis. Eine fragwürdige Wissenschaftsgläubigkeit und das Vorverständnis des modernen existentialistischen Denkens schaffen einen folgenschweren ideologischen Bann, eine folgenschwere Befangenheit.«[37]

Dieses Zitat der Bischöfe könnte es nahelegen, dass man es hierbei mit einem Problem zu tun hat, das sich erst in der jüngsten Vergangenheit ergeben hat. Die Wurzeln der Entwicklung liegen allerdings weiter zurück. Schon Hettinger hat darauf aufmerksam gemacht, dass die gerühmte Voraussetzungslosigkeit bei den Bestreitern der Möglichkeit des Wunders in dessen absoluter Leugnung besteht.[38]

6.3.2 Der Vorentscheid bei Strauß und Bultmann

In der heutigen Wunderkritik werden oft nur die aus der Geschichte bekannten Argumente einer liberalen und rationalistischen Theologie unter anderer Verkleidung wiederholt. Die zeitgenössische Exegese weist kaum über die bei Spinoza (1632–1677) und D. F. Strauß (1808–1874) eingebrachten Modelle hinaus.[39]

Spinoza spricht in dankenswerter Klarheit aus, worum es geht: »Hier dagegen, bei den Wundern, ist das, was wir suchen (ob man nämlich zugeben kann, dass etwas in der Natur geschehe, was ihren Gesetzen widerstreitet oder sich nicht aus ihnen herleiten lässt), etwas rein Philosophisches.«[40] Er geht von den Grundlagen aus, »die durch das natürliche Licht zu erkennen sind«.[41] Wenn sich etwas in der Heiligen Schrift findet, was den Naturgesetzen widerstreitet, dann muss es von Frevlerhänden dort eingefügt worden sein: »Denn was gegen die Natur ist, ist auch gegen die Vernunft, und was gegen die Vernunft ist, ist widersinnig und dann auch zu verwerfen.«[42] Spinoza definiert die Vorsehung expressis verbis [ausdrücklich] als die Ordnung der Natur.[43] Damit ist ein unmittelbares Tätigwerden Gottes in seiner Schöpfung nicht mehr möglich; die Vorsehung Gottes ist erledigt.

Trotz der großen Wirkung Spinozas auf die spätere Theologiegeschichte soll nicht auf ihn, sondern auf Strauß und Bultmann näher eingegangen werden, teils weil diese sich detaillierter zum Vorentscheid äußerten, teils weil sie untereinander zusammenhängen und unserer Zeit näher stehen. Der von Strauß und Bultmann gegen das Wunder erhobene Einspruch wird im Wesentlichen genährt vom neuzeitlichen naturwissenschaftlichen Wirklichkeitsverständnis.

»Das Leben Jesu« von Strauß (1835 ist es herausgekommen; in den verschiedenen Ausgaben hat es wesentliche Veränderungen erfahren) ist sicher das markanteste, wenngleich nicht erste Werk einer entmythologisierenden Bibelauslegung. Wie kein anderes theologisches Buch im 19. Jahrhundert hat es eine Bewegung hervorgerufen.[44] »Es wird ... hier von Strauß genau das Programm entworfen, das von Teilen der evangelischen Universitätstheologie unseres Jahrhunderts bis zum heutigen Tag durchgeführt worden ist und bald auch von katholischen Theologen übernommen wurde.«[45] Strauß hatte klar erkannt, dass man bei der Erforschung des Neuen Testamentes keineswegs Archäologie treibt, geleitet von einem nur historischen Interesse.[46] Wer das Wunder dort aus prinzipiellen Gründen ablehnt, tut dies ebenso für jene im Lauf der Kirchengeschichte und umgekehrt.

Um die Wunder »mythisch verdampfen«[47] zu lassen, bedient er sich des Überbietungsmotivs, wonach die Wundertaten der beiden Propheten Elija und Elischa die Vorlagen gewesen sein sollen für die Wunder Jesu. Wunderberichte sind für ihn ein Produkt der gläubigen Gemeinde, um Jesus als eschatologischen Propheten ausgeben zu können. Eigentlich federführend in seiner Argumentation ist allerdings, wie schon bei Spinoza, der rationalistische Vorentscheid, dass es Wunder gar nicht gegeben haben könne. Er geht von der Überzeugung aus, »dass alles, was geschehen, natürlich geschehen, dass auch der ausgezeichnetste Mensch doch immer nur Mensch gewesen ist, dass es folglich auch mit allem dem, was in der Urgeschichte des Christenthums jetzt als vermeintliches Wunder die Augen blendet, in der Wirklichkeit nur natürlich zugegangen sein kann.«[48] Strauß will seine Argumentation auf zwingende historische Glaubwürdigkeit aufbauen. »Vernunft und Erfahrung«[49] sind die Ausgangsbasis dafür. Jesus könne deshalb niemals dem Gesetz der Schwerkraft zum Trotz auf dem Wasser gewandelt sein, durch einen bloßen Segensspruch Nahrungsmittel vermehrt, Wasser in Wein verwandelt und Tote ins Leben zurückgerufen haben, »denn allen dergleichen Erfolgen pflegen wir sonst nur im Gebiete des Mährleins oder des Aberglaubens, niemals auf dem Boden der Geschichte zu begegnen«.[50] »Undenkbarkeit« wird für ihn zum Wahrheitskriterium für Offenbarungsgeschichte.

Eine beachtliche Spiritualisierung ist die Folge.[51] Die messianischen Kennzeichen werden auf rein geistiger Ebene ausgedeutet: Den *geistig* Blinden öffnete Jesus die Augen und den *sittlich* ganz Erstorbenen schenkte er neues Leben. In einer fiktiven Rede lässt er diesen sagen: »Wer einsieht, wie viel mehr Werth diese geistigen Wunder sind, der wird an dem Mangel der leiblichen keinen Anstoß nehmen; nur ein solcher aber ist auch für das Heil, das ich der Menschheit bringe, sowohl empfänglich, als desselben würdig.«[52] Ähnliches gelte für die Erscheinungen des Auferstandenen, denen er jegliche äußere Manifestation abspricht. Die Auferstehung wird verlagert auf ein Glaubenserlebnis der Jünger.[53]

Ähnlich wie Bultmann später betont Strauß paradoxerweise einen Fiduzialglauben [Vertrauensglauben], dem durch die vorher erbrachten »Beweise« eigentlich jegliche Grundlage entzogen wurde: »Den inneren Kern des christlichen Glaubens weiß der Verfasser von seinen kritischen Untersuchungen völlig unabhängig. Christi übernatürliche Geburt, seine Wunder, seine Auferstehung und Himmelfahrt bleiben ewige Wahrheiten, so sehr ihre Wirklichkeit als historische Facta angezweifelt werden mag.«[54] Die Entwicklung von Strauß und anderen, die den gleichen Weg wie er beschritten haben, zeigt, dass eine solche schizophrene Trennung zwischen dem inneren Kern und der in Bibel und Kirche überlieferten Heilsgeschichte auf die Dauer nicht durchhaltbar ist. In der »Christlichen Glaubenslehre«[55] wird dann die »Verschlammung des Pantheismus«[56] offensichtlich; fasst er doch mit Bezug auf Spinoza die Weltregierung Gottes als »die den kosmischen Kräften und deren Verhältnissen selbst immanente Vernunft«[57] auf. Die Vorsehung verkommt zur Immanenz göttlicher Kräfte und Gesetze in der Welt. Für das Universum verlangt er die gleiche Pietät, die der Fromme alten Stils seinem Gott entgegenbrachte. Das Gebet verflüchtigt sich konsequenterweise zu brahmanischer Kontemplation; der Mensch soll sich »in die kühlende Tiefe des Einen Grundes aller Dinge«[58] versenken.

In vielem ist die Situation bei Bultmann ähnlich der von Strauß; er wird von Loduchowski als »Jünger« von Strauß bezeichnet.[59] Bultmann ist zweifellos der einflussreichste neutestamentliche Exeget dieses Jahrhunderts.[60] In Bultmanns Todesjahr (1976) schreibt Neufeld treffend über ihn: »In der exegetischen und theologischen Wissenschaft lebt sein Werk – vielleicht intensiver denn je. Seine Beiträge stecken als meist unsichtbare Fundamente im Gros jener Arbeiten, die heutzutage neutestamentliche Exegese und Theologie bestimmen.«[61] Offensichtlich erfreuen sich die Arbeiten Bultmanns bzw. einige seiner Grundoptionen größerer Lebendigkeit, als man zunächst erwarten mag. Wenn deshalb O. H. Pesch meint, dass sowohl die Naturwissenschaft als auch die Theologie über die Problemstellungen und die Antwortentwürfe von Bultmann hinaus seien,[62] dann ist dies sicher zutreffend, man müsste aber sofort hinzufügen, für welchen Punkt das Gesagte gilt. Anhand der grundlegenden Schrift Bultmanns »Neues Testament und Mythologie« (1941 erstmals erschienen) soll aufgezeigt werden, wie sehr das weltanschauliche Vorverständnis das Ergebnis von dessen exegetischen Arbeiten im Voraus festlegte.

Bultmanns »Entmythologisierungsprogramm«, das er in der genannten Arbeit vorgelegt hatte, stieß am Anfang auf vernichtende Kritik;[63] trotzdem hat es Theologiegeschichte geschrieben und wirkt bis heute noch nach. Erledigt sind für Bultmann, weil dem mythischen Weltbild zugeordnet, die Jungfrauengeburt, die Wunder, der Geister- und Dämonenglaube, die Präexistenz und der Sühnetod Jesu, die leibhafte Auferstehung und die Erscheinungen Christi, der Deszensus [Abstieg Christi in die Unterwelt], die Himmelfahrt und Erwartung der Wiederkunft. Mythologische Rede dieser Art ist für ihn rückführbar »auf die zeitgeschichtliche Mythologie der jüdischen Apokalyptik und des gnostischen Erlösungsmythos«.[64] Dem Menschen von heute sei die mythologische Rede unglaubhaft, weil für ihn das mythische Weltbild vergangen sei. Bultmanns Kritik geht vom naturwissenschaftlichen Weltbild und Selbstverständnis des modernen Menschen aus: »Mit dem modernen Denken ... ist *die Kritik am neutestamentlichen Weltbild gegeben.*«[65] Er spricht vom »geschlossene<n> Gefüge der natürlichen Kräfte«.[66] Gleiches gilt für die Geschichte mit ihrem »stetigen, gesetzmäßigen Gang«[67] und das Selbstverständnis des Menschen, »wonach er sich als geschlossene innere Einheit versteht, die dem Zugriff supranaturaler Mächte nicht offensteht«.[68] Auch bei der Ablehnung einzelner traditioneller Glaubensinhalte zieht er die direkte Linie vom modernen Weltverständnis zur Entmythologisierung durch: »Erledigt ist durch die Kenntnis der Kräfte und Gesetze der Natur *der Geister- und Dämonenglaube.*«[69] Am bekanntesten ist der folgende immer wieder zitierte Satz geworden, der anschaulich die Bultmann'sche »Argumentationsschiene« zum Ausdruck bringt: »Man kann nicht elektrisches Licht und Radioapparat benutzen, in Krankheitsfällen moderne medizinische und klinische Mittel in Anspruch nehmen und gleichzeitig an die Geister- und Wunderwelt des Neuen Testamentes glauben.«[70]

Die von Spinoza, Strauß und Bultmann markierte Linie ist in breiter Front in die heutige Theologie übernommen worden. Die bisweilen sehr entschiedene Distanzierung von der traditionellen Lehre über das Wunder ist auf zwei vorherrschende Faktoren zurückführbar: die historisch-kritische Methode der Exegese und den Einfluss des modernen Weltbildes. Beide lassen sich aber auf ein einziges Argument reduzieren, »dass nämlich die moderne Rationalität solche göttlichen ›Eingriffe‹ in eine ›autonome‹ Welt nicht annehmen könne«.[71] Diese moderne Rationalität bzw. das naturwissenschaftliche Wirklichkeitsverständnis ist näher zur Sprache zu bringen.

6.4 Das Wunder im Horizont des naturwissenschaftlichen Weltverständnisses

Darwin beschrieb in seiner Autobiografie, wie er dazu kam, nicht mehr an das Christentum als eine göttliche Offenbarung zu glauben; dabei äußerte er sich auch zu den Wundern, die ihm umso unglaubhafter wurden, »je mehr wir von den feststehenden Naturgesetzen kennenlernen«.[72] Viele Ereignisse, die in früheren Zeiten als Wunder betrachtet wurden, lassen sich heute ganz natürlich erklären. Es ist naheliegend, die Argumentationen Darwins weiterzuführen: Eines Tages werde es möglich sein, alle Wunder auf naturwissenschaftlicher Basis zu erklären; alles wäre somit nur eine Frage der Zeit.[73] Was der Mensch früher von der Huld einer Gottheit erwartete oder von einem Wunder, ist im heutigen wissenschaftlich-technischen Zeitalter »machbar« geworden.[74] Wie bestimmte Wortprägungen zeigen, spricht man vom Wunder heute fast nur noch einer säkularen Deutung. Der Siegeszug der Naturwissenschaften hat bis in die Ausdrucksweise seine Spuren im Bewusstsein hinterlassen.

Die naturwissenschaftliche Forschung sieht von ihrem methodischen Ansatz her vom Wunder ab; sie versucht natürliche Erklärungsgründe beizubringen. Es ist einleuchtend und die Erfahrung hat es immer wieder bestätigt, dass von diesem einmal eingenommenen Standpunkt aus es nur mehr ein kleiner Schritt ist, die prinzipielle Unmöglichkeit des Wunders zu postulieren. Der methodische Atheismus der Naturwissenschaften wird immer mehr zu einem bewusstseinsmäßigen. Bei nicht wenigen Wissenschaftlern wird heute die positivistische Begrenzung des Denkens fast schon als eine Pflicht der intellektuellen Redlichkeit verstanden. Die Frage nach der Möglichkeit des Wunders wird in dieser Perspektive zu einer Weltanschauungsfrage ersten Ranges, zu einem

Prüfstein. Wird sie zugestanden, dann ist dies zugleich das Eingeständnis der Begrenztheit der eigenen Methode und ein Verweis auf die Transzendenz. Deshalb besteht bei der Wunderfrage ein großes weltanschauliches Interesse, das jenem gleicht, dem wir im Streit um die Teleologie beim evolutiven Geschehen schon begegnet sind.

Der positivistische Vorentscheid hat durch die Übernahme der naturwissenschaftlichen Erkenntnisform in die historisch-kritische Wissenschaft beachtlichen Eingang in die Theologie gefunden, wie wir bereits klar feststellen konnten. Auf die damit verbundene Problematik ist einzugehen. Des Weiteren wird die Zurückweisung naturwissenschaftlich überholter Positionen, auf denen besonders die Argumentation Bultmanns aufruht, die verengte Wirklichkeitsbetrachtung beim naturwissenschaftlichen Erfahrungsbegriff, die Vertiefung der Schöpfungstheologie und die Berücksichtigung des kirchlichen Erfahrungsschatzes zur Sprache zu bringen sein, wenn dem Wunder in der Theologie überhaupt und in der Vorsehungslehre speziell wieder ein Platz eingeräumt werden soll. Mit den genannten fünf Schritten ist das Programm der kommenden Untersuchung entworfen.

6.5 Elemente einer Antwort auf die neuzeitliche Bestreitung des Wunders

6.5.1 Die naturwissenschaftliche Erkenntnisform in der historisch-kritischen Wissenschaft?

Troeltsch formulierte das für die historische Kritik geltende Prinzip schon am Ende des 19. Jahrhunderts so: »Die Analogie des vor unseren Augen Geschehenden und in uns sich Begebenden ist der Schlüssel zur Kritik ... Die Übereinstimmung mit normalen, gewöhnlichen oder doch mehrfach bezeugten Vorgangsweisen und Zuständen, wie wir sie kennen, ist das Kennzeichen der Wahrscheinlichkeit für die Vorgänge, die die Kritik als wirklich geschehen anerkennen oder übrig lassen kann.«[75] Die Ähnlichkeit zur Vorgehensweise der Naturwissenschaften ist in dieser Definition von Troeltsch frappierend. Die Koinzidenz der Verfahrensweisen ist offensichtlich. Wenn die historisch-kritische Methode nach dem Maßstab der Analogie aller irdischen Ereignisse, nach der Norm von Kausalität und Wechselwirkung, arbeitet, dann setzt sie offensichtlich die Sicht der Naturwissenschaft voraus und hält das von dieser für unmöglich Gehaltene auch ihrerseits für unmöglich. Damit gibt es innerhalb der Geschichtswissenschaft Prinzipien, die eine ähnliche Funktion haben wie die Erklärungsgesetze der Naturwissenschaft.[76] »Die Argumentation beruht so auf dem gleichen Typus eines geschlossenen und rein empirischen Denkens, wie man ja seit Langem erkannt hat, dass die naturwissenschaftliche Methode und die historisch-kritische Forschung artverwandt sind.«[77] Die stillschweigende Voraussetzung ist, dass etwas, was sich nicht mit einer exakt vorgehenden wissenschaftlichen Methodik ausweisen lässt, auch nicht existiert. Somit liegt bei der historischen Kritik letztlich nur eine Variante der naturwissenschaftlichen Argumentation vor, die besagt, dass es keine von der Naturkausalität unabhängigen Wirkungen geben kann. Wird aber die induktive Methode der Naturwissenschaft mit ihrer beträchtlichen Eingrenzung von Wirklichkeit in die Geschichtswissenschaften transponiert, dann hat dies dort enorme Konsequenzen. Die Problematik der historisch-kritischen Methode in der Theologie als *Glaubens*wissenschaft muss mehr beachtet und bedacht werden.

Es ist zunächst positiv festzustellen, dass die Übertragung der naturwissenschaftlichen Erkenntnisform bemerkenswerte Erfolge gebracht hat, »wo es sich etwa um Sicherung archäologischer Befunde, Entzifferung von Schriften, Datierung von Urkunden, Feststellung von Fälschungen, Abfolge von Ereignissen handelt«.[78] Es zeigt sich aber auch, dass das naturwissenschaftliche und das geschichtliche Modell verschieden sind und eine je eigene Art des Vorgehens verlangen.

Die historisch-kritische Methode versucht eine ähnliche Sicherheit herzustellen, wie sie in der Naturwissenschaft zu finden ist. Wie sehr das naturwissenschaftliche Erkenntnismodell Pate stehen kann für eine bestimmte Richtung historisch-kritischer Exegese, wird deutlich, wenn man des Öfteren auf das Postulat trifft, dass die historische Vernunft die Fakten *unbezweifelbar* sichern muss.[79] Hier wird offensichtlich eine Grenze überschritten; der historischen Forschung wird etwas abverlangt, was sie gar nicht leisten kann, da sie nur mit abgestuften Graden der Wahrscheinlichkeit, nicht aber mit unzweifelbaren Gewissheiten arbeitet. Es mag banal klingen, wenn man feststellt, dass »offenbarte Wahrheit und Wunder ... dem Experiment nicht zugänglich, und experimentell prüfbare Zustandsänderungen ... nicht Gegenstand des Glaubens«[80] sind; es erweist sich aber als notwendig, wieder zu betonen, dass den begrifflich-logisch arbeitenden Wissenschaften das Wunder grundsätzlich verschlossen sein muss. Die Naturwissenschaft kann mit ihren Methoden den Glauben genauso wenig beweisen wie widerlegen, da ihr Erfahrungsbegriff ein anderer ist als in der Theologie.

Wer die Bibel nur als historische Quelle betrachtet, muss sie in die Kompetenz des Historikers geben und nur Historisches aus ihr erfragen. »Der Historiker aber muss versuchen, einen handelnden Gott möglichst zur überflüssigen Hypothese zu machen.«[81] Die Geschichtswissenschaften weigern sich, Gottes Wirken überhaupt nur in Betracht zu ziehen. Linnemann bezeichnet den aus der Naturwissenschaft übernommenen methodischen Atheismus, den Vorentscheid dieses Vorgehens (ut si Deus non daretur [als gäbe es Gott nicht]) als Perversion.[82] Den Charakter einer sich ausschließlich der historisch-kritischen Methode verpflichtet wissenden Theologie beschreibt sie so: »*Anstatt im Worte Gottes gegründet zu sein, hat sie Philosophien zu ihrem Fundament gemacht*, welche sich entschieden haben, Wahrheit so zu definieren, dass Gottes Wort ... ausgeschlossen und der Gott der Bibel ... auf der Grundlage dieser Voraus-Setzung nicht denkbar ist.«[83] Von einem Gott, der nicht denkbar ist, führt eine gerade Linie zu einem Gott, der nicht handelt. Die spezifische Eindimensionalität der modernen Naturwissenschaften wird zum Beurteilungsmaßstab und damit letztlich die menschliche ratio. Gerade bei den Sakramenten mit ihrem Symbolgehalt wird sich dieses Denken verheerend auswirken. Letztlich wird man Gott nicht mehr zutrauen können, dass er machtvoll die Materie durchdringt. Damit ist klar, dass ein Wunder im Sinn einer unmittelbaren göttlichen Intervention in diesem Konzept keinen Platz mehr hat. Es wird so gleichermaßen für die Naturwissenschaft wie für die kritische Historie zu einem Fremdkörper. Wer aber die grundsätzliche Möglichkeit des Wunders ausschließt, stellt sich damit auch gegen die Lehre der Kirche: »Si quis dixerit, miracula nulla fieri posse ... anathema sit« [Wer sagt, es könnten keine Wunder geschehen ... der sei mit dem Anathema (Kirchenbann) belegt].[84] Zumindest in der theologischen Wissenschaft sollte dies bedacht werden.

Schamoni hat Auszüge aus den Kanonisationsakten ursprünglich unter dem Titel »Parallelen zum Neuen Testament. Aus Heiligsprechungsakten übersetzt« veröffentlicht. Die Ursprungsgerade, von der er ausging, war das Neue Testament. Weil er im Leben der Heiligen Ähnliches entdeckte, sprach er von Parallelen. Geht man mit der induktiven Methode der Naturwissenschaft an die biblischen Texte heran, dann verkehrt sich das Begründungsverhältnis ins Gegenteil. Ursprungsgerade ist jetzt die Gegenwartserfahrung, zu der man Parallelen in den neutestamentlichen Schriften feststellt. Der Kern der Argumentation lautet deshalb – wie bereits ersichtlich geworden ist[85] – so: Weil sich heute ähnliche wunderbare Phänomene zeigen, sind sie auch in der Heiligen Schrift möglich. Es soll nicht bestritten werden, dass in der Gegenwart gut bezeugte Wunder den in der Bibel berichteten eine gewisse Plausibilität und Wahrscheinlichkeit einräumen. Man wird diese Tatsache dankbar annehmen und sie theologisch auswerten dürfen;[86] trotzdem darf man aber nicht so weit gehen, das Begründungsverhältnis auf den Kopf zu stellen. Wir glauben an die Wundermacht Gottes nicht deshalb, weil wir sie an einigen Phänomenen der Gegenwart aufleuchten sehen, sondern weil es ein Grunddatum der Bibel ist, dass Gott mit seiner schöpferischen Macht im wunderbaren Handeln präsent ist. Alles, was sich später ereignet hat, kann als Konvenienzgrund herangezogen werden, darf aber nicht selbst wieder zum Grund werden.[87] »Ausgangspunkt und Grundlage müssen die biblisch bezeugten Wunder sein.«[88] Wird dies nicht beachtet, dann entscheidet die aufgeklärte ratio, was in der Geschichte als möglich zu gelten hat, welche Wunder akzeptabel sind und welche ausgeschieden werden müssen. Die letzte Instanz bei der Frage nach der Wahrheit wird somit der kritische Verstand. »D. h.: *Der Verstand wird der Heiligen Schrift übergeordnet.*«[89] Unter der Hand kommt man dazu, über das Sein und Wirken Gottes zu verfügen.[90]

Die Geschichte der Entdeckung des naturwissenschaftlichen Wissens ist für diese Wissenschaft nur von sekundärer Bedeutung. Für den Naturwissenschaftler ist es unerheblich zu wissen, wie und unter welchen Umständen Pythagoras den nach ihm benannten Lehrsatz fand; die inhaltliche Aussage dieses Satzes hat in sich eine Evidenz, die ablösbar ist von dem historischen Kontext ihrer erstmaligen Entdeckung. »Praktisch genau nach diesem ungeschichtlichen Modell der Naturwissenschaften werden heute weithin exegetische Erkenntnisse aufgefasst, als seien sie eine Summe fester Ergebnisse – ein unumstößlich erworbenes Wissen, das seine eigene Geschichte als Vorgeschichte hinter sich gelassen hat und ähnlich wie Messdaten verfügbar ist. Aber die Messdaten des Geistigen sind nun einmal anders als die Messdaten des Körperlichen; sie als geschichtsenthobene Gewissheiten aufzufassen, heißt, sie von Grund auf verkennen. Wer ein Jahrhundert Exegese verfolgt, wird feststellen, dass sich die ganze Geistesgeschichte dieser Zeit darin spiegelt.«[91] Die christliche Offenbarungsreligion, die sich auf geschichtliche Ereignisse gründet, kann sich nicht von diesen emanzipieren. Sie ist bleibend verwiesen auf das Christus-Ereignis, auf die Fülle der Zeit (vgl. Mk 1,15), die zwar immer tiefer ausgeschöpft, aber nie prinzipiell hinter sich gelassen werden kann. Das Zentraldogma des Christentums, die Inkarnation des Gottessohnes, könnte sonst nicht mehr in seiner vollen Bedeutung erfasst werden mit allen Konsequenzen, die sich daraus ableiten.

Damit wird schon ein weiteres Problem ansichtig, das sich aus dem Fortschritt der Naturwissenschaften ergibt. Wer sich zu nahe an den wissenschaftlichen Erkenntnistypus anlehnt, gerät in die Gefahr, sich dem gegenwärtigen Wissensstand zu verschreiben und nur von ihm her seine Beurteilungskriterien zu beziehen. Da die Naturwissenschaft schon manchen Paradigmenwechsel hinter sich hat, bleibt eine ihr assoziierte Theologie davon nicht verschont. Wer etwa wie Bultmann in wesentlichen Punkten seines Denkens auf das naturwissenschaftliche Weltbild des vergangenen Jahrhunderts aufbaut, braucht sich nicht zu wundern, wenn die Fundamente seiner Theologie einstürzen bei weiterem Wissenszuwachs seitens der Naturwissenschaften.[92]

Zusammenfassend lässt sich sagen, dass die Verwiesenheit der Naturwissenschaften auf das Experiment und damit auf in der Gegenwart abfragbares Wissen den Unterschied zu den Geschichtswissenschaften deutlich macht, die sich mit dem geschichtlich Einmalig-Unableitbaren auseinanderzusetzen haben. Der Wunsch nach unzweifelbaren Gewissheiten einer historischen Grundlagen verpflichteten Wissenschaft entpuppt sich somit als illusionär. Kennzeichnet es nicht gerade die theologische Wissenschaft, offen zu sein für das Wirken Gottes und mit dessen Möglichkeiten zu rechnen – oft gegen alle Erwartung und jeden Augenschein? Von daher ist wenig verständlich, warum der methodische Atheismus in derart breiter Front in die Theologie übernommen wurde. Problematisch ist ferner der Fortschrittsgedanke der Naturwissenschaften, der frühere Wissensdaten und Grundeinsichten, wenngleich nicht ganz zu verwerfen braucht, aber doch in einer Weise hinter sich lassen kann, wie dies in der Theologie als Glaubenswissenschaft so nicht möglich ist.

Es zeigt sich insgesamt also als äußerst problematisch, den wissenschaftlichen Erkenntnistyp in die Geschichtswissenschaften zu übernehmen. Der protestantische Exeget Stuhlmacher macht deshalb darauf aufmerksam, dass vor einem Gespräch mit anderen theologischen Disziplinen zunächst einmal von exegetischer Seite »die Fehlerquellen und einseitigen Resultate einer nicht reflektiert und ganzheitlich genug geübten Auslegungsmethode aufgedeckt und korrigiert werden«[93] müssen. »Eine aus dem Glauben getriebene historische Exegese wird auf keinen Fall die Prämissen des modernen immanentistischen Weltbildes übernehmen können: Ihre Prämissen ergeben sich vielmehr aus dem, was im kirchlichen Leben erfahrbar wird: Diese Erfahrungen eröffnen Bereiche, von denen unsere aufgeklärten Zeitgenossen oft keine Ahnung haben.«[94]

6.5.2 Kritik am deistischen Weltbild der geschlossenen Immanenz

Die katholische Theologie tat sich mit der Herausforderung durch den klassischen Determinismus, der Auffassung von der kausalen Vorbestimmtheit allen Geschehens, die keinen Raum mehr für das Wirken einer höheren Macht ließ, schwer. Sie war wie ihre Gegner davon überzeugt, dass die Naturgesetze streng und eindeutig determiniert verlaufen. Es ist dann aber nicht leicht einzusehen, wie ein Wunder noch möglich sein soll. Der sich anbietende verlockende Ausweg eines Deismus blieb einer verantwortbaren Theologie versperrt.[95] Er wird in den Dogmatikhandbüchern des letzten Jahrhunderts auch kaum diskutiert.[96] Wie in der Theologie der alten Kirche und der Scholastik ging man davon aus, dass ein in seinem Sein abhängiges und radikal kontingentes Wesen niemals ohne seine schöpferische Ursache existieren kann. Die Erhaltung aller Dinge im Dasein, die sich auf das erste, fundamentalste und innerste Sein der Dinge erstreckt, wurde aber durch den Deismus letztlich geleugnet. Wenn außerdem der Sinn der Schöpfung im Bund Gottes mit dem Menschen und der eschatologischen Vollendung von Welt und Geschichte liegt, dann kann der Schöpfer ihr nicht im deistischen Sinn teilnahmslos gegenüberstehen. Die deistische Behauptung, wonach Gott am Weltenlauf kein Interesse habe, läuft auf eine Leugnung der Erschaffung der Welt hinaus. Die Vorstellung eines dem Weltgeschehen nur mehr zuschauenden Gottes bedrohte deshalb das richtige Denken des Gottseins Gottes und wurde zurückgewiesen.[97]

Das Festhalten der Theologie an der Freiheit und Souveränität Gottes führte zu einer starken Betonung des contra naturam [gegen die Natur] beim Wunderwirken Gottes.[98] Dass durch einen antithetisch gegen die Naturwissenschaft orientierten Wunderbegriff der Zugang zu diesem Bereich erschwert wurde, ist offensichtlich. Bis tief ins 19. Jahrhundert wurde so das Verhältnis von Naturwissenschaft und Theologie belastet. Das Ergebnis war eine Pattsituation: »So gelang den Kräften des Rationalismus, des Deismus und des Materialismus zwar kein wesentlicher Einbruch in das Gefüge des dogmatischen Schöpfungsdenkens, aber die Theologie brachte es ihrerseits genauso wenig zuwege, in die Front des Unglaubens und des Irrtums einzudringen.«[99]

Aus *heutiger* Sicht ist von theologischer Seite zu einer deistisch-materialistischen Weltsicht Zweifaches zu sagen: In Aufnahme der Gedankenführung der Dogmatiklehrbücher des letzten Jahrhunderts und damit der traditionellen Lehre der Kirche ist die Idee einer lückenlos geschlossenen Naturkausalität aus prinzipiellen Gründen abzulehnen, denn damit wäre ein Einwirken Gottes auf seine Schöpfung nicht mehr möglich. Dies würde aber den gesamten Daten der Offenbarung und der Erfahrung im Lauf der Kirchengeschichte widerstreiten. Zum anderen handelt es sich bei der Vorstellung einer nach außen abgedichteten Immanenz um eine überholte philosophische Weltsicht des letzten Jahrhunderts, über die auch die heutige Wissenschaft – im Unterschied zu nicht wenigen Theologen[100] – hinaus ist; durch die Quantenphysik wurde so etwas wie ein Ermöglichungsraum von Freiheit wieder ansichtig. Bultmanns deutlich vom naturwissenschaftlichen Denken des 19. Jahrhunderts bestimmte Redeweise vom geschlossenen Weltbild – wir haben gesehen, dass sie den Kern seiner Argumentation darstellt – ist deshalb heute überholt. Mit Kant teilte er einen übertriebenen Glauben an die Enge und

Starrheit der »innerweltlichen« Kausalität und stand unter dem Zwang, der wissenschaftlichen Weltanschauung mehr Platz einzuräumen, als die Wissenschaft selbst verlangt.[101] Zudem ist Bultmanns häufige Rede vom modernen Menschen und naturwissenschaftlichen Weltbild äußerst zwiespältig und relativ; bei beiden wird eine Einheit und Eindeutigkeit suggeriert, die so gar nicht existiert.[102]

6.5.3 Zurückweisung einer naturwissenschaftlich verengten Wirklichkeitsbetrachtung

Die naturwissenschaftliche Forschung geht von der vorhandenen Wirklichkeit aus und leitet aus ihr durch gezielte Fragen im Experiment allgemeine Gesetze und Regelmäßigkeiten ab. Die dadurch gewonnenen Gesetzmäßigkeiten sind für jeden überprüfbar und einsichtig, da sie den Kriterien der naturwissenschaftlichen Erkenntnis genügen müssen: dem Postulat der Wiederholbarkeit und somit intersubjektiven Überprüfbarkeit und der Eliminierung des Qualitativen zugunsten des Quantitativen. Abgesehen wird dabei von Leben, Subjektivität, Schönheit und natürlichen Zwecken. Die Berechtigung dieser Abstraktion wird niemand infrage stellen, der um die daraus gewonnenen Möglichkeiten der Erkenntnis weiß. Die Selbstbeschränkung auf die Maßrelation der Wirklichkeit ist somit Stärke, weil Exaktheit und Eindeutigkeit ermöglichend, aber auch eindeutige Grenze der Naturwissenschaft. Macht ein Naturforscher darüber hinaus Angaben, so kann er dies allenfalls als persönliche Meinung deklarieren, nicht aber als Ergebnis wissenschaftlicher Forschung ausgeben.

Trotz aller Erfolge der modernen Weltbeherrschung zeigt es sich heute jedoch immer dringender, dass auf die Kriterien religiöser, sittlicher oder ästhetischer Art, die methodisch ausgegrenzt wurden, eine Rückbesinnung stattfinden muss und die überzogenen Ansprüche eines einseitigen Wissenschaftsmonismus in ihre Grenzen verwiesen werden müssen.[103] Man ist wieder sensibler geworden für die objektivierende »Gewalttätigkeit«, die im naturwissenschaftlichen Ansatz stecken *kann*. Was hierbei nämlich oft übersehen wird, ist, dass zwei Begrenzungen von Wirklichkeit vorliegen:[104]

Zum Ersten kommt Wirklichkeit nur insofern in den Blick, als sie erforscht und vom menschlichen Geist nachvollzogen werden kann. Damit wird der jeweilige Forschungsstand zum ausschlaggebenden Kriterium dafür, ob etwas als wirklich zu betrachten ist.

Da sich zum Zweiten das Einmalige und nicht Ableitbare der Forderung nach Überprüfbarkeit und Wiederholbarkeit im Experiment entzieht, weil es nicht »gemäß den Gesetzen« geschieht, fällt es aus dem Raster heraus und muss fast zwangsläufig skeptisch beurteilt werden.[105]

Der wissenschaftliche Erfahrungsbegriff ist deshalb nur einer unter vielen, dazu noch ein recht abstrakter und nicht einmal ein dominierender. Das quantitative Denken erfasst nämlich schon rein mengenmäßig nur einen geringen Teil der Weltwirklichkeit und hat auch von der menschlichen Erfahrung her gesehen qualitativ eindeutig einen untergeordneten Stellenwert: »Es ist gar nicht einzusehen, warum der experimentellen Reproduzierbarkeit von Ergebnissen ein höherer Stellenwert zukommen soll als der Einmaligkeit eines Ereignisses; eher leuchtet das Gegenteil ein.«[106]

Da die Antwort von der Frage abhängt, kann jemand, der die Natur in rein mathematischer Gesinnung befragt, auch nur deren mathematische Seite zu Gesicht bekommen. Man braucht sich deshalb nicht wundern, wenn man auf die Phänomene der Schönheit und Sinnhaftigkeit nicht mehr stößt; sie wurden ja von vornherein ausgeklammert. Da niemand aber letztlich ohne diese leben kann, versucht man nicht selten, sie in einem positivistischen Erklärungshorizont doch noch einzufangen. Dieses Unternehmen ist aber offenkundiger Unsinn, denn die Erklärung von Sinnzusammenhängen durch sinnfreie Funktionalentwicklungen ist nun einmal ein hölzernes Eisen.[107]

Wenn ein Teil der Wirklichkeit für das Ganze genommen wird, dann ist das die Kernbeschreibung der Häresie, die einen Aspekt verabsolutiert und ihn nicht mehr einbinden kann und will in das größere Gesamt. Es wird Zeit, diese Apotheose einer naturwissenschaftlich-positivistischen Weltsicht, die stark auch in die Theologie eingebrochen ist, zu beenden. Den Sachverhalt genau treffend schreibt Guardini: »Die sich selbst genügende Welt des neuzeitlichen Autonomismus gibt es nicht; sie ist ein Postulat der Empörung. Was es gibt, ist die durch den Menschen auf Gott bezogene Welt.«[108] »Wir können die Wahrheit auch so ausdrücken: Es gibt keine Natur im modernen Sinn. Diese hat der neuzeitliche Mensch erdacht, um Gott überflüssig zu machen. Die Welt ist nicht Natur, sondern Werk.«[109] Wenngleich man die Schöpfungsordnung in einer gewissen »Statik« verstehen muss, so ist doch gleichzeitig zu bedenken, dass die Welt eine von Gott her sich empfangende und verdankende ist, die auf das personal-willentliche Handeln des Schöpfers transparent ist.[110]

Die wissenschaftlich-technisch gestaltete Welt ist durch die Priorität des Funktionalen und jederzeit Abrufbereiten geprägt. In den Wunderberichten des Neuen Testamentes wird aber gerade die »Unverfügbarkeit der personalen Wirklichkeit, in der sich Gottes freie Zuwendung vollzieht«,[111] betont. Offensichtlich ist es notwendig, wenn wieder ein angemessenes Verständnis von Gottes Wirken gewonnen werden soll, sich von der Befangenheit des Denkens in funktionalen Kategorien zu lösen und zu erkennen, dass Gottes Handeln der primären und personalen Welt zugehört. Personale Zuwendungen sind nicht technisch abrufbar und machbar, sondern als Geschenk in Dankbarkeit anzunehmen.

Nach Schellong verbirgt sich in der neuzeitlichen Bescheidung auf die Gesetzmäßigkeit, die dem Kosmos innewohnt, ein Stück Unverschämtheit. Der tiefere Grund für den Verzicht auf das Wunder ist darin zu sehen, Gott nur im Ordentlichen und Regelmäßigen finden, ja über ihn verfügen zu wollen. Damit ginge es im Letzten nicht um eine Erkenntnis-, sondern eine Machtfrage: »Gott im Ordentlichen finden hieße dann, Gott in dem zu finden, was uns in den Stand setzt, Herrscher zu sein. Dann kann man sagen: Unsere moderne Kritik an den Wundern, unser modernes Unbehagen über sie, entspringt einem Konkurrenzkampf, entspringt der Kampffrage, wer der Herr sei. Und weil *wir* es sein möchten – als die, die das Regelmäßige erkennen und dann beherrschen –, können wir mit einem Gott, der Außerordentliches tut, nichts anfangen.«[112] Dass diese Überlegungen Schellongs durchaus ihre Berechtigung haben, wird etwa bei Trillhaas deutlich, der fast schon mit Verärgerung feststellt, dass »vor allem die biblischen Berichte und Zeugnisse von ›Wundern‹ sich als stärker erwiesen haben als der Intellekt ihrer Kritiker«.[113] Vermögen wir auf »die liebende und auf unsere Vorstellungswelt eingehende Demut Gottes nur noch mit kritischer Intellektualität«[114] zu antworten?

6.5.4 Erneuerung des Schöpfungsglaubens

Sowohl bei den Ausführungen zur Evolution wie zum Wunder wird die Notwendigkeit deutlich, sich auf den Schöpfungsglauben und dessen Konsequenzen zu besinnen. Es ist sicher auch auf den Mangel einer überzeugenden Schöpfungstheologie zurückzuführen, dass die neodarwinistischen Denkmodelle als Religionsersatz hochkommen konnten. Wenn Wunderberichte, einschließlich der Jungfrauengeburt und der Auferstehungsbotschaft, ihres konkreten geschichtlichen Gehalts entleert und als idealtypische Überhöhungen alltäglicher Lebensereignisse verstanden werden zur Verdeutlichung christologischer Bekenntnisformeln, dann ist der tiefste Grund dafür im Ausfall der Schöpfungswirklichkeit zu sehen.

Manche Einwände bei der Wunderfrage setzen ein deistisches Weltbild voraus und machen damit auf die Notwendigkeit einer Erneuerung des Schöpfungsglaubens aufmerksam. Schon bei Reimarus, Hume und Strauß war es ein Hauptstützpunkt ihrer Argumentation gegen die biblische Geschichte und Kirchenlehre, dass das Wunder eine Korrektur der Schöpfung und somit ein Beweis ihrer Unvollkommenheit sein müsste. Dieser heute noch oft gebrauchte Einwand[115] ist unter der Voraussetzung eines deistischen Weltbildes durchaus verständlich: Das einmal in Gang gesetzte Uhrwerk Schöpfung würde sich als sehr reparaturbedürftig erweisen, wenn Gott es durch den Eingriff »Wunder« ständig am Laufen halten müsste. Vor dem Hintergrund einer gefallenen Schöpfung, die einer Heilung durch Gott bedürftig ist, nimmt sich das allerdings anders aus: »Im biblischen Sprechen muss die ursprüngliche Schöpfungsordnung tatsächlich laufend ›korrigiert‹ werden, wenn die Weltgeschichte zum Heil gelangen soll.«[116]

In der Bultmann'schen Existentialtheologie fehlt eine Schöpfungstheologie. Der objektive Inhalt des Schöpfungsglaubens wird bei ihm geleugnet. Die Welt erscheint nicht nur »nicht von Gott verursacht, sie entsteht sogar als abgeschlossene Objektivierung aus der menschlichen Sünde«.[117] Eine existentialistische Abwertung der Natur, die Anklänge an gnostische Denkmuster erkennen lässt, tritt hervor. Offensichtlich traut man es Gott nicht mehr zu, dass er in die Materie hineinwirken kann. Man hat es mit einem Gottes- und Weltbegriff zu tun, der ein konkretes Wirken Gottes für unpassend hält und sich davon emanzipieren möchte. Für das Wirken der Vorsehung ist es aber unabdingbar, ein Verständnis von Schöpfung vorauszusetzen, das Gott nicht nur als fernen Urgrund und letztes Ziel aller Wirklichkeit definiert, als bloß initiale Vergangenheit, sondern auch seine wirksame Gegenwart in Welt und Geschichte denken kann.

Das engagierte Plädoyer Ratzingers für eine Erneuerung des Schöpfungsglaubens in seiner viel beachteten Rede in Paris und Lyon über die Krise der Katechese und ihre Überwindung wird somit verständlich und zu einem unabdingbaren Postulat: »Das Religiöse wird eigentlich nur noch im psychologischen und im soziologischen Raum angesiedelt; die materielle Welt bleibt der Physik und der Technik überlassen. Aber nur wenn das Sein selbst einschließlich der Materie aus Gottes Händen kommt und in Gottes Händen steht, kann Gott auch wirklich unser Retter sein und uns Leben – das wirkliche Leben – schenken. Es gibt heute eine fatale Tendenz, überall dort, wo in der Botschaft des Glaubens die Materie ins Spiel kommt, auszuweichen und sich aufs Symbolische zurückzuziehen, von der Schöpfung angefangen über die Geburt Jesu aus der Jungfrau und seine Auferstehung bis zur realen Präsenz Christi in der Verwandlung von Brot und Wein und bis zu unserer Auferstehung und der Wiederkunft des Herrn. Es ist kein gleichgültiger Theologenstreit, wenn die Auferstehung des Einzelnen in den Tod verlegt und damit nicht nur die Seele geleugnet, sondern vor allem die reale Körperlichkeit des Heils bestritten wird.«[118] Die Marginalisierung der Schöpfungswahrheit lässt sich in den Folgen mit einer falschen Grammatik vergleichen, die immer wieder nach der verkehrten Vorgabe neue, aber in der Struktur ähnliche Fehler produziert. Genauso wie es nichts nützt, einzelne nicht richtig konjugierte Verben zu korrigieren, nicht aber den grundsätzlichen Systemfehler, die falsche Anleitung auszubessern, ist es in der Theologie wenig hilfreich, unterschiedliche Positionen bei strittigen theologischen Fragen zu diskutieren, wo es doch um die dahinterstehende Grundsatzentscheidung, den Vorentscheid, geht, der das Ergebnis vorausbestimmt.

6.5.5 Wunder in der Geschichte des christlichen Glaubens

6.5.5.1 Glaubwürdigkeit und Tatsächlichkeit von Wundern

»Systematisches Vorverständnis und historischer Befund scheinen zu konvergieren: das von der Exegese als sicher angenommene Tatsachenmaterial umfasst nur solche Wunder, die sich ohne Schwierigkeiten als grundsätzlich von der Wissenschaft erklärbar – also auf Zweitursachen reduzierbar – erweisen.«[119] Man bewegt sich in einem vitiösen Zirkel, bei dem Erwartung und Ergebnis übereinstimmen; ihn zu durchbrechen wird wesentlich dadurch möglich sein, gut bezeugte Wunder im Lauf der Kirchengeschichte unvoreingenommen zur Kenntnis zu nehmen und daraus die Konsequenzen zu ziehen.

Wenn schon die Wunder in der Apostelgeschichte von der protestantischen Forschung fast allgemein kritisch beurteilt und auf katholischer Seite kaum beachtet werden,[120] dann ergibt sich die Vermutung, dass dies erst recht für die im Lauf der Kirchengeschichte geschehenen Wunder gilt. Diese Vorahnung wird leider nicht enttäuscht: »Nun ist es freilich so, dass die meisten Exegeten so tun, als ob es Lourdes oder die Wunder im Leben der Heiligen nicht gäbe. Obwohl Äußerungen fallen, die ein näheres Eingehen auf diesen Bereich nahelegen, wird doch beharrlich darüber geschwiegen, ja es werden sogar Behauptungen aufgestellt, die davon überhaupt nichts zu wissen scheinen.«[121] »Das mare magnum [die uferlose Menge] der Kanonisationsakten«[122] wurde bisher nur völlig ungenügend gesichtet und ausgewertet. Man kann für die Theologie gleichsam von einer Terra incognita [einem unbekannten Gebiet] sprechen. Schon in der Vergangenheit zeigten rationalistische Wunderkritiker eine erstaunliche Unfähigkeit, die Realität von Wundern in der Geschichte der Kirche überhaupt zur Kenntnis zu nehmen.[123] Welche Bedeutung gut dokumentierten Wundern in unserer Zeit zukommen könnte, zeigt eine Äußerung von Renan zum Heilungsbericht P. de Rudders (hier war es zu einem instantanen [augenblicklichen] Materiezuwachs bei der Heilung eines Beines gekommen): Wenn dieser Bericht stimme, sei sein Buch »Vie de Jésus« ein Gespinst von Irrtümern.[124] Nicht nur bei Renan würden theologische Denkgebäude zum Einsturz kommen, würden die genannten Wunder berücksichtigt werden. Der »einfachste Beweis der

Möglichkeit der Wunder ist deren *Wirklichkeit*; steht die Thatsächlichkeit der Wunder fest, dann werden unsere Theorien nach den Thatsachen und nicht diese nach jenen sich zu richten haben.«[125]

Im Folgenden wird besonders, aber nicht ausschließlich, auf die in den Prozessakten zu Kanonisationen festgehaltenen und in Lourdes nach eingehender Prüfung als echt anerkannten Wunder Bezug genommen.[126] Zuvor erscheint es allerdings angebracht, Anmerkungen zur Glaubwürdigkeit der genannten Zeugnisse zu machen, zumal nicht wenige Wunder spektakulärer Art sind und auf den ersten Blick wenig glaubhaft erscheinen. Das kirchenrechtliche Verfahren bei Selig- und Heiligsprechungsprozessen weist die strengste Prozessform auf, die das kanonische Recht kennt. Kardinal Jaeger spricht von einer nicht überbietbaren Sorgfalt.[127] Die Kirche hat ein sehr eingehendes Überprüfungsverfahren entwickelt,[128] wobei sie unerklärlichen Vorgängen zunächst sehr reserviert gegenübersteht und sie erst nach eingehender Prüfung annimmt. Bislang ist kein einziger Fall bekannt, in dem ein in einem Heiligsprechungsprozess herangezogenes Wunder als Betrug entlarvt worden wäre. Ähnliches gilt für die dokumentierten Wunder von Lourdes. Nur bei »extremster Voreingenommenheit« könnten diese bestritten werden: »Die Kontrollverfahren sind so rigoros, dass es unmöglich scheint, dass durch diese Verfahren ein falsches Wunder durchkommt.«[129] Wie eine naive Bejahung der Wunder ohne eingehende Prüfung töricht wäre, ist es ein Hyperkritizismus, der letztlich irrational ist und nicht mehr ernst genommen werden kann.

Einzelne Wunder haben derartiges Aufsehen erregt, dass sie in die Kirchengeschichtsschreibung eingegangen sind. Bei dem gut bezeugten Wunder von Calanda ist dies der Fall. Im Jahr 1640 erhielt ein junger Bursche im Schlaf sein vor drei Jahren ab der Kniescheibe amputiertes Bein wieder zurück.[130] Ähnlich auffällig ist die Heilung eines von den Lenden ab scheinbar knochenlosen Kindes (es hatte in der unteren Körperhälfte nur weiches und formbares Fleisch), das in einem Augenblick geheilt wurde.[131] Es gibt etliche weitere Fälle, bei denen es manchmal sogar in instanti [sofort] zur Neubildung organischer Substanz kam, ohne dass deren Herkunft angegeben werden kann.[132] Aus dem Leben Don Boscos werden glaubwürdig Vermehrungen von Hostien, Kastanien, Nüssen und von Medaillen berichtet. Am bekanntesten dürfte wohl

Vorsehung und Wunder 163

aber das Brotvermehrungswunder sein, das Dalmazzo, der spätere Generalprokurator der Salesianer, beim Seligsprechungsprozess zu Protokoll gegeben hat.[133] Bei nicht wenigen Heiligen ist der Leichnam bis zum heutigen Tag völlig unversehrt erhalten geblieben, obwohl nachweislich keine Konservierungsmittel angewandt wurden und die Ungunst äußerer Bedingungen dies nicht hätte erwarten lassen.[134] Totenauferweckungswunder, von denen schon etliche Kirchenväter berichteten, sind ebenfalls gut belegt.[135] Zusammenfassend kann man mit Wenisch sagen: »Die Sichtung des aus Heiligsprechungsakten und aus Akten von Lourdes erhebbaren Materials ergibt, dass bis in die heutige Zeit eine Fülle von Wundern bezeugt ist, die weit über das hinausgehen, was eine bestimmte Richtung der historisch-kritischen Exegese dem geschichtlichen Jesus zutraut.«[136]

6.5.5.2 Konsequenzen für die Theologie des Wunders

Die genannten Wunder können Wert haben für die in der Heiligen Schrift überlieferten, weil sie diese in neuem Glanz und neuer Glaubwürdigkeit erscheinen lassen. Eine tiefgehende Korrektur des Vorverständnisses der heutigen Exegese wäre möglich, aber auch einzelne fragwürdige theologische Aussagen könnten einer Revision unterzogen werden, wenn Wunder aus der Kirchengeschichte und der Erfahrung des Glaubens berücksichtigt werden würden.[137] Der neutestamentliche Befund ließe sich insgesamt weit zwangloser und mit viel weniger Widersprüchen verständlich machen. Dies gilt besonders für die Naturwunder. »Und es gibt sie doch!« könnte man in Abwandlung eines Satzes von Galilei sagen. Vor dem Hintergrund der Kanonisationsakten wäre es dann auch nicht mehr notwendig, manchmal schon krampfhaft anmutende Erklärungen – Schamoni spricht von Eiertänzen[138] – für diese Art von Wundern heranzuziehen, sie infrage zu stellen oder gar – den Tatsachen widersprechend – abzustreiten. Die Wunder quoad substantiam, bei denen es um Zuwachs oder Vermehrung von Materie geht, sind in Parallele zu sehen mit der Ersterschaffung, der creatio ex nihilo [Erschaffung aus dem Nichts]. Solche Wunder erster Ordnung offenbaren die Möglichkeiten eines souveränen Gottes, der über seiner Schöpfung steht und als der Herr der von ihm geschaffenen Ordnung nicht von ihr gebunden werden kann. Gott zeigt durch sein Handeln außerhalb der vorgegebenen Naturordnung, dass die gesamte Natur seinem Willen untersteht.[139]

Auf die wunderbaren Fügungen der Vorsehung und die Frage, ob die psychogenen Kräfte des Menschen zur Erklärung des Wunders ausreichen, ist näher einzugehen. Hier lassen sich Folgerungen ableiten für die Lehre von der Vorsehung, besonders hinsichtlich eines später zu erstellenden Modells vom Handeln Gottes in der Welt.

Wunder der Fügung bewegen sich im Rahmen der providentia specialis, die den fundamentaltheologischen Begriff des Wunders – als ein aus der Naturkausalität nicht hervorgehendes Geschehen – nicht notwendig einbeziehen. Scheffczyk spricht von »Wundern im weiteren Sinne«.[140] Trotzdem muss gerade auf sie in diesem Zusammenhang eingegangen werden, da in der gegenwärtigen Theologie die starke Tendenz besteht, Gottes Wunderwirken in exklusiver Weise als Fügungswirken zu interpretieren. Dies hat seinen Grund sicher auch darin, dass zwischen Naturwissenschaft und Theologie die wunderbaren Fügungen Gottes wenig umstritten sind, weil sie sich im Rahmen des naturwissenschaftlich Möglichen unterbringen lassen.

»Ereignisort« der Vorsehung ist die sich nicht wiederholende Geschichte.[141] Auch bei ähnlichen oder sogar theoretisch identischen Bedingungen besteht für Gott kein Zwang, immer gleich zu handeln. Der Ablauf der natürlichen Vorgänge räumt verschiedene Möglichkeiten ein, innerhalb derer Gott eine realisiert; schon Thomas von Aquin entwickelte ähnliche Gedankengänge: Die Wirkungen der Zweitursachen werden so disponiert, dass auch die Ordnung dieser Ursachen der Vorsehung unterliegt.[142] Auf die berühmte Einstein'sche Frage, ob denn Gott etwa würfle, antwortet Pollard entschieden bejahend, »denn nur in einer Welt, in der die Ereignisse von den Naturgesetzen tatsächlich in der Art des Würfelspiels beherrscht werden, kann die biblische Ansicht, dass die Geschichte lediglich die fortlaufende Reaktion auf den Willen Gottes ist, bestehen«.[143] Gern wird hierbei auf die Wunder beim Exodus-Ereignis verwiesen und versucht, sie rational zu deuten, zumal man sich dabei auf gewisse Anhaltspunkte innerhalb des Textes selbst berufen kann.[144] Dieser Argumentationsweise eignet eine gewisse Plausibilität: Es kann sein, dass die Ägypter mit ihren Kampfwagen im Sumpf stecken geblieben sind und ein Gewittersturm das seichte Wasser des Schilfmeeres zurückgedrängt hatte (vgl. Ex 14,21), sodass durch die seichte Furt ein Durchzug möglich war. Ähnliche natürliche Erklärungen werden für die Wachteln, das Manna und das Wasser aus dem Felsen gegeben. Das entscheidend Wichtige ist, dass diese Ereignisse genau zur rechten Zeit und am rechten Ort stattfanden. Wer sich auf den puren Zufall hinausredet, weigert sich, »die helfende und rettende ›Rechtheit‹«[145] jener Vorkommnisse anzuerkennen, zumal die Wohltaten Gottes an seinem Volk sich nicht nur beim Exodus, sondern auch bei der Wüstenwanderung und dem Einzug in Kanaan fortsetzten.

Nun mag es in der Tat so sein, dass etlichen Wundern im Gegensatz zur Annahme früherer Zeiten der Charakter einer Abänderung der Naturgesetze fehlt und ein personales Engagement Gottes in seiner Vorsehung, die auch die menschliche Freiheit in Anspruch nimmt, den Gesetzmäßigkeiten dieser Welt nicht immer zu widersprechen braucht. Es ist die Regel, dass Gott mediante natura, mittels der Natur, unter Einschaltung der physikalischen und psychologischen Hilfen und nicht ohne jede Vermittlung der von ihm geschaffenen natürlichen Wirklichkeit handelt. Empirisch-historisch feststellbare Ereignisse oder Begebenheiten können zum Medium der Offenbarung werden, durch das uns Gott anspricht. Dies deckt sich mit unserer Erfahrung und hat eine innere Logik. Hier hatten schon die Aufklärer in einer gewissen Weise recht: Ein Gott, der sich ständig über die von ihm selbst gestiftete Ordnung im Naturgeschehen hinwegsetzen würde, käme in ein seltsames Zwielicht. Letztlich würde dies eine Abwertung der Schöpfung in ihrer Selbstgesetzlichkeit bedeuten. So legt von vornherein eine Plausibilität es nahe, dass das die Möglichkeiten der Natur überschreitende Wunder die Ausnahme sein wird; man kann von einem Sparsamkeitsprinzip sprechen.

Die Tendenz geht heute aber dahin, *alle* Wunder als Fügungswirken Gottes zu interpretieren. Exemplarisch sei auf Pollard verwiesen: »Es ist möglich, dass sämtliche Berichte über biblische Wunder, die eine Abänderung der Naturgesetze enthalten, das Ergebnis einer Neigung der späteren Bearbeiter sind, dem Ereignis den wunderbaren Charakter zu erhalten.«[146] Der Prüfstein ist aber hier, wie schon bei der Auseinandersetzung mit den Vertretern eines geschlossenen Weltbildes im Sinn des klassischen Determinismus, das Wunder, das ganz offensichtlich die Naturgesetze und deren Möglichkeiten transzendiert. Dass es solche »Wunder erster Ordnung« oder »quoad substantiam« gibt, ist unbestreitbar. Sie implizieren im strengen (fundamental-)theologischen Sinn gerade das Überschreiten der Fähigkeiten der Natur; die naturwissenschaftliche Unerklärbarkeit wird bei ihnen vorausgesetzt. Es ist deshalb unglaubwürdig und provoziert nur Widersprüche, wenn gerade von diesen Wundern abgesehen und alles auf eine uns einsichtige Ebene heruntergezogen wird. Das Dogma, dass unsere Einsichtsfähigkeit zugleich die Grenze des Handelns Gottes darstellt, muss überwunden werden!

Im Folgenden soll auf den Ansatz eingegangen werden, Wunder aus den psychischen Kräften des Menschen zu erklären und sie überhaupt nur auf der Ebene der psychischen Innerbefindlichkeit anzusiedeln (das hier einschlägige Thema der Parapsychologie wird im nächsten Kapitel ausführlich behandelt). Beides sind sicher unterschiedliche Punkte, aber doch mit dem gleichen Muster des Rückzugs auf die Innerlichkeit des Menschen. Gottes Wunderwirken auf das Gebiet des Seelischen zu beschränken, ist insofern schon von Anfang an verdächtig, als wieder versucht wird, für den scheinbar in Wohnungsnot geratenen Gott eine Bleibe zu suchen. Es ist durchaus denkbar, dass bei weiterer Forschung die in diesem Bereich geltenden Gesetzmäßigkeiten immer mehr entdeckt werden und man dann, wie schon so oft zuvor, wieder auf Wohnungssuche gehen müsste. Auch die psychische Verfasstheit des Menschen ist an eine vorgegebene natürliche Ordnung gebunden, aus der sie nicht ohne Weiteres ausbrechen kann.[147]

Der Tendenz, die physischen Wunder aus den psychischen Kräften des Menschen zu erklären, haben gerade die schärfsten Wunderkritiker Strauß und Bultmann eine Abfuhr erteilt. Sie zeigen insofern mehr Mut zur Konsequenz, als sie nicht bei Halbheiten stehen bleiben und den einmal eingeschlagenen Weg auch zu Ende gehen. Aufschlussreich ist die Argumentation, die Strauß gegen die Abschwächung des Wunderbegriffs durch manche Theologen vorbringt: Wenn die Wunderkraft Jesu nur eine Naturkraft höherer Art innerhalb der Grenzen der menschlichen Natur gewesen sein soll, dann könne damit ein beträchtlicher und gerade der bedeutsamste Teil der Wunder Jesu nicht erklärt werden. »Für's Andere verliert das so abgeschwächte Wunder jede Beweiskraft.«[148] Ähnlich argumentiert Bultmann, für den die Wunder des Neuen Testamentes als solche erledigt sind, »und wer ihre Historizität durch Rekurs auf Nervenstörungen, auf hypnotische Einflüsse, auf Suggestion und dergl. retten will, der bestätigt das nur«.[149] Die Spiritualisierung von Wundern zu Seelenvorgängen unter gleichzeitiger Wahrung des wörtlichen Textes nennt er die bequemste Weise, kritischen Fragen auszuweichen.[150]

Es fällt auf, dass man sich in der Wunderkritik einseitig auf die Naturwunder fixierte, während gleichzeitig die moralischen Wunder der Bekehrung und des Glaubens beiseitegelassen wurden, »als ob dieser Eingriff in das ›Naturgesetz‹ des Egoismus, in die ›Biologie‹ (schließlich entsteht das neue Biotop Gottesvolk!) nichts wäre«.[151] Offensichtlich ist man geneigter, ein Wunder hier zuzulassen, weil die Anforderungen geringer erscheinen. Es stellen sich aber etwa beim moralischen Wunder der Bekehrung die gleichen Fragen wie beim physischen Wunder, weil bei beiden gleich Unerklärliches und Außerordentliches geschieht. Zur Verdeutlichung ein Vergleich: Die Heilung von Krebs ist durchaus möglich, aber nicht von heute auf morgen, sondern in einem langwierigen Prozess. Wunden und Verletzungen brauchen ihre Zeit, bis sie heilen. Völlig unerklärbar ist es allerdings, wenn die Genesung von einem Augenblick auf den anderen erfolgt. Ähnlich ist es bei den Bekehrungswundern. Dass ein Mensch seine Lebenseinstellung grundsätzlich ändert, kommt durchaus vor. Ein längerer Prozess des Reflektierens und Nachdenkens kann auch in eine spontane Entscheidung – die aber ihre Vorgeschichte hat! – einmünden. Nun gibt es aber aufsehenerregende Bekehrungen wie jene von Frossard[152] oder Goritschewa[153], denen jeglicher vorbereitender Unterbau fehlt und die von einer Sekunde auf die andere erfolgen. Sie haben – ähnlich wie die Bekehrung des Apostels Paulus – eine ungeheure Wucht und fast schon etwas Gewalttätiges an sich. Das Wunder besteht in der Plötzlichkeit und in der Überraschung. Die Parallele zu den oben geschilderten physischen Heilungswundern ist offensichtlich. Man hat es mit der gleichen unerklärlichen Grundstruktur zu tun, die man schon im Neuen Testament antrifft, wenn man die interessanten Zusammenhänge zwischen Wunder- und Berufungserzählungen analysiert.[154] Wer also glaubt, im Seelischen ein Refugium zu finden, um Wunder unterbringen zu können, wird feststellen müssen, dass das Problem nur verschoben wird und sich dort mit gleicher Schärfe stellt.

6.6 Zusammenfassung der Ausführungen zu »Vorsehung und Wunder« und Ausblick

Dem Wunder kommt in der Heiligen Schrift und im Leben der Kirche eine große Bedeutung zu. Wenn es nicht entsprechend gewürdigt wird in der Theologie, dann hängt das mit einem Rest nicht überwundenen rationalistischen Denkens zusammen. Aus weltanschaulichen Vorgegebenheiten heraus hat man in der Vergangenheit bis heute immer wieder versucht, das Wunder zu eliminieren oder zu domestizieren, sodass es nicht mehr gefährlich werden kann; die hierzu vorgebrachten Argumente vermögen aber nicht zu überzeugen.

Im Kapitel über die Evolution wurde das Modell eines dynamischen Kreationismus favorisiert zur Erklärung der höherführenden Schöpfung. In diesem Abschnitt über das Wunder wurde kein Theoriemodell vorgelegt, obwohl es eine Frage ersten Ranges ist, wie man sich das Wirken Gottes beim Wunder vorstellen kann; ließen sich doch die Gegner des Offenbarungsglaubens von der denkerischen Unmöglichkeit zur Leugnung des Tatsächlichen verleiten. Es geht hierbei um die Absteckung eines Ermöglichungsrahmens. Insofern genügt es nicht, nur via negativa [über den Weg der Verneinung] anhand gut dokumentierter Wunder die Fragwürdigkeit bzw. Unhaltbarkeit aufgestellter Theorien darzulegen, sondern es muss auch auf Theorienniveau argumentiert werden. Dieses Desiderat soll im kommenden Kapitel über das Handeln Gottes erfüllt werden; es ist zu komplex und schwierig, als dass es in einem Unterabschnitt über das Wunder abgehandelt werden könnte.

Die Anfragen verschärfen sich, wenn man für die Möglichkeit des Wunders eintritt; gerade beim Theodizeeproblem ist dies evident. Dem einen hilft Gott durch eine wunderbare Gebetserhörung, dem anderen nicht. Auf die Frage nach dem Warum wäre sicher leichter eine Antwort zu geben, wenn man von einem depotenzierten Gott oder einer nach außen abgedichteten Immanenz ausgehen würde: Gott kann dann oder will nicht durch ein Wunder tätig werden. Vor dem Hintergrund des biblischen Gottesbildes und der von Gott gezeigten Mächtigkeit in den Wundern der Heils- und Kirchengeschichte verbietet sich jedoch diese Zuflucht. Warum Gott nur bestimmten Personen hilft, kann deshalb nicht schlüssig beantwortet werden. Das Vertrauen darauf wird sich bewähren müssen, dass er nicht nach Laune und Willkür seine Gnaden verteilt, dass alles einen Sinn hat, selbst wenn wir diesen erst in der Ewigkeit erkennen dürfen. Die prinzipielle Möglichkeit des Wunders zeigt aber an, dass Gott in der Lage ist, seine Verheißung vom neuen Himmel und der neuen Erde, in denen es kein Leid mehr geben wird (vgl. Offb 21), zu erfüllen.

Wunder sind für die Vorsehung nicht nur in ihrem eschatologischen Verweischarakter wichtig; sie offenbaren auch einen Gott, der dem Menschen bleibend nahe ist und ihn auf seinem Lebensweg begleitet. Selbst wenn konkrete Erweise der Liebe immer hinter dem eigentlich Gemeinten zurückbleiben, so sind sie dennoch sinnvoll und notwendig. Wie viele Beziehungen der Freundschaft und Liebe sind schon daran zerbrochen, weil den äußeren Zeichen zu wenig Beachtung und Aufmerksamkeit geschenkt wurde! Lässt sich nicht Ähnliches von der Liebe Gottes zu uns Menschen sagen? Wenn die Zuwendung des Heils an den Menschen durch Gott abgestimmt ist auf dessen Kreatürlichkeit, dann ist ernst zu machen mit deren leibhaftigen Erscheinungsformen.[155] Im Wunder erhält der Mensch Zeichen der bleibenden und heilenden Nähe Gottes, seiner Vorsehung, die auch seine Körperlichkeit einschließt und ergreift. Wenn Gott diese für sinnvoll und gut hält, wäre dann nicht geboten, sie dankbar anzunehmen? Ist es nicht, wie beim jungen Augustinus,[156] anmaßende Arroganz, wenn sie mit dem Verweis auf den reifen Glauben, der solche Erweise der Liebe Gottes angeblich nicht mehr nötig hätte, abgewiesen werden? Sich von der Zeichenhaftigkeit des Glaubens zu emanzipieren, heißt letztlich, sich von einem Stück konkreter Menschhaftigkeit loszusagen!

Zum Abschluss sei auf ein Erlebnis verwiesen, das der ehemalige Generalobere der Jesuiten, Pedro Arrupe, gehabt hat; es fasst vieles vom bisher Gesagten zusammen und macht deutlich, dass das Wunder in der Hand Gottes ein mächtiges Instrument seiner Vorsehung ist. Arrupe wurde als junger Medizinstudent in Lourdes Zeuge, wie ein von Kinderlähmung ganz verkrüppelter Mann beim Segen mit dem Allerheiligsten von einem Augenblick auf den anderen geheilt wurde. Weil er als Medizinstudent eine Spezialerlaubnis hatte, konnte er bei den anschließenden Untersuchungen mit dabei sein und sich von der Authentizität des Ereignisses überzeugen, das sein ganzes Leben veränderte: »Der Herr hatte ihn wirklich geheilt ... Ich freute mich grenzenlos. Als ich auf diese Weise seiner Allmacht gewahr wurde, erschien die Welt um mich herum ganz klein. Ich kehrte nach Madrid zurück. Die Bücher fielen mir aus der Hand ... Ja, ich war tatsächlich außer mir, dachte ich doch nur noch an die zum Segnen erhobene Hostie und an den gelähmten Jungen, der aus dem Rollstuhl sprang. Drei Monate später trat ich ins Noviziat der Gesellschaft Jesu in Loyola ein ... Ich zweifle nicht daran, dass die Kraft, die vom eucharistischen Jesus ausgeht und die an jenem denkwürdigen Nachmittag in Lourdes aufschien, dieselbe ist, die vom historischen Jesus ausging.«[157] Arrupe zieht die Linie durch vom historischen Jesus zu jenem Wunder in Lourdes. Dieses ist für ihn ein eindeutiges Zeugnis dafür, dass Gott seine Schöpfung nicht aus der Hand gibt, dass er noch immer mit schöpferischer Mächtigkeit am Werk ist. Ist nicht die Haltung Arrupes die einzig angemessene, nämlich jene der Freude und Dankbarkeit? Arrupe zog für sich die Konsequenz durch seinen Eintritt in die Gesellschaft Jesu; spätestens hier wird jede kritische Untersuchung aufhören müssen. Die Trennungslinie verläuft nun nur noch zwischen Glauben und Verweigerung. Die Gründe für jede der beiden Möglichkeiten sind dieselben wie vor zwei- oder dreitausend Jahren; Zeit, Fortschritt, Wissenschaft und Zivilisation haben daran nichts geändert.[158] Der Einzelne ist vor die Entscheidung gestellt.

Ist beim Herrn etwas unmöglich?
Gen 18,14

7 Das Handeln Gottes in der Welt

7.1 Die gegenwärtige Situation und der geschichtliche Problemstand

Die Heilige Schrift ist durchsetzt mit der Erfahrung, dass ein gütiger, gerechter und liebender Gott die Welt regiert. Sie lebt von der Grundüberzeugung, dass Gott im Großen des Weltgeschehens wie im unscheinbar Kleinsten am Werk ist, dass er in der Geschichte »spricht« und »handelt«. Die entsprechenden Textstellen bei Deuterojesaja, die Thronbesteigungspsalmen, der Kolosser- und Epheserbrief sowie Röm 9–11 sind eindeutige Belege dafür. Wie die Zeugnisse im Einleitungsteil und die exemplarischen Verdeutlichungen gelebten Vorsehungsglaubens gezeigt haben, gehört die Auffassung vom persönlichen Wirken Gottes in Welt und Geschichte zur Kerngestalt des christlichen Glaubens.

So einfach und selbstverständlich uns dies *lebenspraktisch* erscheinen mag, so schwierig wird es jedoch, wenn man sich daranmacht, es auf *theoretischer Ebene* zu reflektieren. Es stellt sich als äußerst fragwürdig heraus zu klären, wie man sich Gottes Wirken theologisch vorstellen soll. Diese Problematik ist eigentlich *die* quaestio disputanda der Vorsehungslehre schlechthin,[1] die überhaupt nichts von ihrer Brisanz verloren hat und um die es zentral gehen muss. Eine akzeptable Grundsatzlösung ist nach wie vor nicht in Sicht.[2]

Die gegenwärtig anstehenden Probleme haben ihre Wurzeln in einer schon länger zurückliegenden Vergangenheit. Bei der mechanistischen Welterklärung der letzten Jahrhunderte wurde einstweilen noch an der Gottesidee festgehalten. Ihr Inhalt wurde zwar völlig entleert, man brauchte Gott aber noch zur Erklärung der Struktur und Ordnung des Universums. Das ego cogito [Ich denke] des Descartes benötigte Gott noch *zur Sicherung seiner selbst*. Die tendenzielle Abdrängung Gottes in die transzendental gründenden Bedingungen des autonomen Denkens und Handelns des Menschen bei Kant ist evident: »Er sinkt zu dessen bloßem Horizont herab. (Bis dahin, dass Gott für tot und nichtig erklärt wird, ist dann kein großer Schritt mehr.)«[3] Das deistische Konzept der Neuzeit tritt hier schon hervor. Der Deismus mit seinem schillernden Gottesbegriff – er reicht von der absoluten Transzendenz eines Deus otiosus [untätigen Gottes] bis zu immanentistisch-pantheistischen Vorstellungen, wobei nicht selten ein Extrem ins andere überschlägt – war die eigentliche Religionsphilosophie der Aufklärung. Die deistische Sicht dieser Zeit war ursprünglich weder religionsfeindlich, noch leugnete sie die Schöpfungswahrheit. Sie trug aber die eindeutige Tendenz in sich, Gott als den weltjenseitigen Architekten überhaupt entbehrlich zu machen, denn nach ihr vollzieht sich Gottes Weltregiment nur mehr durch die natürlichen Mittel, die dieser schon am Anfang in die Schöpfung hineingelegt hat. Der Deismus erscheint somit als ein Zwitterding zwischen Atheismus und christlichem Theismus. Letztlich ist er nur eine euphemistische Umschreibung eines atheistischen Weltverständnisses.[4] Eine Welt *ohne* einen lebendigen fortwirkenden Schöpfergott kann sehr leicht zu einer Welt *gegen* Gott werden. Die weitere Entwicklung zum aufgeklärten Materialismus hat dies gezeigt, denn aufgrund der Halbheit und Inkonsequenz des Deismus erscheint der Atheismus als eindeutigere und radikalere Lösung.

Es ist sicher richtig, wenn festgestellt wird, dass der Deismus heute kein eigenes theologisches Problem mehr darstellt.[5] Damit soll aber nicht gesagt werden, dass dieser Denkrichtung keine Bedeutung mehr zukäme. Die bewusstseinsmäßige Relevanz des deistischen Konzepts wird man nicht unterschätzen dürfen; danach haben viele Gläubige zwar keine Schwierigkeit mit der Vorstellung von der Erschaffung der Welt durch Gott, halten es aber lebenspraktisch mit der Lehre des Deismus, wonach dieser die Welt nach ihrer Erschaffung sich selbst überlassen habe. Wie bei der Wunderfrage überdeutlich wurde, gibt es beachtliche deistische Residuen in der Gegenwart. Ähnliches gilt für die Evolutionsproblematik. Bei dem unter dem Anspruch der Wissenschaftlichkeit auftretenden Evolutionismus wird Gott – wenn überhaupt – nur noch die Rolle eines Wasserstoffproduzenten vor Jahrmilliarden überlassen. Nachdem dieser das ursprüngliche Werk in Gang gesetzt hat, »verabschiedet« er sich wieder: creavit et abiit [Er schuf und entschwand].[6] Mit seiner Tendenz zur Entwirklichung Gottes wirkt der Deismus somit bis heute noch beträchtlich nach; darin sind sich auch die meisten Theologen einig.[7] Bei nicht wenigen Ausführungen heutiger Theologie tritt im Anschluss an die Entwicklung der Neuzeit ein Gottesbegriff in Erscheinung, der ein unmittelbares und direktes Tätigwerden Gottes in seiner Schöpfung in eine immer weitere Ferne rückt. Besonders im Protestantismus der Neuzeit ist eine ständig subtiler werdende Deutung des Handelns Gottes beobachtbar. Dieser begnügte sich nur noch mit einer nachträglichen religiösen Deutung des faktischen Natur- und Weltgeschehens.[8] Bultmann »löste« das Problem dadurch, dass er – in glatter Inkonsequenz zu seinen sonstigen Vorgaben – die Aussage »Gott existiert« oder »Gott handelt« von seinem Entmythologisierungsprogramm aussparte.[9] In Barths Transzendenztheismus wurde Gott derart von der Weltwirklichkeit abgehoben, dass durch dessen kulturfeindliche Krisistheologie bis in die 50er-Jahre hinein »eine Korrelation zwischen Evangelium und modernem Denken gehindert«[10] wurde. Besonders beim frühen Barth ist diese Richtung des Denkens unverkennbar,[11] aber auch beim späten erfolgte keine wesentliche Korrektur der Jenseitsorientiertheit seiner Theologie.[12] Bei der Ablehnung jeder natürlichen Theologie kann die Frage nach dem Wie des göttlichen Handelns nicht einmal legitim gestellt werden. Das Wirken Gottes wird einfach postuliert, ohne dass dessen metaphysische Struktur reflektiert wird. Wie es den Anschein hat, gibt es im Protestantismus hier Neuansätze; von einer tiefgreifenden Revision wird man allerdings nicht sprechen dürfen.[13]

Es ist bezeichnend für die gegenwärtige Lage der Theologie, wenn Naturwissenschaftler mit scharfen Anfragen die Weltbezogenheit der Theologie einfordern.[14] Sogar von nicht christlichen Beobachtern wird die kritische Frage gestellt, was »die Redeweisen vom Heilsgeschehen für einen Sinn haben sollen, wenn sie keinerlei kosmologische Bedeutung in Anspruch nehmen«.[15] Ein im Sinne Barths oder Bultmanns akosmisch gewordener Glaube geht nicht nur an der biblischen Geschichtsbetrachtung vorbei, sondern ist auch in sich selbst widersprüchlich, da ein Reden von Gottes Vorsehung, das keinerlei positiven Sinn mit diesem Wirken Gottes zu verbinden mag, sich selbst aufhebt. Der Preis für den Rückzug auf den religiösen Bereich ist sehr hoch. Man wird nicht nur stumm vor den uns bewegenden Fragen der Umweltethik und der Gentechnik, sondern gefährdet den Glauben selbst.[16] Die Providentialehre wird sinnlos, wenn nicht überzeugend dargelegt werden kann, dass Gott handelnd in Welt und Geschichte tätig ist. Es ist für die Theologie von lebenswichtigem Interesse, ein glaubwürdiges Modell für das Handeln Gottes in der Welt vorzulegen. Zu viel steht auf dem Spiel, als dass man davon absehen könnte.

Vor dem Hintergrund dieser Bewusstseinslage hat Weissmahr ein Lösungsmodell vorgetragen, das heute eine große Akzeptanz gefunden hat. Die von ihm vertretene Zweitursachentheorie soll deshalb dargelegt und kritisch gewürdigt werden. Die entscheidende Frage lautet hierbei: Ist die Zweitursachenkette von Gott so lückenlos konzipiert worden, dass er nur mehr durch sie wirkt und ein *direktes* Tätigwerden Gottes ausgeschlossen werden muss? Sollte sich Weissmahrs Theorie als nicht tragfähig erweisen, wird es unumgänglich sein, ein alternatives Modell vorzulegen.

7.2 Die Zweitursachentheorie Weissmahrs: Inhalt und Verbreitung

Weissmahr ist nicht der Erfinder der Zweitursachentheorie, wohl aber ihr Hauptvertreter, auf den sich immer mehr Theologen berufen. Zur Fundierung und Durchsetzung dieser Theorie, zu der es Ansätze schon vorher bei verschiedenen Theologen gab,[17] haben seine im Jahr 1973 herausgekommene Dissertation »Gottes Wirken in der Welt. Ein Diskussionsbeitrag zur Frage der Evolution und des Wunders« und seine späteren Veröffentlichungen erheblich beigetragen.[18] In sachlicher Art legt er seinen Diskussionsbeitrag vor und konfrontiert ihn mit möglichen Einwänden, die er zu entkräften sucht.

Die Alternative zwischen einem übernatürlichen Offenbarungs- und Wunderverständnis und einer Absage an ein persönliches Wirken Gottes in der Welt ist für ihn nicht zwingend. Er zeigt einen dritten Weg auf, indem er zunächst fünf Etappen darlegt, in denen sich die Theologie immer mehr den sich aus der Evolution ergebenden Tatbeständen stellen musste – in teilweise unrühmlichen Rückzugsgefechten.[19]

Seine Ausführungen enden geradlinig bei Rahners Theorie der aktiven Selbstüberbietung, die er für am besten geeignet hält, das evolutionäre Geschehen theologisch richtig zu deuten. Die Möglichkeit, Neues hervorzubringen, stuft Weissmahr sogar als ein Transzendentale ein, also als eine Eigenschaft, die jedem Seienden in analoger Weise zukommt.[20] Neu ist nun bei Weissmahr, dass er auch das Wunder, ja jegliches Handeln Gottes in der Welt – selbst das Gnadenwirken![21] – durch »innerweltliche« Ursächlichkeiten vermittelt sehen will. Das Wirken Gottes in der Welt ist für ihn *ausnahmslos* durch zweitursächlich-eigenständiges Wirken der »innerweltlichen« Kräfte vermittelt. Die von der traditionellen Philosophie aufgestellte Formel »Deus operatur per causas secundas« [Gott wirkt durch Zweitursachen] müsste demnach ergänzt werden durch einen Zusatz: »Deus operatur *solum* per causas secundas« [Gott wirkt *ausschließlich* durch Zweitursachen]. Damit würde Gott auch beim Wunder nur in derselben Weise wirksam sein wie bei der creatio continua, beim concursus und der ordentlichen Vorsehung. Im Unterschied zur theologischen Deutung des evolutionären Geschehens, bei der sich die theologische Unbedenklichkeit des Handelns Gottes durch Zweitursachen schon durchsetzen konnte, sei das beim Wunder noch nicht der Fall. Diesen Nachweis der Unbedenklichkeit für das Handeln Gottes beim Wunder will Weissmahr erbringen. Dadurch wird auch die Zusammenspannung der beiden unterschiedlichen Bereiche von Evolution und Wunder im Untertitel seiner Dissertation verständlich. Der Untertitel heißt: »Ein Diskussionsbeitrag zur Frage der Evolution und des Wunders«. Seine metaphysischen Argumente dafür fasst er in einer späteren Veröffentlichung so zusammen: »Vor allem hat eine von immer mehr Theologen als zwingend anerkannte spekulativ theologische Besinnung gezeigt, dass ein Einzelereignis in der Welt, das nur von Gott und nicht auch von geschaffenen Kräften herstammt, undenkbar ist, weil dies sowohl der Göttlichkeit Gottes als auch der Einheit des von Gott Geschaffenen widerspricht. Würde nämlich Gott ohne die (seine Unmittelbarkeit zum Geschehen nicht ausschließende) Vermittlung von geschöpflich-eigenständig wirkenden innerweltlichen Ursachen etwas innerhalb der Welt hervorbringen, so wäre er, da er als die einzige Ursache des Geschehens zu betrachten wäre, in diesem Fall *auch* die innerweltliche Ursache des sich Ereignenden. Damit wäre er aber zumindest in diesem Fall eine mit anderen innerweltlichen Kräften vergleichbare Kraft, er stünde auf der gleichen Ebene mit anderen weltlichen Ursachen und wäre deshalb nicht mehr der transzendente Schöpfer von Himmel und Erde.«[22] Der Göttlichkeit Gottes und der Einheit der Welt wegen sei ein unmittelbares Tätigwerden Gottes in der geschaffenen Weltordnung auszuschließen. Ein Wirken Gottes in der Welt, das nicht durch die Eigenwirksamkeit der Geschöpfe vermittelt ist, ist deshalb für Weissmahr »absurd«.[23] Auf den möglichen Einwand, dass Gottes Schöpfertätigkeit durch die Erschaffung der Welt aus dem Nichts auch nicht kategorialisiert wurde, würde Weissmahr so antworten: Die Welt als Ganzes sei seinsmäßig etwas anderes als ein Seiendes innerhalb der Welt. Die Welt als Ganzes habe eine unmittelbare Beziehung zu Gott aufgrund ihrer Erschaffung. Das Seiende in der Welt sei aber immer auch Teil der Welt und »deshalb ist seine Beziehung zu Gott sowohl unmittelbar als auch durch die Welt als Ganzes vermittelt«.[24] Es wird nicht behauptet, dass es Gott *überhaupt unmöglich* sei, ohne geschöpfliche Kräfte zu wirken, wohl aber dass er *innerhalb der Welt* nicht so zu handeln vermöge: »Es gibt eine Seinsbestimmung, die nur dem einzelnen Seienden und nicht der Welt als ganzer zukommen kann, ihm aber notwendig zukommt, wodurch sich das einzelne Seiende, das ein Teil der Welt ist, von der Welt als ganzer unterscheidet, nämlich das ›Innerhalb-der-Welt-Stehen‹. Daraus folgt, dass die Erschaffung der Welt und die Erschaffung eines Seienden innerhalb der Welt als Erschaffung verschieden sein müssen.«[25] Wenn Gott ein Geschöpf unmittelbar ohne zweitursächliche Vermittlung in die Welt hineinschaffen würde, dann wäre es nach Weissmahr nur »ex hypothesi« [als Hypothese] darin[26]; es wäre eigentlich gar nicht in der Welt, weil es beziehungslos zur übrigen Welt wäre. Das Neue wäre im Verhältnis zum Vorausgehenden fremd, äquivok [mehrdeutig], wenn es keine selbsterwirkte Seinszunahme gäbe.

Der Denkfehler der gesamten Tradition besteht für Weissmahr darin, diese notwendigen Differenzierungen nicht erkannt zu haben. Dementsprechend deutlich fällt das Abrücken von der traditionellen Lehre der Kirche aus, wie sie etwa bei Thomas von Aquin ihren Niederschlag gefunden hat.[27] Vereinfacht kann man diese auf die folgende Formel bringen: »Gott wirkt sowohl durch die Geschöpfe als auch ohne sie.« Weissmahr hält diese Lehre für eine *historisch bedingte, sich schließ-*

lich als irrtümlich erwiesen habende und heute nicht mehr vertretbare Deutung.[28]

Es ist eindeutig festzuhalten, dass Weissmahr, obwohl er auf Distanz zur Tradition geht, sich einer rationalistisch-positivistischen Sicht der Weltwirklichkeit nicht beugt und sie in ihre Grenzen verweist. Er lehnt jegliche Form eines Deismus ab, hält an der Realität von Wundern fest – mit scharfen Worten kritisiert er einen einseitigen Rationalismus, der diese bestreitet[29] – und weist auf die Begrenztheit der historisch-kritischen Methode und deren Implikationen hin.[30] Gott sei nach ihm in der Lage, sich der weltlichen Zweitursachen auf wunderbare Weise zu bedienen, sodass die Realität von Wundern voll aufrechterhalten bleibe. Das Wirken Gottes in der Welt solle nicht nivelliert und die souveräne Freiheit Gottes nicht angetastet werden. Lehramtliche Aussagen sind für ihn verbindliche Grundlage, von der er ausgeht.[31] Die persönliche Vorsehung Gottes, »der Kern der biblischen Botschaft«,[32] hat in seinem Konzept ebenfalls ihren Platz. In unerwarteten Ereignissen tue sich das besondere Wirken Gottes kund. Weltimmanent wirkend vollziehe sich auf oft überraschende Weise »innerweltliche« Rettung oder irdisches Heil für den Menschen.

Diese Klarstellungen Weissmahrs mögen in beträchtlicher Weise zur Verbreitung seiner Theorie beigetragen haben. Während er in seiner Dissertation 1973 konstatiert, dass noch relativ wenige katholische Theologen sich expressis verbis zu der Auffassung bekennen, dass Gott prinzipiell nur zweitursächlich in der Welt handle,[33] will er dennoch seine Theorie »vielleicht ... sogar schon als ›allgemeine Lehre‹ im theologischen Sinn (als ›sententia communis‹ [ein weitverbreiteter Glaube, allgemein akzeptiert, allerdings kein Dogma])«[34] verstanden wissen. Die unmittelbaren Reaktionen in den Rezensionen zu seiner Dissertation waren mehrheitlich positiv,[35] wenngleich es auch beachtliche kritische Anmerkungen von kompetenter Seite gab.[36] In den letzten Jahren haben immer mehr Theologen Weissmahrs Theorie übernommen; sie greifen sie in ihren Ausführungen auf. Namen wie Alszeghy[37], Bosshard[38], Fuchs[39], Greshake[40], Kasper[41], Knoch[42], O. H. Pesch[43], Pröpper[44], Schaller[45], Sudbrack[46], Trillhaas[47] und Vorgrimler[48] müssen hier genannt werden.[49] Auf Boros, Feiner und Flick hat Weissmahr schon in seiner Dissertation des Öfteren verwiesen.

Wie beträchtlich der Umbruch im theologischen Denken ist, kann daran ersehen werden, dass bis in die jüngste Vergangenheit ein unmittelbares Wirken Gottes in seine Schöpfung hinein als selbstverständlich angenommen wurde. Besonders bei den Naturwundern wurde sowohl von exegetischer[50] wie dogmatischer[51] Seite eine außermenschliche Verursachung reklamiert. Die Lage hat sich gegenwärtig geradezu in ihr Gegenteil verkehrt. Wer heute noch wie Schamoni von einer »Beglaubigung durch Werke, die nur Gott wirken kann«,[52] spricht, handelt sich den Vorwurf ein, sich in einer veralteten Argumentationswelt zu bewegen;[53] er muss sich rechtfertigen, nicht mehr der Vertreter der Zweitursachentheorie.

Allerdings haben die Anfragen und Einwände gegen diese Theorie in letzter Zeit an Schärfe und Durchschlagskraft gewonnen. Schulte brachte mit seinem Referat über das Handeln Gottes bei der Dogmatikertagung im Jahr 1987 »eine längst überfällige Diskussion (neu) in Gang, die zumindest die Frag-Würdigkeit mancher zu unreflektiert gebrauchten Begriffe ans Licht hebt und zum Weiterdenken anregt«.[54] Wenisch hatte zuvor schon im Jahr 1981 in seinem Buch »Geschichten oder Geschichte? Theologie des Wunders« kritische Anmerkungen zu Weissmahrs Theorie gemacht.[55] Wie es scheint, sind die bisher nicht häufig vorgebrachten Einwände gegen die Zweitursachentheorie sporadischer Art; was fehlt, ist eine systematische und grundsätzliche Auseinandersetzung mit ihr, die vor allem auf philosophischem Gebiet stattfinden muss. Auf eine Aufarbeitung von Weissmahrs Theorie auch hinsichtlich ihrer philosophisch-weltanschaulichen Voraussetzungen und Folgen darf deshalb nicht ganz verzichtet werden. Vom Ansatz dieser Arbeit her geht es aber vorrangig um die Rückfrage, ob die bei Weissmahr gewonnenen Einsichten den Glaubensdaten und dem biblischen Gottes- und Menschenbild gerecht werden.[56] Die Diskussion soll vornehmlich mit Weissmahr und dort besonders mit seiner grundlegenden Dissertation aufgenommen werden, aber ebenfalls mit anderen Vertretern dieser Theorie, da diese manchmal systemimmanente Implikationen der Zweitursachentheorie deutlicher dargelegt und vertieft haben als Weissmahr selbst.

7.3 Kritische Auseinandersetzung mit der Zweitursachentheorie

7.3.1 Die voraus-setzende Art der Argumentation

Der Punkt, an dem sich entscheidet, ob man die Zweitursachentheorie annimmt oder nicht, besteht in der Frage, ob die Welt als Ganzes ontologisch einen anderen Status hat als ein einzelnes Seiendes in ihr. Weissmahr vertritt diese These; er fundiert sie durch Überlegungen systematischer Art. Öfters stellt er die Frage, was wäre, wenn Gott direkt in dieser Welt ohne geschöpfliche Vermittlung handeln würde. Gott würde an die Stelle »innerweltlicher« Kausalität treten, heißt die Antwort. Also muss er, damit nicht seine Transzendenz aufgegeben wird, über geschöpfliche Ursächlichkeiten in der Welt tätig sein. Damit ergibt sich als Folge, dass die Welt als Ganze ontologisch einen anderen Stellenwert hat als ein in ihr einzeln Vorkommendes, als ein »Innerweltliches«. Daraus wird dann wieder gefolgert, dass Gott nicht direkt in der Welt handeln könne, weil er sonst ein Teil der Ursachenkette werden würde. Als Begründung wird angegeben, dass die Welt ontologisch einen anderen Status habe als ein in ihr vorkommendes einzelnes Seiendes. Genau dies gilt es aber erst zu beweisen; es wird vorausgesetzt, was erst erwiesen werden müsste. Es ist somit Voraussetzung wie Folge der Weissmahr'schen Gedankenführung, dass die Welt ontologisch einen anderen Rang hat als ein in ihr vorkommendes Einzelseiendes. Der Kreis schließt sich; man hat es mit einer Petitio Principii zu tun. Grundannahmen der Weissmahr'schen Theorie werden eben nicht bewiesen, sondern einfach gesetzt.[57]

Auf Kerns kritische Fragen fundamentaler Art an Weissmahrs Theorie[58] hat dieser zwar Stellung genommen, allerdings wird aus der Argumentation Weissmahrs deutlich, dass sie nur jenen zu überzeugen vermag, der grundsätzlich und nicht mehr hinterfragbar im obigen Sinne einige der Prämissen der Zweitursachentheorie übernommen hat. Hier muss dann auch die Kritik ansetzen. Wird die Welt nicht zu einer eigenständigen Größe gemacht, welche, trotz aller verbalen Ablehnung eines Deismus, für Gott nur mehr mittelbar erreicht werden kann? Was ist denn die Welt anderes als die Summe der einzelnen Seienden, die aufgrund der Erschaffung eine unmittelbare Beziehung zu ihrem Schöpfer haben? Natürlich sind diese untereinander vernetzt, in vielfacher

Weise miteinander verbunden. Das berechtigt aber noch nicht dazu, die Schlussfolgerung zu ziehen, der Welt als Ganzes einen anderen ontologischen Status als einem einzelnen Seienden einzuräumen, gleichsam als eine neue Qualität, die sich aus der Summation der einzelnen in ihr vorkommenden Seienden ergibt. Auf *ontologischer* Ebene kommt der Welt und dem einzelnen Seienden, was die dauernde Abhängigkeit und Verwiesenheit auf den Schöpfer betrifft, *kein* unterschiedlicher Rang zu.[59] Die kritischen Anfragen Schultes an den theologisch wie naturwissenschaftlich unsinnigen Ausdruck »innerweltlich«, der in der theologischen Diskussion von heute überhaupt und bei Weissmahr speziell einen besonderen Platz einnimmt, zielen in die gleiche Richtung und bestätigen das Gesagte.[60]

Bei Weissmahr hat eine folgenschwere Umkehrung des ursprünglich mit dem Begriff der Erst- und Zweitursächlichkeit Gemeinten stattgefunden, »jedoch – und das muss besonders herausgestellt werden – ohne dass dafür eine Begründung angegeben erscheint«.[61] Kessler erhebt an die Adresse von Weissmahr den Vorwurf, dass er den wesentlichen Unterschied zwischen dem Wirken der Geschöpfe als Zweit- und als Instrumentalursachen verkannt hätte:[62] Nur wenn man von dem Begriffspaar der Prinzipal- und Instrumentalursächlichkeit ausgehe, könne man von »vermitteln« sprechen, nicht aber bei Erst- und Zweitursächlichkeit. Die Grundfrage bleibt, auf die später noch genauer eingegangen werden muss: »Wieso hindert denn Gottes-*Grund*-von-allem-Sein ... daran, Gott darüber hinaus und in anderer Weise ›persönlich und unmittelbar‹ *in* und gegebenenfalls auch *mittels* ›Welt‹ da und tätig sein zu lassen?«[63]

7.3.2 Zurückweisung einer verengten Wirklichkeitsbetrachtung

Auf die Schwierigkeit, wie man naturwissenschaftliche Erkenntnisse und theologische Erfordernisse in überzeugender Weise zusammenbringen kann und welches Denkmodell dafür geeignet wäre, antwortet die Weissmahr'sche Theorie nicht. Sie verteilt sozusagen nur die Proportionen neu – mit beachtlichen Konsequenzen! –, indem sie Etliches mehr auf die Verursachung endlicher Kausalitäten zurückführt, als dies früher der Fall war. Eine Beantwortung der anstehenden Fragen steht damit freilich nicht nur aus, sondern wird geradezu unmöglich gemacht, wenn man die Prämissen dieser Theorie bedenkt. Es gilt, sich hier von falschen Vorgaben zu lösen, denn der Denkfehler liegt bei den Voraussetzungen eines unzulässig eingeengten Verständnisses von Welt und Transzendenz. Beide müssen entschieden reichhaltiger gefasst und tiefer gesehen werden, als es in der Weissmahr'schen Konzeption der Fall ist.

Eine Abgeschlossenheit der Welt, wie sie bei Weissmahr hervortrat, ist theologisch wie denkerisch unhaltbar. Es geht nicht an, die Welt als Ensemble der untereinander vernetzten und agierenden Seienden so zu definieren, dass Gott, wenn auch nur zunächst, außerhalb davon zu betrachten ist. Wenn man Gott nämlich vorläufig in ein außerweltliches Jenseits verbannt, dann gelingt es nicht mehr bei einem intellektuell redlichen Denken, ihn irgendwoher wieder einzubringen, »dann wird man um das ›Mirakulöse‹ (um mit Rahner zu sprechen) nicht herumkommen«,[64] dann muss man von einem »Umzaubern der Weltwirklichkeit« durch das Wunder sprechen. Die Terminologie Weissmahrs ist hierbei aufschlussreich. Man kann mit Worten den Eindruck von Wirklichkeit schaffen, die so gar nicht existiert. Künstlich werden unberechtigt Gegensätze hochgetrieben und falsche Alternativen gestellt.[65] Wenn das traditionelle Wunderverständnis ständig mit dem Ausdruck »supranaturalistisch« belegt (und abgetan) wird, dann insinuiert dies – allein schon durch die Verwendung dieses Wortes – die Vorstellung eines von oben (supra) und außen seine Schöpfung traktierenden Gottes. Das »supra« weist auf das höhere geistige Stockwerk hin, das dem niederen irdisch-materiellen aufgesetzt ist; es wird auf jeden Fall nicht in Einheit und als weiterführende Vollendung des Letzteren gesehen.[66] Man baut sich Scheingegenpositionen auf, die dann überrannt werden. Gleiches ist kritisch zu dem fragwürdigen Begriff »eingreifen« anzumerken, weil hier wieder das deistische Gottesbild vom außenstehenden Gott mitschwingt, der in der Welt tätig wird durch »Hineingreifen«. Gott ist in der Lage, alle geschöpflichen Möglichkeiten hervorzulocken in einer Schöpfung, die er vollkommen umgreift und durchwirkt und der er zuinnerst nahe ist; er braucht nicht erst von außen her »einzugreifen«.[67]

Ein richtiger theologischer Transzendenzbegriff muss entwickelt werden. Transzendenz und Immanenz verhalten sich gerade nicht wie zwei in sich abgeschlossene Sphären, die sich höchstens tangential berühren. »Weil ... Gott als der Unendliche zugleich der das Geschöpf absolut Übersteigende, Transzendente ist, muss er es in seiner übersteigenden Fülle zugleich in sich schließen und ihm immanent sein.«[68] Transzendenz ist somit auch so zu fassen, dass Gott die Welt in ihrer Totalität und damit jedes Einzelne trägt und durchwirkt. Die so verstandene Nähe Gottes ist derart intensiv – Gott ist allem Geschaffenen innerlicher und näher als es sich selbst –, dass sie sich dem menschlichen Zugriff entzieht und deshalb nicht einfach »gegeben« ist, sondern wieder auf den fernen Gott hinweist.[69] Transzendenz und Immanenz verschränken sich gegenseitig. Gott ist kein Teil dieser Welt, ist in ihr aber auch nicht abwesend. Der Schöpfer ist der Welt gegenüber genauso transzendent, wie er ihr immanent ist. »Er ist ihr gegenwärtig im ›In und Über‹, weil die Transzendenz Gottes seine wesentliche Unterschiedenheit im Sein, nicht aber seine Geschiedenheit vom Geschöpf besagt.«[70] Je nach Perspektive kann man nun die Immanenz oder die Transzendenz Gottes betonen, wenn man dabei nur nicht die Komplementarität dieser beiden Wirklichkeiten aus dem Blick verliert.[71]

Diese scheinbar nur philosophischen Ausführungen erhalten ihre Bestätigung aus den Offenbarungsurkunden selbst. Das ganze Alte Testament ist durchzogen vom Wissen um die Nähe und Menschlichkeit Gottes, zugleich aber auch von dessen radikalem Anderssein, das für den Menschen nicht einsehbar ist (vgl. Jer 23,23). Selbst wenn einzelne Aussagen des Neuen Testamentes vom Gott, der in uns ist und in dem wir uns bewegen (vgl. Apg 17,28), stoisches Kolorit tragen mögen, so ist es doch ein spezifisch neutestamentlicher Gedanke, dass Gott den geschaffenen Dingen nahe ist, dass er besonders im begnadeten Menschen wohnt (vgl. 1 Kor 3,19). Es geht um die geglaubte Einheit von Ferne und Nähe, von Mysterium und Offenbarung.[72]

Nach Weissmahr kann und darf es nicht einen einzigen Fall geben, bei dem Gott die alleinige Ursache eines Vorkommnisses in der Welt ist, weil damit seine Thesen als widerlegt zu betrachten sind;[73] sollte es diesen geben, dann ist ein unvermitteltes Handeln Gottes in der Welt grundsätzlich möglich. Weissmahr ist hier konsequenter als andere, indem er seinen Ansatz radikal durchzieht und keine Ausnahme von der Regel zugesteht. Am augenfälligsten ist aber, dass es sich bei der Auferstehung

Christi – und nicht nur bei ihr, wie wir noch sehen werden – um einen solchen Fall handelt, bei dem die Zweitursachentheorie völlig versagt.

7.3.3 Das Versagen der Zweitursachentheorie als Erklärungsmodell der Auferstehung Jesu

Schon in der Dissertation Weissmahrs sind kurze Bemerkungen zur Auferstehung Jesu enthalten.[74] In dem Aufsatz »Kann Gott die Auferstehung Jesu durch innerweltliche Kräfte bewirkt haben?« versucht er am traditionellen Auferstehungsverständnis festzuhalten, auch wenn er davon überzeugt ist, dass diese auf der Ebene der Welt das Ergebnis geschöpflicher Kräfte sei.[75] Deshalb lehnt er die Aussage Scheffczyks ab, wonach die Auferstehung ein Werk »durch Gott allein ist«.[76] Weissmahr ist sich allerdings bewusst, dass es sich bei seiner »Erklärung« um ein »gewagtes Unternehmen <handelt>, um nicht mehr zu sagen«,[77] denn welche »innerweltliche« Kraft soll für die Auferstehung des Herrn verantwortlich sein?

Er verweist auf Heilungen und andere außergewöhnliche Ereignisse, wie sie an den Grabstätten von Heiligen vorkommen: »Diese Zeichen ... stehen zumindest insofern in einem ursächlichen Verhältnis mit der in Freiheit durchgehaltenen Lebensentscheidung der Heiligen selbst, als ohne diese Lebensentscheidung diese Zeichen gewiss nicht aufgetreten wären.«[78] Die Selbsthingabe der Heiligen sei eine »die Gebetserhörung mitbestimmende innerweltliche Wirklichkeit, also eine geschöpfliche Ursache«.[79] Die »innerweltlichen« Zeichen ihrer Verherrlichung erreichten aber nicht jene Dimension der Außergewöhnlichkeit wie bei Jesus. Seine Selbsthingabe an Gott am Kreuz sei der unüberbietbare Höhepunkt geschöpflich-freiheitlicher Selbsthingabe überhaupt. »*Die geschöpfliche Kraft, die auf der Ebene der innerweltlichen Ursächlichkeit die Auferstehung Jesu und damit auch das Verschwinden seines Leichnams aus dem Grab bewirkt hat ... ist die menschliche Gottes- und Nächstenliebe Jesu bis zum Äußersten.*«[80] Die Betonung liegt auf menschlich, da nur die menschliche Liebe Jesu als »innerweltlich« verursachender Faktor infrage komme. Dessen Selbsthingabe im Tod habe seinen Leib völlig personalisiert »und das hat sich innerweltlich im

›Verschwinden‹ seines Leichnams kundgetan«.[81] Dass diese Wirkung nach biblischem Zeugnis erst am dritten Tag auftrat, bereitet Weissmahr keine Schwierigkeiten: Sie lege sich ähnlich wie bei Gebetserhörungen durch die Anrufung der Heiligen in der Zeitlichkeit aus. Die leibliche Auferstehung sei bei Jesus wegen seiner unbedingten Selbsthingabe bereits am dritten Tag volle Wirklichkeit geworden. Da die Auslieferung an Gott bei anderen Menschen nicht so vollkommen sei, werde die Auferstehung des Leibes bei ihnen erst nach einer gewissen Läuterung am Ende der Zeit stattfinden.[82]

Vermag dieser Lösungsansatz für die Auferstehung Jesu zu überzeugen? Weissmahr ist von der Schwierigkeit des heutigen Menschen ausgegangen, der nicht so sehr das genaue Wie des Wunders erkunden möchte, das ihm sowieso immer verborgen bleiben wird, sondern einen theoretischen Begründungsrahmen sucht, in den er die Möglichkeit des Wunders einbringen kann.[83] Wenn nun einem Zeitgenossen gesagt wird, dass die ausstrahlende menschliche Liebe Jesu der Grund für dessen leibliche Auferstehung gewesen sein soll, wird er das wohl kaum akzeptieren: »Wie soll damit den Suchenden geholfen werden? Für die Feststellung, dass alles durch die Liebe Gottes bewirkt bzw. zugelassen wird, bedarf es keiner Zweitursachentheorie. Damit kann man all ‹sic› und jeden noch so unerklärlichen Vorgang ›erklären‹.«[84] Die Rückführung auf die unüberbietbare menschliche Selbsthingabe des Herrn, die auch als Begründung für die zeitliche Diastase [Abstand] zwischen dessen Tod und leiblicher Auferstehung herhalten muss, ist alles andere als überzeugend.[85] Alle besonderen Ereignisse, nicht nur im Leben Jesu, müssen dann als natürliche »Ausstrahlungen« erklärt werden.

Nach Weissmahr könne eine Vollendung im Existentiellen die Seinskonstitution verändern. Hier findet aber offensichtlich ein ungebührlicher Sprung statt »von den existentiellen Vollzügen in die Sphäre der diesen Vollzügen vorausliegenden Seinskonstitution«.[86] Bei der Auferstehung Jesu ändert sich die Seinsverfassung: Man hat es mit einem Sein in ganz anderer Struktur und Fülle zu tun. Zur Auferstehung ist ein neuer schöpferischer Impuls unumgänglich: »Eine Ermächtigung zum Sein, und zwar dort, wo die dem Menschen immanenten Möglichkeiten zu Ende sind.«[87] Für dieses schöpferische Tätigwerden ist Jesu Hingabe zwar vorausgehende Bedingung, keineswegs aber Ursache, denn »die verklärte Existenz ist einzig und allein ein Werk der Allmacht und ein Geschenk der Liebe Gottes, der seine Schöpfung in überschwänglicher Weise vollendet«.[88] Die Auferstehung Jesu ist der Beginn der neuen Schöpfung, die allen weltlichen Möglichkeiten transzendent ist. Die Frage Weissmahrs, ob Gott die Auferstehung Jesu durch »innerweltliche« Kräfte bewirkt haben könne, ist deshalb mit Kessler mit einem eindeutigen »Nein« zu beantworten: »Nicht menschliche Liebe, nur Gottes Liebe ist stärker als der Tod.«[89] Ähnlich argumentieren Scheffczyk[90] und das Neue Glaubensbuch[91]; auch Sudbrack[92] und Knoch[93], die ansonsten Weissmahrs Theorie vertreten, machen hier Abstriche oder modifizieren sie. Damit kann aber den beiden zuletzt Genannten der Vorwurf nicht erspart bleiben, Weissmahr nicht richtig verstanden zu haben und sich in Widersprüche zu verwickeln, denn diesem geht es bei seiner Theorie um ein ontologisches Prinzip, das grundsätzlich keine Durchbrechung duldet.

In der Exegese wurde seit Langem schon festgestellt, dass bestimmte Ereignisse im Leben Jesu, wie dessen Wandeln auf dem See und die Verklärung auf dem Berg Tabor, zur Auferstehung in Beziehung stehen. Sie werden interpretiert als Vorwegnahme der Osterherrlichkeit, als Hinweis auf eine Leiblichkeit, die nicht mehr unseren Raum-Zeit-Bedingungen unterworfen ist.[94] Damit stellt sich aber nicht nur die Frage nach der Berechtigung einer schroffen Abgrenzung der Auferstehung von den genannten Ereignissen im Leben des Herrn,[95] sondern als theologische Konsequenz ist dann ebenso das Wandeln auf dem See und die Verklärung auf Tabor ohne zweiursächliche Verursachung zu denken. Offensichtlich ist es Gott jederzeit möglich, mit seiner Heil schaffenden Macht in dieser Welt gegenwärtig zu sein, selbst wenn diese nur kurzzeitig aufleuchtet und nicht eine bleibende eschatologische Umwandlung nach sich zieht. Dieser Gedanke wird im nächsten Unterpunkt noch zu vertiefen sein.

Zusammenfassend kann gesagt werden, dass Weissmahr der Versuch, die Auferstehung Jesu in seinem Konzept unterzubringen, eindeutig misslungen ist. Sie ist in Verbindung zur creatio ex nihilo und der eschatologischen Neuschöpfung zu sehen, welche die Kategorien von Raum und Zeit sprengt. Als exklusives schöpferisches Wirken ist sie von Gott allein vollbracht zu denken. Das »resurrexit tertia die«[96] bezeugt wie das

»natus ex Maria virgine« den Gott, der seine Schöpfung nicht aus den Händen gegeben hat.

Selbst die eschatologische Neuschöpfung ist für Weissmahr zweiturschlich vermittelt;[97] aber auch hier wird wieder deutlich, wie hoffnungslos überspannt Weissmahrs Verständnis von Ursache ist. Wenn Gott in einer derartigen Weise an seiner Schöpfung handelt, dass diese, wenngleich nicht zerstört, aber doch völlig umgewandelt wird, dann ist es verfehlt, noch von einer Mitursächlichkeit des »innerweltlich« Seienden im Sinne der Zweiturachentheorie zu sprechen; »ansetzen« ist aber nicht auslegbar als »(mit-)verursachen« seitens des Geschöpfs. Gottes neu schaffendes Wirken setzt sicher an der ersten Schöpfung an; ansetzen ist aber: Es geschieht etwas *an* der Schöpfung, nicht aber durch sie bewirkt aufgrund einer ihr zukommenden Ursächlichkeit.

Die in der Heiligen Schrift beschriebenen Qualitäten der neuen Schöpfung, des neuen Himmels und der neuen Erde, können nicht durch eine Höherführung der bestehenden Welt aus eigenen Kräften erreicht werden. Deshalb wird man sich die eschatologische Vollendung der Welt »als nochmalige freie, der Verfügung des Menschen u. den Gesetzlichkeiten der Welt (causae secundae [Zweiturschen]) entzogene Tat Gottes«[98] vorstellen müssen. Ein unmittelbares Tätigwerden Gottes muss hier postuliert werden, das gegen die Zweiturachentheorie steht.[99] Wenn Gott am Ende der Zeit eine solche Mächtigkeit zeigt, dass er die eschatologische Neuschöpfung Ereignis werden lassen kann ohne zweitursächliche Vermittlung, dann hat er diese jetzt schon, dann ist Weissmahrs Theorie nicht nur fragwürdig, sondern unhaltbar.

Vielleicht könnte man die hier deutlich gewordene Linie *in analoger Weise* auf alle Wunder hin ausziehen; leuchtet in ihnen doch immer auch in zeichenhafter Vorwegnahme etwas von der eschatologischen Neuschaffung auf, in der es keine Gebrechen des Leibes und der Seele mehr geben wird. Das eschatologische Moment im Wundergeschehen darf auf jeden Fall nicht übersehen werden: »Das Wunder offenbart in der Tat die *tiefste, diese Welt eigentlich schon überschreitende Dimension der Welt selbst,* weil und insofern in ihm die Endherrlichkeit aufleuchtet.«[100] Hier klingt schon die Vorstellung eines Gottes an, der in einem unvermittelten Schöpfungswirken fortdauernd am Werk ist.

7.3.4 Gottes fortdauerndes unvermitteltes Schöpfungswirken

Gott wird im Alten Testament undifferenziert überall dort am Werk gesehen – im Wechsel der Jahreszeiten, beim Aufgehen der Sonne, bei Regen und Fruchtbarkeit wie auch bei seinen Großtaten und Wundern –, wo wir heute fast nur noch von natürlichen Kausalitäten sprechen. Unsere Fragestellung, ob Gott *nur* fähig ist, durch Zweitursachen zu handeln, kann deshalb dort keinen direkten Ansatzpunkt haben. Trotzdem fällt auf, dass der hebräische Terminus »bara« immer nur beim schöpferischen Tätigsein Gottes verwendet und nie vom Menschen ausgesagt wird. Schöpferisch zu wirken ist ein exklusives, nicht delegierbares Vorrecht des Schöpfers. »Das zeigt sich vor allem darin, dass mit diesem Wort <bara> nie ein Stoff verbunden wird, aus dem etwas gemacht wird.«[101] Schöpfung bedeutet also keine Formung einer Materie oder das Anstoßen einer Bewegung. Wichtig ist in unserem Zusammenhang aber die Feststellung, dass sich das Bara-Schaffen Gottes fortsetzt als geschichtliches Wirken. Die Werke Jahwes von der Gründung der Welt bis hin zur Befreiung des Volkes Israels werden als eine Kette von Schöpfungstaten verstanden (vgl. Jes 43,14–21; 51,9–11).[102] Derselbe Gott, der das Werk der Erschaffung der Welt in Gang gesetzt hat, ist immer noch mit gleicher schöpferischer Macht und Unmittelbarkeit am Werk. Ähnlich wie es nicht angeht, die Wunder der neuen Schöpfung, in denen ein unmittelbares Offenbarungshandeln Gottes angenommen wird, von denen der alten in der Weise scharf abzutrennen, dass ein unvermitteltes Handeln Gottes bei Letzteren nicht möglich sein soll, ist es zutiefst fragwürdig, wenn Gottes Schöpferwirken bei der Erschaffung der Welt von einem späteren Tätigwerden in der Welt bei Weissmahr auf einer völlig anderen ontologischen Ebene angesiedelt wird. Wenn man so vorgeht, sollte man sich zumindest darüber im Klaren sein, dass man dies gegen das biblische Verständnis tut! »Die Kirche hat stets gewusst und weiß es auch heute, dass Gottes Schöpfung nicht abgeschlossen ist, sondern dauernd weitergeht, dass Gott also ständig eingreift in den Lauf der Welt ... Deshalb hält die Kirche auch ein außergewöhnliches Eingreifen Gottes zu jeder Zeit für möglich: Gott ist der Herr der Welt; wir Menschen müssen ihm überlassen, was er tun will und was nicht.«[103]

Religionsphilosophische Überlegungen weisen ebenfalls in die Richtung des Ausgeführten. In der Religionsgeschichte der Völker ist festzustellen, dass die verwendeten Gebete in der Regel keine starre, blinde und unbeugsame Notwendigkeit voraussetzen, sondern einen lebendigen Gott und dessen allwaltende Vorsehung. Im Glauben der Völker werden die Gesetze der Natur nicht als unüberschreitbare Schranke, sondern als gefügiges Werkzeug in den Händen Gottes gesehen. Wer aus Ehrfurcht vor dem Naturgesetz das Wunder und überhaupt ein direktes Einwirken Gottes leugnet, streitet damit zugleich ein höherstehendes Gesetz der Menschheit ab, nämlich »den Glauben an Gottes Macht und Vorsehung und den Drang nach Gebet zu Dem, der als der Schöpfer der Welt in und außer den Kräften der Natur thätig ist zu des Geschöpfes Heil«.[104]

7.3.5 Die Parapsychologie in der Wundertheologie Weissmahrs

Bei Theologen, welche die Dokumentationen aus den Kanonisationsakten in ihre Überlegungen einbeziehen, fällt auf, dass sie die Zweitursachentheorie ablehnen.[105] Die dort bezeugten Wunder erweisen sich als sperrig für diese Theorie; sie lassen sich in ihren Rahmen nicht einordnen. Grochtmann hat Kasper, Knauer, Knoch und Weissmahr wiederholte Male angeschrieben und sie gebeten, ihm zu erklären, wie sie zu der Auferweckung eines sechs Stunden im Wasser gelegenen Ertrunkenen, den Tränen der Madonna von Syrakus und dem Wunder von Calanda stehen und welche »innerweltlichen« Naturkräfte (im Sinn der Zweitursachentheorie) hier zugrunde liegen sollen. Trotz unterstrichener Bitte wurden in den Antwortschreiben diese wichtigen Fragen nicht beantwortet. »Man wollte aber auch von dieser Theorie nicht abrücken.«[106] Grochtmann hat eindeutig den Finger auf einen wunden Punkt gelegt, denn Weissmahrs Theorie vermag auf seine Anfragen keine überzeugende Antwort zu geben.

7.3.5.1 Die undifferenzierte Berufung auf psychogene Kräfte und die Parapsychologie

Weissmahr verweist zunächst auf die berechtigte Unterscheidung zwischen naturwissenschaftlicher und metaphysischer Kausalität.[107] Er hält am unzweifelbar objektiven Geschehen des Wunders fest, das aber aus den Kräften der menschlichen Psyche mitverursacht werde; er redet also einer richtig verstandenen psychogenen Interpretation der Wunder das Wort.[108] Psychogene Kräfte des Menschen seien die »innerweltlich« verursachende Kraft der naturwissenschaftlich nicht zu erklärenden Phänomene. Damit ist die Parapsychologie angesprochen. Weissmahr räumt dieser Forschungsrichtung »große Bedeutung«[109] ein: »Das Beweismaterial der Parapsychologie zeigt jedenfalls, dass die untersuchten Phänomene ›natürlich‹ sind in dem Sinn, dass sie einem geordneten Ganzen zugehören ... Diese Phänomene haben für die Wunderfrage insofern eine Bedeutung, als sie es ermöglichen, die Berechtigung einer von vielen Theologen gemachten scharfen Trennung der Wunder von den natürlichen Phänomenen infrage zu stellen. Die Grenzen des ›von der Natur her Möglichen‹ wären dadurch wesentlich weiter gesteckt, als dies allgemein angenommen wird.«[110] Das Wunder kann deshalb auf der Ebene der Phänomene nicht eindeutig von natürlichen Ereignissen unterschieden werden und hebt sich von providentiellen Fakten nur der Intensität, nicht aber der Struktur nach ab.[111]

Ganz abgesehen davon, dass man nicht gut beraten ist, wenn man einen derart vorbelasteten Begriff wie jenen der »psychogenen Kräfte« hernimmt, der in der Vergangenheit gerade dazu herhalten musste, die Realität des Wunders zu bestreiten (was Weissmahr ja gerade nicht will), ist auch das inhaltlich damit Gemeinte nicht haltbar. Gegen Weissmahr ist einzuwenden, dass unkritisch Ergebnisse der parapsychologischen Forschung pauschal übernommen werden, ohne genauer auf die diesem Bereich eigenen Voraussetzungen einzugehen und die unterschiedlichen Sichtweisen innerhalb der Parapsychologie zur Kenntnis zu nehmen. Die undifferenzierte Art und Weise des Sprechens von *der* Parapsychologie erinnert an Bultmanns Rede von *der* Wissenschaft. *Die* Wissenschaft gibt es aber genauso wenig wie *die* Parapsychologie oder *die* Theologie. Wer von *der* Parapsychologie spricht, suggeriert dort eine Einheit, wo sie so gar nicht existiert. Ein näherer Hinblick auf die parapsychologische Forschung zeigt, dass es dort nicht nur verschiedene Ansatzpunkte und beachtlich konträre Deutungsmodelle gibt, sondern auch eine gesunde Portion Skepsis angebracht ist.[112]

Der Wissenschaftscharakter der Parapyschologie muss zudem zur Vorsicht raten. Diese orientiert sich am Paradigma der naturwissenschaftlichen Forschung. Sie tendiert dazu, Phänomenen wie Spukfällen und Besessenheit »durch wissenschaftliche Erforschung ihren transzendenten Charakter zu nehmen und sie auf ein Zusammenspiel weltimmanenter, im Einzelnen allerdings noch zu erforschender Faktoren zurückzuführen«.[113] Dieser »naturalistische« Zug in der modernen Parapsychologie »tendiert zu einer ›Entmythologisierung‹ des parapsychologischen Bereichs in der gleichen Weise, wie die moderne Naturwissenschaft und Psychologie zu einer Entmythologisierung von Natur und Psyche geführt hat«.[114] Eine Verursachung durch den Teufel etwa als ein Wesen außerhalb des phänomenalen Raumes liegt deshalb auch jenseits des Ansatzpunktes der wissenschaftlichen Reichweite und wird gar nicht erst in den Blick genommen.[115] Alle Urteile über dessen Existenz aus diesem Blickwinkel sind folglich eine unzulässige Grenzüberschreitung. Damit ergibt sich aber wieder das gleiche Problem, dem wir schon mehrfach bei der induktiven Methode der modernen Naturwissenschaft und der Übernahme der naturwissenschaftlichen Erkenntnisform in die historische Wissenschaft begegnet sind. Wirklichkeit kommt nur insofern in Betracht, als sie empirisch messbar und überprüfbar ist. Ähnlich wie beim Evolutionsparadigma werden Beschreibungen mit Erklärungen verwechselt. Im Grunde genommen wird nichts erklärt, sondern nur bildhaft beschrieben, was selbst Weissmahr zugeben muss.[116]

Engagiert und kontrovers wird in der Parapsychologie darüber diskutiert, ob die vorgelegten Theoriemodelle für paranormale Vorgänge überzeugen können. Viele Parapsychologen beantworten diese Frage positiv und argumentieren in diese Richtung.[117] Es wird – wie bei Weissmahr – ins Feld geführt, dass die »Natur« viel mehr leisten könne als wir wüssten, dass uns also ihre Reichweite, ihre Leistungsgrenze, nicht bekannt sei. Die Wunder werden als Wirkungen paranormaler Kräfte »gleichsam in die Naturausstattung des Menschen zurückgenommen … und die Grundlage für einen weitergehenden Schluss auf das ›Übernatürliche‹

schwindet«.[118] Die Argumentationsweisen der Parapsychologie und der Naturwissenschaften zur Erklärung der Wunder laufen hierbei parallel, verweisen doch beide auf noch Unbekanntes, noch nicht Entdecktes in den Naturgesetzen bzw. in der Psyche des Menschen.

Es ist sicher zuzugeben, dass es unerklärliche Phänomene gibt, die an menschliche Vordispositionen anknüpfen und sich vielleicht sogar nur auf diese zurückführen lassen. Es scheint möglich zu sein, mediale Kräfte durch meditative Konzentration, Suggestion oder ein aszetisches Leben zu entbinden.[119] In gewisser Weise kann man sogar das Gottvertrauen als ein »Relais« bezeichnen, das verborgene Energien der Natur einschaltet. Viele Vorgänge in der charismatischen Bewegung dürften sich so erklären lassen. Es ist ferner einzuräumen, dass es immer einen »medizinischen Dämmerstreifen«[120] geben wird, bei dem es sehr schwierig, wenn nicht gar unmöglich sein dürfte, in genügend befriedigender Weise zwischen einem Wunder und einer Spontanheilung auf hysterischer Basis zu differenzieren. Trotzdem ist festzuhalten, dass »die außerordentliche Wirkung nicht allein aus diesen Fähigkeiten und aus weltimmanenten Kräften resultiert« und dass dies »von der Theologie ... glaubwürdig aufgewiesen werden«[121] kann. Zu diesem Aufweis der Theologie gehört auch die biblische Beobachtung, dass der wunderwirkende Mensch niemals im eigenen Namen und mit Berufung auf eigene Macht auftritt, »sondern <er> handelt immer aufgrund eines besonderen Auftrags und in der Unterordnung unter Gott ... Der grundlegende Unterschied zwischen den Wundern Jesu und denen der Apostel aber besteht darin, dass diese nicht aufgrund eigener Machtvollkommenheit, sondern nur in der Kraft des Namens Jesu zum wunderbaren Handeln in der Lage sind ... Auch nach der Darstellung der *Paulusbriefe* vollzieht sich die Tätigkeit des Apostels ›in Kraft von Zeichen und Wundern, in der Kraft des Geistes Gottes‹, die ausdrücklich auf Christus zurückgeführt wird (Röm 15,18 f.).«[122] Ähnliches gilt für die Heiligen.[123]

Grochtmann konnte nach eingehendem Studium parapsychologischer Literatur überzeugend darlegen, dass führende Vertreter der Parapsychologie keinerlei Erklärung haben für die wirklich unerklärlichen Vorfälle »und es insbesondere nicht sog. ›Psi-Kräfte‹ des Menschen gibt, die diese bewirken sollen. Psychische Kräfte können zwar Schmerzen verursachen, sie können aber keine Toten erwecken, kein Bein plötzlich nachwachsen lassen und aus Gips keine Flüssigkeit in der Zusammensetzung menschlicher Tränen hervorbringen.«[124] Die als unerklärlich geltenden Krankenheilungen von Lourdes können nicht psychogen verursacht worden sein; wo dies dennoch behauptet wird, handelt es sich um pauschale, nicht bewiesene Behauptungen. Grochtmanns hartnäckiges Nachfragen hat gezeigt, dass jedes rationale Argument, sei es noch so attraktiv und überzeugend, unberücksichtigt bleiben muss, wenn es den Tatsachen nicht gerecht wird: contra facta non valent argumenta [gegen Tatsachen helfen keine Argumente]. Der Großteil der kirchlich überprüften und anerkannten Wunder lässt sich auch heute weder physikalisch-chemisch noch medizinisch einordnen. Hier war sogar der Aufklärer Reimarus ehrlicher, der von Wundern dieser Art meinte – ihre historische Tatsächlichkeit einmal vorausgesetzt –, sie könnten »unmöglich anders als durch Gottes übernatürliche Wirkung in besonderer Absicht … zur Wirklichkeit gekommen seyn«.[125]

7.3.5.2 Reflexionen zu den Wesensgrenzen des Menschen

Auch wenn durchaus noch unbekannte natürliche Kräfte der menschlichen Psyche bei paranormalen Vorgängen am Werk sein können – das wusste man übrigens schon in der Antike und der Scholastik[126] –, heißt dies noch lange nicht, dass es hierbei überhaupt keine Grenzen gibt für menschliches Wirkvermögen. Was ist in diesem Zusammenhang von folgendem »Denkverbot« Weissmahrs zu halten?: »Die Frage, ob die dem Geschöpf eigenen Kräfte auch ohne ein besonderes Eingreifen Gottes ein Wunder hervorbringen können oder ob sie dazu eines besonderen göttlichen Anstoßes bedürfen, ‹ist› sinnlos. Man darf die Möglichkeiten der Zweitursache (das, was eine geschöpfliche Kraft ›von sich aus‹ vermag) niemals ohne das Wirken der Erstursache betrachten.«[127] Die gravierenden Folgen dieser Argumentation, die es für sinnlos hält zu differenzieren, was »innerweltliche« Kausalitäten aus sich allein hervorzubringen vermögen und was nicht, müssen bedacht werden.

Der Feststellung eines Wunders bei Kanonisationsprozessen wäre damit jede Grundlage entzogen. Hier wird doch gerade genau unterschieden zwischen dem, was naturwissenschaftlich möglich ist und was nicht; solche Wunder, die irgendwie doch – und sei es durch eine noch so unwahrscheinliche Kombination von Zufällen – natürlich erklärt werden können, scheiden von vornherein von den Untersuchungen aus. Es ist ganz konsequent, wenn Weissmahr für die offizielle Anerkennung der Echtheit der ursprünglichen Erfahrung jener Personen, an denen sich ein Wunder ereignet hat, nur den äußeren religiösen Kontext bzw. das subjektive Heilsverlangen als Kriterium anzugeben vermag.[128] Wundererkenntnis definiert er dementsprechend als Erkenntnis der transzendentalen dialogischen Bedeutung eines Ereignisses.[129] Wenn das persönliche Offenbarungshandeln Gottes als ein »innerweltliches« Vorkommnis sich aber ganz in die Reihe der übrigen »innerweltlichen« Geschehnisse einfügt, dann wird man mit Dolch urteilen müssen, dass Weissmahrs Darlegungen in Bezug auf die Erkennbarkeit von Wundern »keinen Schritt weiterführen«.[130] Die Frage ist doch, wie man *objektiv* gewöhnliche und außergewöhnliche Vorkommnisse voneinander abheben kann; der Verweis auf das subjektive Heilsverlangen führt letztlich zu einem fideistischen Glaubensverständnis, das sich ablöst von konkreten Vorfindlichkeiten. Das übernatürliche Moment wird ganz in das Innere des Menschen verlagert. Die transzendentale Richtung der Auslegung des Wunders tendiert eindeutig zu einem Immanentismus hin.[131]

Durch den Verzicht auf das Bedenken der Leistungsfähigkeit von »innerweltlichem« Seiendem wird ferner jegliche Lebenserfahrung auf den Kopf gestellt. Gegen Weissmahr lässt sich durchaus die Frage stellen, was ein Geschöpf, es selbst bleibend, vermag. Kein Hund wird sich je an den Computer setzen und zu schreiben beginnen, keine Pflanze je ihre Wurzeln herausziehen und zu laufen beginnen. Mit größter Selbstverständlichkeit stellen wir Wesensgrenzen fest, die nicht überschreitbar sind und auch für den Menschen gelten.[132] Weissmahrs Theorie krankt wesentlich an der Unterbewertung der Wesensbegriffe; die sogenannten Wesensgrenzen haben für ihn »nur relative Gültigkeit«.[133] Auch wenn diese nicht starr fixiert sind, haben sie dennoch nicht jene transzendentale Offenheit, in der Weissmahr sie sieht, denn kein Mensch verfügt über schöpferische Mächtigkeit, die Tote wieder zum Leben zu rufen oder Materie zu vermehren vermag. Hier werden dem Menschen Eigenschaften zugeschrieben und Aussagen über ihn gemacht, die ihm einfach nicht zukommen. Es hilft wenig, wenn Weissmahr sich durch den Verweis zu salvieren sucht, dass wir bei einem Einzelfall nicht entscheiden können, ob das Prinzip der »innerweltlichen« Kausalität außer Kraft gesetzt wurde, weil dies voraussetzen würde, dass alle Naturvorgänge vollständig determiniert ablaufen und die Naturwissenschaft eine erschöpfende Kenntnis aller in der Natur wirksamen Kräfte besäße.[134] Ganz abgesehen von der erstaunlichen Unbekümmertheit, mit der eine naturwissenschaftlich verstandene Kausalität mit dem zusammengeschaut wird, was mit Erst- und Zweitursächlichkeit als ausgesprochen metaphysischen Begriffen gemeint ist,[135] ist gegen diese Argumentation einzuwenden, dass es viele Geschehnisse in der Natur gibt, bei denen wir bis heute nicht die einzelnen ablaufenden chemischen und physikalischen Reaktionen und Relationen anzugeben vermögen, wo wir aber sehr gut um die Grenzen und Reichweite solcher Prozesse wissen.[136]

Bezeichnend ist, dass sich Weissmahr selbst kritisch die Frage stellt, ob die aktive Selbsttranszendenz, die er von der Evolution her auf das Wunder anwendet, überhaupt etwas zur Klärung der Wunderfrage beitrage.[137] Die ontologische Basis für dieses Vorgehen sieht er in der Eigenständigkeit und Eigendynamik der Geschöpfe begründet, die in Anschlag gebracht werden müsse, mag die Selbstkausalität auch infinitesimal klein sein.[138] Man fragt sich allerdings, wozu die aktive Selbsttranszendenz noch herhalten muss: »Es scheint, dass hier Wesensverschiedenes unter einen Begriff gebracht worden ist.«[139] Es geht bei der Evolution um die Entstehung von substantiell Neuem, das scharf abzutrennen ist von der natürlichen Eigendynamik der Geschöpfe mit den verschiedenen Graden der Freiheit dieses Wirkens.[140] Ähnliches gilt für jene Wunder, die in Analogie zu der creatio ex nihilo zu sehen sind; sie sind im Übrigen keineswegs so selten, wie gemeinhin angenommen wird: In jedem 6. bis 8. Heiligsprechungsprozess sind Vermehrungswunder bezeugt.[141] Aus der natürlichen Eigendynamik der Geschöpfe heraus mag in der Tat Unvorhersehbares gewirkt werden; damit kann aber nicht die Entstehung einer neuen Substanz erklärt werden, deren konstitutives Prinzip aus dem Nichts zum Sein kommt. »Mag die Tatkraft eines liebenden Menschen noch so erstaunlich sein, mag das Werk eines Künstlers höchste Bewunderung hervorrufen, diese Wirkungen bleiben trotzdem innerhalb der Grenzen dessen, was die Wirkkraft des Menschen prinzipiell vermag. Auch in der freien Handlung überschreitet der Mensch nicht die Grenzen seines Wesens.«[142]

7.3.5.3 Kritische Wertung der Wundertheologie Weissmahrs und anderer Vertreter der Zweitursachentheorie

Auch alle anderen Lösungsansätze von Theologen, welche die Zweitursachentheorie grundsätzlich bejahen, bei der Wunderfrage aber anders als Weissmahr vorgehen, vermögen nicht zu überzeugen. Kasper lässt ein unmittelbares Handeln Gottes im Sinne einer »persönlichen Initiative Gottes« bestehen: »Das Besondere des Wunders liegt also auf der Ebene der persönlichen Anrede und des persönlichen Anspruchs Gottes«[143] an den Menschen. Damit werden aber mehr Fragen aufgeworfen als beantwortet.[144] Diese Sicht der Zweitursachentheorie verschiebt und verschleiert das Problem nur: »Denn wie soll man sich das Verhältnis dieser ›Zweitursache‹ zur ›persönlichen Initiative‹ Gottes vorstellen?«[145] Wenisch versucht einen eigenen Standpunkt einzunehmen, der sich zwar in mannigfacher Weise von Weissmahr abgrenzt, aber doch von der prinzipiellen Gültigkeit von dessen Theorie ausgeht. Da er die Verifikation seiner Theorie auf Vermehrungs- und Auferweckungswunder hin durchführt, fällt es nicht schwer, deren Unhaltbarkeit aufzuzeigen. Er kann diese Wunder im Rahmen seiner Gedankenführung nicht unterbringen und bleibt deshalb in Widersprüchlichkeiten und Ungereimtheiten hängen.[146] Zudem sind etliche Aussagen bei ihm nicht ganz ausgewogen und der Korrektur bedürftig.[147] Er bleibt letztlich wieder bei den Aporien von Weissmahrs Zweitursachentheorie hängen, da er sich von deren Vorgaben nur halbherzig lösen kann.

In Zusammenfassung der kritischen Einwendungen gegen Weissmahrs Theologie des Wunders lässt sich sagen: Dem Menschen kommt eine echte bewirkende Mitursächlichkeit propria virtute [aus eigener Kraft] beim Wunder nicht zu; die gegenteilige Behauptung ist weder durch ein biblisches Denken noch durch die Erfahrung oder eine innere Logik gedeckt. Die Kardinalskommission, welche die Lehre des Holländischen Katechismus zu untersuchen hatte, gab folgende Stellungnahme ab: »Zu vermeiden ist, dass der Katechismus zu sagen scheine, Wunder können durch Gott nur insoweit gewirkt werden, als sie nicht von dem Ablauf der Wirkungen abweichen, welche die Kräfte der geschaffenen Welt hervorbringen können.«[148] Damit wurde die Zweitursachentheorie klar abgelehnt.[149]

Im Wunder bekundet sich Gottes Schöpfertum am deutlichsten, denn ohne unmittelbar von Gott gewirkte Wunder wäre dieses in gewisser Hinsicht welt-los und die Welt gott-los. Dem transzendentalen Wunderverständnis ist eine Absage zu erteilen, weil es das Wunder als außerordentliche geschichtliche Tat Gottes unmöglich macht. »Faktisch wird dann auch alles aus den Zweitursachen erklärbar, wie es das naturwissenschaftliche Weltbild fordert.«[150] Es muss festgehalten werden: »Der Glaube an ein Wunder als Zeichen des schöpferischen Handelns Gottes in der Welt ist qualitativ nicht verschieden vom Glauben daran, dass der radikal von der Welt verschiedene Gott eine materielle Welt ›ex nihilo‹ geschaffen hat.«[151] Diese Aussage steht natürlich diametral der Gedankenführung Weissmahrs entgegen, weil dieser auf dem ontologischen Unterschied zwischen der Schöpfung der Welt aus dem Nichts und einem späteren schöpferischen Wirken Gottes beharrt.

7.3.6 Der depotenzierte Gott und der aufgewertete Mensch

Die Depotenzierung eines Gottes, der nur über die Zweitursachen in seiner Schöpfung tätig sein kann, nimmt deistische Züge an; besonders bei der Theodizee ist ersichtlich, wie der Handlungsradius Gottes erheblich eingeschränkt wird: »Gott kann die Welt nicht umzaubern, und in diesem Sinn kann Gott nicht alles in der Welt tun ... Für die ›Theodizee‹ ... ist indessen die Feststellung, dass Gott in der Welt nicht alles tun kann, äußerst wichtig. Gott ist demzufolge nicht für alles, was in der Welt geschieht, verantwortlich. Obwohl Gottes Pläne letztlich durch nichts vereitelt werden können ... ist er unter gewisser Rücksicht wirklich machtlos in der Welt. Er kann nicht alles Böse in der Welt verhindern ... Zur Ausführung seiner Gedanken bedarf er sogar der Mitwirkung der Geschöpfe, vor allem der Mitwirkung des Menschen.«[152]

Es ist kein geringer Widerspruch, wenn einerseits ständig auf die Transzendenz Gottes, die Wahrung des Gottseins Gottes, verwiesen, andererseits gerade diese preisgegeben wird durch die Behauptung, dass Gott zur Ausführung seiner Gedanken des Menschen *bedarf*. Damit wird eine metaphysische Abhängigkeit Gottes vom Menschen postuliert, die durch das biblische Verständnis von der Souveränität Gottes, der nicht selten seine Gedanken und Absichten gegen den Widerstand der Menschen durchsetzt, nicht gedeckt ist. Es entsteht wieder jener »notvolle« Gott der Aufklärung, der auf den Menschen angewiesen ist. Besonders die protestantische Theologie wird sich mit diesem Verständnis von Gottes Allmacht, in der »die Möglichkeitsbedingung der göttlichen Freiheit in der Welt in der Seinsstruktur der Welt selbst gegeben«[153] und daher »grundsätzlich beschränkt«[154] ist, kaum anfreunden können, zumal in einer von Barth geprägten theologischen Richtung, die das souveräne und persönliche Wirken Gottes in der Welt pointet festhält.

Es wurde gesagt, dass mit der Weissmahr'schen Konzeption eine »Entlastung bezüglich der Theodizeefrage«[155] erreicht wurde. Es scheint aber weniger eine Entlastung als vielmehr ein Ausweichen vor der Schärfe der Fragestellung vorzuliegen. Die Auskunft, dass man den Grund von vielem Leid in der Welt nicht wisse, aber dennoch darauf vertraue, dass in Gottes Sicht alles einen Sinn hat, ist entschieden jener vorzuziehen, dass Gott nicht alles Böse in der Welt verhindern könne. Kurz: Das »Mysterium des Leidens« erscheint zu groß, als dass es auf dem Weg der Zweitursachentheorie derart abgeschwächt werden dürfte.

Die Erfahrung zeigt zudem nicht selten, dass Denker, die eine direkte Intervention Gottes ausschließen, sich nicht an ihre Vorgabe halten, wenn sie sich in Notsituationen befinden. Beim Schrei des Menschen in seiner Not nach dem »Ureinen« und dessen Hilfe ist evident, dass mit der Mächtigkeit Gottes gerechnet wird und man darum weiß, dass er alles ändern könnte, wenn er es wollte! Man wird es sich nicht so leicht wie Weissmahr machen und sagen dürfen, dass man es mit einer vom Leiden überwältigten und deshalb nicht ganz zurechnungsfähigen Fantasie zu tun habe, wenn an die Allmacht Gottes appelliert wird.[156]

Es wird aber nicht nur Gottes Mächtigkeit angetastet, auch das Gottesbild wird verfälscht, wenn dieser nur mehr der transzendentale Grund des Seienden und nicht mehr unvermittelt in seiner Schöpfung präsent ist. Vor dem Geheimnisgrund kann man nur mehr im Schweigen verharren; Gott wird »ineffabile« [unaussprechlich]. Er erscheint seltsam blass, konturenlos, ohne Subjekthaftigkeit und Aktivität; er verkommt zum semideistischen Statisten. Ausdrücke wie »Gott als transzendenter Grund«[157], die jegliche Personalität Gottes vermissen lassen, sich aber in den Konzeptionen eines transzendentalen Verständnisses der Weltwirklichkeit ständig finden, weisen ebenso in diese Richtung wie eine eigentümliche Identifikation und deshalb Auswechselbarkeit der Ausdrücke von »göttlich«, »absolut-transzendent« und »schöpferisch«.[158] Die Auslegung Gottes als Transzendenz des Menschen ist eine überaus doppeldeutige Aussage, »die in Gefahr ist, die Transzendenz Gottes entweder nicht mehr voll wahren zu können oder sie – was bei Rahner eher die Gefahr ist – zu einem namenlosen Geheimnis, in dem der Mensch steht und das er mehr anschweigen als ansprechen kann, zu machen«.[159] Wenn Gott nicht mehr unmittelbar in seiner Schöpfung tätig werden kann, führt dies zur Entwirklichung des Gottesbegriffs. Deshalb ist es kein Theologenstreit ohne Relevanz, wenn eine Auseinandersetzung darüber erfolgt, ob Gott direkt oder nur mittelbar in seiner Schöpfung wirken kann.[160]

Wenn Gott nur mehr durch die Zweitursachen zu handeln vermag, erscheint ferner die Einebnung von Heils- und Weltgeschichte als weitere notwendige Folge. Sehr deutlich heißt es beim späten Rahner: »Die Weltgeschichte bedeutet also Heilsgeschichte.«[161] Natürlich versucht Rahner in seiner Deduktion über das Allgemeine hinaus auf das christlich Besondere vorzustoßen. Dieses Unternehmen – von Ratzinger als »Quadratur des Kreises«[162] bezeichnet – kann ihm aber bei seinen Vorgaben nicht gelingen. Ein Christentum, das nur das reflektierte Allgemeine ist, wird letztlich überflüssig. Die Erfahrung menschlicher Liebe macht die Notwendigkeit von Auswahl und Beschränkung verständlich. Diese trägt in sich eine universale Tendenz, auch wenn sie auf den Einzelnen ausgerichtet ist und nicht auf »Millionen« zielt. In der Wahl des einen erscheint das Ganze in einem neuen Licht. »Der pure Universalismus, die allgemeine Philanthropie (›Seid umschlungen, Millionen‹) bleibt leer, während die ganz bestimmte und unterscheidende Wahl, die auf diesen einen fällt, mir auch die Welt und die anderen Menschen neu schenkt und mich ihnen.«[163] Der Universalismus Gottes bedient sich des Partikularismus der Heilsgeschichte, denn ein »direkter ›Universalismus‹ würde ... die wahre Totalität von Gottes Handeln zerstören, die gerade durch die Auswahl und Wahl (Erwählung) zum Ganzen kommt«.[164] Will man den biblischen Grunddaten von Auserwählung und Sendung gerecht werden, darf der Partikularismus der Heilsgeschichte nicht gestrichen werden.

Mit der Depotenzierung Gottes geht die Aufwertung des Menschen und seiner Möglichkeiten einher. Knoch spricht sogar, wenngleich in Anführungszeichen, aber doch immerhin, von »vollmächtige<n> Menschen«[165], durch welche die Naturwunder vollbracht werden sollen. Das steht in seltsamem Kontrast zur Erfahrung der Ohnmacht und des Ausgeliefertseins, das den heutigen Menschen so oft überkommt. Es ist erstaunlich, zu welchen Aussagen man kommen kann, die weder durch die geschichtliche Erfahrung noch durch die wissenschaftliche Theologie – vor allem nicht eine biblische, die mit der Gefallenheit und Erlösungsbedürftigkeit des Menschen ernst macht und deswegen mitnichten von vollmächtigen Menschen spricht – gedeckt sind, ja nicht einmal vor der ratio bestehen können. Würde man jemand das Attribut einer wie auch immer gearteten Vollmacht zugestehen, wäre er nach Thomas von Aquin nicht mehr menschlicher Wesensart und könnte nur mehr in übertragenem Sinn Mensch genannt werden.[166]

Welche Auswirkungen für die Moraltheologie dieser transzendentale Denkansatz hat, wird bei Fuchs in dessen Aufsatz »Das Gottesbild und die Moral innerweltlichen Handelns«[167] deutlich. Die Transzendenz Gottes wird so sehr betont, dass die säkulare Welt ganz sich selbst überlassen wird. Bezeichnend ist, dass er den Vorwurf abwehren muss, dass Gott als transzendenter Grund dennoch kein deistischer Gott ist.[168] Seine Thesen widersprechen der elementarsten sittlichen Erfahrung. Wenn der Mensch nicht mehr rezeptiv-vernehmend die sittlichen Normen aus der Vorgegebenheit von Welt und Mensch ableiten kann, sondern sie in einem Willensakt hervorbringt, dann wird eine auf solchen Prämissen aufruhende Ethik bei einer radikal voluntaristischen Auffassung enden, »die die in Gott abgelehnte Willkürherrschaft auf den Menschen überträgt«.[169] Entsprechen der menschlichen Person keine absolut geforderten Haltungen und Handlungen mehr, dann wird eine radikaler Historizität und Situationsgebundenheit sich verpflichtend wissende Ethik in beachtlicher Weise das ontologische Fundament der Personenwürde des Menschen unterminieren.[170]

7.4 Zusammenfassende Stellungnahme zur Zweitursachentheorie und künftige Aufgabe

Es war nötig, ausführlich auf Weissmahrs Sicht vom Handeln Gottes in der Welt einzugehen, da seine Theorie heute sehr stark verbreitet ist. Was bei ihm beeindruckt, ist die Geschlossenheit seiner Konzeption. Er trägt sie vor, ohne Abstriche zu machen, und zieht den einmal in Anschlag gebrachten Ansatz konsequent durch. Der Preis dafür ist allerdings zu hoch, als dass man ihn verantworteter Weise zahlen könnte. Die kritischen Einwendungen gegen »systemimmanente« Fehler der Zweitursachentheorie sowie deren unannehmbaren theologische Folgen für die Eschatologie, das Wunderverständnis, das Schöpfungswirken Gottes, ja das Gottesbild überhaupt und die Sicht des Menschen haben dies klar gezeigt.[171] Trotz anderslautender verbaler Beteuerungen kann die Souveränität und Freiheit Gottes angesichts einer ganz säkular gewordenen Welt nicht mehr gehalten werden. Selbst wenn kein Deismus *alter Prägung* wieder aufersteht, so wird doch eine Art Semideismus propagiert, bei dem man Gott als den »stets vollkommen transzendenten«[172] vor den Toren des weltimmanenten Geschehens hält.[173]

Auch bei den anderen Vertretern der Zweitursachentheorie sind Inkonsequenzen und Halbheiten anzutreffen. Sie gehen von der prinzipiellen Gültigkeit dieser Theorie aus, machen dann aber Abstriche davon bei der Menschwerdung Jesu Christi (Knoch), seiner Auferstehung (Knoch und Sudbrack), der eschatologischen Neuschaffung (O. H. Pesch), dem Gnadenhandeln Gottes (Rahner und Sudbrack) und der persönlichen Initiative Gottes beim Wunderhandeln (Rahner und Kasper). *Wenn* der einmal eingeschlagene Weg aber konsequent zu Ende gegangen wird, dann zeigen sich immer wieder die gleichen Grundmuster einer Einebnung von Heils- und Profangeschichte, einer völligen Unbestimmtheit des transzendentalen Subjekts, Gott genannt, und einer Autonomieerklärung des Menschen und der Welt.

Zur Verdeutlichung des eigenen Standpunkts ist es hilfreich, die Begrifflichkeiten vom biogenetischen Grundgesetz und von der Grundregel aus der Biologie aufzugreifen. Es ist die Grund*regel*, dass Gott bei seinem Handeln die Zweitursachen einsetzt, dass er mediante natura wirkt unter Einschaltung der physikalischen und psychologischen Hilfen (sonst würde er die relative Eigenständigkeit seiner Schöpfung nicht ernst nehmen); daraus darf aber kein Grund*gesetz* gemacht werden, an das Gott sich immer halten muss (sonst wäre er nicht Herr seiner Schöpfung). Die »dignitas causalitatis« [Würde der Ursächlichkeit][174], die Gott dem Menschen übertragen hat in der Überschwänglichkeit seiner Güte, ist zu betonen, aber nicht überzubewerten. Bei einer richtig verstandenen Zweitursachenlehre geht es somit, was das Gott-Welt-(Geschichte-)Verhältnis betrifft, um eine Vermittlung, welche die Extreme von Immanentismus und Transzendentismus vermeidet. »Ersterer ist gleichbedeutend mit Verschließung in einen naturalistischen Säkularismus, Letzterer mit Abkapselung in einen weltlosen Supranaturalismus.«[175]

Es besteht also die Notwendigkeit, von einem Handeln Gottes in der Welt zu sprechen, dem eine positive kosmologische Bedeutung zukommt; entsprechende theologische Denkmodelle müssen aber auch dem naturwissenschaftlichen Forschungsstand Rechnung tragen. Wie sowohl bei der Wunderfrage als auch bei den Fragestellungen aus dem Evolutionsbereich angesprochen wurde, ist eine Erneuerung des Schöpfungsglaubens, der auf die verschiedensten Bereiche der Theologie ausstrahlt, hierzu erforderlich. Über dieses allgemeine Postulat hinaus trat die Richtung, auf die hin die denkerischen Anstrengungen gerichtet werden müssen, ebenfalls schon hervor: Es gilt einen Schöpfungsbegriff darzulegen, der in seinen Konsequenzen hineinreicht bis in Materie und Bios. Grundlage eines erneuerten Schöpfungsverständnisses, das heute immer mehr eingefordert wird, wird eine Besinnung auf die personalen Kategorien der Schöpfung sein müssen.[176]

Es ist als eine Einengung des Problembewusstseins hierbei zu betrachten, wenn die Frage nach dem Bedingungshorizont des Handelns Gottes in der Welt faktisch fast immer nur beim Wunder und der Evolution erörtert wird. Es ist angebracht, nach dem vom Menschen täglich erfahrenen Dasein und Wirken Gottes zu fragen, anstatt sich exklusiv auf das Außerordentliche oder Besondere zu fixieren.[177] Die zu erforschende Wirklichkeit muss Kriterien für eine angemessene Sprache liefern.

7.5 Die Schöpfungsintention eines convivium Gottes mit den Menschen

Die Schöpfungsintention muss wieder mehr beachtet werden: Schöpfung ist nicht so sehr Bereitstellung von Welt für endliches Sein und Handeln, sondern angelegt auf die Eröffnung einer Lebensgemeinschaft Gottes mit den Menschen, »sodass Gott *in* ihr und also *beim* Menschen, und der Mensch gleichfalls *in* ihr und also *bei* Gott angetroffen wird resp. sich selbst antrifft«.[178] Was uns für den Menschen als selbstverständlich erscheint, nämlich dass er auf Gott hin geschaffen ist und nur in ihm seine Erfüllung finden kann, gilt auch für die ganze übrige Schöpfung. Beide haben eine konkave Struktur der Empfänglichkeit auf ihren Schöpfer hin. Die Welt ist gerade nicht als ein festgefügtes Haus, eine präzis ablaufende Weltmaschinerie, sondern als »Raum« zu verstehen, der auf die Kommunikation Gottes mit dem Menschen hin konzipiert wurde; auch aus exegetischer Sicht wird das heute hervorgehoben.[179] Schöpfung ist somit nicht in erster Linie unter dem Aspekt des partizipativen con-esse [Mit-seins], sondern des con-vivium [Mitlebens] mit Gott zu sehen, denn wenn die Liebe Gottes der Grund für sie ist, dann ist von vornherein anzunehmen, dass er in sie auch Möglichkeiten der unmittelbaren Begegnung mit sich eingeschaffen hat und dass sie auf sein weiterführendes Wirken hin offen ist: »Geschaffenes ist ja, wenngleich *aus* Gott, so nicht Gott-*Ent*lassenes.«[180] Diese Gedanken sind sicher nicht neu, müssen heute aber wieder verstärkt eingebracht und begründet werden.

Wie der Schöpfungsbericht zeigt, hat die gesamte Schöpfung eine dialogische Struktur. In den einzelnen Phasen der Entwicklung gehen immer wieder neue Impulse von Gott aus, die zu Antworten herausfordern. Die höherführende Schöpfung geschieht unter der Ausprägung einer immer größeren Qualität der Freiheit, die beim Menschen einen Höhepunkt erreicht. Das göttliche Schöpfungswort stiftet Gemeinschaft und Kontinuität, »denn wenn die Schöpfung durch das Wort Gottes wurde, muss sie gegenüber diesem Wort immer offenbleiben und kann sich so niemals der Reichweite des Wortes, durch das sie begründet wurde, entziehen«.[181] Zwischen Protologie [philosophische Lehre von den »ersten Dingen«] und Soteriologie [Lehre von der Erlösung des

Menschen] ist in der Heiligen Schrift eine starke Verknüpfung hergestellt. Die Wahrheit von der weitergehenden Schöpfungstat Gottes in der Heilsgeschichte kommt dadurch, wie wir schon gesehen haben,[182] zum Ausdruck. Rad spricht bei Deuterojesaja sogar von einer »Koinzidenz der beiden Schöpfungswerke«.[183] Die Schöpfung ist somit keineswegs abgeschlossene Vergangenheit, sondern ist offen auf ein weiterführendes Heilshandeln Gottes. Die Einheit von Schöpfung und Erlösung in Christus ist auch für das Neue Testament eine fundamentale Vorstellung. Die Formeln von der »neuen Schöpfung« (Gal 6,15) und vom »neuen Geschöpf« (2 Kor 5,17) zeigen, dass der Mensch in Christus neu geschaffen worden ist, dass Gott sein schöpferisches Handeln fortsetzt. Die gnadenhafte Überhöhung des Menschen zur Gotteskindschaft setzt voraus, dass er dieser Überformung überhaupt fähig ist. Heils- und Naturordnung sind deshalb zwar unterschiedliche, »aber nicht voneinander trennbare Bereiche des Handelns Gottes. Sie sind in ihrer jeweils spezifischen Weise rückgegründet in der die Gesamtheit der Welt umgreifenden Schöpfermacht und weisen auf ihren letztlich nicht mehr erklärbaren Hervorgang aus Gott hin.«[184] Aus diesem Verständnis einer auf ein con-vivium Gottes mit den Menschen angelegten Schöpfung ergeben sich für die Vorsehungslehre Konsequenzen formaler und materialer Art.

Wenn Schöpfung nicht in erster Linie ontologisch betrachtet werden soll, hat dies formale Auswirkungen auf die Einordnung der Vorsehungslehre. Es empfiehlt sich, dieses Lehrstück, entgegen der traditionellen Anordnung in den einschlägigen dogmatischen Abhandlungen, in die Schöpfungs- und nicht in die Gotteslehre einzusortieren. Erstere ist geeigneter als Letztere, den Bezug auf Welt und Geschichte mitzubedenken.[185]

Gerade für die Vorsehung ist es wichtig zu betonen, dass die Schöpfung nicht abgeschlossene Vor-Gegebenheit, ein für alle Mal empfangene Gabe ist, sondern stetes Angeboten-, Gefügt- und Gegebenwerden, denn die Dinge verhalten sich, wie schon aufgezeigt wurde,[186] um den glaubenden Menschen anders als um jemand, der nicht mit den Möglichkeiten Gottes rechnet. Den Glaubenden wird das für ihr leibliches und seelisches Wohl Notwendige in überreichem Maß zu-gefügt. Die Gegebenheiten der Schöpfung sind variabel auf den hin, der sich Gott anvertraut. Das setzt wiederum einen Schöpfer-Gott voraus, der in unvermittelter Direktheit am Werk ist. Die Schöpfung ist in seinen Händen formbar auf den Menschen hin.

Auch wenn die Schöpfung angelegt ist auf die Eröffnung einer Lebensgemeinschaft Gottes mit den Menschen, so muss doch daran festgehalten werden, dass die Verherrlichung Gottes erstes und oberstes Ziel des göttlichen Vorsehungshandelns ist. Wie sich die Zeiten diesbezüglich doch ändern können! Der von Klee[187] oder noch von Pohle[188] klar als sekundär eingestufte Zweck der Weltregierung Gottes, nämlich Menschen zum ewigen Ziel zu führen, hat heute eine solche Dominanz erhalten, dass der erste der Verherrlichung Gottes im Vergleich dazu fast völlig verschwunden zu sein scheint. Die von Descartes und Kant markierte Linie, wonach der *einzige* Schöpfungszweck in der Begnadung der Vernunftwesen liegt, hat sich fast völlig durchgesetzt. Gegen diese Sicht sind aber gravierende Einwände biblischer und systematischer Art einzubringen, die zu einer Korrektur nötigen.

Es ist ein biblisches Grunddatum, das auch von der Lehre der Kirche festgehalten wird, dass Gott nicht nur des Menschen, sondern der Ehre seines Namens wegen, der sonst entweiht würde, handelt.[189] Die Heilsgeschichte zeigt, dass ein Weg in den Abgrund sich auftut, wenn Gott die schuldige Ehre nicht erwiesen wird. Der Einwand, dass man in Gott einen Egoismus hineintragen würde, wenn in der Abfolge der Schöpfungszwecke die Verherrlichung Gottes als erstes Ziel festgehalten wird, verfängt nicht.[190] Es muss bedacht werden, dass Gott als das vollendete Wesen nicht hätte schaffen brauchen. »So kann der erste Schöpfungszweck tatsächlich nicht die Begnadung oder die Begabung des Geschöpfes sein, sondern muss in der Verherrlichung Gottes liegen.«[191] Dennoch sind die beiden Schöpfungsintentionen aufs Engste miteinander verbunden, wie eine Reflexion auf die Schöpfungstage zeigt. Der siebte Tag ist als herausgeschnittene Zeitspanne zu begreifen, die auf andere Dimensionen und Möglichkeiten verweist als Manna und Wachteln. Im Vergleich zu den Werktagen ist er »Abschied und Abkehr *von* diesen Tagen, um frei zu sein für die Begegnung mit dem Geber der Gaben und dem Ur-Grund des Lebens«.[192] Die Hinwendung des betenden Menschen zu seinem Schöpfer, den er für seine Werke preist, zeigt sich deshalb als eigentliches und letztes Schöpfungsziel. Gott wird somit dann verherrlicht, wenn wir seine Liebe erkennen und darauf Antwort geben. Seine

Handeln Gottes 205

Verherrlichung und unsere Begnadung sind aufeinander hingeordnet. Hier gilt wieder jene »Gesetzmäßigkeit«, wonach die Hingabe an Gott das Geschöpf nicht in eine unwürdige Sklavenhaltung drückt, sondern es erst ganz zu sich selbst und damit zu seiner Erfüllung kommen lässt.

Nach dieser grundsätzlichen Darlegung der Welt als Schöpfung und »Raum« der Kommunikation Gottes mit dem Menschen ist es nun möglich, das Handeln Gottes selbst in den Blick zu nehmen; es soll von personalen Kategorien her erschlossen werden.

7.6 Die personalen Strukturen der Schöpfung und das personale Handeln Gottes in der Welt

Es liegt nahe, sich zunächst auf das personale Gepräge der Schöpfung überhaupt zu besinnen; dieser Aufweis allein entlässt aus sich schon weitreichende Folgen. Der johanneische Logosbegriff – er ist als Weiterentwicklung der alttestamentlichen Vorstellung vom personifizierten Gotteswort und der hypostasierten Sophia zu sehen – eignet sich dafür. Als »Leben« und »Licht« der Menschen (Joh 1,4) ist der Logos Quelle aller übernatürlichen Heilsgüter wie überhaupt das Ziel der ganzen Schöpfung auf dem Weg zu ihrer Vollendung.[193] Christus ist das exemplarische Urbild oder die Idee, durch die und auf die hin alles geschaffen wurde. »Die heutige Theologie muss versuchen, den Gedanken der Urbildlichkeit Christi für die Schöpfung noch tiefer zu erfassen.«[194] Was in der Tradition über die Idee oder die Ideen geäußert wurde, muss sozusagen personalisiert werden, wenn der präexistente Gottessohn Inbegriff dieser Ideen ist.

Die Welt trägt personales Gepräge, näherhin das des Gottmenschen. Die Geschöpfe haben teil an der göttlichen Ausdrucks-Funktion des Logos. Die geschaffenen Wesen spiegeln, wenngleich in endlicher und vereinzelter Weise, »die unendliche Vollkommenheit des Offenbarungsausdrucks Gottes wider, der im Mensch gewordenen Logos Gestalt angenommen hat«.[195] Die ganze Schöpfung erscheint in dieser Perspektive als Sinnbild für Gottes Schöpfertum. Mit diesem personal-christologischen Schöpfungsansatz ist es möglich, die ungeheure Fülle und Vielfalt der Formen der sichtbaren Schöpfung nicht im utilitaristischen Sinne aus der Notwendigkeit der Arterhaltung oder biochemischen und physikalischen Gesetzmäßigkeiten *allein* herzuleiten (und sich in unhaltbare Widersprüche zu verwickeln), sondern sie als Ausdruck eines Gestaltungsgesetzes zu begreifen, »das letztlich seinen Grund in einer Idee haben muss, in einem höheren Logos, der für den Gläubigen Christus ist«.[196] Auf diese Weise lassen sich viel ungezwungener Beobachtungen in der Natur einordnen, anstatt sie in unglaubwürdiger Weise rein pragmatisch zu deuten. Die Erträge der Forschung Portmanns mit dem von ihm geprägten Begriff der Selbstdarstellung alles Lebendigen weisen in einer beeindruckenden Weise auf eine höhere Sinngebung der Schöpfung hin.[197] Es lässt sich auch folgern, dass infolge der Erschaffenheit und bleibenden Gegenwart Gottes in allem ein gewisser Geheimnischarakter der Natur bleiben wird, der rationaler Aufhellung nicht zugänglich ist und dauernd vor unserer Belichtung in das Dunkel zurückweichen wird.[198] Es wäre ferner eine Korrektur zur Geistesgeschichte der Neuzeit möglich, in der die Natur reduziert wurde auf eine res extensa, eine dem Menschen gegenüberstehende ausgedehnte Sache, und wiedergeknüpft an die griechische Vorstellung vom Kosmos, wonach dieser zuerst Schönheit, Ordnung und Ausgewogenheit und nicht Gesetzlichkeit und Funktionalität bedeutet.

Das Handeln Gottes in der Welt ist – so zeigen es die Offenbarungsurkunden – dasjenige eines in personaler Unmittelbarkeit Agierenden. Es kann mit der Kategorie der Ursache nicht adäquat eingefangen werden, denn es gibt eigentümliches personales Wirken, das mehr oder anders ist als ursächliches Wirken. Eine Reflexion auf die Eigenart personaler Vollzüge soll dies verdeutlichen, denn zwischenmenschliche Erfahrungen im gegenseitigen Umgang miteinander sind ein schwaches Abbild der personalen Weisen von Gottes Handeln und Wirken.

Niemand kann einem Naturding sich »öffnen« oder einer Pflanze »begegnen«. Personale Akte der Liebe, Reue und Verantwortung sind nur anderen Personen gegenüber möglich. Zur Wirksamkeit personal gerichteten Selbstvollzugs gehört ferner seine Nichtdelegierbarkeit; er ist nur im unmittelbar-persönlichen Tun realisierbar. Über die kausal-naturalen Gesetzlichkeiten hinaus tritt ein neues Moment, das der personalen Freiheit, hinzu. Der Adressat befindet darüber, ob er sich betreffen lässt, auf ein Angebot eingeht. Bei personalen Vollzügen entstehen neu ins Sein tretende Realitäten, die sich auch empirisch nachweisen lassen;[199] auf sie kommt es in unserem Zusammenhang an. Aus unserem Lieben als ein wirkliches und wirksames Tun kann dem anderen Kraft und Freude erwachsen. Auch sonst ist die Liebe eine Kraft in der Welt, die eine Wirkung hinterlässt, wie etwa die Sorge einer liebevollen Mutter um ihr krankes Kind zeigt. Die das Kind betreuende Mutter vermag allein schon durch ihre Anwesenheit oft mehr als noch so gute Medikamente zur Heilung beizutragen; es ergeben sich Wirkungen beim Adressaten, die bis ins das empirisch Erfassbare hineinreichen. Im realen und freiwilligen Sich-betreffen-Lassen vom Schicksal des anderen kann diesem Kraft zuteilwerden, sein Leid anzunehmen und zu bewältigen. Mit-Leiden, das dieses Wort verdient, ist somit »das glatte Gegenteil von Passiv-Sein; es ist eine eminent aktive Weise eines personalen *Tuns*, Wirkens, das sich gerade auch im *anderen* auswirkt, also ein transeunter freier Akt«.[200] Mitgeteilte Freude und mitgeteiltes Leid sind, mögen sie auch noch so zeichenhaft sein, Wirklichkeitsmitteilung, wobei der Adressat an der Wirkung wesentlich daran beteiligt ist, indem er darüber befindet, ob er die angebotene Hilfe annimmt. Die freie Betreffbarkeit einer Person durch eine andere steht somit jenseits und über dem, was mit Ursächlichkeit beschrieben wird.[201]

Das Phänomen der Erbauung weist in die gleiche Richtung. Von einer Musikaufführung kann jemand noch tagelang zehren.[202] Die physikalischen Realitäten der Musik sind das Vehikel für ein personal gewirktes und zu eigen besessenes Sein, das man »Erbauung« nennt. Neues Sein, das vorher nicht da war, neue Lebendigkeit wird vermittelt. Diese Mitteilung erfolgt in einem eigentümlich-personalen Sinn und ist nicht als »physikalische Diffusion« zu verstehen. Dadurch können Wirklichkeiten entstehen, die nicht mehr nur materieller, sondern personaler und geistiger Art sind. Die Naturgesetze werden hierbei nicht nur nicht ausgeschaltet, sondern sind erst die Ermöglichung von Freiheit und Indienstnahme.[203]

Was für personale Handlungsvollzüge gilt, ist in ähnlicher Weise für die Beziehung Gottes zur Welt und zum Menschen aussagbar. Die Kategorie der Ursache, in durchaus metaphysischem Sinn verstanden, ist immer nur ein Teil und nicht einmal der bedeutendste der Schöpfer-Geschöpf-Wirklichkeit. »Es ist nicht einzusehen, was dem metaphysisch oder wie immer im Wege stehen sollte, Gott *als Gott*, gleichsam über sein Schöpfer-Sein hinaus, *in* der Welt und in ihrem Geschehen dasein und wirken, auch mit-wirken zu lassen.«[204] Der Gottesname Jahwe hebt – wie in der Theologie erkannt wurde – nicht auf eine Definition des Wesens Gottes im Sinne einer griechischen Seinsphilosophie ab, sondern ist Zusage der personalen Nähe und des Geleits. Gott definiert sein Sein frei als ein mit den Israeliten In-Gemeinschaft-Sein. Er verspricht, mit seinem Volk zu sein bzw. seinem auserwählten Führer. Die Heilige Schrift drängt nicht nur an dieser Stelle darauf, die Geschichte des Menschen von Gott her zu begreifen und in ständiger Verbundenheit mit ihm zu sehen; sie bestätigt fast auf jeder Seite, dass Gott in personaler Unmittelbarkeit in Schöpfung und Heilsgeschichte am Werk ist: Er beruft Menschen, die er in seinen Dienst holt, weckt den Geist, bei wem er will, und führt seine Pläne durch. Der Sinn von Geschichte offenbart sich erst vom bleibenden und persönlichen Da- und Mit-Sein Gottes mit seiner Schöpfung. Es entsteht für Gott zwar keine naturale Notwendigkeit (necessitas), für den Menschen zu handeln, wohl aber ein Gebundensein personaler Art durch das einmal gegebene Wort. In ähnlicher Weise wie beim Personalgeschehen zwischen Menschen tritt deshalb das freie Aktuieren Gottes auf das Geschöpf hin nicht kausal-unweigerlich ein, sondern es »entscheidet« sich an dessen Mitwirkung.[205] Der personale Ansatz ist auch für die Wundertheologie relevant. Dort wurde festgestellt, dass der vom technischen Denken geprägte heutige Mensch in der Versuchung des Machbarkeits- und Konkurrenzdenkens zu Gott steht. Das Wunder ist für seine Weltvorstellung des Funktionalen und jederzeit Abrufbaren sperrig.[206] Ähnlich wie Gott den Menschen nicht zwingt, muss auch dieser einsehen, dass er über das Geheimnis Gottes nicht verfügen kann.

Eine umfassende Ausarbeitung, welche das Handeln Gottes von den Kategorien des Personalen her verständlich zu machen versucht, steht noch aus; vieles wäre noch zu klären. Dennoch dürften diese Ausführungen gezeigt haben, dass das Schöpfer-Sein Gottes viel deutlicher als bisher nicht nur unter der Kategorie der Ursächlichkeit, sondern aus dem personalen Engagement Gottes seiner Gesamtschöpfung gegenüber gesehen werden muss. Ein unmittelbares Anwesendsein und Handeln Gottes erscheint von personalen Erfahrungskategorien her plausibel.

Geklärt werden muss noch, wie ein außerordentliches Handeln Gottes im Wunder und in Fügungen der Vorsehung auf Theorieniveau zu fassen ist. In der Theologie wird zwar die Bedeutung der Erkenntnisse aus der Quantenphysik allgemein erkannt, wenn es aber darum geht, Modelle für das Handeln Gottes in der Welt vorzulegen, sieht man oft in erstaunlicher Weise davon ab. Im folgenden Abschnitt soll dies vermieden und versucht werden, beides zusammenzubringen.

7.7 Das Konzept der schöpferischen Impulse

Die Behauptung, dass ein Gott, der unmittelbar in der Schöpfung tätig ist, eine von ihm gesetzte Ordnung nicht respektieren würde, ist alt, wird aber immer wieder aufs Neue vorgetragen. Schon vor der eigenmenschlichen Erfahrung der Synthese von Freiheit und Notwendigkeit erscheint die Aussage, dass Gott sich durch die Naturgesetze eine Grenze gesetzt habe, die er nicht überschreite, unzureichend und irreführend: »Auch hier steht Notwendigkeit bzw. Determinismus nicht schlechthin im Gegensatz zur Freiheit, sondern ist vielmehr ihre Voraussetzung. Das freie Handeln setzt die deterministischen Naturgesetze nicht außer Kraft, sondern baut auf sie auf und benützt sie.«[207] Personal-freies Wirken in der Welt und Naturgesetze sind deshalb kein Widerspruch. Was für das Geist-Leib-Verhältnis zutrifft, gilt weithin für die Beziehung Gott-Schöpfung, denn hierbei geht es ebenso um die Frage der Relation von Geist und Materie. Entsprechend sind die Naturgesetze kein für Gott ausgegrenztes Gebiet, das einen »Ohnmachtsbereich« Gottes umreißt.

7.7.1 Das Steuerungsmodell in seiner theologischen Relevanz

In diesem Zusammenhang wird gern auf eine »Schichtenlehre« verwiesen, wonach die einzelnen Seinsbereiche auf den jeweils höheren hingeordnet sind.[208] Jeder bleibt in seiner eigenen Gesetzlichkeit und wird doch vom übergreifenden in Dienst genommen. (Eine Naturphilosophie wird also dafür offen sein müssen, dass es Seinsbereiche gibt mit jeweils nur in ihnen geltenden Gesetzlichkeiten, ohne dass diese grundsätzlich von anderen getrennt wären.) So gelten in der Makrophysik eigene Regeln, die sich von denen der Mikrophysik unterscheiden. Die Organismen nehmen die Materie in ihren Dienst, das Organische wird durch die menschliche Person aufgenommen. Das Höhere, das sich nicht als nur kompliziertere Form des Niedrigen verstehen und von daher erklären lässt, prägt das Niedrigere, das bewahrt und überboten wird. Diese Einsichten trug Hettinger schon im letzten Jahrhundert in seiner »Apologie des Christenthums« mit fast den gleichen Formulierungen wie heute vor.[209]

Angesichts etlicher empirischer Beobachtungen bedarf dieses »Schichtenmodell«, wonach sich eine höhere Wirklichkeitsform einer niedereren bedient, ohne die Gesetzlichkeiten der Letzteren aufzuheben, einer Modifizierung. Von der modernen Halbleitertechnik her weiß man, dass bei manchen Anordnungen die Wirkung eines einzigen Elektrons genügt, eine Zustandsänderung des Gesamtsystems herbeizuführen. Ähnliches gilt für unsere Nervenkausalität, die von Impulsen getragen wird, deren Auslösung vom Überschreiten einer bestimmten Schwelle abhängt. Kleine quantenmechanisch gesteuerte Ursachen lösen hierbei große Wirkungen aus. Einen solchen Vorgang, bei dem ein Mikroprozess entscheidend in ein Makrosystem eingreift, nennt man Steuerung. Die von Jordan aufgestellte Theorie der Verstärkerwirkung besagt, dass es Steuerungsgefüge gibt, welche – mit Verstärkeranlagen vergleichbar – es ermöglichen, »dass gewisse, grobe, große, mit erheblichen Bewegungen oder Umsetzungen von Massen oder Energien verbundene Vorgänge abhängig sind von dem Verlauf anderer, viel feinerer Vorgänge«.[210] Es besteht deshalb die Möglichkeit, dass aufgrund nur geringfügiger Änderungen im mikrophysikalischen Bereich durch Auslösung einer Kettenreaktion im Organismus Veränderungen hervorgerufen werden. Man hat es zwischen dem Mikro- und Makrobereich also nicht nur mit einem fließenden Übergang, sondern auch mit einer Einflussnahme durch Steuerungsprozesse des Ersteren auf den Letzteren zu tun. »Demzufolge kann die durch die Quantenmechanik eingebrachte Problematik der Naturgesetze grundsätzlich aus dem Makrobereich nicht ganz ausgeschlossen werden.«[211] Mit Verweis auf Jordan und Heitler, die eine ähnliche Position einnehmen, fällt für Rawer auch der Bereich des Lebendigen unter die Ausnahme der Steuerung aus dem Mikrobereich und ist damit der strengen Kausalität der klassischen Physik entzogen.[212]

Diese Erkenntnisse führen zu einer beachtlich anderen Sicht der Lebewesen und der bei ihnen ablaufenden Funktionen. Die mikrophysikalischen und die davon abhängigen chemischen Vorgänge laufen bei diesen anders als in der unbelebten Materie. Der Grund dafür liegt in der »Seinsmacht des Lebens ... das die Fähigkeit hat, diese Vorgänge zu beeinflussen«.[213] Die höhere Seinsschicht verleiht aufgrund der ihr eigenen Formkraft der niederen eine neue Formung und lässt nicht zu, dass jene ganz zu der ihr eigenen Ausprägung kommt. »Die organische Natur funktioniert deswegen nach anderen Gesetzen als die anorganische, weil sie selbst etwas anderes ist: Die höhere Schicht greift nicht in die fertige niedrigere Schicht ein, um deren Gesetze zu durchbrechen, sondern sie formt sie schon in ihrer Konstitution des betreffenden organischen Wesens nach der ihr eigenen Weise ... Somit besteht die Wirklichkeit nicht aus in sich abgeschlossenen Schichten, die aufeinander aufbauen, wobei die jeweils untere in ihren Gesetzen unangetastet bliebe. Die Schichten sind nicht ›übereinander‹, sondern ›ineinander‹. Die jeweils höhere reicht in ihrer Formkraft in die niedrigeren hinein, und zwar bis zu den niedrigsten hinunter.«[214] Die Ineinanderlagerung der Schichten ist aus heutiger naturwissenschaftlicher Sicht eine Korrektur der Annahme voneinander relativ stark getrennter Schichten. Die Formkraft der obersten Ebene reicht in ihren Auswirkungen bis in die subatomaren Vorgänge hinein.

Damit ist aber offensichtlich ein ideales Modell geliefert, wie man sich das Wirken eines von Gott mitgeteilten neuen Seinsaktes vorstellen kann, der immer dann postuliert werden muss, wenn in der Entwicklung neue Ganzheiten und Typen auftauchen. Dieser wirkt in materielle Vorgegebenheiten hinein und prägt sie durch die eigene Formkraft um, selbst wenn damit das nähere Wie weiterhin im Dunkeln bleibt.[215] Dass die Natur auf solche übergreifenden Formungen hin offen ist, lässt sich aus vielen Beobachtungen aus der Empirie gültig erhärten und theologisch einwandfrei vertreten, wenn man die Welt im oben dargelegten Sinn als Schöpfung Gottes annimmt in ihrer seinsmäßigen und bleibenden Verwiesenheit und Offenheit auf den Schöpfer hin. Man hat es bei diesem Theoriemodell mit einem Impuls zu tun, der von »oben« kommt und »unten« ansetzt; von »oben«, weil von Gott kommend, von »unten«, weil von den atomaren Gegebenheiten her wirkend. Dem naturwissenschaftlichen Forschungsstand wäre voll Rechnung getragen, da auch dieser von der Quantenmechanik her eine grundsätzliche Offenheit und Unbestimmtheit des natürlichen Geschehens vertritt; der mitgeteilte schöpferische Impuls würde daran anknüpfen, wäre aber nicht als solcher schon identisch mit dem indeterministischen Geschehen.[216]

7.7.2 Die Seinsaktmitteilung beim Wunder- und Fügungswirken Gottes

Weissmahr hat das Konzept der transzendentalen Selbstüberbietung, das Rahner für die Entstehung der Geistseele des Menschen, die »Hominisation« und das evolutionäre Geschehen überhaupt angewandt hatte, für das Wunder, ja jegliches Handeln Gottes in der Welt übernommen und philosophisch-theologisch begründet. Diese Vorgehensweise ist dadurch legitim, weil kaum angenommen werden kann, dass Gottes Handeln bei der Evolution eine eigene Klasse für sich darstellt, die nicht durchsichtig wäre auf das Tätigwerden Gottes in der Welt überhaupt. Bei den folgenden Ausführungen zum Handeln Gottes in der Welt allgemein und beim Wunder speziell wird ähnlich wie bei Weissmahr vorgegangen, nur dass das aus den dargelegten Gründen besser geeignete Modell eines dynamischen Kreationismus, so wie Hengstenberg es vorgelegt hat, als Ausgangsbasis genommen wird. Es ist hervorragend für diese Übertragung geeignet.

Das für das evolutive Geschehen entwickelte Theoriemodell Hengstenbergs ist auch deshalb für das Wunder von Belang, da dieses nicht unbedingt eine Aufhebung und Störung der Naturordnung sein muss, sondern eine andersgeartete Realisierung, Verknüpfung und Verwertung ihrer Bedingungen darstellen kann. Scheffczyk spricht beim Naturwunder in theoretischer Hinsicht von einer Überbestimmung der geschöpflichen Kräfte durch Gott.[217] Schon bei Thomas von Aquin kann man hierzu einige sehr modern klingende Äußerungen finden: »Obwohl nun diese Wunder außerhalb der Ordnung der Zweitursachen geschehen, kann man dennoch nicht sagen, sie seien schlechthin gegen die Natur, weil die naturhafte Ordnung eben dies einschließt, dass das Niedere den Tätigkeiten des Höheren unterworfen ist ... So entspricht also das, was infolge der Tätigkeit Gottes bei den Geschöpfen eintritt, obwohl es gegen die teilmäßige Natur (contra particularem ordinem) der Zweitursachen zu sein scheint, dennoch der allgemeinen Ordnung der Natur. Also sind Wunder nicht gegen die Natur.«[218] Wenn man bei der Evolutionstheorie einmal akzeptiert hat, dass ein von Gott mitgeteilter und vom Geschöpf dann vollzogener Seinsakt kraft der ihm innewohnenden Formkraft zu einer Umdisponierung des genetischen Materials führt, dann wird man dieser Argumentation, wenn man sie auf das Wunder überträgt, die innere Logik kaum absprechen können.

Auf theoretischer Ebene sind mehrere Auswirkungen vorstellbar. Ein mitgeteilter Seinsakt kann, wie bei der genetischen »Neuformierung«, natürliche Abläufe in eine bestimmte Richtung lenken, die von den naturalen Vorgegebenheiten her zwar grundsätzlich möglich, aber äußerst unwahrscheinlich sind. Damit wäre man auch nicht mehr genötigt, den Zufall in unglaubwürdiger Weise überzustrapazieren: Er wäre als Grenzfall des Möglichen gewollt. Die Denkschemata der klassischen Naturwissenschaften, die auf das Entweder-oder von »determiniert kausal« oder »indeterminiert zufällig« hinausliefen, gelten heute nicht mehr. Ein differenziertes Denken hat gezeigt, »dass es nicht determinierte Geschehnisse gibt, die dennoch nicht als zufällig bezeichnet werden können«.[219] Man hat es weder mit einer determinierenden Programmierung, wie beim deterministischen Weltbild, noch mit einer Häufung von Zufällen, wie der Neodarwinismus versichert, sondern mit einer »Antwort auf einen herausfordernden Anruf des Schöpfers«[220] zu tun. Man steht mit dem Konzept der Schöpfungsimpulse Gottes somit jenseits von Zufall und Notwendigkeit. Wenisch verweist in diesem Zusammenhang auf das Wettergeschehen, dem Gott – als Antwort auf das gläubige Gebet von Menschen – eine neue Richtung verleihen kann als einer »neuen Wirkspannung im Seinskern des Geschöpflichen, wobei dieser Seinskern bei der anorganischen Materie sicher im Mikrobereich zu suchen ist«.[221] Dies wäre zu denken als eine »Bewegung« von innen her auf eine vom Geschöpf oder der Materie herbeizuführende Wirkung. Im naturwissenschaftlichen Sinn wäre bei diesem Beispiel ein Wirken Gottes nicht aufweisbar, denn es könnte sich um die Realisierung einer möglichen, wenngleich unwahrscheinlichen natürlichen Konstellation handeln. Gott kann also ganz unauffällig schöpferisch tätig sein, ohne dass dies eigene Beachtung erfahren müsste. Denkbar ist aber auch, dass infolge eines mitgeteilten Seinsaktes naturale Gegebenheiten nicht in der Weise zur Ausprägung kommen, wie es sonst üblich ist; der Seinsakt könnte katalysierend oder retardierend wirken. Analogien zur Verdeutlichung hierfür gibt es genügend in der Technik und der Medizin.[222]

Die Anwendung auf das Wunder legt sich nahe. Es gibt nämlich Indizien dafür, dass sogar spektakuläre und als augenblicklich bezeichnete Heilungen nicht in jedem Fall ganz an den natürlichen Gegebenheiten vorbeigehen.[223] Es bleiben nicht selten gerade auch bei außerordentlich schnell verlaufenden Heilungen Narben oder sonstige Spuren der Krankheit zurück. Warum wirkt Gott das Wunder nicht »ganz«, wird man sich wohl fragen. Wenn er schon bewirken kann, dass unheilbar Kranke von einem Augenblick auf den andern geheilt werden, wäre es doch nur eine Kleinigkeit, nicht einmal Spuren der Krankheit zurückzulassen. Offensichtlich soll damit angezeigt werden, dass der Heilungsvorgang, mag er noch so ungewöhnlich sein, nicht völlig an den psychosomatischen Vorfindlichkeiten vorbeigeht. Die »umständliche« Heilung eines Blinden bei Betsaida (vgl. Mk 8,22–26) mag ebenfalls in diese Richtung weisen: Eine zweite Handauflegung Jesu ist notwendig, nachdem eine erste Therapie das Sehvermögen nicht in befriedigender Weise wiederhergestellt hatte. Trotzdem wird man nicht bloß, wie es oft geschieht, von einer Beschleunigung natürlich ablaufender Heilungsprozesse sprechen dürfen. Die Heilung setzt nämlich oft ohne die gewöhnlich dafür erforderlichen natürlichen Voraussetzungen ein.[224]

Schöpferisches Handeln ist auch hier transzendental und kann nicht unter die kategorialen Wirkungen eingeordnet werden. Deshalb verfängt ebenso wie bei der Evolutionsproblematik der Einwand nicht, dass ein »Eingreifen« Gottes im Sinn eines unmittelbar-direkten Handelns den Glauben erzwingen und damit die freie Entscheidung des Menschen aufheben würde.[225] Nur in dem dargelegten Sinn kann man *in gewisser Weise* und vorsichtig von der Selbstüberbietung geschöpflicher Kräfte sprechen, denn das Geschöpf vermag aufgrund des mitgeteilten Seinsaktes tatsächlich mehr und anderes, als ihm sonst möglich ist.[226] Über den seinserhaltenden concursus hinaus ist Gott seinssteigernd am Werk.

Wenn Gott aus den Zweitursachen jene Offenbarungsgestalten »komponiert«, durch welche die Begegnung mit den Menschen stattfindet, dann müssen auch Fügungen in irgendeiner Weise am besonderen, wunderbaren Charakter teilhaben, der die Offenbarung kennzeichnet, dann müssen auch sie mit dem Konzept der Mitteilung eines neuen Seinsaktes beschreibbar sein.[227] Sicher mag es dabei breite Zonen des Übergangs zwischen »natürlich« und »wunderbar« geben, aber Gott ist offensichtlich immer als »Mitspieler« zu betrachten, wie die theophanen und soteriologischen Momente der »providentiellen Fakten« zeigen. Es kann bei einer Fügung ein Wunder im strengen Sinn vorliegen, das einen schöpferischen Impuls notwendig macht, selbst wenn dieser nach außen hin gar nicht erkennbar ist.[228] Dies ist als Ergänzung zu dem beim Wunder über die Fügung Gesagten zu sehen. Dort wurde festgestellt, dass Gott nicht erwartete staunenerregende Möglichkeiten realisieren kann, ohne dass man von einem Durchbrechen der Naturgegebenheiten sprechen müsste. Beim Exodus-Geschehen können so manche Wunder ganz natürlich erklärt werden. Umgekehrt besteht aber auch die Möglichkeit, dass einige Fügungen, die gar nicht spektakulär erscheinen, echte Wunder im strengen Sinn sind.

Das Bisherige zusammenfassend lässt sich sagen, dass Gott in einem fort die Heilsgeschichte durch schöpferische Impulse vorantreibt, um dadurch dem Menschen zu begegnen. Nur in der Weise der Mitteilung eines actus essendi [Seinsaktes] wird man den empirischen Beobachtungen theologisch gerecht. Die Schulmedizin kann darauf verweisen, dass bestimmte Schäden ihre Zeit zum Auskurieren brauchen. Hieraus lässt sich bei einer unerwarteten und schnell sich vollziehenden Heilung die Notwendigkeit eines schöpferischen Impulses folgern, der Möglichkeiten in sich trägt, die jenseits unseres Wissens um natural ablaufende Vorgänge liegen. Bei etlichen Heilungen weisen zurückbleibende Spuren der früheren Erkrankung darauf hin, dass der mitgeteilte Seinsakt vom Geschöpf selbst vollzogen wird.

Lassen sich aber alle Wunder in dieser Weise »erklären«? Sicher nicht! Die deutlichen Grenzen dieses Erklärungsansatzes dürfen nicht übersehen werden. Es gibt Wunder – Grochtmann insistiert mit Berechtigung auf ihnen –, die in einer Analogie zur creatio ex nihilo zu sehen sind, weil es bei ihnen zu einer spontanen Neuschaffung oder Vermehrung von Materie kommt.[229] Ähnlich wie die Schaffung aus dem Nichts entziehen sich diese aber restlos jeder weiteren Erklärbarkeit. Es bleibt auf Theorieebene festzuhalten, dass Gott jederzeit die Möglichkeit eines solchen unmittelbaren Einwirkens auf seine Schöpfung hat, da die Welt keine in sich eigenständige Größe ist, sodass Gott gezwungen wäre, immer nur durch sie hindurchzuwirken – das wäre der Weissmahr'sche Ansatz –, sondern die Summe von Selbststandseienden, die aufgrund ihrer Erschaffenheit in unmittelbarer Beziehung zu Gott stehen. Die Welt als Ganze ist offen für ein unmittelbares schöpferisches Wirken, auch solches, das in Analogie zur creatio ex nihilo zu fassen ist. Gottes Handeln verkommt auch dabei nicht zu einer in der Welt wirkenden Zweitursache, da er Materie und Form aus dem Nichts ins Dasein setzt und somit von seiner schöpferischen Mächtigkeit Gebrauch macht, die keinem Geschöpf zukommt. Ähnliches scheint für die Totenauferweckungswunder zu gelten. Wenisch nimmt auch hier die Mitteilung eines schöpferischen Impulses an, der *vom Geschöpf vollzogen* werde, selbst wenn die organischen Schädigungen weit fortgeschritten sind.[230] Gegen Wenisch ist zu fragen, ob es sinnvoll ist, hier noch von einer Mitwirkung der geschöpflichen Zweitursachen zu sprechen, denn »was soll ›Mitbeteiligung‹ im Hinblick auf einen Leichnam überhaupt besagen?«[231] Die Grenzen der Zweitursachentheorie sind wieder klar erkennbar. Um unmittelbares schöpferisches Wirken Gottes wird man bei einer Totenauferweckung nicht herumkommen.

7.8 Zusammenfassende Wertung zum Konzept eines Handelns Gottes in der Welt

Wird sich das hier dargelegte Konzept einer Seinsaktmitteilung durch Gott bei der Evolution und auch größtenteils beim Wunder durchsetzen können? Weissmahr stand vor einer ähnlichen Frage, als er seinerzeit seine Theorie vortrug. Negativ abgrenzend ist zu sagen, dass die Alternative der Zweitursachentheorie aufgrund ihrer inneren Widersprüche unhaltbar ist und sich *auf die Dauer* wohl kaum behaupten können wird. Eine Theorie, die mit der stolzen Annahme aufwartet, dass sich die gesamte Tradition bis hinein in die jüngste Vergangenheit getäuscht habe, als sie beim Wunder Gott in unvermittelter Direktheit am Werk sah, muss ihre Positionen anders und besser begründen, soll sie überzeugen können. Ein Konzept, an dem ständig Abstriche gemacht werden müssen, um es zu halten, muss einer radikalen Revision unterzogen oder ganz fallen gelassen werden.

Gerade von philosophischer Seite wird die Notwendigkeit eines schöpferischen Impulses für die Höher- und Weiterentwicklung heute deutlich postuliert und ausgesprochen, da die »innerweltlichen« Erklärungsmöglichkeiten hierfür nicht ausreichen. Ein tragfähiges philosophisches Konzept hierfür hat Hengstenberg vorgelegt. Eine Durchführung von *philosophischer* Seite unter Einbeziehung des Wunders und überhaupt des Handelns Gottes in der Welt müsste auf der Grundlage der Hengstenberg'schen Vorlage allerdings erst noch erfolgen. Da Klärungen grundsätzlicher Art bei der Evolutionsproblematik schon vorgenommen wurden, dürfte dies nicht allzu problematisch sein. Die theologische Unbedenklichkeit der Übertragung auf das Wunder konnte aufgezeigt werden. Es wurde versucht, beim Fügungs- und Wunderwirken Gottes notwendige Differenzierungen durchzuführen hinsichtlich der Frage, wieweit etwas von Gott allein gewirkt oder auch vom Geschöpf mitvollzogen zu denken ist. Nicht wenige Theologen denken und argumentieren schon in diese Richtung, wenn sie von einer Überbestimmung und neuen Verknüpfung *geschöpflicher* Kräfte sprechen; damit ist vorausgesetzt, dass ein wie auch immer gearteter Impuls Gottes an den natürlichen Dispositionen ansetzt und wirkt. Dem berechtigten theologischen Erfordernis, dass Gott in seinem Wirken seine Schöpfung und ihre Gegebenheiten nicht übergeht, wird auf diese Weise Rechnung getragen. Ein anderes theologisches Erfordernis zielt darauf ab, Gott als den Herrn der von ihm geschaffenen Welt und Ordnung zu begreifen. In einigen, wenngleich seltenen Wundern zeigt Gott seine absolute Souveränität und Mächtigkeit als Schöpfer dieser Welt. Der starken Versuchung heutiger Theologie, diese Wunder entweder überhaupt nicht zur Kenntnis zu nehmen oder »wegzuinterpretieren«, musste standgehalten werden. Erstaunlich ist es allzumal, dass in der theologischen Wissenschaft die Erschaffung der Welt aus dem Nichts durch Gott allgemein akzeptiert wird, während dies bei weiteren Schöpfungen der göttlichen Allmacht nicht der Fall ist.

> En somme, tout se passe comme si Dieu
> écoutait l'homme, et lui répondait.[1]
> (A. Carrel)

8 Vorsehung und Bittgebet

8.1 Die Bedeutsamkeit und die theologische Problematik des Bittgebetes

Das Bittgebet gehört nach biblischer Sicht zur Existenz des Glaubenden. Moses betet für Aaron und Mirjam (vgl. Num 12,13) und wiederholte Male für das sündige Volk (vgl. Num 14,13–19); in ähnlicher Weise tritt Amos bittend vor Gott hin (vgl. Am 7,1–6). Die drei Jünglinge im Feuerofen beten um ihre Errettung (vgl. Dan 3,24–50), Mordechai und Ester um die ihrer Volksgenossen (vgl. Est 4,17), Judit um den Sieg über Holofernes (vgl. Jdt 9), Hanna um Kindersegen (vgl. 1 Sam 1,10–13) und Jona um Befreiung aus dem Meeresungeheuer (vgl. Jona 2,2–10). Im Zusammenhang mit dem Gebet spricht das Neue Testament fast immer auch vom Bitten. In der Unterweisung Jesu spielt das Bittgebet eine außerordentlich große Rolle. Jesus bittet für seine Jünger (vgl. Lk 22,32; Joh 17) und für seine Henker (vgl. Lk 23,34). Das Gebet, das er lehrt, das Vaterunser (vgl. Mt 6,9–13), ist vom Anfang bis zum Schluss ein Bittgebet. Am Höhepunkt seines Offenbarungswirkens betet er im Garten der Todesangst um das Vorübergehen des Kelches (vgl. Mt 26,39.42). Das Hauptthema der jesuanischen Unterweisung hinsichtlich des Gebetes ist die Mahnung zu *vertrauensvollem* Gebet. Im Neuen Testament werden außer dem Vaterunser viele einzelne Beispiele angegeben, worum und für wen gebetet wird: für jene, die verfolgen (vgl. Mt 5,44), um Arbeiter für die Ernte (vgl. Lk 10,2), Schutz vor drohender Gefahr (vgl. Apg 4,24–30), Befreiung aus dem Gefängnis (vgl. Apg 12,5.12) ...

Das Beten des Herrn setzt sich in dem der Kirche fort. Das Bittgebet war von Anfang an im liturgischen Beten der Kirche beheimatet.

Ausgehend von biblischer Grundlage (vgl. 1 Tim 2,1 f.) wurde schon in frühesten Zeiten im Gottesdienst für Kaiser und Reich gebetet.[2] Im eucharistischen Hochgebet werden Fürbittgebete für die Kirche und ihre Diener und für den Frieden in der Welt vorgetragen. Wie die große Fülle von Votivmessen im Messbuch bezeugt, nimmt die Kirche die »weltlichen« Sorgen der Menschen ernst.[3] Der Rosenkranz und Wallfahrten als konkrete Ausdrucksformen menschlichen Bittens müssen ebenfalls genannt werden.

Ein Beten, das vom Bittgebet absieht, ist deshalb unrealistisch und geht an der Wirklichkeit des Lebens vorbei. Wenn der Glaube keine bestimmte Beziehung zu Gott mehr hat im Gebet, ist er ein leeres intellektuelles Getue. Die Intention des Bittgebetes geht dahin, dass sich der Wille Gottes in einem konkreten Ereignis des Lebens in einer ganz bestimmten Weise bemerkbar mache. Dass das Bittgebet damit »an den äußersten Rand des Vollziehbaren«[4] rücke und dort seine Berechtigung habe, kann aufgrund der biblischen Daten und der Glaubenserfahrung so nicht behauptet werden. Trotz der großen Bedeutung des Bittgebetes dürfen aber die Probleme, die diesem aus der Mentalität unserer Zeit und aus genuin theologischen Fragestellungen erwachsen, nicht verkannt werden; vereinigt das Gebet als Konkretion des christlichen Glaubens in sich wie in einem Brennpunkt doch die Probleme der gegenwärtigen Glaubenskrise.

Atheisten sind vielleicht nicht so sehr diejenigen, welche den Tod Gottes auf dem Marktplatz ausrufen, sondern jene, die Gott in »vornehmer Zurückhaltung« aus den Alltäglichkeiten ihres Lebens heraushalten wollen. Sie glauben, Gott nicht mit ihren Beziehungen, Prinzipien und Aufgaben belästigen zu dürfen. In Wahrheit trauen sie ihm aber meist nichts zu. Sie halten es nicht für möglich, dass Gott an vorgegebenen Situationen und Aufgaben etwas ändern könne. Warum also ihn und uns in Verlegenheit bringen?[5] Dazu kommt, dass der heutige Mensch sich niemand mehr verdanken und deshalb auch nicht bitten will. Mit seinen Schwierigkeiten will er allein zurechtkommen, niemand zur Last fallen. Nichts will er auf sich »sitzen lassen«; für eine empfangene Gabe revanchiert er sich, damit der andere ja nicht auf den Gedanken kommt, dass eine Schuld nicht beglichen sei. Diese Mentalität schlägt auch auf das Gottesverhältnis durch: Es wird als demütigend empfunden, vor Gott als Bittsteller aufzutreten. Obwohl leicht erkennbar ist, dass diese stolze Haltung unsinnig ist, da wir nicht einmal unser Leben uns selbst verdanken und ohne die ungeschuldetete und unverrechnete Zuwendung anderer unser Leben sinnlos und leer wäre, so prägt sie doch das Denken unserer Zeit und muss als solche in Rechnung gestellt werden.

Die dogmatische Besinnung auf die Lehre des Gebetes ist eindeutig vernachlässigt.[6] Wer will sich dann beim Bittgebet speziell auf einen »exponierten Gefechtsstand der Theologie«[7] begeben, auf einen »Ernstfall des Ernstfalls«[8] sich einlassen, sich mit einem der am meisten umstrittenen Stücke der Theologie beschäftigen?[9] Der Hauptgrund für die geringe theologische Beachtung des Bittgebetes wurde schon angesprochen. Das biblische Gottesbild und die Erfahrung des Glaubens setzen einen geschichtsmächtig handelnden Gott voraus, der den Wechsel der Zeiten und Fristen bestimmt, Könige ein- und absetzt (vgl. Dan 2,21). Diese Wahrheit vom Handeln Gottes ist denkerisch nicht leicht zu fassen; sie soll uns hier nicht weiter beschäftigen, da diesbezüglich eine Klärung schon stattgefunden hat. Wichtig sind in unserem Zusammenhang die Probleme, die sich aus der Vernetzung von Vorsehung und Bittgebet ergeben. Drei Punkte sind zu nennen:

Der Vorsehungsglaube geht bis in die letzten Einzelheiten des Lebens; selbst die Haare auf unserem Kopf sind gezählt (vgl. Mt 10,30). Dieses Prinzip einer Einbeziehung auch des Unscheinbarsten und Nebensächlichsten gilt auch für das Bittgebet. Wenn dieses Anliegen in der Theologie des Bittgebetes in der Vergangenheit durch eine ungute Spiritualisierung nicht immer in seinem Eigenwert gesehen worden ist, dann beeinträchtigt das ebenso die Vorsehung. Man wird also darauf achten müssen, nicht Argumentationen zu folgen – mögen sie auf den ersten Blick noch so eingängig sein –, die sich allzusehr von der konkreten Glaubens- und Gebetserfahrung losgelöst haben.

Schaller spricht von der »Last der Vorsehung«[10], die auf dem Bittgebet ruhe. Gemeint ist damit, dass menschliches Bitten keinen Sinn mehr hat, wenn man die Vorsehung als eine über die Menschen hinweg verfügende versteht. Wozu soll man noch beten, wenn der vorsehende Gott alles schon im Voraus festgelegt hat, wenn alles so kommt, wie es kommen muss? Da das Bittgebet aber eine uns gemäße Teilhabe an der zielbestimmten individuellen und generellen Vorsehung Gottes ist, liegt viel daran, die Last der Vorsehung in Form der Prädestination aufzuarbeiten.

Die Vorsehung Gottes kann sich nur dann in ihrer ganzen liebevollen Fürsorge entfalten, wenn der Mensch sich ihr öffnet und anvertraut; insofern kann von einer starren Vorgabe nicht die Rede sein. Gott geht den Weg mit dem Menschen, so wie dieser ihn mit seinem Gott mitgeht. Wird damit aber nicht auch zugleich – als Gegenposition zur ein für alle Mal vorgegebenen Vorsehung – eine echte Wandelbarkeit Gottes ausgesagt, die Möglichkeit der Revision seiner Pläne? Wie können einerseits die Souveränität des Heils- und Vorsehungshandels und andererseits die reale Betreffbarkeit Gottes und seiner Pläne durch menschliche Freiheitsentscheidungen zusammengebracht werden?

8.2 Die inhaltliche Bestimmung des Bittgebetes

Aus den obigen biblischen Beispielen wurde schon ersichtlich, dass der Mensch um alles bitten darf. In der Theologiegeschichte wurde diese Weite nicht immer durchgehalten. Exponierter Zeuge einer starken Spiritualisierung des Bittgebetes ist der »Gebetslogos« des Origenes, der die Theologiegeschichte maßgeblich beeinflusste.[11] Dort wird kategorisch die Bitte um Unbedeutendes abgelehnt. In spiritualisierender Weise wird die Zweitrangigkeit, »ja Nutzlosigkeit des Betens um Irdisches und Kleines«[12] nachgewiesen. Allerdings resultiert aus dieser Verachtung des Irdischen keine absolute Bedeutungslosigkeit der weltlichen Güter. Sie werden von Gott mitgewährt. Insofern genügt die Bitte um das Große und Himmlische; diese impliziert sozusagen die Sphäre des Niederen. Als sperrig für diese Theologie erweist sich die Fülle alttestamentlicher Bittgebete, die Brotbitte des Vaterunsers und die in der Kirche übliche Praxis des Gebetes für die Regierenden. Gebete dieser Art deutet Origenes ausnahmslos als Symbole für höhere geistige Wirklichkeiten. Kategorisch lehnt er jegliches Gebet ab, »das als eine Einwirkung auf die natürliche Weltregierung erscheinen könnte. Es bleibt nur das Gebet übrig, das die Seele zu Gott erhebt und ihr Anteil an dem Göttlichen und Ewigen schenkt.«[13]

Zur Gebetstheologie bei Origenes speziell und der alten Kirche der ersten drei Jahrhunderte allgemein müssen ernste Bedenken angemeldet werden, denn die Forderungen aus der Welt werden zwar nicht zur Seite geschoben, erfahren aber doch »eigentümliche und unrealistische Antworten«.[14] Wenn zeitgeschichtliche Umstände zu solchen einseitigen Akzentuierungen geführt haben,[15] dann ist es legitime Aufgabe späterer Zeiten, sie zu korrigieren.

Das Bittgebet vollzieht sich nach biblischem Zeugnis keineswegs in stoischer Abgeklärtheit und Ruhe. Allein schon die sprachliche Beobachtung, dass im Alten Testament kein verbum proprium [eigener Ausdruck] zur Bezeichnung des Betens existiert, zeigt dies an: Der Mensch schreit, seufzt, stöhnt, weint zu Gott, genauso wie er jubelt, dankt, sich freut und singt. Das *ganze* Leben mit seinen Siegen und Niederlagen steigt im Gebet zu Gott auf. Selbst von Jesus wird gesagt, dass er zum Vater gefleht und geschrien habe (vgl. Hebr 5,7f.). Vom Bittgebet erscheint ferner nach der Heiligen Schrift nichts ausgeschlossen: Der Mensch darf sich *alles* erbitten, was er für sein Leben braucht (vgl. Mt 21,22; Joh 11,13f.). Es erfolgt keine Einengung auf höhere geistige Werte. Das Vaterunser ist normative Antwort auf die Frage nach der Inhaltlichkeit des Bittgebetes (vgl. Mt 6,9–13; Lk 11,2–4). Das Beten um das Kommen des Reiches Gottes steht zwar an oberster Stelle, die Bitte um das Lebensnotwendige ist aber ausdrücklich in der Brotbitte aufgenommen und darf nicht »weginterpretiert« werden. Gleichzeitig ist beim Vaterunser ersichtlich, dass Formprinzip allen Betens sein muss: »Dein Wille geschehe«. Inhaltlich deckt sich die Ausrichtung auf den Willen Gottes mit der Hauptaussage im »Evangelium von der Vorsehung« (vgl. Mt 6,19–34) in Vers 33: »Euch muss es zuerst um sein Reich und um seine Gerechtigkeit gehen; dann wird euch alles andere dazugegeben.« Hier bekommt Origenes in gewisser Weise nun doch wieder recht: Wer sich die Sorge um das Reich Gottes zur obersten eigenen macht, dem wird das Irdische mitgewährt, der wird die Erfahrung des »Dazugegebenen« in reichem Maß machen dürfen. Durch die Einordnung des persönlichen Betens in den größeren Rahmen der »Anliegen Gottes« ist zugleich eine Korrektur des Betens auf das wirklich und nicht nur vermeintlich Notwendige mitgegeben. Das subjektive Ich und dessen Absichten werden auf Gott hin aufgebrochen. So gewinnt der Beter eine »katholische« Dimension, innerhalb derer die eigenen Anliegen ihren Platz haben.

Ähnlich wie bei der Ablehnung des Wunders, das ein reifer Glaube angeblich nicht mehr nötig habe, wird ein gewisser Hochmut ersichtlich, wenn man meint, Gott nicht mit den Kleinigkeiten des Alltags belästigen zu dürfen, weil dies mit dessen Würde nicht vereinbar sei.[16] Ganz abgesehen von dem hier mitschwingenden Anthropomorphismus, der in Gott hineingetragen wird, verträgt sich diese Auffassung auch nicht mit der Konkretheit des menschlichen Lebens, denn dieses besteht zu einem Großteil aus Kleinigkeiten; wer sie verkennt, verkennt die Wirklichkeit. Die gerade in der Bergpredigt (vgl. Mt 6,19–34) so anschaulich gemachte Sorge Gottes »bis ins Detail« wird damit ignoriert und die Vorsehungs- wie Bittgebetslehre in ihrem Kern getroffen.[17] Es zeigt sich bei einer reifen Form der Liebe zwischen Menschen, dass die Bitte darin immer ihren Platz hat und als solche nie ganz verschwindet. Ja, dort, wo nichts mehr erbeten werden kann, ist die Liebe gestorben. Durch die Zumutung der Hilfe für den anderen muss sich diese bewähren. Die Erfüllung einer Bitte ist auch keine Last, sondern Freude, weil man weiß, dem Geliebten einen Dienst erweisen zu können; deshalb wird der andere auch gedrängt, seine Wünsche auszusprechen.

Wenn die drei Jünglinge im Feuerofen, Daniel in der Löwengrube, Jona im Bauch des Meeresungeheuers, Judit vor der Begegnung mit Holofernes und Ester vor dem Gespräch mit Artaxerxes beten, dann tun sie das in großen Gefahrenssituationen. Das eigene Leben oder der Fortbestand des ganzen Volkes stehen auf dem Spiel. Jesus bittet den Vater um das Vorübergehen des Kelches; dies heißt nichts anderes als: »Lass mich jetzt nicht sterben!«[18] Beim Seesturm rufen die Jünger in der Angst um ihr Leben: »Herr, rette uns, wir gehen zugrunde!« (Mt 8,25). »Es gehört zum Wesen des Menschen, dass er andere um Hilfe bittet, wenn er in Not ist; dass er um Rettung schreit, wenn er in Gefahr ist und sich nicht selbst helfen kann. Zumindest der seelisch gesunde Mensch tut das.«[19] Wer wie Strauß meint, dass der nüchern denkende Mensch sich »höchstens in Augenblicken der Aufregung … von Gefühl und Einbildungskraft zu etwas Ungeeignetem«[20] hinreißen lassen werde, wenn er um einen äußeren Erfolg seines Gebetes in einer Notsituation bittet, hat nicht nur das Zeugnis der Heiligen Schrift falsch ausgelegt, sondern sich auch in beachtlicher Weise von der konkreten Lebenserfahrung entfernt. Es ist fast schon grausam zu nennen, wenn dem Menschen aus theologischen Gründen die Zuflucht zum helfenden Gott genommen wird.

Bonhoeffer wird heute oft beansprucht für ein »religionsloses Christentum«. Trotz seines modernen Gottesglaubens konnte er allerdings im Gefängnis beten: »Herr, erbarme Dich! Schenke mir die Freiheit wieder.«[21] Er schrieb an Bethge aus seiner Haft: »Bitte mache Dir nie Sorgen und Gedanken um mich; aber vergiss die Fürbitte nicht, wie Du es auch gewiss nicht tust!«[22] Als Übermächtigung von äußerer Not wird man dieses Bitten Bonhoeffers wohl kaum abtun dürfen; er formuliert ruhig und überlegt. Wenn der Mensch in dieser elementaren Weise nach seinem Schöpfer ruft, von dem allein er noch Hilfe erwartet, dann stellt sich die Frage, ob nicht etwas Ursprüngliches, das vielleicht in Zeiten der Sattheit und Zufriedenheit verdrängt und verschüttet war, sich wieder Bahn bricht: das Wissen darum, dass Gott tatsächlich die Macht hat zu helfen.

8.3 Die Betonung des »Mitgeh-Gottes« heutiger Bittgebetstheologie

Aus der durchaus berechtigten Sorge um die Unwandelbarkeit Gottes wurde in der Tradition oft nicht genügend beachtet und theologisch thematisiert, wie sehr sich Gott auf den Menschen einlässt und sich von seinen Freiheitsentscheidungen treffen lässt. Deshalb wird heute betont, dass die Ergebung in Gottes Willen nicht abrutschen dürfe in einen Verzicht von vornherein. Eine Betreffbarkeit Gottes durch das Gebet des Menschen muss vorausgesetzt werden, soll dieser nicht die steinernen Züge des Fatums annehmen. Wenn sich die Vorsehung Gottes endlicher Ursachen bedient, dann ist zu beachten, dass diese in ihrer eigenen Dynamik und nicht als präformierte Größen übernommen werden, die starr in einen Vorsehungsplan eingebaut werden könnten. Es ist Front zu beziehen gegen das Ziel der Einstimmung des Beters in eine ein für alle Mal fixierte Vorsehung. Es gibt »keinen starren, unveränderlichen, ›von Ewigkeit her‹ beschlossenen *ordo* allen Geschehens«.[23] Der Mensch würde sonst nur noch einem Ereignis hinterherlaufen und das Bittgebet zu einem »Als-ob-Unternehmen«[24] verkommen. Dieses verliert dort jeglichen Sinn, wo es nur mehr darum geht, Vorweg-Konzipiertes »abzuholen«. Es ist eben nicht alles Geschehen dekretorisch von Gott verfügt, sodass dem Menschen nur eine quietistische Ergebung in dessen Willen übrig bliebe.

Anders als bei der mechanischen Abwicklung von Potenzen, die in die Schöpfung hineingelegt sind, geht es beim Bittgebet um ein personales Ich-Du-Verhältnis. Das dialogische Wirklichkeitsverständnis der Bibel muss hier beachtet werden. Gott ist ansprechbar für den Menschen. Er ist ein handelndes Du, das sich auf einen Dialog mit den Menschen einlässt. Bei einem echten Austausch ist kein Gesprächsteil eines der Beteiligten starr von vornherein festgelegt, sonst würde nur ein Zerrbild von Begegnung stattfinden. Eine Reflexion auf das biblische Gottesbild, wie es an paradigmatischen Erzählungen aufleuchtet, zeigt dies klar.

Wie sehr Gott mit sich reden, ja feilschen lässt, zeigt das Ringen Abrahams um die Rettung der dem Gericht verfallenen Städte Sodom und Gomorra (vgl. Gen 18,22–33). Nachdem David sich mit Batseba vergangen hatte und der Prophet Natan als eine Strafe dafür neben anderen den Tod des aus dem Ehebruch hervorgegangenen Sohnes ankündigt, sucht der König Gott wegen des Knaben auf, fastet streng und schläft auf der bloßen Erde. »Wer weiß, vielleicht ist der Herr mir gnädig, und das Kind bleibt am Leben« (2 Sam 12,22). Davids Bitte wird von Gott nicht erfüllt, während König Ahab nach der Ermordung Nabots mit ähnlicher Bußgesinnung einen Aufschub des Unheils erlangt. »Weil er sich vor mir gedemütigt hat, will ich das Unglück nicht schon in seinen Tagen kommen lassen« (1 Kön 21,29). Ähnlich ist die Situation bei den Niniviten: Das von Jona angekündigte Gericht findet nicht statt aufgrund ihrer Umkehr. Der von Jesaja Hiskija schon angekündigte Tod wird auf das Gebet des Königs hin für 15 Jahre hinausgeschoben: »Ich habe dein Gebet gehört und deine Tränen gesehen. Nun heile ich dich« (2 Kön 20,5). Durch diese wenigen biblischen Beispiele – es ließen sich noch viele weitere anführen – wird ein Zweifaches deutlich:

Zum Ersten muss sich der Mensch dem unverfügbaren Geheimnis Gottes beugen. Beim einen nimmt er das angedrohte Unheil zurück, beim anderen nicht. Wir dürfen zwar darauf vertrauen, dass Gott nicht willkürlich handelt, sehen aber im konkreten Fall nicht den Grund, warum das Kind Davids trotz der Buße des Königs sterben muss, während Ahab mit seiner Bitte Erfolg hat. Dies sichert das Bittgebet, so schmerzlich die Nichterhörung für den Einzelnen auch sein mag, davor, zur Magie abzurutschen. Das Gebet ist nicht aufrechenbar, sodass es auch ein bestimmtes Handeln Gottes nach sich ziehen würde. Der Geschenkcharakter der Gebetserhörung tritt hervor.

Zum Zweiten rechnen David, Ahab, Hiskija, die Niniviten und Jona damit, durch ihre Gebete und ein Verhalten der Reue und Umkehr Gott dazu bewegen zu können, eine Ankündigung zurückzunehmen. Keine der oben genannten Erzählungen gäbe einen Sinn, wenn dem nicht so wäre. Es ist somit zweifellos ein biblisches Faktum, von dem ausgegangen werden muss, dass Gott seine Pläne ändert, wenn der Mensch sich ändert, dass er auf Gebete hört, Tränen sieht und darauf reagiert (vgl. 2 Kön 20,5). Gerade für den schuldbeladenen Menschen – und um solche handelt es sich fast durchweg bei den genannten Beispielen – wäre es furchtbar, mit einer ein für alle Mal verhängten Strafe leben zu müssen, keine Hoffnung haben zu dürfen, dass seine Gebete etwas »bewirken«. Die »Variabilität« Gottes, seine »Akko-modation« auf menschliche Befindlichkeiten kann hierbei gar nicht hoch genug veranschlagt werden.[25] Besonders das Buch Ester zeigt dies. Gott hat sozusagen mehrere Eisen gleichzeitig im Feuer.[26] Er verhält sich wie ein genialer Schachspieler, der viele Strategien und ausgeklügelte Züge bereithält, um unfehlbar sicher an sein Ziel zu gelangen; welche von diesen zur Anwendung kommen, entscheidet sich am Verhalten des Mitspielers. »Gott hat der Wege viele zu jedem seiner Ziele«, heißt es in einer Spruchwahrheit. Die Frage, ob Gott langfristig plane und im Hinblick auf künftige Ereignisse schon in der Gegenwart die Weichen stelle, muss deshalb mit Ja beantwortet werden. Letztlich setzt jedes Beten einen »wandelbaren« Gott voraus.[27] Die Vorsehung ist nicht »fertig« da; sie verwirklicht sich auf den Menschen hin, der sich im Glauben auf sie einlässt. Dies ist festzuhalten und zu vertiefen.

Es ist eine Grundaussage der Heiligen Schrift, dass sich Gott geschaffener Freiheit und deren Entscheidungen aussetzt. Schon im »Mitgeh-Gott« des Alten Testamentes wird eine große »Flexibilität Gottes« auf den Menschen und dessen Freiheitsentscheidungen hin deutlich. Gott macht sein Verhalten davon abhängig, wie sich der Mensch ihm gegenüber verhält. Die Erschaffung anderer Freiheit bedeutet deshalb aus Gottes Sicht, die eigene göttliche Freiheit der anderen auszusetzen, sich in die frei gestiftete Gemeinschaft einbinden zu lassen. Gott respektiert in für uns oft undurchschaubarer Weise auch die bösen Freiheitsentscheidungen seiner Geschöpfe und lässt sie für sich verbindlich gelten.[28] Wie weit das gehen kann, ist spätestens seit dem Ereignis des Kreuzes für jeden evident.[29] Würde Gott menschlich-freiheitliche Verfügungen unwirksam werden lassen, wäre das identisch mit einem Widerruf der dem Menschen einmal verliehenen Freiheit. Die Bibel nimmt deshalb auch vieles an schiefer und belastender Rede von einem Gott in Kauf, der sich seine Vorhaben leid sein lässt, »um das beherrschende und konstante Interesse Gottes an seiner Schöpfung und in der damit angestoßenen Geschichte mit den Menschen zum Ausdruck zu bringen. Sie opfert gerne den unwandelbaren Gott dem überraschenden Gott, bei dem ›kein Ding unmöglich ist‹, um bei den Menschen zu sein. Die fides quaerens intellectum muss sich von daher an der lebendigen Immanenz Gottes messen lassen.«[30]

Die heutige Betonung einer Veränderbarkeit Gottes und seiner Pläne ist als eine Gegenreaktion zur gegenläufigen Tendenz in der Vergangenheit zu sehen. Die Kritik setzt hier tatsächlich mit einer gewissen Berechtigung an. Gleichsam vorschnell, noch bevor man ganz dargelegt hatte, welche Aufgabe der Mensch beim Bittgebet hat, wurde in den einschlägigen Abhandlungen darauf verwiesen, dass es nicht die Absicht menschlichen Betens sein könne, Gottes Pläne umstürzen zu wollen. Aus einer gewissen Ängstlichkeit heraus, Gottes Allmacht und Unveränderlichkeit Abbruch zu tun, wurde die Situation des Menschen vor Gott unterbewertet. Bei näherem Zusehen scheinen aber eher psychologische denn theologische Gründe hierfür ausschlaggebend gewesen zu sein. Der Verdacht drängt sich auf, dass man sich mit dem Verweis auf die feststehenden Pläne Gottes, um deren Umstürzung man nicht beten dürfe, von der notwendigen Beharrlichkeit und Ausdauer im Gebet dispensieren möchte. Es gibt aber genügend biblische Beispiele, die belegen, dass eine gewisse Penetranz nötig ist, um ans Ziel zu gelangen: Der blinde Bartimäus schreit so lange, bis er zu Jesus gebracht und von diesem geheilt wird (vgl. Mk 10,46–52). Die syrophönizische Frau ringt Jesus ein Wunder geradezu ab (vgl. Mt 15,21–28). Auch die Bildworte vom »Bitten«, »Suchen« und »Anklopfen« (vgl.

Mt 7,7–11), legen eine gewisse »Massivität« und Deutlichkeit des Betens nahe. Vom heiligen Pfarrer von Ars ist der Ausspruch überliefert, dass Gott es liebe, belästigt zu werden. Er muss es wohl wissen, da er seinen Gott Tag und Nacht »belästigte« für das Heil der Seelen. Die Fruchtbarkeit seiner Penetranz ist hinlänglich bekannt und braucht nicht weiter dargelegt werden. Der tiefste Grund für die Favorisierung der Vorstellung von einer unveränderlichen Vorsehung liegt aber in einer inneren Scheu vor einer allzu zudringlichen Liebe Gottes. Die Pseudodemut »Alles ist schon festgelegt« wird dann für das genaue Gegenteil hergenommen, nämlich zur Freigabe eigenmächtigen Handelns: »Gott macht seine Sache, ich die meine.«[31] Überall dort, wo die decreta Dei [Beschlüsse Gottes] besonders akzentuiert werden, wie etwa im Calvinismus, besteht die Gefahr eines Umschlags aus der Abgeschlossenheit göttlicher Vorsehung und Erwählung in eine selbstherrliche Legitimation menschlichen Handelns.

Wird aber nun Gottes Handeln, insofern es engstens mit menschlichem verbunden ist, nicht a priori [von vornherein] in dessen Beweglichkeit und Veränderlichkeit hineingezogen?

8.4 Die spannungsvolle Einheit von göttlichem »Muss« und menschlicher Selbstverfügung

8.4.1 Die biblische Grundlage von der göttlichen Allmacht und der menschlichen Freiheit

Jenen Bibelstellen, die von einem Sinneswandel Gottes sprechen, stehen andere gegenüber, die das Gegenteil aussagen. Bei Gott, dem Vater der Lichter, gibt es keinen Wechsel noch einen Schatten von Veränderlichkeit (vgl. Jak 1,17). »Gott ist kein Mensch, der lügt, kein Menschenkind, das etwas bereut. Spricht er etwas und tut es dann nicht, sagt er etwas und hält es dann nicht?« (Num 23,19; vgl. Mal 3,6). Gerade das Alte Testament mit seinem »Mitgeh-Gott« hält unbedingt an der Allmacht, Allgegenwart und Allwissenheit Gottes fest. Es gibt dort viele Aussagereihen, die auf Gottes absolut souveräne Schöpfungs- und Geschichtsmächtigkeit pochen.[32] Kein Bereich kann nach dem biblischen Gottesbild vom Handeln Gottes ausgespart werden, und kein Mensch kann Gott überraschen, denn er ist jener, »der alles aus der Ferne bestimmt« (Jes 22,11).

Beobachtungen zum lukanischen »dei« bestärken dies. Beim lukanischen Geschichtswerk fällt immer wieder das heilsgeschichtliche Muss auf: Warum *muss* Jesus bei Zachäus einkehren (vgl. Lk 19,5), warum *musste* der Messias all das erleiden, um so in seine Herrlichkeit zu gelangen (vgl. Lk 24,26) und warum *muss* alles in Erfüllung gehen, was über Jesus in den alttestamentlichen Schriften vorausgesagt wurde? (Vgl. Lk 24,44). Offensichtlich kommt »dei« eine große Bedeutung zu; es ist »crucially important« [von entscheidender Bedeutung].[33] Das göttliche Muss stellt eine Garantie zum Gelingen der Heilspläne Gottes dar. Unfehlbar sicher und zielbewusst gelangt Gott mit seinen Plänen ans Ziel; wo es sich als notwendig erweist, die Ausführer des göttlichen Willens zu schützen, wirkt er nicht selten ein Wunder. Der Kern des göttlichen Planes hat seinen Ursprung in alttestamentlichen Prophezeiungen der göttlich-sanktionierten Ereignisse der Geschichte.[34] Das Muss hat ferner die Aufgabe eines Imperativs. Es fordert Gehorsam ein und konfrontiert Jesus, Paulus oder die Christen mit »Marschordern«. Zugleich aber betont Lukas, dass Jesus und Paulus die kreativen Durchführer der göttlichen Notwendigkeit sind. Ein großer Teil der Erfüllung des Heilsplanes ist Menschen anvertraut, die als Ausführer und Strategen der göttlichen Absicht fungieren. Über allem liegt bei Lukas ein Optimismus, eine gewisse Gelöstheit.[35]

Es gibt somit in der Heiligen Schrift zwei verschiedene Textreihen: »One series stresses the *omnipotence and infallibility* of the divine government; the other series expresses what can only be called the *frustration* of God in the face of free human resistance.« [Eine Textreihe betont die *Allmacht* und *Unfehlbarkeit* der göttlichen Herrschaft; die andere Textreihe drückt das aus, was man nur die *Frustration* Gottes angesichts des menschlichen Widerstands nennen kann.][36] Nur wenn *beide* bedacht werden, so unvereinbar auf den ersten Blick sie auch sein mögen, wird man dem biblischen Zeugnis gerecht. Erstaunlich ist, dass in kaum einer der eingesehenen Schriften zum Thema der Vorsehung und des Bittgebetes klar ausgesprochen wird, dass man es letztlich mit einem Mysterium zu tun hat, das auf einer ähnlichen Ebene liegt wie jenes der Zuordnung von menschlicher Freiheit und göttlicher Allmacht.[37] Bei Letzterem hat sich nach jahrhundertelangen Streitigkeiten die Einsicht durchgesetzt, dass man es mit einem Geheimnis zu tun hat, das begrifflich nicht mehr näher gefasst werden kann, bei dem es aber legitimerweise unterschiedliche Akzentuierungen geben kann. Via negativa sind deshalb auch in der Theologie des Bittgebetes von den Offenbarungsurkunden, der Glaubenserfahrung und einem intellektuell verantworteten Glauben her alle Deutungsversuche abzuweisen, die versuchen, einen der beiden Spannungspole zu eliminieren. Wird die Allmacht Gottes überbetont, dann führt dies zu dem schon zurückgewiesenen Extrem eines in seiner Vorsehung über den Menschen hinweg verfügenden Gottes; hebt man die menschliche Entscheidungsfreiheit zu stark heraus, ergibt dies einen »Dreiviertel-Gott«, der sich menschlicher Verfügung beugt. Die Folgen sind beim Ersten, dass man das Gebet und christliche Existenz überhaupt nur noch als fatalistisches Sichergeben in den Willen Gottes verstehen kann, beim Zweiten die Freigabe zu menschlicher Eigenmächtigkeit.

8.4.2 Einseitigkeiten heutiger Bittgebetstheologie

Theologisch legitim sind verschiedene Schwerpunktsetzungen, solange man keine kontradiktorischen Gegensätze daraus macht. Wenn deshalb in neueren Veröffentlichungen das »Eingehen« Gottes auf den Menschen stärker herausgearbeitet wird, hat dies als Korrektur an Vereinseitigungen der Vergangenheit seine Berechtigung. Nicht selten kommt es hierbei aber zu Einseitigkeiten. Abzulehnen ist, wenn einer *realen* Veränderbarkeit Gottes das Wort geredet (Mössinger),[38] ein Vorauswissen Gottes hinsichtlich der künftigen Freiheitsentscheidungen seiner Geschöpfe kategorisch abgelehnt (Langemeyer[39] und Steenberghen[40]), ein punktuelles Tätigwerden Gottes in der Geschichte bestritten (Schaller)[41] und das Wissen Gottes darauf beschränkt wird, wie die Geschöpfe *im Gesamt* auf seine Gnade antworten werden (Wright)[42]. Zu kritisieren ist auch, dass manche Einwürfe heutiger Theologie gegen die traditionelle Sicht dieser manchmal nicht gerecht werden. Diese hatte immer schon, wenngleich oft nicht in genügender Klarheit, das menschliche Freiheitsmoment in ihre Darlegungen eingebaut. Manchmal finden sich diesbezüglich sogar gewagte theologische Ausdrücke.[43]

Greshake charakterisiert das Fürbittgebet bei Thomas von Aquin als »ausführendes Sicheinschwingen in den immer schon von Gott verfügten Ordo«[44] und stellt diesem das frei sich zwischen Gott und Mensch Ereignende in einem dialogischen Wirklichkeitsverständnis gegenüber. Gegen Greshake muss aber festgehalten werden, dass das Wirklichkeitsverständnis bei Thomas ebenfalls dialogisch ist und den heute so betonten personalen Aspekt nicht übergeht.[45] Es ist falsch, wenn so getan wird, als ob in der Vergangenheit die Spannung einseitig eliminiert wurde. Man sollte nicht versuchen, die traditionelle Sicht in ein Extrem hineinzutreiben, das ihr so nicht zu eigen war.

Auf Langemeyers und Steenberghens Position ist näher einzugehen. Sie stellen mit dem Abstreiten des Vorherwissens Gottes um die Freiheitsentscheidungen des Menschen im Gesamt der eingesehenen Literatur zwar eine Ausnahme dar,[46] zeigen aber doch eine Tendenz unserer Zeit an, in welcher Richtung man versucht, einseitig das Problem zu »lösen«. Über Einwendungen metaphysischer Art hinaus, die sich aus einer Reflexion von Zeit und Ewigkeit ergeben, und dem Widerspruch zu eindeutigen Lehraussagen der Kirche[47] stellt sich bei diesen Theologen die grundsätzliche Frage, ob der Gott der Offenbarung noch ernst genommen wird. Die Lehre von der Vorsehung muss zusammenbrechen, wenn Gott zukünftige Ereignisse nicht voraussieht. Wie sollte er dem Menschen alles darbieten können, was für ihn notwendig ist, zum Ziel zu gelangen, wenn er dessen zukünftige Lage nicht sehen sollte? Die Geschichtsmächtigkeit des Gottes des Alten und Neuen Bundes schließt die Kenntnis künftiger Unscheinbarkeiten und Nebensächlichkeiten ein; sind es doch gerade diese, die im wahrsten Sinne des Wortes Geschichte machen.[48] Aus der Sintfluterzählung sowie der Josefsgeschichte geht hervor, dass der Mensch vorsorgen kann im Bau der Arche bzw. im Anlegen von Getreidesilos, weil Gott voraussieht. Gott lässt in seiner Güte den Menschen teilnehmen an seiner Vorsehung. Mögen solche Texte auch das Gepräge einer späteren Überarbeitung an sich tragen, so ist damit, wie etwa auch bei der prophetischen Verkündigung, noch lange nicht gesagt, dass es sich um vaticinia ex eventu [Weissagung vom Ausgang her bezeichnet die fingierte Weissagung eines bereits eingetretenen Ereignisses] handelt. Im Gegenteil: Gerade die neuere Textkritik bestätigt in den Grenzen ihrer Methode die Echtheit der Ankündigung.[49]

Auch wenn Gott künftige Geschehnisse bis in die Einzelheiten im Voraus erkennt, verlieren diese dadurch nicht an Spannung.[50] Hengstenberg bringt dafür einen treffenden Vergleich. Ein Vater, der sein Kind sehr gut kennt, weiß, dass dieses zu ihm kommen und um Verzeihung bitten wird. »Glaubt man, dass der Vater deshalb weniger mit der letzten Hingabe seiner Person anhören werde, weil er im Voraus weiß, was das Kind sprechen wird?«[51] Auch im Leben des Herrn zeigt sich dies. Wie oft wird sein Wissen um das, was im Menschen ist (vgl. Joh 2,24) und wie diese deshalb reden und handeln werden, deutlich! Mit welcher Ursprünglichkeit und Liebe begegnet er aber den zuvor Erkannten (vgl. Joh 1,48). Weil es Gott nicht um den Erfolg geht, sondern das »Angebot« personaler Nähe und Liebe, geht er auf den Menschen zu, selbst auf den, von dem er im Voraus weiß, dass er sich ihm verweigern wird.

Trotz dieser Einwendungen gegen Steenberghen und Langemeyer ist zuzugeben, dass man beim Vorherwissen Gottes an Dimensionen kommt, die einen erschaudern lassen und die nicht nur für Theologen schwierige Fragen aufwerfen. Was ist das für ein Gott, der den Lauf der Zeit souverän überblickt und schon Jahrhunderte im Voraus Menschen etwas von der Zukunft erschließt, damit diese für kommendes Unrecht beten und sühnen?[52] Den »Überschlag der Gedanken« kann man schon beim Verfasser von Psalm 139 feststellen. Dort wird der Mensch vor dem allwissenden Gott beschrieben: »Von fern« (Ps 139,2) erkennt Gott die Gedanken des Menschen; er weiß um die Worte, noch bevor sie ausgesprochen werden. Auch durch die Flucht an die äußersten Enden der Erde kann man ihm nicht entkommen. Als der Mensch im Mutterleib gebildet wurde, wusste Gott schon um die künftigen Lebensabläufe. Nachdem sich der Beter dies vergegenwärtigt, ist der folgende Ausruf nicht mehr verwunderlich: »Wie schwierig sind für mich, o Gott, deine Gedanken, wie gewaltig ist ihre Zahl! Wollte ich sie zählen, es wären mehr als der Sand. Käme ich bis zum Ende, wäre ich noch immer bei dir« (Ps 139,17f.). Offensichtlich kann man von der Mächtigkeit und Geheimnishaftigkeit Gottes gar nicht hoch genug denken.

8.5 Zur Verhältnisbestimmung von göttlichem Plan und menschlich-freiem Beten nach Thomas von Aquin

Vor der Darlegung des thomanischen Standpunktes, der immer noch der theologisch beste zu sein scheint (außer von vielen Theologen[53] wird er auch vom Katholischen Erwachsenen-Katechismus vertreten[54]), erweisen sich einige Überlegungen zur zuvorkommenden Gnade und dem Verhältnis von Zeit und Ewigkeit sinnvoll, weil viele Missverständnisse schon dadurch geklärt werden können, wenn diese richtig gefasst werden.

Gott lädt den Menschen ein, mit seinen Bitten und Anliegen vor ihn hinzutreten (vgl. Mt 6,32). Er aktuiert sich sozusagen auf den Menschen hin und wartet darauf, dass dieser antwortet.[55] Der Mensch kann nur deshalb Gott bitten, weil die Einladung dazu *zuvor* schon an ihn ergangen ist. Das Bittgebet kann somit nicht die Funktion haben, Gott erst motivieren zu wollen, sich für den Menschen einzusetzen.[56] Dies muss betont werden, denn dadurch wird das Bittgebet vom Odiosen [Abstoßenden] befreit, Gottes Pläne umstürzen zu wollen. Deshalb verkennt jemand, der sich aus »vornehmen« Gründen von der Gebärde des Bittens dispensieren will, einen wesentlichen Teil des biblischen Gottesbildes und der Kreatürlichkeit des Menschen.

Die meisten Einwände gegen das Bittgebet beruhen auf einem mangelhaften Begriff von Gottes Ewigkeit und deren Beziehung zur Zeitlichkeit. Nicht wenigen Argumentationsweisen haftet der Fehler an, dass in ihnen *unsere* menschlichen Dispositionen mit denen *Gottes* identifiziert werden. Hier wird die alte Schwierigkeit der Theologie deutlich, mit einer Sprechweise, die an die Kategorien des Raumes und der Zeit gebunden ist, auszudrücken, was diese wesentlich transzendiert, denn Gott steht außerhalb dieser Raum-Zeit-Koordinaten. Trotzdem ist festzuhalten, dass zwar für uns die Zukunft ungewiss ist, nicht aber für Gott. Er sieht das als Gegenwart, was für uns Zukunft ist. Das Wort »Voraussehen« kann deshalb nur analog auf Gott angewandt werden. »Doch können wir nicht darauf verzichten, von ›Voraussehen‹ in Bezug auf Gott zu sprechen, weil wir sonst Gefahr laufen würden, stillschweigend vorauszusetzen, dass Gott waltet, ohne zu wissen, was dabei herauskommt. Da das ›Voraussehen‹ aber analog ist, determiniert Gott die Zukunft dadurch, dass er sie sieht, ebenso wenig wie er durch sein Wissen die Gegenwart determiniert.«[57] Die Ewigkeit darf nicht verstanden werden als ein aufgezogenes Uhrwerk, das in der Zeitlichkeit abläuft. Sie wird oft in der Weise falsch ausgelegt, als ob in ihr ein Punkt nach dem anderen wohlgeordnet vor Gott dastehen würde, die nach einem festgelegten Schema an der Reihe sind. In der Ewigkeit Gottes gibt es kein zeitliches Nacheinander; sie ist »eine Dauer ohne Anfang und Ende, ohne Früher und Später, ein ›stehendes Jetzt‹ (nunc stans)«.[58] Damit muss ausgeschlossen werden, die göttliche Vorsehung zeitlich auszulegen und ein Vorher und Nachher in Gott hineinzutragen. Weil Gott nicht dem Wechsel der Zeit unterworfen ist, reagiert er auf unsere Gebete nicht momentan und zeithaft. Deshalb bedeutet die Erfüllung unserer Gebete auch keine Änderung der Pläne Gottes.[59] Wenngleich es *in* Gott keine zeitliche Ausfaltung gibt, so gibt es diese doch *für* ihn, da er die von ihm geschaffenen Ordnungen ernst nimmt. Er füllt einen begrenzten zeitlichen Augenblick mit seinem unbegrenzten ewigen; damit ist jedes Geschehen zu Gott unmittelbar und einmalig.[60]

Die Lösung des Origenes zur Verhältnisbestimmung von göttlichem Plan und menschlich freiem Beten hat sich in der Theologiegeschichte durchgesetzt und wurde immer wieder repetiert. Sie wurde bei Thomas von Aquin theologisch noch weiter entfaltet. Danach prädisponiert Gottes Vorauswissen den Menschen, ohne ihn zu prädestinieren. Von Ewigkeit her ist es bei Gott beschlossen, dass bestimmte Gebete der Menschen Anteil haben sollen bei der Durchführung seiner Pläne. Begründet wird dies dadurch, dass Gott nicht nur das Ziel festlegt in seiner Vorsehung, sondern auch die Art und Weise in concreto, wie die Dinge eintreffen sollen. Seine Vorsehung erstreckt sich somit nicht nur auf die Ergebnisse, sondern auch auf die anzuwendenden Mittel. Daraus ergibt sich der tröstende Gedanke, dass es keine Situation und keine Lage geben kann, die nicht von Gott vorhergesehen und zugelassen worden wäre.

Nach Thomas von Aquin hat Gott von Ewigkeit her entschieden, wie er die Bitte des Menschen erhören und sie in seinen Vorsehungsplan aufnehmen will.[61] Dem Gebet kommt hierbei die Aufgabe einer Mittelursache zu. Ziel des Gebetes ist es deshalb nicht, den Willen Gottes umzustimmen, sondern das zu erlangen, was Gott uns durch unser Gebet geben möchte.[62] Ähnlich wie beim Vorsehungswirken die Freiheit des

Menschen erhalten bleibt, ist es beim Bittgebet hinsichtlich der Nützlichkeit und Notwendigkeit des Gebetes: »Sagen also, dass man nicht beten solle, um von Gott etwas zu erlangen, weil ja die Anordnung seiner Vorsehung unveränderlich sei, wäre dasselbe, wie wenn man sagen würde, dass man nicht gehen dürfe, um an einen Ort zu gelangen, und nicht essen dürfe, um sich zu ernähren, was alles offenbar absurd ist.«[63] Ob man mit Thomas von Aquin zwischen einer universalen und einer partikulären Ordnung unterscheidet, mit Wright zwischen einem vorausgehenden und einem nachfolgenden Plan Gottes[64] oder mit Stump zwischen dem, was Gott grundsätzlich will, und dem, was er im gegebenen Einzelfall will[65], ist eine Sache der Perspektive und Definition; an einer solchen Distinktion wird man aber nicht vorbeikommen. Wie bedeutend diese Differenzierung für Thomas ist, zeigt sich daran, dass er auf die Nichtunterscheidung dieser Ordnungen alle Irrtümer hinsichtlich des Bittgebetes zurückführt.[66] Für ihn steht nichts im Weg, dass eine partikuläre Ordnung durch das Gebet oder auf eine andere Art und Weise verändert wird: »Insofern also durch das Gebet an der von Gott eingesetzten Ordnung der niederen Ursachen wegen der Gebete der Frommen etwas verändert wird, heißt es von Gott ›Er kehre um‹ oder ›Er bereue‹, nicht jedoch weil sich seine ewige Anordnung verändere, sondern weil sich eine Wirkung verändert.«[67] Eine reale Veränderbarkeit Gottes durch das Bittgebet wird bei Thomas abgelehnt. Gott bleibt der schlechthin Transzendente, der keinem »Druck« menschlicher Einsprache unterliegen kann.[68] Das göttliche Wollen und Allwissen sind die theologischen Gründe, »weshalb jede Weise einer göttlichen Abhängigkeit von menschlichen Entscheidungen und Gebeten auszuschließen ist«.[69] Gott wandelt nicht sein eigenes Sein, sondern nur seine Beziehung zu den Menschen und Dingen. »Er, in seinem Wesen der ewig Gleiche, zeigt sich, weil zu ihm gebetet wird, anders.«[70] Verändert hat sich somit nicht Gottes Gesinnung und Freundlichkeit zu uns *an sich*, sondern die *Weise*, wie er uns diese zeigt.

Es ist hilfreich zur Verdeutlichung des Dargelegten, wenn man bedenkt, welche Pläne Gottes eine »Änderung« erfahren. Bei den oben genannten Beispielen Davids, Ahabs, Hiskijas und der Niniviten sind es *meist* solche des Unheils, der Strafe für menschliches Fehlverhalten; sie wurden heraufbeschworen durch die Sünde des Menschen. Eine innere

Logik legt es nahe, dass Gott die Ausführung des angedrohten Unheils auch wieder zurücknehmen kann, wenn die Menschen sich ändern, zumal dieses sozusagen im ursprünglichen Plan nicht eingezeichnet war, denn Gott hat Pläne des Heils und nicht des Unheils mit uns (vgl. Jer 29,11). Was ändert sich also? Der Plan Gottes oder nicht vielmehr das Verhalten des Menschen? Wenn wir die Blockaden für das Wirken Gottes in uns entfernen, die wir durch die Sünde aufgerichtet haben, dann kommt die ursprüngliche Heilsankündigung – sie ist das Primäre und Grundlegende! –, wenngleich in modifizierter Form, wieder zum Zug. Die Jona-Erzählung ist das Paradebeispiel hierfür. Gott hält seine positive Grundintention trotz aller Strafandrohung so sehr durch, dass der Prophet daran Anstoß nimmt (vgl. Jona 4,2). Jona geht hinter die Barmherzigkeit Gottes zurück, weil er auf der Durchführung des einmal Angekündigten besteht: Er wird dafür von Jahwe getadelt.

Ein Beispiel aus der Erziehung legt diese Sicht ebenfalls nahe. Wenn sich ein Kind schlecht benimmt, wäre es nicht gut, wenn die Mutter dies durch ein freundliches Verhalten noch begünstigen würde. Die Grundintention, das Kind zu einem guten Menschen zu erziehen, bleibt bestehen, auch wenn es für sein Fehlverhalten bestraft wird. Die Mutter will die Strafe für das Kind, aber eingeordnet in ein größeres Gesamt und nicht um ihrer selbst willen. Man kann also nicht sagen, dass durch das schlechte Benehmen des Kindes die Grundintention der Mutter umgestoßen wird. Sie ändert zwar ihr Verhalten, aber nicht ihr Ziel.[71] Ähnlich ist es bei Gott.

*Zeige mir, Herr, deine Wege,
lehre mich deine Pfade.*

Ps 25,4

9 Erkundung der Wege der Vorsehung?

9.1 Die Fragwürdigkeit, Gottes Willen erkunden zu wollen

Die Wege der göttlichen Vorsehung zu erkunden, scheint von vornherein ein Unternehmen menschlicher Anmaßung zu sein. Mit der bekannten Stelle bei Jesaja, nach der die Gedanken und Wege Gottes nicht die Gedanken und Wege der Menschen sind (vgl. Jes 55,8), dürfte diese Absicht schwer zu vereinbaren sein. »Welcher Mensch kann Gottes Plan erkennen, oder wer begreift, was der Herr will?« (Weish 9,13). Gottes Absichten sind für den Menschen unerforschlich (vgl. Röm 11,33). Was wäre das auch für ein Gott, der von Menschen erfasst werden könnte? Es wäre sicher nicht mehr jener, der sich in der Bibel offenbart als mysterium tremendum et fascinosum, als schaudererregendes und faszinierendes Geheimnis. Deshalb verwundert es nicht, wenn von theologischer Seite gewarnt wird, mutmaßend die Vorsehung Gottes erkennen zu wollen.[1]

Wie wir beim Missbrauch der Vorsehung schon gesehen haben, konnte der forsche Anspruch, genau zu wissen, wie es um die Pläne Gottes in einzelnen konkreten geschichtlichen Belangen bestellt sei, nicht eingelöst werden. Von daher liegt eine gewisse Vorsicht nahe, Gottes Willen nicht vorschnell mit Geschichtsereignissen zu identifizieren. Die folgenden warnenden Beispiele von Bruder Juniper in Wilders Roman »Die Brücke von San Luis Rey« und von Hegel in seiner Einleitung zur »Philosophie der Weltgeschichte« bestärken das nur.

Wenn ein Brite verflossener Tage das British Empire als Bestätigung dafür ansah, dass Gott das britische Volk auserwählt habe, so ruft das bei uns heute nur ein müdes Lächeln hervor. »Für Gottes Auserwählung liegen uns hier zu viel raffinierte Geschäfte und glückliche Zufälle und zu wenig religiös-prophetischer Geist vor. Das stete Hochkommen des gott-losen Kommunismus vermögen wir jedoch wieder als vorsehende Mahnung Gottes zu deuten, dass sich die christlichen Konfessionen endlich in Liebe zusammensuchen, statt sich zu befehden und zu verketzern und dadurch unglaubwürdig zu machen.«[2] Offensichtlich fällt es uns leicht, hier zu unterscheiden: Beim einen glauben wir, eine Absicht Gottes erkennen zu können, beim anderen nicht. Wenn man sich aber nicht dem »vage<n> Geschäft des natürlichen Ahnens«[3] anvertrauen möchte, dann erhebt sich die Frage, ob es Kriterien der Urteilsfindung gibt und wie diese lauten. Trotz aller Vorbehalte biblischer, theologischer und erfahrungsgeschichtlicher Art soll die These aufgestellt und vertreten werden, dass eine *gewisse* Erkenntnis des Planes der göttlichen Vorsehung nicht nur wünschenswert, sondern sogar *notwendig* ist für ein Leben aus dem Glauben. Basis hierfür ist die dogmatische Lehre, dass der Vorsehungsglaube ein articulus mixtus ist, der bis zu einem gewissen Grad mit den Kräften der Vernunft erreicht werden kann; andererseits ist er aber auch ein Glaubenssatz, der nicht einfach eine Vernunfteinsicht repetiert.[4] Eine Spannung wird hier sichtbar, die nicht, wie in den beiden folgenden Beispielen, aufgehoben werden darf.

9.2 Beispiele fehlgegangener Identifizierungen von Gottes Willen mit Geschichtsereignissen

9.2.1 Wilders »Die Brücke von San Luis Rey«

In Arbeiten über die Vorsehung wird auf Thornton Wilders Roman »Die Brücke von San Luis Rey« nur selten Bezug genommen,[5] obwohl dieser gut geeignet ist, die Hoffnungslosigkeit des Unternehmens aufzuzeigen, Gottes Pläne gleichsam more geometrico [auf geometrische Weise] zu beweisen. Der Roman Wilders spielt zu Beginn des 18. Jahrhunderts in Peru. Die berühmteste, von Inkas aus Weidenzweigen geflochtene Brücke des Landes, die den Namen des heiligen Königs Ludwig von Frankreich trug, brach am 20.7.1714 auseinander und riss fünf Reisende wie zappelnde Ameisen in den tödlichen Abgrund. Der Franziskanermönch Juniper wurde Zeuge des Unglücks. Er hatte als Nächster die Brücke überqueren wollen. Die Frage beschäftigte ihn, warum gerade jene Menschen sterben mussten: »Wenn es überhaupt einen Plan im Weltall gab, wenn dem menschlichen Dasein irgendein Sinn innewohnte, musste er sich, wenn auch noch so geheimnisvoll verborgen, sicherlich in diesen fünf so jäh abgeschnittenen Lebensläufen entdecken lassen. Entweder leben wir durch Zufall und sterben durch Zufall, oder wir leben nach einem Plan und sterben nach einem Plan.«[6] Der kleine Franziskaner fasste den Entschluss, die Lebensgeschichte der jäh Dahingerafften zu erforschen und eine Art »Denkschrift über den Unglücksfall«[7] herauszugeben. Mit großer Akribie setzte er seinen Plan in die Tat um. Jahrelang klopfte er an die Türen Limas und stellte Tausende von Fragen. Das Ergebnis seiner Nachforschungen fasste er in einem großen Folianten zusammen. Ziel seiner Arbeit war es, der Theologie ihren Platz unter den exakten Wissenschaften zu sichern. Der Einsturz der Brücke von San Luis Rey war nicht auf menschliches Versagen zurückzuführen; es war eine reine Fügung Gottes, die ihm ein einwandfreies Laboratorium an die Hand lieferte: »Hier ließ sich endlich Seinen Absichten in reinem Zustand auf die Spur kommen.«[8] Das Ergebnis stand für Bruder Juniper von vornherein fest. »Er wollte es bloß beweisen, historisch, mathematisch beweisen, zu Nutz und Frommen seiner Bekehrten.«[9] Es kam, wie es zu erwarten gewesen war: Juniper scheiterte an seiner selbst gestellten Aufgabe. »Es gelang ihm letztlich nicht, die zahllosen und verwirrenden Einzelheiten zu einem sinnvollen Gesamtbild zusammenzufügen.«[10] Sein tragisches Lebensende erscheint wie ein Sinnbild für das Scheitern seines Unternehmens: Er wurde von der Inquisition als Ketzer öffentlich verbrannt mitsamt seinem Folianten.

9.2.2 Hegels »Philosophie der Weltgeschichte«

In der Einleitung zur Philosophie der Weltgeschichte geht Hegel auf die Vernunftansicht der Weltgeschichte ein. Er wehrt zunächst den Vorwurf ab, die Philosophie würde in die Geschichte Interpretationskriterien oder apriorische Erdichtungen hineintragen, die ihr fremd sind, und sie somit verfälschen. Ausgangspunkt ist für ihn der feste Boden historischer Faktizität: »Die Geschichte aber haben wir zu nehmen, wie sie ist; wir haben historisch, empirisch zu verfahren.«[11] Die Philosophie bringt einen einzigen Gedanken allerdings mit, den einfachen Gedanken der Vernunft, und dass diese die Welt beherrscht, »dass es also auch in der Weltgeschichte vernünftig zugegangen ist«.[12] In der Geschichte offenbart sich für ihn eine göttliche und absolute Vernunft. Mit den Augen der Vernunft ist der Mensch in der Lage, »durch die Mannigfaltigkeit des bunten Gewühls der Begebenheiten«[13] hindurch das Substantielle zu erkennen.

Hegel ist sich bewusst, dass seine Überzeugung einer vernunftgemäßen Regierung der Welt sich mit einer Form der religiösen Wahrheit, nämlich dem Glauben an eine göttliche Vorsehung, berührt. In zweifacher Weise hat der Vorsehungsglaube in der Meinung der Menschen Relevanz: Zum einem lässt man das Walten der göttlichen Vorsehung in einzelnen Situationen des persönlichen Lebens gelten, etwa wenn jemandem in einer Notlage unerwartet Hilfe zuteilwird, und zum anderen in einer diffusen Allgemeinheit einer göttlichen Weltregierung. Hegel lehnt beides ab als Kleinkrämerei des Glaubens und als Verweigerung, zum Bestimmten voranzugehen. Ihm geht es um die »Anwendung im Großen«[14], worunter er nichts Geringeres versteht als die Erkenntnis des Planes der Vorsehung in der konkreten geschichtlichen Verwirklichung. Auf den Vorwurf der Vermessenheit eines solchen Unterfangens erwidert er, dass bei einer allgemeinen Bestimmung der Vorsehung das göttliche Wesen in der Ferne gehalten wird, »jenseits der menschlichen Dinge und menschlichen Erkenntnis«.[15] Die Theologen hätten durch eine Pseudodemut in der Beschränkung menschlicher Erkenntnisfähigkeit den Vorteil erlangt, sich in den eigenen Vorstellungen ergehen zu können.[16] Außerdem sei es eine willkürliche Eingrenzung, Gottes Weisheit nur in der Natur zu bewundern, nicht aber im Lauf der Weltgeschichte, »denn die göttliche Weisheit ist im Großen wie im Kleinen eine und dieselbe«.[17] Deshalb besteht für ihn die wahrhafte Demut gerade darin, »Gott in allem zu erkennen, ihm in allem die Ehre zu geben und vornehmlich auf dem Theater der Weltgeschichte«.[18] Die Philosophie nimmt sich somit des religiösen Inhalts der Vorsehung gegen manche Art von Theologie an; sie hat ihren Überschuss gegenüber dem Glauben in der Erkenntnis der sich geschichtlich verwirklichenden Absichten Gottes. Die Zeit für eine solche Einsichtnahme sei nach Hegel längst gekommen.[19]

Auch das Dunkel des Leides erfährt in dieser Geschichtsphilosophie eine Erhellung: »Die Rechtfertigung geht darauf hinaus, das Übel gegenüber der absoluten Macht der Vernunft begreiflich <!> zu machen.«[20] Jedes Negative würde zu einem Untergeordneten und Überwundenen verschwinden durch die Erkenntnis des Affirmativen. Über die Forderungen und Miseren des Alltags setzt sich Hegel »welthistorisch«[21] in schon zynisch anmutender Weise hinweg: »Dabei, dass einzelne Individuen gekränkt worden sind, kann die Vernunft nicht stehen bleiben; besondere Zwecke verlieren sich in dem Allgemeinen.«[22]

Unter diesen Prämissen geht Hegel die verschiedenen Kulturen der Weltgeschichte durch und bezieht sich auch auf die Gegenwart des politischen Geschehens von damals. Angesichts seiner Begeisterung für Napoleon[23], die selbst nach dessen Überfall auf Russland – das für Bonaparte vernichtend ausgehende Ende dieses Feldzugs wurde allgemein als Gottesurteil verstanden: »Mit Mann und Ross und Wagen hat sie der Herr geschlagen!« – und dem Gemetzel der Vielvölkerschlacht bei Leipzig mit über 100 000 Toten und Verletzten ungebrochen anhält,[24] wird allerdings allzu offensichtlich, wie weit es mit dem Einblick dessen bestellt ist, der von sich behauptet, Gottes Pläne im Geschichtsablauf zu kennen. Es rächt sich, wenn der eigene Geist mit der Einsichtsfähigkeit des Heiligen Geistes verwechselt wird.[25] Entsprechend deutlich ist auch die Kritik Löwiths an Hegel: »Wer ein Stück Weltgeschichte wirklich erfahren hat und sie nicht nur vom Hörensagen aus Reden, Büchern und Zeitungen kennt, wird zu dem Resultat kommen müssen, dass Hegels Philosophie der Geschichte eine pseudo-theologische Geschichtskonstruktion am Leitfaden der Idee des Fortschritts zur eschatologischen Erfüllung am Ende der Zeiten ist, der die sichtbare Wirklichkeit in keiner Weise entspricht.«[26] Der christliche Vorsehungsglaube wird bei Hegel verweltlicht; die Heilsgeschichte des Christentums in eine weltliche Theodizee verkehrt, »für welche der göttliche Geist der Welt immanent und der Staat ein irdischer Gott und die Geschichte überhaupt etwas Göttliches ist ... Dieser metaphysische Historismus der Hegel'schen Konstruktion ersetzt den entschwundenen Vorsehungsglauben der christlichen Religion, und noch heute ist der Historismus als Glaube an den Sinn der Geschichte die Religion der ›Gebildeten‹, deren Skepsis zu schwach ist, um jedes Glaubens entbehren zu können; er ist die billigste Art von Glaubensersatz.«[27]

Trotz der Zurückweisung der Hegel'schen Anmaßung ist dessen Grundanliegen berechtigt. Gegen alle Einwürfe muss eine *gewisse* Erkennbarkeit des Handelns Gottes auch aus christlicher Sicht postuliert werden, zumal wenn man Gott als einen in Geschichte und Natur Tätigen denkt. Das Sprechen von Gott verkommt sonst zum leeren Gerede, da es eines realen Hintergrundes entbehrt. Die Warnung Hegels vor einem Gott, der nur in einer nebulösen Allgemeinheit tätig ist, hat nichts von ihrer Aktualität eingebüßt. Deshalb muss es um eine recht verstandene Erkenntnis des Willens Gottes in folgendem Abschnitt gehen.

9.3 Vorsehung und Erkenntnis

Nur jener kommt in das Himmelreich, der den Willen des Vaters erfüllt (vgl. Mt 7,21). Bruder, Schwester und Mutter ist für Jesus, wer dem Willen Gottes nachkommt (vgl. Mt 12,50; Mk 3,35). Im Vaterunser beten wir darum, dass Gottes Wille geschehe. Welchen Sinn hätte dieses Gebet und die anderen diesbezüglichen Worte Jesu, wenn wir nicht wissen könnten, was dieser Wille ist?[28] Die Frage des vor Damaskus vom Pferd gestürzten Paulus »Herr, was soll ich tun?« (Apg 22,10) ist von fundamentaler Bedeutung für den glaubenden Menschen, der darauf vertraut, dass Gott einen Plan, eine sinnhafte Ordnung für sein Leben bereithält. Wie oft wird in der Seelsorge die Frage des Paulus nach dem konkreten Willen Gottes in einer bestimmten Lebenssituation gestellt! Obwohl man sich hierbei mit direkten Antworten nicht leichttut, muss man doch auf Kriterien zurückgreifen und aufmerksam machen können, die zur Entscheidungsfindung beitragen, zumal wenn hierbei die Weichen für das ganze Leben gestellt werden. Aber nicht nur an einmaligen Entscheidungspunkten des Lebens ist es notwendig, den Willen Gottes zu erfragen; dies ist vielmehr eine lebenslange Aufgabe, zumal der Plan Gottes keineswegs wie nach einem Drehbuch abläuft, sondern offensichtlich, wie wir im vorausgehenden Kapitel gesehen haben, auch menschliche Freiheitsentscheidungen miteinbeziehet und somit entsprechend variabel ist.

9.3.1 Die Zeichen der Zeit

Bei der Beobachtung des Wetters vermag das Volk aufgrund bestimmter äußerer Zeichen zu prognostizieren, was kommen wird: »Sobald ihr im Westen Wolken aufsteigen seht, sagt ihr: Es gibt Regen. Und es kommt so« (Lk 12,54). Die Zeit des messianischen Wirkens Jesu hat ebenfalls ihre Zeichen, die gedeutet und im Leben umgesetzt werden wollen. Doch hier versagen die Menschen in schuldhafter Weise: »Ihr Heuchler! Das Aussehen der Erde und des Himmels könnt ihr deuten. Warum könnt ihr dann die Zeichen dieser Zeit nicht deuten?« (Lk 12,56). Jesus nennt sie »Heuchler«: »Sie wissen auch diese Zeichen zu deuten, aber sie tun nur so, als ob sie es nicht verstünden. Sie wollen sie nicht deuten als Zeit, die Gott zur Entscheidung bestimmt hat, denn sie wollen die Entscheidung nicht treffen, nicht umkehren.«[29] Es ist also nicht nur der Beliebigkeit des Einzelnen anheimgestellt, ob er die Zeit prüft[30] und ihren Kairos erkennt, sondern es ist für ihn eine Verpflichtung, um dem an ihn ergehenden Willen Gottes gerecht zu werden. Es wird immer Aufgabe der gesamten Kirche sein, hinzuhören, was der Geist den Gemeinden sagt (vgl. Offb 2,7.11.17.29; 3,6.13.22), um ihr prophetisches Amt ausüben zu können.

Im Blick zurück auf das Zweite Vatikanische Konzil und die Zeit davor wird deutlich, dass verschiedenste Bewegungen und Aufbrüche in der Kirche (wie die Liturgische Bewegung oder die stärkere Hinwendung zur Heiligen Schrift) als Zeitzeichen sicher auch Gotteszeichen waren und entsprechend rezipiert wurden. Es ist notwendig, in den verschiedensten Auf- und Umbrüchen der Zeit herauszuhören, wohin Gott seine Kirche lenken will und welche Schwerpunkte gesetzt werden sollen; eine solche gottgewirkte Exegese der Zeit vorzunehmen, ist gewiss eine schwierige, aber zugleich unentbehrliche Aufgabe. Die Pastoralkonstitution »Gaudium et spes« spricht von einer Pflicht (!), die Zeichen der Zeit zu erforschen und sie im Licht des Evangeliums zu deuten. »Es gilt also, die Welt, in der wir leben, ihre Erwartungen, Bestrebungen und ihren oft dramatischen Charakter zu erfassen und zu verstehen.«[31] In den Sozialenzykliken »Populorum progressio« und »Sollicitudo rei socialis« haben die Päpste Paul VI. bzw. Johannes Paul II. im Hinblick auf das Elend eines großen Teils der Menschheit nachdrücklich auf diese vom Konzil angemahnte Pflicht aufmerksam gemacht.[32]

Dem berechtigten Anliegen der Entwicklung der Völker als Auftrag Gottes an unsere Zeit wird wohl jeder zustimmen. Doch wie steht es mit vielen anderen Situationen und Vorkommnissen in unserer Welt? Sind sie ebenfalls so leicht als Zeitzeichen auszumachen, die eine Aufforderung Gottes beinhalten zu bestimmtem Tun und Verhalten? Das Konzil spricht von einem Skrutinium (»signa temporum perscrutandi« [nach den Zeichen der Zeit zu forschen][33]), einer Untersuchung; immer wieder neu muss geprüft werden, inwiefern die vox temporis [Stimme der Zeit] die vox Dei [Stimme Gottes] ist. Ein beachtliches Instrumentarium hierfür hat Josef Kentenich, der Gründer von Schönstatt, erarbeitet.

9.3.2 Der praktische Vorsehungsglaube als Erkenntnisquelle

Kentenich ist sicher kein Fachwissenschaftler im heutigen Wissenschaftsverständnis. Das ist hier aber auch gar nicht nötig, denn eine Hermeneutik im oben genannten Sinn ist nicht eine wissenschaftlich erlernbare technische Methode; sie setzt vielmehr ein geistliches Leben und Opferbereitschaft voraus.[34] Kentenich unterscheidet Zeit-, Seelen- und Seinsstimmen, die zwar in ihrer je eigenen Art bedacht, letztlich aber doch in synthetischer Zusammenschau verstanden werden müssen. Jede einzelne »Stimme« ist auf die Quelle ihrer Inspiration zu prüfen.

In eigener Wortprägung differenziert er zwischen dem »Zeitgeist« und dem »*Geist der Zeit*«.[35] Beide Wirkgrößen stehen in Spannung zueinander. Es ist kennzeichnend für Kentenichs realistische Weltbetrachtung, dass er weder einer Schwarzmalerei noch einem unbegründeten Optimismus verfällt; trägt doch selbst der (schlechte) Zeitgeist in sich positive Elemente, die auf eine berechtigte, aber fehlgeleitete Erlösungshoffnung des Menschen verweisen können. Kentenich scheute deshalb den Gang ins Lager Andersdenkender nicht, da dort das Moderne oft stärker ausgeprägt und ein besseres Gespür für die Nöte der Zeit vorhanden ist.[36] Die Kunst des »Heraushörens« und »Herauslesens« der Stimme Gottes zeigt sich also auch in der Bereitschaft, sich umfassend mit Strömungen der Zeit auseinanderzusetzen. Unkel zeigt anhand der Jugend- und Volksbewegung, wie Kentenich es verstand, die in diesen Aufbrüchen enthaltenen positiven Werte herauszufiltern und pastoral umzusetzen gemäß der Prämisse, dass es nicht genügt, nur die Irrlichter auszulöschen.[37]

Bei der »*Seelenstimme*« geht es Kentenich um das Buch der innerseelischen Führungen und Fügungen Gottes, um die Einsprechungen des Heiligen Geistes, die nicht zu verwechseln sind mit mystischen Eingebungen. Die Nähe zu den Zeitstimmen ist offensichtlich, da sich beim einzelnen Menschen das Ganze im Fragment spiegelt. Eine gewisse Nüchternheit ist notwendig, um zu prüfen, ob etwas aus einer krankhaften Natur, einem ungeläuterten Triebleben (Geltungs-, Macht- und Genussstreben) oder vom Bösen kommt; ferner sind die ignatianischen Regeln zur Unterscheidung der Geister heranzuziehen. Paulus mahnt eine Wandlung und Erneuerung des Denkens an, um den Willen Gottes erkennen zu können (vgl. Röm 12,2). Damit ist angezeigt, dass es auch von der sittlichen Lauterkeit und Offenheit abhängt, ob jemand die »Stimme Gottes« vernehmen kann. Ein wirklich Liebender achtet auf die kleinsten Zeichen, die den Willen des Geliebten zum Ausdruck bringen; er wird versuchen, den erkannten Wunsch des anderen zu erfüllen. In ähnlicher Weise ist es bei den Heiligen, die streng darauf bedacht waren, selbst in den kleinsten Dingen des Alltags den Willen Gottes zu erspüren. Ihr Leben ist zu charakterisieren als intensives und liebevolles Hinhören darauf, was Gott ihnen zu sagen hat. Louvel spricht von einer »sensibilité supérieure«.[38] Die Treue zum erkannten Willen Gottes kann dann vom Menschen – wie bei Christus in Getsemani – das Äußerste abverlangen an Gehorsam und Dienstbereitschaft.

Die beiden geschichtlichen Erkenntnisquellen von Zeit und Seele bedürfen mit innerer Notwendigkeit einer Ergänzung durch das »*Sein*«. »Geschichtlich-evolutives und seinsmäßig-metaphysisches Denken schließen sich nicht aus, sondern fordern sich gegenseitig.«[39] Kentenich wusste durchaus, dass diese Quelle für weiteste Kreise verstopft und problematisch geworden ist. Trotzdem hielt er daran fest, weil die Anerkennung einer gottgewollten, dem Menschen vorgegebenen Ordnung, nach der er sich in seinem Handeln zu richten hat, fundamental und unverzichtbar ist. Das scholastische Axiom »ordo essendi est ordo agendi« [die Seinsordnung ist die Ordnung des Handelns] kommt hier zum Zug. Deshalb kann für ihn etwa die gottgegebene biologische und psychische Seinsbestimmtheit von Mann und Frau trotz aller geschichtlichen Wandlungen nicht durch ein funktionales Rollenspiel abgelöst werden. Ein weiteres Beispiel ist, dass ein Mensch alle individualgeschichtlichen Entwicklungsstufen durchlaufen muss und keine ungestraft auslassen oder überspringen darf, will er sich zu gesunder Reife entwickeln.[40]

Um die Vieldeutigkeit der Zeiten-, Seelen- und Seinsstimmen in die Eindeutigkeit der Gottesstimme zu überführen, bedarf es einer großen Öffnung für das Wirken des Heiligen Geistes und nicht wenig Mühe und Erfahrung seitens der einzelnen Person. Alle drei Erkenntnisquellen sind in ihrer gegenseitigen Verwiesenheit und Vernetzung zu berücksichtigen. Ausgangspunkt sind für Kentenich die Zeiten- und Seelenstimmen. Sein Ansatz ist somit geschichtlich-induktiv, nicht metaphysisch-deduktiv. Das Sein hat gegenüber den beiden anderen Stimmen »eine horizonterweiternde Funktion, die es ermöglicht, nützliche Vergleichsmaßstäbe zu gewinnen, zu festen Urteilskriterien und Handelnsnormen vorzustoßen und so gegebenenfalls Korrekturen anzubringen«.[41]

Selbst wenn diese drei Größen richtig geortet und ausgewertet werden konnten, ist immer noch das *Handlungsgesetz der geöffneten Tür* zu berücksichtigen. Mit diesem paulinischen Ausdruck (vgl. 1 Kor 16,8 f.: 2 Kor 2,12) wird angezeigt, dass Gott es ist, der Türen öffnet und in seiner Freiheit den Zeitpunkt und die Art und Weise dafür festlegt. Da mit Willkür und eigenmächtigem Handeln nichts erreicht werden kann, gilt es darauf zu achten, wann und wie Gott durch bestimmte Verhältnisse und Umstände eine Tür öffnet oder schließt. Dies bedeutet freilich nicht, dass der Mensch nur in bloß passiver Offenheit diesen Augenblick abwarten soll; er muss auch selbst aktiv Wege und Mittel zum Ziel suchen.

Als eine Art Feedback, eine Bestätigungsquelle, ist das *Gesetz der schöpferischen Resultante* zu sehen. Dieses Gesetz bestätigt oder verwirft das vorausgegangene Handeln und kann für zukünftiges Handeln zu Kurskorrekturen führen. Kentenich greift auf die einfache Erfahrung zurück, dass erst im Rückblick und durch größeren Abstand vergangene Ereignisse richtig in ihrer Tragweite eingeschätzt werden können. Wenn unter der Berücksichtigung menschlicher Schwäche und trotz Schwierigkeiten ein Ergebnis feststellbar ist, das weit die Möglichkeiten der beteiligten Menschen übertrifft, dann ist anzunehmen, dass Gott schöpferisch-wirkmächtig gehandelt hat. Das Gesetz der schöpferischen Resultante ist »ein Mittel, um die Identität (bzw. Diskrepanz) von göttlichem und menschlichem Plan, von göttlicher Absicht und menschlichem Handeln aus dem Glauben mit einer gewissen (moralischen) Sicherheit aufzuweisen«.[42] Es gibt Hinweise darauf, ob der Zukunftsplan Gottes getroffen wurde.

Der »gigantische Entwurf«[43] Kentenichs ist in der Tat faszinierend. Ihm ist es in einer Synthese gelungen, verschiedenste Erfahrungen und Wirklichkeitsbereiche zu kombinieren und auf das Wesentliche hin durchsichtig zu machen.

9.3.3 Verhältnisbestimmung von Mysterium und Einsicht

Diese Überlegungen zeigen, dass es beim Vorsehungsglauben zentral darum geht, um die Erkenntnis des Willens Gottes zu bitten. Auch wenn eine *völlige* Einsichtnahme in die Pläne Gottes nicht möglich ist aufgrund des Gottesbegriffs und des eschatologischen Charakters der Vorsehung,[44] erschließt sich hier dennoch – unter Vermeidung allen Aberglaubens – eine Möglichkeit persönlicher Begegnung mit Gott. Der Mensch ist angewiesen auf Fügungen Gottes, die er als Antwort auf die Sinnfragen des Lebens versteht.

Mit Erstaunen stellt man fest, wie wenig in der Vorsehungsliteratur unterschieden wird zwischen einer törichten und letztlich hybriden Neugier, Gott in die Karten schauen zu wollen und einer durchaus berechtigten und notwendigen Erkundung des Willens Gottes für eine bestimmte Zeit und für das Leben des einzelnen Menschen. In der für diese Dissertation eingesehenen Literatur ist Kentenich der Einzige, der sich in einer Art spiritueller Theologie um nähere Differenzierungen bemüht!

Bildlich gesprochen geht es darum, den Verlauf bestimmter Fäden zu lokalisieren, durch den sich eine Ahnung von Sinngehalten abzeichnet, nicht aber das ganze Muster zu erkennen. Der Vorsehungsglaube vermag sich an »Zeichen und Zeugen« aufzuhellen »und zu einer gläubigen Vergewisserung gelangen, die auch gewisse Spuren und Abbilder des ›Wie‹ des göttlichen Welthandelns aufspürt«[45]; es ist ihm aber nicht gestattet, diesen Glauben an Einzeltatsachen zu demonstrieren. Eine gewisse Bescheidung ist somit gegeben.

Ferner ist zu beachten, dass das Gesetz der geöffneten Tür hier in analoger Weise gilt. Der Mensch kann und muss sich zwar durch Beten und Hören vorbereiten; dennoch ist es Gott, der die Tür zur Einsicht öffnet. Beim einen kann dies schlagartig geschehen[46], bei einem anderen als ein langsamer Prozess des Bewusstwerdens[47] und bei einem dritten schließlich überhaupt nicht. Diesem Geheimnis Gottes muss der Mensch sich beugen. Wenn er dieses nicht annehmen will, dann ist das Scheitern vorprogrammiert: Weder der »Zauber abwegiger Geschichtsphilosophien«[48] noch das in gewisser Weise verständliche Unternehmen, Gottes Wirken an einem bestimmten geschichtlichen Ereignispunkt mit exakter Präzision aufzeigen zu wollen, wie bei Bruder Juniper, ändern daran etwas.

An jenem Tag werdet ihr mich nichts mehr fragen.
Joh 16,23

10 Vorsehung und Theodizee

Mehrfach sind wir dem Theodizeeproblem schon begegnet. Es ist für die Lehre von der Vorsehung von großer Relevanz. Auch die Tatsache, dass kaum eine Arbeit über die Vorsehung diese Problematik übergeht, zeigt, wie ernst sie in der Theologie genommen wird. Das Leid der Welt ist von jeher schon der schärfste Einspruch gegen einen Gott der Liebe gewesen; es ist auch der »neuralgische Punkt des Vorsehungsglaubens«[1], die crux providentiae [Kreuz der Vorsehung]. Der Glaube nicht weniger Menschen ist wie bei Wiechert oder Borchert an dieser Klippe zerschellt. Wie kann die Liebe Gottes und der leidvolle Zustand dieser Welt zusammengebracht werden, zumal vor dem Hintergrund der dämonischen Aufgipfelungen des Bösen in diesem Jahrhundert? Es scheint, dass die herkömmlichen Formeln der Theodizee solchen monströsen Zügen des Leides nicht mehr gewachsen sind. Muss man hier nicht von vornherein passen, wie es eine Aussage Voltaires nahelegt, der die Frage nach dem Übel für ein sinnloses intellektuelles Spiel Disputierender erklärte? Sie sind für ihn nichts anderes als Sträflinge, die mit ihren Ketten spielen.[2]

Eine große Skepsis und ein oft beachtliches Abrücken von traditionellen Antwortversuchen ist heute feststellbar. Bei den meisten gegenwärtigen theologischen Theorien zur Theodizeeproblematik wird das Leiden in Gott selbst hineingetragen oder dessen Mächtigkeit begrenzt. Vom biblischen Gottesbild her wird kritisch zu überprüfen sein, ob diese Antwortversuche zu überzeugen vermögen. Welche Alternativen gibt es zu der angeblich »abgehalfterten« christlichen Glaubenslehre? Meistens werden Antwortversuche heute in einen existentialistischen Denkhorizont vorgetragen. Deshalb wird der Frage, wie ein auf Gott Vertrauender und jemand, der in einem existentialistischen Denken angesiedelt ist, konkret mit dem Leid fertigwird, nachgegangen werden müssen. Es wird sich hierbei zeigen, dass auf genuin christliche Positionen, wie die Stellvertretung im Leid und den eschatologischen Ausgleich, nicht verzichtet werden kann.

10.1 Die Leiden der Welt als Anfrage an die Vorsehung

Naturkatastrophen wie ein Erdbeben oder ein Vulkanausbruch raffen in einem Augenblick Zehntausende oder Hunderttausende Menschen hinweg: »Ohne Wahl zuckt der Strahl.« Es fällt schwer, sich vorzustellen, dass bei allen gleichzeitig die »Lebensuhr« abgelaufen ist, dass sich selbst solche Unglücksfälle noch in ein sinnhaftes, wenngleich uns verborgenes Konzept einordnen lassen.

Die ungeheure Eskalation des Bösen in der jüngsten Vergangenheit verschärft das Theodizeeproblem beträchtlich. Die Folgen totalitärer Machtpolitik und menschenverachtender Ideologien in diesem Jahrhundert stellen alles bisher aus der Geschichte Gekannte in den Schatten. Besonders das Vernichtungslager Auschwitz steht für die unsagbaren Leiden der Menschheit in unserer Zeit und wirkt wie ein wuchtiger Hammerschlag auf das zerbrechliche Gefäß der Vorsehung. Kaum ein Artikel über das Theodizeeproblem spart diesen Ort des Grauens aus. Für viele Philosophen und Theologen ist Auschwitz kein singulärer Zwischenfall der Geschichte, sondern die Offenbarung eines absoluten Leidens. Apodiktisch heißt es bei Nordhofen, dass Auschwitz zur Großmetapher geworden sei, »zum Weltübel im Singular ... Einen Gott zu rechtfertigen, der Auschwitz hätte verhindern können, das will jedenfalls in keinen Kopf mehr hinein.«[3] Von der Theologie wird erwartet, dass sie sich der Härte der Anfragen stellt und nicht zu rasch auf den Ausgleich im Eschaton verweist. So wie Augustinus zu seiner Zeit im Gottesstaat versuchte, eine Antwort zu geben auf die Frage nach dem Warum des Falls Roms, als Scharen von Flüchtlingen nach Afrika strömten, muss heute die Frage nach der göttlichen Vorsehung vor dem Hintergrund der Leichenberge von Auschwitz, der Massenverelendung in den Industriezentren der Dritten Welt und der Anonymisierten der modernen Industriegesellschaften gestellt werden.[4]

Existentiell bedrängender sind aber nicht so sehr die großen Leiden der Menschheit, sondern die des Alltags und der oft feststellbare Sieg des Gemeinen und Niederträchtigen, von G. Benn so ausgedrückt: »Die Pfütze prüft den Quell, der Wurm die Elle, die Kröte spritzt dem Veilchen in den Mund – Halleluja! – und wetzt den Bauch im Kies.«[5] Schmerzen, Verluste und »Amputationen« finden sich auch im glattesten Lebenslauf. Wir leiden an unserem eigenen Unvermögen, unserer Mangelhaftigkeit und Schuld. Wer offenen Auges durch die Welt geht, wird viele Leidenssituationen ohne große Mühe ausmachen können: bei dem Mann, der an endogenen Depressionen leidet, dem Nachbarn, der trinkt und seine Frau schlägt, dem Mädchen, das in der Bibliothek still vor sich hin weint, weil es mit einem schwierigen Text überfordert ist.

Die Erfahrung von Schmerz und Ungerechtigkeit kann Menschen zur Besinnung auf die eigentlichen Werte bringen, sie aber ebenso böse und hart machen und in ihrem Charakter unter dem übermäßigen Leidensdruck gleichsam verbiegen. Nicht wenige zerbrachen unter der Last des ihnen Aufgebürdeten. Prominente Beispiele dafür sind A. Strindberg[6] und E. Haeckel[7]. Es gibt Situationen, in denen man nur mehr der destruktiven Seite des Leides ansichtig wird, die keine erkennbar positive Auswirkung auf die personale Würde des Menschen mehr haben. Welchen Sinn hat das Leiden von Greisen, die im Altersschwachsinn vor sich hin dämmern, oder derer, die in Wahnideen und in Geisteskrankheit leben?[8] Sind solche Personen von der Vorsehung liegengelassene?

Die drei Komponenten Allmacht, Liebe und Übel lassen sich nicht spannungsfrei einander zuordnen. Die hieraus entstehende »Reibung« formuliert Meessen, der Ordinarius für Kernphysik, in einem interdisziplinären Gespräch so: »Es stimmt einfach etwas nicht, wenn man einerseits sagt, dass unser Gott ein Gott der Liebe ist, und andererseits, dass er alles fügt. Welcher Vater, welche Mutter würde so hartherzig sein, ihre Kinder in Leid und Elend zu belassen, wenn sie etwas daran ändern könnten. Zu behaupten, dass Gott nicht helfen will, obwohl er es könnte, scheint mir nicht einleuchtend zu sein.«[9] Gerade für den Glaubenden und seine Botschaft von der alles überragenden Liebe Gottes ist es eine Prüfung, dass Gott zwar alles kann, aber den Menschen trotzdem leiden lässt.

10.2 Theodizee und Vorsehungsglaube im Umbruch der Zeit: Krise und Chance

Dass die im ersten Abschnitt geschilderten Anfragen an den vorsehenden Gott nicht spurlos an der Philosophie und der Theologie vorübergegangen sind, ist zu erwarten. Die traditionelle Theodizeetheologie wird einer oft scharfen Kritik unterzogen; selbst Theologen zweifeln daran, ob der Glaube Heimat und Geborgenheit schenken, die Angst beruhigen und die Fragen beantworten kann.[10] Unter dem Einfluss säkularer Weltanschauungen hat sich auch das Glaubensverständnis geändert. Die damit verbundene Krise des Vorsehungsglaubens ist aber zugleich eine Chance zur Erneuerung und Besinnung auf die biblischen Grundlagen, von denen man sich vielleicht zu weit entfernt hatte.

10.2.1 Kritische Einwendungen zur traditonellen Theodizeetheologie

Wenn die gegenwärtige philosophische und theologische Literatur zur Theodizee ein Seismograf für das Denken der Zeit ist, dann scheint es nicht sonderlich gut um die »Sache Gottes« zu stehen. Wie ein roter Faden ziehen sich, um ein Beispiel anzuführen, »kritische Anfragen an die ontologischen Depotenzierungen und Verharmlosungen des Bösen und des Leidens«[11] durch die einzelnen Beiträge des von Oelmüller herausgegebenen Sammelbandes »Theodizee – Gott vor Gericht?«. Die »Schwierigkeiten beim Ja-Sagen« – so der bezeichnende Titel eines Aufsatzes von Marquard[12] – lassen sich aus philosophischer Sicht so verbalisieren:

Für künftige Konzepte einer Theodizee sollen nur mehr situative Deutungen des Leidens und des Bösen gemacht werden, nicht mehr apriorische Konstrukte.[13] Der Verzicht auf Integration, auf eine »Perspektive ›von oben‹«[14] zugunsten einer Pluralisierung verschiedener Ansätze wird nahegelegt. Der Vielfalt von Leid und Defizienzerfahrungen sollen sehr verschiedenartige Modi des Denkens und Verhaltens gegenüberstehen. Zu einem Trost fühlt sich die Philosophie nicht mehr berechtigt;[15] sie kann aber Orientierungshilfe bieten durch die »Kritik unglaubwürdiger Antwort- und Trostversuche sowie durch Entwicklung und Diskussion von solchen Antwortversuchen, die zu denken geben können. Erfahrungsgemäß ist dies nicht wenig.«[16] Besonders allergisch reagiert man sowohl im philosophischen wie im theologischen Lager, wenn kurzschlüssige Lösungen geboten werden: »Alles-Erklärer« stehen als »Gar-nichts-Erklärer« gering im Kurs. Nur die Zuwendung zum anderen gilt als ein glaubwürdiges Fundament der Ethik. Der Solidarität mit den Leidenden wird große Bedeutung beigelegt. Vorschnelle Vertröstungen sind nicht mehr gefragt; mit der Erfahrung der felix culpa [glücklichen Schuld] darf nicht zu früh angesetzt werden.

Man wehrt sich heute besonders gegen Versuche, Gott aus dem Leid der Welt »herauszuentschuldigen«, mithin gegen eine »Entübelung der Übel«[17]. Die Theodizee verkam tatsächlich oft zur Rechtfertigung Gottes zulasten der Leidenden. Indem Protest und Rebellion wegerklärt wurden, nahm man diese nicht ernst. Mit einer *gewissen* Berechtigung kann man deshalb die Theologie unseres Kontinents mangelnder Empathie und vorschneller Domestikation zeihen:[18] Nicht nur bei den rationalen Argumenten der Logos-Metaphysik eines Leibniz wurde nicht von der Virulenz des Bösen her gedacht, sondern auch in vielen Lehrbüchern des 19. und ersten Teils unseres Jahrhunderts[19] sowie bei nicht wenigen Theologen und Philosophen.[20] Der überlegene Gestus dessen, »der immer schon von der Unwirklichkeit, ja Nichtigkeit des Bösen überzeugt ist«[21], tritt nicht selten hervor. Allerdings sollte man sich auch vor Unterstellungen hüten und nicht versuchen, Theologen früherer Zeiten unkritisch abzuurteilen.[22]

Trotz dieser Tendenz nicht nur der Philosophie, sondern auch der Theologie[23], auf eine »Gesamtlösung« zu verzichten und jeglichem theoretisch-metaphysischen Konzept eine Absage zu erteilen, wird man sich kaum damit abfinden können; auch aus philosophischer Sicht scheint das redlicherweise nicht möglich zu sein.[24] Der Gottesglaube verliert seine Bedeutung, wenn er auf die Frage nach dem Warum des Leides grundsätzlich keine Antwort mehr geben kann. Auf keinem anderen Gebiet erwarten die Gläubigen so sehr die Hilfe und den Trost der Kirche wie bezüglich der Tragik und des Leides der Welt.[25] Damit ist neben den theologischen Anfragen schon der existentielle Glaubensvollzug angesprochen, der in eine beachtliche Krise hineingekommen ist.

10.2.2 Der Umbruch in der Glaubensstruktur

Kentenich hat den Umbruch der Zeit erkannt; er spricht im Jahr 1955 sogar krass vom Verbrennen einer alten Welt und stellt einen radikalen Schwund des Vorsehungsglaubens in weitesten Kreisen fest.[26] Diesen Verlust diagnostiziert er als so gravierend, dass er sogar das kollektive Unterbewusstsein von christlichen Einflüssen ausgelaugt und bis in die letzte Wurzel neuheidnisch infiziert sieht. Geradezu prophetisch sind seine Äußerungen über die Isolierung des Glaubenden in unserer Zeit. Bedingt durch die Entchristlichung der öffentlichen Meinung würden echte Providentiakinder im Vollsinn des Wortes zu Einsiedlern in der heutigen Welt werden. Viele Faktoren, die sich negativ für den praktisch gelebten Vorsehungsglauben auswirken, haben dazu geführt.

Der Vorsehungsglaube ist, weil in Ableitung vom Schöpfungsglauben stehend, patrozentrisch. Der schon lange konstatierte Verlust des Vaters in einer vaterlosen Gesellschaft[27], ja einer recht verstandenen Autorität überhaupt, hat für den Glauben negative Folgen: »Eine vaterlose Zeit ist mit einer inneren Folgerichtigkeit zugleich eine gottlose und glaubensschwache Zeit.«[28] Wenn ferner eine Erziehung zur Kritikfähigkeit und nicht zum Vertrauen oberstes Ziel der Pädagogik ist, dann ist deren abträgliche Wirkung für den Vorsehungsglauben, der nun einmal die vertrauensvolle Hingabe an den himmlischen Vater zum Kern hat, offensichtlich. Die erbsündliche Disharmonie hat beim modernen Menschen einen ungewöhnlichen Grad erreicht. Seine Neigung, von einem Extrem ins andere zu fallen, und seine permanente Unausgesöhntheit mit sich selbst und den anderen sind Anzeichen dafür. Während das äußere Wissen immer mehr zunimmt, verkümmern die seelischen Fähigkeiten zusehends.[29] Die psychologische Aufnahmebereitschaft für die Glaubenswahrheiten wird dadurch beträchtlich gemindert. Deshalb betont Kentenich weniger die rationalen Vor*erkenntnisse* des Glaubens (praeambula fidei rationabilia) als vielmehr die sogenannten Vor*erlebnisse* (praeambula fidei irrationabilia). Da der Glaube eine »dispositive Unterlage im natürlichen Menschsein«[30] hat, müssen diese Vorerlebnisse beachtet und verstärkt werden, damit ein »integrierter Glaube« entstehen kann, der in die Ganzheit menschlichen Lebens aufgenommen ist.[31]

Der Umbruch in der seelischen Disposition des Menschen hat beträchtliche Auswirkungen für die Vorsehung, denn dadurch ist auch die Glaubensstruktur eine andere geworden. Die diagnostizierte Krise, in die der Vorsehungsglaube geraten ist, braucht aber nicht nur negativ zu sein; sie kann auch dazu beitragen, falsche zeitbedingte Vorstellungen abzustreifen.

Welche gewaltige Veränderung sich innerhalb kürzester Zeit vollzogen hat, wird anhand der Darstellung der Providentia im »Grünen Katechismus« deutlich. In einer Ausgabe dieses Katechismus der Bistümer Deutschlands aus dem Jahr 1956 ist in dem Abschnitt »Gott sorgt für uns« auf einer Darstellung zu sehen, wie eine Hand aus den Wolken des Himmels heruntergreift und ein Kind hält, das auf einem schmalen Steg einen Abgrund überqueren muss.[32] Es käme heute wohl kaum mehr jemand in den Sinn, die Vorsehung in dieser uns naiv anmutenden Weise darzustellen. Wurde nicht allzu oft die Erfahrung gemacht, dass keine helfende Hand sich entgegengestreckt hat, als Menschen in die Tiefe stürzten im wörtlichen und im übertragenen Sinn?

N. Greinacher hat im Anschluss an Steeman diesen Wandel im Glauben, den wir sozusagen unter unseren Augen erleben können, als Übergang vom Vertrauens- zum Hingabeglauben charakterisiert.[33] Der Vertrauensglaube wird von ihm verstanden als eine Haltung, die in der Existenzunsicherheit Geborgenheit bei Gott sucht. Im Hingabeglauben dagegen wurde Gott nicht als Problemlöser, sondern als Problemsteller gesehen. Der Mensch suche nun nicht mehr so sehr Antwort auf seine Existenzunsicherheit, sondern er frage grundsätzlicher, warum er sich überhaupt in diese hineinbegeben müsse. Das Theodizeeproblem ist davon direkt betroffen: Die frühere Haltung demütigen Hinnehmens (»Der Herr hat gegeben, der Herr hat genommen« [Ijob 1,21]) ist heute weitgehend abgelöst durch die bisweilen trotzig-rebellisch gestellte Frage nach dem Warum des Leides.

Es hat sich wiederholt gezeigt, dass der Vorsehungsglaube inmitten aller Unruhe und Umtriebe des Lebens eine große Sicherheit und ein Vertrauen zu schenken vermag. Dies ist trotz aller Veränderung vom Vertrauensglauben zum Hingabeglauben festzuhalten.[34] Das Wissen darum, dass Gott alles gutmachen kann, kann den Menschen tragen. Es ist jedoch eine fatale Täuschung, wenn dieses »Feststehen« (Hebr 11,1) als bürgerliche Lebenssicherung verstanden wird. Der Vorsehungsglaube hat mit einer bürgerlichen Lebensart, in der es möglichst nur um die Wahrung und die Vermehrung des Besitzstandes geht, nichts zu tun. Gottes vorsehender Plan verkommt in dieser Sicht zu einem großen, auskalkulierten System, das alle Eventualitäten auffängt und die Risiken vorausberechnet. Für den Versicherten ist alles »inbegriffen« einschließlich des glücklichen Ausgangs im Jenseits. Gott nimmt der Welt aber nicht ihre Härten und Ungerechtigkeiten. Er ist nicht in humanistischer Manier als jemand zu denken, dessen Aufgabe darin besteht, dem Menschen das Leben möglichst schön und angenehm zu gestalten. Dieses mögliche Missverständnis von Vorsehung wurde durch die grauenvollen Ereignisse der beiden Weltkriege gründlich ausgeräumt. Wesentlich zum Glauben gehört nach biblischem Verständnis das Wagnis, sich auf Neues und Unbekanntes einzulassen, letztlich sich selbst loszulassen auf Gott hin. Eine Hingabe an die Führung eines allmächtigen Vatergottes wird vom glaubenden Menschen erwartet. Deshalb ist der Vorsehungsglaube nicht darauf angelegt, einer falschen Selbstversicherung Vorschub zu leisten. Er bedeutet per definitionem Verzicht auf menschliche Sicherheit, während es der bürgerlichen Lebenshaltung gerade um ein Dasein völliger Lebenssicherung geht. Zur Bewährung unserer geschichtlichen Existenz mutet Gott uns viel zu. »Diese Dramatik wird bleiben; sie gehört zum Menschen.«[35]

Auch von biblischer Seite lässt sich dieser Gedankengang vertiefen. Die warmen Bilder in der Bergpredigt von den Lilien des Feldes und den Vögeln des Himmels (vgl. Mt 6,26.28), die von der Daseinsvorsorge des himmlischen Vaters leben, dürfe nicht zu eng gefasst werden; im Winter sterben viele Vögel vor Hunger und Kälte, und selbst die schönsten Lilien des Feldes verdorren wieder, »um nur milde Beispiele der Disharmonie zu nennen. Dennoch zieht Jesus sein Vertrauen auf Gott nicht zurück oder dispensiert sein Lob, bis eine vollständige Theodizee gelungen wäre.«[36] Die Fürsorge Gottes bewährt sich gerade in der existenzbedrohenden Situation der Verfolgung, welcher der Glaubende nicht enthoben ist (vgl. Mt 10,29.31). Die Vorsehung, die sich bis auf den kleinsten Sperling erstreckt, ist identisch mit dem Willen, der dem Menschen das Kreuz zumutet! (Vgl. Mt 10,38f.).

Die Liebe Gottes wird häufig in den Gegensatz gestellt zur heutigen Welterfahrung. Es mag aber sein, dass durch eine falsche Vorgabe, ein falsches Verständnis von Liebe für viele in unserer Zeit ein sachgemäßer Zugang verdeckt wird. Liebe hat für uns etwas zu tun mit Fairness, Wohlgestimmtheit, nett zueinander zu sein, partnerschaftlich miteinander umzugehen. Dieses Verständnis, von dem jeder Schmerz und jedes Leiden ferngehalten ist, differiert erheblich vom biblischen und muss sich von diesem her korrigieren lassen.[37] »Daran haben wir die Liebe erkannt, dass er sein Leben für uns hingegeben hat« (1 Joh 3,16). Das Kennzeichen der Liebe Gottes zu uns ist also die Hingabe des Sohnes, wobei man Hingabe nicht abschwächen darf als Schenken, sondern sie als ein Hinausgestoßenwerden in den Bereich des Todes zu verstehen hat. In der Liebe ist somit vom Vater her gesehen die Bereitschaft zur Preisgabe, aus der Sicht des Sohnes die Übernahme von Leid in Stellvertretung enthalten.

Die Bereitschaft des Menschen zur Annahme eines solchen Verständnisses von Liebe ist aber in der Zivilisation der westlichen Länder dieser Welt kaum mehr vorhanden. Eine Glücksphilosophie wird propagiert und zu leben versucht; »der Mensch meint, er habe ein Recht auf Glück, und er weiß gar nicht, was er sich damit selber für ein Leid antut, denn dieser Rechtsanspruch auf Glück zerreißt ihn. Er ist wie ein auf die falsche Bank ausgeschriebener ungedeckter Scheck.«[38] Solschenizyn nennt die Aussage, dass der Mensch für das Glück geschaffen sei, eine erbärmliche Ideologie, »die einem mit dem ersten Stockhieb des Anordners ausgetrieben wird«.[39] Die Möglichkeit, dass auch das Scheitern im Plan Gottes stehen könnte, wird bei einem solchen Denken von vornherein ausgeklammert; sie kommt uns in einer Welt, in der nur der Erfolg zählt, auch kaum mehr in den Sinn. Nicht dass Gott den Schmerz und den Untergang wollte, aber es kann doch die Möglichkeit bestehen, dass es seinen Plänen mehr entspricht, für uns lehr- und hilfreicher ist, wenn uns etwas nicht gelingt: »Es gibt auch einen Erfolg des Misserfolges.«[40]

10.3 Das Theodizeeproblem im Horizont eines existentialistischen Denkens

Das Leid prüft nicht nur eine christliche Vorsehungslehre, sondern auch jede andere Weltanschauung. Wer wie die Machthaber im Dritten Reich ständig von Vorsehung und Schicksal spricht, dann aber feige desertiert, als es an der Zeit war, das Vertrauen auf eine führende Vorsehung auch lebenspraktisch zu bestätigen, der diskreditiert sich selbst und seine »Lehre«. Wenn heute nicht selten verkündet wird, dass das Christentum am Ende sei, dann muss die Frage gestellt werden, ob die »Welt« eine überzeugende Antwort zu geben vermag. Können die gegenwärtig in einem existentialistischen Denkhorizont vorgelegten Antwortversuche die Angst des Menschen beschwichtigen und sein Bedürfnis stillen, wenn dies der christliche Glaube angeblich nicht mehr kann? Da prominente Biologen auf existentialistische Deutungsmuster der Lebenswirklichkeit zurückgreifen, soll dort diese Problematik angegangen und gefragt werden, ob ein evolutionistisch-existentialistisches Menschenbild tragfähig ist für einen Lebensentwurf.

Die Existenzphilosophie ist Ausdruck der Einsamkeit des modernen Menschen. In der täglichen Sorge und der lauernden Angst erlebt er seine ständige Unsicherheit und Geworfenheit. Er ist wie eingemauert in den Kerker dieser Welt, da ihm jeder Ausblick auf die Transzendenz verwehrt ist. Ein tragischer Pessimismus steht über allem, da das menschliche Dasein zum Scheitern verurteilt ist und bodenlos erscheint.[41] Es bleibt nur noch ein trotziges »Dennoch«, für das aber keine rationalen Gründe mehr angegeben werden können. In einer heroischen Entscheidung, dieses Dasein als frei gewähltes Schicksal anzunehmen, versucht der Mensch aus eigener Kraft, mit seiner Situation fertigzuwerden. Vermag er das aber?

Schon der stoische Philosoph Seneca hat in seiner Schrift »De providentia« [Über die Vorsehung] versucht, darauf eine befriedigende Antwort zu geben. Sie soll deshalb in ihrer Relevanz dargestellt werden, da sich in seiner »existentialistischen« Ethik erstaunliche Parallelen zu gegenwärtigen Zeitströmungen auftun.

10.3.1 Die »existentialistische« Ethik in Senecas »De providentia«

Seneca lehrt in »De providentia« – sie wird von etlichen Kirchenvätern sogar als »praeparatio evangelica« [Vorbereitung auf das Evangelium] eingestuft – eine männliche Haltung des Kampfes. Gerade die Schwierigkeiten des Lebens würden ungeahnte Fähigkeiten hervorlocken. Der Kampf sei für den Menschen notwendig, weil er nur am Widerstand wachsen könne: »calamitas virtutis occasio est«[42]. Ja, der stoische Weise wisse sich sogar durch sein Betroffensein vom Leid besonders auserwählt.[43] Der Verlust von Eigentum und Besitz berühre ihn kaum; für Seneca sind diese sowieso nur Äußerlichkeiten. Der stoisch Starke könne gar nicht unglücklich sein, sondern nur so genannt werden.[44] Mit Apathie und Ataraxie [Unerschütterlichkeit] trägt er alles tapfer und steht damit sogar über den Göttern, weil diese außerhalb des Leidens sind. Er fühlt sich mächtiger als alle von außen andrängenden Geschehnisse.[45] Menschen von Wert würden vom Schicksal nicht gezogen werden, sondern ihm folgen und mit ihm Schritt halten; sie opferten sich aus eigenem Willen. Was aber, wenn das Schicksal übermächtig anbrandet?

Niemand könne nach Seneca gegen seinen Willen festgehalten werden. Im Selbstmord sei ein Ausgang eröffnet: »patet exitus«[46]. In jedem Augenblick und an jedem Ort sei es möglich, die Natur zurückzuweisen und ihr das Geschenk des Lebens vor die Füße zu werfen.[47] Dies sei ein kurzer und bequemer Weg zur Freiheit, weil sonst das Schicksal zu große Macht über den Menschen hätte. Der Freitod wird somit als ein gerechtfertigter Ausgleich für ein übermächtiges Schicksal verherrlicht und als »Weihe«[48] verstanden.

Über dieser Konzeption liegt sicher ein Glanz titanischer Größe; ein aristokratischer Genuss der eigenen Kraft wird deutlich. Manchmal schwebt eine religiöse Atmosphäre über allem. Der eindrucksvollen Geschlossenheit dieses Systems korrespondiert aber auf der anderen Seite eine verzweifelte Ungöttlichkeit und Unmenschlichkeit. Mag der Stoiker in einer gewissen Trotzhaltung menschlich Großes aus dem Leben herausholen, so ist doch völlig unverkennbar, dass er dem Schicksal nicht gewachsen ist. Am Ende stand und steht immer Leere und Untergang. »Patet exitus« – der Ausweg steht offen. Er kann beschritten werden, wenn sich der Mensch anders nicht mehr zu helfen vermag; doch letztlich haftet auch dieser »Lösung« der schale Geschmack einer Desertion vor den Problemen des Lebens an. Wenn die stoische Weltanschauung in einer Extremsituation des Lebens nur in der Lage ist, die Tür zum Selbstmord zu öffnen, dann ist dies kläglich, so titanenhaft das Sterben des Einzelnen auch sein mag. An Cato, der für Seneca und Lucanus die

Inkarnation des vollkommenen Weisen ist, zeigt Augustinus die inneren Widersprüche auf: »Was ist das für ein glückliches Leben, das den Tod zu Hilfe ruft, um ein Ende zu finden! ... Ich bitte doch, hat der berühmte Cato etwa aus Geduld oder aus Ungeduld Selbstmord verübt? Er hat dies doch nur getan, weil er den Sieg Cäsars nicht in Geduld über sich ergehen lassen wollte.«[49]

Das stoische Idealbild lebt fort im »heroischen Menschen« unserer Tage. In einer nachchristlichen Ära gewinnt die neostoische Haltung eine immer größere Bedeutung[50]; ihre prometheische Trotzgebärde imponiert. Es lassen sich deshalb trotz aller Unterschiedlichkeit von Stoizismus und Existentialismus viele Parallelen feststellen, denn in beiden Entwürfen versucht der Mensch aus eigener Anstrengung einem übermächtigen Schicksal, einer tragischen Realität standzuhalten. Freilich fällt für den modernen Menschen im Unterschied zur stoischen Lehre die Einbergung in einen planvoll waltenden Logos weg; seine Situation ist deshalb noch verzweifelter.

Der Mensch, der selbst mit dem Leid ohne Gott fertigwerden möchte, zerbricht daran; er ist überfordert. Der stoische Titanismus enthüllt sich als Anmaßung, sein Lobpreis der tragischen Werte als substanzloses Gerede.[51] Deshalb ist der Stoizismus wie der Existentialismus letztlich eine »Philosophie der Verzweiflung«.[52] Das völlige Versagen beider angesichts des Leides ist nur allzu offensichtlich.

10.3.2 Der verzweifelte Pessimismus des existentialistischen Evolutionismus

Der Biologe und Nobelpreisträger Monod stellt sich in seinem Bestseller »Zufall und Notwendigkeit« – es war 1972 der größte philosophische Bucherfolg nach dem Zweiten Weltkrieg – die Frage, ob mit seiner im existentialistischen Denkhorizont vorgelegten »Ethik der Erkenntnis« überzeugende Antworten auf die Grundfragen des Lebens gegeben werden können. Er ist sich unsicher: »Ich weiß es nicht; vielleicht ist es schließlich doch nicht völlig ausgeschlossen.«[53] Die Unsicherheit Monods wird verständlich, wenn man die »geistigen Amputationen« bedenkt, die er in seinem Entwurf den Menschen abverlangt; plä-

Theodizeeproblem 261

diert er doch für einen »asketischen Verzicht auf jede weitere geistige Nahrung«.[54] Der Mensch soll auf seine ihm vom Schöpfer verliehene Fähigkeit zur Transzendenz verzichten. Schon Nietzsche fragte sich, ob dies überhaupt ausgehalten werden könne: »Mensch der Entsagung, in alldem willst du entsagen? Wer wird dir die Kraft dazu geben? Noch hatte niemand diese Kraft!«[55]

Monod hatte seinem Werk »Zufall und Notwendigkeit« ein Zitat aus Camus' »Der Mythos des Sisyphos« vorangestellt: »Der Kampf um die Gipfel allein kann ein Menschenherz ausfüllen. Man muss sich Sisyphos glücklich denken.«[56] Die innere Affinität der Monod'schen Thesen zum Existentialismus mit seinem tragischen Lebensgefühl ist hier unverkennbar.[57] Wird in solchen Sätzen aber nicht jegliches natürliche Empfinden auf den Kopf gestellt, denn wie soll man sich jemand als glücklich vorstellen, der zu ewig sinnloser Tätigkeit verdammt ist, die nie ihr Ziel erreicht?

Monod hatte den Menschen als den großen Gewinner der Evolutionslotterie bezeichnet.[58] Bei näherem Zusehen ist er allerdings der große Verlierer als der in die Einsamkeit des Universums Hinausgestoßene; er hat ein Unglückslos gezogen. Wenn überall nur Zufall am Werk ist, scheint eine positive Lebenseinstellung bei einem redlichen Denken kaum mehr möglich zu sein. Selbst der bekannte Verhaltensforscher Lorenz gibt zu, dass er lange Jahre in einem verzweifelten Pessimismus das geglaubt habe, was Monod glaubt, dass reiner Zufall am Werk sei.[59] Grassé stuft den Evolutionismus deshalb als eine naive Theorie der Hoffnungslosigkeit ein.[60] Der postulierte heroische Nihilismus hat das Gepräge eines Konstrukts an sich, das gerade in Grenzsituationen des Lebens nicht trägt und dort in voller Wucht auf den Menschen zurückschlägt. Das tragische Lebensende Monods und anderer existentialistischer Denker durch Selbstmord ist die Bestätigung dafür.[61]

Zu vielen einzelnen Positionen des Existentialismus wären kritische Anfragen anzubringen;[62] es ging hier jedoch nur darum aufzuweisen, dass dieser säkulare Antwortversuch im wahrsten Sinne des Wortes nicht lebbar ist. Wenn der Mensch in seiner ganzen Erbärmlichkeit auf sich allein gestellt ist, dann ist das Scheitern notwendig »inbegriffen«. Gibt es keine Hoffnung auf ein Jenseits, wird auch das Diesseits zerstört, dann zerrinnt das Leben zur puren Absurdität. Ein absurdes Dasein erscheint aber nicht als lebenswert; es entsteht nur eine potenzierte Not des Leidenden. »Wir sind der modernen Existentialphilosophie dankbar, dass sie mit einer Gewalt, die keinem mittelalterlichen Prediger zur Verfügung stand, gezeigt hat, dass der Mensch ohne Gott nur ins Nichts eilen kann.«[63] So ist diese Richtung der Philosophie zwar eine Kontraposition zur Vorsehung, aber keine echte und lebbare Alternative: »Aus dem Bodenlosen wächst kein Vertrauen.«[64] Erst in der Ausrichtung auf das göttliche Du kann dem menschlichen Ich ein tragender Sinn im Leben erwachsen; sonst kann es leicht geschehen, dass aus dem ins Dasein *Ge*worfenen ein *Ver*worfener wird.

10.4 Theologische Antwortversuche zur Theodizee

Auch am christlichen Denken ist die harte und negative Realitätserfahrung der modernen Welt und Geschichte, Voltaires Hohn auf die »beste aller Welten« in seinem »Candide«, Thomas Manns ironisch gemeintes »Deus providebit« als Motto seines Romans »Die Buddenbrooks« oder Schopenhauers These von der »schlechtesten aller möglichen Welten« nicht spurlos vorübergegangen.[65] Um der Härte solcher Anfragen zu entgehen, wurden in Geschichte und Gegenwart wiederholt neu Versuche unternommen, einseitig die Spannung aufzulösen. Entweder wird Gott dann als Ohnmächtiger bzw. ein am Weltenlauf selbst Leidender dargestellt oder es wird der menschlichen Freiheitsentscheidung allein die Last der Verantwortung aufgebürdet. Diese Antwortversuche sind kritisch zur Sprache zu bringen.

10.4.1 Der ohnmächtige oder leidende Gott

Es wäre sicher *zunächst* alles einfacher, könnte man sich mit Weissmahr und vielen anderen auf einen »schwachen« oder mit dem jüdischen Religionsphilosophen Jonas[66] gar auf einen deistisch fernen Gott berufen, der es nicht vermag oder will, seiner Schöpfung das Leid zu ersparen. Manches Ärgernis würde sich damit erübrigen.

Bei Borchert, der Gott in »Draußen vor der Tür« als weinerlichen Alten darstellt, der vergeblich nach seinen Kindern ruft,[67] ist aber erkennbar, dass ein solcher Gott der falsche Ansprech- oder besser Anklagepartner ist. An einen hilflosen alten Opa wendet man sich nicht mit dem folgenden Aufschrei aus tiefster existentieller Not: »Oh, wir haben dich gesucht, Gott, in jeder Ruine, in jedem Granattrichter, in jeder Nacht. Wir haben dich gerufen, Gott! Wir haben nach dir gebrüllt, geweint, geflucht! Wo warst du da, lieber Gott?«[68] Die Anfrage Borcherts setzt einen machtvoll waltenden Gott voraus. Auf diesen, der in den Zeiten der Sattheit verdrängt wurde, besinnt sich der Mensch in seiner Not wieder, weil er weiß, dass nur von ihm Hilfe zu erwarten ist.

Die Götzenbilder mancher Philosophen und Denker haben dem Ansturm des Leides nicht eine Sekunde standgehalten: »Kennst du einen, der vor den Feuerschlünden der Kanonen, in den Luftschutzkellern der Großstädte zu ihnen gebetet hat? Kennst du einen Atheisten, einen Skeptiker, der in seinen Wutausbrüchen, seinen Zweifeln und in seiner möglichen Bekehrung auf einen anderen als den persönlichen Gott des Christentums hinzielte?«[69] Man wird somit wieder auf den Ausgangspunkt verwiesen. Es stellt sich die Frage, »ob es überhaupt noch einen Sinn hat, an einen schlechthin *ohnmächtigen* Gott zu glauben«.[70] Wer ernsthaft von einem deistisch-schwachen Gott spricht, übt zudem Verrat an dem geschichtsmächtig wirkenden Gott der Heiligen Schrift; dieser ist per eminentiam [schlechthin] ein Gott der Stärke.

Bei den meisten gegenwärtigen theologischen Arbeiten zur Theodizee kann trotz unterschiedlicher Akzentuierungen die Gemeinsamkeit festgestellt werden, das Leid unter Rückgriff auf rabbinische und kabbalistische Vorstellungen in Gott hineinzunehmen. Theologen wie Bonhoeffer[71], Greshake[72], Häring[73], Kasper[74] und Moltmann[75], um nur einige zu nennen, argumentieren in diese Richtung. Bewusst wird dabei in Kauf genommen, einer biblischen Grundauffassung (Bonhoeffer, Häring, Moltmann), dem Dogma von der Leidensunfähigkeit Gottes (Greshake) und traditionellen theologischen Anschauungen (Kasper) zu widersprechen.

Auch wenn in großer Eindringlichkeit und theologischem Ernst vom Leiden in Gott gesprochen wird, wird man sich dieser Richtung nicht anschließen können.[76] Zu viele Gründe sprechen dagegen. Wer ein Leiden in Gott über die Christologie hineinträgt, wirft mehr Aporien auf, als er löst. Diese nötigt nicht, von einem Leiden in Gott zu sprechen. Die göttliche und menschliche Natur in Christus sind gemäß der klassischen Formel von Chalcedon zwar nicht ungetrennt, aber auch *ungemischt*. Der Gottmensch Jesus Christus hat nur seiner Menschheit nach gelitten. Die eigentliche Frage, wie ein leidender Gott im persönlichen Leid helfen kann, bleibt nach wie vor unbeantwortet; auch am leidvollen Zustand dieser Welt ändert sich nichts. Es erfolgt im Gegenteil eine zu spekulative gnosishafte Versöhnung. Der Verdacht drängt sich auf, dass in der Rede vom leidenden Gott lediglich eine sublime Verdoppelung menschlichen Leidens stattfindet durch die Projektion auf Gott. Metz scheint hier zu viel Hegel im Spiel zu sein und so etwas »wie eine heimliche Ästhetisierung des Leidens zur Geltung«[77] zu kommen. Es wirft ein bezeichnendes Licht auf die gegenwärtige Situation, wenn der Philosoph (!) Geyer auf das schon von Epikur oder Laktanz eingebrachte Argument verweist, wonach ein leidender Gott zwar für kein Leiden mehr verantwortlich ist, aber auch kein Gott mehr ist:[78] »Das Resultat des Ganzen ist dann, kurz gesagt, dieses: Theodizee gelungen – Gott tot.«[79] Jegliche Einschränkung Gottes in seinen Eigenschaften der Allmacht, Güte und Einzigkeit führt, wie H. Pfeil in seinem bemerkenswerten Buch »Gott und die tragische Welt« anhand vieler Beispiele gezeigt hat, zum Atheismus. Das Problem kann »nicht gelöst werden durch die Aufgabe des Glaubenssatzes von Gottes Vollkommenheit und Unveränderlichkeit ... Die Synthese von Gottes Unwandelbarkeit und seiner erlöserischen Wirksamkeit liegt im Dunkel des göttlichen Geheimnisses.«[80] Gott ist sicher vom Leid seiner Kreatur – auf uns nicht begreifliche Weise – betroffen; es darf aber nicht in ihn hineingetragen werden. Die Mahnung Rahners will in diesem Zusammenhang beachtet werden: Es ist ein Irrweg, wenn »man meine, unser Geschick dadurch zu erlösen, dass man es in die Innerlichkeit Gottes hineinverlege«.[81] Gott muss als Gott und damit in seiner Macht und Vollkommenheit gesehen werden. »Ein Gott aber, der auf Golgotha und in unserem Ende nicht noch einmal Handlungsmöglichkeiten hat, ist nicht als Gott gedacht und ernst genommen.«[82] Letztlich wird bei einem leidenden Gott die Auferstehung Christi als Sieg über Leid und Tod nicht mehr in ihrer ganzen Tragweite gesehen.

Im Alten Testament zeigt sich Israels Unfähigkeit, sich durch Mythen und Ideen trösten zu lassen. Sollte der moderne Mensch hinter diese

Linie zurückfallen, indem er versucht, sich durch den Mythos vom leidenden Gott zu trösten? Erstaunlich ist es allzumal, dass die in den Mythen der Völker angesiedelte Vorstellung vom Leiden der Götter in der Zeit einer entmythologisierenden Betrachtungsweise der Heiligen Schrift eine Auferstehung feiert.

10.4.2 Greshakes Theorie vom Leid als Preis der Liebe

Während in dem Sammelband »Theodizee – Gott vor Gericht?« an Augustinus wiederholt kritisch die Frage gestellt wird, ob der menschlichen Freiheit die Last der Leidensgeschichte aufgebürdet werden könne,[83] vertritt Greshake diese Position vehement: Das Leid ist die *notwendige* Folge der freilassenden Liebe Gottes.[84] Auf Greshakes Theorie ist näher einzugehen, da sie eine grundsätzliche Tendenz unserer Zeit zum Ausdruck bringt; sie ergibt sich mit einer inneren Konsequenz, wenn man sich die Zweitursachentheorie zu eigen macht.

Ganz im Anschluss an Teilhard und mit ausdrücklichem Bezug auf ihn entwickelt Greshake seine Argumentation. Das evolutive Welt- und Wirklichkeitsverständnis wird metaphysisch überhöht und zum Prinzip der ganzen Schöpfung gemacht. Das Übel erscheint als eine natürliche Wachstumsschwierigkeit, da die Entwicklung auf das Durchspielen von Möglichkeiten angewiesen ist und deshalb zwangsläufig viele Nieten produzieren muss. Menschliche Freiheit werde auf analoge Weise im Durchprobieren von Variationen in der Natur präludiert. Die Wirklichkeit stehe somit unter dem Gesetz der Freiheit und nicht der Notwendigkeit. Für Greshake ist »der Begriff einer geschöpflichen Freiheit, die absolut leidfrei ist, im Grunde ebenso widersprüchlich wie der Begriff eines dreieckigen Kreises ... Wenn Gott geschöpfliche Freiheit will, dann ist damit die *Möglichkeit* von Leid *notwendig* mitgegeben«,[85] denn der Mensch kann die ihm geschenkte Freiheit missbrauchen. Entzweiung, Unfrieden, Sünde und Schuld sind die Folge davon. Aber offensichtlich war Gott die Freiheit des Menschen so viel wert, dass er dieses Risiko einging. Deshalb sei die Freiheit der Preis der freilassenden Liebe Gottes. Greshake setzt sich damit bewusst von der Tradition ab, der er ein falsches »dinghaftes« Allmachtsverständnis vorwirft.[86]

Dankbar ist bei Greshake festzustellen, dass er die Verantwortlichkeit und Freiheit des Menschen klar herausstellt. Angesichts eines weitverbreiteten Unschuldswahns und eines Anklagepathos, in dem man sich heute gefällt, ist dies nicht gering zu veranschlagen. Dabei scheut man Widersprüche nicht: Während einerseits dezidiert die Freiheit betont und diese denkerisch in einer entsprechenden Philosophie zu begründen versucht wird, erinnert man sich andererseits dann, wenn es um das Leid geht, noch rechtzeitig daran, wie unfrei man eigentlich ist, um Gott anklagen zu können. Dann sind wir plötzlich nicht mehr die Täter, sondern die Opfer. Schnell wird dann nach dem »Polizistengott« gerufen, der »eingreifen« soll; findet das nicht statt, erklärt man Gott für nicht existent.

Trotzdem sind gravierende Einwände gegen Greshakes Sicht vorzubringen. Mit der Tradition ist eindeutig festzuhalten, dass eine kreatürliche Freiheit ohne Schuld, Leid und Tod vorstellbar ist. Reflexionen auf den vorerbsündlichen Zustand der Schöpfung und die eschatologische Vollendung legen dies zwingend nahe.

Mit Verweis auf die Erzählungen vom Paradies argumentiert Metz treffend so: »In dieser Sicht lässt sich kein unauflöslicher Zusammenhang zwischen von Gott gewollter kreatürlicher Freiheit und göttlicher Zulassung faktischer Schuld der Kreatur behaupten. So gilt: Die Leidensgeschichte enthält nicht nur eine Frage an die Schuld des Menschen, sondern auch – quasi durch sie hindurch – eine Rückfrage an Gott.«[87] Es ist ferner zu bedenken, dass der Mensch auch in der kommenden Welt frei ist, da er nicht als Automat vor Gott stehen wird. Es wird freilich eine nicht mehr störanfällige Freiheit sein: »Dereinst aber wird es so sein, dass er <der Mensch> nicht mehr Böses wollen kann, ohne dass er deshalb die freie Entscheidung nicht mehr hätte.«[88] Daraus lässt sich ableiten, dass »die Möglichkeit des Missbrauchs der Freiheit zur Sünde nicht notwendig zum Gebrauch der Freiheit«[89] gehört. Es handelt sich hier freilich um ein rational nicht weiter erhellbares Mysterium, das aber dennoch festgehalten werden muss, wie die Auseinandersetzung mit der Apokatastasis-Theorie [Theorie über die Wiederherstellung aller Dinge am Ende der Zeiten] gezeigt hat.

Es ist richtig, dass bei einem mit Vernunft begabten Geschöpf, das noch nicht an sein Ziel gelangt ist, die Ermöglichung des sittlich Guten mit der freien Verfehlung dieses Zieles verbunden sein *kann*; daraus darf aber keine metaphysische Notwendigkeit gemacht werden. Rahner spricht von einer »weitverbreiteten vulgären Apologetik«, wenn behauptet wird, »Gott *müsse* auch Schuld in seiner Welt ›zulassen‹, wenn er, was ihm doch zustehe, kreatürliche Freiheit in seiner Welt haben wolle ... Kreatürliche Freiheit wird so irgendwie als schlechthin absolut und in ihrer Entscheidung unableitbar gesetzt.«[90] Die Freiheit darf aber keineswegs so absolut gesetzt werden, »wie in dieser stolzen Konzeption der Freiheit der Kreatur vorausgesetzt wird«.[91] Sie ist vielmehr von Gott umfangen und getragen, als es den Anschein hat. Das grundlegende Ungenügen bei Greshakes Versuch besteht somit in seinem aus biblisch-christlicher Sicht mangelhaften Verständnis von Freiheit, das er zu sehr dem Evolutionsparadigma entnommen hat. Wird der Evolutionsbegriff metaphysisch überhöht zum Prinzip der ganzen Schöpfung, dann wird man nicht nur das Leid kaum noch als Folge der Sünde verstehen können, sondern eine blinde Zufälligkeit wird in eine Notwendigkeit umgedeutet, der selbst Gott unterworfen ist.[92] In einem solchen evolutionistischen Horizont schwindet nicht nur das Wissen um die Vordergründigkeit, Hinfälligkeit und Brüchigkeit dieser Welt,[93] sondern auch das Leiden des Einzelnen wird als notwendiges Abfallprodukt der Evolution nicht ernst genommen. Mit Greshakes Konzeption wird zwar Gott entlastet, der nicht mehr für den Verzweiflungsschrei seiner Kreatur verantwortlich ist, aber zugleich wird das Mysterium preisgegeben. Die Frage, die Greshake sich selbst stellt, ob mit seinem Entwurf nicht ein »gar zu hoher Preis«[94] bezahlt worden sei, ist eindeutig mit Ja zu beantworten.

10.5 Die Bewältigung des Leides aus der Kraft des Glaubens

Das Evangelium fordert zu tatkräftiger Liebe dem leidenden Nächsten gegenüber auf – etwas für die antike Welt unerhört Neues. Das Gleichnis vom barmherzigen Samariter (vgl. Lk 10,25–37) und die Fragen des im Endgericht wiederkommenden Christus (vgl. Mt 25,31–46) zeigen, wie sehr der Christ danach beurteilt wird, ob er Menschen in Leidenssituationen geholfen hat. Der Herr identifiziert sich ausdrücklich mit den

Notleidenden. Was dem geringsten Bruder getan wird, ist ihm erwiesen (vgl. Mt 25,40). »Wer also das Gute tun kann und es nicht tut, der sündigt« (Jak 4,17). Die Versorgung von Armen und Kranken war in einer Zeit, in der es noch keine Krankenhäuser gab, fast ausschließlich Aufgabe der Kirchen und Klöster. In dieser Diakonia [Dienst] wird etwas spezifisch, ja sogar unterscheidend Christliches deutlich.[95] Die Verbesserung der irdischen Lebensbedingungen, der Kampf gegen das Elend ist ein Teil der Sendung des Christen in der Welt; dieser Dienst ist zugleich Dienst am Reich Gottes. Wer dem Christentum vorwirft, es würde nur über das Leiden reden, aber nicht handeln, der sollte einen Vergleich mit anderen Weltreligionen und Denksystemen machen und deren Hilfe für den leidenden Mitmenschen überprüfen. Ein solcher Blick über den eigenen Zaun wirkt sehr ernüchternd.[96]

Der christliche Glaube fordert aber nicht nur zu tatkräftigem Einsatz angesichts des Leides in der Welt auf, sondern gibt auch die Kraft, es zu bewältigen. Es ist eine Ausblendung von Wirklichkeit und damit eine Form von Ideologie, wenn heute der Blick fast nur noch auf die Sinnlosigkeit und das Destruktive des Leides gerichtet wird. Man fällt im Vergleich zur Vergangenheit in das gegenteilige Extrem: Konnte man dieser mit einer gewissen Berechtigung eine vorschnelle Vertröstung, mithin eine Verharmlosung menschlicher Leidenssituationen anlasten, so gefällt man sich jetzt in der Betonung des Sinnlosen und nicht Einsehbaren. Dass nur selbst vom Leid Betroffene authentisch zur Theodizee sprechen können, ist hierbei geradezu zu einem Dogma geworden.[97] Gegen diese Tendenz muss festgehalten werden, dass es aus dem Glauben heraus die Möglichkeit gibt, selbst extremste Leidenssituationen bewältigen zu können. Solschenizyns »Der Archipel GULAG« ist ein überwältigendes Zeugnis für die Kraft, die der Glauben verleihen kann: »Und wie blieben sich die echt religiösen Menschen im Lager treu? ... Wiederholt in diesem Buch sind sie uns begegnet auf ihrem unbeirrten Marsch durch den Archipel, eine schweigende Prozession mit unsichtbaren Kerzen. Manche stürzen, wie von Maschinengewehrsalven niedergemäht, die Nächsten treten an ihre Stelle und gehen diesen Weg weiter. Seelische Stärke, wie sie das 20. Jahrhundert nicht kennt! Und es ist nichts Theatralisches, nichts Pathetisches daran ... Das ist Glaubensstärke. Wie sollte man diese Menschen nicht beneiden! War ihre

Situation etwa günstiger? Kaum! Es ist bekannt, dass man die ›Nonnen‹ zu den Prostituierten und Kriminellen in die Strafaußenstellen steckte. Doch hat sich je ein Gläubiger ›zersetzen lassen‹? Sie sind gestorben – ›zersetzen lassen‹ haben sie sich nicht! Und wie lässt sich erklären, dass manche wankelmütigen Menschen gerade im Lager zum Glauben gefunden haben, durch ihn stark geworden sind und innerlich unversehrt überlebt haben? ... Man wird also eher sagen können: Das Lager kann denen nichts anhaben, die einen heilen Kern besitzen ... Im Lager verrotten die, deren Leben vorher durch keine sittliche Prinzipien und keine geistige Erziehung bereichert war ... Tatjana Falike schreibt: ›Ich habe die Menschen beobachtet und mich überzeugt, dass ein Mensch im Lager nicht zum Schweinehund werden konnte, ohne es nicht schon gewesen zu sein.‹«[98] Die Extremsituation des Archipel zerrt unbarmherzig das zutage, was im Menschen ist und verstärkt es: Der vor seiner Einlieferung innerlich schon korrupte Mensch wird seinen Mitmenschen zur Bestie, während jemand mit geistigen Prinzipien über sich hinauswächst. Im Gottesstaat gibt Augustinus das in einem drastischen Bild so wieder: »Nicht was, sondern wie jeder leidet, darauf kommt es vor allem an. Denn vom gleichen Lufthauch berührt, lässt der Kot abscheulichen Geruch, das Salböl lieblichen Duft aufsteigen.«[99]

Wenn Häring sich Jonas' These vom ohnmächtigen Gott anschließt, weil dieser »mit der Autorität des Leidenden spricht« und somit »aufgrund seiner Erfahrungen unwiderlegbar zu sein«[100] scheint, dann muss gegen Häring gefragt werden, was es denn mit der Autorität jener Leidenden auf sich hat, von denen Solschenizyn spricht?[101] Die religiösen Gläubigen – und fast nur sie allein, betont Solschenizyn immer wieder! – sind innerlich ungebrochen den Weg durch die Lager Sowjetrusslands gegangen. Ihnen wurde dazu noch ein schwereres Kreuz aufgebürdet als den anderen. Ist es nicht im höchsten Maß angebracht, für diese Menschen offene Bewunderung zu zeigen? Sie strafen all jene Lügen, welche die Vorsehung als eine leitende Institution aufgrund der Leiden dieser Zeit für abgesetzt erklären. Machtvoll legen sie Zeugnis ab für den Gott der Liebe im Inferno des GULAG.

Klar erkennbar ist ebenso aus diesen Lebenszeugnissen die oft in Abrede gestellte reinigende und klärende Funktion des Leidens; alle Grobheit und Rohheit des Herzens wird im Feuerofen des Leides unbarmherzig weggebrannt. Worte allein genügen oft nicht, um uns zur Einsicht zu bringen. Die Hilfe Gottes für den Menschen besteht deshalb auch in Schicksalsschlägen, durch welche dessen Verkrampfung an ichhafte Ziele aufgebrochen wird. Es ist erst der Hunger, der den verlorenen Sohn zum Nachdenken zwingt: »Das ist nicht sehr schön, auch nicht stilvoll, aber so geht's im Leben.«[102] Solschenizyn selbst gehört zu der Gruppe der wankelmütigen Menschen, die gerade im Lager zum Glauben gefunden haben und durch ihn innerlich stark geworden sind: »Und wenn ich über die Lauheit des Westens, seine politische Kurzsichtigkeit, Uneinigkeit und Kopflosigkeit klagen höre, so erinnere ich daran: Haben wir, bevor wir den Archipel durchlebten, etwa mehr Festigkeit, mehr Gedankenstärke besessen? Daher sage ich, zu den Jahren meiner Haft gewandt – und es wird meine Mitmenschen verwundern: SEI GESEGNET, MEIN GEFÄNGNIS!«[103]

Solschenizyn wurde die Erfahrung des Bösen in seinem Leben zum Segen. Im ersten Petrusbrief wird es als »eine Gnade in den Augen Gottes« bezeichnet, wenn man »recht handelt und trotzdem Leiden erduldet«. Ja, es heißt sogar: »Dazu seid ihr berufen worden; denn auch Christus hat für euch gelitten und euch ein Beispiel gegeben, damit ihr seinen Spuren folgt« (1 Petr 2,20 f.). Wenn uns solche Gedanken fremd vorkommen, dann vielleicht deshalb, weil wir etwas in uns verdrängt haben: die Notwendigkeit der Kreuzesnachfolge und der Stellvertretung im Leiden. Gott ist in seiner väterlichen Güte auch »sub contraria specie« [in seinem Gegenteil] tätig! Goritschewa dankt (!) Gott, als man ihr die Mitteilung macht, dass sie in eine psychiatrische Klinik eingewiesen werden soll;[104] Carretto, dessen Bein durch eine falsche Spritze gelähmt wurde, sieht dies nicht als ein Missgeschick, sondern als eine Gnade;[105] Sadunaite hält das Leiden der Gewissensgefangenen für »das deutliche Zeichen einer besonderen Auserwählung«;[106] Kuntner, die im 16. Lebensjahr nach einem qualvollen Leidensweg starb, antwortet auf die Frage des Klassenlehrers, wann sie mit ihrem Leiden irgendwie fertiggeworden sei, so: »Seitdem ich für die Krankheit gedankt habe.«[107] »Eine unzählbare Schar von unheilbar Kranken, Krüppeln, Betrogenen, Verratenen zeigt, dass mithilfe der Gnade diese Leiden nicht nur ertragen, sondern sogar verklärt werden können.«[108]

Es gibt die seltsame Erfahrung, dass man von leidenden Menschen, die sich ganz in Gottes Hände gegeben haben, gestärkt weggeht. Sie beschenken jene, die zu ihnen kommen, mit einem inneren Reichtum. Der Kranke kann nichts Künstliches mehr vorschützen, nicht mehr mit seinen eigenen Leistungen aufwarten. Wenn er jetzt noch innerlich ungebrochen standhält, dann wird offenbar, dass die Gnade Gottes am Werk ist. Solche Menschen werden zu Quellen des Lebens für andere. In diesem Sinn ist wohl der alte Spruch zu verstehen, dass es ein Segen ist, einen Kranken im Haus zu haben.

Die bittere Frage nach dem Warum des Leidens wurde aber in den obigen Beispielen auch von Kuntner oder Carretto gestellt. Auch im Leben des Glaubenden sind Anfechtungen da, die zu bestehen sind. Sie erleben diese nicht anders als der Nichtglaubende. »In existentieller Leidensnot wird der Mensch immer wieder wie Ijob vor Gott stehen.«[109] Es ist aber evident, dass nicht jedes Warum aus einem zerbrechenden Glauben kommen muss. Die Geschlossenheit der Welt des Leidens wird aufgebrochen, verliert das Dunkle und Bedrückende, wenn es von Gott her innerlich angenommen und getragen wird. Der Mensch erkennt in dem Maß einen Sinn im Leid, in dem er die Tiefe der göttlichen Liebe erfasst.[110] Gott schenkt die Erfahrung der Wandlung, des Besseren; er bleibt der Gott der Liebe. Allerdings ist dies nicht leicht zu verstehen und zu vermitteln: »Den Zusammenhang zwischen Liebe und Schmerz, Tod und Auferstehung zu begreifen, ist wirklich schwer und ohne den Geist fast menschenunmöglich.«[111] Alles entscheidend ist, ob der Mensch sich gänzlich Gott hingibt trotz oft dunkler und veröderter Horizonte. Carretto bezeichnet das Vertrauen auf Gott »als Zusammenfassung und Ergebnis der siebzig Jahre ... <seines> Lebensweges«.[112]

Dem inneren Zerbrechen von Wiechert, Haeckel oder Strindberg und dem Versagen einer »existentialistischen Leidbewältigung« steht das positive Zeugnis von Carretto, Goritschewa, Sadunaite oder Kuntner gegenüber. Beides kann nicht gegeneinander aufgerechnet, muss aber unvoreingenommen zur Kenntnis genommen werden.

10.6 Stellvertretung im Leid

10.6.1 Relevanz und Problematik der Proexistenz im Leid

Das Evangelium kann in einem recht verstandenen Sinn in einem einzigen Wort zusammengefasst werden: hyper (griechisch), pro (lateinisch), für (deutsch).[113] Christus hat sich für uns geheiligt (vgl. Joh 17,19) und stellvertretend den Fluch der Sünde auf sich genommen (vgl. Gal 3,13), ja er ist »für uns zur Sünde gemacht« (2 Kor 5,21) worden. Sein Leben war ganz Leben für andere. Das Theodizeeproblem ist in zentraler Weise von der Proexistenz Christi betroffen.

Auffallend ist, dass in den vielen einschlägigen Publikationen der Stellvertretungsgedanke bei Christus kaum angesprochen wird trotz biblischer Begründung und lehramtlicher Fundierung. Entsprechend wird die Teilhabe des Menschen am erlösenden Leiden des Gottessohnes in der theologischen Wissenschaft kaum gewürdigt. Das ist umso seltsamer, als im Rahmen der Zweitursachentheorie die Verantwortlichkeit und Selbsttätigkeit des Menschen hoch veranschlagt wird. Die Verdrängung und geringe Beachtung dieser Thematik führte dazu, dass der theologische Begriff der Sühne »lange ein Dasein vornehmlich im Schattenreich frommer Untergrundliteratur«[114] fristete.

Wird die soteriologische Bedeutung des Leidens und Sterbens Christi nicht bejaht, dann erübrigt sich die Frage nach der erlöserischen Wirkung unseres Leides in der Kreuzesnachfolge. Die Möglichkeit sühnender Stellvertretung scheint dem modernen Bewusstsein im Grenzbereich zwischen naiver Frömmigkeit und zwanghaftem Wahn angesiedelt zu sein.[115] Einer Solidarität und Betroffenheit durch das Leid des anderen wird heute zwar überall das Wort geredet, es mutet vielen aber archaisch-primitiv an, dass jemand, sei es auch der Gottessohn selbst, fremde Schuld im eigenen Erleiden in ganz realem Sinn stellvertretend übernehmen kann. »Welch primitive Mythologie, dass ein Mensch gewordenes Gottwesen durch sein Blut die Sünden der Menschen sühnt!«[116] Bultmann hat hier nur ausgesprochen, was viele denken.

Wer den Stellvertretungsgedanken aber ablehnt, versperrt sich den sachgemäßen Zugang zu einem Verständnis von Leidbewältigung und Kreuzesnachfolge, das bei vielen Heiligen ausgeprägt war und für unsere Zeit immer wichtiger wird. Eine Reflexion auf die biblischen Grundlagen und eine theologische Durchdringung von einem personalen Verständnis her zeigt die Sinnhaftigkeit christlicher Proexistenz im Leid.

10.6.2 Biblisch-theologische und personale Begründung der Stellvertretung

Die Antwort der Schrift auf die Frage nach dem Warum des Leides geht letztlich darauf hin, dass dieses zur Aufarbeitung der Sünde beiträgt; das Abtragen der Schuld geschieht aber nicht selten in Stellvertretung.

Schon im Alten Bund stehen im Gespräch Gottes mit Abraham die zehn Gerechten stellvertretend für die vielen Ungerechten in Sodom und Gomorra ein (vgl. Gen 18,23–33). Moses bittet in Solidarität mit dem götzendienerischen Volk Gott, an seiner statt aus dem Buch des Lebens getilgt zu werden (vgl. Ex 32,32; vgl. auch Dtn 3,23–28). Die Propheten mussten oft bis zum Rand des völligen Zusammenbruchs die Last des sündigen Volkes tragen. Vom unschuldigen und gerechten Gottesknecht wird gesagt, dass er seine Gebrechen wegen der Sünden der vielen zu tragen hat, zu ihren Gunsten und an ihrer Stelle (vgl. Jes 53,9.11). Auch die Perikope vom stellvertretenden Leiden des guten Hirten bei Deuterosacharja weist in diese Richtung (vgl. Sach 13,7–9).

»Jesu ureigenes Todesverständnis« hat Schürmann aus exegetischer Sicht hervorragend herausgearbeitet.[117] Danach implizieren die Brot- und Becherworte bei Lukas und Paulus, Letztere auch bei Markus und Matthäus, den Gedanken der stellvertretenden Sühne. Jesus hat sein Heilsangebot bis zum Tod durchgehalten und diesen heilsbedeutsam verstanden.[118] Wenn Christus für uns den Kelch bis zur Neige leert, dann leuchtet im Leid ein Sinn auf, nämlich jener, die Welt zu entsühnen. Trotz der Erlösung durch Christus bleibt aber für alle Christen am Kreuz ein objektiver Raum ausgespart und freigegeben. Für die Kirche ist zu ergänzen, »was an den Leiden Christi noch fehlt« (Kol 1,24). Das Erlösungswerk Christi findet seine Fortsetzung in dem der Kirche.

Unbeschadet der Zulassung des Übels durch Gott muss in diesem Zusammenhang eindeutig festgehalten werden, dass Gott die freiwillige

Übernahme fremden Leides *will*. Dem Gottesknecht beschert kein böses Geschick oder ein unguter Zufall das Leid, sondern Jahwe selbst: *Er* lud auf ihn die Schuld von uns allen; *ihm* gefiel es, ihn zu zerschlagen (vgl. Jes 53,6.10). Als Petrus versucht, Jesus von seinem Leidensweg abzuhalten, handelt er sich das scharfe »Weg mit dir, Satan« (Mt 16,23) ein. Der Vater würde Jesus mehr als zwölf Legionen Engel zu Hilfe schicken, wenn er ihn darum bitten würde: »Wie würde dann aber die Schrift erfüllt, nach der es so geschehen muss?« (Mt 26,54). Im Hebräerbrief heißt es: »Es war nämlich Gottes gnädiger Wille <!>, dass er für alle den Tod erlitt« (Hebr 2,9). »Der Gott der Sünderliebe will das Opfer des Kreuzes zur Entsühnung der Sünde.«[119]

Wer das nicht wahrhaben will, bei dem verkommt das Kreuz zu einem ärgerlichen Ereignis, »das nicht hätte eintreten dürfen«.[120] Es wird rein naturalistisch gedeutet und seines Sühnecharakters beraubt; damit wird es aber um seine Kraft gebracht (vgl. 1 Kor 1,17). Hinter einer solchen Auffassung steht die Ideologie eines angeblich immer schon bedingungslos verziehen habenden Gottes. Wer aber das soteriologische Moment im Leiden des Herrn wegnimmt, wird der biblischen Botschaft nicht mehr gerecht, sondern trägt subjektive Interpretationskriterien in sie hinein. Der Begriff der Solidarität, auf den heute so gerne abgehoben wird bei der Deutung des Kreuzesereignisses, genügt aber bei Weitem nicht, um den Gehalt des Leidens Christi auszuschöpfen. »Man muss vielmehr den Begriff der Stellvertretung hinzunehmen, der vom ›Gottesknecht‹ her bekannt ist: Einer kann offenbar für die Vergehen vieler Sühne tun.«[121]

Das Opfer Christi wird bei Bultmann und anderen völlig missverstanden, wenn es als Satisfaktion eines tyrannischen Vatergottes gedeutet wird. »Das Opfer Gottes ist freie stellvertretende Übernahme der Schuld des Menschen und Beginn der Reintegration des Kosmos in die ursprünglich entworfene und vom Menschen nur ›verrückte‹ Schöpfungsordnung.«[122] Wenn diese »Reintegration« über den Weg des Leidens geht, dann zeigt dies an, dass die Sündhaftigkeit dieser Welt nicht zu leicht genommen werden darf. Sie wird von Gott nicht einfach übersprungen, sondern im furchtbaren Leiden seines Sohnes »hinweggetragen« (Joh 1,29). Nur um uns seine Liebe zu zeigen, hätte der Sohn nicht auf so grausame Weise sterben müssen; dann wäre der Vater tatsächlich ein grausamer Tyrann, der seinen eigenen Sohn grundlos furchtbar leiden und sterben ließ.

Auch wenn Leid und Schmerzen ihrer Natur nach den Charakter eines Übels haben, sind sie doch Möglichkeiten und Wirklichkeiten, die Gott auch für uns zulässt: Er lässt den Menschen an der Aufarbeitung der Sünde mit tätig sein. »Ja, es scheint zum Wesen selbst des erlösenden Leidens Christi zu gehören, dass es fortwährend ergänzt werden will.«[123] Die Proexistenz des Christen, sein Sein-für-die-Anderen, reicht deshalb bis in die sühnende Stellvertretung hinein.[124] Eine theologische Plausibilität und eine Einsichtnahme in die personal-soziale Existenz des Menschen legt dies nahe.

Wenn die Christen an allen Geheimnissen des Lebens und Wirkens Jesu in irgendeiner Weise teilnehmen dürfen,[125] dann lässt sich mit Recht fragen: »Wie sollten sie also nicht teilhaben am Hauptakt der Erlösung, an der Möglichkeit, die Sünder stellzuvertreten?«[126] Die Hingabe des Lebens als Lösegeld für die vielen (vgl. Mk 10,45) ist nicht nur für den Herrn reserviert. Ja, es lässt sich hier überhaupt der Sinn der Kirche in der Welt ausmachen. Sie ist nicht für sich selbst da, sondern mit Christus zusammen als sein Leib und seine Braut; sie ist sacramentum mundi [Sakrament für die Welt].

Das Einmalige und für alle Zeiten Gültige des Opfers Christi hätte wohl kaum verstanden werden können, »wenn nicht irgendein Vorverständnis für den Sinn von Stellvertretung vorhanden gewesen wäre«.[127] Eine Besinnung auf das Wesen der Liebe zeigt, dass diese nicht nur fremdes Schicksal zu verstehen bereit, sondern auch durchzutragen und für den anderen zu übernehmen gewillt ist. Es gibt viele Beispiele in der Weltliteratur der freiwilligen Opferung eines Einzelnen für das Wohl der anderen, ja sogar der Übernahme des Todesschicksals. Das Opfer Christi hat somit eine menschliche Basis; sie wird im Evangelium ausdrücklich hervorgehoben (vgl. Joh 15,13). Näher betrachtet ist jedweder Dienst aneinander rückgegründet im Stellvertretungsdienst Christi.[128]

Die Menschheit ist im Guten wie im Bösen eine innerlich verbundene Gemeinschaft. Gott schuf die Welt holistisch, »als ein Ganzes, als einen lebendigen Organismus, in dem jedes Wesen nur existieren kann als Glied in der Kommunikation mit allen anderen Gliedern«.[129] Was diese Solidarität im Negativen bedeutet, hat der Sündenfall und die Geschichte hinreichend gezeigt. Unheilvolle Entscheidungen Einzelner wirken sich leidvoll für alle aus. Es gibt aber auch eine Solidarität im Guten. Nicht wenige Heilige haben ganz aus dem Stellvertretungsgedanken heraus gelebt. Die Heiligkeit einzelner herausragender Gestalten wie Franziskus oder Caterina von Siena hat die Kirche bestimmter Zeiten hochgehalten. Sie haben mehr und tiefer gelitten als andere. Einer darf gutmachen und stellvertretend auf sich laden, was viele in ihrer sündhaften Eigenmächtigkeit anrichten.

10.6.3 Die Bedeutsamkeit der Proexistenz für unsere Zeit

Angesichts der monströsen Dimensionen des Leides in unserer Welt erhält der Stellvertretungsgedanke große Bedeutung; an ihn knüpfen sich Hoffnungen auf eine Erneuerung und Vertiefung des christlichen Selbstverständnisses.[130] Die Bereitschaft zur Sühne für die Sünden von Mitmenschen wird zu einer immer größeren Aufgabe in unserer Zeit. Sensible Menschen wie R. Schneider haben das geahnt und ausgesprochen.[131]

Die Relevanz der Proexistenz zeigt sich, wenn Metz auf die Frage, ob man nach Auschwitz noch beten könne, so antwortet: »Wir können *nach* Auschwitz beten, weil auch *in* Auschwitz gebetet wurde.«[132] Gemeint sind damit die Gebete und Schreie der Opfer. An diesem Ort des Grauens beteten und starben auch Edith Stein[133] und Maximilian Kolbe[134] in Proexistenz. Aus dem Lebenszeugnis dieser beiden geht hervor, dass selbst die unmenschlichen Leiden in Auschwitz noch einmal von der Liebe Gottes unterfangen sind. In opferbereiter und freiwilliger Hingabe kann das Böse innerlich bewältigt werden.[135] Nur so ist es möglich, gewissermaßen einen archimedischen Ort zu gewinnen, von dem aus man Herr über das Leid zu bleiben vermag. Die in Sadunaites Lebenserinnerungen erwähnten Personen nahmen ganz in der Haltung der Proexistenz den Kreuzweg des Archipel GULAG auf sich. Auch aus den Ausführungen Solschenizyns über die Gläubigen im Lager geht hervor, dass der Weg der Stellvertretung nicht nur wenigen mit dem geistigen Format von Kolbe oder Schwester Teresia Benedicta a Cruce offensteht – dann wären es in der Tat nur wenige Auserwählte –, sondern auch von vielen »normalen« Christen beschritten wurde.[136]

Es ist seltsam, wenn heute überall die Mündigkeit und Selbstständigkeit des reifen Christen propagiert wird, man aber davon absieht, wenn es darum geht, diese im Leid zu bewähren in der sühnenden Stellvertretung für andere. Offensichtlich muss diese verdrängte Wahrheit den Menschen wieder ins Bewusstsein gerufen werden. Von den Herz-Jesu-Offenbarungen an Margareta Alacoque[137] bis hin zu vielen Marienerscheinungen in Vergangenheit und Gegenwart zieht sich eine ansteigende Linie hindurch, in der auf den Sühnopfergedanken abgehoben wird.

10.7 Das biblische Gottesbild vom machtvollen und geheimnisvollen Gott

Außer einer theologischen Reflexion von Glaubensvollzügen kann wohl nur eine Besinnung auf das biblische Gottesbild dem durch das Theodizeeproblem schwer getroffenen Vorsehungsglauben aufhelfen. Die Hinwendung zu den biblischen Grundlagen trägt zugleich dazu bei, keine theologischen Kurzschlüsse zu produzieren; zeigt doch das hierbei hervortretende Gottesbild keinen schwachen und ohnmächtigen Gott, sondern einen macht- und geheimnisvoll Wirkenden. Die Ausführungen zum Wunder wiesen ebenso schon in diese Richtung.

10.7.1 Zulassung und Einbeziehung des Bösen durch Gott

Das gesamte Weltgeschehen ist von Gott her durchzogen von einer planvollen Bewegung, in die alle Völker und selbst die gottfeindlichen geschichtsbildenden Mächte eingeordnet sind. Sogar die Letzteren sind »Handlanger Gottes«; er bedient sich ihrer zur Ausführung seiner Pläne.

Besonders anhand der Josefserzählung wird die souverän leitende Vorsehung deutlich, die auch menschliche Bosheit und Heimtücke in ihre Pläne einspannt, um ihre Ziele zu erreichen. Die Botschaft der Propheten hat als einen tragenden Pfeiler ihrer Verkündigung die Auffassung, dass Gottes Weisheit selbst die Widerstrebenden und sich Auflehnenden als Werkzeuge benutzt; bei Jesaja ist dieser Gedanke oft ausgesprochen (vgl. Jes 9,3f.; 10,15f.23; 29,15f.; 37,28f.). Bei Jeremia wird wie bei Deuterojesaja der heidnische König Nebukadnezzar bzw. Kyros mit dem Ehrentitel Ebed belegt, der sonst nur vom israelitischen König als Vertrautem Jahwes ausgesagt wird. Jahwe beauftragt geradezu Nebukadnezzar mit der Zerstörung Jerusalems (vgl. Jer 25,9; 27,6; 43,10). Ezechiel sieht die heranrückenden Fremdvölker in einer Vision als Engel Jahwes, die die Heilige Stadt vernichten (vgl. Ez 9). Als das assyrische Eroberervolk das alte Staatengefüge des Vorderen Orients zerschlägt, erkennt Deuterojesaja in diesem furchtbaren Zerstörungswerk einen weit ausschauenden Plan. Kyros, der wie ein Meteor am Völkerhimmel aufleuchtet, vollbringt durch einen unerhörten Siegeszug und den damit verbundenen Sturz des Babylonischen Reiches Gottes Plan (vgl. Jes 41,25; 43,14; 44,28; 45,1–7; 46,10 f.)[138]. Jahwe ordnet die Geschicke anderer Völker planvoll hin auf die Heilsgeschichte Israels (vgl. Jes 10,5–14; Jer 25,9; 27,6; Ez 26,7; Am 9,7).

Auch die gottfeindlichen Mächte der Endzeit können sich nicht der Macht Gottes entziehen, »denn Gott lenkt ihr Herz so, dass sie seinen Plan ausführen« (Offb 17,17). Während wir Menschen uns als die großen Akteure im Weltgeschehen verstehen, zeigt es sich in der Apokalypse, dass der eigentliche Kampf zwischen den Geistern ausgetragen wird. Diese Mächte oder vielmehr Gott erscheint als der eigentlich Handelnde hinter dem vordergründigen Weltgeschehen; die auffallenden Passivformulierungen weisen in diese Richtung.[139] Gott allein hat die Macht schlechthin; kein Thron kann neben den seinen gesetzt werden. Allgewaltig lenkt er alles seiner Bestimmung zu.

Angesichts dieser biblischen Aussagen, die noch durch viele andere ergänzt werden könnten, ist es unverständlich, wenn im Neuen Glaubensbuch behauptet wird, dass der Begriff der Vorsehung »nichts über einen *Weltenlenker* Gott, sondern über den *treuen* Gott«[140] aussage. Wie soll Gott treu sein und zu seinen Verheißungen stehen können, wenn er nicht zuerst der Weltenlenker ist? Sicher muss man sich vor einem anthropomorphen Gottesbild hüten, bei dem man sich Gott als einen »Kulissenschieber« vorstellt; das ändert aber nichts daran, dass dieser geschichtsmächtig handelt. Wie es scheint, wirken bei den obigen Aussagen Positionen einer dialektischen Theologie[141] und eine existentialistische Subjektivierung nach, welche das Interesse an der Schöpfung und letztlich auch an der Geschichte verloren hat.

Auch wenn Gott das Böse in seinen Dienst einspannt, will er es nicht in gleicher Weise wie das Gute; er steht dem Bösen nur »permissive«, also zulassend, gegenüber; diese Wahrheit hat die Kirche den Reformatoren gegenüber klar verteidigt.[142] »Keiner, der in Versuchung gerät, soll sagen: Ich werde von Gott in Versuchung geführt. Denn Gott kann nicht in die Versuchung kommen, Böses zu tun, und er führt auch selbst niemand in Versuchung« (Jak 1,13). Die »zulassende Indirektheit des Liebeswillens Gottes«[143] erlaubt den Geschöpfen, vom Guten abzuweichen, denn Gott zerstört nicht die Natur von etwas, das er erschaffen hat; daher lässt er bisweilen das sittlich Böse beim Menschen zu. Er zeigt aber auch hier seine Mächtigkeit, indem er dieses in den Dienst des Guten einspannt, ohne selbst Verursacher des Bösen zu sein. Dem Missetäter erwächst freilich daraus kein Verdienst, sondern er wird zu Recht für seine Böswilligkeit bestraft. Assur führt die Pläne Gottes aus, wird aber für das hochmütige Gebaren und die dreiste Überheblichkeit seines Königs zur Rechenschaft gezogen (vgl. Jes 10,15).

Die Zulassung von Leid erscheint dann sittlich zulässig, wenn dieses ein notwendiges Mittel ist, um jemanden vor einem noch größeren Übel zu bewahren. Als Christ wird man wohl immer bedenken müssen, dass das Gegenteil des Heils nicht das zeitliche Leiden ist, »sondern das endgültige Leiden; der Verlust des ewigen Lebens, die Zurückweisung durch Gott, die Verdammnis«.[144] Das vorrangige Ziel des Handelns Gottes mit dem Menschen ist es, diesen zur Einheit mit sich im Himmel gelangen zu lassen. Das größte und schlimmste Übel wäre, wenn der Tod von Gott wegführen würde. »Dass Gott zulässt, dass unfreiwilligen Opfern Leid zugefügt wird, ist in den Fällen gerechtfertigt, in denen ihr Leid seinen Grund darin hat, dass sie sich dadurch ihm zuwenden; denn so wird ein unendlich viel größeres Übel von ihnen abgehalten, nämlich dass sie der Einheit mit ihm verlustig gehen.«[145]

10.7.2 Der Deus absconditus et semper maior

Gerade beim Leid der Welt wird die Unerforschbarkeit der Vorsehung, ihr Dunkelcharakter offensichtlich. »Wer an die Vorsehung glaubt, der glaubt in Gottes Geheimnis hinein.«[146] Trotz aller Offenbarung Gottes darf nicht vergessen werden, dass seine Verborgenheit ebenso Teil des biblischen Gottesbildes ist. Man wird die Uneinsehbarkeit dieses Gottes, der nur in Superlativen schilderbar ist (vgl. Dan 7,9), der Propheten schon im Mutterleib heranbildet (vgl. Jer 1,5) und vor dem der Mensch wie tot zu Boden fällt (vgl. Ez 1,28; 2,1 u. ö.), kaum hoch genug veranschlagen können; die heutige Theologie betont sie jedenfalls stark. Damit ist auch einer vorschnellen Gleichsetzung von Weltgeschichte und Gottesgericht ein Riegel vorgeschoben. Es gibt zwar schon auf dieser Welt eine oft erstaunliche Korrespondenz zwischen Schuld und Strafe, es ist aber nicht ohne Weiteres wahr, dass die Weltgeschichte auch das Weltgericht ist: »Was nützt es einem vergewaltigten Menschen oder Volk, wenn sich nach langen Zeiten das Blatt wieder wendet? Was inzwischen niedergetreten wurde, geht deswegen nicht mehr auf.«[147]

Es mag vielleicht wie ein Zugeständnis an die harten Fragen, die an die Vorsehung in unserer Zeit gestellt werden, klingen, wenn auf den verborgenen Gott, den *Deus absconditus*, abgehoben wird. Ein näherer Hinblick auf die paradigmatischen Leidenssituationen Ijobs, Jeremias und des in Babylonischer Gefangenschaft schmachtenden israelitischen Volkes macht aber deutlich, dass Gott selbst es ist, der auf sein menschlicher Einsichtnahme verborgenes Mysterium verweist.

Ijob hat es unterfangen, mit Gott zu rechten. Er pocht auf seine Unschuld. Seine Anklage steigert sich bis zur Lästerung. Ein Verzweiflungsausbruch in solcher Ballung und Schärfe ist in Israel etwas bisher noch nicht Gehörtes.[148] Er erhält keine direkte Antwort auf die Frage nach dem Sinn seiner Leiden. In einem Sturm von Gegenfragen weist Jahwe aber auf die lächerlichen Grenzen menschlicher Einsichtnahme hin. Ijob wird in das Geheimnis Gottes hinübergefragt, vor dem er nur mehr verstummen kann (vgl. Ijob 40,5). Die Gottesrede pocht auf die »absolute Wunderbarkeit der Weltlenkung Gottes«.[149] »Diese innere Überführung von einer Schöpfermacht, die als das schlechthin Wunderbare von ihrem höheren Recht zu überzeugen und alles verzweifelte Fragen zu stillen vermag, ist der eigentliche Inhalt der Gottesreden und die schlagende Widerlegung aller rationalen Theodizee.«[150] Ein Moment anbetender Bewunderung tritt hervor.[151]

Jeremia ist ein Mann des Streites und des Zankes geworden; ihm fluchen alle (vgl. Jer 15,10).[152] Die prophetische Verkündigung hat ihm die

Theodizeeproblem 281

Gegnerschaft aller eingebracht und ihn in eine immer größere Vereinsamung hineingetrieben. Die eigenen Angehörigen trachten ihm nach dem Leben. Jeremia, der unter dem übermäßigen Leidensdruck am Zusammenbrechen ist, weiß, wem er das alles zu verdanken hat: »Du hast mich betört, o Herr, und ich ließ mich betören« (Jer 20,7). »Die Schärfe dieser Aussage wird erst voll deutlich, wenn man weiß, dass das hier verwendete hebräische Verb *pth* auch Spezialausdruck ist für das Verführen eines Mädchens.«[153] Jahwe als ein lausiger Verführer, der die Gutgläubigkeit des Propheten missbraucht hat! Dieser ist für ihn wie ein Trugbach geworden, auf den man sich nicht verlassen kann, wenn man in der Trockenperiode des Sommers existentiell auf ihn angewiesen ist (vgl. Jer 15,18). Für Jeremia gibt es nur mehr die Alternative: meine Feinde oder ich. Er erwartet ein intervenierendes Einschreiten Jahwes für ihn (vgl. Jer 15,15). Jahwe antwortet in einer Gottesrede: Jeremia hat »Gemeines« (Jer 15,19) gesprochen (besser übersetzt man aber mit »Leichtfertiges«). Er hat seine Maßstäbe mit denen Gottes verwechselt. Implizit hat er in der Verabsolutierung seiner menschlichen Vorstellungen Gott vorschreiben wollen, wie dieser zu handeln hat. So bedarf sogar der Prophet der Umkehr (vgl. Jer 15,19). Im Kern geht es um das Gleiche wie bei Ijob: Gott wird als der je Größere erfahren.

Die Israeliten hatten bei der Zerstörung Jerusalems 586 v.Chr. und der darauf folgenden Deportation ins Babylonische Exil alles verloren, was es nur zu verlieren gab: den Tempel, die Freiheit, das Land, den König und viele ihrer Lieben, die getötet wurden. Das Heimweh nagt an der Seele: »An den Strömen von Babel, da saßen wir und weinten, wenn wir an Zion dachten« (Ps 137,1). Jahwe hat scheinbar sein Volk verlassen und vergessen (vgl. Jes 45,9–13; 49,14). Dumpfe Resignation macht sich breit: »Ausgetrocknet sind unsere Gebeine, unsere Hoffnung ist untergegangen, wir sind verloren« (Ez 37,11). Das ist die äußere Situation in Jes 40,12–14, in der auf die gestellten Fragen Antwort gegeben wird von Jahwe in Form von Gegenfragen: »Wer misst das Meer mit der hohlen Hand? Wer kann mit der ausgespannten Hand den Himmel vermessen? Wer misst den Staub der Erde mit einem Scheffel? Wer wiegt die Berge mit einer Waage und mit Gewichten die Hügel? Wer bestimmt den Geist des Herrn? Wer kann sein Berater sein und ihn unterrichten?« (Jes 40,12f.). Die Antwort auf diese Fragen und die noch folgenden kann nur lauten: niemand. Genauso wie es unsinnig und unmöglich ist, mit inadäquaten Maßvorrichtungen und Maßeinteilungen Gegebenheiten der Schöpfung abzumessen, ist es menschlichem Geist nicht möglich, Einsicht zu nehmen in Gottes Pläne. Irdische Maße haben ihre Berechtigung, sie dürfen aber nicht an Gott angelegt werden.

Bei Ijob, Jeremia und den Israeliten im Exil wird man immer wieder mit dem Verweis auf den je größeren Gott konfrontiert. Gott selbst bringt ihn ein, nicht menschliche Überlegung. Das Mysterium des Deus semper maior entlastet das Theodizeeproblem. Wenn Gott auf seine menschlichem Verständnis nicht einsehbare Macht und Weisheit abhebt, dann kann von niemand erwartet werden, dass er eine völlig befriedigende Antwort vorlegen kann auf die Frage nach dem Warum des Leides; alle Versuche, die in diese Richtung gehen, sind von vornherein zum Scheitern verurteilt, ja, sie setzen sich über geoffenbartes Gotteswort hinweg. Damit bleibt aber ein beträchtlicher Rest von Fragen und Überlegungen grundsätzlicher Art, die zwar immer gestellt werden, aber nicht beantwortet werden können. Es gilt, diese Spannung auszuhalten im Vertrauen darauf, dass der Tag kommen wird, an dem wir Gott nichts mehr zu fragen brauchen (vgl. Joh 16,23), weil alles im österlichen Licht frag-los klar sein wird. Zeichen und Spuren dieser Vollendung sind den Glaubenden allerdings jetzt schon geschenkt, wenn er bereit ist, diese anzunehmen.[154]

Vor dem Hintergrund des bei Ijob, Jeremia und Deuterojesaja hervortretenden Gottesbildes muss gewarnt werden, sich nicht zu sehr in eine Anklagementalität hineinreißen zu lassen. Ijob verstummte vor Gott, Jeremia bedurfte der Umkehr aufgrund seines leichtfertigen Redens und die Israeliten im babylonischen Exil wurden mit deutlichen Worten ihres Gottes zurechtgewiesen: »Weh dem, der mit seinem Schöpfer rechtet, er, eine Scherbe unter irdenen Scherben. Sagt denn der Ton zu dem Töpfer: Was machst du mit mir?, und zu dem, der ihn verarbeitet: Du hast kein Geschick? ... So spricht der Herr, der Heilige Israels und sein Schöpfer: Wollt ihr mir etwa Vorwürfe machen wegen meiner Kinder und Vorschriften über das Werk meiner Hände?« (Jes 45,9.11). Jahwe lässt sich von Menschen nicht in die Defensive drängen. Als die Israeliten gegen das Auseinanderfallen von Ursache und Wirkung rebellierten,[155] erhielten sie zur Antwort: »Ihr aber sagt: Das Verhalten des Herrn ist nicht richtig. Hört doch, ihr vom Haus Israel: Mein Verfahren soll nicht richtig sein? Nein, euer Verhalten ist nicht richtig« (Ez 18,25.29). Nicht nur der Mensch fragt Gott in seinem Leid an; es ist auch umgekehrt: Der sündige Mensch, der die Ordnung Gottes korrumpiert, wird von Gott angefragt. Zu Eva und Kain tut er es in gleicher Wendung nach dem Sündenfall bzw. dem Brudermord: »Was hast du getan?« (Gen 3,13; 4,10). Hinter dem Bericht einiger Leute in Lk 13,1 über den wohl politisch motivierten Mord an galiläischen Festpilgern steht die Frage aller Zeiten: Wo bleibt Gottes Gerechtigkeit? Jesu Antwort – er fordert *alle* zur Sinnesänderung und Umkehr auf – erteilt nicht nur dem Dogma, dass eine Schuld eine bestimmte Vergeltung nach sich ziehe, eine Abfuhr, sondern sie dreht den Spieß geradezu um: »Nicht der Mensch soll Gott infrage stellen oder ihn dadurch retten wollen, dass er bei dem von Unglück Betroffenen besondere Schuld vermutet; Gott stellt ihn infrage.«[156] Die Theodizee wird zur Anthropodizee.

10.8 Die eschatologische Vollendung in ihrer theologischen und existentiellen Relevanz

Das Ziel der göttlichen Weltregierung ist eschatologisch ausgerichtet. Sie ist einer Brücke vergleichbar, die sich vom Ufer der Zeitlichkeit hinüber zur Ewigkeit wölbt; mit einem Standbein steht sie schon am Ziel des Weges. Dass sich alle Schwierigkeiten und Leiden dieser Welt einmal in einen »harmonischen Preisgesang des Allerhöchsten auflösen«[157] werden, erscheint vielen aber als Projektion, als Flucht vor der harten Wirklichkeit in ein »Wolkenkuckucksheim«. Aus biblischer Sicht und von christlicher Existenz her ist es aber unabdingbar, den »Sinn auf das Himmlische und nicht auf das Irdische« (Kol 3,2) zu richten. Die Bestimmung des Menschen vollendet sich erst im Jenseits: »Wenn wir unsere Hoffnung nur in diesem Leben auf Christus gesetzt haben, sind wir erbärmlicher daran als alle anderen Menschen« (1 Kor 15,19). Durch die Ausrichtung auf die Vollendung bei Gott wird, wenngleich nur umrisshaft und wie durch einen Schleier verhüllt, der Blick auf ein Ganzes gewährt.

10.8.1 Die Eschatologie in ihrer Relevanz für das Theodizeeproblem und die Vorsehungslehre

Die bisherigen Ausführungen haben die große Bedeutung der Eschatologie für das Theodizeeproblem und die Vorsehungslehre überhaupt schon in Erscheinung treten lassen: Die Zulassung von so viel Leid auf dieser Welt durch Gott kann theologisch nur dann ernsthaft vertreten werden, wenn es um die Seinsweise in der Ewigkeit geht, die auf dem Spiel steht. Bei vielen Leidenssituationen kann nur mehr im Hinblick auf eine »Kompensation in einer das Diesseits übersteigenden Seinsweise des Menschen«[158] ein Sinn festgehalten werden, den wir freilich jetzt noch nicht erkennen dürfen. Letztlich lässt sich nur im Ausblick auf den Ausgleich im Eschaton vieles auf dieser Welt überhaupt ertragen.[159]

Gott hat sich selbst den Sieg über Leid und Tod in der Endzeit reserviert in einer endgültigen und definitiven Vernichtung dieser Wirklichkeiten (vgl. 1 Kor 15,24–26; Offb 20,14; 21,4). Solange dies noch nicht erfolgt ist, gilt, dass der Pilgerstaat des Königs Christus mit jenem Satans und seines Anhangs in dieser Erdenzeit verwoben ist und es nicht möglich ist, diese jetzt schon zu trennen.[160] Das Gleichnis vom Unkraut unter dem Weizen vertagt die Antwort ausdrücklich auf die »Zeit der Ernte« (vgl. Mt 13,24–30). Ein Lied kann man erst dann ganz verstehen, wenn es verklungen ist. End-gültige Antworten sind darum verfrüht. Erst in den Feuern des Gerichtstages wird das Dunkel des Bösen hell. Es kann deshalb keine Lösung geben, die uns *jetzt* schon zur Einsicht vorliegen würde.[161]

Der Glaube hält trotz aller Anfechtung fest, dass es diese Antwort gibt. Das geschlachtete Lamm, der geopferte Gottmensch, wird im Endgericht die Siegel des verschlossenen Buches der Vorsehung öffnen (vgl. Offb 5). Während das Schicksal ewig stumm bleibt, wird der vorsehende Gott im Gericht Antwort geben. Was in der Zeitlichkeit nicht verstanden werden konnte, ja, was Gott als ungerecht und machtlos erscheinen ließ, wird bloßgelegt werden; »durch die Enthüllung der Wahrheit nimmt Er sein Recht ... Seine Heiligkeit und Gerechtigkeit ... verlangen die restlose Offenlegung der Geschichte«.[162] Am Tag der göttlichen Gerechtigkeit wird der Unterschied zwischen dem Gerechten und dem Übeltäter, die entsprechend ihren Taten den angemessenen Lohn erhalten, hervortreten (vgl. Mal 3,17–22). Die Opfer ungerechter Gewalt werden aufstehen und ihr Recht erlangen. Alle Disharmonien der Geschichte werden sich lösen. Die Vorsehung, die uns oft so rätselhaft in diesem Leben vorkommt, wird ihre Wege offenlegen und rechtfertigen. Wir werden sehen, wo und wie sie am Werk war und wie wir uns auf sie eingelassen oder uns ihr verweigert haben. Ihr Triumph wird vollständig sein.

10.8.2 Die endzeitliche Vollendung des Menschen in ihren Auswirkungen für den Glaubensvollzug

Alles Suchen nach dem Reich Gottes (vgl. Mt 6,33) kommt im Geschenk der himmlischen Herrlichkeit an sein Ziel. Wer an eine Vollendung bei Gott glaubt, weiß um den Charakter des Vorläufigen, welcher der irdischen Wirklichkeit anhaftet und wird sich ihr deshalb nicht ganz ausliefern. Die Lebenshaltung des glaubenden Menschen ist auf die Vollendung bei Gott ausgerichtet und davon jetzt schon betroffen. Daraus resultiert eine gewisse Gelassenheit des Glaubenden, weil er von dieser Welt nicht Letztgültiges erwartet. Unser Erdendasein währt im Vergleich zur Ewigkeit nur eine kurze Zeit. Hier ist in der Tat die Disproportion zu betonen zwischen den Leiden dieser Zeit und der ewigen Herrlichkeit, die an uns offenbar werden soll (vgl. Röm 8,18).

Der Ausblick auf die Eschata [Letzten Dinge] kann zu einer billigen Vertröstung und Trägheit führen, die zu Recht kritisiert wird; er kann aber auch Kräfte freisetzen. Das Beispiel des heiligen Cottolengo, der in Turin eine Oase der Fröhlichkeit und des Vertrauens für die Ärmsten der Armen schuf, zeigt dies. Nicht einmal die Angst vor dem Tod ist dann eine Grenze. So nahmen sich schon in der Antike die Christen der von den eigenen Angehörigen im Stich gelassenen Pestkranken an im Bewusstsein, dass sie auch bei einer möglichen Ansteckung ihres Lohnes bei Gott nicht verlustig gehen würden. Das Bemühen des Christen für eine bessere Welt ist motiviert von der Vision einer Schöpfung, in der es keine Tränen und kein Leid mehr gibt. Aus dieser Perspektive zeigt sich, dass die »Hoffnung auf Letztes Hoffnung auf Vorletztes«[163] einschließt.

Die Antwort des Vaters in Caterinas »Gespräch von Gottes Vorsehung« auf die bohrende Frage nach dem Warum des Todes des Gerechten, der einem Unglücksfall zum Opfer fällt, enthält wertvolle Gedanken. Sie wendet die Frage ins Existentielle, nach der Bereitschaft des Einzelnen zu gläubigem Vertrauen: »O wie ungereimt erscheinen solche Dinge einem Auge, dem das Licht des heiligen Glaubens fehlt! Nicht aber dem Gläubigen, denn der hat liebend in den großen Dingen Meine Vorsehung erspürt und gekostet, und so hat er begriffen und hält fest, dass alles, was Ich tue, aus Vorsehung geschieht, und einzig um dem Menschen sein Heil zu verschaffen. Deshalb bringt er allen Dingen Ehrfurcht entgegen und nimmt kein Ärgernis an Meinen Werken ... sondern durchsteht alles in wahrer Geduld. Und so ist es: Meine Vorsehung wird keinem Geschöpf je entzogen, denn alle Dinge gründen in mir.«[164] Wenn überhaupt, dann kann nur das »Licht des heiligen Glaubens« Dunkel in tragische Unglückssituationen bringen. Dieses Licht leuchtet alles von der Perspektive der Ewigkeit her aus. Um das »verstehen« zu können, muss man die Vorsehung schon »erspürt und gekostet« haben. Als Voraussetzung dafür wird Ehrfurcht allen Dingen gegenüber genannt. Nur dem Ehrfürchtigen öffnet sich ein Verständnis für die Wege der göttlichen Vorsehung.

Als tiefsten und eigentlichen Grund des Murrens über die Vorsehung gibt der Vater an: »Weil sie nicht auf Mich, sondern auf sich selber hoffen.«[165] Von Eigensucht, verfehltem Selbstvertrauen und Wissensdünkel geblendet, hält sich der Mensch nicht an Gott, »seinen Führer und Weg«.[166] Umgekehrt erfreut sich jener der Liebe Gottes, der in allem die Sorge um sich selbst verliert, »nicht bloß betreffs der weltlichen Güter, sondern auch der eigenen Person ... Weil sie <die Seele> alles ließ, hat sie alles gefunden.«[167]

> *Darum haben wohl diejenigen recht, die dem Vertrauen*
> *auf Gott, also dem Glauben das letzte Wort geben,*
> *und das nicht zu können ist dann das eigentliche Unglück.*[1]
> *O. Marquard*

11 Zusammenfassung und Ausblick

Die Forschungserträge dieser Arbeit werden in diesem abschließenden Kapitel zusammengefasst und Perspektiven für eine künftige Providentialehre aufgezeigt. Der Schwerpunkt der Ausführungen liegt dabei auf Letzterem.

Ob sich die Prognose Steenberghens erfüllt, dass sich die größten Fortschritte der Theologie in den nächsten Jahren auf die Vorsehung beziehen werden, mag dahingestellt bleiben.[2] Zu wünschen wäre dies auf jeden Fall, denn es tut der theologischen Wissenschaft auf die Dauer nicht gut, wenn ein derart zentrales Thema zu wenig aufgegriffen wird. Sonst bemächtigen sich säkulare Deutungsmuster, fragwürdige Geschichtstheorien und Identifizierungen des Willens Gottes mit konkreten geschichtlichen Ereignissen des Platzes, den vormals die Vorsehung eingenommen hat.

Die Konturen der Aufgaben, die anzugehen sind, zeichnen sich deutlich ab. Damit die Lehre von der Vorsehung (wieder) gedeihen kann, ist es notwendig, auftretende Spannungen in einer wieder mehr auf den Erfahrungsschatz der Kirche bezogenen Theologie auszuhalten, verlorenes Terrain in der Auseinandersetzung mit der Naturwissenschaft zurückzugewinnen, die Torheit neuzeitlichen Hegemoniestrebens des Menschen Gott gegenüber zu erkennen und dagegen anzugehen und die befreiende Kraft des Vorsehungsglaubens herauszustellen.

11.1 Überblick über die Ergebnisse der Dissertation

Da schon bei fast jedem einzelnen Kapitel eine summarische Zusammenfassung der Ergebnisse gebracht wurde, genügt es, diese in komprimierter Form hier aufzuführen.

In einem einführenden Kapitel wurden die Relevanz und die Problematik der Vorsehungslehre aufgezeigt. Sie wird trotz ihrer hohen lebenspraktischen Bedeutsamkeit in der theologischen Literatur nicht entsprechend gewürdigt. Das neuzeitliche Welt- und Naturverständnis ist hierbei *der* Grund schlechthin, der Schwierigkeiten für ein Handeln Gottes in der Welt bereitet. Dazu kommen noch andere zeitbedingte Faktoren, die sich negativ auf eine Providentia-Lehre auswirken.

Die Feststellung mag überraschend sein, dass nicht so sehr die missbräuchliche Verwendung des Begriffs der Vorsehung im Dritten Reich und auch nicht die theologische Vorsehungsliteratur während der Weltkriege größere Probleme bereitet durch ein Hineinwirken in die Gegenwart. Es sind vielmehr grundsätzliche theologische Linien, die korrekturbedürftig sind. Exemplarisch wurde dies an Lehmkuhls »Die göttliche Vorsehung« aufgezeigt. Die Hingabe an Gottes leitende Führung darf nicht so stark betont werden, dass dies letztlich zur Passivität des Menschen führt. Gott ist auch nicht in erster Linie Prüfungsinstanz für unser Leben, sondern der gute Vater, der uns sein Geleit zuteilwerden lässt.

Die theologische Wissenschaft ist besonders bei der Vorsehungslehre auf den gelebten Glauben verwiesen, soll sie nicht zu formelhaft und abstrakt werden. Die exemplarischen Verdeutlichungen von Cottolengo, Kolbe und Sadunaite zeigten eindrucksvoll, dass man bei vielen Vorkommnissen in deren Leben in redlicher Weise sich nicht mehr auf den Zufall hinausreden kann, sondern von Fügungen einer leitenden Vorsehung sprechen muss. Zwischen der Hingabe des Menschen an Gott und dem Anderswerden der Dinge um ihn herum bestehen Zusammenhänge. Die Vorsehung Gottes ist nicht »fertig« gegeben; sie verwirklicht sich je neu nach dem Maß der Ausrichtung auf den Willen Gottes.

Bei dem Abschnitt über die göttliche Vorsehung und die menschliche Freiheit wurde nicht versucht, die jahrhundertealte Problematik einer Verhältnisbestimmung beider Größen neu aufzurollen, sondern ganz im Horizont gegenwärtiger Fragestellungen zu verbleiben. Das christliche

Freiheitsverständnis von der je größeren Freiheit durch die je größere Bindung an Gott wurde in Abgrenzung zu deterministischen und autonomistischen Tendenzen der Zeit herausgestellt. Die quantenphysikalischen Entdeckungen haben das Verhältnis von Naturwissenschaft und Glaube entspannt; trotzdem ist Freiheit nicht einfach gleichzusetzen mit dem Indeterminismus des atomaren Geschehens, wenngleich sie darauf aufbaut.

In dem Kapitel »Vorsehung und Evolution« lautete die Kernfrage, ob eine Teleologie im Naturgeschehen vorhanden ist. Die antiteleologische Position kann schon allein deshalb nicht überzeugen, weil sie voll innerer Widersprüche ist. Die Erträge der Forschung von Portmann weisen klar auf einen steuernden Faktor in einer höherführenden Schöpfung hin. Erst nach diesem *Auf*weis (nicht *Be*weis!) war es sinnvoll, das Wirken einer Finalursächlichkeit theologisch zu deuten. Rahners Theorie einer aktiven Selbsttranszendenz fehlt nicht nur die empirische Grundlage, sondern sie ist auch aus philosophischen und theologischen Gründen nicht haltbar. Nur ein dynamischer Kreationismus wird dem Faktenmaterial und philosophisch-theologischen Erwägungen über die Transzendenz Gottes und die relative Autonomie der irdischen Wirklichkeit gerecht.

Das Wunder ist für die Providentialehre aus vielen Gründen wichtig. Der philosophische Vorentscheid, dass es Wunder nicht geben könne, leitet sich aus dem naturwissenschaftlichen Weltverständnis ab. In breiter Front wurde dieser Vorentscheid in die theologische Wissenschaft übernommen; deshalb musste auf die Problematik der naturwissenschaftlichen Erkenntnisform in der historisch-kritischen Wissenschaft aufmerksam gemacht werden. Das überholte Weltbild einer geschlossenen Immanenz fungiert bei nicht wenigen Theologen immer noch als Urteilskriterium über die historische Tatsächlichkeit von Wundern, während gleichzeitig die Faktizität gut bezeugter Wunder in der Geschichte des christlichen Glaubens fast völlig ignoriert wird. Die bei der Abhandlung des Wunders und der Evolution postulierte Erneuerung des Schöpfungsglaubens führte hin zu grundsätzlichen Überlegungen über das Handeln Gottes in der Welt.

In dem zentralen Kapitel über das Wirken Gottes in der Schöpfung wurde Weissmahrs Zweitursachentheorie ausführlich besprochen. Neben prinzipiellen Einwendungen zur apodiktisch-setzenden Art der Argumentation Weissmahrs zeigte es sich im Einzelnen, dass die Zweitursachentheorie versagt als Erklärungsmodell für die Auferstehung Jesu; sie ist auch keine geeignete Ausgangsbasis für eine Theologie des Wunders und läuft auf eine Depotenzierung Gottes hinaus. Das Modell eines dynamischen Kreationismus ist besser geeignet als Weissmahrs Theorie, eine Erklärungsgrundlage für das Handeln Gottes in der Welt abzugeben. Gottes Transzendenz und schöpferische Mächtigkeit werden hier ebenso gewahrt wie die relative Autonomie des Geschaffenen. Die Mitteilung von neuen Seinsakten ist der Grund für die immer größere Ausdifferenzierung des Lebens; auch für das Wunderwirken Gottes kann größtenteils von der Mitteilung schöpferischer Impulse ausgegangen werden, die vom Geschöpf vollzogen werden.

Beim Thema des Bittgebetes wurde berechtigten Anliegen heutiger Theologie in Korrektur zu manchen Verengungen der Vergangenheit der ihnen zustehende Raum gewährt. Es war darauf zu achten, die spannungsvolle Einheit von göttlichem »Muss« und menschlicher Selbstverfügung zu wahren. Die künftigen Entscheidungen freier Geschöpfe sind in Gottes Vorsehungsplan einbezogen. Einbeziehen ist aber nicht auslegbar als Vorausbestimmen.

Der Anspruch, Gottes Absichten an konkreten Ereignispunkten der Geschichte aufzuzeigen, ja zu »beweisen«, kann nicht eingelöst werden. Dennoch ist es unerlässlich, die Zeichen der Zeit zu deuten. Zeit-, Seelen- und Seinsstimmen müssen in ihrer Eigenart und in ihrem Zusammenwirken erkannt werden.

Der gütige Gott und das Leid der Welt scheinen kontradiktorische Gegensätze zu sein. Die im Horizont eines existentialistischen Denkens formulierten Alternativen sind inhaltlich wie lebenspraktisch alles andere als überzeugend. Gleiches gilt für theologische Antwortversuche, die von einem ohnmächtigen oder leidenden Gott ausgehen. Ausgangspunkt einer genuinen Theodizee muss der macht- und geheimnisvolle Gott der Bibel sein. In der Ausrichtung auf diesen Gott wird dem Menschen das Leid zwar nicht erspart – es wird ihm nicht selten auch als Stellvertretung für andere zugemutet –, er bekommt aber Kraft, es zu bewältigen. Das Dunkel von Leid und Tod wird erst in der endzeitlichen Vollendung ganz gelichtet werden.

Wichtiger als die Ergebniswiedergabe der einzelnen Kapitel ist es, Grundlinien aufzuzeigen, die über die einzelnen Abschnitte hinaus in Erscheinung getreten sind. Sie weisen zugleich den Weg für eine künftige Providentialehre.

11.2 Weitgespannte Horizonte und »geerdete« Theologie

Die Lehre von der Vorsehung stellt einen articulus mixtus dar. Sie kann bis zu einem bestimmten Grad von rationaler Überlegung erreicht werden, ist aber gleichzeitig auch ein Glaubenssatz, der nicht einfach eine Vernunfteinsicht wiederholt. Daraus resultiert eine nicht aufhebbare Spannung. Wenn man zudem bedenkt, dass die Vorsehung nicht nur auf den Schöpfungsakt am Anfang bezogen ist, sondern auch auf die eschatologische Vollendung, zu der sie hinführt, dann wird die gewaltige Spannbreite der Providentialehre deutlich. Wer sich deshalb mit ihr beschäftigt, muss in der Lage sein, die Horizonte weit genug zu spannen und der Versuchung widerstehen können, die auftretenden Schwierigkeiten durch einen Kurzschluss zu beseitigen. Ein bestimmtes Maß an Aporien und Dunkelheiten ist hinzunehmen. Es sei erinnert an den Geheimnischarakter der Vorsehung, wie er sich bei der Bestimmung des Verhältnisses von göttlicher Allmacht und menschlicher Freiheit, dem Handeln Gottes in der Welt, der »Erkundung« der Wege der Vorsehung und dem Theodizeeproblem gezeigt hat. Man kann zwar grundsätzlich die Richtung angeben und Problemlösungen diskutieren, wie bei kaum einer anderen theologischen Frage wird man allerdings vor dem Geheimnis stehen bleiben und bekennen müssen: Scio nihil scire! [Ich weiß, dass ich nichts weiß!] Dies brachte der Theologie den Vorwurf ein, alles in das Mysterium hineinverwahren zu wollen. Auf der anderen Seite wird aber die Beschuldigung erhoben, dass man zu viel weiß; auch dann wird man verdächtig, wenn man den Anschein erweckt, alle Fragen lösen zu können. Eine richtig verstandene Theologie wird um eine Mittellage bemüht sein müssen.[3]

Wo immer einseitig ein Spannungspol eliminiert wird, ist der »Absturz« unvermeidbar. Deshalb musste Versuchen entgegengetreten werden, welche das Vorauswissen Gottes hinsichtlich der zukünftigen Entscheidungsakte der freien Kreatur beschränken wollten, keine Teleologie im Natur- und Weltgeschehen am Werk sahen, das Wunder rationalistisch auflösten, ein Handeln Gottes auf die psychische Innerbefindlichkeit des Menschen reduzierten, die Wege der Vorsehung entweder für *völlig* uneinsehbar oder *ganz* erkennbar ansahen, beim Bittgebet gegen einen vorausliegenden Plan Gottes opponierten und bei der Theodizee den Mythos vom leidenden oder deistisch-kraftlosen Gott vertraten. Die Theologie ist herausgefordert, das Mysterium Gottes gegen banale und simplifizierende Auflösungen zu verteidigen. Es kann somit nicht darum gehen, wie der bekannte Verhaltensforscher Wickler polemisch vermutet, Widersprüche aufzubauen, »damit hinreichend viel Geheimnis übrig bleibt«.[4] Nach dem Psychologen Jung ist die Paradoxie eine Eigenart geistiger und religiöser Erfahrung: »Die Paradoxie gehört sonderbarerweise zum höchsten geistigen Gut; die Eindeutigkeit aber ist ein Zeichen der Schwäche. Darum verarmt eine Religion innerlich, wenn sie ihre Paradoxien verliert oder vermindert, deren Vermehrung aber bereichert; denn nur das Paradoxe vermag die Fülle des Lebens annähernd zu erfassen, die Eindeutigkeit und das Widerspruchslose aber sind einseitig und darum ungeeignet, das Unerfassliche auszudrücken.«[5] Die Quelle aller Häresien liegt darin, dass der Zusammenklang zweier gegeneinanderstehender Wahrheiten nicht mehr erkannt und nach dem Ausschließlichkeitsprinzip des Entweder-oder argumentiert wird. Insofern ist sogar ein gewisses Misstrauen angebracht, wenn manches allzu glatt und plausibel präsentiert wird.[6] Gerade eine systematische Disziplin wie die Dogmatik ist beim Lehrstück über die Vorsehung enorm herausgefordert, eine spannungsvolle Einheit zu wahren und gegen alle Verkürzungen zu verteidigen. »Alle Aussagen, die die Theologie hier macht, gehen an Abgründen vorbei. Wenn man sie nur ein wenig überstrapaziert, fällt man entweder auf der einen oder anderen Seite schon in eine Aporie. Man muss sich also bemühen, immer wieder mehrere Punkte, mehrere Momente zusammenzuhalten und zusammenzusehen.«[7] Ein Vergleich aus der Welt der Technik zeigt gut, welche Anstrengungen und denkerischen Mühen unternommen werden müssen, um zu scheinbar nur sehr mageren Ergebnissen zu kommen: Einige Tonnen an Pechblende sind notwendig, um nur ein Gramm Radium zu gewinnen. Das Missverhältnis ist eklatant: »So ist es manchmal auch bei den theologischen Vorbereitungen auf den Kern der Sache hin. Manchmal müssen diese Vorbereitungen, um des Kernes ansichtig zu werden, in der Theologie sehr umfangreich sein.«[8]

Der Vorsehungsglaube hat als Kerngehalt die Sorge Gottes bis in die unscheinbarste Kleinigkeit hinein, bis zu den gezählten Haaren des Kopfes (vgl. Mt 10,30). Die gegenwärtig starke Tendenz in der Theologie, unter dem Druck des neuzeitlichen Welt- und Naturverständnisses ein Handeln Gottes exklusiv auf das Symbolisch-Zeichenhafte zu reduzieren, erweist sich für sie als fatal. Die Zuwendungen des Heils an den Menschen durch Gott werden in gnostischer Weise rein auf geistiger Ebene angesiedelt und das, obwohl aus der Heils- und Kirchengeschichte eindeutig ersichtlich ist, dass die Selbstmitteilung Gottes im Sichtbaren transparent wird und auch die Kreatürlichkeit des Menschen ergreift und einschließt. Es ist erstaunlich, wenn dies bei der Theologie des Wunders fast völlig ignoriert oder nur höchst unausgewogen rezipiert wird. Hier muss die Theologie wieder mehr »geerdet« werden durch die Berücksichtigung des reichen Erfahrungsschatzes der Kirche. Ein erneuerter Schöpfungsglaube wird auf ein konkretes Wirken Gottes, das abgestimmt ist auf die Kreatürlichkeit des Menschen, abheben müssen.

11.3 Vom Burgfrieden zur konstruktiven Auseinandersetzung

Die Zerstörung des Schöpfungsglaubens und des Menschenbildes durch den Evolutionismus ist in der theologischen Wissenschaft nicht genügend erkannt und zurückgewiesen worden. Der Schöpfungsglaube ist auch um der Gestaltung einer humanen Zukunft willen herausgefordert wie selten zuvor in der Geschichte. Ist der Geist des Menschen nämlich nur mehr ein Schimmel an der Oberfläche des Materiellen, dann führt dies früher oder später zur Abschaffung des Menschen. Der Evolutionismus und die von ihm ausgehende Gefahr muss deshalb viel ernster genommen werden. Die Theologie wird sich noch mehr als bisher auf eine Auseinandersetzung mit den aus diesem Bereich sich ergebenden Fragen einlassen müssen. Die Ausgangsbasis für Gespräche mit den mehrheitlich neodarwinistisch eingestellten Naturwissenschaftlern hat sich positiv für die Theologie verändert. Die Anfragen an einen dogmatisch sich gebärdenden Neodarwinismus gewinnen an Schärfe und Durchschlagskraft.[9] Eine sinnhafte Ordnung der Welt mit zielstrebiger Anordnung wird gerade auch von Wissenschaftlern, die große Kompetenz besitzen, festgestellt.

Nicht nur hinsichtlich des Evolutionismus gilt es, sich der Herausforderung der Zeit zu stellen. Wie es sich gezeigt hat, gibt es nicht wenige, die ein positivistisches Wirklichkeitsverständnis vertreten; die Grenzen unserer sinnlichen Erfahrung werden gleichgesetzt »mit den Grenzen *jedes* möglichen Sichzeigens von anderem«.[10] Die Grenzüberschreitungen eines überzogenen Wissenschaftsmonismus müssen von philosophischer und theologischer Seite nachhaltig zurückgewiesen werden.

Voraussetzung für ein konstruktives Gespräch mit den Naturwissenschaften ist allerdings, dass überfällige Klärungen in der theologischen Wissenschaft selbst vorgenommen werden. Für jeden im »Geschäft der Theologie« auch nur einigermaßen Versierten ist evident, dass es hinsichtlich der dort vorgetragenen Meinungen oft nicht mehr nur um eine spannungsvolle Einheit, sondern um kontradiktorisch einander gegenüberstehende Positionen geht. Schon jeder Theologiestudent weiß, dass es *die* Theologie nicht gibt. Es ist aber seltsam, wenn etliche Theologen diese Fähigkeit zur Differenzierung und Feldabsteckung anderen Wissenschaften gegenüber oft nicht aufbringen. Undifferenziert spricht man von *der* Naturwissenschaft, *der* Evolutionstheorie oder *der* Parapsychologie. Wenn man verlorenes Terrain wieder zurückgewinnen will, wird es notwendig sein, näher hinzusehen, die verschiedensten Richtungen innerhalb der Wissenschaften kritisch zu sondieren und sich dann erst zu äußern.

11.4 Die Torheit neuzeitlicher »Emanzipation« des Menschen von seinem Schöpfer

Wir sind ausgegangen vom Gottesbild der Neuzeit, wonach das »Revier« Gottes nur an den Grenzen unseres Lebens sichtbar wird; »mitten im Leben hat er keinen Platz, ist er u-topisch; die Gegenwart, das Diesseits, die Gesellschaft, der Alltag erscheinen gottlos«.[11] Mit dem neuzeitlichen Autonomiegedanken verbindet sich »vielfach und tendenziell bis heute die Abwehr der (bisweilen sehr wohl empfundenen) Macht des anderen«,[12] der Macht Gottes. Die Realität Gottes verflüchtigt sich immer mehr zu einer blassen, realitätsunwirksamen Idee. In einer autonom sich verstehenden Menschheit ist Gott wohnungs- und arbeitslos geworden.

Die kausale Erklärung der Weltwirklichkeit wurde deshalb derart dominant, weil damit zugleich ein Herrschaftswissen verbunden ist.[13] Die Einengung der Ursächlichkeit auf eindeutig bestimmte, notwendige Ursächlichkeit beschwört nicht nur die Gefahr herauf, die Gesamtwirklichkeit mechanistisch zu deuten, sondern das mit dieser Beschränkung von Wirklichkeit verbundene Herrschaftsdenken wendet sich im Endeffekt gegen den Menschen selbst. »Die entteleologisierende progressive Naturbeherrschung fällt selbst in bloße Natur zurück, wo sie sich nicht in ein teleologisch bestimmtes Maß eingebettet weiß. Diese Einsicht ist spätestens seit dem ›ökologischen Schock‹ zwingend geworden ... Die ökologische Krise ist ja eine Folge jener explosionsartigen Expansion der menschlichen Naturbeherrschung, die ihre ideologische Seite im antiteleologischen Denken der frühen Neuzeit hat.«[14]

Wer einen teleologischen Ursachenfaktor in seine Überlegungen und sein Handeln einbezieht, wird das größere Gesamt bedenken, die Hinordnung auf eine sinnhafte Ordnungsstruktur, die der Schöpfer in seine Schöpfung hineingelegt hat. Die nur kausal-analytische Betrachtungsweise der Wirklichkeit wird damit fragwürdig, denn es zeigen sich Aspekte, die uns unangenehme Fragen vorsetzen: Wenn es ein von einem Schöpfer vorgegebenes sinnhaftes Ganzes gibt, darf der Mensch dieses dann einfach ignorieren und sich daranmachen, es durch Genmanipulation zu »verbessern«? Hat nicht die Schöpfung, jenseits von Zweckmäßigkeit und Nutzung, eine eigene, von Gott verliehene Würde, die es zu respektieren gilt, zumal auch sie eine ewige Zukunft hat, wie Röm 8,19–22 aufzeigt?

Bei der Wunderproblematik sind wir der gleichen Denkfigur begegnet wie bei den Fragen zur Evolution, derer man hinter den vordergründig vorgeschobenen Einwürfen ansichtig wird. Das Wunder stört in einer Welt absoluter Planbarkeit und Verlässlichkeit. Es weist auf größere Gehalte als das Mach- und Konstruierbare hin; weil man diese nicht zur

Kenntnis nehmen will – sie würden nur unsere Kreise stören –, darf es das Wunder einfach nicht geben. Die Konstruktion eines depotenzierten Gottes, der auf die Bedingung der Möglichkeit unseres Handelns reduziert wird, erscheint als logische Folge; ein solcher Gott ist bequem: »Er kann uns nicht in die Quere kommen; vielmehr bestätigt er uns, wie wir sind.«[15]

Letztlich geht es bei der Teleologie wie beim Wunder um eine Machtfrage. In der geistesgeschichtlichen Auseinandersetzung der letzten Jahrhunderte versucht der selbstmächtig sich behaupten wollende Mensch, sich gegen seinen Gott durchzusetzen! Eine Änderung wird hierbei nur dann möglich sein, wenn die Schöpfung als Gabe Gottes wiederentdeckt wird. Diese sorgt sich nicht und ist dennoch versorgt; das ist die Quintessenz aus dem locus classicus [der klassischen theologischen Erkenntnisquelle] der Vorsehungslehre in Mt 6,25–34. Wie soll der Mensch aber den Schluss auf sich selbst ziehen können, dass nämlich Gott sich seiner um vieles mehr annimmt als um die Lilien des Feldes und die Vögel des Himmels, wenn er nicht mehr wahrnimmt, dass Gott sich überhaupt um die Schöpfung sorgt? Wieder zeigt sich, dass Schöpfungs- und Vorsehungsglaube miteinander stehen oder fallen. Die Schöpfung ist mehr und anderes als nur Rohstofflieferant. Wenn in den Psalmen von ihr gesprochen wird, dann immer mit Lob und Dank verbunden. Erst in dieser Haltung der Ehrfurcht wird eine »Begegnung« mit dem vorsehenden Gott möglich und ist es sinnvoll, über ein Handeln Gottes in der Welt nachzudenken. Der Mensch muss wieder lernen zu staunen über die Schöpfung, die von der Güte des Vaters lebt. Nur so wird auch ein mittlerweile schon wahrhaft lebensbedrohliches Herrschaftsdenken überwunden und die wunderbare Mächtigkeit Gottes, der »das, was nicht ist, ins Dasein ruft« (Röm 4,17), unverstellten Blicks wieder zur Kenntnis genommen werden können. Wie groß ist die Aufgabe der Theologie, hier das Bewusstsein zu schärfen und die im eigenen Haus anstehenden vielen Fragen anzugehen, zumal der aus dem naturwissenschaftlichen Denken resultierende neuzeitliche Rationalismus tief in die Theologie selbst eingedrungen ist!

11.5 Die befreiende Kraft des Vorsehungsglaubens

Die Verletzungen des heutigen Menschen sind beträchtlich. Das kollektive Unterbewusstsein ist fast schon bis in die letzten Wurzeln hinein neuheidnisch infiziert. Der Glaubende findet in seiner Umgebung kaum mehr eine Stütze. Oft genug ist er gezwungen, seinen Glauben zu artikulieren »im Widerspruch zu den Widersprüchen der Welt«.[16] Nicht umsonst spricht man von der Notwendigkeit einer Neuevangelisierung: Das Evangelium muss wieder neu in seiner befreienden Kraft entdeckt werden.

Dem Vorsehungsglauben kommt hierbei eine Schlüsselrolle zu. Die in ihm steckende Kraft hat er schon in der Geschichte unter Beweis gestellt: Die Verbindung und Vermittlung der beiden Inhalte von »Vater« und »Allmacht« in der jesuanischen Verkündigung hatte vor dem Hintergrund der in der ausgehenden Antike verbreiteten fatalistischen Auffassungen eine geradezu revolutionär befreiende Wirkung. Das christliche Menschenbild half, das ontologische Sklavenjoch, das in der Gestalt des Schicksals auf dem Menschen lastete, abzuschütteln.[17] Die Vorsehungslehre mit ihrer Ausrichtung auf den Einzelnen kann heute ähnlich befreiend wirken wie damals; wird doch die makrokosmische Verlorenheit des Sandkorns »Erde« in der uferlosen Weite des Universums zum Abbild der mikrokosmischen Verlorenheit des Einzelnen in der immer größer werdenden Menschheitsfamilie, in der anonymen Massengesellschaft von heute, in der man sich nur mehr als winziges Rädchen einer riesigen Maschinerie begreift.

Hat die Frohbotschaft, dass der Mensch von seinem Gott in gewollter Einmaligkeit und Unverwechselbarkeit angenommen, geführt und geliebt wird – und das schon bei seiner Zeugung, da er sich einem schöpferischen Akt Gottes verdankt – etwas von ihrer Aktualität eingebüßt? Dieser ist kein in ein absurdes Dasein Geworfener, sondern Gott trägt ihn und sorgt sich in Liebe um ihn. Gott ist ihm Abba, liebender Vater. Im Vorsehungsglauben wird ihm das, was er immer schon erahnt und sich gewünscht hat in seiner Suche nach Sinn und Geborgenheit, als Gewissheit zugesagt. Für sein Leben hält Gott Pläne des Heils bereit, damit dieses gelingen kann. Auch in Schuld und Sünde ist er ihm nahe und gibt ihm die Möglichkeit zum Neubeginn. Gottes Sohn ist ihm als

Vorbild und Maß der Verbundenheit und Auslieferung an den Willen des himmlischen Vaters geschenkt worden: Er ist die sichtbare Vorsehung des Vaters. Wie groß ist die Fantasie Gottes, beim Menschen zu sein und ihm immer wieder neu die Wege zu bereiten, ihm alles zuzufügen!

Allerdings sind dem Glaubenden Möglichkeiten und Wege, die der Nichtglaubende hat, versperrt. Vom Christen wird erwartet, dass er in einer unpathetischen Nüchternheit der Wirklichkeit standhält und die »Nestwärme« seiner Ideologie vom Rechtsanspruch auf Glück in der Welt aufgibt. Einen christlichen Realismus im Alltagsleben durchzuhalten, für den Guardini ausdrucksstark plädiert,[18] ist sicher nicht immer einfach; wo Gott vom Menschen etwas fordert, schenkt er aber auf der anderen Seite auch in reichem Maß. Der Vorsehungsgläubige hat es deshalb in vielem leichter als der Ungläubige. Sein Glaube an die leitende Führung Gottes entlastet ihn. Er kann vieles in die Hand Gottes zurücklegen oder aus ihr empfangen, was dem Nichtglaubenden so nicht möglich ist. In unserer Zeit, in der die geschöpfliche Eigentätigkeit bis zur Ichverkrampfung betont wird, ist es befreiend, den Geschenk- und Führungscharakter der Vorsehung zu erkennen. Wir brauchen nicht in hoffnungsloser Überforderung alles selbst zu machen; mehr als eigene Aktivität ist es erforderlich, sich führen zu lassen. Auf diese Weise wird menschliches Dasein befreit von unnötiger Sorge und heidnischer Angst. Mit einer inneren Gelassenheit können die Aufgaben des Lebens angegangen werden. Die Beistandszusage Gottes in Grenzsituationen des Lebens ist tröstend (vgl. Mt 10,19 f.); es ist nicht nötig, allein auf eigene Kraft und Einsicht zu bauen. Auch das Wissen darum, eine ewige Zukunft und Heimat bei Gott zu haben, relativiert gegenwärtige Leidenssituationen und gibt Kraft, sie zu bewältigen. Die Geborgenheit des Kindschaftsverhältnisses ist der tragende Grund, der weder durch erfahrenes Leid noch durch die Existenz des Bösen zerstört wird.

Der Kern der Vorsehungslehre ist das Vertrauen auf die Führung durch den liebenden Vatergott. Es geht darum, ob der Mensch auf eigene Einsicht, Stärke und Konstruktionsmächtigkeit oder auf den vorsehenden Gott vertraut. Die Heilige Schrift ist durchzogen von dieser Spannung, vom oftmaligen Drama der Verweigerung. Die schlimmste Strafe Gottes für den Menschen mag darin bestehen, dass er ihn sich selbst überlässt, ihm sozusagen seine Vorsehung entzieht: »Da überließ ich sie ihrem verstockten Herzen, und sie handelten nach ihren eigenen Plänen« (Ps 81,13). An die Stelle der Führung durch Gott tritt das »Eigene«, die Ideologie. Ein so ins Eigene Verstrickter stürzt von einem Irrwahn in den anderen; er macht für sich und andere Lebensentwürfe, die nicht zu tragen vermögen und ins Unheil führen. Vom Menschen selbst entworfene Horizonte und Sinnperspektiven öden aber nicht nur mehr an, als sie faszinieren, sondern sie wenden sich letztlich immer gegen ihn selbst. Nur Gott kann in seiner Vorsehung Zukunft und Hoffnung schenken (vgl. Jer 29,11). Deshalb drängt die wissenschaftlich vorgetragene Lehre über die Vorsehung auf die Umsetzung im Leben.

Anmerkungen

Rezension von Prälat Prof. Dr. Leo Scheffczyk

1 Zu R. Kocher, Herausgeforderter Vorsehungsglaube. Die Lehre von der Vorsehung im Horizont der gegenwärtigen Theologie, St. Ottilien 1993, S. 397.

0 Einführung: Konzept und Vorgehensweise

1 Hierzu sind besonders das Bittgebet, das Wunder, die menschliche Freiheit angesichts der göttlichen Allmacht und das Theodizeeproblem zu zählen.
2 Vgl. Scheffczyk, Gott-loser Gottesglaube?, 227. Es macht die Größe des theologischen Denkens bei Thomas von Aquin aus, dass die konkrete menschlich-personale Geschöpflichkeit das unangefochtene Fundament all seiner Überlegungen ist.
3 Es handelt sich hierbei um ein grundsätzliches Problem, denn man tut sich schwer, »das zwischen konkreten Erfahrungen und abstrakten Grundsatzfragen changierende Thema ›Gottes Vorsehung und Handeln‹ einigermaßen in den Griff zu bekommen« (Ruh, Wo und wie, 82). Aufgrund der »Praxisnähe« des Vorsehungsglaubens (das ist sein Vorteil und seine Chance) ist er immer der Gefahr ausgesetzt, schnell nivelliert zu werden (das ist die Gefahr). Er ist sozusagen leicht verwundbar und kann in eine platte Frömmigkeitsform abrutschen.
4 Dieser Versuchung ist die Theologie in der Vergangenheit manchmal erlegen; die Vorsehung verkam zu einem begrifflich mathematischen Exerzierfeld (vgl. Couturier, Il a toujours raison?, 9; Geiger, Providentia Dei, 679; Kasper, Die Gottesfrage, 160; Unkel, Theologische Horizonte, 9).
5 Vgl. Pesch, Theologische Überlegungen, 104.
6 Für weite Strecken gilt dies für F. v. Steenberghen, Vorsehung heute, München 1971.
7 Augustinus, »De moribus ecclesiae catholicae« 22,40, in: PL 32,1238.
8 Geiger, Providentia Dei, 678.
9 Scheffczyk, ‹Diskussionsbeitrag›, in: Luyten, Zufall, 389.
10 Vgl. Schneider/Ullrich, »Einführung«, 11, in: Schneider/Ullrich, Vorsehung. Ähnlich Auer, Die Welt, 125.

1 Relevanz und Problematik des Vorsehungsglaubens

1 Caterina, Gespräch, 136. Dieses Wort des himmlischen Vaters in Caterina von Sienas »Gespräch von Gottes Vorsehung« ist der Grundtenor der Gespräche.
2 Wörtlich übersetzt heißt er »Für-denken«. Von der Bedeutung her ist damit eine kosmische Ordnungsmacht gemeint. »Pronoia ist das in universaler Vorse-

hung zusammenhängende Weltgewebe, die Gesetzmäßigkeit des Alls« (Eckey, Schicksal, 4). In ähnlicher Weise wie die Vorsehung hat das Schicksal eine fast schon kaleidoskopartige Buntheit an Bedeutungsinhalten. Vgl. dazu den Abschnitt »Typologie der Erscheinungsformen der Schicksalserfahrung« bei Konrad, Schicksal und Gott, 22–40; vgl. auch Auer, Die Welt, 122; Eckey, Schicksal, 3–5.

3 Eberts: »Wem es gegeben ist, etwas von den Plänen der Vorsehung zu erahnen, der wird diesen Papst aus Polen in Verbindung bringen mit der Demokratie- und Freiheitsbewegung im Osten« (Ein Mose, 1). »Erleben wir nicht gerade in diesen Jahren das Walten der göttlichen Vorsehung wie nie in diesem Jahrhundert?«, fragt der Augsburger Bischof Stimpfle (Alles hat, 3). Der Berliner Bischof Sterzinsky erkennt es als ein Zeichen der Vorsehung Gottes, dass der schon vor dem Fall der Mauer für Berlin geplante Katholikentag in der nun freien und wiedervereinigten Stadt stattfinden kann (vgl. Herzlich willkommen, 5). In den meisten seiner 38 Predigten geht E. Görge, Gottes Vorsehung in der Geschichte. Verkündigung zum Zeitgeschehen, Leutesdorf 1991, auf die Veränderungen im Osten ein. Er deutet diese Geschichtsereignisse im Licht der göttlichen Vorsehung. Es ist wichtig, für die Verkündigung der Lehre von der Vorsehung entsprechende Predigtvorlagen zu erstellen. Wenn allerdings in diesen stark situations- und zeitbezogenen (und deshalb auch kurzlebigen) Predigten keinerlei einleitenden Hilfestellungen gegeben, ständig Wiederholungen des Gleichen präsentiert (vgl. ebd., 10,21 u. 33; 109 u. 114; 109f. u. 117f. u.ö.), zu viele Füllsel, Platitüden und unnötige Zeitangaben historischer Fakten gebracht, dafür aber wichtige Themenbereiche, wie das Theodizeeproblem, kaum erwähnt werden, dann mindert dies den Wert dieser Schrift erheblich.

4 Vgl. etwa die Ansprache »Gott, der die Geschichte lenkt« von Papst Johannes Paul II. bei der Generalaudienz am 30.12.1981 (Johannes Paul II., Wort und Weisung, 100–102). Gern wird in diesem Zusammenhang auch auf Gedanken Newmans oder Eberschweilers verwiesen, wonach Gott den Kalender für das kommende Jahr schon längst und auf das Genaueste gemacht hat (vgl. GL 788/4).

5 Um nur einige Sprichworte anzuführen: »Der Mensch denkt, Gott lenkt« (vgl. Spr 16,9). »Vertrau auf Gott und lass ihn walten. Er wird dich wunderbar erhalten.« – »Gott hat der Wege viele zu jedem seiner Ziele.« – »Nichts geschieht von ungefähr, von Gottes Hand kommt alles her.« – »Deo volente.« Im anglo-amerikanischen Raum ist das »In God we trust« ein bekannter Ausdruck. Der spontane Ausruf »Es hat nicht sein sollen!« oder »Es ist wie verhext!« zeigt, dass Dinge in unserem Leben sich nicht so einfügen, wie wir es uns gerne wünschen. Allerdings gibt es auch die andere Erfahrung, dass Gott selbst auf krummen Zeilen gerade schreiben kann.

6 »Viele Menschen sind fest davon überzeugt, dass ihnen in solchen Fällen bzw. Erfahrungen Gott oder Jesus Christus ›aufgegangen‹, offenbar geworden sei« (Fischer, Zufall, 9). In einer Veröffentlichung der Aktion »neu anfangen« haben Christen aus Castrop-Rauxel, Herne und Wanne-Eickel ihren Glaubensweg be-

schrieben. Es handelt sich um Glaubenszeugnisse von Menschen unterschiedlichen Alters, Geschlechts und sozialer Stellung, die in großartiger Weise die Vorsehung Gottes aufleuchten lassen. Sätze wie die folgenden, die aus den Lebensbeschreibungen in eigener Umformung wiedergegeben werden, belegen dies: »Gott will nur das Beste für mich« – »Ich kann jetzt alles, auch den Schmerz, aus Seiner Hand annehmen« – »Die größte Angst vor der Zukunft und dem Tod ist jetzt weg« – »Es ist ein Geschenk, dass sich unser an Leukämie erkranktes Kind bei Gott geborgen fühlt« – »Ich brauche nicht ständig nach der Zukunft zu schielen, blende sie aber auch nicht aus« – »Gott hat mein Gebet gehört und mich geheilt« – »Ich bat ihn, das Steuer meines Lebens zu übernehmen« – »Ich konnte plötzlich das Sorgen lassen« – »Ich durfte die Erfahrung eines inneren Friedens machen« – »Jesus ist wirklich auf dem Wasser gelaufen und sonst gar nichts! Alles andere ist kein Glaube« – »In allen Lebenslagen weiß ich mich in Gottes Hand; nichts kann mich von ihm trennen« (vgl. Glückauf!, 8.42.51.59.60.65.70.74.91.100.105).

7 Scheffczyk, Einführung, 95; vgl. Auer, Die Welt, 123; Huber, Machtvoll, 14.
8 Vgl. Krolzik, Säkularisierung, 3.
9 Von Kant ist der Ausspruch belegt, dass er in den vielen Hundert Büchern, die er gelesen hat, nicht so viel Licht und Stärkung gefunden hat wie in den Versen des Psalms 23. Das Geheimnis der Sprachgewalt biblischer Texte liegt wohl darin, dass sich hier Gott als der letztlich einzig Treue und als Garant der Kontinuität durch alle Brüche hindurch erweist und glaubend festgehalten wird. Es wäre interessant, unter diesem Aspekt Tauf-, Trauungs- und Primizsprüche zu analysieren. Sie enthalten zum größten Teil Aussagen des Beistands und der Ermutigung durch Gott. Das ergibt sich mit einer gewissen inneren Logik. Ein neuer Lebensabschnitt mit vielen Aufgaben steht bevor. Was ist für einen Christen näherliegender, als sich diesem Gott anzuvertrauen und um seine Hilfe zu bitten? Bildhafte Darstellungen von der Vaterhand Gottes, in die hinein ein Menschenkind sich birgt, sagen oft mehr aus als noch so gut gemeinte Worte. In der altchristlichen Kunst der Katakombenmalerei wurde die Vorsehung gern als eine Hand dargestellt, die aus einer Wolke hervorkommt. Es ist die Hand des Vaters, die tröstet, leitet und sicheren Halt schenkt in Dunkel und Leid.
10 In dem bekannten Lied »Lobe den Herren« (GL 258) wird Gott, »der alles so herrlich regiert«, gepriesen für sein freundliches Geleit. Auf »Adelers Fittichen« hat er den Menschen sicher geführt und in vielen Notsituationen die Flügel über ihn gebreitet (vgl. auch GL 268/2; 273/4; 289/1; 291; 294; 295). Mit den Flügeln Gottes (vgl. Ps 17,8) wird im Alten Testament die Vorsehung Gottes anschaulich dargestellt. Auf die Bedeutung des geistlichen Liedes bei Paul Gerhardt (1607–1676), das besser als dogmatische Schemata den Glaubenssinn der Lehre von der göttlichen Providenz erfasst, haben Ebeling (vgl. Dogmatik, Bd. I, 328) und Krolzik (vgl. Säkularisierung, 27–37) hingewiesen. Ebeling: »Diese gedichtete Theologie bringt deutlicher als unsere begriffliche Reflexion zum Ausdruck, worauf es ankommt« (Dogmatik, Bd. I, 328).
11 Scheffczyk, Das Gebet, 1959.

12 Krötke, Gottes Fürsorge, 243.
13 Im Zweiten Hochgebet lautet ein Teil des Einschubs bei der Brautmesse: »Gedenke auch der Neuvermählten N. und N. Du hast sie zusammengeführt und ihren Bund gesegnet« (MB 487). Die gleiche Formulierung ist im Gabengebet der Brautmesse antreffbar (vgl. MB 977).
14 Vgl. MB 1164f.1167.
15 Vgl. ebd., 1023.1025. Im Grußwort päpstlicher Schreiben an die Adressaten wurde und wird – heute allerdings viel seltener – die Einsetzung des jetzigen Inhabers des Petrusamtes auf Gottes Vorsehung zurückgeführt.
16 Vgl. ebd., 1054f.
17 Vgl. ebd., 218f.291 u.ö. Auch dort, wo sie vom Wort her nicht angesprochen wird, ist sie inhaltlich oft gemeint. Wenn es etwa heißt, dass wir Gottes Eigentum sind und er uns in seine Hand geschrieben hat (vgl. ebd., 246; Jes 49,16), dann ist damit die Vorsehung im Bild umschrieben. Mit dem Einschreiben ist auf eine im Orient weitverbreitete Sitte angespielt, wonach der Bräutigam sich den Namen seiner Braut in die Hand eintätowiert, um sich so immer wieder ihrer zu erinnern (vgl. Fischer, Das Buch Isaias, 111).
18 Vgl. Ruppert, Der Jahwist, 91.
19 Bosshard, Erschafft, 204.
20 »Im Vorsehungsglauben kommt zum Ausdruck, dass die unermesslich große Schöpfung und der umfassende Heilsplan Gottes auf den *einzelnen Menschen* ausgerichtet sind, ja dass sich der Sinn der Schöpfung und der Geschichte im einzelnen Menschen entscheidet« (KEK, 104). Dolch weist in einem Diskussionsbeitrag darauf hin, dass es für Voltaire nicht die Frage war, ob Gott die Welt gemacht hat und sie im Dasein erhält, sondern ob er mich, einen ganz konkreten Einzelnen, trägt oder führt: »Das ist doch, so meine ich, das eigentliche Problem des Vorsehungsglaubens!« (<Diskussionsbeitrag>, in: Luyten, Zufall, 358).
21 Erstaunlich ist, dass in keiner einzigen (!) katholischen Abhandlung der eingesehenen Vorsehungsliteratur der Engel als Ausdruck der persönlichen Fürsorge Gottes auch nur erwähnt wird. In evangelischen Traktaten ist dies anders. Freilich wird bei diesen fast allgemein der personale Charakter dieser Wesen bestritten: Wenn »Engel ›an sich‹ <nur als> ... gnostische Spekulationen und mythologische Fantasiegebilde« (Kraus, Systematische Theologie, 272) und als Zeugen der Gegenwart Gottes bzw. Chiffren für die Erfahrung menschlicher Daseinsgeborgenheit zu verstehen sind (vgl. Saxer, Vorsehung, 158), dann fragt man sich, was mit dem Verweis auf sie eigentlich gewonnen ist.
22 Vgl. Ambrosius, »De officiis ministrorum« 1,13, in: PL 16,41f. Die Bitte aus der Liturgie der Priesterweihe, dass Gott, der das gute Werk begonnen hat, es zu Ende führen möge, hat deshalb grundsätzlichen Charakter. Gott, der das Werk der Schöpfung überhaupt initiiert hat, wird es auch vollenden.
23 »Quid tam dignum, tam proprium Deo, quam providentia? Sed si nihil curat, nihil providet, amisit omnem divinitatem« [Was hat so viel Wert, was eignet Gott so sehr wie die Vorsehung? Wenn er nicht sorgte, nicht vorsähe, verlöre er jegliche Göttlichkeit] (Lactantius, »De ira Dei« 4, in: PL 7,86).

24 Vgl. Clemens von Alexandrien, »Stromata« I,11, in: PG 8,749.
25 Vgl. Scheeben, Handbuch, Bd. 2, 40. Für Berlage ist die Providenz eine »apriorische Idee, d. h. eine für das vernünftige Denken mit der wahren Idee von Gott nothwendig gegebene Idee« (Katholische Dogmatik, Bd. 4, 397).
26 Vgl. Hanselmann/Hild/Lohse, Was wird, 164–166; Schmidtchen, Was den Deutschen, 67–73. Einige Beobachtungen aus Schmidtchens Umfragen: Erstaunlich viele Menschen leben in dem Gefühl, »es gebe eine göttliche Fügung: 47 Prozent. Frauen haben dieses Gefühl in viel stärkerem Maße als Männer: 55 zu 39 Prozent« (ebd., 69). Schmidtchen führt die unterschiedliche Beantwortung bei Männern und Frauen auf die religiöse Sozialisation und soziale Position der Frau zurück. »So korreliert denn auch der Glaube an die göttliche Fügung negativ mit sozialem Status und positiv mit dem Lebensalter« (ebd., 69). Je älter also jemand ist, je mehr er an Lebenserfahrung gesammelt hat, desto eher glaubt er an eine Vorsehung. Mit zunehmendem Bildungsgrad nimmt diese Bereitschaft ab; offensichtlich fühlt sich der gebildete Mensch unserer Tage mündig genug, sich vom Glauben an die leitende Führung Gottes emanzipieren zu können. »Diejenigen, für die Gott Erlebnisgegenwart ist, glauben fast durchweg an die göttliche Fügung in ihrem Leben« (ebd., 73). Die Erfahrbarkeit Gottes hat erheblich mit dem Kirchenbesuch und der Liturgie zu tun, denn Kirchenbesucher erklärten sich in signifikant abweichender Zahl positiv zu solchen Glaubenserfahrungen.
27 Vgl. KEK 102. Verwiesen sei nur auf die folgenden Ausdrücke: Glückspilz, Sonntagskind, Hans im Glück, glücklicher Stern, Pechvogel, Glückssträhne ... »›Glück‹ und ›Pech‹ übernehmen in unserem Verstehen der Wirklichkeit die Funktion, die vormals ›Fügung‹ und ›Schicksal‹ innehatten« (Langemeyer, Das Phänomen, 27). Der Schicksalsbegriff scheint »heute im säkularen Bewusstsein weithin den Rang eines obersten Dogmas einzunehmen« (Trillhaas, Dogmatik, 162).
28 Goritschewa, Die Kraft, 10.
29 Steenberghen berichtet von einem Unfall eines Reisebusses. Er verunglückte ausgerechnet an der Stelle, an der ein Unfall die schlimmsten Folgen haben musste – »ein ›böser Geist‹ hätte es nicht raffinierter berechnen können« (Vorsehung heute, 9).
30 Vgl. Nietzsche, »Die fröhliche Wissenschaft«, 4. Buch, 285, in: Colli/Montinari, Werke, Bd. V/2, 208.
31 Dantine trifft dieses Urteil im Jahr 1959 für die evangelische Theologie (»Regnum«, 202). Es gilt aber nach Ruh heute noch genauso wie damals sowohl für die evangelische wie die katholische Theologie (vgl. Wo und wie, 81 f.). Huber bringt etliche Beispiele aus Gesprächen mit kirchlichen Amtsträgern und Professoren, die das Desinteresse, ja die Abneigung gegen dieses Thema deutlich belegen (vgl. Machtvoll, 9–13).
32 Guardini spricht von einem Herzpunkt der christlichen Botschaft, bei dem alles zusammenläuft (vgl. Welt, 173), Pauleser von einem Kern des religiösen Lebens und Strebens (vgl. An der Hand, 1), Pesch im Anschluss an einen nicht

näher ausgewiesenen Theologen von einem Mittelpunktsdogma der modernen Religiosität (vgl. Vorsicht, 10), Kern von einer biblischen Grundaussage als das zunächst und zumeist Interessierende (vgl. Zur theologischen Auslegung, 529), Ranft von einem wesentlichen konstruktiven Teil des dogmatischen Gebäudes (vgl. Der Vorsehungsbegriff, 28), Robinson von einem »living core of religion« (Is Providence, 215) und Eßer von der Seele aller Religion und jeden Gebetes (vgl. Krieg, 136). »Providentia divina est caput doctrinae catholicae, quo vix aliud saepius ac diligentius tractatum in Sanctis Patribus« [Die göttliche Vorsehung ist der Hauptpunkt der katholischen Lehre, kaum etwas anderes wird öfter und genauer in den Schriften der Heiligen Väter behandelt] (Patres, Sacrae Theologiae Summa, Bd. II, 179).

33 In der Theologie der letzten Jahre wurde nach Ruh die Vorsehungslehre sehr wenig beackert (vgl. Wo und wie, 81). Ähnlich Fischer, Zufall, 9; Huber, Machtvoll, 9–11; Pesch, Theologische Überlegungen, 74; Robinson, Is Providence, 215. Bezeichnend für die derzeitige Situation dürfte wohl sein, dass der promovierte Ingenieur E. Mayer, der auffällige Fügungen in seinem Leben erfahren hatte, trotz intensiver Suche kaum ein theologisches Werk zur Vorsehung fand, das ihm ein Vorbild oder eine Hilfe bei der Aufzeichnung seiner Erlebnisse hätte sein können (vgl. ER riss, 35 f.).

34 Im Evangelischen Erwachsenen-Katechismus (^{5}1989) ist die Vorsehung nicht einmal im Stichwortverzeichnis zu finden trotz der fast 1500 Seiten dieses Werkes. Im Holländischen Katechismus wird man auf das Stichwort »Gott – und das Böse« verwiesen (vgl. Glaubensverkündigung, 566): Die Vorsehung wird weitgehend von der Theodizee her angegangen. Wenigstens unter der Hinsicht »Vorsehung Gottes und Verantwortung des Menschen« ist im Neuen Glaubensbuch ein Teilaspekt angesprochen (vgl. Feiner/Vischer, Neues Glaubensbuch, 444 f.). Ein erfreulich breiter Raum ist der Vorsehung dagegen im Katholischen Erwachsenen-Katechismus eingeräumt (vgl. KEK 102–105).

35 Vgl. Auer, Die Welt, 118–127; Brinktrine, Die Lehre, 84–86; Diekamp/Jüssen, Katholische Dogmatik, Bd. I, 232–236; Bd. II, 25–27; Ebeling, Dogmatik, Bd. I, 328–333; Fritzsche, Lehrbuch, Bd. II, 291–353; Kern, Zur theologischen Auslegung, 464–545; Kraus, Systematische Theologie, 218–220.286–288; Lais, Dogmatik, Bd. 1, 115–117; Ott, Grundriss, 108–110; Patres, Sacrae Theologiae Summa, Bd. II, 174–181; Pöhlmann, Abriss, 99–110; Pohle, Lehrbuch, Bd. 1, 516–523; Scheffczyk, Schöpfung und Vorsehung (= HDG II/2a); Schmaus, Der Glaube der Kirche, Bd. I (1969), 323–332; ders., Der Glaube der Kirche, Bd. III (^{2}1979), 127–159; ders., Katholische Dogmatik, Bd. II/1, 139–166 (Die Ausführungen von Schmaus sind in den genannten drei Veröffentlichungen ziemlich ähnlich.); Trillhaas, Dogmatik, 152–176; Weber, Grundlagen, Bd. I, 554–580. Vgl. auch aus philosophischer Sicht Brugger, Summe, 409–427.

36 Vgl. Behm, Art. »Pronoéo, Prónoia«, in: ThW 4, 1004–1011; Breuning, Art. »Vorsehung«, in: Lexikon der katholischen Dogmatik, 542 f.; Imschoot, Art. »Vorsehung«, in: BL 1859 f.; Konrad, Art. »Vorsehung«, in: RGG³ 6, 1496–1499; Niermann, Art. »Vorsehung«, in: HTTL 8, 70–74; Schilson, Art. »Vor-

sehung/Geschichtstheologie«, in: NHThG 4, 252–262; Schmid/Rahner, Art. »Vorsehung«, in: LThK X, 886–889; Wiesner, Art. »Vorsehung«, in: EKL III, 1705–1710; Art. »Providence« mit Beiträgen von Lemonnyer »La providence dans la Sainte Écriture«, 935–941, Simonin »La providence selon les Pères grecs«, 941–960, Rascol »La providence selon saint Augustin«, 961–984 und Garrigou-Lagrange »La providence selon la théologie«, 985–1023, in: DThC 13/1.

37 Vgl. Schmaus, Der Glaube, Bd. I (1969), 331. Ähnlich Auer, Die Welt, 124; Pesch, Theologische Überlegungen, 77. Die erste Synode von Braga trat dem Astralglauben und anderen Unheilsmächten entgegen (vgl. DH 459). Das Konzil von Konstanz äußerte sich gegen Wycliff, für den alles mit absoluter Notwendigkeit eintritt (vgl. DH 1177), und der Syllabus Pius' IX. (vgl. DH 2902) gegen die deistische Bestreitung des Handelns Gottes in der Welt. Erst 1870 auf dem I. Vatikanum ist die Lehre von der Vorsehung in der dogmatischen Konstitution »Dei Filius« Gegenstand einer kurzen Lehrentscheidung geworden (vgl. DH 3003).

38 Es wird von einer *gewissen* Ausnahme deshalb gesprochen, weil auch die im Folgenden genannten Bücher nur einzelne Aufsätze von Theologen verschiedenster Denkrichtung enthalten. Eine wissenschaftliche Monografie fehlt bis heute.

39 Mit Beiträgen von Bachl, Häring, Hossfeld, Jorissen, Schulte, Studer, Weimer und einer Predigt von Bischof Wanke.

40 Dieser Band enthält Aufsätze von Meyer-Abich, Rawer/Pesch und Weissmahr/Knoch.

41 Es handelt sich um Referate von Eiff, Luyten, Meessen, Scheffczyk, Thum und Wickler.

42 Stakemeier hat neben der theologischen Literatur eine beachtliche Fülle von Profanliteratur und religionsgeschichtlichem Material in sein Werk einbezogen. Die Macht des Schicksals in ihrer Launenhaftigkeit und Undurchschaubarkeit wird bei ihm gut dargestellt. Der Mensch ist diesem irrationalen rätselhaften Neutrum, dem weder Natur noch Erkenntnis zukommt, hilflos ausgeliefert. Er kann sich ihm hingeben oder in trotziger Selbstbehauptung verharren. In der Vorsehungslehre geht Stakemeier auf alle damit zusammenhängenden Fragen und Probleme ein und beantwortet sie auf traditionelle Weise, d. h. nach den Vorgaben einer thomanischen Metaphysik.

43 Die reformatorische Erbsündenlehre, bei der dem freien Willen des Menschen die Fähigkeit abgesprochen wird, mit Gott zusammenzuwirken, zeigt sich bei Konrad deutlich: »Die Sünde ist unbedingt genommen, sie umfasst Leib und Seele, Vernunft und Wille. Sie meint, wie Luther mit Leidenschaft betont, die totale Unfähigkeit des Menschen zu allem Guten, seine gänzliche Blindheit in spiritualibus [in spirituellen Dingen], seine völlige Willensverkehrtheit Gott gegenüber ... Das ›durch und durch und ganz und gar für Gott vergiftet und verderbet‹ der Solida Declaratio [ausführlichen Darlegung] will nicht als Übertreibung und Einseitigkeit missverstanden werden, sondern korrespondiert mit

der schicksalhaften Unbedingtheit, um die es hier geht« (Schicksal und Gott, 262 f.). Gott wirkt nach Luther selbst alles, der Einzelne nichts; die Freiheit ist aufgehoben (vgl. Möhler, Symbolik, 105.111; Ranft, Der Vorsehungsbegriff, 7), während in paradoxer Weise trotzdem an der Verantwortlichkeit des Menschen festgehalten wird. Die lutherische Orthodoxie ist nach Weber in diesem Punkt nicht Luther, sondern Melanchthon gefolgt, der dem Geschöpf mehr Eigenwirksamkeit einräumte (vgl. Grundlagen, 570). Die Äußerungen Luthers über den unfreien Willen sind zu apodiktisch, als dass man sie aus heutiger Sicht relativieren könnte, wie es etwa im Neuen Glaubensbuch geschehen ist (vgl. Feiner/Vischer, Neues Glaubensbuch, 482 f.). Konrad hält ausdrücklich fest:»Es war sachlich und nicht nur etwa dem Humanisten Erasmus gegenüber rhetorisch begründet, wenn Luther sich ausdrücklich auf das Fatum [Schicksal] Vergils und der griechischen Mythologie berief. Dieser allmächtige und alleinwirksame, alles in allen schaffende Gott ist die streng monotheistische und genuin christliche Fassung und Erfahrung des Schicksals« (Schicksal und Gott, 225).

44 Hengstenberg weist im Vorwort darauf hin, dass es ihm »nicht um eine allseitige wissenschaftliche Erschöpfung des Gegenstandes« geht, er aber doch eine »möglichst große Gediegenheit und Dichte« (Von der göttlichen Vorsehung, 7) anstrebt. Die spekulative Tiefe seiner Gedanken weist aus, dass ihm dies durchaus gelungen ist. Im Vergleich dazu nimmt sich das Werk des Dogmatikers B. Bartmann, Unser Vorsehungsglaube, Paderborn 1931 als wenig ergiebig aus.

45 Steenberghen spricht die Probleme an, die sich der Vorsehungslehre in den Weg stellen, und bringt hilfreiche Gedanken, wenngleich bei einzelnen Teilstücken und -inhalten fragwürdige Aussagen gemacht werden. Auf Steenberghens offensichtliche Schwierigkeiten mit dem Vorherwissen Gottes wird eigens einzugehen sein.

46 Sein Büchlein, das in der Reihe der von Küng herausgegebenen theologischen Meditationen erschienen ist (Bd. 47), enthält viele wertvolle Anregungen.

47 Die Dissertation von Unkel zeigt schon in der Formulierung des Themas die Eingrenzung an; trotzdem konnte ihr Wertvolles aus dem Gedankengut Kentenichs entnommen werden.

48 Huber ist kein Theologe und erhebt auch keinen wissenschaftlichen Anspruch (vgl. Machtvoll, 13.103.163). In populärwissenschaftlicher Art bringt er viele Beispiele für das Wirken der Vorsehung und ist insofern eine Fundgrube, auf die gelegentlich zurückgegriffen wurde. An manchen Stellen hätte man sich allerdings eine größere systematische Ordnung gewünscht, um unnötige Wiederholungen zu vermeiden. Bei einzelnen Themen, wie der Behandlung des Theodizeeproblems, werden die Grenzen des Buches deutlich.

49 Besonderer Erwähnung wert ist R. Garrigou-Lagrange, La providence et la confiance en Dieu, Paris 1932. Garrigou-Lagrange stellt sich aus thomanischer Perspektive den Problemen im Lehrstück der Vorsehung in umfassender Weise. Auf Herausforderungen der Zeit, wie die Frage nach der Finalität im Naturgeschehen, geht er ebenso ein wie auf die Meister des geistlichen Lebens. Aus

dem englischsprachigen Raum sei – in Auswahl! – auf W. G. Pollard, Zufall und Vorsehung. Wissenschaftliche Forschung und göttliches Wirken, München 1960 und G. Harkness, The Providence of God, New York-Nashville 1960 verwiesen. B. W. Farley, The Providence of God, New York 1990 bringt einen Überblick zum Thema der Vorsehung von den griechischen Schriftstellern bis hinauf zur Gegenwart. Er geht dabei von einem reformierten Standpunkt aus, näherhin dem Calvins »as a sort of guiding norm« (ebd., 11). Das mangelnde Problembewusstsein hinsichtlich der calvinischen Vorsehungs- und Prädestinationslehre mindert den Wert dieser Arbeit jedoch beträchtlich. An die Adresse von Luther und Zwingli richtet er den Vorwurf, Elemente des Determinismus in ihre Lehren von Gottes Vorsehung eingebaut zu haben, während Calvin es gelungen sei, dies zu vermeiden (vgl. ebd., 231); überhaupt sei Calvins Theologie weit weniger deterministisch, als er früher angenommen habe (vgl. ebd., 11). »Calvin's doctrine ... wisely balances God's rule with human accountability« (ebd., 153 f.).

50 Im Nachdruck nach der von J. F. I. Tafel verdeutlichten Fassung der zu Amsterdam 1764 gedruckten lateinischen Urschrift erschien von E. Swedenborg, Die Weisheit der Engel betreffend die göttliche Vorsehung, Zürich ⁴1963. Das Werk ist nur mühsam zu lesen; auch bei öfterer Lektüre ergeben viele verschachtelte Sätze der holprigen Übersetzung keinen Sinn. Ähnlich ist es bei K. Ballmer, Der Macher bin ich, den Schöpfer empfange ich, Besazio 1967. Nicht nur beim Titel dieser Veröffentlichung versucht man vergebens, einen Sinn zu entdecken. Nicht mehr erreichbar war die Vortragsniederschrift von H. Wolff, Die Vorsehung Gottes und das Schicksal des Menschen, Kempten 1988. Die Titel der anderen Veröffentlichungen von Wolff weisen in eine esoterische Richtung.

Die folgenden Schriften beziehen sich alle auf die Anthroposophie Rudolf Steiners. Von Steiner selbst stammt: Zufall, Notwendigkeit und Vorsehung. Imaginative Erkenntnis und Vorgänge nach dem Tode. Acht Vorträge, gehalten in Dornach zwischen dem 23. August und 6. September 1915 (hg. von H. Huber u. R. Friedenthal), Dornach 1975. Entgegen der Ankündigung im Titel geht er freilich auf die Vorsehung kaum ein. Der Begriff der Vorsehung entsteht nach ihm dann, »wenn das Hereinfließen der geistigen Welt in die Seele erlebt werden kann« (ebd., 8). Nicht selten begegnet man in dem von der Steiner'schen Anthroposophie bestimmten Schrifttum grotesken Entstellungen und Fehldeutungen der christlichen Botschaft. Lauers Interpretation der verschiedenen Geburtsgeschichten und Geschlechtsregister des Matthäus- und Lukasevangeliums als die Andeutung einer völligen geistigen Wiedervereinigung der nördlich-männlichen und der südlich-weiblichen Strömung in der Person Jesu (vgl. Geschichte, Bd. 3, 154) sowie die Aussage, dass das menschliche Denken eine Gabe Luzifers sei (vgl. ebd. 159), belegen dies. A. Schütze, Vom Sinn des Schicksals, Stuttgart 1954 bezieht sich ebenfalls auf die »außerordentlich lichtvollen« (ebd., 20) Gedanken Steiners. Es enthält nicht nur unverhüllten Gnostizismus (Sturz in die Materie; göttlicher Funke; dualistische Prinzipien [vgl. ebd., 55.70.76 f.]) und die Reinkarnationsvorstellung, sondern auch abenteuerliche Umdeutungen der Sakramente, die der Ausbildung des eigenen höheren Ichs dienen, denen aber jeglicher Gnaden- oder Geschenkcharakter abgeht (vgl. ebd., 54.60–68.72–74). Im Kern dieser Ausführungen ist immer wieder der Selbsterlösungsgedanke festzustellen, der mit der Hybris einhergeht: »Die aus unserer Einsicht gewonnene Schicksalsergebenheit ist mehr ... als die kindliche Frömmigkeit dessen, der sein Schicksal aus Gottes Hand empfängt« (ebd., 25).

51 H. Kraushaar, Zufall oder Fügung?, Lahr-Dinglingen 1968, und F. W. Schluckebier, Schicksal oder Gott, Hamburg 1964, waren selbst bei einem Rundlauf durch die deutschen Verzeichnisse und Kataloge nicht auffindbar.

52 Der Aufsatz von P. Hossfeld »Zufall und Vorsehung« in: FZThPh 12 (1965), 259–273, ist hier zu nennen. Hossfeld setzt sich darin u.a. kritisch mit dem Verständnis von Zufall bei N. Hartmann auseinander.

53 M. Büttner, Regiert Gott die Welt? Vorsehung Gottes und Geografie. Studien zur Providentialehre bei Zwingli und Melanchthon, Stuttgart 1975, fällt in diese Sparte. Nach Büttner wurde die protestantische Vorsehungslehre unter der Aufnahme zeitgenössischer geografischer Vorstellungen und Begriffe entfaltet; das geografische Faktenmaterial wurde teleologisch gedeutet. Die Koppelung war derart eng, »dass bei einer Herauslösung der geografischen Vorstellungen und Begriffe das gesamte Lehrgebäude zusammenfällt« (ebd., 58). R. Landau, Die Nähe des Schöpfers. Untersuchungen zur Predigt von der Vorsehung Gottes, Stuttgart 1988, beschränkt sich vornehmlich auf evangelische Prediger um die Jahrhundertwende. M. Hackenbroch, Zeitliche Herrschaft der göttlichen Vorsehung. Gesellschaft und Recht bei Joseph de Maistre, Bonn 1964, geht kaum auf die Vorsehung ein trotz der Nennung im Titel.

54 Man kann zwar in popularisierender Form schreiben, wenn allerdings als Beweis für die Nichtexistenz der Seele angeführt wird, dass beim Tod eines Menschen »nicht der geringste Gewichtsverlust feststellbar« (Mussard, Gott und der Zufall, Bd. II, 83) sei, dann sind die Grenzen des Erträglichen überschritten. Eine weitere Zumutung ist, wenn Mussard das Entstehen von Gut und Böse durch eine »psychische Mutation« zu erklären versucht (vgl. ebd., Bd. III, 67). Für ihn wäre es »nicht sonderlich schade um uns«, wenn wir uns selbst zerstören würden: »Es wären nämlich immer noch unzählige Möglichkeiten vorhanden, dass anderswo im Weltall ein ähnliches Geschlecht sich zu einer höheren Menschheit entwickle« (ebd., Bd. I, 99).

55 Fischer, Zufall, 62.

56 Vgl. ebd., 63.

57 »Vorsicht vor der Vorsehung« heißt der bezeichnende Titel eines Aufsatzes von Pesch. Er weist auf die missbräuchliche Verwendung des Vorsehungsbegriffs im profanen (Hitler) und theologischen (»Kriegspredigten«) Bereich hin; deshalb seine Warnung. In einer Ausgabe von »La Vie Spirituelle«, 44 (1962) sind die Anfragen schon in der Titelangabe der meisten Aufsätze enthalten: M.-A. Couturier, Il a toujours raison?, 9–12; B. Bro, Doit-on être dans l'angoisse en face de la Prédestination?, 40–57; H.-D. Roqueplo, Est-il raisonnable de prier pour la pluie? La science exclurait-elle Dieu?, 58–71; F. Louvel, Peut-on connaître

la volonté de Dieu?, 72–81. Für neuere englischsprachige Arbeiten scheint dies ebenfalls zu gelten: J. Boykin, The Gospel of Coincidence: Is God in Control?, Grand Rapids 1990; J. A. Freeman, God is Not Fair: Coming to Terms with Life's Raw Deals, San Bernardino 1987; D. Tennis, Is God the Only Reliable Father?, Westminster 1985.

58 In seiner katastrophischen Sozialphilosophie sieht er das Ende der Menschheit nahe kommen. Die Gründe dieser Entwicklung lastet er der jüdisch-christlichen Schöpfungsauffassung an, die den Menschen aus seiner Verantwortung für die Welt entlassen habe. Der Glaube an die Vorsehung sei neben der Betonung der Herrschaftsstellung und der Lehre von der Einzigartigkeit des Menschen schuld an der gegenwärtigen Misere. Gefordert sei nach Amery ein neues Ethos einer planetarisch-solidarischen Lebensgemeinschaft, in der allerdings ein transzendenter Sinn des Lebens nicht mehr aufzeigbar sei. Dass der »engagierte Linkskatholik« (Das Ende, 2) Amery das von ihm kritisierte jüdisch-christliche Schöpfungsverständnis gründlich missverstanden hat (Herrschaft bedeutet nicht Ermächtigung zur Willkür!), braucht hier wohl nicht eigens dargelegt zu werden. Bemerkenswert ist, dass man sich immer dann des Christentums besinnt, wenn man einen Schuldigen braucht. Eine sogenannte »wertfreie Wissenschaft« geht bis heute in betonter Emanzipation von christlichen Vorgaben an ihre Aufgabe; es ist kein geringer Widerspruch, wenn man dann die nicht mehr übersehbaren Schäden und Fehlentwicklungen dem christlichen Glauben anlastet, der angeblich dafür verantwortlich sei.

59 Weimers Vortrag »Wodurch kam das Sprechen von Vorsehung und Handeln Gottes in die Krise? Analyse und Deutung des Problemstandes seit der Aufklärung« bei der Dogmatikertagung im Jahr 1987 ist darauf eingegangen. Leider sind Weimers Überlegungen wenig systematisch angelegt. Seine Äußerungen zur Rolle des Gottesvolkes in der Geschichte sind überhaupt nur verständlich aufgrund seiner Mitgliedschaft in der »Integrierten Gemeinde« (vgl. Ruh, Wo und wie, 83). Es hätte dem *christlichen* Verständnis von Erlösung mehr Raum gegeben werden müssen, so interessant die Ausführungen Weimers über das jüdische Verständnis der messianischen Praxis auch sein mögen.

60 Wie immer es der Einzelne sprachlich ausdrückt, stets wird deutlich, dass mit der Lehre der Vorsehung beträchtliche Schwierigkeiten verbunden sind: Scheffczyk spricht von einer großen Spannung und Paradoxität (vgl. Einführung, 95), Harkness von einer »great uneasiness« (The Providence of God, 9), das Neue Glaubensbuch von dornigen Konfliktfragen seit alters her (vgl. Feiner/Vischer, Neues Glaubensbuch, 444), Pesch von einer großen crux (vgl. Vorsicht, 10), Steenberghen von *dem* religiösen Grundproblem schlechthin, von dessen Lösung alle religiösen Verhaltensweisen des Menschen abhängen (vgl. Vorsehung heute, 21), Kasper von ungelösten Aufgaben, über deren Schwierigkeit man sich keiner Täuschung hingeben darf (vgl. Die Gottesfrage, 159), Kern von einer schwierigen Gedankenkonsequenz der Schöpfungsmetaphysik (vgl. Zur theologischen Auslegung, 529), Mayer von einer äußerst schwierigen Problematik (vgl. ER riss, 55).

61 Vgl. zum Folgenden H. Staudinger, »Gottes Allmacht und moderne Welterfahrung. Überlegungen zum Problem der Integration modernen Weltverständnisses und überkommener Offenbarungswahrheiten«, in: FKTh 2 (1986), 120–133.
62 Fischer, Zufall, 13. Ähnlich in seiner Analyse Robinson, der auf die »scientific prowess« (Is Providence, 217) des modernen Menschen abhebt.
63 Die Vorrede Kants zu seiner »Allgemeinen Naturgeschichte und Theorie des Himmels« mag hierfür paradigmatisch sein. Kant versuchte dort die Bildung der Weltkörper und den Ursprung ihrer Bewegungen aus nur mechanistischen Gesetzen herzuleiten (vgl. ebd., 223.236); man soll dort nicht mehr auf Gottes Vorsehung rekurrieren, wo Naturgesetze zur Erklärung genügen. Zur Verdeutlichung bringt er ein Beispiel (vgl. ebd., 225 f.): Hatte man es bisher in tropischen Ländern der Erde immer als einen Beweis der gütigen Vorsehung Gottes betrachtet, dass gerade zur heißesten Zeit Seewinde für eine angenehme Abkühlung sorgen, so ist dies jetzt natürlich erklärbar durch die unterschiedliche Erwärmung von Wasser und Land und die daraus resultierenden Luftströmungen.
64 Frisch, Homo faber, 22. Die folgenden Zitate sind der gleichen Seite entnommen.
65 Vgl. zum Folgenden Fischer, Zufall, 11–13.
66 Ebd., 13.
67 Spinoza, Theologisch-politischer Traktat, 104.
68 Um nicht den Anschein zu erwecken, einem vorwissenschaftlichen Weltbild verhaftet zu sein, wagen viele Pfarrer nicht mehr, in ihren Kirchen um eine gute Witterung für die Ernte zu beten; ist doch das Erntekönnen von chemischen, meteorologischen und klimatologischen Faktoren und Bodenbearbeitungstechniken, also von der Natur und menschlichem Einsatz, abhängig. Gebete um eine gute Witterung scheinen somit einer vergangenen Zeit anzugehören, in der man noch mit direkten Interventionen Gottes für den Menschen rechnete.
69 Pollard, der nach einer bereits erfolgreichen Karriere als Physiker in den geistlichen Dienst trat, zeigt in seiner Schrift »Zufall und Vorsehung. Wissenschaftliche Forschung und göttliches Wirken«, wie schwer es ihm fiel, mit seinem wissenschaftlich gebildeten Verstand sich vorzustellen, wie Gott in dieser Welt tätig sein könne: »Von den verschiedenen Schlüsselelementen des historischen christlichen Glaubens, die dem modernen Verstand Schwierigkeiten bereiten, hat sich keines vom zeitgenössischen Denken so entfernt wie der Begriff der Vorsehung ... Weite Kreise stimmen ganz allgemein der Ansicht zu, dass die eigentliche Idee der Vorsehung heute nicht mehr aufrechtzuerhalten sei« (ebd., 1).
70 Vgl. Ratzinger, Einführung, 33.107.
71 Kasper, Die Gottesfrage, 159. Geiger hat völlig recht, wenn er an die Theologie Pannenbergs, in der Gott nur mehr als tragender Grund der Welt gesehen und die Vorsehung nur noch allgemein und blass beschrieben wird, die Frage stellt: »Dieser ›tragende Grund‹ hat offensichtlich die Rolle der Providenz zugeteilt erhalten, aber vermag er sie zu übernehmen? Vermag er in seiner Anonymität

jenen festen, unmittelbaren Trost zu bieten, den das Vertrauen in die gubernatio Dei [Herrschaft Gottes] einmal vermittelte?« (Providentia Dei, 699).

72 Scheffczyk, Schwerpunkte, 210; vgl. Feiner/Vischer, Neues Glaubensbuch, 444. Die tätige Sorge Gottes umfasst sowohl den geschichtlichen Ablauf wie auch das Naturgeschehen. Schmaus: »Beide Bereiche hängen so eng miteinander zusammen, dass keiner recht gedeihen kann ohne den anderen« (Der Glaube, Bd. III (²1979), 129 f.).

73 Schönborn: »Ist Gott nicht der absolute Urheber der Welt, gerade auch des materiellen Kosmos, dann verliert auch die Verkündigung der Bergpredigt ihr ›Salz‹, ihren konkreten Sinn: dass Gott der *Vater* ist, der für jedes seiner Geschöpfe sorgt, bis ins Kleinste« (Schöpfungskatechese, 109).

74 Vgl. Krötke, Gottes Fürsorge, 244; Pesch, Vorsicht, 18. Langemeyer: »Der so verstandene Glaube an Gott beruft sich nicht mehr auf einen ewigen Plan, der im Voraus den Weltprozess festlegt und auf sein Ziel ausgerichtet hat« (Das Phänomen, 32). Für Trillhaas kann im großen kosmologischen Zusammenhang keine Teleologie mehr zwingend nachgewiesen werden (vgl. Dogmatik, 160). Als ob es je darum gegangen wäre, die Teleologie *zwingend* nachzuweisen! Hier werden falsche Fronten aufgebaut, die nur mühsam die Ablehnung jeglicher Teleologie kaschieren können.

75 Guardini, Freiheit, 268.

76 Johannes Paul II., »Ansprache an die Teilnehmer des 81. Kongresses der italienischen Gesellschaft für Innere Medizin«, in: AAS 72 (1980), 1125–1129, hier 1126.

77 Goethe, Faust, 210 (Zweiter Teil. Zweiter Akt. Szene »Laboratorium« 6868).

78 Scheffczyk, Schwerpunkte, 209.

79 Während bisher in Religion und Philosophie das Bemühen darauf hinausging, das Zufällige von den als primär erlebten Kategorien »Gesetz«, »Notwendigkeit« und »Sinn« her zu verstehen und zu definieren, geht die Tendenz heute dahin, den Zufall und das Sinnwidrige als das zuerst Gegebene zu verstehen (vgl. Langemeyer, Das Phänomen, 25 f.). »Die verunglückten Würfe« sind nach G. Benn »weitaus die Regel«. In der Welt sei eine »prästabilisierte Disharmonie« (Prosa und Szenen, 167) antreffbar.

80 Hemmerle, Glaube, 4.

81 Auer, Die Welt, 121.

2 Der Missbrauch des Begriffs der Vorsehung

1 Turner, Hitler, 272.

2 Wiechert: »Und wenn er <Gott> nicht antwortet, braucht es <das deutsche Volk> vielleicht nicht mit dem zufrieden zu sein, was die Kirche sagt. Denn die Kirche hat zu denen, die in diesen Jahren geopfert haben, nicht immer das Richtige gesagt« (Das einfache Leben, 618). Spöttisch fragt der Heimkehrer Beckmann bei Borchert: »Hat Gott auch Theologie studiert? ... Geh weg, ich sehe, du bist nur ein weinerlicher Theologe. Du drehst die Sätze um ... Ach geh

weg, du bist ein tintenblütiger Theologe ... Hast du zu viel Tinte im Blut, Gott, zu viel dünne Theologentinte?« (Draußen, 148f.).
3   Borchert, Draußen, 149.
4   Es wird Bezug genommen auf die 5. Auflage des Jahres 1905. Vor dem Krieg kam aber noch die 12. und danach (1923) die 13.–16. Auflage (hg. v. F. Ehrenborg) heraus. Lehmkuhl ist nicht der Verfasser. Das Buch enthält in der »ersten Abteilung« (9–89) eine Übersetzung eines französischen Textes des Jahres 1844 (vgl. dazu das Vorwort, 5), in der zweiten (90–144) Auszüge aus drei Predigten von C. de la Colombière SJ und in der dritten bzw. im Anhang (145–160) die Tagzeiten nebst einer Litanei von der göttlichen Vorsehung. Es fällt manchmal schwer zu glauben, dass sich Colombière so ausgedrückt hat, wie es bei Lehmkuhl wiedergegeben wurde. Es wäre eine eigene textkritische Aufgabe zu überprüfen, ob die von Lehmkuhl herausgegebene Übersetzung den Originaltext des Seligen trifft. Dieser Frage wurde nicht nachgegangen, denn der Text hat so, wie er vorliegt, seine Wirkungsgeschichte gehabt.
5   Vgl. Gesamtverzeichnis, Bd. 139, 690.
6   Wenn man noch weiter zurückgeht (vgl. Gesamtverzeichnis des deutschsprachigen Schrifttums 1700–1910, Bd. 152, 512f.) wird gar nur auf die verschiedenen Ausgaben verwiesen der Schrift von J. C. F. Burk, Vorsehung und Menschenschicksale oder Preis der Weisheit und Liebe Gottes in der besonderen Lebensführung einzelner Menschen. Eine Auswahl geschichtlicher Thatsachen, Stuttgart ²1841. Im nächsten Kapitel wird kurz darauf Bezug genommen.
7   Alle Leiden, »welche Gott uns schickt« (Lehmkuhl, Die göttliche Vorsehung, 94; vgl. 108.113), würden uns zum Besten gereichen. Die kleinen Widerwärtigkeiten des Lebens solle man annehmen »*als von seiner Vorsehung angeordnet*« (ebd., 106). Gott ist es, »der mir den Kelch der Bitterkeit bereitet und darbietet« (ebd., 113). Für alle Seelenleiden im geistigen Leben gilt: »Welcher Ursache man sie auch zuschreibt, immer muss man Gott als den ersten Urheber derselben ansehen« (ebd., 70). Ähnlich in der Grundaussage: Heinrich, Dogmatische Theologie, Bd. 5, 316f.; Spirago, Katholischer Volks-Katechismus, 87–89.
8   Vgl. Lehmkuhl, Die göttliche Vorsehung, 104. Nur der Natur nach würde der Mensch Schmerz empfinden, das Leiden würde aber die Ruhe der Seele nicht trüben (vgl. ebd., 30).
9   »Kind der Vorsehung, unschuldiges Opfer! Gott würde dich wenig geliebt haben, wenn er dich erhört hätte« (ebd., 114).
10 Ebd., 117.
11 Vgl. 10.2.2.
12 Ein Priester hatte die harte Aufgabe übernommen, in der Kirche die Namen der Gefallenen der Gemeinde bekannt zu machen (vgl. Dederichs, Der Krieg, 8). Viermal hintereinander las er mit tränenerstickter Stimme den gleichen Familiennamen vor. Eine Mutter hatte ihre vier Söhne verloren! Zwei Tage später war für sie das Requiem; sie war an gebrochenem Herzen gestorben.
13 Vgl. Borchert, Draußen, 104f.
14 Grün, Gespräche, 14.

15 Wiechert, Das einfache Leben, 577 f.
16 Ebd., 578.
17 Ebd., 618.
18 Ebd., 619.
19 Wiechert, Der Totenwald, 275.
20 »Sie haben uns verraten. So furchtbar verraten ... Und keiner hat uns gesagt, wo wir hingingen. Keiner hat uns gesagt, ihr geht in die Hölle. Oh nein, keiner. Sie haben Marschmusik gemacht und Langemarckfeiern« (Borchert, Draußen, 157 f.).
21 Borchert, Generation, 59.
22 Borchert, Das ist unser Manifest, 313.
23 Nach Borcherts Einschätzung will dieses Stück »kein Theater spielen und kein Publikum sehen« (diese Feststellung hat er »Draußen vor der Tür« vorangestellt). Bei der hier verwendeten Ausgabe (1974) lag es im 335. Tausend vor.
24 Borchert, Draußen, 104.
25 Ebd., 148.
26 Ebd., 149.
27 Borchert, Das ist unser Manifest, 313.
28 Für den Ersten Weltkrieg ist es der 6. Band, 2. Hälfte (1806–1808), für den Zweiten der 27. (1279 f.). S. M. Saier, Die Wege der Vorsehung. Trostgedanken für Zeiten der Heimsuchung, Innsbruck 1917 äußert sich kaum zur Kriegsfrage; er wurde deshalb nicht berücksichtigt. Zwei Schriften waren im gesamten deutschen Leihverkehr nicht mehr erhältlich: O. Büttner, Die Vorsehung Gottes im Kriege, Berlin 1916; Volksverein (Hg.), Göttliche Vorsehung im Weltkrieg, Mönchengladbach 1918. Bei der Literaturauswahl zu diesem Kapitel wurden nur solche Publikationen herangezogen, die sich ausdrücklich auf die Vorsehung in der Titelangabe beziehen. Es ist aber anzunehmen, dass die genannte Thematik auch unter anderen Bezeichnungen angegangen wurde. Es war nicht intendiert, eine umfassende Aufarbeitung der Vorsehungsliteratur der Weltkriege zu bieten. In den eingesehenen Schriften treten grundsätzliche Linien hervor, von denen begründet angenommen werden kann, dass sie durch ein umfassenderes Quellenstudium noch verfeinert, aber nicht gänzlich verändert werden würden.
29 Über die übliche Zitationsweise hinaus wird die Position in der Hierarchie und die Konfessionszugehörigkeit angegeben, da diese Angaben von Relevanz sind: J. Beck, Weltkrieg und Vorsehung. Ein Gespräch, Köln-Mainz 1918 (kath. Professor).

W. Dederichs, Der Krieg im Lichte der Vorsehung, Paderborn 1914 (kath. Kaplan).

K. Delbrück, Göttliche Vorsehung oder Zufall im gegenwärtigen Kriege?, Halle 1915 (ev. Pfarrer).

G. Eßer, Krieg und göttliche Vorsehung, Hamm 1915 (Professor für kath. Dogmatik).

M. Gatterer, Gottes Vorsehung und der Krieg, Kalksburg 1916 (Jesuit).

J. C. Gspann, Blutiger Weltkrieg und gütige Vorsehung, Regensburg 1915 (Professor für kath. Dogmatik).

F. v. Hartmann, Die göttliche Vorsehung. Hirtenbrief, Köln 1915 (Kardinal und Erzbischof von Köln).

Ph. Horbach, Gebet und Vorsehung in Kriegsnot oder: Wie verträgt sich der Glaube an die Erhörbarkeit des Gebetes mit dem Glauben an die göttliche Vorsehung? (= Näher, mein Gott zu dir 3), Hamburg 1914 (ev. Pfarrer).

A. Huber, Die göttliche Vorsehung (= Die Kreuzesfahne im Völkerkrieg 9), Freiburg ²1915 (Diözesanpräses und Dompräbendar).

C. Schreiber, Der Krieg und die Vorsehung Gottes. Feldpostbrief an unsere Soldaten und die Daheimgebliebenen, Fulda 1915 (kath. Professor).

30 Vgl. Dederichs, Der Krieg, 5–7.9; Delbrück, Göttliche Vorsehung, 5; Eßer, Krieg, 139.144; Gatterer, Gottes Vorsehung, 5.19; Gspann, Blutiger Weltkrieg, 10.28; Hartmann, Die göttliche Vorsehung, 4; Horbach, Gebet, 5f.; Huber, Die göttliche Vorsehung, 99f.108; Schreiber, Der Weltkrieg, 2f.

31 Gatterer spricht in diesem Jahr immer wieder in fast schon gequält anmutender Weise vom schrecklichen Krieg und wann dieser endlich aufhöre (vgl. Gottes Vorsehung, 5.14.19.26.29.33).

32 Dederichs: »Unser Volk – an der Spitze sein Friedenskaiser – wollte stets nur den *Frieden* ... Nur notgedrungen, schmählichst hintergangen und meuchlings wie von Wegelagerern überfallen, hat der Kaiser zum Schwerte gegriffen. Nun aber, sagte er selber, ›wollen wir sie auch gründlich dreschen‹!« (Der Krieg, 9.36). Kardinal Hartmann: »Der Ruf unseres Kaisers, mit dem er sein Volk aufrief zu einem Kampfe gegen eine Welt von Feinden – zu einem Kampfe, in den er reinen Gewissens zog, der Gerechtigkeit unserer Sache vor Gott gewiss: War dieser Ruf nicht ein Ruf der göttlichen Vorsehung für uns alle? ... Mit Gott in den aufgezwungenen Kampf« (Die göttliche Vorsehung, 12). Horbach: »Denn ist je ein Krieg in der Welt geführt worden, den ein Volk und sein Fürst vor Gott verantworten konnten, so ist es dieser Notwehrkrieg, den wir Deutsche führen müssen« (Gebet, 19). Gspann: »Der gegenwärtige Krieg ist für uns Österreicher und Deutsche eine heilige Mission, für unsere Gegner ein ganz schauerliches Strafgericht« (Blutiger Weltkrieg, 41). Ähnlich Eßer, Krieg, 140.149; Gatterer, Gottes Vorsehung, 37; Schreiber, Der Weltkrieg, 6. Am zurückhaltendsten urteilt noch Huber, Die göttliche Vorsehung, 100f.

33 Vgl. Eßer, Krieg, 145.147.157.

34 Bei Dederichs klingen rassistische Untertöne an: Bei einem deutschen Sieg sei mit einer »Verdrängung der unchristlichen wilden Turkos, Zuaven, Japaner, Indier usw.« zu rechnen (Der Krieg, 33). Der Soldat müsse sich zwar jeglichen persönlichen Hasses gegen den Feind enthalten, trotzdem gilt aber für Horbach: »Nicht scharf genug kann Englands Treulosigkeit, Hinterlist und Heuchelei verurteilt und verabscheut werden« (Gebet, 22). Ganz und gar nicht unchristlich sei das »deutsche Ungestüm«, der furor teutonicus: »Das ungestüm-wilde und todesmutige ›Hurra!‹ beim deutschen Bajonettangriff lässt den Feind so erzittern und beben, dass er nicht standhalten kann« (ebd., 22 f.). Beim »pflicht-

mäßigen Töten, das als Notwehr erfolgt«, hätten die tapferen Krieger machtvoll den Gesang »Deutschland, Deutschland über alles« (ebd., 23) ertönen lassen. Delbrück macht die Einkreisungspolitik des englischen Königs Eduard, »die politischen Schachzüge Greys, die Habsucht Englands, die Rachegedanken Frankreichs, ... die Ausdehnungsgelüste Russlands« (Gottes Vorsehung, 10f.) für den Ausbruch des Krieges verantwortlich. Kaum mehr überbietbar ist Gspann: »Der Engländer von heute ist wortkarg, mürrisch, materialistisch ... England ist, als Nation betrachtet, das perfideste Volk der Erde ... Frankreich ist das Land der Revolutionen, der Riesenskandale und der Sittenlosigkeit ... Russland und tyrannischer Despotismus sind ein und dasselbe« (Blutiger Weltkrieg, 50–53).

Die radikalen Umdeutungen und Verfälschungen des christlichen Glaubens hat W. Pressel, Die Kriegspredigt 1914–1918 in der evangelischen Kirche Deutschlands, Göttingen 1967, aufgezeigt. Es gab so gut wie keine theologische Aussage, die nicht auf den Krieg hin »aktualisiert« wurde: Der Enthusiasmus des Kriegsbeginns wurde als neues pfingstliches Ereignis, als Mobilmachung durch den Heiligen Geist verstanden, der Erwählungsgedanke in säkularisierter Weise auf das deutsche Volk angewandt, die paulinische Gegenüberstellung von »Geist« und »Fleisch« als Überlegenheit des deutschen Geistes und fleischliche Gesinnung des militärischen Gegners ausgelegt, der Glaube als psychische Energie, als rückhaltlose Bereitschaft für Kraftleistungen und Opfer interpretiert und die Eschatologie einer radikalen Verfälschung unterzogen. Der Missbrauch der Kanzel zur politischen Propaganda war so offensichtlich, dass er sogar in Versailles von den alliierten Politikern zur Sprache gebracht wurde (vgl. Kaehler, Neuere Geschichtslegenden, 310). Wie brisant die Forschungsergebnisse Pressels sind, zeigt sich darin, dass der evangelische Bischof O. Dibelius im Brief vom 29.8.1962 Pressel das Recht absprach, die Kriegspredigten jener Zeit zu kritisieren (vgl. Pressel, Die Kriegspredigt, 337). Dieser ließ sich jedoch nicht davon beirren und veröffentlichte sie. Der Missbrauch der kirchlichen Verkündigung für politische Agitation blieb für die evangelische Kirche, wie Wischmann in seinen Lebenserinnerungen darlegt, nicht folgenlos. Nach dem Krieg lichteten sich selbst auf dem Land die Reihen der Gottesdienstbesucher beträchtlich. Die Menschen spürten, dass man sie in die Irre geführt hatte; das rächte sich nun (vgl. Wischmann, Führung, 18). In der Theologie entwickelte Barth als Gegenreaktion auf die Vereinnahmung Gottes durch fragwürdige Identifizierungen seines Willens mit konkreten Geschichtsereignissen einen Transzendenztheismus, bei dem Gott radikal vom Weltgeschehen abgehoben gedacht wurde.

35 Vgl. Dederichs, Der Krieg, 11–20; Eßer, Krieg, 159; Gatterer, Gottes Vorsehung, 25; Gspann, Blutiger Weltkrieg, 43–48; Huber, Die göttliche Vorsehung, 102; Schreiber, Der Weltkrieg, 11.
36 Vgl. Dederichs, Der Krieg (dort besonders das 3. Kapitel »Der Krieg ein Erwecker«, 21–34); Delbrück, Göttliche Vorsehung, 27f.; Eßer, Krieg, 153f.159f.; Gatterer, Gottes Vorsehung, 24f.29f.34; Gspann, Blutiger Weltkrieg, 33–40;

Hartmann, Die göttliche Vorsehung, 12; Horbach, Gebet, 21; Huber, Die göttliche Vorsehung, 99.103.108–116; Schreiber, Der Weltkrieg, 5.12f.
37 Vgl. Gatterer, Gottes Vorsehung, 31; Gspann, Blutiger Weltkrieg, 18f.; Hartmann, Die göttliche Vorsehung, 10; Schreiber, Der Weltkrieg, 8.
38 Dederichs, Der Krieg, 38.
39 Delbrück: »In der Gewissheit der Gerechtigkeit unserer Sache bauen wir in Bitte und Gebet darauf, dass Gott in seiner Vorsehung uns helfen werde« (Göttliche Vorsehung, 29). Auf die Frage, ob es nicht angemessener sei, um den allgemeinen Frieden zu beten, antwortet Dederichs so: »Gewiss! Aber auch zugleich um *unseren* Sieg« (Der Krieg, 32). Ähnlich Horbach, der mit dem Gebet des Kriegers für den Sieg überhaupt keine Schwierigkeiten hat, sofern sich der Soldat nur um ein sittlich gutes Leben müht (vgl. Gebet, 19–25). Selbst wenn alles zunächst natürliche Ursachen habe, so ist es doch Gott, der diese aneinanderfügt. Deshalb ist es letztlich sein Wille, wer Sieger oder Verlierer ist. Huber: »Darum beten wir zu ihm um den Sieg unserer Waffen« (Die göttliche Vorsehung, 104).
40 Vgl. Schreiber, Der Weltkrieg, 4f.9f. Er geht auf die richtige Zuordnung von Zeit und Ewigkeit, Freiheitsentscheidungen des Menschen und das Gottesbild ein.
41 Beck, Weltkrieg und Vorsehung, 3.
42 Er nennt den Krieg einen von den Staatsoberhäuptern organisierten Menschenmord, eine Menschenschlächterei. »Leute, die einander nie etwas zuleide getan haben, müssen sich gegenseitig totschießen – und die ›liebevolle göttliche Vorsehung‹ lässt das geschehen« (ebd., 4).
43 Gott ist kein Polizeidirektor, der nach Art des Zeus seine Donnerkeile bei Unrecht schleudert. Beck verweist auf den Selbstwiderspruch jener, »die sich heiser schreien nach Demokratie, Autonomie, Freiheit« (ebd., 9), welche aber die Ersten sind, die nach dem intervenierenden Polizistengott rufen, sobald Leid über sie kommt.
44 Ebd., 11.
45 Der Student nimmt sich vor, seinen »Kanisi« wieder zu studieren und die Sakramente zu empfangen (vgl. ebd., 19f.).
46 Aus der Literaturangabe des Deutschen Bücherverzeichnisses (vgl. Bd. 27, 1279f.) ist ersichtlich, dass von den sehr wenigen überhaupt infrage kommenden Veröffentlichungen die meisten erst nach 1945 erschienen sind und keine einzige im Titel die Vorsehung auch nur erwähnt (Hophans »Vorsehung« und Schneiders »Gott am Steuer. Ein Büchlein von der göttlichen Vorsehung« sind im Deutschen Bücherverzeichnis nicht aufgeführt). Einzelne Stichproben zur Literatur während des Krieges, die von der Titelangabe interessant hätten sein können, ergaben, dass hier nationalsozialistisches Gedankengut propagiert wird. Zwei Beispiele hierfür sind R. Jordan, Vom Sinn dieses Krieges, Berlin 1941, und K. Eggers, Vom mutigen Leben und tapferen Sterben, Oldenburg 1942. Die Schrift von R. Schneider, Der Mensch vor dem Gericht der Geschichte, Augsburg <1945>, steht noch ganz unter dem unmittelbaren Eindruck

einer aus den Ufern getretenen Geschichte. Seine geschichtsphilosophischen Ausführungen über die tödliche Kurve dieser Jahre sind tief und wertvoll, aber wenig ergiebig zur Vorsehungsthematik.

47 Im genannten Bücherverzeichnis füllen die Literaturangaben insgesamt gerade eine Seite, während im Ersten Weltkrieg schätzungsweise dreimal mehr dazu geschrieben wurde. R. Peschs Meinung, dass während des Zweiten Weltkriegs zahlreiche Bücher und Broschüren zum Thema der Vorsehung erschienen seien (vgl. Vorsicht, 7), kann nicht bestätigt werden.

48 J. Freundorfer, Vorsehung, Leid und Krieg. Biblische Gedanken, Würzburg 1940 (kath. Professor für Exegese).

O. Hophan, Vorsehung, Chur 1943 (Kapuziner).

H. Schneider, Gott am Steuer. Ein Büchlein von der göttlichen Vorsehung, Speyer 1940 (Jesuit).

49 Gegen Pesch, Vorsicht, 7.

50 Freundorfer verweist darauf, dass die Geschichte der Völker eine Geschichte der Kriege sei. »Das ist so sehr das Bild und der Weg der Völkergeschichte, dass es Menschen gab, die sagten, dass der Krieg wie eine Naturnotwendigkeit sei, die im Leben der Völker immer wieder hereinbricht« (Vorsehung, 52). Beim Gauleiter und Reichsstatthalter Jordan heißt es: »Als Nationalsozialisten glauben wir an die Gesetzmäßigkeit des geschichtlichen Geschehens und wissen deshalb zutiefst um die Notwendigkeit dieses gegenwärtigen Kampfes« (Vom Sinn, 3).

51 Freundorfer, Vorsehung, 61. Zudem werden biblische Stellen in unguter Weise auf das Kriegsgeschehen hin »aktualisiert« (vgl. ebd., 62). Gegen solche Verfälschungen, besonders des Christusbildes, hatte sich Eßer schon 1915 verwahrt: »Und die größte dieser Persönlichkeiten ... war nicht ein Kriegsheld, sondern Einer, der sanftmütig und demütig von Herzen war und am Kreuze starb« (Krieg, 143).

52 Vgl. Hophan, Vorsehung, 33.38.52.146.

53 Vgl. ebd., 148f.

54 Vgl. ebd., 85.

55 Grün, Gespräche, 7.

56 Hier fallen Namen wie M. Planck, P. Jordan, H. Konrad-Martius und O. Kuhn.

57 »Dennoch glaube ich, dies Buch mit meinem Blute geschrieben zu haben, durchschauert von der Unverständlichkeit göttlicher Fügungen und der erdrückenden Schwere menschlicher Schicksale. Mit so vielen Verzweifelnden habe ich um Gott gerungen, geweint und geschwiegen, dass die Liebe des Mitleids mich krank machte und bang vor jeder neuen Begegnung« (ebd., 6f.; vgl. auch die quälenden Fragen auf S. 38).

58 Ebd., 53.

59 »Oder haben wir Deutsche die Frage nach der göttlichen Vorsehung damals schon gestellt, als den Juden, den Polen, den Franzosen geschah, was in der Folgezeit über uns gekommen ist?« (ebd., 26).

60 Ebd., 47.

61 Ebd., 51.
62 »Ganz Deutschland betete im Ersten Weltkrieg um seinen Beistand: Er hörte nicht, er ging seinen Gang, er gab die Deutschen ohne Erbarmen in die Hand ihrer Feinde ... Was haben in diesem Kriege <1939–1945> arme, gequälte Seelen auf der ganzen Erde in ihrem unsagbaren Jammer zu Ihm geschrien! – Er hat sie nicht erhört, er hat sie ohne Erbarmen vernichtet und dem Verderben überliefert ... Was folgt daraus für jeden, der Gott, der die Wirklichkeit ernst nimmt? Ich denke, das Eine: Gott hört auf unser Flehen nicht, Gott bleibt stumm ... In diesem Leben müssen wir allein weiter. Es ist, als wäre er nicht da ... Das eisige Schweigen Gottes war in den letzten Jahrzehnten für jeden, der zu sehen vermochte, gewissermaßen mit den Händen zu greifen ... Warum reden die christlichen Theologen nicht unablässig von diesem einen? – Es ist, nach diesem Krieg, das einzige theologische Problem überhaupt: Warum schwieg dieser Gott der Liebe?« (Engel, Die Ferne Gottes, 38f.43).
63 Fries, Ernst Wiechert, 397.
64 Grün, Gespräche, 348.
65 Fischer, Zufall, 48.
66 Vgl. F. Heer, Der Glaube des Adolf Hitler. Anatomie einer politischen Religiosität, München-Esslingen 1968. Hitler sorgte für »Berührungsreliquien«, indem er als der »oberste Hierarch ... die neuen Fahnen und Standarten der SA und SS durch Berühren mit der ›Blutfahne‹, die angeblich mit dem Blut der Märtyrer von 1923 getränkt ist« (ebd., 265), weihte. In der Kultstätte zu Pasewalk in Pommern, wo Hitler 1918 mit einer Augenverletzung im Kriegslazarett lag, ist ein Soldat wie der heilige Georg dargestellt, der auf einem Drachen steht und diesen tötet.
67 Grün, Gespräche, 187f.
68 Bouhler, Der großdeutsche Freiheitskampf, 274. Die dazugehörenden zahlreichen Seitenangaben wurden hier weggelassen.
69 Vgl. zum Folgenden ebd., 108.113.199.226.
70 Ebd., 107.
71 Ebd., 17.
72 »Napoleon war von der ihn leitenden Schicksalsmacht so überzeugt, dass er sich furchtlos in den dichtesten Kugelregen der Schlacht hineinstürzte und sich versucht fühlte, vor einen heranbrausenden Wagen zu springen, um sein Glück zu erproben. Im Jahr 1812 sagte er: ›Ich fühle mich gegen ein Ziel getrieben, das ich nicht kenne. Sobald ich es erreicht haben werde, wird ein Atom genügen, mich zu zerschmettern. Bis dahin werden alle menschlichen Kräfte nichts gegen mich vermögen.‹« (Stakemeier, Schicksal, 141).
73 Turner als Herausgeber der Wagener'schen Aufzeichnungen bescheinigt diesem im Vorwort, ein weit überdurchschnittliches Gedächtnis zu haben mit einem Hang für Details (vgl. Hitler, IX). Obwohl es sich eindeutig um Berichte eines Augen- und Ohrenzeugen handelt, gilt es zu beachten, dass die Hitler zugeschriebenen Äußerungen nicht als wörtliche Zitate anzusehen sind (vgl. ebd., VII). »Bei der Abfassung der Aufzeichnungen ließ sich Wagener oft durch sein

Streben nach Ausführlichkeit zu einer unerreichbaren Exaktheit verleiten« (ebd., IX).
74 Ebd., 272.
75 Ebd., 269.
76 Ebd., 270.
77 Vgl. ebd., 272.
78 Vgl. Bouhler, Der großdeutsche Freiheitskampf, 74.224.
79 Der Kern des Vorsehungsglaubens wurde durch Hitler sozusagen ausgetauscht (vgl. Unkel, Theologische Horizonte, 249–252): Statt des demütigen Hinhörens auf den Willen Gottes ist bei ihm subjektive wahnwitzige Eigenmächtigkeit anzutreffen. Kentenich ordnet deshalb den Nationalsozialismus, aber auch den Marxismus, unter das Stichwort »Geschichtsaktivismus« ein – im Gegensatz zum »Geschichtspassivismus«; beide nehmen aktiv die Gestaltung der Geschichte nach selbst gesetzten Maßstäben in die Hand. So antagonistisch Nationalsozialismus und Marxismus auch sein mögen, gemeinsam ist ihnen ein ungebrochener geschichtlicher Fortschrittsoptimismus, den Freyer so formuliert: »Wir wissen den Plan, wir wissen die Ordnung, in der sich die Geschichte der Menschheit vollenden wird, wir repräsentieren diese Zukunft« (Theorie, 77). Gott hat in diesem Konzept keinen Platz. Er ist im Sinne des Deismus als geschichtsfern zu sehen; »für den faktischen Verlauf der lebendigen Geschichte ist er unwirksam und tot« (Unkel, Theologische Horizonte, 250).
80 Rosenberg wandte sich scharf gegen den »semitischen Fatalismus, der alles Geschehen als unabänderlich anerkennt« (Mythus, 403). Die Idee einer Vorherbestimmung ist für ihn eine wahnwitzige Anschauung, »die den Menschen zum geborenen Sklaven herabdemütigte« (ebd., 395). Auf das wirklich faustische »Allein ich will!« kommt es ihm an. Er sieht es verwirklicht in den urältesten germanischen Sagen und Liedern, wie dem Hildebrandslied. Ausgerechnet an der Gestalt Jesu leitet er seine Definition der absoluten Persönlichkeit ab, »die ... frei ihrem eigenen Gesetz nach lebt, als Herr über die Person« (ebd., 396). Das Vertrauen schlichtgläubiger Menschen auf Gott, den Vater, sei wesensgleich mit dem von ihm aufgezeigten Schicksalsbegriff (vgl. ebd., 398, Anm. mit dem Stern).
81 Pius XI., »Flagranti cura«, in: AAS 29 (1937), 157.
82 Ebd., 151.
83 Ebd., 148. Der »widerliche Hochmut dieser Neuerer« (ebd., 157) wurde angeprangert; es sei ein »Wahnversuch«, Gott »in die blutmäßige Enge einer einzelnen Rasse einkerkern zu wollen« (ebd., 149).
84 Im Januar des gleichen Jahres erhielt Guardini vom Kultusministerium Lehrverbot. Ein Mann seines Formates war mit dem Totalanspruch nationalsozialistischer Weltanschauung nicht mehr zu vereinbaren.
85 Guardini, Was Jesus, 5.
86 Ebd., 6.
87 Ebd. Zehn Jahre später hat Guardini seine Ausführungen wieder veröffentlicht unter dem Titel »Glaubenserkenntnis. Versuche zur Unterscheidung und Ver-

tiefung« (Würzburg 1949; als Taschenbuch hat es der Herder-Verlag 1983 neu herausgegeben) – interessanterweise aber in veränderter Form. Während die meisten Passagen sprachlich nur leicht überarbeitet, inhaltlich aber nicht verändert wurden, hat er bei den Aussagen über das Sendungsgefühl großer Persönlichkeiten, aus denen die obigen Zitate entnommen wurden, fast eine ganze Seite gestrichen (vgl. S. 5f. von 1939 und S. 69 in der Ausgabe von 1983). Offensichtlich waren sie ihm zu stark zeitgebunden. Damit wird aber auch in letzter Klarheit deutlich, dass sie gegen Hitler gemünzt waren.
88 Guardini, Freiheit, 211, Anm. 1.
89 Stakemeier, Über Schicksal, 142. Ähnlich R. Schneider: »Hier handelte ein andrer durch den, der zu führen glaubte, und über ihn hinweg. Wir sehen keine Auskunft als in dem Schriftwort: ›Das hat der Feind getan‹« (Der Mensch, 17).
90 Die Warnung Langemeyers, dass »aller religiöse Fanatismus mit seinen unmenschlichen Folgeerscheinungen … auf einer absoluten Identifizierung des Willens Gottes mit bestimmten Einzelerfahrungen« (Das Phänomen, 38) und, so darf man hinzufügen, Geschichtsdeutungen beruht, bleibt stets aktuell.

3 Exemplarische Verdeutlichungen gelebten Vorsehungsglaubens

1 Sadunaite, Geborgen, 30.
2 Franziskus hatte öfters durch willkürliches Aufschlagen der Heiligen Schrift entscheidende Impulse für die Verwirklichung seines Werkes erhalten (vgl. Karrer, Franz, 388–391). Was er dort las, versuchte er wortwörtlich, sine glossa [ohne Hinzufügungen oder Veränderungen], umzusetzen. Das franziskanische Armutsideal macht die Minderbrüder von vornherein in besonderer Weise vom Wirken der Vorsehung abhängig. Nach den »Fioretti«, einer Quelle über das Leben des Heiligen von Assisi, hatte Franziskus bei dem sogenannten Mattenkapitel den 5000 Brüdern im Gehorsam befohlen, sich um keine Nahrungsmittel oder sonstigen Lebensunterhalt zu sorgen. Der heilige Dominikus, der ebenfalls anwesend war, hielt diese Anordnung für unklug: »Dies werde für so viele zu Unbekömmlichkeiten führen« (ebd., 391). Als er jedoch sah, dass die Leute der umliegenden Ortschaften die Brüder mit allem Notwendigen versahen, erkannte er »darin wahrhaft das Werk der göttlichen Vorsehung« (ebd.) und entschuldigte sich bei Franziskus für seinen Kleinglauben.
3 Sein Leben ist eine einzige Kette von Fügungen der Vorsehung (vgl. Balle-Metzger, Don Johannes Bosco, 17–26: Der Mann der Vorsehung). Immer wieder wurden seine leibliche Unversehrtheit und der Fortbestand seiner zahlreichen Gründungen durch außerordentliche Interventionen der Vorsehung sichergestellt. Mehrfach schützte ein mysteriöser großer grauer Hund das Leben des Heiligen (vgl. Bernhart, Heilige und Tiere, 202–218). Bis zum Tod Don Boscos im Jahr 1888 zählte die Kongregation der Salesianer etwa 250 Niederlassungen in Europa und Amerika. Mehr als 6000 (!) Priester sind schon zu Lebzeiten des Heiligen aus seinen Oratorien hervorgegangen. Angesichts solcher Zahlen muss es erschrecken, wenn ein ehemaliger Zögling Don Boscos,

der heilige Dominikus Savio, diesem in einem Traumgesicht des Jahres 1876 erscheint und ihm sagt: »In der Vergangenheit hat deine Kongregation schon viel Gutes getan. Sehr viele Jugendliche wurden gerettet. Es wären aber noch viel mehr gewesen, wenn du mehr Glauben und Vertrauen auf den Herrn gehabt hättest« (Bosco, Dominikus Savio, 114–119, hier 117). »Wenn das mit dem grünen Holz geschieht, was wird dann erst mit dem dürren werden?« (Lk 23,31).

4 In dem von Artz herausgegebenen Newman-Lexikon wird man unter dem Stichwort »Vorsehung« in reicher Fülle fündig (vgl. ebd., 1136–1139). Newman erhielt eine ganze Reihe von Zeichen und durfte Zeiten seltener Fügungen erleben. In einem eindrucksvollen Gebet, das er während einer schweren Krankheit niederschrieb, heißt es: »Ich habe nicht nötig, an Deine Vorsehung zu glauben, denn eine lange Erfahrung erzählt mir von Deiner Fürsorge für mich. Jahr für Jahr hast Du mich geleitet, hast mir alle Gefahren aus dem Wege geräumt, hast mich geheilt, gestärkt und erfrischt, mich ertragen, geführt und gestützt« (Newman, Betrachtungen, 225). Mit dem Problem der scheinbaren Abwesenheit Gottes und der Frage nach dem Bösen in der Welt hat er sich, wie die vielen Verweise bei Artz zeigen, ausführlich beschäftigt (vgl. Newman-Lexikon, 1138 f.).

5 Das soll nicht heißen, dass es etwa in ordensinternen Publikationen solche Veröffentlichungen nicht geben würde. Bei näheren Untersuchungen würde man sicher auf solche stoßen. Sie sind aber nicht durch eine Herausgabe in Buchform zum Thema der Vorsehung einer größeren Öffentlichkeit zugänglich gemacht worden.

6 Beispiele dieser Art sind G. Pasquali, Und Gott sagt basta. Das erschreckende Lebensende bekannter Gottesleugner, Gröbenzell [4]1980; A. M. Weigl, Gott greift ein. 50 erschütternde Beispiele, wie Gott oft augenblicklich Frevler straft, Altötting [4]1981. Das Sprichwort »Womit einer sündigt, damit wird er bestraft« erfährt oftmals eine erschütternde Bestätigung in diesen Erzählungen.

7 Vgl. A. M. Weigl, Wunder des Vertrauens, Altötting [3]1963.

8 Vgl. Mayer, ER riss, 107.

9 In einem Artikel der Frankfurter Zeitung hatte sich Scholz damals zu auffallenden Zufälligkeiten geäußert (vgl. Scholz, Der Zufall, 42). Das Echo muss sehr groß gewesen sein, denn viele berichteten ihm daraufhin von ähnlichen Vorkommnissen in ihrem Leben. Scholz fügte einige davon den von ihm schon genannten hinzu und veröffentlichte sie in dem erwähnten Büchlein. Ein Beispiel daraus: Ein Kunsthändler erwarb ein wertvolles Bild, dessen Herkunft er trotz großer Anstrengungen nicht eruieren konnte. Sein Neffe, der sich mit Scholz an der Suche beteiligt hatte, fand am nächsten Tag einen Abdruck dieses Bildes, als er wahllos aus einer Bibliothek ein Buch herausgriff (vgl. ebd., 35). Scholz macht darauf aufmerksam, dass Hebbel, Goethe, Hamann, Schiller, Jean Paul und Kleist mit ähnlichen Erfahrungen aufwarten können (vgl. ebd., 43–45). Er folgert daraus, dass in positiver wie in negativer Hinsicht eine immaterielle Kraft zwischen aufeinander bezogenen Gegenständen und Personen herrscht

(daher auch der Untertitel seines Buches: »Die Anziehungskraft des Bezüglichen«), welche die Menschen in ihrem Handeln bestimmt, ohne dass es ihnen zu Bewusstsein kommt. In beachtlichem Optimismus meint er, dass die Gesetze dieser Bezüglichkeiten einmal entdeckt werden würden (vgl. ebd., 38). Gegen eine zu rasche Teleologie verwahrt er sich jedoch (vgl. ebd., 11); auch die Vorsehung sollte man seiner Meinung nach nicht bemühen zur Erklärung solcher Phänomene (vgl. ebd., 29).

10 Es wird auf die zweite Auflage Bezug genommen. Dieses später noch öfters aufgelegte, aus protestantischer Sicht geschriebene Buch enthält auf fast 500 Seiten 97 teilweise recht interessante Beispielerzählungen. Selbst wenn bei einigen nicht ganz ersichtlich ist, warum sie aufgenommen wurden (sie wären heute in einer Zeitung unter der Rubrik »Nachrichten aus aller Welt« oder als Berichte über Unfälle zu finden) und andere uns reichlich abgeschmackt vorkommen (vgl. Bsp. 89, 456–458), so lohnt sich die Lektüre doch. Auch hier, wie bei Scholz, ein Beispiel: Auf dem Sklavenmarkt in Livorno erwirbt ein Genueser aus Mitleid einen Türken, obwohl er das Geld dafür kaum aufbringen kann. Er schenkt ihm die Freiheit mit der Bedingung, dass er bei der Rückkehr in seine Heimat einen gefangenen Christen freikaufen soll. Bei der Hochzeitsreise des Genuesen mit seiner Frau wird ihr Schiff von türkischen Piraten aufgebracht. Helle Verzweiflung kommt in ihm auf, als er mitansehen muss, wie seine geliebte Frau von einem jungen Türken gekauft wird. Er selbst wird auch verkauft und zwar an jenen Mann, dem er vor vier Monaten die Freiheit geschenkt hatte! Nur wenig später kann er seine Frau wieder in den Armen halten; war sie doch an den Sohn dieses Mannes veräußert worden, der ihm eben die Freiheit zurückgeschenkt hatte (vgl. ebd., Bsp. 20, 133–137). Ein Zusammentreffen von Zufälligkeiten wird hier deutlich, das wohl kaum mehr als »normal« bezeichnet werden kann.

11 Nach Thomas von Aquin sind im Anschluss an Aristoteles alle Wissenschaften aufeinander bezogen und stehen in einem gegenseitigen Begründungsverhältnis (vgl. Ratzinger, Auf Christus schauen, 34–36). Es gibt nur *eine* Wissenschaft, die allen anderen vorausliegt (daher prima philosophia genannt) und bis an den eigentlichen Grund aller menschlichen Erkenntnis geht. Die anderen Wissenschaften sind folglich »scientiae subalternae«, untergeordnet unter die genannte Grundlagenreflexion. Innerhalb dieser Wissenschaftstheorie sieht Thomas auch die Theologie als »scientia subalterna«, da sie ihre letzten Gründe nicht selbst »sieht« und »beweist«. »Sie ist sozusagen aufgehängt am ›Wissen der Heiligen‹, an ihrer Schau: Diese Schau ist der Bezugspunkt des theologischen Denkens, der seine Rechtmäßigkeit verbürgt. Die Arbeit des Theologen ist in diesem Sinn immer ›sekundär‹, relativ auf die reale Erfahrung der Heiligen hin ... Theologie wird zum leeren intellektuellen Spiel und verliert auch ihren Wissenschaftscharakter ohne den Realismus der Heiligen, ohne ihre Berührung der Wirklichkeit, um die es dabei geht« (ebd., 35 f.).

12 Es wird besonders Bezug genommen auf B. Lejonne, Das Wunder von Turin. Josef Benedikt Cottolengo und das Kleine Haus der göttlichen Vorsehung,

Luzern 1960. Leyonne verwendet als Hauptquelle für seine Arbeit die Heiligsprechungsakten. Auf Cottolengo gehen kurz ein: Egloff, Du gehst, 25–29; Huber, Machtvoll, 169 f.; Schamoni/Besler, Charismatische Heilige, 152–170.
13 Wie Don Bosco entkam er nur knapp Attentaten. Cottolengo hatte die Gabe der Herzensschau. Mit Chiappino, dem Fänger, wie er den Teufel nannte, hatte er es öfters zu tun. Nächtliche Auseinandersetzungen mit ihm äußerten sich in ähnlichen Begleiterscheinungen wie beim heiligen Pfarrer von Ars. Wie diesem reichten ihm nur wenige Stunden Schlaf. Oft fand man das Bett am nächsten Tag unberührt, weil er die ganze Nacht hindurch gebetet hatte. Seine asketische Strenge war beachtlich.
14 Lejonne, Das Wunder, 36.
15 Bei Lejonne ist auf einem ausklappbaren Bild des Jahres 1959 der enorme Gebäudekomplex zu sehen (vgl. ebd., 208 f.). Die Küchen sind so groß wie zwei riesige Bahnhofshallen. Allein die Wäscherei bedeckt einige Hektar Boden.
16 Ebd., 218.
17 Ebd., 171.
18 Ebd., 106.
19 Ebd., 108. Menschlich gesehen kann sein Verhalten oft nur töricht genannt werden, schloss er doch gerade bei finanziellen Engpässen Verträge für neue Häuser ab und nahm eine noch größere Zahl armer Bittsteller in sein Asyl auf. Einmal belegte er aus Platzmangel die Betten von Kranken, die sich bei einem Kuraufenthalt in den Heilbädern von Acqui befanden, mit neu aufgenommenen Armen, ohne dass er wusste, wo er diese später unterbringen sollte.
20 Ebd.
21 Vgl. ebd., 114.
22 »Die Vorsehung kann nicht versagen. Sie stellt mich zuweilen auf die Probe, aber ich lasse mich nicht beirren« (ebd., 154). Trotz aller Bedrängnis war bei Cottolengo nicht das geringste Zeichen eines Misstrauens gegenüber der göttlichen Vorsehung zu finden. Zeigte sich einer seiner Helfer oder ein Hausbewohner in Angst wegen einer Notsituation, so pflegte Cottolengo ihnen eine kleine Buße aufzuerlegen, da sie sich gegen die Hoffnung verfehlt hätten.
23 Ebd., 224.
24 Die hier herangezogene Kleinschrift des Kapuziners B. Egloff, Du gehst nicht allein. Ein Gespräch über die Vorsehung, St. Gallen 1963, stützt sich auf eine Quelle aus erster Hand, den koreanischen Priester Oh Ki Sun (vgl. ebd., 35–50). Dieser war der erste Mitarbeiter Kolbes in Japan.
25 Ebd., 36.
26 1939 betrug die Auflage des »Ritters der Immaculata« eine Million. Die ebenfalls von Kolbe redigierte »Maly Dziennik« (Kleine Zeitung) wurde zur erfolgreichsten Tageszeitung Polens vor dem Krieg. »Die Verbreitung erfolgte so rasch und so massiv, dass die Direktoren der beliebtesten großen Zeitungen bestürzt waren« (ebd., 37).
27 Vgl. ebd., 38.
28 Kolbe wurde von seinem Mitarbeiter Oh Ki Sun oft gefragt, wer denn diese

rätselhafte Frau sei. Darauf deutete Kolbe auf eine Marienstatue oder er meinte: »Auch ich kenne sie nicht, aber die Muttergottes kennt sie« (ebd., 44).
29 Ebd.
30 Ebd., 42.
31 Die Erinnerungen an diese Zeit sind 1985 in dem Buch »Gottes Untergrundkämpferin. Vor Gericht – Erinnerungen – Briefe« erschienen.
32 Eingeflochten darin sind Berichte über das Schicksal ihrer frommen Eltern und Großeltern, Rückblicke auf ihre Jugendzeit sowie Kurzbiografien des deutschen Arztes F. J. Haas, des »Megalomärtyrers« Paulaitis, der 35 Jahre unsagbaren Leidens im Archipel GULAG überlebt hat, des Bischofs Borisevicius, der auf grausame Weise umgebracht wurde, und des Kanonikus Rauda, der aufgedunsen vor Hunger, ohne Zähne und fast erblindet aus dem GULAG heimkehrte. Auf das Zeugnis dieser Menschen kann hier nicht näher eingegangen werden; es soll aber ausdrücklich festgehalten werden, dass sie alle ihre Leiden im Geist der Buße und Stellvertretung annahmen. Paulaitis: »Mit Freuden würde ich noch einmal 35 Jahre in der Hölle des sowjetischen GULAG leiden, wenn dadurch wenigstens in den Herzen einiger junger Litauer die Liebe zu Gott, zur Wahrheit und zur Heimat weiterbrennen würde!« (ebd., 70). Ähnlich Kanonikus Rauda (vgl. ebd., 94).
  Es hätten sich auch andere Schriften angeboten, das Wirken der Vorsehung aufzuzeigen: E. Elliot, Was willst Du mir zeigen? Von der Führung Gottes, Neuhausen-Stuttgart 1990, oder E. Mayer, ER riss mich heraus – Zufall oder Vorsehung? Ein sehr persönliches Büchlein, Metzingen 1985. Beide enthalten eine Fülle von Anregungen. Besonders verwiesen sei aber auf G. Goldmann, Tödliche Schatten – Tröstendes Licht, Bergisch Gladbach <1990>. Diese Schrift eines deutschen Franziskaners ist in fast allen Weltsprachen schon erschienen. Sie zeigt in beeindruckender Weise die Güte der Vorsehung Gottes und die Kraft vertrauenden Gebetes.
33 Sadunaite, Geborgen, 26.
34 Ebd., 42.
35 Ebd., 41.
36 Ebd.
37 »Manche behaupten, ich sei sehr klug. Das stimmt nicht. Gott sucht sich meistens die armseligsten Geschöpfe aus, um seine Pläne zu verwirklichen – solche wie mich. ›Was schwach ist vor der Welt, wählte Gott aus, um das Starke zu beschämen‹, schreibt der hl. Paulus. Ich weiß nur eines: Wer auf Gott vertraut, wird in Ewigkeit nicht enttäuscht werden ... Und ich bitte die heiligste Mutter Gottes, mir zu gewähren, den gütigen Gott mit ihrem unschuldigen Herzen lieben zu dürfen. Das ist meine ganze ›Klugheit‹.« (ebd., 26 f.).
38 Ebd., 26.
39 Ebd., 38.
40 Ebd., 29 f.
41 Vgl. ebd., 42.
42 Ebd., 188, Anm. 5.

43 Guardini, Welt 196. Scheffczyk spricht von Glaubenszeichen, die nur im Lichte des Glaubens aufgehen (vgl. Einführung, 94).
44 Frisch, Homo faber, 164.
45 Ebd., 22; vgl. ebd., 170. Ähnlich mag es bei C. Lindbergh gewesen sein (vgl. Pauleser, An der Hand, 18). In einem Film über seinen ersten Flug über den Atlantik wurde der berühmte Flieger gefragt, ob er an Gott glaube: »Ich glaube an das Schaltbrett!«, war seine Antwort. Als er dann während des Fluges in größte Bedrängnis kam, weil er die Landebahn nicht finden konnte, während der Sprit ausging, rief er aus tiefer Not: »Gott, hilf mir!« Der Glaube an sein Schaltbrett genügte ihm in dieser Situation nicht mehr.
46 Frisch, Homo faber, 170.
47 Fischer, Zufall, 21.
48 Grundlegend hierzu ist: Guardini, Welt, 173–198; vgl. auch ders., Wahrheit und Ordnung, Nr. 29: Die vierte Bitte. II. Die Vorsehung, 677–686.
49 Guardini, Welt, 188.
50 »In vielen Fällen entsteht aber, wie die Psychologie zeigt, der Unglücksfall zum guten Teil durch das Verhalten des Verunglückten selbst, welches in oft unbegreiflich genauer Weise von inneren, ihm selbst unbewussten Antrieben gelenkt wird« (ebd., 191). In diesem Sinn wird verständlich, warum man von »Pechsträhnen« und »Glücksserien« spricht.
51 Ebd., 190.
52 Ebd., 193.
53 Ebd.
54 Kessler, Der Begriff, 127.
55 Guardini, Welt, 187.
56 Ebd., 195.
57 Ebd., 196.
58 Bonhoeffer, Widerstand, 18. Sein Gedicht »Von guten Mächten«, das kurz vor seinem Tod an Silvester 1944 geschrieben wurde, ist ein einzigartiges Zeugnis des Vertrauens auf Gottes Fürsorge in einer ausweglosen Situation (vgl. ebd., 204 f.).
59 Scheffczyk, Von der Not, 14 f.
60 Vgl. zum Ganzen J. Schumacher, »Rationale Glaubensrechtfertigung heute«, in: Ziegenaus/Courth/Schäfer, Veritati Catholicae, 114–155. Als der Religionsphilosoph P. Wust dem »Löwen von Münster«, Bischof von Galen, ein Buch über Glaubensfragen mit dem Titel »Ungewissheit und Wagnis« widmen wollte, lehnte dieser ab. Christlicher Glaube war für ihn niemals ein Wagnis, sondern tiefste Erfüllung des Menschen; er schenkt letzte und ewig gültige Wahrheiten. Dies scheint auch für Guardinis Leben zuzutreffen; kann es doch unter der spannungsreichen Wortprägung »angefochtene Zuversicht« zusammengefasst werden (vgl. Gerl, Anfechtung, 5). Die Zuversicht ist das Tragende, sonst müsste man von einer »zuversichtlichen Angefochtenheit« sprechen. In gedankenscharfen Ausführungen wird von Hengstenberg in den Abschnitten über »heidnische Sicherheit und christliche Unsicherheit« (Von der göttlichen

Vorsehung, 31–69) und »heidnische Unsicherheit und christliche Sicherheit« (ebd., 71–96) dargelegt, dass die Höhe des christlichen Wagnisses im außerchristlichen Bereich nirgends erreicht wird. Dort kommt man vorzeitig ans Ziel; man bleibt stehen, wo um Gottes willen noch weiter gegangen werden müsste. Hengstenberg verdeutlicht dies beim Islam und dem Buddhismus, die sich durch den Fatalismus bzw. die Technik der Seelenbeherrschung absichern.

61 »Denn seht ... ich war kaum vier- oder fünfjährig, als mir Gott schon den Auftrag gab, Spitäler zu gründen« (Lejonne, Das Wunder, 22).
62 »Damals verstand er nichts von alledem, aber die himmlische Frau sagte zu ihm: ›Zu seiner Zeit wirst du alles verstehen.‹ – Dasselbe wiederholte sich mehrmals, besonders in schwierigen Augenblicken seines Lebens, wenn es sich darum handelte, entscheidende Entschlüsse zu fassen. Dies widerfuhr ihm mit immer größerer Klarheit und neuen Eigentümlichkeiten, sodass er, als sich später seine Werke nach und nach entwickelten, schon bekannte Dinge vor sich sah; deshalb ging er mit unveränderlicher Ruhe und klarem Seherblick voran, in einer Weise, dass ... ihn einige Freunde zu gewissen Zeiten für geisteskrank hielten« (Balle-Metzger, Don Johannes Bosco, 41 f.).
63 Schilson, Vorsehung/Geschichtstheologie, 262.
64 Caussade, Ewigkeit, 68 f.
65 Ebd., 69.

4 Göttliche Vorsehung und menschliche Freiheit

1 Kern, Theologische Auslegung, 537.
2 Vgl. Brinktrine, Die Lehre, 82; Kessler, Sucht, 294; Martin-Palma, Gnadenlehre, 103–105; Pollard, Zufall, 133; Scheffczyk, Schöpfung und Vorsehung, 114; Schmaus, Der Glaube, Bd. I/2 (^{2}1979), 107; Weissmahr, Gottes Wirken, 174. Auch in den eingesehenen Dogmatiklehrbüchern des letzten Jahrhunderts wird das nähere Wie des Handelns Gottes nicht dargelegt. Einzelne spezielle Aspekte bietet die philosophische Arbeit von B. E. Nwigwe, Die Lehre von der göttlichen Vorsehung und menschlichen Freiheit bei Thomas von Aquin und ihre zeitlogische Kritik durch A. N. Prior u. P. T. Geach, Münster 1985.
3 In der Heiligen Schrift werden manchmal die beiden Wahrheiten unvermittelt nebeneinandergestellt ohne den leisesten Versuch eines harmonischen Ausgleichs (vgl. Eichrodt, Theologie, Bd. 2/3, 120; Köhler, Theologie, 82). Paulus betont in einer die menschliche Freiheit fast ausschließenden Art die Allursächlichkeit Gottes (vgl. Röm 9,16.18–20; Phil 2,12f.) und lässt gleichzeitig das Geheimnis in seiner ganzen beklemmenden Dunkelheit stehen, wenn er auf die Schuld des Judenvolkes verweist, die sich aus der missbrauchten Freiheit herleitet (vgl. Röm 9,30–10,4). Selbst Leid und Sünde scheinen von der Verursachung durch Gott nicht ausgeschlossen zu sein (vgl. Ex 7,3; 9,12; Am 3,6; Jes 45,7), während andererseits dies klar abgewiesen wird (vgl. Ex 8,28; 9,7.27.34; 10,16; Sir 15,11.20). Imschoot: »Woher es kommt, dass die Einwirkung Jahwes die Freiheit und Verantwortlichkeit des Menschen nicht aufhebt, wird nirgends

erklärt« (Vorsehung, 1860). Wenn Jahwe im Alten Testament als die Ursache von Sünden angegeben wird, dann sind die zwei Tatsachen zu berücksichtigen, »(a) dass die biblischen Schriftsteller sich wenig oder überhaupt nicht um die Wirkung von Zweitursachen kümmern und gewöhnlich die ganze Wirkung, sogar jene, in der der menschliche Wille beteiligt ist, der Allursächlichkeit Gottes zuschreiben, (b) dass sie nicht unterscheiden zwischen dem, was Jahwe wirkt oder zulässt, und dem, was er veranlasst« (ebd.).

Die Prädestinationslehre ist in dieser Arbeit mehrfach schon angeklungen. Hier nähert man sich einem besonders dunklen Punkt, da diese zusätzlich noch »immanente Probleme« (Pesch, Theologische Überlegungen 99) in sich trägt, die aus der Vorsehungslehre nicht ableitbar sind. Apodiktisch heißt es: »Jakob habe ich geliebt, Esau aber gehasst« (Röm 9,13; vgl. Mal 1,2f.). Seth wird Kain vorgezogen, Sem seinen beiden Brüdern, Isaak dem Ismael. Warum? Augustinus erteilt hier jeder Fragerei eine Abfuhr (vgl. »Ioannis Evangelium tract. 26,2«, in: PL 35,1607). Selbst Thomas von Aquin muss sich mit »Zwielicht« bescheiden, trotz äußerster Anstrengung einen Ausgleich zu finden zwischen der Allwirksamkeit Gottes und der Freiheit des Menschen.

4 Nach diesem Prinzip ist das Paradoxon des Doppelcharakters des Lichtes nicht durch weitere Anstrengungen der Forschung lösbar, sondern spiegelt eine wesentliche Eigenschaft der Wirklichkeit wieder. »Die scholastische ›Coincidentia oppositorum‹ (das Zusammenfallen der Gegensätze) des Nikolaus von Kues ist endlich also im Vorstellungsraum der Naturwissenschaftler eingezogen und so die philosophische Tyrannei des ›Tertium non datur‹ (des logischen Entweder-oder) überwunden« (Illies, Der Jahrhundert-Irrtum, 86).

5 Vgl. Hengstenberg, Von der göttlichen Vorsehung, 100; ders., Evolution und Schöpfung, 88.

6 Das gilt auch für das Böse, das immer in sich schlecht bleibt und nicht in etwas Gutes transformiert wird, es sich aber gefallen lassen muss, zur Verwirklichung des Guten zu dienen. Gerade die Dienstrolle des Bösen zeigt sehr scharf die Unvermischtheit der Wesensbereiche an.

7 Thomas von Aquin: »Patet etiam quod non sic idem effectus causae naturali et divinae virtuti attribuitur quasi partim a deo, et partim a naturali agente fiat, sed totus ab utroque secundum alium modum: sicut idem effectus totus attribuitur instrumento, et principali agenti etiam totus.« [Und darum verdankt auch die Wirkung, welche eine geschöpfliche Ursache hervorbringt, ihr Dasein nicht zum Teil der geschöpflichen und zum Teil der göttlichen Wirksamkeit, sondern sie ist vielmehr ganz durch die eine und ganz durch die andere Ursache bedingt, nur immer in anderer Weise] (ScG III, 70). Es ist wie mit einem Musikstück, das von einem Orchester aufgeführt wird. Der Applaus gilt dem Dirigenten wie dem Komponisten. Der eine ist der Ausführende, der andere der Schöpfer dieses Werkes.

8 Scheffczyk, Schwerpunkte, 222.

9 Hier scheint eine Klarstellung angebracht, denn für heutige Ohren verbindet sich mit Werkzeuglichkeit unwillkürlich die Vorstellung eines im technischen

Anmerkungen 329

oder politischen Sinn Gehandhabt- bzw. Missbrauchtwerdens (vgl. Unkel, Theologische Horizonte, 228); gegen eine solche entwürdigende Unfreiheit sträubt man sich zu Recht. Die Rede von der causa instrumentalis stammt aus der thomanischen Ursachenlehre und hat nichts mit unserem neuzeitlichen Werkzeugverständnis zu tun. Trotzdem ist es sinnvoll, an dieser Terminologie festzuhalten, weil dadurch die Verbundenheit von Werkzeug und Ausführendem, die völlige Abhängigkeit vom Werkmeister sowie die Ausrichtung auf ein intendiertes und zu vollbringendes Werk deutlich wird.

10 Hengstenberg, Von der göttlichen Vorsehung, 118.
11 Wenig ergiebig für die Themenstellung dieser Arbeit und was die Erwartungshaltung angeht, die durch den Titel des Aufsatzes geweckt wird, enttäuschend, ist der Aufsatz von K. M. Meyer-Abich, »Determination und Freiheit«, in: CGG 4, 5–45.
12 Vgl. Pollard, Zufall, 136. Selbst Einstein, der in seiner Relativitätstheorie einen vollkommenen theoretischen Determinismus vertreten hatte, sah das Hochkommen der Nazis in Deutschland nicht auf dieser Grundlage und war später von einer tiefen Traurigkeit erfüllt über das Öffnen der Pandorabüchse, zu dem er durch seine Forschung maßgeblich beigetragen hatte. Ähnlich ist es bei den Behavioristen und jenen, die den Standpunkt eines biologischen Determinismus einnehmen. Atemberaubend ist für Spaemann und Löw der Haken, den Monod, Dawkins und viele andere schlagen, wenn sie meist gegen Ende eines Buches oder Vortrages eine Ethik postulieren, die ein Freiheitsverhalten voraussetzt, das zuvor vehement abgelehnt wurde (vgl. Spaemann/Löw, Die Frage Wozu?, 254). Auch im theologischen Bereich sind diese Widersprüchlichkeiten antreffbar, wenn Vertreter einer strengen Interpretation von Auserwählung und Vorherbestimmung trotzdem die Menschen zu Buße und Umkehr sowie zur selbstverantwortlichen Entscheidung in Fragen der Moral und des Glaubenslebens aufrufen.
13 Bro, Doit-on, 43.
14 Ebd., 44.
15 Vgl. Scheffczyk, Schwerpunkte, 218 f.
16 Guardini, Wahrheit und Ordnung, Nr. 12/II, 283.
17 Scheffczyk, Schwerpunkte, 221 f. Wie viel Gott die Freiheit des Menschen wert ist, wird beim Kreuzestod Jesu offenbar. Nichts kann eindringlicher und erschütternder den Wert und die Würde unserer Freiheit vor Augen führen als des Gottessohnes Leiden und Sterben.
18 Sartre, L'être et le néant, 515.
19 Caterina, Gespräch, 18.
20 Fast gleiche Formulierungen von der Macht Gottes, die das All nicht nur erfüllt, sondern in unendlichen Fluten geradezu überströmt, finden sich bei Angela von Foligno und der französischen Mystikerin Lucie Christine, die das Erahnen der Macht Gottes nicht ertragen hätte, wenn ihr nicht zugleich die Sanftmut Gottes geoffenbart worden wäre (vgl. Huber, Machtvoll, 83 f.99).
21 Feiner/Vischer, Neues Glaubensbuch, 484.

22 Eine »Gelehrsamkeit« ist für die Freiheit notwendig in einer Ausrichtung auf das jeweils bessere Gut: »Notre liberté a besoin d'une docilité: accepter la lumière du bien, la règulation du meilleur.« [Unsere Freiheit bedarf einer Fügsamkeit: das Licht des Guten, die Ordnung des Besten anzunehmen], Bro, Doit-on, 48. Diese »docilité« ist zugleich ein Schutz. Die Freiheit, die sich von einem untergeordneten Gut in Beschlag nehmen lässt, muss erkennen, dass es in Gott eine größere Freiheit gibt.

23 Vgl. Weissmahr, Gottes Wirken, 127, Anm. 272; ders./Knoch, Natürliche Phänomene, 143.

24 Pesch, Theologische Überlegungen, 96. Gott ist der »zur Freiheit befreiende Gott« (Kern, Theologische Auslegung, 537).

25 Vgl. Bro, Doit-on, 52.

26 Rawer, <Kausalität>, 63.

27 Vgl. ebd., 61.

28 Vgl. Meessen, »Die Unbestimmtheit«, 160; Monod, Zufall, 144. Erwähnenswert scheint es, dass Naturwissenschaftler vom Rang eines Planck oder Einstein zeitlebens strenge Deterministen blieben (vgl. Rawer, <Kausalität>, 53–56). Einstein hat die quantenmechanische Unschärfe nie anerkannt. Plancks Versuche zur Behauptung einer (nur subjektiv verstandenen) Entscheidungsfreiheit und der moralischen Berechtigung der Bestrafung eines Verbrechers können aber in einem deterministischen Denkhorizont nicht überzeugen.

29 Vgl. Jordan, Der Naturwissenschaftler, 153–159. Ähnlich Rawer: »Unsere Analyse gibt lediglich einen ›Ansatzpunkt‹, wo, naturwissenschaftlich gesehen, ein freier Entschluss bei seiner Realisierung in den materiellen Bereich eingreifen könnte« (<Kausalität>, 72). »Der Annahme freier Entscheidungsmöglichkeit steht danach nichts mehr im Wege, und zwar ohne ›Durchbrechung der Naturgesetze‹« (ebd., 71). Ditfurth: »In dem Maße, in dem der Zufall dann wieder Eingang fand, das Element des unberechenbaren, nicht kausal Festgelegten den Weltlauf ebenfalls beeinflusste, wurde die Zukunft dieses Kosmos wieder zu einer ›offenen‹ Zukunft« (Wir sind, 96 f.).

30 Rawer, <Kausalität>, 72.

31 Jordan, Der Naturwissenschaftler, 156.

32 Ebd., 158 f.

33 Vgl. ebd., 156.

34 Vgl. Luyten, Das Kontingenzproblem, 58 f.

35 Vgl. Meessen, »Freiheit«, 106. Meessen ist Professor für Kernphysik.

36 Weimer nennt die Wohnungssuche für den unendlichen Gott beim Indeterminismus der Atomphysik heidnisch. Gott ist nicht wie ein missing link in der statistischen Kausalität zu suchen (vgl. Wodurch, 19.44). Ähnlich Weissmahr (vgl. Gottes Wirken, 156) und Kern (vgl. <Rezension zu Weissmahr, Gottes Wirken>, 136), die das Handeln Gottes nicht auf den weißen Flecken der menschlichen Wissensgeografie angesiedelt wissen wollen. Wenn man dies tut, dann ist es nur eine Frage der Zeit, bis Gott den »Tod von tausend Einschränkungen« stirbt.

37 Müller, Wie hältst, 125; vgl. Pesch, Theologische Überlegungen, 92.
38 Kolping: »Die Gegner sagten zu solchen Rettungsversuchen des Wunders spöttisch, auf eine Quantenphysik sei eine Quantentheologie gefolgt« (Wunder, 26).
39 Grochtmann, Unerklärliche Ereignisse, 160; vgl. Staudinger/Schlüter, An Wunder glauben?, 58.
40 Pesch, Theologische Überlegungen, 92; vgl. Scheffczyk, Schwerpunkte, 221.

5 Vorsehung und Evolution

1 Staudinger, »Gottes Allmacht«, 128.
2 Zwei sich gegenüberstehende Gruppen kristallisieren sich heraus: Autorität steht Autorität gegenüber. Für den Nestor der Verhaltensforschung und Nobelpreisträger Lorenz hat sich »in der Geschichte menschlichen Wissensfortschrittes ... noch nie die von einem einzigen Manne aufgestellte Lehre unter dem Kreuzfeuer von Tausenden unabhängiger und von den verschiedensten Richtungen her angestellter Proben so restlos als wahr erwiesen wie die Abstammungslehre Charles Darwins« (so auf der Umschlagrückseite des Buches von Schmitz, »Charles Darwin – Ein Leben«). Einer der bekanntesten Evolutionsbiologen unserer Zeit, der in Harvard lehrende Professor E. Mayr, ist »fest davon überzeugt, dass das Grundproblem der Evolution durch die DARWIN'sche Theorie tatsächlich eine gedanklich völlig befriedigende Lösung gefunden hat« (Wie weit, 179). »Die Forschungen der letzten hundert Jahre haben DARWIN immer wieder recht gegeben.« Seine Lösungsvorschläge waren »eigentlich immer richtig« (ebd., 173). Ähnlich äußern sich der Wissenschaftspublizist Ditfurth (vgl. Wir sind, 314, Anm. 36) – hierzulande besser bekannt als jeder Nobelpreisträger, wie Löw vermerkt (vgl. Neue Träume, 692) – und Heberer, der im Nachwort zu Darwins »Die Entstehung der Arten« sich auf G. de Beer beruft: »Der Beweis von Darwins Theorie der Evolution durch natürliche Selektion ist vollständig« (Heberer, »Nachwort«, 686, in: Darwin, Die Entstehung).

Diesen Einschätzungen stehen aber Aussagen von Biologen ersten Ranges entgegen. Das Mitglied mehrerer Akademien der Wissenschaft, der Biologieprofessor und ehemalige Direktor eines Forschungsinstitutes über Fragen der Evolution, P.-P. Grassé, legt seine eigene Position so dar: »Ich bin ein überzeugter Evolutionist, aktiv und militant, aber ich bin genauso ein überzeugter Antidarwinist. Man muss sich hüten, den Darwinismus, der uns eine Erklärung des Evolutionsmechanismus bringt, mit der Evolution selbst zu verwechseln. Diese beiden durcheinanderzubringen, ist ein unentschuldbarer Fehler« (Chaillié, Gespräch, 22). Ähnlich Portmann: »Das Rätsel der lebendigen Entwicklung erscheint mir zu groß, als dass es durch die angebotenen Theorien bereits als im Prinzip geklärt angenommen werden könnte« (Aufbruch, 117f.). Mit Mutation, Selektion und Isolation, den Grundpfeilern der Evolutionstheorie, könne nicht jede noch so seltsame und schwer erfassbare Gestalt der Welt erklärt werden, gab er zur Antwort: »Und da hängt es bei mir eben aus, da mache ich nicht mehr mit« (ebd.). Der Begründer der Umweltlehre, der renommierte Biologe

J. v. Uexküll, meinte gar, dass Darwin die Welt verdummt habe durch die Ablehnung eines planenden Geistes im Naturgeschehen (vgl. Darwins Verschulden!, 1). »Eine kurze Spanne Zeit von fünfzig Jahren hat man geglaubt, man könne die Natur ebenso begreifen wie die Maschinen. Dieser kurze Rausch ist wieder vorbei. Von der Lehre Darwins ist kein Stein auf dem andern geblieben« (Uexküll, Bausteine, 109).

In England ist schon vor einigen Jahren eine lebhafte Diskussion und eine kritische Prüfung über den bislang wie selbstverständlich geltenden Neodarwinismus entstanden; vgl. dazu G. R. Taylor, Das Geheimnis der Evolution, Frankfurt 1983. Ähnliches scheint für den deutschen Sprachraum in letzter Zeit zu gelten. So heißt es etwa in dem von Masuch und Staudinger im Jahr 1987 herausgegebenen Sammelbuch »Geschöpfe ohne Schöpfer. Der Darwinismus als biologisches und theologisches Problem«: »All diese Darlegungen und kritischen Anmerkungen zeigen, dass wir es bei der Frage des Zustandekommens des evolutionären Geschehens keineswegs mit einer inzwischen im Wesentlichen überzeugend beantworteten Frage zu tun haben« (Masuch, Zum gegenwärtigen Stand, 64). Nur wenn man alles kritische Denken aufgäbe, könne man mit dem ursprünglichen Modell von Darwin alle Veränderungen erklären (vgl. Schlüter, Versuch, 96). Die Grundthesen des Darwinismus seien bis heute noch umstritten. Eine Annäherung der unterschiedlichen Positionen sei nicht in Sicht (vgl. Kuhn, Ursachen, 66). Sogar der bekannte Philosoph K. Popper, selbst ein Vertreter der Evolutionstheorie, erinnert an »die zahllosen Schwierigkeiten der Darwin'schen Theorie, denen gegenüber manche Neodarwinisten fast blind zu sein scheinen« (Objektive Erkenntnis, 298, Anm. 14).

3 J. Illies, Der Jahrhundert-Irrtum: Würdigung und Kritik des Darwinismus, Frankfurt 1983; B. Vollmert, Das Molekül und das Leben. Vom makromolekularen Ursprung des Lebens und der Arten: Was Darwin nicht wissen konnte und die Darwinisten nicht wissen wollen, Reinbek 1985. Illies war Professor für Zoologie und Leiter der Außenstelle des Max-Planck-Instituts in Schlitz, Vollmert Direktor des Polymer-Instituts der Universität Karlsruhe.

4 Dem schon bei Bruno, Galilei, Kant oder Darwin verspielten Kredit sollten nicht noch weitere Verluste hinzugefügt werden, zumal Rückzugsgefechte und der jeweilige »Sprung in den nächst rückwärtigen Graben« (Lais, Das Naturwissenschaftliche Weltbild, 12) sowohl unrühmlich wie gefährlich sind. (Wer nimmt schon jemanden ernst, der sich ständig zu weit vorwagt?) Scheffczyk führt die »relative Uninteressiertheit an der Frage nach der Verhältnisbestimmung von Schöpfung und Evolution« (Evolution und Schöpfung, 63) auf ein anthropozentrisches Denken zurück, das zwischen Existentialismus und Idealismus verschwebt.

5 Die Schöpfungswahrheit ist im Holländischen Katechismus, im Neuen Glaubensbuch, der amerikanischen Veröffentlichung Catholicism und auch in Rahners Grundkurs des Glaubens erkennbar vernachlässigt. Im Zuge dieser Entwicklung kam es zu beachtlichen Schwerpunktverschiebungen und Konfundierungen: Schlichtweg falsch ist es, wenn im Neuen Glaubensbuch behauptet

wird, dass das naturwissenschaftliche Denken über den Kosmos uns zwinge, »den Schöpfergott nicht als Produzenten, sondern als Redenden ... vorzustellen« (Feiner/Vischer, Neues Glaubensbuch, 437). Er ist beides: Produzent und Redender. Nicht selten wird der Schöpfungsakt verfälscht, indem der Anfang der Seinssetzung in der creatio ex nihilo [Schöpfung aus dem Nichts] vom evolutiven Werden nicht mehr deutlich abgehoben wird, sondern mit Letzterem geradezu verschwimmt (vgl. Scheffczyk, Evolution und Schöpfung, 65; Schönborn, Schöpfungskatechese, 108). Zwei wesensverschiedene ontologische Geschehnisse werden konfundiert.

6 Vgl. Grün, Gespräche, 193–203; Kern, Zur theologischen Auslegung, 538–544; Pesch, Theologische Überlegungen, 82–87; Scheffczyk, Schwerpunkte, 214–218; Steenberghen, Vorsehung heute, 14.32–34; Weimer, Wodurch, 27–37.

7 In seinem bekannten Buch »Das egoistische Gen« heißt es über diese: »Sie sind in dir und mir, sie schufen uns, Körper und Geist; und ihr Fortbestehen ist der letzte Grund unserer Existenz« (ebd., 24).

8 Vgl. Monod, Zufall, 120.

9 Hoeres, Evolution, 25.

10 »Senkrecht zur Hölle«, in: Der Spiegel 24 (1970) Nr. 52, 115.

11 Vgl. ebd., 114.

12 Im Editorial einer Ausgabe der Zeitschrift »Communio« wird der bestehende Friede zwischen den beiden Bereichen mehrfach als faul bezeichnet (vgl. IKaZ 17 [1988] 193 f.). Von naturwissenschaftlicher Seite hat Ditfurth Front gemacht gegen eine doppelte Wahrheit, die zu einem geistigen Schisma führe (vgl. Wir sind, 297).

13 Editorial der IKaZ 17 (1988), 194. Im Vorwort des vom Informationszentrum Berufe der Kirche herausgegebenen Buches »Schöpfung« heißt es: »Der Evolutionismus ist die radikalste Form des Nihilismus. Jetzt ist der christliche Schöpfungsglaube herausgefordert wie nie« (ebd., 3).

14 In: Spaemann/Löw/Koslowski, Evolutionismus, 92–116.

15 Ratzinger, »Geleitwort« VII, in: Spaemann/Löw/Koslowski, Evolutionismus.

16 Vollmert lehnt den von Eigen den Lesern empfohlenen »Zuschauer-Gott oder SPINOZA-Gott« ab (Das Molekül, 72). Es ist sicher klug, mit Eigen die Respektierung der Naturgesetze anzuerkennen, »aber muss man auch glauben, dass ER seine Gesetze anerkennen muss, dass ER im Netz seiner Gesetze gefangen ist?« (ebd.).

17 Spaemann, »Einführung«, 2, in: Spaemann/Löw/Koslowski, Evolutionismus. Für Hengstenberg ist vieles nachzuholen, wenn man zur einschlägigen Thematik überhaupt noch ein wirksames Wort sprechen möchte (vgl. Evolutionismus, 88).

18 Spaemann, »Einführung«, 3, in: ders./Löw/Koslowski, Evolutionismus. Bei der gesamten (!) vom Verfasser dieser Dissertation eingesehenen Literatur zum Thema Evolution haben nur die Philosophen Spaemann und Löw (vgl. Evolutionismus und Wirklichkeit, 66) sowie der Biologe W. Kuhn (vgl. Blind für Wesen, 4406) die konkrete Not in der Schule beschrieben, die sich für den

Religionslehrer oder den verantwortungsbewussten Biologielehrer durch den Evolutionismus ergibt, nicht aber, wie eigentlich zu erwarten gewesen wäre, die Theologen. Theologisch zufriedenstellende katechetische Lehrmittel stehen darüber hinaus in diesem Bereich kaum zur Verfügung, wie Schönborn belegen konnte (vgl. Schöpfungskatechese, 107–109).

19 Spaemann, »Einführung«, 2, in: ders./Löw/Koslowski, Evolutionismus.
20 Vgl. ebd., 1.
21 Vgl. ebd., 2.
22 Die Religion wird vorwiegend als Tröstungs- und Stabilisierungsinstanz verstanden. Die Begründung dafür ist einfach: »Es ist ... individualpsychologisch vorteilhaft, an Gott zu glauben: Man fühlt sich besser dabei. Deswegen, so der bekannte Verhaltensforscher Wolfgang Wickler, glaubt auch er an Gott – er will sich schließlich wohlfühlen« (Löw, Anthropologische Grundlagen, 98). So ersteht das alte Do-ut-des-Prinzip [Ich-gebe-damit-du-mir-gibst-Prinzip] gerade dort, wo man es am wenigsten vermuten würde: nicht in einer abgerutschten, sektenhaften Frömmigkeit, sondern bei Vertretern des Neodarwinismus!
23 Spaemann, »Einführung«, 2, in: ders./Löw/Koslowski, Evolutionismus. 50 Prozent der deutschen Schüler hatten 1980 schon erklärt (vgl. Kretschmer, Schöpfung, 19) – in Österreich sollen es sogar 60 Prozent gewesen sein (Thürkauf, Evolution, 25) , sie könnten nicht mehr an Gott glauben, weil durch die Evolutionstheorie längst bewiesen sei, dass es keineswegs eine göttliche Schöpfung gegeben habe und eine Höherentwicklung ganz von selbst erfolgte. Die »für wissenschaftlich bewiesen verkauften Spekulationen der Evolutionstheoretiker« spielen hierbei »eine entscheidende Rolle« (Thürkauf, Evolution, 25).
24 ISSOL steht für »International Society for the Studies of the Origin of Life«.
25 Vgl. H. Schneider, »Der Ursprung des Lebens: immer mehr ein Wunder. Eindrücke von der 7. internationalen Konferenz über die Ursprünge des Lebens 10.–15. Juli 1983 in Mainz«, in: Theologisches Nr. 171 (Juli 1984), 5899–5904.
26 Eigen, »Vorrede XV«, in: Monod, Zufall. Vollmert: »Hier sieht man, wie fremd uns der Gedanke an einen Schöpfergott geworden ist, der mehr tut, als nur unbeteiligt zuzusehen, wie der ›Mechanismus‹ abrollt, den er irgendwann einmal in Gang gesetzt hat« (Das Molekül, 71).
27 Mehrere Gründe legen es nahe, sich damit auseinanderzusetzen. Es ist eine Zusammenfassung seiner anderen bekannten und beachtlich auflagestarken Bücher (Die hier verwendete 3. Auflage kam im 121.–150. Tausend heraus!) und wird als eine typische Ausformulierung einer evolutionistischen Weltbetrachtung aus naturwissenschaftlicher Sicht verstanden (so die Einschätzung im Editorial der IKaZ »Communio« 17 [1988], 193).
28 Ditfurth, Wir sind, 15.
29 » – der Mensch ist nicht die Krone der Schöpfung (138)
 – Gebete des Menschen haben keine Wirkung, auch nicht ›hinreichend konzentrierte‹ (296)
 – es gibt kein Ziel der Geschichte oder der Evolution, wohl aber einen natürlichen Endpunkt (243)

- es gibt keine Erlösung des Einzelnen, sondern nur noch eine Erlösung im Ganzen (148)
- es gibt keine leibliche Auferstehung (140)
- es gibt keine Wunder, weder von Gott noch von sonst jemandem (227); dementsprechend ist Jesus Christus weder von den Toten auferstanden noch in den Himmel aufgefahren (296)
- der Begriff ›Menschwerdung‹ Jesu Christi, eines Gottessohnes, ist heute nicht mehr tragbar (22,141)
- den Begriff Gott kann man zwar weiter verwenden, aber da weder seine Existenz noch seine Nicht-Existenz beweisbar ist, fällt die Gotteshypothese unter jene, welche sowohl steril wie langweilig sind (227 f.); besser, man sagt ›Zufall‹« (Löw, Neue Träume, 687 f.; da Löw sich auf eine andere Ausgabe von Ditfurths »Wir sind nicht nur von dieser Welt« bezieht, wird darauf hingewiesen, dass seine Seitenangaben von den hier sonst angegebenen differieren). Zu ergänzen wären noch völlig verfehlte Äußerungen zum Gottesreich und der Existenz der Engel, vgl. ebd., 210.337, Anm. 130. Haarsträubend ist auch Ditfurths Transzendenzbegriff: Unter Jenseits fasst er das Noch-nicht-Diesseitige; d. h. dasjenige, was noch nicht durch die Wissenschaft erforscht und entdeckt wurde, also »diesseitig« gemacht wurde (analog etwa zu den UV-Strahlen, die schon vor ihrer Entdeckung existierten, damals aber noch »jenseitig« waren). Transzendenz im eigentlichen Sinn des Wortes gibt es für ihn nicht, deshalb kann er auch für die noch nicht entdeckte jenseitige Welt den Begriff der »weltimmanenten Transzendenz« (ebd., 233.301) prägen, ohne auch nur zu spüren, wie widersinnig dieser Ausdruck ist. Das von einem ganz beachtlich rüden Ton der Diffamierung gegen Andersdenkende geprägte Buch Ditfurths tritt gegen Fundamentalisten und Vitalisten von vorgestern an und unterschiebt dabei noch der Kirche, sie würde an diesen Positionen festhalten. Um einige angebliche Vitalisten regelrecht fertigzumachen, scheut er sich nicht, in deren Vita [Lebenslauf] herumzustöbern (vgl. ebd., 311, Anm. 31; 318, Anm. 48).

30 Evolution versteht er als den »Augenblick der Schöpfung« (Ditfurth, Wir sind, 143); sie ist mit diesem identisch.

31 Löw, Neue Träume, 688 f. Nachdenklich muss machen, dass »Ditfurth für katholische wie evangelische Akademien und Institutionen zuständiger und umjubelter Referent für das Verhältnis von Glaube und Naturwissenschaft«, Löw, Evolutionismus in naturphilosophischer Kritik, 265, war. Die Frage Löws ist durchaus reizvoll: Was wäre eigentlich, wenn ein Theologe in ähnlicher Weise der Naturwissenschaft ein Gesprächsangebot unterbreiten würde? (Vgl. Neue Träume, 690.)

Man könnte meinen, dass Ditfurths Versuch von theologischer Seite eine eindeutige Ablehnung erfahren hat (was durch *einige* Besprechungen auch geschehen ist), doch weit gefehlt. In Küngs Stellungnahme findet man so unglaubliche Äußerungen wie, dass die Theologen und die Kirche so viel Zustimmung

»nicht apologetisch missbrauchen oder rechthaberisch vereinnahmen« (vgl. Es gibt, 262), dürfen; auch Kardinal König bescheinigt Ditfurth seriöse wissenschaftliche Ansprüche (»Einführung«, 13, in: Riedl/Kreuzer, Evolution).

32 Monod selbst gibt in »Zufall und Notwendigkeit« die Stellungnahme Mauriacs so wieder: »Was dieser Professor sagt, ist noch viel unglaublicher als das, was wir armen Christen glauben« (Monod, Zufall, 171).

33 »We then move right off the register of objective truth into those fields of presumed biological science, like extrasensory perception or the interpretation of man's fossil history, where to the faithful anything is possible – and where the ardent believer is sometimes able to believe several contradictory things at the same time.« [Wir bewegen uns dann von der Sprachebene der objektiven Wahrheit weg in jene Bereiche der vermeintlichen Biowissenschaft wie die außersinnliche Wahrnehmung oder die Interpretation der fossilen Geschichte des Menschen, wo für den Gläubigen alles möglich ist – und wo der tiefgläubige Mensch manchmal in der Lage ist, einige widersprüchliche Dinge gleichzeitig zu glauben] (Zuckerman, Beyond, 19). Ähnlich Ridley: »No good Darwinian's belief in evolution stands on the fossil evidence for gradual evolution, so nor will his belief fall by it.« [Kein guter Darwinist glaubt an die Evolution aufgrund der fossilen Beweise für die allmähliche Entwicklung, also wird sein Glaube auch nicht daran scheitern] (Who Doubts, 832).

34 Vgl. Müller, Wie hältst, 123, Anm. 6. Spaemann/Löw: »Das Evolutionsprogramm als antimetaphysisch zu kennzeichnen ist Koketterie; es ist extrem metaphysisch; innerhalb seines metaphysischen Horizonts lassen sich allerdings abenteuerliche Widersprüche aufzeigen« (Die Frage Wozu?, 274).

35 Behler, Abschließende Überlegungen, 138f. Kretschmer stellt fest, dass man auf Ressentiments gegen die Kirche bzw. eine Auflehnung gegen einen scheinbar gnadenlosen Gott stößt, wenn man die Denk- und Bewusstseinsvoraussetzungen mancher Evolutionsvertreter hinterfrägt, vgl. Schöpfung, 38. Wenn für Bosshard das Evolutionsparadigma umso bestimmter die ursprünglichen ideologischen Einschlüsse ausgeschieden hätte, je mehr es Gegenstand umfassender Forschung wurde (vgl. Erschafft, 12), dann hat diese Aussage kein fundamentum in re [keine Grundlage in der Sache].

36 So überwiegt etwa bei Theodoret von Cyrus in dessen zehn Reden über die Vorsehung eine rational naturhafte Auffassung, welche ihre Beweise für die Existenz der Vorsehung im Blick auf den Kosmos (so in der ersten Rede; vgl. PG 83,556–573) und die Physiologie des Menschen (so in der vierten Rede; vgl. PG 83,605–624) gewinnt.

37 Scheffczyk, Evolution und Schöpfung, 71.

38 Vgl. Löw, Anthropologische Grundlagen, 105.

39 Heberer, »Nachwort«, 683, in: Darwin, Die Entstehung.

40 Popper, Objektive Erkenntnis, 295.

41 Institut für Marxismus-Leninismus, Karl Marx, 524. Nur am Rande sei vermerkt, dass der Rest des Briefes in einer Fäkalsprache untersten Niveaus geschrieben ist.

42 Schmitz, Charles Darwin, 69.
43 Ebd., 72 f.
44 Ebd., 73.
45 Vgl. ebd.
46 »Brief an Gray vom 22.5.1860«, in: Schmitz, Charles Darwin, 148 f.
47 »Brief an einen holländischen Studenten vom 22.4.1873«, in: Schmitz, Charles Darwin, 157 f.
48 »Brief an Thomas Henry Huxley vom 25.11.1859«, in: Schmitz, Charles Darwin, 144 f.
49 Vgl. »seinen Brief an Gray vom 3.4.1860«, in: Darwin, The Life, 90.
50 Vgl. Kuhn, Darwins Evolutionstheorie, 11 f.
51 Vgl. Taylor, Das Geheimnis, 309.
52 Lenoir, Christliche Antworten, 128.
53 Ebd., 126.
54 Gray, Darwiniana, 122.
55 Lenoir, Christliche Antworten, 123.
56 Taylor: »Wenn sich aber manche Wissenschaftler genötigt sahen, einen lenkenden Einfluss auf die Evolution zu postulieren, so bringt der bloße Gedanke daran andere zur Weißglut. Das kommt daher, dass sie fürchten, wir könnten zu dem Glauben an einen göttlichen Plan zurückkehren« (Das Geheimnis, 16).
57 Vollmert, Das Molekül, 139.
58 Vgl. Wuketits, Biologie, 124.
59 Für diesen bekannten Paläontologen kennt die Stammesgeschichte keine Zielstrebigkeit und der Mensch ist auch nicht »als ein finalistisch geplanter Endzustand der Evolution aufzufassen« (Schindewolf, Phylogenie [Entwicklung der Arten], 288).
60 Hoeres, Zweckmäßigkeit, 4779.
61 Monod, Zufall, 30. »Die Selektionstheorie macht die Teleonomie zu einer sekundären Eigenschaft und leitet sie aus der Invarianz ab, die allein als ursprünglich betrachtet wird«, ebd., 36.
62 Ebd., 171.
63 Abgedruckt in: Anzeiger der philosophisch-historischen Klasse der Österreichischen Akademie der Wissenschaften 113 (1976), 39–51. Die Grundgedanken dieses Vortrags finden sich in fast gleicher Form auch in anderen Veröffentlichungen von Lorenz: Der Abbau des Menschlichen, München-Zürich 1983, 17–26; »Nichts ist schon dagewesen«, 138–144, in: Riedl/Kreuzer, Evolution.
64 Lorenz, Die Vorstellung, 39.
65 Ebd. Der von Lorenz so hoch geschätzte Darwin behauptet das schiere Gegenteil: »Auf manche Schriftsteller hat das Maß des Leidens in der Welt einen so tiefen Eindruck gemacht, dass sie ... zweifeln, ob mehr Elend oder Glück existiert ... Meiner Ansicht nach herrscht entschieden das Glück vor, obschon dies sehr schwer zu beweisen sein würde« (Schmitz, Darwin, 69).
66 Vgl. Lorenz, Die Vorstellung, 47.
67 Ebd., 41.

68 Ebd.
69 Lorenz, Der Abbau, 87.
70 »Die sogenannte Vorsehung« ist eine Zwischenüberschrift in dem Aufsatz von Lorenz »Nichts ist schon da gewesen« (vgl. ebd., 141).
71 1987 kam es heraus. Drei Biologen (T. Jahn, W. Kuhn und E. Masuch), ein Psychologe (J. Schlüter), ein Historiker (H. Staudinger), ein Philosoph (W. Behler) und ein Theologe (H. Petri) haben es gemeinsam erarbeitet; es ging um die »Erstellung eines integrierten Textes«, wie es in den Vorbemerkungen auf S. 5 heißt.
72 Behler, Abschließende Überlegungen, 134.
73 Lenoir, Christliche Antworten, 139; vgl. Chaillié, Gespräch, 24 f.; Illies, Der Jahrhundert-Irrtum, 98 f.
74 Ditfurth, Wir sind, 265.
75 Vgl. Hoeres, Ditfurths Evolutionismus, 16. Ratzinger: »Auch die verbissensten Neodarwinisten, die jeden finalen, zielgerichteten Faktor aus der Entwicklung ausschalten wollen, … reden mit der größten Selbstverständlichkeit immerfort von dem, was ›die Natur‹ tut … Wenn man den üblichen Sprachgebrauch untersucht, wird man zu der Feststellung kommen, dass die Natur hier ständig mit Gottesprädikaten bedacht wird … Sie ist eine bewusst und äußerst vernünftig handelnde Größe« (Ich glaube, 14).
76 Vgl. Spaemann/Löw, Die Frage Wozu?, 260.
77 Vgl. Monod, Zufall, 171.176 f.
78 Vgl. Scheffczyk, Der christliche Vorsehungsglaube, 364.
79 Scheffczyk, Schwerpunkte, 215. Ähnlich Luyten: »Wenn Monod so unbeschwert Teleonomie einführen kann, dann, weil in der Invarianz eigentlich schon Finalität versteckt enthalten war« (Das Kontingenzproblem, 51).
80 Monod, Zufall, 179.
81 Lorenz: »Nichts von ›finaler Determination‹! Finis bedeutet Ende, determinare beendigen, jedes Ende aber würde Verzweiflung sein!« (Die Vorstellung, 51).
82 Ebd., 49.
83 So der Buchtitel eines Werkes von ihm, das 1983 herauskam. Auch hier wird er nicht müde zu betonen, dass wir »auf unserer Suche nach dem Sinn der Welt nicht ins Über- und Außernatürliche abzuschweifen« (ebd., 271) brauchen.
84 Luyten: »Trotz aller wissenschaftlichen Akribie ist es doch kaum denkbar, dass die ganze Fülle an Schönheit und Zweckmäßigkeit im Bereich des Lebendigen auf Druckfehlern im genetischen Code beruhen« (Das Kontingenzproblem, 62).
85 Portmann, Aufbruch, 47.
86 Die Erklärung der Neodarwinisten, die in diesem Zusammenhang von Luxurieren oder Hypertelie sprechen, hilft hier wenig (vgl. zur Kritik daran Portmann, Aufbruch, 52 f.). Wenn der Sexualinstinkt verantwortlich gemacht wird für die Auslese herrlicher Gefieder (so etwa Monod, Zufall, 159), zeugt dies eher von einer groben Missachtung empirischer Beobachtungen denn von einer überzeugenden Antwort. Es setzt sich nämlich keineswegs der schönste, sondern der stärkste Pfau durch. Gegen die natürliche Zuchtwahl als Entstehungsgrund

spricht auch, dass das Pfauenrad Feinde aufmerksam macht und bei der Flucht hinderlich ist.
87 Vgl. Szilasi, Wissenschaft, 49 f.
88 Portmann, Aufbruch, 52. Oft ist es sogar so, dass viele Farbgebungen in der Natur auf ein anschauendes Auge hin konzipiert wurden, sodass man von einer Urteilskraft anschauender Augen sprechen muss, die sogar einen Umschlag in der Baugesetzlichkeit der Tiere bewirkt hat (vgl. ebd., 15).
89 »Die gegenwärtige Hauptströmung der Biologie huldigt einer extrem rationalistischen Auffassung der Gesamtnatur«, Portmann, Aufbruch, 46. Ähnlich Schlüter: »Es kennzeichnet die Forschungssituation, dass die meisten darwinistisch orientierten Biologen von ihren Kollegen, die sich mit den Fragen der Gestalt, der Selbstdarstellung oder auch der Frage der ›Schönheit‹ bei diesen Gestalten beschäftigen, schlechthin keine Kenntnis nehmen« (Versuch, 88).
90 Behler, Abschließende Überlegungen, 137. Ähnlich auch Thürkauf, Evolution, 9 f.
91 Vgl. Uexküll/Kriszat, Streifzüge, 178 f.
92 Die Vögel singen den sogenannten Artgesang am schönsten, wenn sie sich allein und unbeobachtet fühlen. Warum tun sie dies überhaupt, wenn dadurch doch die Möglichkeit besteht, potentielle Feinde anzulocken (katzenartige Raubtiere haben ein sehr gutes Gehör)? Für Portmann ist der Ausdruck »Freude«, auch wenn man vorsichtig sein muss, menschliches Verhalten auf tierisches zu übertragen, nicht abwegig (vgl. Aufbruch, 68). In der Terminologie der Verhaltensforschung gilt der Artgesang bezeichnenderweise als »funktionslos«.
93 Wenn bei einigen Lebewesen 70 Prozent der Energie (!) auf die Selbstdarstellung verwendet wird, dann kann man erkennen, welche Bedeutung dieser Ansatz Portmanns hat. Neben der Funktionsarchitektur bei den Lebewesen gibt es noch eine teleologische Architektur, die in der Selbstdarstellung hervortritt. Unter Innerlichkeit versteht Portmann die Gesamtheit weltbezogener Aktivität. Es ist für ihn »ein Ausdruck, der eine unräumliche Wirklichkeit bezeichnet und nicht mit den ›inneren Organen‹ des Körpers verwechselt werden darf« (Aufbruch, 28).
94 Vgl. dazu den Aufsatz von H. Müller, »Die Gottesfrage bei Adolf Portmann«, in: FKTh 4 (1988), 98–110.
95 Portmann, Aufbruch, 56.
96 Scheffczyk, Evolution und Schöpfung, 71.
97 Vgl. Frankenberger, Gottbekenntnisse, 19.
98 Spaemann/Löw, Die Frage Wozu?, 284.
99 Darwin, Die Entstehung, 229–281.
100 Ebd., 281–336. Die erste Auflage war schon am Abend des Tages der Ersterscheinung (24.11.1859) vergriffen. Rasch erfolgte die Übersetzung dieses Werkes, das man als wirksamstes Buch der Naturwissenschaft im 19. Jahrhundert bezeichnen kann, in alle europäischen Sprachen. Besonders in Deutschland war der Erfolg groß (1883 lag bereits die 7. Auflage vor).
101 Ebd., 463 f.; vgl. auch 467. »Die plötzliche Art und Weise, in der ganze Arten-

gruppen in gewissen Formationen erscheinen, ist von mehreren Paläontologen ... als ein gefährlicher Einwand gegen die Veränderlichkeit der Arten erhoben worden« (ebd., 456f.).

102 Vgl. ebd., 456.438 f.
103 Ebd., 467.
104 Vgl. ebd.
105 Ebd., 457.463.
106 Darwin, Die Entstehung, 457. Die kursiven Hervorhebungen im obigen Zitat wurden vom Verfasser dieser Arbeit gemacht. Von den feinen Übergängen zwischen den Arten sagt er, dass sie nach seiner Theorie existiert haben *müssen* (vgl. ebd., 450). Er spricht von Veränderungsbeweisen, »die wir nach meiner Theorie finden *müssen*« (ebd., 451). Die Häufigkeit des Hilfsverbums »müssen« ist überhaupt in den Darstellungen des Evolutionsprogramms ganz ungewöhnlich. In fast schon verzweifelt wirkender Manier postuliert der Darwinismus Fakten, die so gar nicht existieren (vgl. Spaemann/Löw, Die Frage Wozu?, 242).
107 Bei Illies sind die Stammbäume Darwins und Haeckels abgebildet (vgl. Der Jahrhundert-Irrtum, 98.100.102). Darwin hatte die Verfälschungen Haeckels sehr wohl bemerkt, sie aber dennoch in einem Brief an Haeckel nur als Kühnheit eingestuft (vgl. »Brief an Haeckel vom 19.11.1868«, in: Schmitz, Charles Darwin, 157). Illies macht in dem Kapitel »Im Wunderwald der Stammbäume – Baumkunde einer Illusion« (vgl. Der Jahrhundert-Irrtum, 91–121) seiner Verärgerung über diese Art von Stammbaum-Fetischismus Luft. Die Richtigkeit der aufgestellten Stammbäume werde in manischem Wiederholungszwang in fast schon verzweifeltem Trotz immer wieder zu bestätigen versucht.
108 Vgl. Illies, Der Jahrhundert-Irrtum, 110; Spaemann/Löw, Die Frage Wozu?, 240–242.
109 Kahle, »Die ›Mechanismen‹«, 348.
110 »Es entspricht ... nicht den Tatsachen, dass die Stammesentwicklung durchweg in einer stetigen, langsam wachsenden Divergenz der Merkmale und Formen besteht. Nach darwinistischer Vorstellung sollen geringfügige Rassenunterschiede sich allmählich zu Artmerkmalen verstärken ... Das Gegenteil ist der Fall. Ein neuer Bauplan von dem systematischen Range etwa einer Klasse oder Ordnung erscheint gewöhnlich völlig unvermittelt auf der Bildfläche, ohne lange Reihe von Bindegliedern, die uns eine allmähliche Herausgestaltung aus einer anderen, seine Wurzel bildenden Klasse beziehungsweise Ordnung vor Augen führen würden« (Schindewolf, Darwins Abstammungslehre, 85 f.).
111 »Das Versagen der Paläontologie, solche Beweise zu erbringen, wurde so stark empfunden, dass einige desillusionierte Naturforscher sogar verkündeten, dass die Theorie der organischen Evolution oder der allgemeinen organischen Kontinuität der Abstammung überhaupt falsch sei« (Simpson, Zeitmaße, 163).
112 In einem Brief an L. D. Sunderland vom 10.4.1979 schreibt er: »Es ist schwer, Herrn Gould und den Leuten des Amerikanischen Museums zu widersprechen, wenn sie sagen, dass es *keine Übergangsfossilien* gibt ... Ich will es offen dar-

legen – es gibt nicht *ein* Fossil, für das man ein stichhaltiges Abstammungs-Argument vorbringen könnte« (Schneider, Ein grotesker Wunderglaube. Zitate, 65).
113 Kuhn, Die Widerlegung, 97f. Ähnlich Illies, Der Jahrhundert-Irrtum, 114; Junker/Scherer, Entstehung, 147–210; Masuch, Zum gegenwärtigen Stand, 52.
114 Die Behauptung Ditfurths, dass die Forschung bis ins letzte Detail immer wieder die Richtigkeit von Darwins Thesen erbracht hätte (vgl. Wir sind, 314, Anm. 36), erscheint vor diesem Hintergrund als unhaltbar.
115 Lorenz, Die Vorstellung, 44.
116 Vollmert, Das Molekül, 126; vgl. Behler, Abschließende Überlegungen, 132; Schneider, Ein grotesker Wunderglaube. Zitate, 66.
117 Illies, Der Jahrhundert-Irrtum, 109.
118 Masuch, Zum gegenwärtigen Stand, 53. Die als Zwischenglieder betrachteten Formen haben sich – wie bei heute noch vorhandenen Lebewesen – als typische Mosaikformen erwiesen, die eine Kombination aus zwei oder mehreren Gruppen aufweisen (vgl. Junker/Scherer, Entstehung, 207).

Dieser »merkwürdige Flieger«, wie Darwin den Archäopteryx nannte (Die Entstehung, 499), wird auch heute noch als das »bekannteste Brückentier«, Lense, Biologie, 19, mit Merkmalen von Reptilien und Vögeln bezeichnet. Sehr eingängig und mit vielen illustrativen Darstellungen ist der Forschungsstand bei Junker/Scherer dargelegt: »Auch im Fall des *Archaeopteryx* zeigte sich nach eingehenden Studien von Fachleuten, dass er eher auf einen ausgestorbenen ›Seitenast‹ in der Evolution der Vögel gesetzt wird und im evolutionstheoretischen Rahmen bestenfalls als ›Modell‹ einer Zwischenstufe dienen kann« (vgl. Entstehung, 196–199, hier 199). Vgl. auch Kahle, »Die ›Mechanismen‹«, 354f.358, der sich auf die Forschungsergebnisse von D. T. Gish, H. Nilsson und W.-E. Lönning bezieht. Fast alle »Reptilienmerkmale« des Archäopteryx konnten bei gegenwärtig noch lebenden (!) und sicheren Vogelfossilien jüngerer Erdperioden gefunden werden. Es ist zudem überhaupt nicht verständlich zu machen, welcher konkrete Selektionsdruck bewirkt haben soll, dass Tiere aus dem Wasser ans Land gehen oder mit dem Fliegen beginnen (vgl. Junker/Scherer, Entstehung, 193f.; Schneider, Ein grotesker Wunderglaube. Zitate, 66; Schlüter, Versuch, 91). An der Abhandlung Bosshards »Erschafft die Welt sich selbst?« scheinen die obigen Ergebnisse ziemlich spurlos vorübergegangen zu sein. Geradezu betroffen macht es, wie simplifizierend er den Übergang des Quastenflossers vom Wasser- zum Landtier schildert (vgl. ebd., 39). Vgl. zur Kritik daran Vollmert, Das Molekül, 68.
119 Vollmert, Das Molekül, 105. Junker/Scherer verweisen darauf, dass die grundlegenden Umbaumaßnahmen über sehr viele Zwischenstadien sich unbedingt in einer Dokumentation bei den Fossilien hätten niederschlagen müssen (vgl. Entstehung, 193).
120 Vgl. Kahle, »Die ›Mechanismen‹«, 358.
121 Müller, Philosophische Grundlagen 129. Löw: »Es fehlen weiterhin und gründlich die paläontologischen Befunde von ›missing links‹ (welche ausnahmslos

logische Gebilde sind, am Schreibtisch ersonnene ›hopeful monsters‹)« (Neue Träume, 691).
122 Junker/Scherer, Entstehung, 207.
123 Monod, Zufall, 157 f.
124 Illies, Der Jahrhundert-Irrtum, 80.
125 Ratzinger, Auf Christus schauen, 30.
126 Ebd., 123, Anm. 9. Ähnlich Gironella, vgl. Estudio, 92, und Stegmüller in der Einleitung seines Buches über die Hauptströmungen der Philosophie: »Dies ist auch der einzige Teil des Buches, den man als ›rein destruktiv‹ bezeichnen kann. Hier haben wohl meine große Enttäuschung über den geringen Informationswert des Monod'schen Buches im Ganzen sowie meine nicht geringere Enttäuschung über gewisse unfundierte Spekulationen in diesem Buch ihren Niederschlag gefunden« (Hauptströmungen, Bd. III, XX). Ganz anders das Neue Glaubensbuch. Dort spricht man respektvoll von einer »kraftvollen Attacke« (Feiner/Vischer, Neues Glaubensbuch, 435) Monods gegen eine zu viel sagende Schöpfungstheologie. Für O. H. Pesch könne nach Monods Äußerungen den Theologen nicht noch einmal der Mut gemacht werden, in hergebrachter Weise von Gottes Vorsehung zu sprechen, vgl. Theologische Überlegungen, 88. In einem Kommentar des Deutschen Allgemeinen Sonntagsblattes zu Monods »Zufall und Notwendigkeit« (abgedruckt auf der Rückseite der dtv-Ausgabe von Monods Buch) werden die Positionen geradezu vertauscht: Nicht mehr Monod ist der Ideologe, sondern all jene, die dessen Ansichten mit guten Gründen von sich weisen.
127 In der Literatur wird besonders verwiesen auf den Birkenspanner, die Sichelzellenanämie und die Insekten der Kerguelen-Inseln. Zu diesen für die Evolution herangezogenen »Beweisen« seien hier nur einige Anmerkungen gemacht.

Vollmert spricht verärgert von der »Birkenspanner-Story, ein in seinen Auswirkungen ungeheuerlicher Selbstbetrug, wenn man diesen arterhaltenden oder artverbreitenden Mutations-Selektions-Vorgang als Evolutionsschritt hinstellt« (Das Molekül, 127). Das rezessive Sichelzell-Gen ist bei homozygoten Trägern der Malaria-Krankheit sogar letal! Eine positive Wirkung ist somit nur in malariaverseuchten Gebieten zu erwarten (vgl. Illies, Der Jahrhundert-Irrtum, 56; Junker/Scherer, Entstehung, 39; Kahle, »Die ›Mechanismen‹«, 119). Dass die mutierten Insekten der Kerguelen-Inseln mit ihren Stummelflügeln in ihrer speziellen Umgebung einen Selektionsvorteil haben – sie werden durch den Wind nicht auf das Meer hinausgetrieben –, ist unbestritten. Allerdings ist eine Schädigung oder ein Abbau vorhandener Strukturen kein Beweis für die Entstehung neuer Strukturen oder sogar einer Höherentwicklung (vgl. Junker/Scherer, Entstehung, 38 f.; Kahle, »Die ›Mechanismen‹«, 119 f.).
128 Vgl. Junker/Scherer, Entstehung, 124–128.
129 Züchtungen bewirken in der Regel eine genetische Verarmung. Eine kaleidoskopartige Buntheit wird dadurch erzeugt, aber keine Artüberschreitung (vgl. Illies, Der Jahrhundert-Irrtum, 53; Kahle, »Die ›Mechanismen‹«, 128).
130 Behler, Abschließende Erwägungen, 137.

131 Die penetrante Wiederholung des Ausdrucks »offene Frage« in diesen Ausführungen fällt auf (vgl. Overhage, Das Problem, 367–374).
132 Vgl. Pius XII., »Humani generis«, 36, in: AAS 42 (1950), 575 f. Die Entwicklungslehre sei noch nicht sicher bewiesen (vgl. ebd., 5, in: AAS 562). Pius XII. hat sich noch öfters sehr vorsichtig und kritisch diesbezüglich geäußert (Belege dafür bei Weissmahr, Gottes Wirken, 27, Anm. 61). Ähnlich Papst Johannes Paul II. in der Generalaudienz vom 16.4.1986: »Man kann also sagen, dass sich vom Standpunkt der Glaubenslehre aus keine Schwierigkeiten erkennen lassen, den Ursprung des Menschen, insofern er Leib ist, durch die Hypothese des Evolutionismus zu erklären. Es muss jedoch hinzugefügt werden, dass die Hypothese nur eine Wahrscheinlichkeit, aber nicht wissenschaftlich gesichert ist« (Sekretariat der Deutschen Bischofskonferenz, Der Apostolische Stuhl 1986, 83 f.).
133 Kuhn, Zwischen, 73.
134 Die Forschungsergebnisse von Blechschmidt, dem ehemaligen Direktor des Anatomischen Instituts der Universität Göttingen, haben deutlich gemacht, dass die scheinbar nur phylogenetisch verständlichen Organbildungen wie »Kiemen«, ein »Schwanz«, »Schwimmhäute«, ein »Fell« und noch viele andere Beobachtungen beim menschlichen Embryo »ausnahmslos im Rahmen der Embryonalentwicklung eine wachstumsfunktionelle Bedeutung <haben> und … in der Phasenfolge der Differenzierung konstruktiv notwendig« (Junker/Scherer, Entstehung, 137 f.) sind. Wie es scheint, setzt sich die Sicht Blechschmidts gegen den anderen Standpunkt immer mehr durch (vgl. ebd., 128–140; Kuhn, Ursachen, 67–73). Schon das Urteil J. v. Uexkülls über Haeckels Biogenetisches Grundgesetz war vernichtend: »Und gar das biogenetische Dogma Haeckels, demzufolge wir in unserer individuellen Entwicklung die Ahnenreihe wiederholen sollen! Wo findet sich noch so viel frommer Glauben, um diesen abenteuerlichen Wahn hinzunehmen?« (Bausteine, 109). Vollmert: »Das sogenannte ›Biogenetische Grundgesetz‹ (HAECKEL) … ist durch die DNS-Forschung widerlegt, aber: ›Der Schoß ist fruchtbar noch, aus dem das kroch‹ (BRECHT)« (Das Molekül, 177).
135 Kuhn, Zwischen, 81.
136 Zur tierischen Kommunikation herrscht ein unüberbrückbarer Wesensunterschied. Vgl. Chaillié, Gespräch, 23 f.; Kuhn, Zwischen, 130–153; Müller, Philosophische Grundlagen, 150 f.; Schlüter, Versuch, 101.
137 Das Präsentieren der Genitalien wie bei manchen Tierarten wäre eigentlich vorteilhafter (vgl. Illies, Der Jahrhundert-Irrtum, 155–170). Dem biologischen Zweck der Fortpflanzung steht das Schamgefühl im Weg.
138 Illies, Der Jahrhundert-Irrtum, 88.
139 Vgl. Junker/Scherer, Entstehung, 160–163: »Hinweise auf ein niedriges Erdalter«. Viele interessante Einzelheiten weisen darauf hin, dass hoch ausgebildete Formen schon in viel früheren Erdzeiten existierten als bisher angenommen wurde. Heutige (!) Pinuspollen konnten in präkambrischen Formationen nachgewiesen werden (vgl. ebd., 155). Nach der vorgetragenen Katastrophen-

theorie entstanden immer wieder neue Lebensgemeinschaften, die durch Massenvermehrung und Kurzlebigkeit charakterisiert waren. Sie brachen in schneller Folge zusammen und wurden durch andere ersetzt.
140 Besonders verwiesen sei auf die Rezeption durch Weissmahr (vgl. Gottes Wirken, 35–38), weil dessen Ausführungen für uns noch wichtig sein werden.
141 Pius XII., »Humani generis«, 36, in: AAS 42 (1950), 575 (auch in: DH 3896); vgl. auch die »Professio fidei« von Paul VI., in: AAS 60 (1968), 436. In der Generalaudienz vom 16.4.1986 bekräftigte Johannes Paul II. dies erneut: »Die Lehre des Glaubens dagegen behauptet mit unwandelbarer Gewissheit, dass die Geistseele des Menschen direkt von Gott geschaffen wurde« (Sekretariat der Deutschen Bischofskonferenz, Der Apostolische Stuhl 1986, 84). Für Schulte ist es unverständlich, wenn man nach »Humani generis« die Lehre eines recht verstandenen Kreationismus nicht schon als de fide [die als *de fide* bezeichneten Glaubenswahrheiten haben den höchsten Gewissheitsgrad, weil sie vom kirchlichen Lehramt vorgelegt worden sind.] definiert versteht (vgl. Die Entstehung, 47).
142 Rahner, Die Hominisation, 90.
143 Nach christlich-metaphysischem Verständnis ist Gott »nicht ein Teil dieser Welt, sondern ihr sie umfassender Grund« (ebd., 47).
144 Ebd., 58.
145 Ebd., 57.
146 Vgl. ebd., 58 f.80 f.83 f.
147 Ebd., 59.
148 Vgl. ebd., 58.80.
149 Ebd., 70.
150 Ebd., 61.
151 Ebd., 75. Seiendes überwindet sich »in seiner eigenen Tat als der Tat Gottes aktiv nach oben« (ebd., 61).
152 Ebd., 82 f. Die Selbsttranszendenz der Eltern »lässt sich als Schöpfung der Seele beschreiben« (Klinger, Seele, 397).
153 »Dieser Begriff der Selbsttranszendenz schließt auch die Transzendenz ins substantiell Neue, den Sprung zum *Wesens*höheren ein. Würde man nämlich diesen ausschließen, würde der Begriff der Selbsttranszendenz entleert« (Rahner, Grundkurs, 186 f.).
154 Vgl. Rahner, Die Hominisation, 83.
155 Ebd., 69; vgl. auch 66–70.75.82 f.
156 Ebd., 75.
157 Ebd., 73.
158 Bosshard: »Das *Modell der ›aktiven Selbsttranszendenz‹* ist gewiss nicht das letzte Wort in der Bestimmung des Verhältnisses von Gott und Welt« (Erschafft, 200).
159 Rahners Überlegungen über die aktive Selbsttranszendenz tragen nach Dolch nicht nur nichts zum tatsächlichen Verlauf der Evolution bei, sondern münden »mehr oder weniger in einen dynamischen Deismus« (<Rezension zu Weissmahr, Gottes Wirken>, 25).

160 Obwohl Kern Rahners Theorie zustimmt, lehnt er die Einbeziehung der menschlichen Geistseele in dieses Deutungsschema ab: »Bei der Entstehung der menschlichen Seele handelt es sich nicht nur um eine ›selbsterwirkte Vollkommenheitszunahme‹... sie schließt vielmehr um der Geistigkeit des Menschen als Wesens der Wahrheit und Freiheit willen ein Erwirktsein durch Geschöpfe – konkret: die Eltern – als *Hauptursachen* aus« (<Rezension zu Weissmahr, Gottes Wirken>, 139. Kern verweist auf Weissmahr, Gottes Wirken, 151). Weissmahr wendet allerdings zu Recht gegen Kern ein, dass es nicht mehr einsichtig ist, warum ein Entstehen einer subsistierenden geistigen Wirklichkeit aus Materie nicht denkbar sein soll, wenn man einmal die Möglichkeit von selbsterwirktem Seinszuwachs eingeräumt hat (vgl. Bemerkungen, 429).

161 Er hält gegen Rahner fest, »dass kein Geschöpf als Werkzeug Gottes zu einem Akt der Erschaffung aus Nichts mitwirken kann« (Lais, Das Naturwissenschaftliche Weltbild, 32, Anm. 8).

162 Vgl. Seifert, Gott, 32.

163 Vgl. Scheffczyk, Evolution und Schöpfung, 66–69.

164 »Gottes Wirksamkeit hat hierbei gewissermaßen kategorialen, keinen transzendentalen Charakter .... Die Vermutung, dass die Materie sich durch Selbsttranszendierung zum Geist entwickeln kann, ist unhaltbar« (Schmaus, Der Glaube, Bd. I [1969], 348 f.).

165 Vgl. Wenisch, Geschichten, 61.

166 Pesch erkennt an, dass die Annahme eines eigenen Schöpfungsaktes für den menschlichen Geist und die Begrenzung der Evolution auf dessen biophysisches Substrat nach wie vor beachtliche Argumente auf ihrer Seite hat (vgl. Theologische Überlegungen, 94).

167 Hengstenberg, Heute sagen, 6553.

168 Rahner, Die Hominisation, 76.

169 Ebd., 77 f.

170 Vgl. Schulte, Die Entstehung, 68.

171 Rahner beruft sich auf die »mittelalterliche und heute wieder im Vordringen begriffene Lehre, ... dass die geistige Seele erst in einem späteren Stadium der embryonalen Entwicklung und nicht schon bei der Zeugung in Existenz tritt« (Die Hominisation, 79). Danach gibt es Phasen in der Ontogenese, in denen der Fötus noch nicht Mensch ist. »Ein noch-nicht-menschlicher biologischer Organismus <steuert> auf eine Zuständlichkeit zu, in der die Entstehung einer Geistseele ihr genügendes biologisches Substrat hat« (ebd., 79). Dieses von Rahner favorisierte scholastische Modell der Seelensukzession ist unhaltbar, da sich bei der Entwicklung des Fötus überhaupt keine Zäsur zeigt, die auf einen Umbruch hindeutet (vgl. dazu S. 111). Da die mit dem Begriff der Selbstüberbietung angezeigte Hypothese von Rahner »seinerzeit im Blick auf solche naturwissenschaftlichen Theorien entwickelt wurde, wie sie heute kaum noch so vertreten werden«, ist ihr die naturwissenschaftliche Grundlage entzogen und kann »daher heute als (wieder) entbehrlich gelten« (Schulte, Gottes Wirken, 170).

172 Wenisch, Geschichten, 61; vgl. Scheffczyk, Schöpfung: Geheimnis, 96, der sich Wenisch anschließt.
173 Eccles, Die Evolution, 381. Für Eccles ist das Gehirn keineswegs die Ursache unseres geistigen Denkvermögens. Dieses hat vielmehr das Gehirn mit seinen Strukturen zur Voraussetzung. »Ich glaube, dass das Ich irgendwie auf dem Gehirn spielt, wie ein Pianist auf dem Klavier« (Popper/Eccles, Das Ich, 585). Ähnlich Grassé über den Geist des Menschen: »Für mich ist er etwas, das sich der Materie überlagert und davon unabhängig sein kann« (Chaillié, Gespräch, 25). Vgl. Bosshard, Erschafft, 72–74; Kuhn, Zwischen, 82–110; ders., Ursachen, 78; Müller, Philosophische Grundlagen, 137; Spaemann/Löw, Die Frage Wozu?, 257.
174 Teilhard spricht davon, dass das Radiale »auf undurchsichtige Weise durch das Wirken *des ersten Bewegers vorwärts getrieben*« wird und dass Gott »zu einem gewissen Teil in die Dinge eintaucht, indem er sich zum ›Element‹ macht« (Der Mensch im Kosmos, 280.305). Solche Äußerungen sind philosophisch wie theologisch unhaltbar. Kritik an Teilhard üben: Hengstenberg, Evolution und Schöpfung, 127–154; Pesch, Theologische Überlegungen, 87; Scheffczyk, Schwerpunkte, 198.
175 Mit der »Heftigkeit eines Pamphletes« (Feiner/Vischer, Neues Glaubensbuch, 433) zieht Monod gegen Teilhard zu Felde (vgl. Monod, Zufall, 44 f.). Vollmert kritisiert die peinlichen Anbiederungsversuche Teilhards (vgl. Das Molekül, 174.182). Er wundert sich wie Monod über die positive Aufnahme bei einigen Naturwissenschaftlern, »weil in den zahlreichen Büchern TEILHARDS eine erschreckende Oberflächlichkeit des Denkens durch eine pseudoreligiöse, pseudonaturwissenschaftliche Schwärmerei kaschiert wird« (ebd., 179). Eigen spricht gar von einer Ideologie, bei der »biologische Tatsachen mit subjektiven, naturwissenschaftlich nicht begründbaren ›Vorstellungen‹ verwoben sind« (»Vorrede XI«, in: Monod, Zufall).
176 Hengstenberg wirft Teilhard vor, einen radikalen Transformismus und damit Evolutionismus zu lehren (vgl. Heute sagen, 6549). Spaemann hält bei Teilhard eine »Theologisierung der Evolutionstheorie« (Evolution, 254) für gegeben.
177 Die Naturwissenschaften wie auch die Theologie sind nach O. H. Pesch über die Antwortentwürfe Teilhards hinaus (vgl. Theologische Überlegungen, 86). Scheffczyk warnt vor einem mystisch-immanentistischen Theismus; diese Gefahr ist für ihn bei Teilhard gegeben (vgl. Schwerpunkte, 195.197 f.). Teilhards Synthese hält er für überzogen (vgl. Evolution und Schöpfung, 60).
178 Die folgende Einschätzung von Kardinal König aus dem Jahr 1983 mag deshalb jeder selbst beurteilen: »TEILHARD DE CHARDIN hat das Verdienst, den scheinbar kaum aufzulösenden Gegensatz von Evolutionstheorie und Schöpfungsglauben überwunden zu haben« (»Einführung«, 18, in: Riedl/Kreuzer, Evolution). Im Monitum des Offiziums vom 30.6.1962, das bis heute nicht zurückgezogen wurde, hatte es dagegen geheißen, dass gewisse Werke Teilhard de Chardins »derartige Doppeldeutigkeiten enthalten und darüber hinaus so schwere Irrtümer, dass sie die katholische Lehre verletzen« (AAS 54 [1962], 526).

179 Hengstenberg, Heute sagen, 6550. Die Parallelität von Rahners Theorie und Teilhards Weltsystem ist nach Lülsdorff frappierend (vgl. Creatio, 332). »Ohne Zweifel«, so Wenisch (Geschichten, 60, Anm. 222), versucht Rahners Theorie des Werdens Gedanken von Teilhard de Chardin aufzunehmen und sie in eine metaphysisch durchdachtere Form zu bringen. Dem harten Vorwurf Lockers an die Adresse Rahners, durch Verzicht auf Belege und Quellennachweise das als Eigenerzeugnis auszugeben, »was bloß Adaption, Kompilation oder Ad-hoc-Benützung war« (Das Phänomen Rahner, 6385), kann deshalb die Berechtigung nicht ganz abgesprochen werden.
180 Hengstenberg, Heute sagen, 6550.
181 Rahner, Die Hominisation, 48.
182 Ebd., 54. Ähnlich Weissmahr: Die Materie wird als ansatzweise geistige Wirklichkeit gesehen, bei der das Sein zwar formal noch nicht zu sich selbst gekommen, aber gleichsam auf dem Weg dazu sei (vgl. Bemerkungen, 429).
183 Rahner, Die Hominisation, 51.
184 Ebd., 51 f.
185 Ebd., 53.
186 Ebd., 51.
187 Vgl. Seifert, Leib und Seele, 192, Anm. 330.
188 Rahner, Die Hominisation, 52.
189 Ebd.
190 Hengstenberg, Evolutionismus und Schöpfungslehre, 245.
191 Rahner, Die Hominisation, 70.
192 Hengstenberg, Evolutionismus und Schöpfungslehre, 246. Ähnlich widersprüchlich ist es, wenn Weissmahr schreibt: Gott bewirkt »im Bereich des Geschaffenen *dasselbe*, was das Geschöpf bewirkt, wirkt es aber auf *vollkommen verschiedene*, nur ihm zukommende *Weise*« (Gottes Wirken, 141). Hengstenberg betont im Anschluss an Thomas von Aquin, dass Gott ohne Bewegung schafft (»sine motu«), dass also Schöpfung nicht im Sinne eines Werdens von etwas zu etwas anderem verstanden werden darf, sonst wäre Gott in der Tat ein Demiurg.
193 Hengstenberg, Evolutionismus und Schöpfungslehre, 247.
194 Wenisch: »Das erkenntnismäßige ›Werden‹ des Subjekts und das substantielle Werden sind so verschieden, dass man sich wundert, wie Rahner die beiden nicht nur parallelisiert, sondern sogar zur Einheit eines einzigen Prozesses zusammenspannt« (Geschichten, 55).
195 Heijden, Karl Rahner, 109.
196 Besonders beim Wunderhandeln Gottes zeigt sich die Unhaltbarkeit der Rahner'schen Argumentation. Nach Rahner ist ein Wunder nichts anderes als eine Konfiguration von Ereignissen, an der »jene göttliche Selbstmitteilung unmittelbar beteiligt ist«, die der Mensch »in seiner transzendentalen Gnadenerfahrung ›instinktiv‹ immer schon erlebt und die anderseits gerade am ›Wunderbaren‹ unmittelbar in Erscheinung tritt und sich als solche so bezeugt« (Grundkurs, 257). Wie soll aber nun das »unmittelbar« bei der Selbstmitteilung

Gottes im Wunder verstanden werden? Es lässt sich einfach nicht integrieren. Wenisch: »Denn die Selbstmitteilung Gottes ist ja die Dynamik, die die ganze Geschichte des Menschen transzendental trägt und vorantreibt; was soll hier die Rede von besonderer Unmittelbarkeit? ... Entweder muss man sagen, dass es zur Begründung dieser Annahme über das transzendentale Handeln Gottes hinaus hier noch ein besonderes Handeln braucht, oder die Rede von der Unmittelbarkeit des Handelns Gottes im Wunder bleibt inhaltlos« (Geschichten, 166). Wenn man also nicht »inhaltlos« reden will, kommt nur Ersteres infrage, bei dem aber die Selbstmitteilung Gottes nicht nur Geschichte begründend, sondern selbst geschichtlich und der Sinn der Unterscheidung transzendental-kategorial aufgehoben wäre. Man hat es mit den »Grundaporien des Rahner'schen Denkens« zu tun (ebd., 167).

197 Seifert, Gott, 37. Mit den hier angesprochenen Problemen des Handelns Gottes wird noch eine gründliche Auseinandersetzung folgen müssen bei der sogenannten Zweitursachentheorie. Mit Lülsdorff lässt sich die Frage stellen, ob nicht auch der Ursprung der menschlichen Seele Heilsbedeutung hat und somit dem Bereich der Gnadenordung zuzurechnen ist (vgl. Creatio, 327).

198 Lülsdorff: »Schließlich ist Gottes Tun nach Rahners Modell gerade nicht, was es nach dem Wort Pius' XII. in ›Humani generis‹ sein soll, nämlich unmittelbares Schaffen« (Creatio, 331).

199 Vgl. zum folgenden Hengstenberg, Evolution und Schöpfung, 202–233. Scheffczyk baut in seinen vielen Veröffentlichungen zum Thema der Evolution auf Hengstenberg auf und weist unberechtigte Kritik an diesem zurück (vgl. Evolution und Schöpfung, 62f.). Das von Hengstenberg durchgeführte Unternehmen wird von Spaemann und Löw als »ebenso gründlich wie scharfsinnig« (Die Frage Wozu?, 274) bezeichnet.

200 STh I q 8 a 1.

201 Vgl. Hengstenberg, Heute sagen, 6548.

202 Ebd. »Jeder Seinsakt stammt unmittelbar von Gott« (Hengstenberg, Evolution und Schöpfung, 24). Scheffczyk: »Es ist gänzlich ausgeschlossen, die Mitteilung eines solchen neuen Seinsaktes *an* ein Geschöpf *einem anderen Geschöpf* zu überlassen. Das wäre gleichbedeutend mit der Unterstellung, dass das betreffende Geschöpf auch sich selbst seinem ganzen Sein nach aus dem Nichts hervorbringen könnte. Zur Mitteilung neuen Seins ist nur ein Wesen fähig, das das Sein selbst ist. Diese Mitteilung aber ist das Wesen des Schöpfungsaktes« (Schwerpunkte, 199f.). Scheffczyk schließt deshalb die Möglichkeit, dass geschöpfliche Ursachen auch nur instrumental ein schöpferisches Handeln Gottes übernehmen können, aus (vgl. Schöpfung: Geheimnis, 90).

203 Hengstenberg, Evolutionismus und Schöpfungslehre, 248f.; vgl. Wenisch, Geschichten, 65.

204 »So soll hier der ›Beweis‹ verstanden werden: dass nach dem Aufzeigen der philosophischen Unhaltbarkeit von Reduktionismus, Präformationismus und Fulgurationismus eine platonische oder christliche Schöpfungslehre auch philosophisch das einzige einleuchtende Erklärungsmodell für die Befunde der

Evolution, für das Auftreten von wirklich Neuem in der Zeit ist. Es ist ein Beweis ex contrariis [aus den Gegensätzen]: Alle anderen Alternativen sind philosophisch schlechter als diese« (Löw, Zur Interpretation, 20). »Der Gläubige kann zu Recht darauf verweisen, dass es bisher niemandem gelungen ist, diese Übergänge ohne jeden Schöpfungsimpuls Gottes überzeugend zu erklären« (Staudinger, Gottes Allmacht, 128).
205 Hengstenberg, Evolutionismus und Schöpfungslehre, 247.
206 In Bezug auf Teilhard hat dies zur Konsequenz: »Die Rede vom Sichselbermachen der Dinge ist also Unsinn« (Hengstenberg, Heute sagen, 6548).
207 Vgl. dazu sein grundlegendes Werk »Das Molekül und das Leben. Vom makromolekularen Ursprung des Lebens und der Arten: Was Darwin nicht wissen konnte und die Darwinisten nicht wissen wollen«. Die wichtige Frage, ob Makromoleküle auf der frühen Erde von selbst entstehen konnten, beantwortet er abschlägig, und zwar »mit naturwissenschaftlicher Exaktheit ... weil man erstens die Bedingungen, unter denen sich Makromoleküle durch statistische Polykondensation bilden, durch fortlaufende und wiederholte Experimente im Rahmen der Kunststoffchemie so sicher und so genau kennt und weil man zweitens die Bedingungen auf der frühen Erde mit einer für die Beantwortung der Frage völlig ausreichenden Sicherheit kennt« (Das Molekül, 46). Seine Kritik an Eigen und anderen Selbstorganisationsvertretern ist vernichtend. Diese würden sich weigern, in der chemischen Großproduktion streng beachtete Gesetzlichkeiten zur Kenntnis zu nehmen und blind gegen die Gesetze der Polykondensationsthermodynamik und Stöchiometrie anrennen. Immer neue Spiele mit ganz realitätsfremden Regeln würden erfunden werden, bei denen Makromolekülen wahrhaft märchenhafte Eigenschaften angedichtet werden (vgl. ebd., 13.88.154). Vollmert kann sich auf die ISSOL-Tagung berufen, die in Mainz 1983 stattfand. Ihr kann historische Bedeutung zugemessen werden. Von mehreren Wissenschaftlern wurde hier widerspruchslos festgestellt, dass alle Evolutionshypothesen zur Bildung lebender Systeme aus entstehenden Polynukleotiden keine empirische Grundlage haben (vgl. ebd., 43 f.).
208 Vgl. Löw, Zur Interpretation, 19. Ähnlich Hoeres, Zweckmäßigkeit, 4778; Müller, Philosophische Grundlagen, 132. Bei diesen monistischen Hypothesen ist das Ergebnis immer das Gleiche: Es wird nur scheinbar Neues und Höheres in der Entwicklung hervorgebracht.
209 Seifert bezeichnet den Kreationismus »die auch philosophisch einzige haltbare These über den Ursprung der menschlichen Seele« (Leib und Seele, 268, Anm. 403).
210 Löw, Zur Interpretation, 19.
211 Löw, Evolutionismus in naturphilosophischer Kritik, 272. Deutlich ist der Anklang an Hengstenberg festzustellen (vgl. Hengstenberg, Heute sagen, 6552; ders., Evolutionismus und Schöpfungslehre, 242 f.), wenn Löw schreibt: »Kommt es zu einer ›Änderung der Art‹ ... sei es durch eine plötzliche, u. U. künstliche Mutation (bisher nicht gelungen!), sei es durch allmähliche popula-

tionsgenetische Isolation, so rücken die der neuen Art zugehörigen Individuen ein in den neuen Artlogos, ohne dass wir von einem Auseinander im kausal erklärenden Sinne sprechen dürften« (ebd.).
212 Petri, Möglichkeiten, 126.
213 Hengstenberg, Heute sagen, 6553. Die schon angesprochenen specifica humana weisen eindeutig in diese Richtung.
214 Hengstenberg, Evolution und Schöpfung, 209. In der Enzyklika »Humani generis« wurde die Forschung über die Herkunft des menschlichen Leibes »ex iam existente ac vivente materia« (AAS 42 [1950], 575) freigegeben.
215 Vgl. Hengstenberg, Evolutionismus und Schöpfungslehre, 248. Kirchenväter wie Basilius, Chrysostomus und Augustinus waren der Überzeugung, dass Gott nicht jede Art von Lebewesen einzeln erschaffen, sondern der toten Materie den Auftrag zur Hervorbringung gegeben habe (vgl. Kuhn, Darwins Evolutionstheorie, 3 f.).
216 Seifert, Gott, 38; vgl. Schulte, Die Entstehung, 56. Die geistige Seele als unstoffliches Selbststandwesen kann nach Thomas von Aquin nicht durch Zeugung, sondern nur durch Schöpfung von Gott entstanden sein (vgl. STh I q 118 a 2). Der von Rahner kreierte Ausdruck »Hominisation« ist deshalb ungeeignet und verwirrend, weil sich der Mensch nicht der »Hominisation«, sondern einer Schöpfung Gottes verdankt.
217 Vgl. zum Folgenden Scheffczyk, Schwerpunkte, 200.
218 Ebd.
219 Vgl. Hengstenberg, Evolutionismus und Schöpfungslehre, 250.
220 Ebd., 248.
221 Wenisch, Geschichten, 62; vgl. Hengstenberg, Evolution und Schöpfung, 196 f. Dies ist auch gegen Weissmahr zu sagen, denn dieser lässt den Einwand, dass man nur die Wirkungen der Erst- bzw. der Zweitursache, nicht aber die Ursachen als solche vergleichen kann, nicht gelten mit der Begründung: »Ursachen werden stets nur aufgrund ihrer vergleichbaren Wirkungen miteinander verglichen. Wenn diese miteinander vergleichbar sind, so sind es auch jene« (Kann Gott, 449).
222 Schulte, Die Entstehung, 87. Macht *auf* ist nicht zu verwechseln mit Macht *über*!
223 Ebd., 90.
224 Lorenz: »Wenn dieses in seinem kollektiven Tun oft nicht nur so böse, sondern auch so dumme Wesen das Ebenbild Gottes sein soll, muss ich sagen: ›Welch trauriger Gott!‹« (Der Abbau, 285). Vgl. auch Schmitz, Charles Darwin, 73.
225 Auf diese Theorie näher einzugehen, würde zu weit führen; außerdem ist es fraglich, ob dies überhaupt sinnvoll ist, da sie sowieso »von kaum einem ›gelernten‹ Philosophen oder Wissenschaftstheoretiker für ernsthaft vertretbar gehalten wird« (Spaemann, »Einführung«, 3, in: ders./Löw/Koslowski, Evolutionismus). Die Problemlösung der Evolutionären Erkenntnistheorie besteht für Löw darin, »denkend den Wahrheitsbezug des Denkens abzuschaffen. Bildlich gesprochen: Münchhausen tunkt sich am Schopfe in den Sumpf« (Wahr-

heit, 319). Vgl. auch Illies, Der Jahrhundert-Irrtum, 54; Müller, Philosophische Grundlagen, 89 f. 95–97.
226 So weist etwa Grassé darauf hin, dass auch die höheren Affen angeborene Verhaltensweisen haben, die kein Freiheitsverhalten erkennen lassen: »Schimpansen, die wir mit dem Fläschchen ohne jeden Kontakt zu ihren Eltern aufgezogen haben, bauen sich im Alter von drei Jahren am ersten Tag, den sie in der freien Natur verbringen, ein Nachtlager in der Astgabel eines Baumes« (Chaillié, Gespräch, 23). Der Mensch dagegen braucht für sein Verhalten Informationen; sehr vieles muss er erst lernen. »Oft sind es die einfachsten Sachen, die am leichtesten übersehen werden« (ebd., 24). Wie wenig Einsichtsverhalten bei Tieren vorhanden ist, zeigt auch das Verhalten der brütenden Putenhenne, die ihr eigenes Küken zu Tode hackt, wenn man ihr die Ohren zustopft, dagegen den Todfeind Wiesel (in ausgestopfter Form) bebrütet, wenn in dessen Fell ein Minilautsprecher eingebaut ist, der das jämmerliche Piepsen eines aus dem Nest gefallenen Kükens wiedergibt. Weitere Beispiele dieser Art finden sich bei Kuhn, Zwischen, 122.
227 D. Morris, Der nackte Affe, München-Zürich 1968. Gemeint ist mit dem Titel dieses Bestsellers der Mensch, der als Einziger der 193 verschiedenen Affenarten eine Ausnahme mache, weil bei ihm nicht der ganze Körper mit Haaren bedeckt sei (vgl. ebd., 11).
228 T. Löbsack, Versuch und Irrtum. Der Mensch: Fehlschlag der Natur, München 1974.
229 Dawkins, Das egoistische Gen VIII.29.
230 Der Genetiker und Nobelpreisträger Lederberg definiert den Menschen als ein Wesen, das »aus einer 180 Zentimeter langen bestimmten molekularen Folge von Kohlenstoff-, Wasserstoff-, Sauerstoff-, Stickstoff- und Phosphoratomen« besteht (»Senkrecht zur Hölle«, in: Der Spiegel 24 (1970) Nr. 52, 120. Er ist also nichts anderes als ein »Säurefaden von bestimmter Länge und Struktur« (Hoeres, Evolution, 28).
231 Huxley, Ich sehe, 253.
232 Vgl. Jonas, Organismus, 77. Er bringt dieses Bild, ohne dass er selbst diese Meinung teilt. Inzwischen gibt es in der Biologie immer mehr Stimmen, die sich gegen die Degradierung des Menschen aussprechen. Gehlen, der das Wort vom Menschen als Mängelwesen prägte, hat sich später selbst davon distanziert (vgl. Anthropologische Forschung, 18); es ist auch wissenschaftlich nicht haltbar (vgl. Schlüter, Versuch, 100 f.; Kuhn, Zwischen, 70). Für Popper und Eccles ist »die Herabsetzung des Menschen und seiner Leistungen weit genug getrieben worden – in der Tat, zu weit« (Das Ich, 13).
233 Vgl. Schmitz, Charles Darwin, 72.
234 Im Affenhaus des Frankfurter Zoos ist auf einer Bronzetafel das Diktum von Lorenz zu lesen: »Der eigentliche Übergang vom Affen zum Menschen, das sind wir.«
235 Ditfurth, Wir sind, 277. Der Mensch müsse endlich begreifen, wie aberwitzig die Behauptung sei, »dass 13 oder mehr Milliarden Jahre kosmischer Ge-

schichte zu nichts anderem gedient hätten als dazu, den heutigen Menschen hervorzubringen« (ebd., 20). R. Kasper: »Die Wahrheit der Evolutionstheorie hat ... alle Vorstellungen einer einmaligen Schöpfung oder einer metaphysischen Sonderstellung des Menschen als egozentrische Illusion entlarvt und damit allen anthropomorphen Weltbildern für immer die Grundlage entzogen« (Über die Wahrheit, 43).

236 Vgl. Kaufmann, Die Menschenmacher, 116 f.
237 Vgl. ebd., 27 f. 85.
238 Vgl. ebd., 109–111.
239 Noch 1970 hieß es in einer Spiegel-Ausgabe zum Thema der Biochemie als Zielangabe für das Jahr 2000: »Züchtung von Mensch-Tier-Mischwesen, die einfache körperliche Arbeiten verrichten können« (»Senkrecht zur Hölle«, in: Der Spiegel 24 (1970) Nr. 52, 116). Nach Vollmert könne von solchen Züchtungen nicht mehr ernsthaft die Rede sein; man könne sie vergessen (vgl. Das Molekül, 188). Der Freiburger Genetiker Bresch verweist darauf, dass eine gezielte Verbesserung des menschlichen Erbgutes so sei, »als ob Sie ein Gedicht von Goethe durch einen Druckfehler noch schöner machen wollen« (Zwischenstufe, 116). Rodrigo bringt eine Auflistung von Zitaten der namhaften Fachleute Rensch, Dobzhansky, Ayala und Lopez-Fanjul, die große Reserven anmelden hinsichtlich der technischen Möglichkeiten von Genmanipulationen (vgl. Genmanipulation, 497).
240 Vgl. Balkenohl, Gentechnologie, 91.
241 Kongregation für die Glaubenslehre, »Instruktion über die Achtung vor dem beginnenden menschlichen Leben und die Würde der Fortpflanzung«, 19, in: AAS 80 (1988), 84.
242 Packard, Die große Versuchung, 309. Seine Kalkulationen über die Mietkosten eines menschlichen Mutterleibes widern geradezu an. Von Kindern spricht er wie von Produkten (vgl. ebd., 300).
243 Kuhn, Zwischen, 39.
244 Es ist vorauszusehen, dass sich dies katastrophal auf die Psyche des Einzelnen auswirken müsste. Jonas: »Sich als Abklatsch eines Seins zu wissen, das sich schon in einem Leben offenbart hat, muss die Authentizität des Selbstseins ersticken ... Ein Grundrecht auf Nichtwissen, das zur existentiellen Freiheit unerlässlich gehört, ist hier vorgreifend verletzt. Das Ganze ist frivol in den Motiven und sittlich verwerflich in den Folgen« (Technik, 515).
245 Rodrigo, Genmanipulationen, 485.
246 Jonas, Technik, 517.
247 Ebd.
248 Die bisher äußerst aufwendige und kostenintensive Gewinnung von Insulin ist durch die synthetische Herstellung künstlicher Gene und deren Übertragung in das genetische Material gewisser Bakterien abgelöst worden. Mit in der Retorte nachgebauten Hormonen lassen sich menschliches Wachstum anregen und Unfallschocks bekämpfen. Die bislang bei Impfungen möglichen gefährlichen Nebenwirkungen könnten vermieden werden, wenn statt mäßig virulenter

Mikroben nur die durch Umkombinierung der DNS erstellten Proteinhüllen eingeführt werden würden. Bakterien, die Kohlenwasserstoffe abbauen, könnten bei Ölverseuchungen Abhilfe schaffen. Nährpflanzen, die den Stickstoff der Luft verwenden, hätten nicht mehr so viel Dünger notwendig. Biomasse von geringer Qualität könnte in Proteine umgewandelt werden.

249 Johannes Paul II., »Ansprache an die Teilnehmer der 35. Generalversammlung des Weltärztebundes«, in: AAS 76 (1984), 389–395, hier 393.
250 Bresch, Zwischenstufe, 297.
251 Jonas, Technik, 510.
252 Dies gilt schon für Darwin (vgl. Schmitz, Charles Darwin, 72).
253 Huxley, Entfaltung, 153.
254 Scheffczyk, Christwerden, 221.
255 Vgl. Monod, Zufall, 200.
256 Vgl. Ditfurth, Wir sind, 289.
257 Vgl. Ratzinger, Der Mensch, 37. In diesen Romanen hat der Mensch zwar ein Ziel fast völlig erreicht: die Ausschaltung alles Zufälligen durch die Logik der Planung, der Preis dafür ist allerdings enorm hoch. Das Leben des Menschen ist von der Entstehung in der Retorte bis zum Tod restlos geplant. Es bleibt kein Raum mehr für Kreativität und Freiheit, ja nicht einmal mehr für den eigenen Namen: Die uniformierten Einheitsmenschen sprechen sich nur mehr als Nummern an. Ein »Weltaufsichtsrat« (A. Huxley), ein »Großer Bruder« (Orwell) oder »Der einzige Staat« mit seiner Maschine des Wohltäters (Samjatin) sorgen für eine totale Überwachung mit albtraumhafter Perfektion. In Samjatins Zukunftsroman »Wir« sind sogar die Häuser aus durchsichtigem Material, um jeglichen Rest einer privaten Zurückgezogenheit zu zerstören. Die Freiheit wird restlos durch die Montage der Notwendigkeit ersetzt. »FREIHEIT IST SKLAVEREI«: Das ist eine der Parolen, die in riesigen Lettern am »Wahrheitsministerium« angebracht ist in Orwells »1984« (vgl. ebd., 7).
258 Ziegenaus: »Nichts Irreversibles schaffen, d. h. vorsichtig sein, damit nicht etwa Krankheitserreger entstehen, gegen die man kein Mittel kennt ... So gelangte die moderne Wissenschaft in die Aporie, einerseits einen neuen Menschen mit höherer Lebensqualität mithilfe der Genmanipulation entwickeln zu wollen, andererseits aber nicht zu wissen, was der Mensch und was Lebensqualität überhaupt sind« (Bringt, 181).
259 Jonas, Technik, 507.
260 Ebd., 508.
261 »Sogenannte Ethikkommissionen sind überdies fachlich inkompetent. Soweit Fachleute darin vertreten sind, sind es diejenigen, die an dem Projekt selbst interessiert sind. Es sind also ›Richter in eigener Sache‹« (Balkenohl, Gentechnologie, 117).
262 Vgl. »Senkrecht zur Hölle«, in: Der Spiegel 24 (1970) Nr. 52, 114.
263 Scheffczyk, Christwerden, 220. In ähnlicher Weise äußert sich Kern, der von metaphysischen Letztheitsstrukturen und Unbedingtheitsfunktionen spricht.

»Es gibt nichts *gänzlich* Neues, <sic> für den Menschen: Christus ist seine letzte, schon wirkliche Wirklichkeit« (Zur theologischen Auslegung, 543).
264 Ziegenaus, Bringt, 183.
265 So lautet der Untertitel seines Buches »Gottes Bogen in den Wolken«.
266 Ebd., 58.
267 Jacob, Das erste Buch, 32.
268 Ziegenaus, Bringt, 182.
269 Vgl. Zenger, Gottes Bogen, 103–136.200 f.
270 Ebd., 128. »Der Bogen, der in den Wolken aufleuchtet, ist Symbol der Kabod [Herrlichkeit] Jahwes in und über seiner Schöpfung« (ebd., 131).
271 Ebd., 181.
272 Ebd., 166.
273 Ebd., 180.
274 Guardini, Freiheit, 268.

6 Vorsehung und Wunder

1 Lewis, Wunder, 58.
2 GL 262/1.
3 Scheffczyk, Wunder, 298.
4 Wenig verständlich ist es, wenn Ebeling von der Peripherie der Heilungspraxis Jesu spricht und meint, dass die Wirklichkeit Jesu nicht in den Machttaten ihren Schwerpunkt gehabt habe (vgl. Dogmatik, Bd. II, 463). Sie hat ihn sicher *auch* darin gehabt.
5 Wiesner: »Gottes Handeln geschieht vornehmlich in Wundern und ist ganz auf sein Ziel mit seinem erwählten Volk und sein Heil ausgerichtet«, heißt es im Evangelischen Kirchenlexikon im Artikel »Vorsehung« (Vorsehung, 1706). Ähnlich Lemonnyer, La providence, 939.
6 Scheffczyk, Wunder, 298.
7 Aus der beachtlichen Fülle von Veröffentlichungen zu diesem Thema sei nur verwiesen auf: J. McManus, Die heilende Kraft der Sakramente und des Gebetes, Salzburg 1985; F. MacNutt, Die Kraft zu heilen. Das fundamentale Buch über Heilen durch Gebet, Graz 1976; J. C. Peddie, Die vergessene Gabe. Heilen als biblischer Auftrag heute, Metzingen ²1980; E. Tardif/J. H. P. Flores, Jesus lebt, Münsterschwarzach 1988. Wenisch: »Gerade die Erfahrung in der charismatischen Erneuerung könnte von Neuem den Blick dafür öffnen, dass die heutige Einstellung der Theologen dem Wunder gegenüber einer vorgefassten Meinung entspringt, die den Glauben an das lebendige Heilswirken Gottes behindert« (Geschichten, 32 f.).
8 Vgl. I. Vatikanisches Konzil, »Dei Filius cap. 3«, in: DH 3009.
9 Sehr gut tritt diese Verbindung bei Spinozas Ausführungen über das Wunder im 6. Kapitel seines theologisch-politischen Traktats hervor. Erstaunlich oft spricht er dort von der Vorsehung und versucht der Meinung des Volkes entgegenzutreten, wonach sich Gottes Macht und Vorsehung besonders im Wunder offenbare

(vgl. ebd., 93). Wunder hält er für ungeeignet, das Wesen, Dasein und die Vorsehung Gottes erkennen zu können (vgl. ebd., 94.97.100).
10 Vgl. Grochtmann, Unerklärliche Ereignisse, 199 f. Grochtmann hat eine beträchtliche Fülle von theologischer Literatur verarbeitet. Selbst wenn bei vielen Einzelheiten deutlich wird, dass man es mit einem Juristen zu tun hat (Grochtmann ist seit 1966 Richter am Amtsgericht Rheda-Wiedenbrück) und mit Reckinger manche Einwände theologischer und historisch-kritischer Art gemacht werden können (vgl. Fakten, 133 f.), ist seine Arbeit auch aus theologischer Sicht wertvoll. Im Geleitwort wird ihm dies von Kardinal Hengsbach bestätigt (vgl. ebd., 2 f.). Reckinger stuft Grochtmanns Dissertation als »bemerkenswerteste Veröffentlichung zum Thema in unserem Sprachbereich« (Fakten, 133) ein. Dass dieser als Jurist viele Theologen mit ihrer übertriebenen Wunderkritik widerlegt, ist, so Bökmann, »ganz schön beschämend« (Schamonis Forschungen, 537). Es bleibt sein Verdienst, dass er zur Falsifikation der Zweitursachentheorie, die im nächsten Kapitel besprochen wird, erheblich beigetragen hat durch sein hartnäckiges Insistieren auf Fakten, die sich im Rahmen dieser Theorie einfach nicht unterbringen lassen. Die Pauschalverwerfung der Dissertation Grochtmanns in der polemischen Rezension durch Knauer (in: ThPh 65 [1990], 615 f.) mag in gewisser Weise verständlich sein durch die harsche Kritik Grochtmanns an diesem (vgl. Unerklärliche Ereignisse, 182 f.); sie ist aber nicht gerechtfertigt. Reckinger hat überzeugend aufzeigen können, dass die Einwände Knauers in den zentralen Punkten nicht stechen, ja dass er manches in ein schiefes Licht rückt und haltlose Vorwürfe erhebt (vgl. Fakten, 132–139). Gegen Knauer ist zu fragen, wo in seiner Besprechung jene Fähigkeit zur Differenzierung bleibt, die sonst eingefordert wird. Polemik hilft nicht weiter.
11 Reckinger, Fakten, 133.
12 Kasper: »Sogenannte Naturwunder braucht man dagegen mit einiger Wahrscheinlichkeit nicht als historisch anzusehen« (Jesus, 107). Die wunderbare Rettung aus dem Seesturm, das Wandeln auf dem See, die Verklärungsszene, das Brotvermehrungswunder und den Fischfang des Petrus nennt er unter formgeschichtlichem Aspekt »Rückprojektionen von Ostererfahrungen in das irdische Leben Jesu bzw. ... vorausgenommene Darstellungen des erhöhten Christus ... So erweisen sich gerade die Naturwunder als sekundärer Zuwachs zur ursprünglichen Tradition« (ebd., 106). Obwohl O. H. Pesch Naturwunder prinzipiell für möglich hält, fragt er doch: »Ob je ein Wunder im Sinne einer ›Durchbrechung der Naturgesetze‹ geschehen ist, ob die biblischen Wunder, wenigstens einige von ihnen, so verstanden werden müssen, kann durchaus dahingestellt bleiben« (Theologische Überlegungen, 103). Ebeling geht von der definitiven Erkenntnis heutiger Wissenschaft aus: »Dementsprechend legt sich die Wahrscheinlichkeit von gewissen Heilungswundern nahe, insbesondere von Heilungen Besessener, sowie die Unwahrscheinlichkeit sogenannter reiner Naturwunder wie der Stillung des Sturms, des Wandelns auf dem Wasser oder plötzlichen Verdorrens eines Feigenbaums infolge eines Fluchs« (Dogmatik, Bd. II, 463). Vgl. auch Schillebeeckx, Jesus, 151.

13 Vgl. Grochtmann, Unerklärliche Ereignisse, 203.
14 Wobei das heute relativ ist; hatte doch auch schon Renan in dieser Richtung argumentiert: »Presque tous les miracles que Jésus crut exécuter paraissent avoir été des miracles de guérison.« [Beinahe alle Wunder, die Jesus gewirkt hat, scheinen Heilungswunder gewesen zu sein] (Vie de Jésus, 246).
15 Vgl. Kasper, Jesus, 107; Knoch, Natürliche Phänomene, 128. Jeremias: »Es handelt sich dabei primär um die Heilung psychogener Leiden ... Es sind Vorgänge, die in der Richtung dessen liegen, was die Medizin als Überwältigungstherapie bezeichnet« (Neutestamentliche Theologie, 96). Ähnlich auch G. Lohfink: »Seitdem klar geworden ist, dass sich göttliches Heilshandeln und natürlich-psychogene Heilwirkungen theologisch keineswegs ausschließen ..., besteht kein Grund mehr, die neutestamentlichen Heilungswunder nicht völlig ernst zu nehmen« (Wie hat, 22). Dämonische Besessenheiten werden – wie schon bei Reimarus und Strauß – als »Gemüths- und Nervenkrankheiten« (Strauß, Das Leben Jesu, Bd. I [^{4}1877], 339; vgl. Reimarus, Apologie, 380) definiert, als »Verselbstständigung der vitalen Kräfte... Verabsolutierung der kreatürlichen Lebenskräfte« (Trillhaas, Dogmatik, 159).
16 Bei den aus der Geschichte bekannten Bestreitern der neutestamentlichen Wunderberichte Spinoza, Hume, Reimarus und Strauß ist eine große Arroganz gegenüber den Zeitgenossen Jesu anzutreffen. Ihnen wird eine fehlende kritische Einstellung vorgeworfen. Spinoza spricht verächtlich vom gewöhnlichen Volk. Dieses würde die außergewöhnlichen Werke der Natur teils aus Verehrung, teils aus »Lust am Widerspruch denen gegenüber, die die Naturwissenschaften pflegen«, (Theologisch-politischer Traktat, 93 f.) Wunder nennen. Nur bei unwissenden und barbarischen Völkern würden sich, so Hume, Wunder im Überfluss finden (vgl. Eine Untersuchung, 139). Die »crasse Unwissenheit und der finstere Aberglaube des Volks in jener Zeit« hätten nach Strauß Heilungen zu Wundern aufgebauscht (Das Leben Jesu, Bd. I [^{4}1877], 340). Die Juden würden die Natur nicht kennen und seien abergläubisch. Die Religionsurkunden vor anderthalbtausend Jahren seien »unter äußerst ungünstigen Bildungsverhältnissen« (ebd., XVIII) entstanden. Reimarus attackiert die falsche »Meynung des Pöbels« (Apologie, 381). Auch in heutigen Arbeiten wird eine wenig ausgeprägte Unterscheidungsgabe der damaligen Zeit betont, wenngleich man sich hütet, so deutlich wie die oben Genannten zu sprechen (vgl. etwa Ebeling, Dogmatik, Bd. II, 462 f.).

Es wird nicht genügend berücksichtigt, dass die Antike selbst schon eine differenzierte Stellungnahme kannte. Glöckner: »Neben Wunderglauben gibt es auch Wunderkritik, neben Zauber und Magie auch Versuche rational-wissenschaftlicher Lebens- und Weltdeutung, neben Epidaurus auch Sanatorien im Sinne wissenschaftlicher Medizin« (Biblischer Glaube, 64). Der Behauptung, dass die damalige Zeit wundersüchtig gewesen sei, tritt Gnilka überzeugend entgegen (vgl. Zeichen/Wunder, 879 f.). Die Reaktionen der Menschen in den neutestamentlichen Wunderberichten zeigen klar, dass man sich auch damals bewusst war, was möglich ist und was nicht. Wenn ihnen etwas begegnet, was ihrer gewohnten Lebenserfahrung völlig entgegensteht, geraten sie außer sich (vgl. Mk 2,12; 5,42; 6,51). Sie sind erstaunt und betroffen von der Vollmacht, die sich in Jesus kundtut (vgl. Mk 4,41; 7,37; Lk 7,16; 13,17). Jesus wird ausgelacht, als er am Totenbett des Mädchens den Klagefrauen erklärt, dass es nur schlafe (vgl. Mk 5,40).

17 Schon bei der Bibelkritik eines Reimarus werden die heidnischen Wunder als Argument gegen die biblischen ins Feld geführt: »Und es bleibt fast kein einziges Wunder Jesu oder der Apostel und Kirchenväter übrig, welches nicht auch bey den Heyden, so gar bis auf die Erweckung der Todten, geschehen seyn soll, und mit den stärksten Zeugnissen und noch vorhandenen Documenten bewährt sey« (Apologie, 383 f.). Die Aufwertung heidnischer Wunder geschieht nicht selten in naiv-unkritischer Weise, in der jede vage Ähnlichkeit zu einem Beweis der Dependenz hochstilisiert wird. Hacker nennt es eine unkritische Unverschämtheit, wenn etwa Philostrats Apollonius-Roman mit den Wundern Christi zusammengestellt wird: »Es ist mit Händen zu greifen, dass Philostrat (3. Jh. n. Chr.!) sich hier das NT zum Vorbild genommen hat« (Zur Ausrottung, 2986). Ähnlich abweisend ist Vögtle, Wunder, 1258. Die angeblichen Wunder an den Wunderorten der Antike sind genauso kritisch auf ihre Glaubwürdigkeit zu überprüfen, wie dies bei den biblischen getan wird. Dass sie dabei mit Letzteren nicht verglichen werden können, wird jeder bestätigen, der die bis an die Grenze des Abstrusen fantastischen Heilungsberichte in Epidaurus oder des »Wundertäters« Apollonius unvoreingenommen zur Kenntnis nimmt. Schon Augustinus hat in dieser Richtung argumentiert: »Den Wundern, die an den Gedächtnisstätten unserer Märtyrer geschehen, sind die Wunder, welche in Heidentempeln geschehen sein sollen, in keiner Weise an die Seite zu stellen. Sondern wenn auch eine gewisse Ähnlichkeit vorliegt, so werden wie Pharaos Zauberer von Mose auch ihre Götter von unseren Märtyrern geschlagen« (»De civitate Dei« XXII,10, in: PL 41,772). Bislang konnte nach Glöckner in keinem einzigen (!) Fall eine literarische Abhängigkeit von einer außerbiblischen Vorlage überzeugend nachgewiesen werden (vgl. Die Wunder Jesu, 9; Linnemann, Wissenschaft, 102). Ähnlichkeiten besagen keine kausalen Abhängigkeiten. Die religionsgeschichtliche Einebnung der Erzählungen über die Wundertaten Jesu beruht letztlich auf der krampfhaften Kombination sehr disparater Einzelmomente (vgl. Glöckner, Biblischer Glaube, 59–73). Die Kombination von menschlicher Einfachheit und zugleich überragender Vollmacht in der Person Jesu hat nicht einmal annähernd eine Parallele in der Religionsgeschichte (gegen Kasper, Jesus, 105).

18 Wenisch: »Sieht man nicht, dass die Evangelien in der Substanz in sich zusammensinken, wenn der Großteil ihrer Wundergeschichten literarische Fiktionen sind« (Geschichten, 118). Wenisch kritisiert, dass bei der Wunderexegese oft die »Scheinplausibilität einer literarischen Erklärung« (ebd., 121) konstruiert wird. In der Tat wird zwischen der Übernahme eines literarischen Genus und der Frage der Historizität oft nicht genügend differenziert. Es mag durchaus sein und ist von vornherein als wahrscheinlich anzunehmen, dass ein biblischer

Autor ein vorgegebenes Schema aufgreift, um seine Botschaft darin auszudrücken. Der banale Vergleich mit Berichten in unseren Zeitungen über Verkehrsunfälle kann verdeutlichen, dass Unfälle dieser Art unablässig und mit stets gleich wiederkehrenden Ausdrücken beschrieben werden, ohne dass jemand von uns auf die Idee käme, dass es sich um eine Fiktion und keinen Tatsachenbericht handle. Offensichtlich lassen sich bestimmte Ereignisse nur innerhalb gleichbleibender Erzählschemata ausdrücken. Staudinger: »Aber weshalb dann diese hochgestochene Theorie von der Übernahme traditioneller Schemata? Auf einen nüchtern denkenden Menschen wirkt diese Theorie gerade so grotesk, als wenn ein Historiker bei einer Erörterung über den Bericht einer Schlacht darauf hinwiese, dass die Abfolge der Darstellung nach einem traditionellen Schema erfolge« (Die historische Glaubwürdigkeit, 79). Ähnlich Lewis, Was der Laie blökt, 16; Sudbrack, Die Wunder, 228f.; Wenisch, Geschichten, 118. Linnemann spricht von »grotesken literarischen Methoden, die sich sofort ad absurdum führen ließen, wenn man sich nur einmal daranmachte, sie auf das biografisch überschaubare Werk eines Dichters oder eines Theologen … anzuwenden« (Wissenschaft, 77).

19 Degenhardt, Dienstbereit, 71f. Ähnlich Kardinal Jaeger im Geleitwort von Schamonis »Wunder sind Tatsachen« (vgl. ebd., XIf.).
20 Es gibt Anzeichen dafür, dass heute die Grenzen der historischen Kritik deutlicher erkannt werden und sich somit eine Lösung der auftretenden Spannung ergibt. Sudbrack hat sich neuerdings klar gegen die Bestreitung der historischen Echtheit von Wunderberichten aufgrund eines Restes vergangenen rationalistischen Denkens ausgesprochen (vgl. dazu dessen Aufsatz »Die Wunder und das Wunder«, in: IKaZ 18 [1989], 229–247). Lohfink: »Die Zeiten, in denen die Heilungswunder Jesu durch die Bibelkritik heruntergespielt oder gar historisch wegerklärt wurden, gehen ihrem Ende entgegen« (Wie hat, 22). Gnilka sprach schon früher von Willkür, wenn man die Wunderberichte Jesu als spätere legendäre Gemeindebildungen abtut (vgl. Zeichen/Wunder, 879).
21 Stuhlmacher, Kritischer, 244.
22 Vgl. dazu bei Glöckner besonders den Abschnitt »Die Interpretation neutestamentlicher Wunderberichte und weltanschauliche Voraussetzungen und Bedingtheiten«, in: Biblischer Glaube, 13–24. »*Es ist Vorurteil – nicht Ergebnis wissenschaftlicher Untersuchung, dass man nach der historisch-kritischen Methode die Wundergeschichten im Neuen Testament nicht als Berichte von geschehenen Wundern lesen darf*« (Linnemann, Wissenschaft, 102). Lewis stellt fest, dass bestimmte »Theologen unentwegt voraussetzten, Wunder gebe es nicht … Ich möchte nur darauf hinweisen, dass dies eine rein philosophische Frage ist. Gelehrte, als Gelehrte, reden hier nicht mit größerer Autorität als irgendwer sonst. Die Regel ›wenn übernatürlich, dann unhistorisch‹ tragen sie an ihr Studium der Texte von außen heran, sie haben sie nicht aus diesen gelernt … In dieser Sache reden sie nur als Menschen, und zwar offensichtlich beeinflusst vom Geist des Zeitalters, in dem sie aufgewachsen sind und dem sie vielleicht nicht kritisch genug gegenüberstehen« (Was der Laie blökt, 21f.).

23 Glöckner, Biblischer Glaube, 9. Besonders bei R. Peschs Schriften über das Wunder fällt auf, dass er den neutestamentlichen Verfassern eine willkürliche Fantasie unterstellt zur beliebigen Umgestaltung alttestamentlicher Erzählmotive. Seine »anachronistisch-existentialistischen Rettungsversuche« (ebd., 130, Anm. 7) helfen wenig. Nach Stuhlmacher setzt er »an die Stelle der von ihm inkriminierten autoritären Selbstbegründung des Glaubens auf sich selbst eine nicht minder fragwürdige Selbstbegründung der menschlichen Heilsgewissheit auf die Urteile und Axiome der historischen Vernunft« (Kritischer, 244).

24 Blank, Verändert, 29 f. Noch drastischer formuliert Harbsmeier: »Mit dem Wundermann und Halbgott namens Jesus, der auf der Straße Tote auferweckt, über das Meer wandelt und den Sturm stillt ... kann die historische Vernunft der personalen Existenz eines heutigen Zeitgenossen nicht kommen. Die zweidimensionale religiöse Ontologie hatte diese Möglichkeit. Unsere spezifische Eindimensionalität hat sie nicht« (Historisch-kritische Exegese, 106).

25 »Wir können jetzt sagen: Der eigentliche Grund in den Gründen gegen das Bekenntnis zur Jungfräulichkeit Marias liegt nicht im Bereich historischer (exegetischer) Erkenntnis, sondern in weltbildlichen Vorgaben; die exegetischen Gründe explizieren diese Vorgabe mit den Mitteln des historischen Denkens ... Die Ursache des Nein liegt im Weltbild« (Ratzinger, Die Tochter Zion, 58). Vgl. dazu Siri, Gethsemani, 320–327; Wenisch, Geschichten, 27 f.

26 Kasper konstatiert, »dass es im Grunde gar nicht die vermeintlich neuen historisch-kritischen Einsichten waren«, welche zur Bestreitung der Jungfrauengeburt führten, »sondern neue weltanschauliche Positionen, die sich der historischen Mittel bedienten« (Brief, 532 f.).

27 »So gesehen, hat die Leugnung der ›Jungfrauengeburt‹ heute letztlich ihren Grund weder im Textbefund des Neuen Testamentes noch in geschichtlichen Notwendigkeiten, sondern in einer unreflektierten Weltanschauung, die vom philosophischen Positivismus bestimmt ist« (Scheffczyk, Jungfrauengeburt, 18).

28 Scheffczyk bezeichnet es als einen argen Anachronismus, die heutige Interessenlage in die Quellen hineinzutragen und Jungfräulichkeit nur als sprachliche Kennzeichnung besonderer Gottzugehörigkeit zu bezeichnen (vgl. Jungfrauengeburt, 17); es gibt keinen einzigen Beleg dafür, »dass eine konkrete verheiratete Frau deshalb als Jungfrau bezeichnet werden würde, weil sie Gott besonders innig anhängt« (Staudinger, Die historische Glaubwürdigkeit, 50). Die Art und Weise wie Pesch versucht, Rahner gegen Rahner zu stellen, der sich stets zur Parthenogenese bekannt hatte, hat schon etwas Peinliches an sich (vgl. Pesch, Gegen, 29). Wenn Josef der Vater von Jesus ist, warum will er dann Maria nach ihrer Empfängnis verlassen? Doch sogar hierfür hat Pesch eine Erklärung: »Er repräsentiert uns, die sich davonschleichen möchten aus der geschichtlich-anstößig konkreten Nähe Gottes« (ebd., 33). Riedlinger: »Wer aber meint, die Sache sei ganz normal verlaufen und die Erzählung von der jungfräulichen Empfängnis Jesu sei nur eine zur Erhöhung der Gottessohnwürde Jesu erfundene theologische Legende, soll nicht auch noch den

Eindruck erwecken, er nehme trotzdem die Botschaft der Evangelisten an« (Jesus, 12).
29 Vgl. Deutsche Bischöfe, Schreiben Nr. 34; Scheffczyk, Katholische Glaubenswelt, 227 f.; Weissmahr, Kann Gott, 452; Wenisch, Geschichten, 23–26.
30 Pesch unterscheidet für seine These, dass das leere Grab historisch nicht gewiss sei, in Mk 16,1–8 – er spricht von einem »Inszenieren von Wahrheit« (»Das ›leere Grab‹«, 14, Anm. 15) – zwischen einer besprochenen und einer erzählten Welt. Letztere ist jene, in der der Erzähler berichtet, während in der Ersteren der Engel selbst zu Wort kommt. Der Leser, so Pesch, würde sich nun zwar vorstellen, die Frauen hätten ein leeres Grab gesehen, »doch der Erzähler selbst formuliert diese ›Vorstellung‹ nicht aus, er berichtet nicht so vorgestelltes Geschehen« (ebd., 6). Dieses Überlieferungsgefälle sei sehr bedeutsam. Wie wenig fruchtbar diese Unterscheidung aber ist, wird deutlich, wenn sie auf Vorkommnisse des täglichen Lebens übertragen wird. Im Grunde genommen müsste man jedem misstrauen, der von einem Ereignis in der erzählten Welt berichtet (vgl. M. Habitzky, ‹Glosse zu Pesch, »Das ›leere Grab‹«›, in: IKaZ 11 [1982], 403–406). Beachtlich verärgert über Peschs Ausführungen zeigte sich Balthasar, der vom Glaubensverstand der Kirche ausgeht und als exegetischer Laie sich gedrängt fühlt, »die Gewissenhaftigkeit der Wissenschaftler zu bedauern, die diesen *Glaubensverstand* ausklammern zu meinen müssen, um die Statik der bloßen Buchstaben-Brücke zu erproben« (»Ein exegetischer Laie«, 198). Ähnlich Stuhlmacher, der die »spekulativ belastete Interpretationsmethode« (vgl. Kritischer, 245 f., hier 246) Peschs kritisiert. Peschs Verständnis von Wirklichkeit im exklusiven »Sinne von Physikalismus« hätte nach Weissmahr das »Wohlgefallen des Wiener Kreises gefunden« (Kann Gott, 454).
31 Ratzinger äußert sich über Haag und dessen »Verabschiedung« des Teufels so: »Es spricht gegen ihn der falsche Anspruch, als Exeget zu entscheiden, obwohl er als Philosoph redet und seine einzige Philosophie offensichtlich in einer unreflektierten Modernität besteht« (Dogma und Verkündigung, 223).
32 Staudinger/Schlüter, An Wunder glauben?, 47. Ähnlich, aber in anderem Zusammenhang, Ratzinger, Theologie, 529.
33 Wenisch, Geschichten, 29.
34 Hahn, Methodische Überlegungen, 76. Man sieht: Immer wieder führen die verschiedensten Beobachtungen und Anläufe zur historisch-kritischen Methode bzw. den Voraussetzungen, von denen sie ausgeht.
35 Schlier, Kurze Rechenschaft, 185.
36 Staudinger, Die historische Glaubwürdigkeit, 108. Nur die Nichtausweisbarkeit des Glaubens sichere nach Bultmann die christliche Verkündigung vor dem Vorwurf, Mythologie zu sein (vgl. Neues Testament, 64). Der Glaube an die Historizität der Wunder Jesu dagegen würde die Struktur des Glaubens auflösen, weil er dadurch in Wissen überführt werde. Darauf ist zu erwidern, dass zwar der »Glanz göttlicher Herrlichkeit« im Wunder aufleuchtet (ähnlich wie bei der Schöpfung), aber nicht mit ihm identisch und daher auch nicht fassbar ist. Außerdem wird die Glaubensstruktur gerade durch übersteigerte Enthistori-

sierung und Spiritualisierung zerstört, weil hier der Versuch gemacht wird, den Glauben möglichst zu immunisieren gegen jeden Einspruch (vgl. Käsemann, Exegetische Versuche, 203; Staudinger, Die historische Glaubwürdigkeit, 107). Er verfällt dadurch der Gefahr des Doketismus und ist von einem Mythos nicht mehr abgrenzbar.

37 Deutsche Bischöfe, Schreiben Nr. 31.
38 Vgl. Hettinger, Apologie, Bd. II, 164, Anm. 1.
39 Dies wird verständlich, wenn man bei Strauß die Unterscheidung zwischen idealer und historischer Geltung, seine Ausführungen zum Mythos, den er als unhistorische Erzählung definiert, und die von ihm betriebene Literarkritik beachtet. Das eigentliche Movens seiner Wunderkritik formuliert er so: »*Wer die Pfaffen aus der Kirche schaffen will, der muss erst das Wunder aus der Religion schaffen*« (Das Leben Jesu, Bd. I [⁴1877], XXVIII).
40 Spinoza, Theologisch-politischer Traktat, 110.
41 Ebd.
42 Ebd., 106. Seit Spinoza ist die Aussage, »ein Wunder könne keine Durchbrechung der Naturgesetze sein … zum unantastbaren Tabu in der Theologie geworden« (Glöckner, Biblischer Glaube, 31).
43 Vgl. Spinoza, Theologisch-politischer Traktat, 94.102 f.
44 Das Echo belegt dies. 40 bis 50 Gegenschriften erschienen in nur fünf Jahren nach der Veröffentlichung. A. Schweitzer (1875–1965) war von Strauß so beeindruckt, dass er das von ihm gelegte Fundament für nicht mehr erschütterbar hielt (vgl. Geschichte, Bd. 1, 146).
45 Staudinger/Schlüter, An Wunder glauben?, 81.
46 »Ja, wer über die Herrscher von Nineve <sic> oder die ägyptischen Pharaonen schreibt, der mag dabei ein rein historisches Interesse haben; das Christenthum dagegen ist eine so lebendige Macht, und die Frage, wie es bei seiner Entstehung zugegangen, schließt so eingreifende Consequenzen für die unmittelbare Gegenwart in sich, dass der Forscher ein Stumpfsinniger sein müsste, um bei der Entscheidung jener Frage eben nur historisch interessirt zu sein« (Strauß, Das Leben Jesu, Bd. I [⁴1877], XXII).
47 Ebd., 202.
48 Ebd., XXII.
49 Ebd., XXVI.
50 Ebd., 339.
51 Die Geistesreligion bleibe nach ihm selbst ungeistig, das Christentum jüdisch gefasst, wenn es als etwas der Menschheit von außen her Gegebenes, Christus als vom Himmel Gekommener und die Kirche als eine Anstalt zur Entsündigung der Menschen durch sein Blut betrachtet werde. Das Christentum sei erst dann wirklich christlich verstanden, wenn es zur eben skizzierten Geistesreligion vorstoße, wenn die Menschheit erkenne, »dass Jesus nur derjenige Mensch ist, in welchem dieses tiefere Bewusstsein zuerst als eine sein ganzes Leben und Wesen bestimmende Macht aufgegangen ist, dass Entsündigung eben nur im Eingehen in diese Gesinnung … zu finden ist«. Nur dies sei das »Wahre

und Bleibende am Christenthum, alles Andere nur verwesliche und schon halb verweste Hülle« (ebd., XXVII).
52 Ebd., 336.
53 »Nein, sagt der Historiker mit Recht, nur das muss anerkannt werden, dass die Jünger fest geglaubt haben, Jesus sei auferstanden; das reicht aber auch vollkommen hin, ihr weiteres Auftreten und Wirken begreiflich zu machen; worauf jener Glaube beruhte, was das Thatsächliche an der Auferstehung Jesu war, das ist eine offene Frage, die der Forscher so oder so beantworten mag, ohne dass dadurch der Ursprung des Christenthums schwerer oder leichter begreiflich würde« (ebd., 366).
54 Strauß, *Das Leben Jesu*, Bd. I, IXf. (Vorrede vom 24.5.1835 zur ersten Auflage; zit. nach der dritten Auflage von 1838). Ähnliches gilt für Schweitzers »Geschichte der Leben-Jesu-Forschung«: »Einen Jesus, der behauptet hat, er sei der Messias, hat es nie gegeben; aber lasst uns niederknien und Jesus verehren« (Lobkowicz, <Stellungnahme zu Pesch, »Das ›leere Grab‹«>, in: IKaZ 11 [1982], 408).
55 Zwei Bände, Tübingen 1840–41.
56 Ranft, Der Vorsehungsbegriff, 12.
57 Strauß, Die christliche Glaubenslehre, Bd. II, 384.
58 Ebd., 390. Die Parallele zu verfehlten Versuchen der jüngsten Vergangenheit, Gott seines personalen Charakters zu berauben und ihn als Tiefe, Wärme, Innerlichkeit, Eigentlichkeit zu beschreiben, fällt auf.
59 Vgl. Loduchowski, Auferstehung, 20. Bultmann nennt es in den 40er-Jahren ein Armutszeugnis, dass das von ihm Gesagte schon vor 30 oder 40 Jahren ähnlich gesagt hätte werden können und heute wieder gesagt werden müsse (vgl. Neues Testament, 24). Damit wird deutlich, an welche Gedankenführung er anknüpfen will.
60 Vgl. Waldstein, Die Fundamente, 451. Waldsteins Aufsatz »Die Fundamente der Theologie Rudolf Bultmanns« bietet Grundlegendes zu Bultmann (Teil I in: IKaZ 17 [1988], 451–467; Teil II in: IKaZ 17 [1988], 550–557).
61 Neufeld, Theologie, 773.
62 Vgl. Pesch, Theologische Überlegungen, 86.
63 Auf einem Berliner Generalkonvent wurde bedauert, dass überhaupt Papier dafür zur Verfügung gestellt wurde. H. Asmussen rechnete die Thesen Bultmanns denen der Deutschen Christen zu und H. J. Iwand diagnostizierte gar eine »Erscheinung von Senilität«. Bonhoeffer war dagegen von Bultmann begeistert (Jüngel gibt diese Stellungnahmen in der Einleitung der Neuausgabe von »Neues Testament und Mythologie« [München 1986] wieder; vgl. ebd., 8).
64 Bultmann, Neues Testament, 13.
65 Ebd., 15.
66 Ebd., 17.
67 Ebd., 12.
68 Ebd., 18. Wiederholt bezeichnet er den Menschen nicht als Herr seiner selbst, wenn supranaturale Mächte in sein Leben »eingreifen«.

69 Ebd., 15.
70 Ebd., 16.
71 Scheffczyk, Wunder, 292.
72 Schmitz, Charles Darwin, 68.
73 Wie wir schon gesehen haben, fehlt es nicht an Versuchen von naturwissenschaftlicher Seite, das Wunder mikrophysikalisch zu »erklären« (vgl. 4.3).
74 Weizsäcker: »Die äußerlich sichtbarsten Wunder, von denen religiöser Glaube berichtet hat, waren die Speisung der Hungrigen, die Heilung der Kranken und die Zerstörung menschlichen Lebens durch unbegreifliche Macht; die technisierte Landwirtschaft und das Transportwesen, die moderne Medizin und die heutige Kriegstechnik tun genau solche Wunder« (Die Tragweite, 6).
75 Troeltsch, Über historische, 732.
76 Vgl. Ratzinger, Eschatologie, 32 f.; Wenisch, Geschichten, 9.
77 Scheffczyk, Wunder, 292 f.
78 Ratzinger, Eschatologie, 32.
79 Vgl. Blank, Verändert, 145.
80 Vollmert, Das Molekül, 182; vgl. Sudbrack, Die Wunder, 243.
81 Ratzinger, Die Krise, 30.
82 Vgl. Linnemann, Wissenschaft, 108.
83 Ebd., 7 f.
84 I. Vatikanisches Konzil, Dei Filius, Canones. 3. »De fide« Nr. 4, in: DH 3034.
85 Vgl. S. 139.
86 Wenn es beim russischen Bischof P. Meletev in unserem Jahrhundert möglich war, dass dieser in einem Rattenbunker, in dem zuvor und danach Menschen bei lebendigem Leib von gefräßigen, blutgierigen Ratten zerfleischt wurden, drei volle Tage auf dem Boden kniend und betend überlebte, ohne dass ihm die Tiere etwas zuleide taten (vgl. Weigl, Wunder, 51–57, hier 53), warum soll Ähnliches bei Daniel in der Löwengrube nicht möglich gewesen sein, so lässt sich zu Recht fragen.
87 Wer sich im Übrigen auf die Schiene begeben hat »Weil heute so, darum auch damals«, sollte dann wenigstens konsequent sein und den einmal beschrittenen Weg ganz zu Ende gehen. Es ist unredlich, wenn man mit der Gegenwartserfahrung argumentiert, aber einen beträchtlichen Teil davon, wie er bei gut dokumentierten Wundern in Kanonisationsakten sich niederschlägt, völlig ignoriert.
88 Kasper, <Brief an Grochtmann vom 25.5.1987>, 2. Wunder außerhalb der Heilsgeschichte gehören in den Bereich der Privatoffenbarungen und nicht der verbindlichen Glaubenslehre. »Deshalb kann diese Art von Wunder für einen Theologen auch nicht der Ausgangspunkt und die Grundlage seines Nachdenkens über Wunder sein« (ebd.).
89 Linnemann, Wissenschaft, 99.
90 Vgl. Scheffczyk, Katholische Glaubenswelt, 238; Staudinger, Die historische Glaubwürdigkeit, 62.
91 Ratzinger, Eschatologie, 32 f.
92 Es zeigt sich hier wieder, wie wichtig die Lehre der Kirche als Auslegungs-

instanz der Heiligen Schrift ist. Interessant ist hierzu die Bemerkung Schliers in seiner »Kurzen Rechenschaft«: »Die Situation des voraussetzungslosen und vereinzelten Exegeten vor dem wie zum ersten Mal aufgeschlagenen Bibelbuch ist eine Konstruktion und Abstraktion. Entweder ist er auch ohne sein Wissen oder gar Wollen vom Geist der Kirche bestimmt, oder er steht in einem der Heiligen Schrift fremden oder sogar feindlichen Lebens- und Vorstellungsbereich« (ebd., 188 f.). Bedenkenswert ist auch das, was Möhler, vielleicht überscharf, schon im letzten Jahrhundert dazu sagte: »Wer seinen Glauben nur auf die Heilige Schrift gründet, d. h. auf das Ergebnis seiner exegetischen Studien, hat keinen Glauben, kann keinen haben und kennt das Wesen desselben nicht. Muss er nicht stets bereit sein, sich eines andern belehren zu lassen, muss er nicht die Möglichkeit annehmen, dass durch gründlichere Schriftforschung ein ganz anderes Ergebnis gewonnen werden könne, als was er bereits gewonnen hat?« (Symbolik, 423).

93 Stuhlmacher, Kritischer, 251.
94 Wenisch, Geschichten, 37.
95 Vgl. zum Deismus: W. Dilthey, »Weltanschauung und Analyse des Menschen seit Renaissance und Reformation«, in: Gesammelte Schriften, Bd. II, Stuttgart-Göttingen ⁵1957, 90–93.246–257; J. Th. Engert, Art. »Deismus«, in: LThK III, 195–199 (dieser Artikel ist eine Zusammenfassung seines ausführlicheren Aufsatzes »Zur Geschichte und Kritik des Deismus«, in: BZThS 7 [1930], 214–225); G. Gawlick, Art. »Deismus«, in: HWP 2, 44–47; U. Krolzik, Säkularisierung der Natur. Providentia-Dei-Lehre und Naturverständnis der Frühaufklärung, Neukirchen-Vluyn 1988 (Krolzik korrigiert in wesentlichen Punkten das Standardwerk Philipps); W. Philipp, Das Werden der Aufklärung in theologiegeschichtlicher Sicht, Göttingen 1957; E. Troeltsch, »Der Deismus«, in: Gesammelte Schriften, Bd. 4 (= Aufsätze zur Geistesgeschichte und Religionssoziologie), Tübingen 1925, 429–487.
96 Vgl. Berlage, Katholische Dogmatik, Bd. 4, 372–415; Brenner, Katholische Dogmatik, Bd. 2, 525–536; Dieringer, Lehrbuch, 238–242; Heinrich, Dogmatische Theologie, Bd. V, 313–368; Klee, Katholische Dogmatik, Bd. 2, 368–376; Scheeben, Handbuch, Bd. 2, 31–48. Brenner, Dieringer und Klee erwähnen in den Abschnitten über die Vorsehung den Deismus überhaupt nicht. Berlage (vgl. Katholische Dogmatik, Bd. 4, 414) und Heinrich (vgl. Dogmatische Theologie, Bd. V, 337) nennen ihn nur beiläufig, obwohl bei beiden sonst viel zur Vorsehung ausgeführt wird. Selbst Hettinger, der sich in seiner »Apologie des Christenthums« (⁶1885) ausführlich mit den geistigen Strömungen seiner Zeit auseinandersetzte, ging auf den Deismus kaum ein (vgl. ebd., Bd. I, 162 f.). Am ausführlichsten ist noch Scheeben (vgl. Handbuch, Bd. 2, 12.40.42 f.). Er sah den Deismus durch den locus classicus [klassische theologische Erkenntnisquelle] der Vorsehungslehre (vgl. Mt 6,25–34) als widerlegt an. Es hätte keinen Sinn, zur Sorglosigkeit um Nahrung und Kleidung aufzurufen, wenn Gott nicht einmal die Macht hätte, diese äußeren Dinge des Lebens dem Menschen zuzufügen (vgl. ebd., 43).

97 Das Erste Vatikanum wies aufgrund der genannten Gründe den Deismus klar ab (vgl. Dei Filius. Canones. 1. De Deo rerum omnium creatore [Von Gott, dem Schöpfer aller Dinge], Nr. 1–5, in: DH 3021–3025). Zuvor wurde schon in den »Positiones Syllabi« der Satz zurückgewiesen: Neganda est omnis Dei actio in homines et mundum. [Zu leugnen ist jedes Handeln Gottes an den Menschen und der Welt] (DH 2902). Vgl. Lais, Das Wunder, 296; Pesch, Theologische Überlegungen, 84 f.; Scheffczyk, Einführung, 82.

98 Wie aus den Abhandlungen über die Möglichkeit des Wunders in den Dogmatiken des letzten Jahrhunderts hervorgeht, hielt man ein Einwirken Gottes auf die sichtbare Schöpfung für fraglos selbstverständlich. Dieringer: »Gott bewährt sich darin <im Wunder> als den <sic> Herrn der Natur, deren Nothwendigkeit nichts anderes ist, als die ihr von Gott verliehene Gesetzmäßigkeit, über welche daher die göttliche Freiheit als ihr Höheres und als ihr Grund nach Wohlgefallen verfügt. So erscheint die göttliche Wirksamkeit als ein freies Walten über der Natur, als eine Überwindung der natürlichen Ordnung« (Lehrbuch, 245). Die Natur müsse man sich nach Brenner in den Händen des Schöpfers wie formbares Wachs denken: »Wie mannigfaltig gehorcht sie schon dem Menschen, der von gleichem Gesetze mit ihr gebunden ist: Wie sollte sie dem Gesetzgeber nicht in allem zu Gebote stehen?« (Katholische Dogmatik, Bd. 1, 29). Wie selbstverständlich spricht Berlage von »unmittelbaren ... außerordentlichen, wunderbaren göttlichen« Eingriffen (Katholische Dogmatik, Bd. 4, 406). Gott wirke im Wunder »unmittelbar Neues und Eigenthümliches« (ebd., 412). Das Hochkommen des Darwinismus verstärkte diese Sicht des Wunders. Dieser brachte eine einseitige Erklärung von »unten«, was in der Theologie zu einer starken Konzentration der Aktivität direkt auf Gott führte ohne eine entsprechende Berücksichtigung der relativen Eigenständigkeit der Schöpfung (vgl. Behler, Abschließende Überlegungen, 143).

99 Scheffczyk, Schöpfung und Vorsehung, 135; vgl. Wenisch, Geschichten, 157.

100 Deshalb sahen sich die deutschen Bischöfe 1967 genötigt, angesichts des Hochkommens einer entmythologisierenden Schriftauslegung davor zu warnen, dem modernen Weltbild die Rolle eines Beurteilungskriteriums für die Offenbarungsurkunden zuzusprechen: »Obwohl man nach manchen Äußerungen zunächst anders vermuten könnte, handelt es aber bei dem, was jene theologische Richtung als Weltbild versteht, nicht eigentlich um ein physikalisches Weltbild, sondern um eine philosophische Weltanschauung, in deren Namen biblische Aussagen kritisch abgeurteilt werden. Als Kriterium fungiert bei ihr das Weltbild der geschlossenen Naturkausalität des nach außen abgedichteten Universums, das Weltbild der Immanenz, nach welchem in der Welt nichts Außer- oder Übernatürliches am Werk sein kann, in dem es also, wenigstens folgerichtig, auch für Gott keinen Raum und keine Wirkmöglichkeit gibt« (Deutsche Bischöfe, Schreiben Nr. 30).

101 Vgl. Jonas, Is Faith, 14.21. Jordan macht dem protestantisch-theologischen Denken den Vorwurf, »im Bultmann'schen Sinne überflüssige, nicht mehr zeitgemäße Zugeständnisse an ›den‹ Naturwissenschaftler <zu machen>, welcher

dabei unabänderlich als ein noch überlebender oder ausgestopfter Haeckelianer vorgestellt wird« (Der Naturwissenschaftler, 158). Vgl. dazu auch Künneth, Fundamente, 85–89; Robinson, Providence, 218.

102 Die Rede vom »modernen Menschen« ist eine beliebig bestimmbare Abstraktion, die sicher dort nicht weiterhilft, wo es um eine rationale Argumentation geht (vgl. Linnemann, Wissenschaft, 64–73; Weissmahr, Kann Gott, 446). Linnemann: »Aber eben dieser moderne Mensch ist einem Aberglauben verfallen, wie man ihn seit Jahrhunderten bei uns nicht mehr gekannt hat: Er verlässt sich auf Amulette und Horoskope, sucht Weisung bei Wahrsagern und befasst sich sogar mit Satanskult!« (Wissenschaft, 150).

Das wissenschaftliche Weltbild gibt es genauso wenig wie das antike. Das Wissen um die Vielgestaltigkeit und Pluralität der Wissenschaften schlägt sich auch in unterschiedlichen Weltsichten nieder. Schon den Theologen der alten Kirche kam das Weltbild des Alten Testamentes genauso unwissenschaftlich vor wie uns; »die Kirchenväter lebten im hellenistischen Zeitalter, dem jenes Weltbild <des alten Orients> als mythisch, vorwissenschaftlich, in jeder Hinsicht untragbar erschien« (Ratzinger, Schöpfungsglaube, 239). Die relative Unabhängigkeit der Offenbarung vom Weltbild hat Scheffczyk überzeugend nachgewiesen (vgl. Auferstehung, 177–182).

103 Vgl. Kuhn, Zwischen, 63–68; Weissmahr, Gottes Wirken, 89–108.
104 Zum Folgenden vgl. Löw, Zur Interpretation, 23.
105 Ein gutes Beispiel hierfür ist das Naturphänomen der sogenannten Kugelblitze. Obwohl wiederholt glaubwürdige Zeugen davon berichteten, hat man es doch erst dann ernst genommen, als die Physik die theoretischen Grundlagen dafür entdeckte.
106 Löw, Zur Interpretation, 23. Sind nicht unsere wichtigsten Erfahrungen, wie das Erlebnis einer ersten großen Liebe, eine unerwartete Begegnung oder die Wende eines Ereignisses gerade solcher Art, dass sie unter ganz bestimmten einmaligen und nicht wiederholbaren Umständen erfolgt sind?
107 Vgl. Löw, Neue Träume, 696 f.
108 Guardini, Freiheit, 101.
109 Guardini, Wahrheit und Ordnung Nr. 12/III, 297.
110 Vgl. Glöckner, Biblischer Glaube, 14. Die Natur ist nicht »verzaubert und versteinert in den sogenannten Naturgesetzen« (Hettinger, Apologie, Bd. II, 175). Die Behauptung, dass Gott seine Allmacht in ihrer unendlichen Fülle in den Naturgesetzen, die nach Zeit und Raum, Umfang und Wirkung endlich sind, völlig entleert habe, ist für ihn absurd, »denn Gott hat die Natur sich, nicht aber sich den Gesetzen der Natur unterworfen, noch sich gebunden mit den Fesseln eines sogenannten Naturgesetzes« (ebd., 179). Wenn ein unmittelbares Einwirken Gottes auf die Schöpfung geleugnet wird, dann wird auf den Schöpfer gleichsam ein Zwang ausgeübt. Scheffczyk: »Er hat sich sozusagen durch seine Schöpfung festgelegt und gebunden, wofür theologisch keinerlei Begründung gegeben werden kann« (Theologische Grundlagen, 11).
111 Staudinger, Gottes Allmacht, 125.

112 Schellong, Hinweis, 393 f. Ähnlich Kasper, Jesus, 104.
113 Trillhaas, Dogmatik, 168.
114 Staudinger, Die historische Glaubwürdigkeit, 109.
115 »Nichts zwingt uns dazu, die Wunder als einen willkürlichen fremden Eingriff Gottes zu sehen, als ob Gott sein eigenes Schöpfungswerk durchkreuze« heißt es im Holländischen Katechismus (Glaubensverkündigung, 120 f.). Damit wird unterstellt, es gäbe ernst zu nehmende Richtungen innerhalb der Theologie, die einen derartigen Wunderbegriff vertreten würden; an einem zur Karikatur erhobenen Fehlglauben wird Kritik geübt.
116 Glöckner, Biblischer Glaube, 125, Anm. 52.
117 Waldstein, Die Fundamente, 552.
118 Ratzinger, Die Krise, 34 f.
119 Wenisch, Geschichten, 22.
120 Vgl. Vögtle, Wunder, 1261.
121 Wenisch, Geschichten, 31. Mit dem gleichen Ergebnis wie Wenisch: Grochtmann, Unerklärliche Ereignisse, 208; Schamoni/Besler, Charismatische Heilige, 11; Siegmund, Wunder, 59; Scheffczyk, Wunder, 294; Ziegenaus, <Rezension von Schamoni/Besler, Charismatische Heilige>, in: FKTh 6 (1990), 150. In der Dogmatik von Trillhaas heißt es kategorisch: »In unserer eigenen Erfahrungswelt kommen tatsächlich keine Wunder mehr vor« (ebd., 167). Vgl. dagegen W. Schamoni, »Von der Kirche in neuester Zeit anerkannte Wunder. Die Sentenzen der in den Jahren 1962–1982 erlassenen Dekrete über in Heiligsprechungsprozessen anerkannte Wunder«, in: Theologisches Nr. 163 (Nov. 1983), 5505–5509. Linnemann beklagt es, dass Veröffentlichungen über Wunder in unserer Zeit für die historisch-kritisch arbeitenden Theologen von vornherein und unbesehen »unter dem Strich« seien und als Erbauungsliteratur abgewertet würden. »Man ist offensichtlich nicht einmal in der Lage, Wunder, die heute geschehen, zur Kenntnis zu nehmen, selbst wenn sie glaubhaft bezeugt und medizinisch nachgewiesen sind« (Wissenschaft, 80).
122 Schamoni, Wunder, XVIII.
123 Wunder seien nach Hume auf jeder Seite der Geschichte, die uns den aufgeklärten Zeiten näherbringt, dünner gesät. Der besonnene Leser würde beim Durchblättern von Wunderberichten sagen, dass sie sich in unseren Tagen niemals zutragen würden (vgl. Eine Untersuchung, 139). Ähnlich Strauß, Das Leben Jesu, Bd. I (^{4}1877), 185; vor ihm hatte schon Reimarus pauschal erklärt: »Und die Acta Martyrum sind ein großes Meer von Lügen und Legenden geworden« (Apologie, 392). Wo bleibt hier bei Reimarus und anderen die Fähigkeit zur Differenzierung, die von ihm selbst angemahnt wird?
124 Vgl. Siegmund, Wunder, 38.
125 Hettinger, Apologie, Bd. II, 163.
126 Von großem Wert ist hier W. Schamoni, Wunder sind Tatsachen, Würzburg u. a. ^{2}1976. Positiv wird dieses Buch von Staudinger und Schlüter gewürdigt (vgl. An Wunder glauben?, 19), während Sudbrack es als töricht bezeichnet, wenn Schamoni mit einer Anhäufung von authentischen Berichten versuchte, die ge-

schichtliche Faktizität der Wunder Jesu zu bestärken (vgl. Die Wunder, 229). Sudbracks pauschale Aburteilung kann aber, wie wir noch sehen werden, überzeugen.
127 Vgl. Jaeger, »Geleitwort XII«, in: Schamoni, Wunder. Zur Darstellung des Verfahrens vgl. Grochtmann, Unerklärliche Ereignisse, 127–143.
128 Die (katholischen) Zeugen schwören auf das Evangelium und verpflichten sich zum Stillschweigen über die vorgelegten Fragen, um nachfolgende Zeugen nicht zu beeinflussen. Die Kirche verlangt bei Vernehmungen die Anwesenheit von wenigstens drei in höherem Rang stehenden Richtern aus einem Fünferkollegium.
129 Wenisch, Geschichten, 194. Wenisch verweist auf A. Olivieri, Gibt es noch Wunder in Lourdes? Achtzehn Fälle von Heilungen (1950–1969), Aschaffenburg 1973. Olivieri war Präsident des Ärztebüros von Lourdes.
130 Im Vorwort von A. Deroo, L'homme à la jambe coupée ou le plus étonnant miracle de Notre-Dame del Pilar, Montsurs 1977, schreibt der Erzbischof von Saragossa, dass das Wunder so gut belegt sei, dass es vernünftigerweise nicht angezweifelt werden könne (vgl. Gonzales, »Lettre-Preface 1«, in: Deroo, L'Homme). Zum 300. Gedenktag brachte die spanische Post 1940 eine Briefmarke heraus. Noch heute ist eine Straße in Saragossa danach benannt: »Calle del Milagro de Calanda«. In seiner Zeit erregte das ungeheures Aufsehen. Der spanische König Philipp IV. sprach mit dem Geheilten (vgl. Deroo, L'homme, 131). Auch der englische König Charles I. und die schwedische Königin Christine I. überzeugten sich von der Tatsächlichkeit des Wunders. Auch Hume hat sich in seiner »Untersuchung« damit auseinandergesetzt. Hume, dessen Arroganz kaum zu übersehen ist (vgl. ebd., 129), war aber jedes Mittel recht – einschließlich der Geschichtsfälschung, um dem Wunder beizukommen (vgl. ebd., 144 f.; zur Kritik an Hume vgl. Deroo, L'homme, 136–147).
131 Vgl. Schamoni, Wunder, 178–183. Auf dieses Wunder bezieht sich Knauer in seiner Kritik an Grochtmann (vgl. <Rezension von Grochtmann, Unerklärliche Ereignisse> 615 f.). Reckinger weist den von »Knauer so peremtorisch [aufhebend] geäußerte<n> Einspruch als unhaltbar« zurück (vgl. Fakten, 137 f., hier 138).
132 Vgl. die oben erwähnte Heilung des linken Beines von P. de Rudder (dokumentiert bei Siegmund, Wunder, 37–40). Bei Spontanheilungen ist manchmal das Kuriosum feststellbar, dass bestimmte Funktionen schon wieder ausgeführt werden können, obwohl durch Röntgenbilder eindeutig belegt werden kann, dass dies noch gar nicht möglich sein dürfte, weil Nervenbahnen immer noch atrophiert sind oder Zerstörungen im Gewebs- oder Knochenbereich weiterhin bestehen.
133 Dalmazzo stand an einer erhöhten Stelle unmittelbar hinter dem Heiligen, als dieser aus einem Korb Brötchen an etwa 300 Kinder verteilte, die aus der Kirche kamen. Zur großen Verwunderung Dalmazzos waren nach dem Austeilen noch genau so viele Brötchen im Korb wie anfangs, nämlich 15–20. »Und dies <Wunder> ist der einzige Grund, der mich im Oratorium bleiben ließ,

Anmerkungen 369

sodass ich später einer seiner Söhne wurde« (Schamoni, Wunder, 206–208, hier 208).

134 Bekannte Fälle von unverwesten Leichen sind: Pfarrer von Ars, Katharina Labouré, Bernadette Soubirous, Teresa von Avila, Katharina von Siena, Franz Xaver und Philipp Neri. Der Leichnam von Pater Charbel Makhlouf wurde im gemeinsamen Totenkeller der Mönche beigesetzt. »Wir sagten uns: ›Erde zu Erde!‹ und legten den Toten einfach in den Schlamm und das Wasser« (so die Aussage des Mönchs B. de Mechmèche, in: Schamoni/Besler, Charismatische Heilige, 256). Während der Stiel der Schaufel, den man am Beerdigungstag in der Gruft vergessen hatte, verfault war, fand man den Leichnam später völlig unverwest. Allerdings werden auch solche auffälligen Wunder von einer blasierten Kritik nicht verschont: »Und sollten wir uns je nach Nevers zum Glassarg der heiligen Bernadette verirren, so fällt uns nichts anderes ein als: O Gott, das ist Schneewittchen auf katholisch!« Fussenegger, von der dieses Zitat stammt (Der Künstler, 19), teilt diese Meinung allerdings nicht.

135 Vgl. W. Schamoni, Auferweckungen vom Tode. Aus Heiligsprechungsakten übersetzt, Paderborn 1968. Ein spektakulärer Fall von Totenauferweckung ist die von Hieronymus Genin. Dieser lag schon sechs Stunden auf dem Grund eines Flusses. Von Zeugen, die den Leichnam geborgen hatten, wird er als so aufgedunsen und hässlich beschrieben, dass der Verstorbene nicht mehr zu erkennen war. Auf die Fürbitte des heiligen Franz von Sales kam er wieder zum Leben; es blieb nicht einmal die Spur einer blutunterlaufenen Stelle zurück (vgl. ebd., 91–98). Behauptungen Humes, wonach ein Totenauferweckungswunder »zu keiner Zeit und in keinem Lande jemals beobachtet worden ist« (Eine Untersuchung, 134), erscheinen vor diesem Hintergrund als unhaltbar.

136 Wenisch, Geschichten, 30.

137 Aus vielen in Lourdes geschehenen Wundern geht eindeutig hervor, dass der Glaube keine psychische Bedingung für eine Heilung ist. »Wird das Gebet als seelische Wirkkraft gefasst, dann kann sie doch nur dort wirksam werden, wo die Möglichkeit seelischer Erregung und Beeinflussung besteht. Geheilt werden aber nicht bloß bewusste Beter, sondern auch Bewusstlose, die sich bereits in Agonie befinden. Geheilt werden zudem auch kleine, geistig noch nicht erwachte Kinder, die den Sinn des Betens zu begreifen überhaupt noch nicht in der Lage sind. Bei diesen ist es unerfindlich, wie Beten als seelische Energie wirken sollte« (Siegmund, Wunder, 67). Ähnlich, aber mit Verweis auf die Naturwunder im Neuen Testament, Gnilka, Zeichen/Wunder, 880. Es ist deshalb zumindest missverständlich, wenn Ebeling den Glauben selbst von wunderbarer Macht bezeichnet (vgl. Dogmatik, Bd. II, 464). Ähnlich bei Kasper, Jesus, 115; Knoch, Natürliche Phänomene, 130. Trillhaas versteigt sich gar zu der pauschalen Behauptung, dass Jesus beim Wirken seiner Wunder vom Glauben der Leute abhängig gewesen sei (vgl. Dogmatik, 171).

138 Vgl. Schamoni, Wunder, XIX.

139 Vgl. ScG III, 99. »Unde et potest praeter hunc ordinem institutum agere, cum voluerit; puta agendo effectus secundarum causarum sine ipsis, vel producendo

aliquos effectus ad quos causae secundae non se extendunt.« [Er kann z. B. die Wirkungen, die den untergeordneten Ursachen eigen sind, selber unmittelbar ohne diese letzteren vollbringen oder kann Manches hervorbringen, worauf sich die Kraft dieser Ursachen nicht erstreckt] (STh I q 105 a 6).

140 Scheffczyk, Wunder, 295.
141 Vgl. zum Folgenden Pollard, Zufall, 98–102.
142 »Providentia ... non subtrahit causas secundas, sed sic providet effectus, ut etiam ordo causarum secundarum providentiae subiaceat« [Vorsehung ... entzieht sekundäre Ursachen nicht, sondern sorgt für Wirkungen in einer Weise dass sogar die Reihenfolge der sekundären Ursachen der Vorsehung unterliegt] (STh I q 23 a 8; vgl. I q 22 a 3 ad 2).
143 Pollard, Zufall, 102.
144 Vgl. ebd., 115–119; Fischer, Zufall, 22 f. Schon Spinoza nahm eine rationale Deutung der Wunder beim Exodus vor (vgl. Theologisch-politischer Traktat, 104).
145 Fischer, Zufall, 23.
146 Pollard, Zufall, 127. »Es ist ein Irrtum zu glauben, ein Wunder sei ›unnatürlich‹« (ebd., 129). Hinsichtlich der Wunder der Schöpfung, der Menschwerdung und der Auferstehung will er zwar nicht von Zufall oder zufälligem Zusammentreffen sprechen, doch würden dadurch auch Naturgesetze nicht abgeändert (vgl. ebd., 128 f.). Pollard fällt es sichtlich schwer, diese Wunder in seinen Argumentationszusammenhang einzubauen.
147 »In Wirklichkeit kann sich zeigen, dass es auch im Bereich des Psychischen und Moralischen Aufsprengungen der naturgegebenen Grenzen und Gesetze gibt, die aus den Kräften und Gesetzmäßigkeiten des betreffenden Menschen und der Psychologie nicht erklärt werden können« (Scheffczyk, Auferstehung, 189).
148 Strauß, Das Leben Jesu, Bd. I (⁴1877), 190.
149 Bultmann, Neues Testament, 16.
150 Vgl. ebd., 25.
151 Weimer, Wodurch, 42.
152 Frossard legt in seinem Bestseller »Gott existiert. Ich bin ihm begegnet« dar, dass er in seiner Jugend nicht im Geringsten christlich präformiert war. Die Existenz Gottes war in seiner Familie nicht einmal eine Frage wert. In einer Kapelle in der Rue d'Ulm zu Paris hatte er vor dem ausgesetzten Allerheiligsten ein Gotteserlebnis, das sein ganzes Leben veränderte. Nur mühsam kann er es in Sprache umsetzen: Jäh bricht eine »Welle von Wundern« los mit unerbittlicher Gewalt. »Ich sage nicht: Der Himmel öffnet sich; er öffnet sich nicht, er stürzt auf mich zu, schießt plötzlich wie ein stummes Wetterleuchten aus der Kapelle empor« (ebd., 135 f.).
153 »Wer Bücher von mir gelesen hat, weiß, dass in meinem Leben das ›Schicksal‹ alles so eingerichtet hatte, dass ich Gott niemals hätte finden dürfen ... Alle Sicherungen, dass ich nie zur Kirche finden würde, hatte der Teufel eingebaut. Und dann, mit 26 Jahren, erhalte ich unerwartet, preis- und kostenlos dieses

Geschenk ... Jeder Versuch zu erklären, was nicht zu erklären ist, muss scheitern ... Analysieren jedenfalls ist zwecklos« (Goritschewa, Herausforderung, 135 f.).

154 Entsprechungen schon rein sprachlicher Art sind feststellbar. Bei der Berufung Levis heißt es: »Folge mir nach! Da stand Levi auf und folgte ihm nach« (Mk 2,14). Die Auferweckung der Tochter des Jaïrus wird entsprechend dargestellt: »Mädchen, ich sage dir, steh auf! Sofort stand das Mädchen auf und ging umher« (Mk 5,41). Ein gleich gebietendes Wort, das Levi in die Nachfolge ruft, weckt das Mädchen von den Toten auf. Bei beiden Wundern fällt das Spontane und Unableitbare ins Auge, das von Jesu Wort ausgeht (vgl. Glöckner, Die Wunder Jesu, 15). Dass jemand Familie, Beruf und Freundeskreis von einem Augenblick auf den anderen aufgibt, ist ein ähnlich großes Wunder, wie wenn ein Toter wieder zum Leben kommt. Da Berufungserzählungen zudem eingestreut vorkommen können zwischen Wunderberichten (über die Berufung der ersten Jünger in Lk 5,1–11 wird zwischen Heilungen von Besessenen und Kranken [vgl. Lk 4,40 f.] und der Heilung eines Gelähmten [vgl. Lk 5,17–26] berichtet), wird wieder deutlich: Es ereignet sich in beiden Fällen Ähnliches.
155 Vgl. Glöckner, Biblischer Glaube, 18 f.
156 »Cum enim Ecclesia catholica per totum orbem diffusa atque fundata sit, nec miracula illa in nostra tempora durare permissa sunt, ne animus semper visibilia quaeret.« [Als nämlich die katholische Kirche auf der ganzen Welt verbreitet und begründet worden war, war es derlei Wundern nicht erlaubt, bis in unsere Zeit vorhanden zu sein, damit der Geist nicht stets das Sichtbare sucht] (Augustinus, De vera religione, 25, in: PL 34,142). Er wollte die Wunder auf die Anfangszeit der Kirche beschränkt sehen, da sie für uns Spätere angeblich nicht mehr nötig seien. Der spiritualisierende Zug in seinen Äußerungen ist unverkennbar. Später hat er seine Ansicht revidiert infolge der Begegnung mit dem Phänomen des Wunders im kirchlichen Leben. Er nennt aus eigenem Erleben erfahrene Wunder oder solche, die in seiner Nähe sich ereignet haben (vgl. »De civitate Dei« XXII, 8, in: PL 41,760–771). Die bezeichnende Überschrift des entsprechenden Abschnitts im Gottesstaat heißt: »De miraculis quae ut mundus in Christum crederet facta sunt, et fieri mundo credente non desinunt« [Von den Wundern, die gewirkt wurden, auf dass die Welt an Christus glaubt, und die in der glaubenden Welt weiterhin gewirkt werden] (ebd., in: PL 41,760).
157 Arrupe, Erfahrungen, 17–19.
158 Vgl. Lewis, Wunder, 57.

7 Das Handeln Gottes in der Welt

1 Vgl. Schneider/Ullrich, Einführung, 10, in: Schneider/Ullrich, Vorsehung; Unkel, Theologische Horizonte, 193.
2 Vgl. Schulte, Gottes Wirken, 163.
3 Kessler, Sucht, 285; vgl. ders., Der Begriff, 118.
4 Schon Hettinger hat in seiner »Apologie des Christenthums« dies treffend for-

muliert: »Es ist eben nur der Atheismus, der auf halbem Wege stehen geblieben« (Bd. I, 163). Brugger sortiert den Deismus sogar als gemäßigten Dualismus ein, weil die nur relative Eigengesetzlichkeit der irdischen Wirklichkeiten zu stark betont wird (vgl. Summe, 418 f.).

5 Vgl. Scheffczyk, Schwerpunkte, 178.
6 Schon in Darwins Werk über die Entstehung der Arten findet sich im Schlusssatz die vage deistische Formulierung, dass der Schöpfer den Keim allen Lebens nur wenigen oder gar nur einer einzigen Form eingehaucht habe (vgl. ebd., 678). Diese Äußerung, die Gott in seiner besonderen Stellung zum Menschen ignoriert, bietet keine Brücke zu christlichen Grundüberzeugungen (vgl. Schönborn, Schöpfungskatechese, 103; Staudinger, Die Wirkungen, 27). Auch wenn Darwin gelegentlich vom »Schöpfer der Materie« spricht (Die Entstehung, 677), können solche Aussagen nicht darüber hinwegtäuschen, dass er die Entstehung der Artenvielfalt *gänzlich* mit den Mechanismen der natürlichen Zuchtwahl zu erklären versucht.
7 Vgl. Auer, Die Welt, 121; Kasper, Der Gott, 39; Ratzinger, Zur Lage, 78; Scheffczyk, Schwerpunkte, 178. Ähnlich auch der Historiker Staudinger, Die historische Glaubwürdigkeit, 113, Anm. 83.
8 Vgl. Geiger, Providentia Dei, 699. Bei Ritschl und Otto wird Natürliches und Übernatürliches streng auseinandergehalten. Es gebe kein gemeinsames Feld dafür. Das Christentum sei eine Lehre, die aus dem menschlichen Gefühl stamme und sich nur darauf beziehe. Zwischen Glaube und Vernunft könne es daher gar keine Widersprüche geben (vgl. Lenoir, Christliche Antworten, 119). Saxer legt nach der Besprechung der Vorsehungsmodelle bei Calvin, Schleiermacher, Barth und Sölle einen eigenen systematischen Versuch vor. Auch bei ihm fällt die beachtlich »weltabgelöste« Definition der Vorsehung auf (vgl. Vorsehung, 150).
9 Mit Berechtigung sprach man gegen Bultmann von einem Exklusivitätswahn, wenn das Handeln Gottes sozusagen eine Kategorie eigener Art darstellt (vgl. Scheffczyk, Gott-loser Gottesglaube?, 100 f.).
10 Pöhlmann, Abriss, 104 f. Ähnlich wie bei Barth ist eine seltsame Gebrochenheit zur guten Schöpfung der Welt bei den meisten evangelischen und reformierten Theologen feststellbar. Dies zeigt auch die Äußerung Geigers, dass durch die reformatorische Theologie radikal die Theologie der alten Kirche und des Mittelalters entkräftet wurde, wonach der geschöpflichen Welt ein gewisser Anteil an Göttlichkeit gewährt wurde (vgl. Providentia Dei, 694).
11 In den frühen Schriften der 20er-Jahre wird die Möglichkeit einer Erfahrung Gottes in positiven wie negativen Lebenserfahrungen restlos abgewiesen. Die nachdrückliche Betonung des göttlichen Herr-Seins ist der bestimmende Grundtenor, der *cantus firmus* der Barth'schen Lehre von der Providentia. Der Mensch könne nicht einmal von Ferne ahnen, worum es bei der Vorsehung als Werk Gottes am Menschen geht. Die Überspannung des Vorsehungsbegriffs im Römerbrief macht den allein wirkenden Gott zum unerreicht Fernen, »der über die Kreatur die Schatten der Verzweiflungswürdigkeit breitet, d. h. ihr rein trans-

zendent, ganz unanschaulich gegenübersteht« (Ranft, Der Vorsehungsbegriff, 13). Dieser »ganz andere Gott« ist der absolut Prädestinierende und Reprobierende. Der Transzendenztheismus nimmt gnostisch-manichäische Züge an: Der unendliche qualitative Unterschied zwischen der dem Chaos verfallenen Welt und Gott würde durch Christus nur dadurch überbrückt, dass er ihn aufreißt (vgl. Barth, Der Römerbrief, 7). Jesus würde in der Welt nur »Einschlagstrichter und Hohlräume« hinterlassen (ebd., 5). Pöhlmann: »Senkrecht von oben platzt die Gnade wie eine Bombe in diese Welt hinein und hinterlässt in ihr nur Trümmerfelder. Die Welt ist in Barths ›Römerbrief‹ nicht mehr als gute Schöpfung erkennbar. Sie ist eine negative Größe, die die Gnade aufhebt und an sie nicht anknüpft. Gott ist es sozusagen seiner Gottheit schuldig, sich nicht mit der chaotischen Welt einzulassen« (Abriss, 104).

12 Über die in der Kirchlichen Dogmatik, Bd. III/3, vorgelegte Vorsehungslehre, bei der man den Umschwung von der Theologie der Krisis hin zur Theologie des Triumphes der Gnade konstatiert, urteilt Saxer treffend, dass die Vorsehungslehre dieser Phase kennzeichnend ist für die Opfer, »auf deren Kosten dieser Triumph gefeiert wird« (Vorsehung, 82). Durch das in dieser Dogmatik vorgelegte Prinzip der analogia fidei [Analogie des Glaubens – der Zusammenhang der Glaubenswahrheiten untereinander und im Gesamtplan der Offenbarung] kann die Diastase zwischen Gott und Welt nicht überwunden werden. Scheffczyk: »Es erfolgte also keine wesentliche Korrektur der Jenseitsorientiertheit der Barth'schen Theologie« (Gott-loser Gottesglaube?, 88). Barth war sich bewusst, zur Aufhebung des theistischen Gottesglaubens einiges beigetragen zu haben, denn ein Gott, der in radikaler Diastase von dieser Welt gesehen wird und in einer dem Menschen völlig unzugänglichen Transzendenz verweilt, muss fast zwangsläufig die persönlichen Züge verlieren und in einen Nichttheismus einmünden. Kritisiert werden muss ferner, dass in der Kirchlichen Dogmatik (Bd. III/3) der Vorsehungslehre, die eigentlich dazu bestimmt ist, Soteriologie für die Welt zu sein, nun auch noch die Last der Prädestinationslehre aufgeschnallt wird und »zur Darstellung der Unversöhnbarkeit Gottes mit der Welt, zur Darstellung der verworfenen Welt« (Saxer, Vorsehung, 83) herhalten muss. Die Auslassung des Problems des Bösen *in diesem Zusammenhang* und das kaum geführte Gespräch mit der modernen Forschung und Wissenschaft sind ebenfalls zu bemängeln (vgl. Weber, Grundlagen, 577, Anm. 1). Mit der naturgesetzlichen Determination der Weltwirklichkeit hat Barth überhaupt keine Probleme. Für ihn gibt es durchaus Ereignisse in der Offenbarung, die nur *supra et contra naturam* (Kirchliche Dogmatik, Bd. III/3, 146) verständlich sind.

13 Für eine neuerdings positivere Einstellung zum Handeln Gottes in Natur und Geschichte in evangelischer Sicht mag die Arbeit stehen von U. Krolzik, Säkularisierung der Natur. Providentia-Dei-Lehre und Naturverständnis der Frühaufklärung, Neukirchen-Vluyn 1988.

14 Ditfurth: »Wie will er ‹der Theologe› es eigentlich rechtfertigen, dass er bereit ist, ›die Welt‹ den Naturwissenschaftlern zu überlassen? Wie lange wol-

len die Theologen die Probleme noch ignorieren, die daraus entstehen, dass beide Wahrheiten, die des wissenschaftlichen Verstandes und die der Religion, letztlich dann doch in den Köpfen konkreter einzelner Individuen gemeinsamen Platz finden müssen? ... Hat jemand, der ausdrücklich verkündet, dass die von ihm vertretene Wahrheit mit den in dieser Welt herrschenden logischen und natürlichen Gesetzen nichts, aber auch gar nichts zu tun habe, eigentlich Anlass, sich zu wundern, wenn sein Anspruch, in dieser Welt mitzureden, auf skeptische Zurückhaltung stößt?« (Wir sind, 11). Auch der bekannte Physiker Jordan hält es für unerträglich, wenn theologische Aussagen völlig an naturwissenschaftlichen vorbei vorgetragen werden, so als ob es hierbei um zwei völlig getrennte Sphären gehe.»Wenn die Irrelevanzthese empfiehlt, die religiöse Schöpfungslehre von allen das astronomische Weltall betreffenden Ermittlungen völlig zu trennen, so glaubt sie zwar damit in sehr schlauer Weise die Unangreifbarkeit theologischer Aussagen zu stärken, vollzieht aber eine zur Unglaubwürdigkeit der Religion beitragende inhaltliche Entleerung« (Religion, 3174).

15 Albert, Traktat, 112.
16 Spaemann: »Die Rede von Gott wird auf diese Weise zu einem Rad, bei dessen Drehung sich nichts mehr mitdreht, zu einem Organ, das im Ganzen des Organismus funktionslos wird und deshalb atrophiert und sich zurückbildet. Die heute vielfach festgestellte stillschweigende Auswanderung aus religiöser Praxis hängt vor allem mit diesem scheinbaren Folgenloswerden des Gottesbegriffs zusammen« (»Einführung«, 3, in: ders./Löw/Koslowski, Evolutionismus). Ähnlich Jordan, Religion, 3172; Krolzik, Säkularisierung, 11; Petri, Möglichkeiten, 115.
17 Seit den 50er-Jahren ist innerhalb der katholischen Theologie eine Diskussion in Gang gekommen, die sich mit dieser Thematik auseinandersetzt. Bornkamm, Ewald, Jelke, Rorbach, Schoonenberg, Tillich und Tünnich vertraten Ansätze der Zweitursachentheorie schon vor Weissmahrs Dissertation (vgl. Grochtmann, Unerklärliche Ereignisse, 183). Rahner nimmt eine Sonderstellung ein, da er als ein wesentlicher Begründer dieser Theorie angesehen werden muss. Wenn er sie wie ganz selbstverständlich in seinem »Grundkurs des Glaubens« vertritt (vgl. ebd., 93 f.), dann war dies nicht immer so. Weissmahr hat mit vielen Belegen aus Rahners Schrifttum den Umschwung in dessen Denken aufgezeigt, der ungefähr auf das Jahr 1963 zu datieren ist (vgl. Gottes Wirken, 142, Anm. 290).
18 Vgl. dazu die folgenden Publikationen Weissmahrs: »Gibt es von Gott gewirkte Wunder? Grundsätzliche Überlegungen zu einer verdrängten Problematik«, in: StdZ 191 (1973), 47–61; »Zauber – Mirakel – Wunder. Auf der Suche nach einem ausgewogenen Wunderverständnis«, in: BiKi 29 (1974), 2–5; »Bemerkungen zur Frage der Möglichkeit eines nicht durch Geschöpfe vermittelten göttlichen Wirkens in der Welt«, in: ZKTh 96 (1974), 426–430; »Kann Gott die Auferstehung durch innerweltliche Kräfte bewirkt haben?«, in: ZKTh 100 (1978), 441–469; Philosophische Gotteslehre, Stuttgart u. a. 1983; ‹Natürliche

Phänomene und Wunder im geistesgeschichtlichen Durchblick>, in: CGG 4, 121–148.
19 Vgl. Weissmahr, Gottes Wirken, 20–39.
20 Vgl. ebd. 137; ders., Kann Gott, 442.
21 Vgl. Weissmahr, Gottes Wirken, 16.142 f.
22 Weissmahr, <Natürliche Phänomene>, 141; vgl. Weissmahr, Gottes Wirken, 69–72; ders., Kann Gott, 449; ders., Philosophische Gotteslehre, 142–145, besonders 144.
23 Weissmahr, Gottes Wirken, 58.
24 Weissmahr, Kann Gott, 449.
25 Weissmahr, Gottes Wirken, 70; vgl. Weissmahr, <Natürliche Phänomene>, 141.
26 Vgl. Weissmahr, <Brief an Grochtmann vom 6.2.1985>, 2.
27 Thomas von Aquin unterscheidet bei seiner Darlegung der Vorsehung zwischen dem Plan Gottes, der ratio ordinis, und seiner Ausführung, der »executio ordinis« (vgl. zur Vorsehungslehre des Aquinaten: STh I q 22; I Sententiarum ds 39 q 2; De Veritate 5; ScG III, 64.71–78.94–98; Compendium theologiae, 123.130–133.139.140). Die ratio als Plan, nach dem sich Gott in seiner Regierung richtet, kommt allein Gott zu; bei der Weise der Durchführung bedient er sich geschaffener Ursachen. Gott räumt dem Menschen eine Mitwirkung bei der Ausführung seines Planes ein, weil bei einem Regenten eine größere Vollkommenheit darin liegt, andere Ursachen an der eigenen Vollkommenheit partizipieren zu lassen, als alles allein zu tun. Thomas hält aber pointiert daran fest, dass Gott die körperlichen Dinge auch unmittelbar, ohne Vermittlung von Zweitursachen, bewegen könne; er bejaht ausdrücklich die Möglichkeit, dass der Regent eine Zeit lang, wo es die Notwendigkeit erfordert, selbst tätig wird und verhindern kann, dass die geschaffen Dinge entsprechend ihrer eigenen Naturen tätig sind (vgl. ScG III, 71). »Respondeo dicendum quod erroneum est dicere deum non posse facere per seipsum omnes determinatos effectus qui fiunt per quamcumque causam creatam. Unde cum corpora moveantur immediate a causis creatis, nulli debet venire in dubium quin deus possit movere immediate quodcumque corpus« (STh I q 105 a 2). Die Aussage Pröppers, wonach die klassische Theologie behauptet habe, »Gott könne innerhalb der Welt nur wirken, indem er sich der Vermittlung geschöpflicher Zweitursachen bediene« (Thesen, 76) ist eindeutig falsch.
28 Weissmahr, Gottes Wirken, 72.
29 Weissmahr erwähnt die Wunder von Lourdes und das Tränenvergießen der Madonna von Syrakus (vgl. ebd., 165 f.). Mit der Aussage, dass Naturwunder und Totenauferweckungen nicht als historische Vorgänge betrachtet werden können, sollte man »wohl etwas vorsichtiger sein ... , als das gegenwärtig die Mode zu sein scheint« (ebd., 171).
30 Hinter den literarkritischen Argumenten würden apriorische Grundentscheidungen deutlich werden, die sich aus dem modernen Weltbild herleiten (vgl. ebd., 170, Anm. 325; dort in kritischer Auseinandersetzung mit R. Pesch). Die Vorstellungen darüber, was möglich ist und was nicht, würden viel mehr das Er-

gebnis der exegetischen Arbeit beeinflussen,»als manche ihrer Vertreter wahrhaben wollen« (Weissmahr, Kann Gott, 445). Die Frage nach der Historizität des leeren Grabes werde schon von der »im Voraus feststehenden Grundoption, nach der mit solchen Ereignissen nicht zu rechnen sei« (ebd., 446), entschieden. Weissmahr kommt zu den gleichen Resultaten, die in dieser Dissertation schon dargelegt wurden (vgl. 6.3).

31 Vgl. Weissmahr, Gottes Wirken, 151.
32 Ebd., 173; vgl. Weissmahr, <Natürliche Phänomene>, 146.
33 Vgl. Weissmahr, Gottes Wirken, 57.
34 Ebd., 39.
35 Hierunter sind zu zählen: Capánaga, in: Augustinus 21 (1976), 212 f.; Donceel, in: ThSt 35 (1974), 191 f.; Florez, in: ATG 36 (1973), 284 f.; Jenssen, in: ThLZ 100 (1975), 299–301; Schützeichel, in: TThZ 84 (1975), 192; Thils, in: EThL 50 (1974), 132–134; Wright, in: Thomist 38 (1974), 656 f. Der Wert der meisten genannten Besprechungen wird allerdings dadurch erheblich gemindert, dass sie nur eine gedrängte Inhaltszusammenfassung bieten. Lediglich in ein oder zwei dürren Sätzen am Schluss erfolgt eine kurze (oft nichtssagende) Stellungnahme, in der nicht einmal begründet wird, warum man Weissmahrs Arbeit für wertvoll hält.
36 Vgl. dazu besonders Dolch (in: BiKi 29 [1974], 25 f.), auf dessen Einwände noch näher einzugehen ist, und Kern (in: ZKTh 96 [1974], 136–139), der die Geltung der Zweitursachentheorie überhaupt infrage gestellt hatte. Weil Kern darum gebeten hatte, gab Weissmahr eine Stellungnahme zu dessen Besprechung ab: »Bemerkungen zur Frage der Möglichkeit eines nicht durch Geschöpfe vermittelten göttlichen Wirkens in der Welt«, in: ZKTh 96 (1974), 426–430. Kritisch, trotz grundsätzlich positiver Würdigung, sind Bröker (in: ThRv 70 [1974], 503 f.) und Torrell (in: RThom 76 [1976], 123–125). Völlig ablehnend ist Zürich (in: DTh 77 [1974], 268 f.). Über das Wunder schreibt er: »Ci sembra che la presente opera non sia persuasiva, perché lungi dall'approfondire la genuina dottrina del miracolo, l'oscura e la compromette.« [Es erscheint uns, dass das vorliegende Werk nicht überzeugend ist, denn weit davon entfernt, die genuine Lehre des Wunders zu vertiefen, verdunkelt es und kompromittiert es diese] (ebd., 269).
37 Vgl. Alszeghy, <Diskussionsbeitrag>, in Luyten: Zufall, 357.
38 Vgl. Bosshard, Erschafft, 16.154.191–200.
39 Vgl. Fuchs, Das Gottesbild, 376–382.
40 Vgl. Greshake, Grundlagen, 41.43 f.51.
41 »Ein Eingreifen Gottes im Sinn des unmittelbar-sichtbaren Handelns Gottes ist ein theologischer Unbegriff« (Kasper, Jesus, 112).
42 Vgl. Knoch, Natürliche Phänomene, 125–133. Im Brief an Grochtmann vom 23.7.1987 schreibt Knoch, dass »Pater Weißmahr <sic> ... wohl alle angesehenen Fundamentaltheologen und Dogmatiker heute auf seiner Seite« habe (ebd., 2). Ähnlich Fuchs, Das Gottesbild, 378. Die Äußerung Knochs ist in ihrer Pauschalität, wie wir schon gesehen haben und noch deutlicher sehen werden,

unhaltbar. Trotzdem ist die Zweitursachentheorie – selbst ihre Gegner räumen das ein (vgl. Schulte, Wie ist, 117) – heute tatsächlich schon so etwas wie eine sententia communis geworden.

43 Gott würde beim Wunder durch eine andere Zuordnung der Zweitursachen, »*aber keineswegs ohne Zweitursachen* handeln« (Pesch, Theologische Überlegungen, 103).
44 Vgl. Pröpper, Thesen, 76.
45 Vgl. Schaller, Das Bittgebet und der Lauf, 66, Anm. 10.68.
46 Vgl. Sudbrack, Die Wunder, 230.236.
47 Vgl. Trillhaas, Dogmatik, 165.
48 Vgl. Vorgrimler, Überlegungen, 131 f. Gegenüber denen, die für ein unmittelbares Einwirken Gottes eintreten, meint Vorgrimler: »Die Erfahrungen, die die europäische Menschheit unter dem Stichwort Aufklärung zusammenzufassen pflegt, werden noch nicht einmal vorgelassen. In vorkritischer Naivität wird ein direktes Eingreifen Gottes in innerweltliche, innergeschichtliche Geschehenszusammenhänge erwartet« (ebd., 131).
49 Belege dafür, dass Grom, Imbach, Kremer, Oelgemöller, Schütz und Trütsch ebenfalls die Zweitursachentheorie vertreten, sind bei Grochtmann (vgl. Unerklärliche Ereignisse, 183) zu finden.
50 Vögtle: Im Leben Jesu gab es Naturwunder, die »bis heute als menschenunmöglich gelten« (Wunder, 1256). Gnilka: »Wenn wir auch mit der Möglichkeit rechnen müssen, dass bestimmte Wundertaten auf natürlichen, den Zeugen noch nicht durchschaubaren Kräften beruhen, so kann diese Erklärung nicht auf alle Wunder Jesu ausgedehnt werden, ausgeschlossen davon bleiben Totenerweckungen, an der Materie vollzogene Wunder, Fernheilungen usw.« (Zeichen/Wunder, 885).
51 Lais spricht in einem Aufsatz über das Wunder aus dem Jahr 1961 von der Möglichkeit »radikal außermenschlicher und überirdischer Verursachung« (Das Wunder, 298). Die Leistungsgrenze der Natur wird für ihn zweifelsohne überschritten bei Totenauferweckungen, zumal wenn die Verstorbenen schon in Verwesung übergegangen sind, und Vermehrungs- und Naturwundern, wie sie im Neuen Testament beschrieben werden (Stillung des Seesturms, Wandeln auf dem Wasser).
52 Schamoni, Wunder, XIV.
53 Vgl. Sudbrack, Die Wunder, 236.
54 Schneider/Ullrich, »Einführung«, 10, in: Schneider/Ullrich, Vorsehung.
55 Erstaunlich ist, dass Weissmahr Grochtmann, als dieser bei ihm anfragt, welche neuere Literatur zum Wunder er empfehlen könne, auf das genannte Buch von Wenisch verweist (vgl. Weissmahr, <Brief an Grochtmann vom 12.11.1984>, 1).
56 »Mais on aurait aimé qu'il <Weissmahr> prenne le risque de confronter sa théorie à l'épreuve des faits.« [Uns hätte es jedoch gefallen, wenn er das Risiko eingegangen wäre, seine Theorie den Tatsachen gegenüberzustellen] (Torrell, <Rezension zu Weissmahr, Gottes Wirken>, in: RThom 76 [1976], 125). Mit den »faits« ist der exegetische Forschungsstand gemeint. Weissmahr wollte sich

darauf in seiner systematischen Arbeit grundsätzlich nicht einlassen (vgl. Gottes Wirken, 7); trotzdem muss gefragt werden, ob seine Theorie auch in exegetischer Hinsicht haltbar ist.

57 Auf die apodiktische Sprechweise, die einfach »setzt« anstatt zu begründen, hat Schulte aufmerksam gemacht (vgl. Wie ist, 122). Ein weiteres Beispiel für die »setzende Sprechweise« Weissmahrs: Gott könnte ein Geschöpf zugleich mit dessen Beziehungen zur Welt schaffen, sodass es nicht wie ein Fremdkörper in die Welt hineinragen würde. Weissmahr stimmt dieser Möglichkeit zu, fragt aber sogleich, wie Gott das tue: durch das Wirken der von ihm abhängigen, aber auf ihrer Ebene selbstständig wirkenden »innerweltlichen« Kräfte (vgl. Kann Gott, 449). Wieder wird der Argumentationszirkel erkennbar, der die Möglichkeit eines direkten Hineinschaffens Gottes in seine Welt nicht akzeptieren kann.

58 »Warum kann Gott etwas innerhalb der Welt nicht ohne aktive Beteiligung innerweltlicher Ursachen ... hervorbringen? ... Und warum muss Gott, ohne Zweitursachen (als Hauptwirkursachen) handelnd, selber in eine seine Transzendenz aufhebende Zweitursächlichkeit fallen?« (Kern, <Rezension zu Weissmahr, Gottes Wirken>, in: ZKTh 96 [1974], 139). Wenn Kern nach der Lektüre von Weissmahrs Dissertation noch solche Fragen stellt, dann kann man nur sagen, dass er entweder diesen nicht verstanden hat (so Weissmahr, <Brief an Grochtmann vom 6.2.1985>, 2) oder dessen Theorie einfach nicht für haltbar und überzeugend hält.

59 Ähnlich Wenisch: »Was ist ›die Welt‹? Sie besteht doch im Letzten aus lauter einzelnen Selbststandseienden, die in mannigfachen Verhältnissen aufeinander bezogen sind. Die Welt ist durch die Einzelseienden vermittelt und nicht umgekehrt. Sie entsteht gerade durch die Erschaffung der Einzelseienden und existiert als deren geordnete Gesamtheit. In diese geordnete Gesamtheit fügt Gott immer wieder Einzelseiende, die er in ihrem substantiellen Kern aus dem Nichts schafft, ein. Das Neue kommt zwar in seinem Kern nicht von der Welt, sondern von Gott, bleibt aber, weil von ihm der Welt eingefügt, nicht außerhalb der Welt« (Geschichten, 62, Anm. 231).

60 Bei diesem Wort schwingen Implikationen mit, die aus der Sicht einer klassischen Schöpfungstheologie unhaltbar sind; insofern geht es nicht nur um einen Streit um eine bessere Wortwahl, sondern um dahinterstehende Grundoptionen, die sich bestimmter Ausdrücke bedienen. Nicht nur vom naturwissenschaftlichen Standpunkt her ist der Ausdruck »innerweltlich« schlichtweg unsinnig – ihm müsste dann ein naturwissenschaftlich begründeter Begriff »außerweltlich« zugeordnet sein, was aber sicher nicht getan wird, weil die Naturwissenschaft damit ihr Formalobjekt verlassen würde –, sondern auch vom theologischen her ist er äußerst fragwürdig: »Die Ausdrücke ›innerweltlich‹ und ›außerweltlich‹ suggerieren Vorstellungen von ›Räumen‹ und ›Wirklichkeiten‹, die sich jedenfalls nicht auf das christliche Glaubensverständnis von Gott und Welt stützen können« (Schulte, Wie ist, 128; vgl. ders., Die Entstehung, 78). Die göttliche Ursächlichkeit wird bei Weissmahr öfters als »außerweltlich« bezeichnet (vgl. Gottes Wirken, 67). Durch die Konstruktion eines Weltbegriffs, in dem Gott

zunächst überhaupt nicht vorkommt, da er, wie es ständig heißt, nur als Grund, nicht aber als Moment der Welt zu sehen sei, ergibt sich dann in der Tat als Konsequenz nur mehr die Alternative zwischen mirakulösen Interventionen (die aus der Sicht einer christlichen Theologie freilich abgelehnt werden müssen) oder einem Deismus. Schulte hat noch auf andere Unzulänglichkeiten der Terminologie verwiesen: Es hat keinen erkennbaren Sinn, wenn man von einer *Eigen*wirksamkeit der Zweitursachen spricht, nicht aber *zugleich* auch von der Eigenwirksamkeit der Erstursache (vgl. Wie ist, 125).

61 Schulte, Wie ist, 122. »Aus dem (in der entsprechenden Metaphysik) berechtigten und allgemein akzeptierten Satz: *Alles* ursächliche Wirken *endlicher* Seiender kann nur geschehen aufgrund erstursächlichen Wirkens Gottes (insofern Gott als *Erstursache* begriffen wird!) und ist daher *prinzipiell* als zweitursächlich zu definieren, wurde der Satz gebildet: *Alles* Wirken *Gottes* ist immer und in *jedem* Fall *erstursächliches* Wirken und bedarf daher zum *eigenen göttlichen* Wirken *in* der Welt immer und *notwendig* des entsprechenden zweitursächlich Wirkenden« (ebd.).

62 Vgl. Kessler, Sucht, 294, Anm. 53. »Die unsachgemäße Verquickung von ›Erst- und Zweitursächlichkeit‹ und ›Instrumentalursächlichkeit‹«, so lautet der Titel eines Unterpunktes in Schultes Aufsatz »Gottes Wirken in Welt und Geschichte« (ebd., 168).

63 Schulte, Wie ist, 129.

64 Schulte, Die Entstehung, 80.

65 Die Alternative bei Weissmahr »entweder tragender Grund oder Ursache neben anderen Ursachen« ist weder gültig noch vollständig. Schulte: »Das *Nicht-Welt-Sein* Gottes impliziert keineswegs notwendigerweise und erwiesenermaßen ein *prinzipielles* und in *jeder* Hinsicht geltendes *Außer-*der-Welt-Sein ... Es wäre erst aufzuzeigen, dass ein *jedes In-*der-Welt-Sein gleichsam per definitionem immer schon und notwendigerweise als ein Selbst-Welt- oder Selbst-Teil-der-Welt-Sein zu gelten hat« (Wie ist, 129 f.).

66 Als ob die traditionelle Theologie, wie sie bei Augustinus oder Thomas von Aquin ihren Niederschlag gefunden hat, je das supra *in dieser Weise* vertreten hätte und man deshalb nur die Wahl hätte zwischen dem Abstreiten eines persönlichen Wirkens Gottes in der Welt und einem Supranaturalismus im obigen Sinn! Es mag aus der Geschichte der *Neuzeit* verständlich sein, dass das supra in ungebührlicher Weise betont wurde (vgl. dazu S. 183); hier wurden aber doch seitens der Theologie deutliche Korrekturen vorgenommen.

67 Vgl. Scheffczyk, Auferstehung, 198; ders., Katholische Glaubenswelt, 238.

68 Scheffczyk, Gott-loser Gottesglaube?, 201 f.

69 Gerade wegen seiner absoluten Innigkeit und Immanenz ist das dem Menschen innewohnende Göttliche zugleich transzendent (vgl. ebd., 200–203).

70 Scheffczyk, Evolution und Schöpfung, 68.

71 Vgl. Schmaus, Der Glaube, Bd. I/2 (^{2}1979), 111 f.

72 Vgl. Scheffczyk, Gott-loser Gottesglaube?, 205.

73 Vgl. Weissmahr, Gottes Wirken, 68.

74 Vgl. ebd., 57.154f.160.167.
75 Vgl. Weissmahr, Kann Gott, 443.
76 Vgl. ebd., 450 mit Verweis auf Scheffczyk, Auferstehung, 153.
77 Weissmahr, Kann Gott, 452.
78 Ebd., 454f.
79 Ebd., 455. Auf den Einwand, dass hier nicht zwischen Bedingung und Ursache unterschieden werde, antwortet Weissmahr, dass metaphysisch gesehen alles, was etwas positiv bedingt, einen gewissen ursächlichen Einfluss ausüben muss (vgl. ebd.).
80 Ebd., 456.
81 Ebd., 464.
82 Auf die Frage der leiblichen Aufnahme Mariens in den Himmel geht Weissmahr in diesem Zusammenhang nicht näher ein; er erwähnt sie nur (vgl. Kann Gott, 466, Anm. 49). Sie wäre aber ähnlich auszulegen.
83 Vgl. Weissmahr, Gottes Wirken, 4.
84 Grochtmann, <Brief an Weissmahr vom 18.12.1984>, Bröker fragt zu Recht, ob die von Weissmahr vorgeschlagene Lösung »so viel anders <ist> als die, die er zu Beginn seines Buches für nicht ausreichend hält?« (<Rezension zu Weissmahr, Gottes Wirken>, in: ThRv 70 [1974], 504).
85 Wenn die Auferstehung Jesu schon nach drei Tagen stattgefunden hat, dann kann man fragen, ob nicht auch bei Franziskus oder einem anderen großen Heiligen eine Auferstehung zu einem früheren Termin als am Ende der Zeit in Betracht kommt. Mit dieser Frage sollen Weissmahrs Ausführungen nicht lächerlich gemacht werden. Es gibt aber keine Möglichkeit mehr, solche abstrusen Spekulationen abzuwehren, wenn man sich einmal auf die Weissmahr'sche »Argumentationsschiene« begeben hat.
86 Wenisch, Geschichten, 242.
87 Ebd., 243. »In der Auferweckung Jesu und der Toten ist ein Eingreifen Gottes vorausgesetzt, das man nur als ›schöpferisch‹ im vollen Sinn verstehen kann ... Man kommt hier um eine göttliche Intervention nicht herum« (ebd., 213; vgl. auch 143).
88 Ebd., 243. Weissmahr unterscheide nicht in genügender Weise zwischen Ursachen und Bedingungen, so der Einwand Scheffczyks (vgl. Wunder, 292, Anm. 18).
89 Kessler, Sucht, 300. Kessler unterscheidet vier Arten des Handelns Gottes in der Welt, wobei er die vierte Art als »nicht durch menschliche Aktivität vermitteltes, radikal innovatorisches Auferweckungs- und Vollendungshandeln Gottes« (ebd., 296; vgl. ders., Der Begriff, 123–130) bezeichnet. Dieses ist nicht als ein absoluter Neuanfang wie bei der creatio ex nihilo zu verstehen, denn Gott steht hierbei zu seinem vorausgehenden Schöpfungshandeln und knüpft daran an. In der Auferweckung der Toten ist das Ende aller weltlichen Möglichkeiten gegeben: »Sie kann demzufolge nur als streng von außen kommendes, nicht mehr durch kreatürliche Aktivitäten vermitteltes, exklusives Handeln Gottes am Toten gedacht werden. Die Auferweckung der Toten ist eine ausschließ-

liche Prärogative Gottes ... Bei der Auferweckung ... fällt jedes Wirken von menschlicher Seite weg« (ebd., 297 f.).
90 Vgl. Scheffczyk, Theologische Grundlagen, 11.
91 »In der Auferstehung Jesu nimmt Gott seine schöpferische Initiative wieder auf. Was Auferstehung Jesu meint, kann man nur verstehen, wenn man sie zwischen der Erschaffung am Anfang und der letzten Neuschöpfung sieht« (Feiner/Vischer, Neues Glaubensbuch, 431).
92 »Das ›leibliche‹ Weiter- oder Neuleben nach dem Tode lässt sich kaum in der von Weissmahr beschworenen innerweltlichen Ursächlichkeit begreifbar machen ... Die Auferstehung Jesu liegt auf der gleichen Ebene wie Gottes Schöpfung und Gnadenwirken« (Sudbrack, Die Wunder, 247).
93 »Die Menschwerdung des ewigen Sohnes Gottes und dessen Auferstehung überschreiten den Rahmen der Schöpfungswelt und gehören deshalb nicht in den Bereich der durch Menschen oder den Mensch gewordenen Sohn Gottes bewirkten Wundertaten. Insofern muss man sie außer Acht lassen, wenn man sich den Wundern zuwendet, die im Namen Gottes oder Christi durch Personen geschehen sind und sich im Raum dieser Welt abgespielt haben oder noch abspielen« (Knoch, ‹Brief an Grochtmann vom 31.7.1987›, 1). Im gleichen Brief bemerkt er später, offensichtlich ohne sich des Widerspruchs zu den vorherigen Aussagen bewusst zu werden, dass Gott bei der Menschwerdung »durch den Sohn hindurch und vermittels der Zustimmung Marias als der Mutter dieses Menschgewordenen wirkte und dass Prof. Weissmahr in Bezug auf die Auferstehung Jesu immer darauf hinweist, dass es sich hier um eine Gebetserhörung des am Ölberg betenden Christus handelt« (ebd., 3).
94 Schürmann spricht bei der Verklärung des Herrn von österlicher Offenbarung (vgl. Das Lukasevangelium, Bd. 1, 556), Pesch von einer Epiphanieerzählung, bei der es »um eine Schau ... der Auferstehungsgestalt des Menschensohnes« geht. Den Jüngern »wird das Ziel vorweg gezeigt« (Das Markusevangelium, Bd. 2, 70).
95 Um nicht missverstanden zu werden, muss ausdrücklich festgehalten werden, dass die Auferstehung als metahistorisches Ereignis der Beginn der eschatologischen Neuschöpfung ist und insofern, weil diese Verwandlung an den übrigen Geschöpfen (Maria ausgenommen) und der Welt noch aussteht, einmalig ist. Man wird sich allerdings aber auch davor hüten müssen, es als etwas völlig Vereinzeltes darzustellen, das sich nirgendwo sonst *abschattet*.
96 Auch wenn Weissmahr auf die Jungfrauengeburt nicht eingeht, kann sie doch nicht ganz übergangen werden in diesem Zusammenhang, da für sie Ähnliches wie für die Auferstehung gilt. Das bei einer gewöhnlichen Zeugung sich ereignende Zusammenwirken von Gott und Mensch kann hier keine Parallele abgeben. Marias Mutterschaft wäre völlig missverstanden, wenn man in ihr den der Vaterschaft Gottes gleichgesetzten mütterlichen Part sehen würde. Die menschliche Natur Jesu als vom Logos personiert »ist durch geschöpfliche Kausalität nicht erreichbar« (Wenisch, Geschichten, 246). Das gleiche Pneuma ist am Werk, das am Anfang der Schöpfung über den Wassern schwebte (vgl.

Gen 1,2). Das Bild von der Überschattung durch die Kraft Gottes meint wieder »den gleichen schöpferischen Vorgang: Gottes Allmacht wird im Schoße Mariens ein Kind erschaffen« (Schürmann, Das Lukasevangelium, Bd. 1, 52). Ähnlich Scheffczyk, Schöpfung: Geheimnis, 88; ders., Jungfrauengeburt, 23.

97 Vgl. Weissmahr, Kann Gott, 467.
98 Niermann, Vorsehung, 73. Ähnlich Kentenich (vgl. Unkel, Theologische Horizonte, 180) und Mössinger (vgl. Zur Lehre, 57). In Bezug auf unsere Leiblichkeit bei der Auferstehung gilt nach Mußner: »Auferstehungsleiblichkeit entsteht nach Paulus nicht in einem natürlichen Werdeprozess dieser Schöpfung, sondern ausschließlich durch ein Wunder Gottes in der neuen Schöpfung am Ende der Tage« (Die Auferstehung, 120).
99 O. H. Pesch, der sonst die Zweitursachentheorie vertritt, spricht von einem Wunder, das der Glaube annehmen darf, durch das Gott den neuen Himmel und die neue Erde heraufführen wird (vgl. Theologische Überlegungen, 104). Hier fällt die Halbheit und Inkonsequenz auf, in die sich Pesch begibt durch die Berufung auf ein Wunder bei gleichzeitiger Bejahung der Weissmahr'schen Grundthese.
100 Dolch, <Rezension zu Weissmahr, Gottes Wirken>, in: BiKi 29 (1974), 26. Der kursive Text ist ein Zitat von Weissmahr, Gottes Wirken, 176. Freilich heißt es dann bei Weissmahr gleich im Anschluss: »Das Erscheinen des ›Übernatürlichen‹ kann man also als etwas betrachten, was innerhalb der Möglichkeiten der Natur liegt, ohne damit den Unterschied zwischen Natur und Übernatur zu verwischen.« Wenisch kritisiert bei Weissmahr das Fehlen des Theophaniemoments bei dessen Theologie des Wunders (vgl. Geschichten, 232). Weissmahr hat dieses aus einem inneren Grund nicht. Würde er es berücksichtigen, käme er um ein unvermitteltes Wirken Gottes beim Wunder nicht herum.
101 Simmel, Gott schafft, 274; vgl. Scheeben, Handbuch, Bd. 2, 7. An der Schöpfung kann nichts und niemand auch nur beteiligt werden, »denn Schöpfersein ist absolut Gottes und sonst niemandes« (Schulte, Die Sakramente, 310). Kern: »Das Schaffen aus nichts ist die Kategorie des Handelns Gottes einfachhin« (Theologische Auslegung, 537).
102 Scheffczyk: »So sind die urzeitliche Schöpfung, die Befreiung aus Ägypten und die Rückführung aus Babylon in gleicher Weise als Schöpfungsereignisse angesehen, die Gottes schöpferisches Handeln durch die ganze Geschichte prolongieren« (Schwerpunkte, 191). Imschoot: »Das Wirken Jahwes in der Welt wird öfters als bara (schaffen) bezeichnet (Ex 34,10; Num 16,30; Jes 43,1.15; 45,7; 48,7; 54,16), sodass es als eine fortgesetzte Schöpfung gilt« (Vorsehung, 1859). Das Verb bara findet sich schwerpunktmäßig in der Priesterschrift (12-mal) und bei Deuterojesaja (16-mal). Während nach Schmidt in der Priesterschrift die creatio ex nihilo damit angedeutet werden soll, wird es bei Deuterojesaja neben der Schöpfung am Anfang (vgl. Jes 40,26.28; 43,1.7.15; 45,12.18; 54,16) für aktuelles schöpferisches Handeln (vgl. Jes 42,5; 45,7) und das zukünftige Heilswerk (vgl. Jes 41,20; 45,8; 48,6–8) herangezogen (vgl. Schmidt, br, 338; Mössinger, Zur Lehre, 56f.).

103 Degenhardt, Dienstbereit, 73. Zumindest an dieser Stelle soll kurz auf die Transsubstantiation der heiligen Messe eingegangen werden, denn hier vollzieht sich immer wieder neu das angesprochene schöpferische Wirken Gottes. Beim sakramentalen Geschehen liegt, auch wenn der Priester als Stellvertreter für Gott fungiert, keine Abwesenheit Gottes vor. Es geht um ein echtes Mitwirken des Priesters, durch das Gott aber selbst anwesend und gegenwärtig ist, sodass man von »vermittelter Unmittelbarkeit« (Schulte, Wie ist, 154) sprechen kann. »In diesem eigentümlichen Miteinander-Wirken liegt Unmittelbarkeit *beider* vor; die menschliche Person ist gerade nicht ein *Zwischen* zwischen Gott und dem Adressaten göttlich-sakramentalen Wirkens« (ebd.). Die in der Eucharistiefeier sich vollziehende Seinsverwandlung kann nur der Schöpfergott allein vollbringen in seiner Macht über das Sein schlechthin. Niemand wird die Wandlungsworte an sich reißen, sie auf das eigene menschliche Ich beziehen dürfen. Vermittlung und Ursächlichkeit dürfen auch hier nicht konfundiert werden. Hildegard von Bingen schildert in ihrem berühmten Buch »Scivias«, wie beim Sanctus der heiligen Messe ein feuriges Blitzen auf die Opfergaben herniederfällt. Dieser blitzende Schein trägt die Gaben in unsichtbare Höhen empor und lässt sie dann wieder auf den Altar hernieder. Hildegard hört die Stimme des Vaters: »Die Herrlichkeit, die über dem im Grabe ruhenden Leibe des Erlösers schwebte und Ihn vom Schlafe des Todes erweckte, leuchtet auch über dem Sakramente des Leibes und Blutes meines Eingeborenen« (Wisse, 196). Die gleiche Herrlichkeit, die gleiche schöpferische Macht, welche die Auferstehung bewirkte, verwandelt die Gaben von Brot und Wein in den Leib und das Blut Christi.

104 Hettinger, Apologie, Bd. II, 167; vgl. Berlage, Katholische Dogmatik, Bd. 4, 398.

105 Vgl. Ziegenaus, <Rezension von Schamoni/Besler, Charismatische Heilige>, 150. Ähnlich Kardinal Hengsbach im Geleitwort zu Grochtmanns Dissertation (vgl. Unerklärliche Ereignisse, 2) und Erzbischof Degenhardt, der in seinem Buch über Pauline von Mallinckrodt von einem direkten »Eingreifen« und Handeln Gottes spricht (vgl. Dienstbereit, 72f.).

106 Grochtmann, Unerklärliche Ereignisse, 246.

107 Die Konsequenz dieser Unterscheidung lautet: »Das von innerweltlichen Ursachen her Mögliche ist nicht dasselbe wie das naturwissenschaftlich grundsätzlich Erkennbare« (Weissmahr, Gottes Wirken, 144).

108 Vgl. ebd., 167–171, hier 167. Das Weinen der Madonna von Syrakus erklärt er in diesem Sinn für psychogen (vgl. ebd., 168).

109 Ebd., 189. Auch eine beachtliche Zahl anderer Theologen vertraut der Parapsychologie grundsätzlich (vgl. Reckinger, Psychogene Wirkungen?, 61).

110 Weissmahr, <Natürliche Phänomene>, 145; vgl. ders., Gottes Wirken, 161–165.170f. Ähnlich ist es bei Sudbrack, der die Richtung, in der die causae secundae gesucht werden müssen, so angibt: psychosomatische, parapsychologische oder andere uns unerschlossene Ursächlichkeiten (vgl. Die Wunder, 246). Die Einebnung des Wunders ist hierbei beachtlich: »*Paranormale Ge-*

schehnisse, Heilungen oder auch von der Naturwissenschaft nicht zu erklärende Naturereignisse können also durchaus eine Deutung finden, die ohne den Begriff des ›theologischen Wunders‹ (was immer damit gemeint sein mag) auskommt« (ebd., 235).

111 Vgl. Weissmahr, Gottes Wirken, 166.
112 Reckinger hat anhand vieler Belege glaubwürdig aufgezeigt, dass neben seriöser wissenschaftlicher Forschung die Palette von stark einseitiger Belichtung über krasse Fehlurteile bis hin zu absichtlichen Manipulationen und Betrügereien reicht (vgl. Psychogene Wirkungen?, 69–73). Die Quellenlage ist fast durchgängig schlecht. Vage Hinweise, meist aus spritistisch-trüben Quellen, die einer genauen Überprüfung nicht standhalten können, werden zu Beweismaterial hochstilisiert.
113 Büchel, Zur Kritik, 168.
114 Ebd., 169.
115 Vgl. Resch, Wissenschaft, 105.
116 »Was hingegen die Erklärung dieser Phänomene betrifft, tastet sie <die Parapsychologie> weitgehend im Dunkeln« (Weissmahr, Gottes Wirken, 163). Resch: »In diesem Zusammenhang ist es vielleicht auch angebracht, darauf aufmerksam zu machen, dass selbst die Erklärungsversuche genannter außergewöhnlicher Phänomene durch Telepathie, Präkognition, Paragnosie usw. bis heute nicht mehr zu sagen vermögen, als dass es sich bei den genannten Phänomenen um sogenannte paranormale Phänomene handelt, also um Phänomene, deren eigentliche Verursachung noch völlig unbekannt ist« (Wissenschaft, 106). »In der Darstellung von Untersuchungsergebnissen und Versuchen zu deren Interpretation wird völlig unzureichend zwischen den Bereichen des Beschreibens und Erklärens unterschieden« (Staub, Beobachten, 33). Dies wird sogar als »gängige Praxis« bezeichnet (ebd., 23). Der rein deskriptive Charakter der parapsychologischen Forschung wird außer von Resch und Staub auch von Hammers, Burger und Behrendt betont (vgl. Grochtmann, Unerklärliche Ereignisse, 152).
117 Vgl. Grochtmann, Unerklärliche Ereignisse, 144–149.
118 Scheffczyk, Wunder, 301.
119 Für die Gabe des Hellsehens scheint dies besonders zuzutreffen, wie bestimmte Beobachtungen nahelegen. Wenn bei einzelnen Gliedern eines Stammbaums durch die Generationen hindurch immer wieder diese Fähigkeit auftaucht, dann verweist dies wohl auf eine erbliche Disposition. Sehr aufschlussreich ist auch eine Beobachtung Solschenizyns, die er im Archipel GULAG schildert. Ein junger Kiewer hatte die Gabe des Hellsehens: »Mehr als einmal geschah es, dass er in der Früh durch die Zelle marschierte, auf diesen oder jenen deutete: ›Heute kommst du dran, und du, ich hab's im Traum gesehen.‹ Und sie wurden geholt! Genau sie! Nebenbei gesagt, sind Strafgefangene für alles Mystische überempfänglich, sodass sie die Hellseherei beinahe als etwas Selbstverständliches empfinden« (Solschenizyn, Der Archipel GULAG, Bd. 1, 261). Durch die extreme Situation des GULAG, das Leben ständig an der Grenze des Todes,

werden offensichtlich Kräfte entbunden, die sich in normalen Lebenssituationen nicht zeigen.
120 Lais, Das Wunder, 299.
121 Scheffczyk, Wunder, 303.
122 Gnilka, Zeichen/Wunder, 878.883.
123 Schamoni: »Selbstverständlich bewirkt der Heilige das Wunder nur im uneigentlichen Sinne. Er bewirkt es durch seine Fürbitte, d. h. er betet, dass Gott es wirken möge« (Wunder, XIX). In Caterina von Sienas »Gespräch von Gottes Vorsehung« sagt Gott Vater über die allgemeine Vorsehung: »Bisweilen aber lasse Ich sie Meinen großen Dienern ohne Vermittlung der Geschöpfe, einzig durch Mich selbst widerfahren, wie du es von deinem glorreichen Vater Dominikus erfahren und gehört hast« (ebd., 149). Es wird dann berichtet, wie Gott in einer Notsituation den Ordensbrüdern auf die Vermittlung von Dominikus hin durch zwei Engel ausreichend Brot zukommen ließ: »Das war Vorsehung ohne menschliche Hilfe, einzig durch die Milde Meines Geistes gewirkt.«
124 Grochtmann, Unerklärliche Ereignisse, 312. »Nur wer die ärztliche Wissenschaft auf den Kopf stellt, sämtliche heutigen Erkenntnisse außer Acht lässt, kann die obige Behauptung <von der psychogenen Erklärbarkeit> aufstellen« (ebd., 163). Reckinger kommt nach ausgiebigen Recherchen zu dem Ergebnis, dass die Rückführung auf natürliche Kräfte der menschlichen Psyche bei Levitationen und Vermehrungswundern nicht nur nicht erwiesen ist, sondern sich nicht einmal nahelegt (vgl. Psychogene Wirkungen?, 73). Kasper distanziert sich ebenfalls deutlich von der psychogenen Erklärung: »Dieses Argument nützt meines Erachtens bei den eigentlichen Naturwundern gar nichts« (<Brief an Grochtmann vom 27.9.1984>, 1). Grochtmann fragte bei dem bekannten Parapsychologen Bender an, ob bei dem Wunder von Calanda nicht jeder Erklärungsversuch mit psychosomatischen Kräften scheitern müsste und ob es hierzu in der Parapsychologie Parallelen gebe. Die Antwort Benders war eindeutig: »Das ›Beinwunder‹ von Saragossa kenne ich ... Wenn die Geschichte wahr sein sollte, gibt es dafür keine mir bekannte parapsychologische Analogie« (<Brief an Grochtmann vom 19.11.1984>, 1).
125 Reimarus, Apologie, 375.
126 Thomas von Aquin legt im 136. Kapitel seines Kompendiums der Theologie dar, dass Gott allein Wunder wirken kann. Wenn aber dennoch »Wundertaten« durch den Menschen geschehen, dann sei das auf uns noch nicht bekannte Naturkräfte (»per aliquas virtutes naturalium rerum«) oder auf dämonische Einwirkung zurückzuführen. Vgl. auch ScG III, 104.
127 Weissmahr, Gottes Wirken, 160.
128 Vgl. Weissmahr, Gottes Wirken, 182.184.
129 Vgl. ebd., 181.
130 Dolch, <Rezension zu Weissmahr, Gottes Wirken>, in: BiKi 29 (1974), 25.
131 Dolch: »Mir scheint, W. <Weissmahr> schießt über das Ziel hinaus. Um den Graben zwischen *natürlichem* und *übernatürlichem* Wirken Gottes zu überbrücken, senkt er alles Wirken in das Innerweltliche ein! W. spricht zwar von

Gnade und deren Ungeschuldetsein – aber auch diesbezüglich gilt: *Gottes Gnade ›bewegt‹ den Menschen von seinem Innersten her (182)*« (ebd.). Die Selbstmitteilung Gottes erfolgt aber nicht primär transzendental, sondern geschichtlich an den Menschen. Das bedeutet für das Wunder, dass an den Menschen eine objektive persönliche »Ausdrucksgebärde« Gottes ergehen muss, selbst wenn diese nur im Glauben verstehbar ist (vgl. Wenisch, Geschichten, 193.214f., Anm. 841). Grundsätzlich wäre hier auch zu fragen, ob die Offenheit des Menschen für Gott und dementsprechend sein Verlangen nach persönlicher Gemeinschaft so stark ausgeprägt ist, wie Weissmahr es voraussetzt. Diese kritischen Einwendungen machen deutlich, dass man es letztlich mit zwei unterschiedlichen Ansätzen zu tun hat: einem transzendentalen und einem dialogisch-geschichtlichen.

132 Kern wird hier sogar leicht sarkastisch: »Das Tier als Tier kann nicht denken; doch kann es, na ja, auf evolutive Weise (nebst Inerschaffung von Geistseele) zum Denken und somit zum Menschsein gelangen« (<Rezension zu Weissmahr, Gottes Wirken>, 139).

133 Weissmahr, Gottes Wirken, 152. Zur Kritik vgl. Kern, <Rezension zu Weissmahr, Gottes Wirken>, 139.

134 Vgl. Weissmahr, Kann Gott, 448; ders., Bemerkungen, 428.

135 Vgl. Schulte, »Gottes Wirken«, 172. Weissmahr springt in seiner Argumentation oft zwischen beiden hin und her und verwischt so die Grenzen.

136 Ein Beispiel hierfür ist die Fotosynthese der Pflanzen. Die äußerst komplizierten Abläufe dieses Vorgangs konnten bislang nicht *vollständig* geklärt werden. Wir wissen aber um das Leistungsvermögen und die Reichweite der Fotosynthese.

137 Weissmahr: »Es lässt sich jedenfalls kaum vorstellen, wie ›Selbstüberbietung‹, die als evolutive Kraft erst im Laufe von Jahrmillionen bedeutende Veränderungen hervorgebracht hat, wirkliche Wunder zu wirken vermag. Hiermit stellt sich dann auch die Frage, ob wir mit unseren umständlichen Überlegungen überhaupt etwas erreicht haben, da auch die kritische Exegese nicht bezweifelt, dass Jesus Kranke geheilt und Dämonen ausgetrieben hat« (Gottes Wirken, 154f.).

138 Vgl. Weissmahr, Kann Gott, 459.

139 Wenisch, Geschichten, 232.

140 Die Zurückweisung der Selbstüberbietungstheorie braucht hier nicht wiederholt werden. Es sei an schon getroffene Feststellungen erinnert (vgl. 5.3.3.1.2). Erstaunlich ist es, dass Weissmahr auf die kritischen Einwände Hengstenbergs mit keinem einzigen Wort eingeht, obgleich er dessen grundlegendes Werk »Evolution und Schöpfung. Eine Antwort auf den Evolutionismus Teilhard de Chardins« kennt (vgl. Gottes Wirken, 38f., Anm. 117) und sich von der Natur der Sache her von einer Auseinandersetzung eigentlich gar nicht dispensieren kann.

141 Vgl. Schamoni, Wunder, 344.

142 Wenisch, Geschichten, 233.

143 Kasper, Jesus, 112.

144 Glöckner: »Wieso kann ich von einer realen, gegenwärtig neuen Einwirkung

Gottes auf das menschliche Bewusstsein sprechen, wenn ich zugleich im äußeren Geschehnisablauf nur mit einer allgemeinen geschöpflichen Zeichenhaftigkeit der Dinge rechne? ... Liegt es dann nicht genauso nahe, das vermeintliche Einwirken Gottes auf mein Bewusstsein für Einbildung zu halten, wie ich die Offenbarung Gottes in mir vorgegebenen Ereignissen als Schein deklariere?« (Biblischer Glaube, 33).

145 Ebd., 32. Mittlerweile hat auch bei Kasper, wenngleich keine Revision, so doch eine kritische Besinnung auf den Erklärungswert der Zweitursachentheorie bezüglich der Wunder eingesetzt: »Ob diese Theorie ausreicht, ist damit freilich noch nicht entschieden« (<Brief an Grochtmann vom 25.5.1987>, 2). Er verweist auf die kontroverse Diskussion der Dogmatiker-Konferenz in Erfurt und darauf, dass seine Veröffentlichungen dazu mittlerweile 13 Jahre zurückliegen: »Ich bin auf meine Theorien nicht versessen. Wenn ich wieder einmal Zeit habe, werde ich gerne weiter über diese Fragen nachdenken. Bisher habe ich noch keine bessere Antwort gefunden« (ebd.).

146 Gegen eine Schöpfung aus dem Nichts bei wunderbaren Brotvermehrungen würde nach Wenisch sprechen, »dass es sich hier um eine Schöpfung von Seiendem samt seinem für gewöhnlich durch geschöpfliches Wirken entstehenden Zustand handeln würde« (Geschichten, 240). Man fragt sich, welchen Sinn solche Argumentation hat. Wenn wir von Brot sprechen, meinen wir nicht die Körner auf dem Feld, sondern setzen das durch menschliche Arbeit zu Brot »transformierte« Korn voraus. Was hätte es Don Bosco genützt, wenn er seinen Schützlingen beim Verlassen der Kirche Weizenähren in die Hand gedrückt hätte? Worauf Wenisch hinaus möchte ist offensichtlich, wenn er – trotz nicht geklärter Details – das Phänomen der Materialisation oder der sogenannten Apporte zur Sprache bringt und das, obwohl diese alles andere als gut bezeugt und höchst anfechtbar sind (vgl. Reckinger, Psychogene Wirkungen?, 63–65.69). Was vornehm Apporte genannt wird, ist letztlich nichts anderes als Diebstahl mithilfe paranormaler Kräfte; die Kirche hätte somit in den Kanonisationsakten Don Boscos einen Raub als Wunder eingestuft! So wenig überzeugend die Begründung Wenischs auch sein mag, apodiktisch-trotzig stellt er am Schluss seiner Ausführungen nochmals fest: »Jedenfalls handelt es sich nicht um eine Schöpfung aus dem Nichts« (Geschichten, 240). Es darf sich nicht um eine creatio ex nihilo handeln, weil er sonst seine Theorie aufgeben müsste. Auch die Verwandlung von Wasser zu Wein soll auf diese Weise »erklärt« werden: »Sie geschieht auf göttliches Geheiß mittels paranormaler Zufuhr von Materie bzw. Energie« (ebd., 241). Für den wunderbaren Fischfang, ja sogar für die Sturmstillung bringt er ähnliche »Erklärungen«. Bei Letzterem spürt selbst Wenisch, dass er den Bogen eindeutig überspannt hat. Es ist einfach unsinnig zu behaupten, dass bei Toten, an denen der Verwesungsvorgang schon eingesetzt hat, die Dekompositionserscheinungen durch »Tiefenkräfte« von *Menschen* wieder rückgängig gemacht werden könnten (vgl. ebd., 239, Anm. 926). Wie sind jene Kräfte näher zu verstehen? Wird nicht durch die Leerformel der Tiefenkräfte versucht, einen Vorgang, der einem Menschen aus eigener Kraft nicht

möglich ist, dennoch erklärbar zu machen? Die Reichweite geschöpflichen Wirkens ist mit Thomas von Aquin hier ganz klar als begrenzt zu sehen: »Nulla igitur creatura, sicut nec creare potest, ita nec agere in aliqua re nisi quod est in potentia illius rei. Fiunt autem multa miracula divinitus dum in re aliqua fit divina virtute quod non est in potentia illius rei: sicut quod mortuus reviviscat ... Haec igitur miracula nulla virtute creata fieri possunt.« [Daher kann eine Kreatur weder erschaffen noch kann sie in irgendeiner Sache handeln, wenn es nicht in deren Potenz liegt. Aber viele göttliche Wunder werden vollbracht, wenn in einer Angelegenheit etwas durch göttliche Macht geschieht wie zum Beispiel die Wiederbelebung der Toten ... Deshalb können diese Wunder von keiner geschaffenen Macht vollbracht werden] (ScG III, 102).

147 So etwa, wenn es heißt: »Auch bei den größten neutestamentlichen Wundern kann nicht wissenschaftlich bewiesen werden, dass sie außerhalb der zweitursächlichen Ordnung geschehen« (Wenisch, Geschichten, 159). Wissenschaftlich bewiesen werden kann hier sowieso nichts, da die Wiederholbarkeit als Voraussetzung der Überprüfung im Experiment nicht gegeben ist.

148 <Erklärung der Kardinalskommission zum Holländischen Katechismus>, in: AAS 40 (1968), 690 f.

149 Weissmahr verweist auf die Unterscheidung zwischen »innerweltlicher« Ursächlichkeit im »physischen« und »metaphysischen« Sinn, die der Kardinalskommission leider nicht bekannt gewesen sein soll. Wenn dies der Fall gewesen wäre, wäre auch die obige Mahnung nicht auszusprechen gewesen (vgl. Gottes Wirken, 58.145). Diese Mutmaßung Weissmahrs ist alles andere als überzeugend. Die von ihm angemahnte Differenzierung der Ursächlichkeiten und wesentliche Teile der Zweitursachentheorie wurden schon vor dem Erscheinen des Katechismus von bekannten und nicht gerade wenigen Autoren vertreten. Von daher kann kaum angenommen werden, die Kardinäle hätten nichts davon gewusst. Weissmahr widerspricht sich zudem selbst, wenn er seine Theorie – und dazu gehört wesentlich die Unterscheidung der Ursächlichkeiten – in seiner Dissertation 1973 als sententia communis verstanden wissen will (vgl. ebd., 39). Eine Lehre wird nicht über Nacht in den Rang einer solchen Geltung erhoben; dazu bedarf es einer längeren Vorgeschichte, die den Kardinälen kaum entgangen sein dürfte.

150 Scheffczyk, Theologische Grundlagen, 11; vgl. ders., Schöpfung: Geheimnis, 90.

151 Glöckner, Biblischer Glaube, 33 f.

152 Weissmahr, Gottes Wirken, 190.

153 Ebd., 144.

154 Ebd., 172.

155 Jenssen, <Rezension zu Weissmahr, Gottes Wirken>, in: ThLZ 100 (1975), 300. Ganz anders Zürich, <Rezension zu Weissmahr, Gottes Wirken>, in: DTh 77 (1974), 268 f.

156 Gegen Weissmahr, Gottes Wirken, 190. Das müsste dann auch gegen Bonhoeffer gesagt werden (vgl. S. 262), der in der Haft durchaus an den allmächtigen

Gott und dessen Hilfe appelliert hatte, ohne dass man von einer durch die Not übermächtigten Fantasie sprechen dürfte.
157 Fuchs, Das Gottesbild, 378. »Wir wissen um das uns gründende und uns tragende Geheimnis – wir nennen es Gott« (ebd., 379).
158 Schillebeeckx: »Gottes Handeln ist selbstverständlich göttliches Handeln, d. h. absolut-transzendent, schöpferisch« (Jesus, 556). Sachlich identisch und begrifflich kongruent werden dementsprechend die Ausdrücke »geschöpflich« und »zweitursächlich« in Anwendung gebracht.
159 Kasper, Der Gott, 76; vgl. ebd. auch 368.
160 Gegen Staudinger/Schlüter, An Wunder glauben?, 103.
161 Rahner, Grundkurs, 148. »Diese so verstandene Geschichte der Menschheit, ihre Geistes- und Freiheitsgeschichte, diese ihre Heilsgeschichte ..., die mit der Weltgeschichte koextensiv ist, ist nun auch im eigentlichen Sinne übernatürliche *Offenbarungsgeschichte*« (ebd., 151). In Rahners Schrift über »Das Problem der Hominisation« aus dem Jahr 1961 wird in einer Frage zumindest noch das Desiderat eines »Unterschied<es> zwischen Natur- und Profangeschichte einerseits und der eigentlichen personalen Heilsgeschichte andererseits« festgehalten (ebd., 59).
162 Vgl. Ratzinger, Theologische Prinzipienlehre, 171–174, hier 171.
163 Ratzinger, Auf Christus, 91.
164 Ebd., 92.
165 Knoch, Natürliche Phänomene, 127. In diesem Zusammenhang ist es aufschlussreich, wenn Freiheit bei Rahner definiert wird als das Vermögen, »sich selbst zu tun« (Grundkurs, 49) – eine »Vorstellung von einer fast gotthaften Fähigkeit der Selbsttat« (Ratzinger, Theologische Prinzipienlehre, 178).
166 »Si igitur sint aliqui homines qui verbis conceptionem sui intellectus exprimentibus res possint transmutare propria virtute, erunt alterius speciei, et dicentur aequivoce homines« (ScG III, 105). Nach Weissmahr übt die Zweitursache ihre Ursächlichkeit zwar in transzendentaler Abhängigkeit von Gott aus, »aber eben deshalb auf ihrer Ebene ›aus eigener Kraft‹« (Bemerkungen, 430). Es geht also darum, die dialektische Verschränktheit zu sehen. Gerade weil Weissmahr aber das propria virtute so betont, mag diese auch noch so sehr in transzendentaler Abhängigkeit von Gott stehen, trifft ihn und Knoch der Einwand von Thomas von Aquin in voller Schärfe.
167 Ihm gilt es theologisch als verdächtig, wenn Gott in kategorialer Weise neben dem Menschen auftaucht, »zum Beispiel durch Auferlegung von Geboten, durch Einforderung partikularer Rechte, durch gesondertes Eingreifen in das geschichtliche Werden und Gestaltetwerden dieser Welt« (Fuchs, Das Gottesbild, 363). Der Wille Gottes und seine Ermöglichung sei in den Menschen und die Welt eingestiftet. Deshalb könne man auch nur von einem »›transzendenten Herrsein‹ des uns Menschen stets ›tragenden‹ Schöpfers« sprechen (ebd., 375).
168 Vgl. ebd., 378. Diesen Vorwurf erhebt zu Recht Seifert (vgl. Gott, 36); die Lehre von der Vorsehung ist bei Fuchs eliminiert (vgl. Scheffczyk, Evolution und Schöpfung, 68).

169 Seifert, Gott, 45.
170 Vgl. ebd., 47.
171 Es wären noch einige weitere Aspekte anzusprechen gewesen, die aber den Rahmen dieser Arbeit überstiegen hätten. Im folgenden Zitat von Seifert werden sie wenigstens genannt: »Mit der These einer Welt, in der ausschließlich Sekundärursachen unmittelbar wirken, müssen ferner auch Erlösung und Gnadenwirkungen der Sakramente, die Gründung und göttliche Leitung der Kirche, die Inspiration der Schrift und damit die Grundinhalte des Glaubens fallen. Denn wie soll deren Annahme begründet werden, wenn es kein freies und unmittelbares Eingreifen Gottes in die geschichtliche Welt gibt?« (Gott, 37).
172 Weissmahr, Gottes Wirken, 14.
173 Vgl. Schulte, Gottes Wirken, 168. Letztlich wird nur »eine vom alten Deismus verschiedene moderne Form des Deismus« präsentiert, so Seifert in seiner Kritik an Fuchs und Rahner (Gott, 31).
174 STh I q 22 a 3.
175 Unkel, Theologische Horizonte, 193. Die geistige Haltung, die hinter den beiden Extremen sichtbar wird, ist ein Separatismus, welcher es dem Menschen unmöglich macht, Gott als einen lebendig Wirkenden zu erfahren.
176 Vgl. Hengstenberg, Heute sagen, 6555; Schulte, Wie ist, 130–155. Eine christliche Theologie der Geschöpflichkeit wird nicht nur philosophisch-ontologisch, sondern trinitarisch und damit auch personalistisch strukturiert sein müssen. Der Blick aufs Ganze und Eine blieb in der Vergangenheit oft ungewollt verstellt durch die notwendigen Distinktionen von Natur und Gnade, Schöpfungs- und Heilshandeln Gottes.
177 Vgl. Schulte, Wie ist, 118; ders., Gottes Wirken, 163.
178 Schulte, Wie ist, 136; vgl. Feiner/Vischer, Neues Glaubensbuch, 435.438.
179 Vgl. die hervorragende Schrift von E. Zenger, Gottes Bogen in den Wolken. Untersuchungen zu Komposition und Theologie der priesterschriftlichen Urgeschichte, Stuttgart 1983.
180 Schulte, Wie ist, 142. Kessler: »Vom Schöpfungsakt an ist deshalb Gottes Handeln als kommunikatives Handeln zu verstehen, das auf interpersonale Beziehungen hinauswill und sie seinerseits (einseitig) auch eingeht« (Der Begriff, 124).
181 Scheffczyk, Schöpfung und Vorsehung, 5. Im Wortcharakter der Schöpfung nach der Priesterschrift kommt auch die Personalität und Geistigkeit des Schöpfers sowie seine Transzendenz und sein herrscherliches Wesen zum Ausdruck.
182 Vgl. 5.3.3.2 und 7.3.4.
183 Rad, Theologie, Bd. I, 145.
184 Glöckner, Biblischer Glaube, 16.
185 Gegen die Einordnung der Lehre von der Vorsehung bei der Gotteslehre spricht, dass diese *zunächst* auf das ideelle Sein in Gottes Wesen beschränkt ist und die Realisierungen in Zeit und Geschichte nicht beachtet werden. Die Vorsehung wird deshalb in Konsequenz auch nicht zuerst als geschichtliche Wahrheit begriffen, sondern als göttliche Wesenseigenschaft deduktiv erschlossen. Aufgrund dieser nachteiligen Folgen ist der Einbeziehung der Vorsehung in

die Schöpfungslehre der Vorzug einzuräumen. Die scharfe Trennung von Vorsehung und Schöpfungswahrheit bei Thomas von Aquin, die im Anschluss an ihn Schule gemacht hat, muss deshalb kritisiert werden (zu berücksichtigen ist allerdings, dass sich der Vorsehungsbegriff wie ein roter Faden die ganze Tertia der Summa durchzieht). Die ontologische Analyse lockert den lebendigen Bezug zwischen Gott und seinem Geschöpf beträchtlich und führt gerade dort zu einer Abstraktheit der Gedankenführung, wo lebendiger Bezug gefordert wäre (vgl. zur Kritik am thomanischen Ansatz Scheffczyk, Schöpfung und Vorsehung, 92f.).

186 Vgl. 3.5.2.
187 Vgl. Klee, Katholische Dogmatik, Bd. 2, 376.
188 Vgl. Pohle, Lehrbuch, Bd. 1, 517–519.
189 Vgl. Jes 48,11; Ez 20,22; 36,22; Sir 36,2–5. Jedes Tun des Menschen, auch das unscheinbarste, wie Essen und Trinken, soll zur Verherrlichung Gottes ausgeführt werden (vgl. 1 Kor 10,31). Unsere Vorausbestimmung zur Sohnschaft in Jesus Christus geschieht »zum Lob seiner herrlichen Gnade« (Eph 1,6). Wie aus den johanneischen Abschiedsreden hervorgeht, sieht Jesus seine ganze Sendung unter dem Aspekt der Verherrlichung des Vaters: »Ich habe dich auf der Erde verherrlicht und das Werk zu Ende geführt, das du mir aufgetragen hast« (Joh 17,4). Die Anbetung und Verherrlichung Gottes steht in den Liedern und Hymnen der Apokalypse thematisch im Mittelpunkt.
190 Die Hermesianer argwöhnten in ihrer Zeit, dass der Mensch als Mittel behandelt würde, die Liebe Gottes zum Menschen nicht mehr uneigennützig sei und Gott ehrsüchtig würde, wenn er Verherrlichung *für sich selbst* erstrebe. Scheeben hält dagegen, dass Gott den Menschen noch nie als Mittel behandelt habe. Gott würde seine Heiligkeit geradezu verleugnen, wenn er nicht die ihm gebührende Ehre intendieren würde (vgl. Handbuch, Bd. 2, 35–37). Scheeben verteidigt diese Lehre gegen eine vom Liberalismus propagierte »Emanzipation der mündigen Menschheit« (ebd., 37).
191 Scheffczyk, ‹Diskussionsbeitrag›, in: Luyten, Zufall, 375.
192 Zenger, Gottes Bogen, 181.
193 Vgl. Scheffczyk, Schöpfung und Vorsehung, 18.
194 Scheffczyk, Einführung, 65.
195 Ebd., 66; vgl. Petri, Möglichkeiten, 123.
196 Scheffczyk, Einführung, 66.
197 Vgl. 5.2.2.2.
198 Vgl. »Leben, ungeheures Leben. Adolf Portmann über Selbstverständnis und Grenzen des Forschers« (Gesprächsaufzeichnung des Bayerischen Rundfunks), in: Nürnberger Zeitung vom 7.7.1979, 9.
199 Schulte: »Es muss ... auch das sogenannte ›Geistige‹ oder ›Personale‹ in allen seinen Realitäts- und Verwirklichungsweisen als real, als wirklich angesprochen werden, und zwar auch in dem Sinne, dass es wissenschaftlicher Einsichtnahme, Beschreibung und Erklärung zugänglich ist, mag es auch seine ihm eigenen Kategorien erfordern« (Gottes Wirken, 288).

200 Schulte, Wie ist, 152.
201 Schulte: »Das, was Person-Sein meint, ist überhaupt nie, schon im menschlich-personalen Bereich, ›ursächlich‹ oder als ›Ursache‹ nachweisbar« (Die Entstehung, 84).
202 Vgl. zum Folgenden Schulte, Die Sakramente, 286–291.
203 Es soll hier nur erwähnt werden, dass der Ansatz eines personalen Denkens auch geeignet wäre, sakramentales Heilsgeschehen aufzuschlüsseln, denn Sakramente sind zutiefst Personalgeschehen und können deshalb nur in personalen Kategorien sachgerecht erfahren werden (vgl. Schulte, Die Sakramente, 283–285). Dementsprechend hat man es hierbei nicht mit kausal-notwendigem Sein und Agieren, sondern persönlichem Handeln Gottes am Menschen zu tun.
204 Schulte, Gottes Wirken, 174.
205 Deshalb auch immer die Klage Gottes im Alten Bund über die Undankbarkeit des Volkes, das sich in seiner ganzen Existenz der liebenden Fürsorge Gottes verdankt, diesen aber dennoch nicht erkennt und die Antwort verweigert: »Je mehr ich sie rief, desto mehr liefen sie von mir weg« (Hos 11,2).
206 Vgl. S. 158.
207 Luyten, Das Kontingenzproblem, 58; vgl. Hettinger, Apologie, Bd. II, 180; Greiner, Gewissheit, 58–71.
208 Vgl. Grün, Gespräche, 210; Rahner, Grundkurs, 255; Staudinger, Gottes Allmacht, 131.
209 Vgl. Hettinger, Apologie, Bd. II, 162.166.176.183.
210 Jordan, Der Naturwissenschaftler, 315; vgl. auch 158 f.
211 Rawer, Kausalität, 68. Rawer ist Professor für Physik.
212 Vgl. ebd., 69 f.
213 Wenisch, Geschichten, 184.
214 Ebd., 184 f. Wie einige spontane Reaktionen beim Menschen zeigen, vermag der Geist offensichtlich die von ihm geformte Materie bis in den atomaren Bereich hinein zu steuern.
215 Ähnlich ist es bei geistigen Entscheidungen, die hierfür eine Analogie abgeben können. Es ist zwar eine Erfahrungswirklichkeit, dass diese materielle Vorgänge unseres Körpers zu beherrschen vermögen, niemand kann aber erklären, wie es zur konkreten Umsetzung eines Entschlusses zu jenem ersten Impuls kommt, der die Materie des Körpers in Bewegung versetzt. Wer mit der Messung von Aktionspotentialen und Gehirnströmen antwortet, der antwortet überhaupt nicht, weil er in den chemisch-physikalischen Bereich ausweicht, wo er auf ontologischer Ebene bleiben müsste.
216 Vgl. 4.3.2.
217 Vgl. Scheffczyk, Auferstehung, 198; vgl. auch Gnilka, Zeichen/Wunder, 885.
218 Compendium theologiae, 136. Im Anschluss an Thomas von Aquin: Hettinger, Apologie, Bd. II, 165. Man kann somit in unterschiedlicher Akzentsetzung sowohl das contra wie auch das praeter naturam [über die Natur hinaus] vertreten, ohne dass dies in sich widersprüchlich wäre. Es hängt von der jeweiligen Perspektive ab. Beides hat seine Berechtigung.

219 Staudinger, Gottes Allmacht, 130.
220 Ebd., 131.
221 Wenisch, Geschichten, 248. »Die Intention des göttlichen Wirkens geht hier nur dahin, das Geschöpf zu einer Wirkung zu veranlassen, die es unter den gegebenen Umständen nicht setzen würde, weil seine eigene Wirkkraft in eine andere Richtung geht« (ebd.). Wenisch kann auf ähnliche Ausführungen K. P. Fischers, Greshakes und Scheffczyks verweisen (vgl. ebd., 248 f., Anm. 960).
222 Die Beispiele allein aus der Medizin und den hierbei eingesetzten pharmazeutischen Mitteln sind Legion. Bestimmte Arzneien oder Maßnahmen unterdrücken etwa sonst natürlich einsetzende Abwehrmechanismen des Körpers, um zu verhindern, dass ein neu implantiertes Organ wieder abgestoßen wird. Schon Hettinger verwies darauf, dass der Forschergeist des Menschen es fertiggebracht hat, die Natur – unter Wahrung ihrer Gesetzlichkeiten – nicht zu den ihr an und für sich eigenen Ausprägungen gelangen, sondern sich in bestimmten, vom Menschen gelenkten Reaktionen vollziehen zu lassen (vgl. Apologie, Bd. II, 168 f.).
223 Vgl. zum Folgenden Wenisch, Geschichten, 235.
224 Vgl. Weissmahr, Gottes Wirken, 165.
225 Gegen Kasper, Jesus, 108. Die von Gott hervorgebrachte Welt vermittelt ebenso wie die Wunder nur zeichenhaft die Gegenwart Gottes. Glöckner: »Auch ein Wunder, das in seinem äußeren Vorgang der ›persönlichen Initiative Gottes entspringt‹, lässt den handelnden Gott nicht unmittelbar sichtbar werden, da Gott immer nur aus den Werken seiner Schöpfung erkannt werden kann; seien es die Werke der Weltschöpfung oder die Werke seiner ›neuen Schöpfung‹ in der Heilsgeschichte« (Biblischer Glaube, 34).
226 Um eine Verwechselung mit diesem im Rahner'schen Sinn schon belegten Begriff auszuschließen und weil dieser Ausdruck das Geschehen nicht adäquat wiedergibt, ist es besser, ihn nicht zu verwenden. Die Rede von der *Selbst*überbietung ist irreführend, weil sie falsch gewichtet: Beim Wunderwirken steht mehr Gottes als geschöpfliches Wirken und Tätigwerden im Vordergrund; entsprechend muss die Begrifflichkeit dann auch gewählt werden.
227 Vgl. Wenisch, Geschichten, 217.
228 »Manches unauffällige Handeln Gottes kann vom Standpunkt der Kausalität her ein größeres ›Wunder‹ sein als manche sehr auffällige paranormale Vorgänge ... Es wird sogar damit gerechnet, dass zahlreiche Fügungen von ihrer inneren Struktur her Wundern im strengen Sinn gleichen, auch wenn sie als solche nicht in die Augen springen« (ebd., 249.251).
229 Gegen das »spontan« würde Wenisch Einspruch erheben. Auch die als augenblicklich bezeichneten Heilungen »scheinen nie völlig instantan zu sein. Mag der Vorgang auch noch so schnell geschehen: Dass er überhaupt Zeit braucht, zeigt, dass er ein zweitursächliches Geschehen ist« (Geschichten, 235). Wer allerdings bestimmte Heilungsberichte unvoreingenommen zur Kenntnis nimmt (vgl. S. 162 u. 169), wird dies nicht bestätigen können. »Sofort wurde der Mann gesund« (Joh 5,9) heißt es bei der Heilung eines Gelähmten. Die Plötz-

lichkeit der Heilung ist nicht nur an dieser Stelle im Evangelium belegt. Ähnlich wie es Spontanbekehrungen gibt, als Beispiele wurde auf Goritschewa oder Frossard hingewiesen, gibt es Spontanheilungen. Der tiefere Grund, warum es bei Wenisch Letztere nicht geben darf, ist in der Vorgabe der Zweitursachentheorie zu sehen. Ein Gott, der unvermittelt in der Schöpfung handelt, würde diese Theorie sprengen. Deshalb war Wenisch auch schon bei Vermehrungswundern gezwungen, die nicht tragfähige Brücke der Apporte zu beschreiten.
230 Vgl. Wenisch, Geschichten, 239.
231 Scheffczyk, Auferstehung, 197.

8 Vorsehung und Bittgebet

1 Carrel, La Prière, 25.
2 Belegstellen hierfür bei Gessel, Die Theologie, 186 f., Anm. 101.
3 Es gibt, um nur einige aufzuzählen, Votivmessen bei Krieg, Hungersnot, Erdbeben, Unwetter und Sturm (vgl. MB 1059.1068.1076 f.).
4 Langemeyer, Das Phänomen, 41.
5 Vgl. Imbach, Das Bittgebet, 5. Hier wird eine Linie deutlich, die sich von vielen Denkern der Neuzeit bis hinauf in die Gegenwart durchzieht. Für Kant ist der Versuch, auf Gott im Bittgebet Einfluss nehmen zu wollen, abergläubischer Wahn (vgl. Die Religion, 870). In der Sicht einer nach außen (und damit auch gegen Gott!) abgedichteten Immanenz erscheint es sinnlos, Gott um Hilfe in einer Not anzugehen. Er kann und wird nicht helfen. Das Gebet wird folgerichtig uminterpretiert als Selbstreflexion und »Selbstpflege«; es dient zur Belebung der sittlichen Gesinnung im Beter und verflüchtigt sich zu brahmanischer Kontemplation, bei der sich der Mensch »in die kühlende Tiefe des Einen Grundes aller Dinge« (Strauß, Die christliche Glaubenslehre, Bd. II, 390) versenkt. Inhaltlich geht es *ausschließlich* um die Ergebung in Gottes Willen, Geduld im Leiden, die Reinheit des Herzens. In diese Richtung argumentieren außer Kant und Strauß auch Feuerbach, Rousseau, Hegel, Schleiermacher, Ritschel, Heiler, Sabatier, Karrer, Braun, Sölle und Reventlow. Es wurde schon aufgezeigt (vgl. S. 166), dass die Verlagerung auf die psychische Innerbefindlichkeit des Menschen die anstehenden Probleme nicht löst, sondern nur verschiebt. Schaller: »Ist das Gewebe unseres seelischen Erlebens, in dem Gott wirken soll, so viel weniger determiniert erkennbar als etwa das Zustandekommen eines Gewitters?« (Das Bittgebet und der Lauf, 56). Das »Refugium einer Transzendenz in der privaten Innerlichkeit« (Scheffczyk, Das Gebet, 1960) ist nicht haltbar.

Trotzdem soll die Berechtigung der Einwürfe Kants und anderer nicht rundweg abgestritten werden, denn beim Gebet tritt der Betende in einen Dialog ein, aus dem er nicht unverändert herausgeht. Es vollzieht sich Wirklichkeitsmitteilung in ähnlicher Weise wie beim freien Wirken einer Person auf eine andere. Das Gebet transformiert das persönliche Verhältnis zur Wirklichkeit und damit in gewisser Weise diese selbst. Die Bewusstseinsveränderung geht in Richtung des Wachsens von Zuversicht, des Erkennens neuer Sinnhorizonte und der Annahme der eigenen Grenzen (vgl. Schaller, Das Bittgebet – Eine theologische Skizze, 205). Dadurch, dass der Beter seine Bitte vor Gott hinträgt, das Bedrückende, Dunkle, Sinnlose und Nichtintegrierbare ausspricht, ist der tiefste Stachel bereits gezogen. Ist dies nicht auch die Erfahrung der Klagepsalmen? (Vgl. bes. Ps 6.22.28.56.69). Es ist wie im Bußsakrament: Allein schon durch das Aussprechen der Schuld wird es dem Pönitenten leichter, geschieht schon ein Stück Heilung. Freilich greift diese Sicht *allein* zu kurz. Ähnlich wie es beim Sündenbekenntnis darauf ankommt, dass ein bevollmächtigter Spender des Sakramentes nun auch tatsächlich die Lossprechung erteilt, hängt beim Bittgebet alles daran, dass ein machtvoller Gott die Gebete »hört« und sich auf den Menschen hin »aktuiert«.

6 Dies gilt besonders für den protestantischen Raum. Der bezeichnende Untertitel von Mössingers Buch »Zur Lehre des christlichen Gebetes« aus dem Jahr 1986 lautet »Gedanken über ein vernachlässigtes Thema evangelischer Theologie«. Müller: »Kaum eine moderne protestantische Dogmatik enthält ein spezielles Kapitel über das Gebet, in welchem die *grundsätzlichen* Fragen der Gebetstheologie angesprochen werden« (Dogmatische Probleme, 85). Nicht einmal im Sachregister dieser Dogmatiklehrbücher ist das Stichwort »Gebet« zu finden.

7 Schaller, Das Bittgebet und der Lauf, 54.

8 Greshake/Lohfink, Zur Einführung, 7. »Wenn schon das Gebet der Ernstfall des Glaubens ist, so ist das *Bitt*gebet es noch mehr; es ist gleichsam der ›Ernstfall des Ernstfalls‹« (ebd.).

9 Vgl. Mössinger, Zur Lehre, 126.

10 Schaller, Das Bittgebet – ein Testfall, 100.

11 Vgl. zum Folgenden Gessel, Die Theologie, 172–194.

12 Ebd., 173. »So hat alles Materielle und Körperliche ... nur die Bedeutung eines flüchtigen und kraftlosen Schattens« (ebd.).

13 Ebd., 176.

14 Ebd., 193. Der Vorwurf Mössingers, dass der Theologe Origenes hinter dem Philosophen zu stehen komme, ist deshalb nicht ganz unberechtigt (vgl. Zur Lehre, 126f.).

15 Gessel nennt als Gründe eine Vorliebe für platonisches Denken, Jenseitsbezogenheit und Abgeschlossenheit der christlichen Ortsgemeinden von der heidnischen Umwelt, das ein realistischeres Denken überflüssig erscheinen ließ, und wenig Reflexion über eine mögliche Verantwortung der ethischen Tradition in der vorkonstantinischen Kirche (vgl. Die Theologie, 193f.).

16 Heinrich nennt diesen Gedankengang eine vom Gnostizismus adoptierte Vorstellung (vgl. Dogmatische Theologie, Bd. 5, 334).

17 Lohfink: »Ich habe den Verdacht, dass *der* Gott, dem gegenüber das Bittgebet als unangemessen erklärt wird, bald nicht mehr der christliche Gott ist, sondern der Götze einer leeren Transzendenz ... Das Bittgebet ist eine Gebärde, ohne die das Antlitz Gottes auf die Dauer verblasst« (Die Grundstruktur, 28–30).

Dies ist besonders gegenüber Karrer festzuhalten. Unter völliger Verkennung der Kirchenväter und Kardinal Newmans schreibt er über Letzteren: »Ein Bittgebet um irdische Dinge ist bei diesem großen christlichen Frommen von vorneherein nicht zu erwarten – so wenig wie bei den großen Kirchenvätern« (Gebet, 73 f.).

18 Lohfink, Die Grundstruktur, 28.
19 Ebd.; gegen Hertz, Zur Problematik, 18.
20 Strauß, Die christliche Glaubenslehre, Bd. II, 388. Ähnlich ist die Argumentation bei Karrer, der Gebete, die aus einer Not mit der Bitte um Hilfe an Gott gerichtet werden, als »Instinktgebete« diffamiert (vgl. Gebet, 65).
21 Bonhoeffer, Widerstand, 75.
22 Ebd., 197. »Ich glaube, dass Gott kein zeitloses Fatum ist, sondern dass er auf aufrichtige Gebete und verantwortliche Taten wartet und antwortet« (ebd., 19).
23 Greshake, Grundlagen, 39.
24 Schaller, Das Bittgebet und der Lauf, 65; vgl. Mössinger, Zur Lehre, 165. Schaller: »Wo Vorsehung verknüpft wird mit dem Gedanken eines vorweg existierenden Planes, muss sich der Mensch immer in der Rolle eines unbeteiligten Außenseiters oder zumindest eines schon längst eingeplanten ›Faktors‹ vorkommen« (Das Bittgebet – ein Testfall, 100). Langemeyer: »Das Ereignishafte, die fallhafte Verwirklichung einer aus vielen Möglichkeiten, erschiene dem Gläubigen als Vollzug einer längst gefallenen Entscheidung, als Nachbildung eines im Geiste Gottes schon lange durchgespielten Experimentes. Der Boden, von dem sich unser Glaube erhebt, ist dagegen die Erfahrung einer Wirklichkeit, in der noch etwas auf dem Spiele steht, in der die Zukunft ungewiss ist« (Das Phänomen, 35).
25 Das folgende Beispiel ist geeignet, die Wirkweise Gottes zu verdeutlichen. Ein Perserteppich wird durch Einspannung auf einen vertikalen Rahmen gewoben. Kleine Knaben sitzen auf verschiedenen Stufen auf der Rückseite des Teppichs und führen die Anordnungen des Künstlers auf der Vorderseite aus. Manchmal kommt es vor, dass die Kinder einen Fehler machen. Wenn der Teppichknüpfer ein Meister seines Faches ist, lässt er die Farbe nicht wieder entfernen, sondern bezieht den Fehler in sein Muster ein. Ist es in unserem Leben nicht ähnlich? Wie oft kommt es vor, dass wir falsche Farben hineinweben, sodass man angesichts des Durcheinanders kaum mehr ein sinnhaftes Muster erkennt. Gott ist wie ein großer Künstler, dessen Werk auch durch die größten Fehler nicht verdorben werden kann, solange der Mensch in Liebe und Reue nur zu ihm kommt.
26 Dort wird berichtet, wie Haman aus Missgunst gegen Mordechai den Großkönig Artaxerxes zum Völkermord an den Juden aufstachelt (vgl. zum Folgenden Stump, Die göttliche Vorsehung, 24–27). Mordechai bittet Ester aufgrund ihrer Machtstellung, den Juden Hilfe zu bringen, indem sie beim König Fürsprache einlegen soll: »Glaub ja nicht, weil du im Königspalast lebst, könntest du dich als Einzige von allen Juden retten. Wenn du in diesen Tagen schweigst, dann wird den Juden anderswoher Hilfe und Rettung kommen. Du aber und das Haus

deines Vaters werden untergehen. Wer weiß, ob du nicht gerade dafür in dieser Zeit Königin geworden bist?« (Est 4,13 f.). Aus der Sicht Mordechais hat Gott die Ereignisse im Leben Esters gefügt. Es hängt aber von Ester ab, wie weit sie mitwirkt; Gott verfügt nicht einfach über sie. Sollte sie der ihr zugedachten Aufgabe nicht nachkommen, dann hat Gott noch andere Möglichkeiten, sein Ziel zu erreichen, »dann wird den Juden anderswoher Hilfe und Rettung kommen« (Est 4,14). Gott macht das Wohl seines Volkes somit nicht nur von der freien Entscheidung eines einzigen Menschen abhängig. Er zieht an mehreren Fäden gleichzeitig.

27 Vgl. Greshake, Grundlagen, 40. Wright hebt zu Recht die »Anpassung« Gottes auf den Menschen hin heraus, die in den biblischen Texten deutlich wird (vgl. The Eternal Plan, 34).

28 Hossfeld: »Das konstant den Gehorsam verweigernde Israel demonstriert die Macht des Menschen, der Jahwe zum Rückzug von seinen Plänen zwingen kann« (Wie sprechen, 81).

29 Der Tod ist die Konsequenz der sündigen Selbstverfügung des Menschen; er lag nicht in der Urintention Gottes. Gott lässt sich aber, aufgrund der von ihm mit dem Menschen eingegangenen Lebensgemeinschaft, von *unserer* Sünde und ihren Folgen treffen und sie als für uns *und* sich verfügt gelten. Schulte: »Die Annahme des Sterbens und Totseins seitens Gottes *ist* der entscheidende Hinweis darauf, was es von Gott her um die Freiheit des Menschen und deren Folgen für Gott ist. Mit einem Wort: Die ursprünglich von Gott gestiftete Lebensgemeinschaft Gott – Mensch stellt sich heraus als eine Gemeinschaft auf Leben *und* Tod« (Die Sakramente, 305).

30 Hossfeld, Wie sprechen, 90; vgl. Eichrodt, Theologie, Bd. 2/3, 119.

31 Schaller, Das Bittgebet – ein Testfall, 101. Der nichtsnutzige Diener des Evangeliums ist hier erkennbar (vgl. Mt 25,14–30), der nicht mit dem ihm Anvertrauten wuchern will, damit er sich nicht einer unberechenbaren Gnade ausgeliefert weiß. »Es soll getrennte Rechnung bleiben: Der Herr soll behalten, was er sich erarbeitet und was ihm gebührt; der Knecht will haben, was er sich gesichert und was ihm ›tarifmäßig‹ zusteht« (Hengstenberg, Von der göttlichen Vorsehung, 165 f.).

32 Vgl. Eichrodt, *Theologie*, Bd. 2/3, 122 f.; Lohfink, Die Grundstruktur, 19. »Ich habe von Anfang an die Zukunft verkündet und lange vorher gesagt, was erst geschehen sollte. Ich sage: Mein Plan steht fest, und alles, was ich will, führe ich aus« (Jes 46,10).

33 Vgl. dazu den Aufsatz von C. H. Cosgrove »The Divine Dei in Luke-Akts. Investigations into the Lukan Understanding of God's Providence«, in: NT XXVI, 2 (1984), 168–190, hier 189. Erstaunlich ist, dass das heilsgeschichtliche Muss bis auf wenige Ausnahmen in der Vorsehungsliteratur kaum einmal erwähnt wird (vgl. Niermann, Vorsehung, 72; Schilson, Vorsehung/Geschichtstheologie, 255 f.). Vierzigmal wird »dei« im lukanischen Geschichtswerk verwendet, wenn man von solider handschriftlicher Textgrundlage ausgeht. Die Mehrheit der Textstellen drückt ein *göttliches* Muss aus. Man sollte allerdings nicht zu

schnell Prädestination oder fatalistische Untertöne hineinlesen. Hellenistische Übertöne einer neutralen Macht des Schicksals sind Lukas fremd, denn es wird überall vorausgesetzt, dass eine persönliche Gottheit die Welt regiert. Der Mensch wird nicht in eine unwürdige Passivität hinuntergedrückt (gegen S. Schulze, »Gottes Vorsehung bei Lukas«, in: ZNW 54 [1963], 104–116. Schulze diagostiziert eine durchgehende Hellenisierung bei Lukas).

34 Vgl. Cosgrove, The Divine, 183. Trotzdem ist es nicht angebracht, das göttliche Muss nahezu exklusiv vom Alten Testament her auszulegen (gegen E. Fascher, »Theologische Beobachtungen zu dei«, in: W. Eltester [Hg.], Neutestamentliche Studien, 228–254).

35 Cosgrove: »Still, a motive of opimism pervades Luke-Acts as regards human cooperation with the divine plan. God's rule need not always override the desires of his servants; the two generally coincide.« [Trotzdem zieht sich ein positive Leitgedanke durch das Lukasevangelium und die Apostelgeschichte in Bezug auf das menschliche Zusammenwirken mit dem göttlichen Plan. Die Herrschaft Gottes braucht sich nicht immer über die Wünsche seiner Diener hinwegsetzen, beide entsprechen sich im Allgemeinen] (The Divine, 190).

36 Wright, The Eternal Plan, 33.

37 Eine positive Ausnahme ist der Katholische Erwachsenen-Katechismus (vgl. KEK 105).

38 Vgl. Mössinger, Zur Lehre, 166.

39 Vgl. Langemeyer, Das Phänomen, 35.

40 Vgl. Steenberghen, Vorsehung heute, 19.43.

41 Vgl. Schaller, Das Bittgebet und der Lauf, 60. Mit Greshake (vgl. Grundlagen, 51 f.) ist aber gegen Schaller eindeutig an einem solchen Einwirken Gottes festzuhalten. Nach Schaller kann es »nicht darum gehen, an Gott das Ansinnen zu stellen, er solle in die existentiellen Gegebenheiten unserer Situation eingreifen« (ebd., 60). Um was anderes als einen »Eingriff« in ihre existentielle Situation haben Daniel in der Löwengrube und die drei Jünglinge im Feuerofen gebetet?

42 Vgl. Wright, The Eternal Plan, 39.

43 Nach Salvian von Marseille spricht die Heilige Schrift »nicht nur von einem zuhörenden, sondern gewissermaßen sogar von einem gehorsamen Gott« (De gubernatione Dei II,1, in: PL 53,49).

44 Greshake, Grundlagen, 49.

45 Vgl. Schaller, Das Bittgebet. Eine theologische Skizze, 192. Thomas von Aquin hat eine ausgesprochen personale Argumentation. So verweist er etwa als Begründung für das Bittgebet darauf, dass es zum Begriff der Freundschaft gehöre, den Wunsch des Geliebten nach Möglichkeit zu erfüllen (vgl. ScG III, 95).

46 Auch wenn das entschiedene »Alle!« von Alszeghy in einem Diskussionsbeitrag (in: Luyten, Zufall, 384) auf die aufgeworfene Frage, wie viele Theologen an dem Vorherwissen Gottes hinsichtlich der Entscheidung freiheitsbegabter Wesen festhalten würden, nicht richtig ist, so gibt es doch die Proportionen der Verteilung an.

47 In der dogmatischen Konstitution des I. Vatikanums »Dei Filius« heißt es:

Anmerkungen 399

»›Omnia enim nuda et aperta sunt oculis eius‹ (Hbr 4,13), ea etiam, quae libera creaturarum actione futura sunt.« [»Es liegt ja alles bloß und offen vor seinen Augen« (Hebr 4,13), auch das, was durch die freie Handlung der Geschöpfe geschehen wird] (DH 3003). Vgl. auch die »Professio fidei Waldensibus praescripta« (DH 790–797, hier 790). Heinrich nennt es sogar einen heidnischen Irrtum, die Providenz nur auf die äußeren Ereignisse zu beschränken, die inneren Akte des Menschen aber davon auszuschließen (vgl. Dogmatische Theologie, Bd. 5, 328).

48 Entscheidende Wendepunkte in der Geschichte Amerikas bestehen aus folgender Substanz: »Aus wechselndem Wetter und der Scheu eines Höflings, aus der Gier einer Frau und dem Hass eines alten Mannes, aus dem Fehler eines Metallstücks und dem Versagen eines Soldaten« (Pollard, Zufall, 66). Es scheint, dass ähnliche Zufälligkeiten auch die Geschicke anderer Völker und Nationen bestimmen, wenngleich nicht in der Häufigkeit, wie das in der Geschichte Amerikas der Fall war.

49 Zur biblischen Begründung des Vorherwissens Gottes vgl. den Abschnitt »III. La prescience« bei Lemonnyer, La providence 940. »Ewiger Gott, du kennst auch das Verborgene; du weißt alles, noch bevor es geschieht« (Dan 13,42).

50 Gegen Langemeyer, Das Phänomen, 35.

51 Hengstenberg, Von der göttlichen Vorsehung, 185.

52 Das in der Nähe des Polarkreises gelegene und im Ausland großer Achtung sich erfreuende Solowezki-Kloster wurde schon bald nach der Oktoberrevolution in ein Straflager umfunktioniert. Die von den Kommunisten dort verübten Verbrechen waren an Bestialität und Grausamkeit kaum mehr zu überbieten. Solschenizyn geht dem seltsamen Faktum nach, dass die Klause dieses Klosters Kreuzigungsklause und der Berg Golgathaberg heißt. Sie hätten nicht besser genannt werden können aufgrund der dort verübten Gräueltaten. In einer Handschrift des 18. Jahrhunderts aus dem Heiligenbuch des Solowezki-Klosters wird berichtet, dass die Muttergottes dem Hieromanachen Hiob am 18.6.1712 während des nächtlichen Gebetes »in himmlischer Glorie« erschienen sei; sie sprach zu ihm: »›Dieser Berg sei fortan Golgatha genannt, eine Kirche und Kreuzigungs-Klause wird darauf errichtet werden. Unermessliches Leid kommt auf sie herab.‹ Sie nannten den Berg, wie ihnen geheißen, und bauten eine Kirche darauf, aber die Prophezeiung schien zweihundert Jahre lang hohl; es war nicht einzusehen, wie sie sich erfüllen sollte. Heute wissen wir, wie« (Der Archipel GULAG, Bd. 2, 47, Anm. mit dem Stern).

53 Vgl. Bartmann, Unser Vorsehungsglaube, 67–74; Garrigou-Lagrange, Des Christen Weg, 461; Ott, Grundriss, 110; Stakemeier, Über Schicksal, 187–190. Ganz auf Thomas von Aquin aufbauend sind auch die neueren Arbeiten von H. Schaller, Das Bittgebet. Eine theologische Skizze, Einsiedeln 1979 und E. Stump, Die göttliche Vorsehung und das Böse. Überlegungen zur Theodizee im Anschluss an Thomas von Aquin, Frankfurt 1989.

54 Die Grundthese des Aquinaten zeigt sich in folgendem Satz: »In Gottes Vorsehung ist das Bittgebet von Ewigkeit vorgesehen und einbezogen« (KEK 105).

55 Schulte: »Dieses Sich-bereit-Halten ist nicht *nur* ein gott-immanenter Akt, vielmehr selbst schon *auch* ein transeuntes Wirken, da es die geschöpfliche Person ›bewegt‹, ihr persönliches Bitten-*Können* auch frei zu aktuieren« (Wie ist, 155).
56 Einige Gleichnisbilder legen dies auf den ersten Blick allerdings nahe. Die Witwe bittet den bestechlichen Richter, bis er der Lästigen ihr Recht verschafft, um sie loszuhaben (vgl. Lk 18,1–5). Der um Mitternacht bei seinem Freund Anklopfende erhält infolge seines Drängens das Gewünschte (vgl. Lk 11,5–8). Die ursprüngliche Sinnspitze dieser Gleichnisse liegt aber weniger in der Betonung der Beharrlichkeit und Zudringlichkeit des Bittens, sondern in der Aufforderung, ein großes Vertrauen zu Gott zu haben. Durch Kontrast und Überbietung soll gezeigt werden, um wie viel mehr Gott Bitten erhört als ungerechte und zu unpassender Zeit angerufene Menschen.
57 Alszeghy, <Diskussionsbeitrag>, in: Luyten, Zufall, 381. In dieser Auskunft von Alszeghy klingt die theologische Antwort der Tradition an, die Augustinus (vgl. »De civitate Dei« V,10, in: PL 41,133) oder Thomas von Aquin (vgl. ScG III, 90) vorgelegt haben; danach weiß Gott zwar alles voraus, er bestimmt den Menschen aber dennoch nicht in der Weise, dass man von einer Notwendigkeit sprechen müsste. Gott determiniert die Freiheit durch sein Voraussehen nicht, wenn er sie als freie voraussieht und belässt; er integriert das Freiheitsmoment in seine Pläne (vgl. Scheffczyk, <Diskussionsbeitrag>, in: Luyten, Zufall, 365).
58 Ott, Grundriss, 42.
59 Vgl. Auer, Die Welt, 126; Scheffczyk, Einführung, 98; Schmaus, Der Glaube, Bd. III (²1979), 152f.
60 Köhler: »*Gott ist der Herr der Zeit*. Er hat nach seinem Plan und auf das Ziel hin, das er gesetzt hat, die Ordnung festgelegt, wie eines auf das andere folgen soll, wie lange es dauern mag, wann seine Wende, wann das Ende da sein soll« (Theologie, 76). In Gott gibt es zwar kein neues Sein, aber immer wieder ein neues Geschehen. Gott kann also tatsächlich »jetzt« etwas in der Welt tun, was er früher »noch nicht« getan hat (vgl. Hengstenberg, Von der göttlichen Vorsehung, 174). Hengstenberg differenziert beim nach außen in Erscheinung tretenden Wirken Gottes zwischen überzeitlichem und ewigem Wirken. So ist etwa das Einwirken des Geistes auf den Leib überzeitlich zu nennen, aber nicht ewig.
61 Vgl. STh II–II q 83 a 2.
62 Vgl. ScG III, 95.
63 Ebd., 96.
64 Vgl. Wright, The Eternal Plan, 57.
65 Vgl. Stump, Die göttliche Vorsehung, 12. Die Menschen können gegen das verstoßen, was Gott grundsätzlich will, nicht aber gegen das, was er im konkreten Einzelfall will.
66 Vgl. ScG III, 96.
67 Ebd.
68 Vgl. Schaller, Das Bittgebet. Eine theologische Skizze, 143.

69 Ebd., 148.
70 Ebd., 144. Hengstenberg: »Gott ist durchaus bereit, ein von Augenblick zu Augenblick neues Verhältnis … einzuleiten, neue Bahnen mit Menschen, Bewegungen mit Völkern einzuschlagen, unter neuen Formen und Ausdrucksweisen mit ihnen zu verkehren – wenn sie ihr Verhalten zu Ihm ändern. Gott lässt sich bewegen, ohne etwas an Seiner Unwandelbarkeit und Ewigkeit einzubüßen« (Von der göttlichen Vorsehung, 169f.).
71 Vgl. Stump, Die göttliche Vorsehung, 12. Dies gilt für das gesamte Heilshandeln Gottes, das die Rettung aller Menschen zum Ziel hat. Da jedoch Gottes Gnade und Liebe nicht immer angenommen werden, kann sein Wille im Einzelfall darin bestehen, einige von ihnen nicht zu retten (vgl. dazu I Sententiarum ds 46 q 1 a 1).

9 Erkundung der Wege der Vorsehung?

1 Ein existentialistisches Denken mit der Ablehnung von jeglicher Teleologie und einem Spekulieren über die künftigen Wege der Vorsehung tritt bei R. Pesch, Vorsicht vor der Vorsehung, Stuttgart 1969, und C. H. Ratschow, »Das Heilshandeln und Welthandeln Gottes. Gedanken zur Lehrgestaltung des Providentia-Glaubens in der evangelischen Dogmatik«, in: NZSTh 1 (1959), 25–80, hervor, wenngleich die Akzentuierungen bei beiden recht verschieden sind. Vorstellungen einer »absolut zweckmäßig planenden und zielbewusst fügenden göttlichen Weltregierung« (Pesch, Vorsicht, 18) würden nach Pesch heute keine existentielle Kraft mehr ausstrahlen. Die Vorsehung sei keine Sache der Spekulation und Berechnung, sondern »Ereignis in unserem gläubigen Leben« (ebd., 32). Nach einer eingehenden kritischen Analyse der von Thomas von Aquin, Luther, Zwingli und Calvin entwickelten traditionellen Entwürfe und der von Barth und Lütgert vorgelegten Modelle kommt Ratschow zu dem Urteil, dass nicht nur auf begriffliche Kennzeichnungen wie »Vorsehung« und »Erhaltung«, sondern auch auf jegliche Teleologie zu verzichten sei, denn »das Welthandeln Gottes kann nicht als ›sinnvoll‹ erkennbar gemacht werden« (Ratschow, Das Heilshandeln, 80). Ein teleologischer Aufriss des Weltgeschehens würde den Menschen nur zu einer falschen Selbstversicherung verleiten. Aus Gründen einer unmittelbaren spontanen Begegnung mit dem rechtfertigenden Gott wird die Preisgabe einer leitenden Vorsehung gefordert. Vgl. dazu kritisch Scheffczyk, Einführung, 93.
2 Hossfeld, Zufall, 272.
3 Ebd., 273.
4 Vgl. Auer, Die Welt, 126; Geiger, Johann Heinrich Jung-Stilling, 24; ders., Überlegungen, 677; KEK 106; Scheffczyk, Schwerpunkte, 206; ders., Einführung, 89f. Anders und wenig einsichtig ist die Argumentation Krötkes, der im Verweis auf das Wirken eines verborgenen Gottes keinen durchgreifenden Gewinn für das Verständnis der Vorsehung Gottes gegeben sieht (vgl. Gottes Fürsorge, 245). Das Buch von H. de Lubac, Über die Wege Gottes, Freiburg 1958,

scheint vom Titel her geeignet zu sein für unsere Untersuchung. Es geht de Lubac jedoch um philosophisch-theologische Gedanken zur Gotteserkenntnis, wie dies schon aus dem Titel der ersten beiden französischen Ausgaben hervorgeht: »De la connaissance de Dieu«.

5 Zwei Ausnahmen sind: Hürlimann/Krömler, Hat Gott, 7; Kröger/Seehaber, Linien, 25–34. Bei Ersterem handelt es sich um eine Meditationskassette mit einem Begleitheft, die durch permanente Wortwiederholungen negativ auffällt. Auch inhaltlich ist die Meditation nicht überzeugend.
6 Wilder, Die Brücke, 149.
7 Ebd., 151.
8 Ebd., 149.
9 Ebd., 150.
10 Kröger/Seehaber, Linien, 34.
11 Hegel, Philosophie, Bd. I, 7.
12 Ebd., 4.
13 Ebd., 8.
14 Ebd., 16.
15 Ebd., 17.
16 »Die fromme Demut weiß wohl, was sie durch ihr Verzichten gewinnt« (ebd., 18).
17 Ebd., 19.
18 Ebd., 18. An gleicher Stelle spricht er von der Verzweiflung der Theologie, Gottes Plan nicht einsehen zu können: »Und wenn die Theologie selbst es ist, die zu dieser Verzweiflung gekommen ist, dann muss man sich eben in die Philosophie flüchten, wenn man Gott erkennen will.«
19 »Es muss endlich an der Zeit sein, auch diese reiche Produktion der schöpferischen Vernunft zu begreifen, welche die Weltgeschichte ist« (ebd., 24).
20 Ebd., 25.
21 Löwith, Von Hegel, 237.
22 Hegel, Philosophie, Bd. I, 25. Für Hegel sind nur »welthistorische« Individuen eigentlich interessante Individuen (vgl. Löwith, Von Hegel, 235). Für das absolute Recht des Weltgeistes ist der Einzelne nur Mittel zum Zweck; er geht über alle besonderen Berechtigungen hinweg.
23 »Den Kaiser – diese Weltseele – sah ich durch die Stadt zum Rekognoszieren hinausreiten: Es ist in der Tat eine wunderbare Empfindung, ein solches Individuum zu sehen, das hier auf einen Punkt konzentriert, auf einem Pferde sitzend, über die Welt übergreift und sie beherrscht« (»Brief Hegels an Niethammer vom 13.10.1806«, in: Hegel, Briefe, Bd. 1, 120).
24 »Keine größeren Siege sind je gesiegt, keine genievolleren Züge je ausgeführt worden ... Napoleon macht es Ehre, dass er würdige Feinde nicht fand, sondern sie sich erst erzeugte und so seinen Fall selbst vorbereitete« (Hegel, Philosophie, Bd. II, 930f.).
25 Hegel hält es für eine zum Vorurteil gewordene Lehre, dass es unmöglich sei, Gott zu erkennen. Der Christ hätte aber die höchste Pflicht dazu. »Es wird ge-

leugnet, was ebendaselbst gesagt wird, dass der Geist es sei, der in die Wahrheit einführe, dass er alle Dinge erkenne, selbst die Tiefen der Gottheit durchdringe« (Philosophie, Bd. I, 17). Hegel bezieht sich hierbei auf Joh 16,13 und 1 Kor 2,10. An letzterer Stelle heißt es aber: »So erkennt auch keiner Gott – nur der Geist Gottes.« Es ist also vom Geist *Gottes* die Rede, nicht von dem des *Menschen*!

26 Löwith, Von Hegel, 240.
27 Ebd., 237.
28 Vgl. Louvel, Peut-on, 73. Noch an zahlreichen anderen Stellen der Heiligen Schrift wird um die Erkenntnis des Willens Gottes gebetet bzw. diese vorausgesetzt: Paulus betet darum, dass die Kolosser den Willen Gottes ganz erkennen (vgl. Kol 1,9). Von Epaphras wird gesagt, dass er für die Gemeindemitglieder im Gebet kämpft, damit sie immer vollkommener und ganz vom Willen Gottes durchdrungen werden (vgl. Kol 4,12).
29 Stöger, Das Evangelium nach Lukas, Bd. 1, 359.
30 Die Frage Jesu in Lk 12,56 heißt wörtlich übersetzt so: »Diese Zeit aber – wieso prüft ihr sie nicht?«
31 Vgl. II. Vatikanisches Konzil, »Gaudium es spes« 4, in: LThK/E XIV, 295.
32 Vgl. Paul VI., »Populorum progressio« 13, in: AAS 59 (1967), 263 f.; Johannes Paul II., »Sollicitudo rei socialis« 7, in: AAS 80 (1988), 518. Die Unterentwicklung in vielen Ländern der Welt wird als ein eindeutiges Zeitzeichen gesehen, das energisch zum Handeln auffordert, um allen Menschen auf dieser Erde ein Leben in Freiheit und Würde zu ermöglichen.
33 II. Vatikanisches Konzil, »Gaudium es spes« 4, in: LThK/E XIV, 294. Wenig ergiebig sind in diesem Zusammenhang die Äußerungen von Häring in seinem bekannten Werk »Frei in Christus« (vgl. Bd. 2, 240–244; Bd. 3, 165–176). Als enttäuschend muss es gewertet werden, wenn er unter dem vielversprechenden Titel »Wie entziffern wir die Zeichen der Zeit?« über allgemeine Aussagen, wie die Offenheit für den Heiligen Geist, nicht hinauskommt (vgl. ebd., Bd. 2, 240 f.). Dabei wäre es gerade doch für die Moraltheologie relevant, *konkrete* Regeln zur Unterscheidung der Geister anzugeben und anzuwenden: Hilfreich hierzu ist auch der Abschnitt »Den Zweifelnden recht raten« bei Ziegenaus, Die geistigen Werke, 37–47. Vgl. zum Ganzen auch den instruktiven Abschnitt Congars, »Das Charisma der Unterscheidung«, in: Der Heilige Geist, 290–292.
34 Vgl. Unkel, Leben, 113. Kentenich hat jahrzehntelang als Beichtvater Menschen auf ihrem geistlichen Lebensweg begleitet. Seine Erkenntnisse und Einsichten beruhen im Wesentlichen auf der Auswertung hierbei gemachter Erfahrungen.
35 Vgl. Unkel, Leben, 112.
36 Vgl. ebd., 114. Auch aus dogmengeschichtlicher Sicht wäre es interessant, diesen Gedanken tiefer zu entfalten. Newman legt in seinem Essay »Über die Entwicklung der Glaubenslehre« wiederholt dar, dass häretische Bewegungen der Glaubensentfaltung der Kirche oft voraus waren, wenngleich meist in sektiererischer Vereinseitigung.

37 Vgl. Unkel, Leben, 117–119.
38 Louvel, Peut-on, 79.
39 Unkel, Leben, 127.
40 Vgl. ebd., 129f.
41 Ebd., 139f.
42 Ebd., 187.
43 Albrecht, Theorie 5202.
44 Dieser Fehler in der Bestimmung des *genauen* Gegenstandes des Vorsehungsglaubens haftet der Gedankenführung Ratschows und R. Peschs an. Entscheidend ist, wie Scheffczyk dagegen herausstellt, »die gläubige Anerkennung des Daseins Gottes und seiner Sorge für die Welt ... Es geht im Vorsehungsglauben um die Anerkennung der Wahrheit, dass der Schöpfer die Welt zum Ziele führt, aber nicht um die Erkenntnis des ›Wie‹« (Einführung, 93).
45 Scheffczyk, Einführung, 94; vgl. auch Lais, Dogmatik, Bd. 1, 116; Schmaus, Der Glaube, Bd. III (^{2}1979), 158. Fritzsche verweist darauf, »dass Verborgenheit Gottes in der Geschichte *nicht Abwesenheit* bedeutet und auch nicht schlechthinnige Dunkelheit des von ihm gewirkten Geschehens, sondern nur: dass man den Gang der Vorsehung nicht *im Einzelnen* und nicht öffentlich-verbindlich (vielleicht in klerikaler Regie) *demonstrieren* kann« (Lehrbuch, Bd. II, 327). Das wird gerade gegenüber manchen Gruppen und Erscheinungen inner- und außerhalb der Kirche festzuhalten sein, die darauf aus sind, Gottes Wirken in außergewöhnlichen Handlungen und Ereignissen (etwa bei Krankenheilungen) festzumachen (vgl. Ruh, Wo und wie, 84).
46 Der von den Nazis ermordete Jurist H. J. Graf von Moltke ist ein Beispiel dafür. Seinem letzten Brief, den er unmittelbar vor seiner Hinrichtung schrieb, ist zu entnehmen, dass er in einer einzigen Stunde am 10.1.1945 plötzlich einen Sinn erkennen durfte in den »verschrobenen Zickzackkurven« (Moltke, Letzte Briefe, 56) und unendlichen Umwegen seines Lebens. »Alles bekommt nachträglich einen Sinn, der verborgen war ... Uns ist es nicht gegeben, ihn <Gott> von Angesicht zu Angesicht zu sehen, aber wir müssen sehr erschüttert sein, wenn wir plötzlich erkennen, dass er ein ganzes Leben hindurch am Tage als Wolke und bei Nacht als Feuersäule vor uns hergezogen ist und dass er uns erlaubt, das plötzlich, in einem Augenblick zu sehen. Nun kann nichts mehr geschehen« (ebd., 56.58).
47 Eine solche Erfahrung scheint Solschenizyn gemacht zu haben (vgl. Der Archipel GULAG, Bd. 2, 559).
48 Huber, Machtvoll, 13. Gemeint ist Hegel.

10 Vorsehung und Theodizee

1 Hossfeld, Wie sprechen, 82.
2 Vgl. Voltaire, Dictionnaire philosophique, 59.
3 Nordhofen, Wovon, <Seite> N 3. Geyer, Oelmüller, Marquard und Metz sind sich in dem Sammelband »Theodizee – Gott vor Gericht?« (München 1990)

einig, dass die Leiden der Welt nach Auschwitz definitiv nicht mehr in Zusammenhang mit einer augustinischen Sündenlehre gebracht werden können. Für Moltmann sind »›Auschwitz‹ und ›Hiroshima‹ das Ende jeder Theodizee und Anthropodizee« (Leiden/Theodizee, 780). Auch wenn das Leiden in diesem Jahrhundert »ein Maximum an Instrumentalisierung und Technisierung erreicht« (Häring, Ijob, 168) hat, so ist es dennoch bedenklich, wenn Pöhlmann die Frage stellt: »Was ist Cannae im Vergleich zu Verdun, Dresden und Hiroshima, was der Sacco di Roma in Vergleich zu Auschwitz?« (Abriss, 107). Die furchtbaren Verheerungen des 30-jährigen Krieges oder der Pest, die fast ganz Europa in ein Leichenhaus verwandelt hat, waren auch ein Auschwitz der damaligen Zeit. Jede Epoche erlebt die in ihr erfahrenen Leiden als die erschütterndsten; deshalb sollte man mit dem Abwägen von Leidenssituationen äußerst vorsichtig sein.
4 Vgl. Häring, Ijob, 177.
5 Benn, Gedichte, 226f; vgl. Harkness, The Providence, 13; Scheffczyk, Glaube, 193.
6 »Der Glaube an mein Unglück und an den Sieg des Bösen lähmt mich. Ich bin böse geworden und freue mich am Missgeschick anderer wie am eigenen« (Strindberg, Lieb, 11).
7 Infolge des frühen Todes seiner über alles geliebten Frau brach Haeckel psychisch und physisch völlig zusammen. Seinem Vater, der ihn nur mühsam vom Selbstmord abhalten konnte, schrieb er, dass er religiöse Tröstungen in dieser Situation für abgeschmackt halte und kein Vertrauen mehr darin setzen könne. Haeckel stürzte sich in seine Arbeit, die der Ausarbeitung eines zweibändigen Darwin-Buches galt. Eine ähnlich boshaft-bösartige Einstellung wie bei Strindberg ist erkennbar: »Da es voll ketzerischer Ideen ist, verspreche ich mir große Wirkung davon in unserer verderbten, Gott entfremdeten Zeit« (»Brief an Hermann Allmers vom 13.4.1866«, in: Uschmann, Ernst Haeckel, 88).
8 Ein bestimmtes Maß von Leiden wird jeder wohl für sinnvoll und notwendig erachten. Balthasar: »Aber dort, wo das Übermaß einsetzt, das Unerträgliche, im Zufügen Unverantwortbare, verstummt jede Philosophie und Pädagogik. Verstummt auch Nietzsche mit seinem Lob des stählenden Leidens: Für seine eigene Verblödung hätte er keine Theorie mehr gehabt« (Gott und das Leid, 10).
9 Meessen, <Diskussionsbeitrag>, in: Luyten, Zufall, 362.
10 Vgl. Metz, Theologie, 115.
11 Oelmüller, »Vorwort«, 8, in: ders., Theodizee.
12 In: W. Oelmüller (Hg.), Theodizee – Gott vor Gericht?, München 1990, 87–102.
13 Vgl. Geyer, Das Theodizeeproblem, 26.
14 Oelmüller, Philosophische Antwortversuche, 69.
15 Vgl. Geyer, Das Theodizeeproblem, 27.
16 Oelmüller, Philosophische Antwortversuche, 86.
17 Marquard, Schwierigkeiten, 96.
18 Vgl. Häring, Ijob, 172.187.

19 Wer sich dort zur Theodizeefrage informiert, wird feststellen, wie erstaunlich abstrakt und formelhaft diese abgehandelt wird. Anfragen an den Gott der Liebe vor dem Hintergrund damaliger Leidenssituationen wie der massenhaften Verelendung weiter Teile der Arbeiterschaft, eines in seiner Fragwürdigkeit immer deutlicher werdenden Kolonialismus oder auch der immer wieder grausam geführten Kriege sind dort kaum zu finden. Insofern kann man tatsächlich von einem mangelnden Problembewusstsein sprechen. Personen wie Karl Marx nahmen sich der Fragen an und beantworteten sie auf ihre Weise. In Anspielung auf diese Unfähigkeit, glaubwürdige Antwortversuche vorzulegen, soll der Münsteraner Philosoph P. Wust (1884–1940) den angehenden Priestern unter seinen Hörern einmal zugerufen haben: »Meine Herren Theologen, versuchen Sie doch, mit Ihrer Wald- und Wiesentheologie die gestrandete Intelligenz Europas zu überzeugen.«

20 Vgl. dazu die Darstellung der Vorsehung in Lehmkuhls »Die göttliche Vorsehung« Abschnitt 2.1 dieser Arbeit. Die Depotenzierung des Leidens von Ijob bei B. Bartmann, Unser Vorsehungsglaube, Paderborn 1931, ist schlichtweg ärgerlich. Die Verfluchung des Tages seiner Geburt (vgl. Ijob 3,1) rechnet Bartmann – in offensichtlicher Verkennung des existentiellen Ernstes – zu »vorübergehende<n> Naturaufwallungen« (ebd., 113). Die Konklusion aus der Gottesrede im Schlussteil des Ijobbuches lautet bei ihm so: »Gott ist der Herr des Alls, und der Mensch nichts, als was Gott aus ihm machen will: Er hat *kein Recht* zu fragen, und Gott hat keine Pflicht, auf Menschenfragen zu antworten« (ebd., 114). Bei der »ganze<n> Lösung der Leidensfrage« (ebd. 127) wird der Geheimnischarakter des Leidens verkannt.

21 Geyer, Das Theodizeeproblem, 12.

22 Es ist unangebracht, wenn Pöhlmann der Leidenssituation einer Mutter, die um ihr von Kidnappern zu Tode gefoltertes Kind trauert, einige Äußerungen aus der Dogmatik von Diekamp/Jüssen gegenüberstellt, wonach ein Ding zur Ernährung und Erhaltung des anderen dient (vgl. Abriss, 108).

23 Vgl. Moltmann, Leiden/Theodizee, 781. Pöhlmann: »Es gibt nur eine Lösung, nämlich die, dass es keine gibt« (Abriss, 109).

24 Eine vorsichtige Kritik an den Äußerungen der Philosophen in dem Sammelband »Theodizee – Gott vor Gericht?« klingt bei Metz in der Frage an: »Kann und darf theologische Rede hier ähnlich distanziert verfahren wie (vielleicht) philosophische?« (Theologie, 103). Leid muss tagtäglich von den Menschen bewältigt werden. Insofern genügt es einfach nicht, nur via negativa aufzuzeigen, welche Konzepte fragwürdig sind. Von der Negation allein kann man nicht leben. Auch von einem Philosophen darf erwartet werden, dass er »Sinnkonzepte« vorlegt, die nach den vorgelegten eigenen strengen Maßstäben gemessen werden müssen.

25 Die Aspekte »innerer Halt« oder »Trost in schweren Stunden« rangieren bei Umfragen an vorderster Stelle, wenn Menschen gefragt werden, was sie von der Kirche erwarten (vgl. Hanselmann/Hild/Lohse, Was wird, 164).

26 Vgl. zum Folgenden Unkel, Leben, 11–34, hier 13.

27 Vgl. A. Mitscherlich, Auf dem Weg zur vaterlosen Gesellschaft, München 1967.
28 Unkel, Leben, 15.
29 Kentenich sprach von einer strukturellen Verkümmerung der menschlichen Psyche (vgl. Unkel, Leben, 17). Die Erfahrungen der letzten Zeit bestätigen dies. Offensichtlich kann der Glaube viel tiefer verschüttet werden, als dies bislang angenommen wurde.
30 Ebd., 21.
31 Diese Vorerlebnisse beziehen sich auf den *affektiven* (die Haltung und Ausbildung der Ehrfurcht und sittlichen Reinheit können hier als Beispiele genannt werden) und den *aszetischen* Bereich (etwa in der Erfahrung und Annahme der eigenen Begrenztheit und Armseligkeit). Ferner sind Vorerlebnisse *experimenteller* Art gemeint: die Begegnung mit überzeugenden gläubigen Menschen oder Gemeinschaften, die eine Anziehungskraft ausüben und aus unzeitgemäßen Schemata und überkommener Mittelmäßigkeit herausreißen.
32 Vgl. <Deutsche Bischöfe>, Katholischer Katechismus, 16.
33 Vgl. Greinacher, Der Glaube, 131. Diese Wortwahl erscheint aber wenig geglückt, da beide Ausdrücke Ähnliches aussagen und das intendierte Unterscheidende kaum zum Ausdruck kommt. Da aber, um eine Verwirrung zu vermeiden, kein neues Begriffspaar geprägt werden sollte, wurde die Greinacher'sche Terminologie hier übernommen.
34 Es dürfte kaum zutreffend sein, beide Glaubensweisen scharf voneinander abzugrenzen. Auch im Hingabeglauben wird Antwort auf die Grundfragen des Lebens gesucht; anders Greinacher: »Im Hingabeglauben also fällt Gott als Lückenbüßer fort ... als letzte Zuflucht« (ebd., 133). Es ist verfehlt, den bisherigen Vertrauensglauben nur als Lückenbüßerglauben abzuqualifizieren (vgl. ebd., 133). Trotz dieser zu kritisierenden Punkte scheint aber der Wandel der Glaubensstruktur von Greinacher richtig diagnostiziert worden zu sein.
35 Scheffczyk, <Diskussionsbeitrag>, in: Luyten, Zufall, 370.
36 Gnilka, Das Matthäusevangelium, Bd. 1, 253.
37 Der Atheist Fromm hat in seinen psychoanalytischen Arbeiten mit erstaunlichem Scharfsinn herausgearbeitet, dass ein Teamwork- und ein Fairnessdenken etwas völlig anderes ist als das jüdisch-christliche Gebot der Nächstenliebe (vgl. Die Kunst, 99 f.142).
38 Goritschewa, Die Kraft, 23.
39 Solschenizyn, Der Archipel GULAG, Bd. 2, 568.
40 Betschart, Vorsehung, 45. Guardini: »›Vorsehung‹ muss nicht Wohlergehen und Erfolg bedeuten; Gott kann auch Misserfolg und Entbehrung schicken. Sie muss nicht bedeuten, dass die Arbeit Frucht bringe und die menschlichen Beziehungen sich erfüllen; ... und das, was der Mensch Unglück nennt, kann ebensogut schaden wie nützen« (Was Jesus, 16).
41 Jaspers: »Der Lauf der Dinge scheint beliebig, keine Gerechtigkeit herrscht in der Welt ... Das Dasein scheint bodenlos. Es ist alles nichts; solange man sich etwas vorlügt, kann man es aushalten. Wird aber offenbar, dass nichts eigentlich

ist, man sein Dasein nur eine Weile fristet, so ist das Leben unerträglich ... Im Hass gegen das eigene Dasein trotze ich dem Faktum des Daseins« (Philosophie, Bd. III, 71). Angesichts solcher Äußerungen versteht man, warum Rahner die einzige Form des Atheismus, die man wirklich ernst nehmen muss, »die nackte Verzweiflung über die Absurdität unseres Leidens« (Warum lässt, 465 f.) nennt.

42 Seneca, De providentia, IV.6.
43 Vgl. ebd., IV.1. Das Schicksal sucht sich nur die Tapfersten als ebenbürtige Gegner, wobei die Formel gilt: »Quanto plus tormenti, tanto plus erit gloriae.« [Je größer die Leiden sind, desto größer wird der Ruhm sein] (ebd., III.9).
44 »Potest enim miser dici, non potest esse« (ebd., III.1).
45 »Est enim omnibus externis potentior« (ebd., II.1).
46 Ebd., VI.7.
47 »Omne tempus, omnis vos locus doceat quam facile sit renuntiare naturae et munus illi suum impingere« (ebd., VI.8).
48 Als Cato von Utica mehrfach geschlagen worden war und zwischen den Trümmern des Staates stand, richtete er in stolzer Gebärde das Schwert gegen sich selbst. Der Tod von Männern seines Formates wird als Konsekration verstanden: »Mors illos consecrat.« [Der Tod heiligt jene] (ebd., II.12; vgl. auch III.14).
49 Augustinus, »De civitate Dei«, XIX,4, in: PL 41,630; vgl. auch ebd., I,23, in: PL 41,36 f. Deshalb wertet Augustinus Catos Tod nicht als Seelengröße, sondern als ein Zeichen von Schwäche. Auch die Schicksale solcher heroisch Liebender oder Sterbender wie Cato übertreffen nach Guardini ganz gewiss nicht das, was eine Elisabeth von Thüringen oder eine Franziska von Chantal durchlebt haben (vgl. Freiheit, 262).
50 Vgl. Geyer, Das Theodizeeproblem, 30 f. Kuss verweist darauf, dass die Antworten der Stoa »wiederholt oder neu gefunden zu werden scheinen« (Zum Vorsehungsglauben, 142).
51 Vgl. Guardini, Freiheit, 272.
52 Stakemeier, Über Schicksal, 42.
53 Monod, Zufall, 216.
54 Ebd., 20.
55 Nietzsche, Die fröhliche Wissenschaft, 4. Buch, 285, in: Colli/Montinari, Werke, Bd. V/2, 208.
56 Monod, Zufall, 1. Wilson schließt mit dem gleichen existentialistischen Denker sein Hauptwerk der Soziobiologie ab (vgl. Sociobiology, 575).
57 In dieser Nähe zum Existentialismus und damit einem Trend der Zeit dürfte auch der Hauptgrund des Erfolges zu finden sein, den die Bücher von Monod und Wilson hatten. Der darwinistische Materialismus findet heute in dem »Gefühl der Verlassenheit und Nichtigkeit seinen wertvollsten Bundesgenossen« (Hoeres, Evolution, 25).
58 Vgl. Monod, Zufall, 179.
59 Vgl. Popper/Lorenz, Die Zukunft, 16.
60 Vgl. Chaillié, Gespräch, 24.

61 Vgl. Ratzinger, Öffnet die Türen, 13.
62 Selbst von biologischer Seite ist die Rede vom notwendigen Scheitern des Menschen Unsinn. Portmann sieht von seinem Fachgebiet der Biologie aus den Menschen keineswegs als einen mit unzureichenden Mitteln entlassenen Sträfling, bei dem das Scheitern vorprogrammiert ist (vgl. Müller, Philosophische Grundlagen, 144 f.). Sicher fehlt dem Menschen das Geborgensein des Tieres in einer vorbereiteten Sicherung der Weltorientierung. Er ist aber auch zum Führen seines Daseins und nicht nur zum Fristen bestimmt.
63 Betschart, Vorsehung, 29.
64 Ebd., 30.
65 Vgl. Scheffczyk, Einführung, 91.
66 Gott griff in Auschwitz nach Jonas deshalb nicht ein, weil er nicht konnte. Vgl. dazu seinen Aufsatz: »Von Gott reden nach Auschwitz?«, in: Dokumentation zum 88. Deutschen Katholikentag München 1984, Paderborn 1984, 235–246.
67 Vgl. Borchert, Draußen, 104 f. 147–150.
68 Ebd., 149.
69 Grün, Gespräche, 84. Sie geben somit selbst in ihrem Lästern noch Zeugnis von dem einen Gott. Zutreffend ist die Bemerkung Haeckers über Nietzsche: »Wenn Gott ›ist‹, dann ist er natürlich ›so‹, wie Gewissen, Kirche und Bibel es lehren« (Vergil, 112).
70 Häring, Ijob, 181.
71 Bonhoeffer: »Die Bibel weist den Menschen an die Ohnmacht und das Leiden Gottes; nur der leidende Gott kann helfen« (Widerstand, 178; vgl. ebd., 180.183).
72 »Dabei aber leidet Gott selbst mit, er geht in das Leiden der Schöpfung ein und unterstellt sich seiner Last« (vgl. Greshake, Der Preis, 52–58, hier 54). Im Anschluss an Mauser vertritt Greshake die Auffassung, dass das Dogma von der Leidensunfähigkeit Gottes nicht gehalten werden kann (vgl. ebd., 54 f.).
73 »Meine *These* lautet: Trotz widerstreitender biblischer Behauptung macht das Leiden der Welt die Ohnmacht des rettenden Gottes offenkundig« (Häring, Ijob, 179).
74 Bei Kasper leidet Gott nicht aus Mangel an Sein wie die Kreatur, sondern aus Freiheit (vgl. Der Gott, 242 f.). Weil Gott selbst ins Leiden geht, ist unser Leiden kein Einspruch gegen ihn. Kasper energisch widersprochen hat H. Pfeil, »Gott und die Übel der Welt. Bemerkungen zu W. Kaspers Buch ›Der Gott Jesu Christi‹«, in: Theologisches Nr. 161 (Sept. 1983), 5371–5375 (Teil I); Nr. 162 (Okt. 1983), 5434–5440 (Teil II).
75 »Die unausprechlichen Leiden in Auschwitz waren auch die Leiden Gottes selbst … Unser wahres Leiden ist auch sein Leiden, unsere Trauer ist auch seine Trauer, unsere Schmerzen sind auch die Schmerzen seiner Liebe« (Moltmann, Leiden/Theodizee, 781).
76 Vgl. Metz, Theologie, 116–118; vgl. auch A. Bodem, »›Leiden Gottes‹. Erwägungen zu einem Zug im Gottesbild der gegenwärtigen Theologie«, in: Ziegenaus/Courth/Schäfer, Veritati Catholicae, 586–611.

77 Metz, Theologie, 117.
78 Vgl. Geyer, Das Theodizeeproblem, 10.
79 Marquard, Schwierigkeiten, 98.
80 Schmaus, Der Glaube, Bd. IV/1 (²1980), 273; vgl. Scheffczyk, Glaube, 198.
81 Rahner, Jesus Christus, 211.
82 Kessler, Sucht, 302.
83 In diesem Sinn äußern sich dort: Oelmüller, »Vorwort«, 8, in: ders., Theodizee; Geyer, Das Theodizeeproblem, 13 f.; Metz, Theologie, 107–110. Bei der Kritik an Augustinus scheint allerdings zu wenig berücksichtigt zu sein, dass dieser lediglich eine Grundgegebenheit der Bibel interpretiert, wonach das Unheil dieser Welt Folge sündiger Selbstverfügung des Menschen ist. Dass damit allerdings die Theodizeefrage keineswegs gelöst ist, ist klar. Die folgende Auseinandersetzung mit Greshake wird dies zeigen. Wenn man allerdings nicht wie die Bibel und Augustinus an »einer Verrückung des ursprünglichen Zustandes der Schöpfung« durch die Schuld des Menschen festhält, »ist der Einwand, dass die Schöpfung verfehlt sei, schwer zu widerlegen« (Koslowski, Der leidende Gott, 355).
84 Vgl. dazu G. Greshake, Der Preis der Liebe. Besinnung über das Leid, Freiburg 1978. Ähnlich wie Greshake argumentieren Steenberghen (vgl. Vorsehung heute, 25 f.35) und Langan, für den die unausweichliche Endlichkeit des Seins *notwendigerweise* das physische Leid nach sich zieht (vgl. Das Leiden des Kosmos, 504).
85 Greshake, Der Preis, 29.
86 Vgl. ebd., 32 f.
87 Metz, Theologie, 109.
88 Augustinus, Enchiridion de fide, spe et caritate, 105, in: PL 40,281. Gleiches gilt für die Engel: Die guten Engel sind in der Gnade so befestigt, dass sie nicht mehr sündigen können (vgl. STh I-II q 89 a 4).
89 Schmaus, Der Glaube, Bd. III (²1979), 143 f.
90 Rahner, Warum lässt, 452.457.
91 Ebd., 457.
92 Janßen: »Der ganze Ansatz zeigt eine christlich sich nennende Menschenverachtung, bei dem Gott zu einem widersinnigen Fatum evolutiver Entwicklung verkommt« (Das Theodizee-Problem, 183, Anm. 4a). Janßen diagnostiziert bei Greshake »eine Schizophrenie von Dogmatik und Pastoral« (ebd., 184).
93 Vgl. Kasper, Der Gott, 203; Scheffczyk, Schwerpunkte, 405.
94 Greshake, Der Preis, 49.
95 Diesen Aspekt hat Häring bei seinen pauschalen Aburteilungen christlichen Denkens und Handelns in Vergangenheit und Gegenwart viel zu wenig berücksichtigt in seinem Aufsatz »Ijob in unserer Zeit«.
96 R. Pfau berichtet über ihre Erfahrungen als Lepraärztin in Pakistan: »Wir hatten bis vor Kurzem einen sehr guten muslimisch-christlichen Gesprächskreis, in dem das direkt angesprochen wurde. Man sagte uns: ›Stellen Sie uns einen Referenten, der uns erklärt, warum Ihre karitativen ‹christlichen› Einrichtungen

funktionieren und unsere <muslimischen> nicht.‹ Daraufhin hat einer unserer pakistanischen Priester über die Menschwerdung gesprochen: dass mit der Menschwerdung Gottes auch die Zuwendung zum Nächsten in einem neuen Licht erscheint, dass Gottesliebe und Nächstenliebe zusammengehören« (Wenn du, 144). Ein absolutistisches Gottesbild im Islam wirkt sich lähmend auf eine gelebte Nächstenliebe aus: Wieso soll man etwas ändern, wenn nach einem vulgären Kismetglauben alles von Allah so verfügt ist?

97 So bei Häring, Ijob, 177 f. Ähnlich bei G. Gutiérrez, Von Gott sprechen in Unrecht und Leid – Ijob, München-Mainz 1988. Allerdings muss Solidarisierung als Gleiches betroffen sein vom Leid nicht unbedingt befreiend wirken, sondern kann auch das Verzweifelte einer Situation bewusst machen. Ziegenaus: »Im Übrigen erscheint der Solidarisierungsgedanke in mehrfacher Hinsicht fragwürdig: Wie soll man sich mit Menschen in prizipiell nicht behebbarer Not solidarisieren, etwa mit einem unheilbar Kranken oder Sterbenden? Mitmenschliche Zuwendung ist zwar viel, aber wie weit reicht die Möglichkeit des Menschen? Deshalb läuft das Solidarisierungsmotiv Gefahr, sich in der Haltung des Protests und der Anklage (gegen Gesellschaft oder Gott) zu verlieren, statt sich dem Bedürftigen echt zuzuwenden« (Die Präexistenz Christi, 92).

98 Solschenizyn, Der Archipel GULAG, Bd. 2, 566–568. »Im Leiden ist Gott sehr nahe! Deswegen kann man mit Gott im Herzen auch in der Hölle des GULAG wie im Himmel leben. Wenn nur die Liebe nicht im Herzen erlöscht!« (Sadunaite, Geborgen, 95).

99 Augustinus, De civitate Dei, I,8, in: PL 41,21. »Unde in eadem afflictione mali Deum detestantur atque blasphemant, boni autem precantur et laudant« (ebd.).

100 Häring, Ijob, 181.

101 Häring legt auf die Glaubenspraxis, die der Glaubenswissenschaft vorausgeht, sehr großen Wert (vgl. ebd., 169) und gewichtet sie so stark, dass der berechtigte Vorwurf an ihn herangetragen wird, vorschnell auf Glaubenserfahrungen auszuweichen, wo er auf Theorieniveau bleiben müsste (vgl. Ruh, Wo und wie, 83). Warum wird diese Glaubenspraxis aber nur selektiv wahrgenommen? Die Einseitigkeit seines Ansatzes ist offensichtlich.

102 Carretto, Warum, Herr?, 93.

103 Solschenizyn, Der Archipel GULAG, Bd. 2, 559.561.

104 Sie erlebte an sich selbst die dämonische Welt des KGB, »wo die Spezialisten des Mordens sind« (Goritschewa, Die Kraft, 23). Es kann einem Menschen kaum etwas Schlimmeres angetan werden als die Einweisung in eine psychiatrische Klinik, denn dort wurden Dissidenten so lange mit Psychopharmaka malträtiert, bis sie nur mehr speicheltriefende kichernde Idioten waren. Goritschewa nahm diese Ankündigung als eine von Gott geschenkte Gnade an: »Und ich kann sagen, dass mich augenblicklich eine ganz andere, eine neue Energie erfüllte, eine solche Ausstrahlung wirklichen Glückes, dass ich mich zu nichts mehr durchringen musste – ich habe mich einfach geändert. Ich war ein anderer Mensch, dort in jenem Zimmer, ein ganz anderer Mensch« (ebd., 24).

105 Als Carretto im Noviziat der Kleinen Brüder Jesu einen 600 Kilometer langen

Fußmarsch durch die Khalua-Wüste machen wollte, spritzte ihm jemand aus Versehen – die Ampullen waren verwechselt worden – Gift in den Oberschenkel. Dieser Fehlgriff führte zu Sklerose; Carrettos Bein wurde gelähmt. In seiner Verzweiflung empfand er es so, als ob Gott seinen Spott mit ihm treiben würde. Bittere Fragen kommen auf: »Warum greift er nicht beizeiten ein? Warum schaut er untätig zu, wie ein Dummkopf mir das Bein lähmt?« (Carretto, Warum, Herr?, 12). Trotz bleibender Schmerzen konnte er später sagen: »Die falsche Spritze, die mir das Bein gelähmt hat, war kein Missgeschick, sondern eine Gnade« (ebd., 13). Am eigenen Leib hat er erfahren, was Augustinus so formuliert hat: »Gott lässt das Böse nur zu, um Besseres daraus zu machen« (ebd., 14). Vgl. Augustinus, »Enchiridion de fide, spe et caritate«, 11, in: PL 40,236.

106 Sadunaite, Geborgen, 54. Ihre Aussagen zum Thema des Leidens erreichen eine geradezu mystische Tiefe: »Der gütige Gott weiß, dass das Böse in dieser Welt nur durch Opfer getilgt werden kann. Es sucht sich dazu jene aus, die seine Liebe schon von Ewigkeit her auserwählt hat. Die leidenden Gewissensgefangenen sind das Salz der Erde« (ebd., 38).

107 Frenes, Spuren, 47. Ein Krebsleiden hatte ihren ganzen Körper erfasst und zerfressen. Eine Chemotherapie konnte ihr nicht helfen, verschlimmerte nur noch ihre Leiden. Sie zeichnet ein Bild, bei dem eine Wolke auf eine Blume fällt. Zu lesen ist »und ich wollte leben …« (ebd., 8; vgl. ebd., 27). »Ich habe mich nie aufgegeben, weil ich in der Bibel gelesen habe: ›WERFT ALLE EURE SORGEN AUF IHN‹ (1 Petr 5,7)« (ebd., 23). Als die Schmerzen kaum mehr zu ertragen waren, hat sie das Gefühl, dass eine unendliche Liebe sie umgibt und eine große Kraft in ihre Seele einströmt. »Ich bin sicher, dass man diese Kraft von Gott bekommt: Wenn man schon das Leid bekommt, so bekommt man auch die Kraft, dieses Leid zu tragen! … Ich habe mir immer gedacht: Wenn nicht passiert, was ich wünsche, PASSIERT DAS, WAS BESSER IST! GOTT HAT MICH SEHR LIEB, ER GIBT MIR JEDEN TAG DIE KRAFT, JA ZU SAGEN!« (ebd., 25). Ihr Geheimnis ist, »bei wahnsinnigen Schmerzen nur mehr JA sagen« (ebd., 33).

108 Steenberghen, Vorsehung heute, 54.

109 Scheffczyk, Glaube, 205.

110 Vgl. Johannes Paul II., »Salvifici doloris«, 13, in: AAS 76 (1984), 215.

111 Carretto, Warum, Herr?, 123.

112 Ebd., 27. Der Vorsehungsglaube »hat zum Inhalt, dass der Mensch den liebenden Gott in liebendem Gehorsam gewähren und über sich verfügen lässt« (Breuning, Vorsehung, 543).

113 Vgl. Schürmann, Gottes Reich, 246.

114 Hoffmann, Sühne, 182. Hoffmann hat sich in seinen Veröffentlichungen stark mit der anstehenden Problematik auseinandergesetzt.

115 In diesem Sinn äußerte sich das Aschaffenburger Landgericht im sogenannten Klingenbergfall in seiner Urteilsbegründung (vgl. Grochtmann, Unerklärliche Ereignisse, 286–311, hier 293).

116 Bultmann, Neues Testament, 19.

117 Vgl. Schürmann, Gottes Reich, 185–223.
118 Vgl. ebd., 199.202.208.
119 Scheffczyk, Verheißung, 24.
120 Häring, Ijob, 186. Es ist nur konsequent, wenn Häring zum Tod des Herrn sich die Frage stellt: »Sind wir nicht eher trotz seines Todes erlöst?« (ebd.).
121 Balthasar, Gott und das Leid, 8.
122 Koslowski, Der leidende Gott, 373.
123 Johannes Paul II., »Salvifici doloris« 24, in: AAS 76 (1984), 234. Das Leiden des Herrn ist nach Balthasar »inklusiv«, d.h. andere können ebenfalls stellvertretend sühnen (Gott und das Leid, 9).
124 Pius XII. nennt es »ein wahrhaft schaudererregendes Mysterium, das man niemals genug betrachten kann: dass nämlich das Heil vieler abhängig ist von den Gebeten und freiwilligen Bußübungen der Glieder des geheimnisvollen Leibes Jesu Christi, die sie zu diesem Zwecke auf sich nehmen« (»Mystici corporis«, in: AAS 35 [1943], 213).
125 Balthasar: »Sie können Sünden vergeben, mitgekreuzigt werden, mitauferstehen, am Jüngsten Tage mitrichten (1 Kor 6,2), der ewigen Seligkeit des Sohnes mitteilhaftig werden (Joh 17,24)« (Stellvertretung, 5).
126 Ebd.
127 Balthasar, Pneuma, 403.
128 Vgl. Ratzinger, Stellvertretung, 571.
129 Grün, Gespräche, 40.
130 Vgl. Nossol, Maximilian Kolbe, 463; Ratzinger, Stellvertretung, 575; Imhof, Gedanken, 10.
131 Vgl. Kasper, »Reinhold Schneider«, 467. Schneider wusste, dass geistige Existenz soziale Existenz und deshalb auch zur Stellvertretung im Leiden verpflichtet ist.
132 Metz, Theologie, 111; vgl. Moltmann, Leiden/Theodizee, 781.
133 Eine Zusammenstellung von Texten aus den Werken von Edith Stein, die klar und oft den Stellvertretungsgedanken enthalten, bietet Ziegenaus, »Judentum«, 264 f. Schon der Ordensname Edith Steins – sie nannte sich: Benedicta a cruce: Gesegnete vom Kreuz her – weist auf ihre Opfer- und Sühnebereitschaft hin. Das Stehen vor Gott für die Menschen im fürbittenden Gebet sah sie als Hauptaufgabe des Karmels an. Schwester Benedicta bat die Priorin des Karmels in Echt am Passionssonntag 1939, sich dem Herzen Jesu als Sühnopfer für den Frieden anbieten zu dürfen. Sie wusste, dass das Kreuz Christi jetzt auf das jüdische Volk gelegt wird und dass die wenigsten dies verstehen würden. Zeitzeugen hörten, wie sie zu ihrer Schwester Rosa bei der Abführung durch die SS am 2.8.1942 sagte: »Komm, wir gehen für unser Volk.« Selbst im Lager fiel die eingelieferte Schwester Benedicta durch ihre große Ruhe und Gelassenheit auf. Sie nahm sich der verwahrlosten Kinder an, weil viele Mütter in dunkler Verzweiflung vor sich hinbrüteten.
134 Vgl. Nossol, Maximilian Kolbe, 462. Kolbe bemühte sich, den Mithäftlingen klarzumachen, dass Gott auch in Auschwitz ist. In unbemerkten Augenblicken

versammelte er diese um sich und bat sie, nicht am Glauben zu verzweifeln, weil sie sonst den letzten Halt verlieren würden. Seine Tat der Stellvertretung in Auschwitz ist bekannt: Für einen Familienvater ging er in den Hungerbunker. »Und was bis dahin nie in Auschwitz vorgekommen war, hörte man jetzt: Aus dem Hungerbunker ertönten geistliche Lieder« (ebd., 463). Er betete mit den anderen Todeskandidaten den Rosenkranz und tröstete sie.

135 Auf die Freiwilligkeit der Hingabe im Leben der Großen der Kirche weist überzeugend hin Ziegenaus, Die Präexistenz Christi, 93–98.

136 Man muss also nicht mit Steenberghen von einer »sehr kleinen Minderheit« (Vorsehung heute, 16) sprechen, der ein Verständnis für das Mysterium des Kreuzes vorbehalten ist; es ist aber sicher auch nicht die Mehrheit. Eine grundsätzliche Problematik tritt hier zutage: »Den herrlichen Aufstiegen, die wir bei den Heiligen bewundern, steht ein enormes Zurückbleiben der meisten Christen gegenüber. Und darin liegt vielleicht die größte Schwierigkeit, die göttliche Vorsehung im Weltlauf wahrzunehmen« (ebd.).

137 Der Liturgiker B. Fischer sieht in der Verbreitung der Herz-Jesu-Verehrung in den letzten Jahrhunderten »eine besondere Vorsehung« (Geistliches Wort, 12), die dahintersteht. Die Bereitschaft zur Sühne war von Anfang an miteingeschlossen in dieser »Spiritualität des Herzens«. Mit Recht kann man allerdings fragen, wer heute noch an diesen Aspekt denkt, »wenn nach wie vor am 1. Freitag jeden Monats der ›Herz-Jesu-Freitag‹ begangen wird?« (Imhof, Gedanken, 10). Vgl. Wittkemper, Herz-Jesu-Verehrung, 108–115.

138 Vgl. Eichrodt, Theologie, Bd. 2/3, 115.

139 Von den Engeln wird in stehenden Redensarten gesprochen: Er hat sie gesandt (Offb 22,6); ihnen ist »die Macht gegeben« (Offb 7,2); sie werden »losgebunden« (Offb 9,14).

140 Feiner/Vischer, Neues Glaubensbuch, 444.

141 Die dialektische Theologie hat Tendenzen den Weg bereitet, welche die Geschichte jeder naturalistischen, ja nihilistischen Deutung überantworteten. Um den Preis der Verehrung von Gottes majestätischer Andersartigkeit wurde das Heilsgeschehen völlig vom Weltgeschehen abgekapselt. Fritzsche: »Durch Bereichsscheidung kann die Spannung zwischen Weltgeschehen und Gottes Vorsehungshandeln nicht ausgetragen werden. Gottes Wirken muss auf das Weltgeschehen *bezogen* bleiben, wenngleich nicht in naiver (oder pantheistisch-philosophischer) Ineinssetzung« (Lehrbuch, Bd. II, 326).

142 Im Rechtfertigungsdekret des Trienter Konzils wurde gegen Calvin definiert: »Si quis dixerit, non esse in potestate hominis vias suas malas facere, sed mala opera ita ut bona Deum operari, non permissive solum, sed etiam proprie et per se, adeo ut sit proprium eius opus non minus proditio Iudae quam vocatio Pauli: anathema sit.« [Wer sagt, es stehe nicht in der Macht des Menschen, seine Wege schlecht zu machen, sondern Gott wirke die schlechtenWerke so wie die guten, nicht nur, indem er sie zulässt, sondern auch im eigentlichen Sinne und durch sich, sodass der Verrat des Judas nicht weniger sein eigenes Werk ist als die Berufung des Paulus: der sei mit dem Anathema belegt] (DH

1556). Für Calvin ist die »permissio« eine Gotteslästerung! »Decreto« stabilisiert dieser alles, selbst das Böse (vgl. Institutio I, 16, in: Tholuck, Bd. I, 142). Um die Glaubens- und Heilsgewissheit auf festen Grund zu stellen, wird Gott auch bei Zwingli zum Urheber des Übels und des Bösen. Im Evangelischen Kirchenlexikon heißt es hierzu unmissverständlich: »Gottes Wirken findet seine Grenze auch nicht in der menschlichen Freiheit, sondern auch das verantwortlich böse menschliche Tun ist Gottes Wirken (Judas, Pilatus). Der Begriff der ›Zulassung‹ wäre hier eine rationale Einschränkung der göttlichen Allwirksamkeit« (Wiesner, Vorsehung, 1708). Im Bibellexikon geht Imschoot auf die Frage der Verursachung des Bösen durch Gott ein: »Zur richtigen Beurteilung von Redeweisen, die Jahwe als Ursache der Sünde darstellen (2 Sam 24,1; vgl. 1 Sam 26,19; 1 Chr 21,1; Jes 6,9f.) sind zwei Tatsachen zu berücksichtigen: (a) dass die biblischen Schriftsteller sich wenig oder überhaupt nicht um die Wirkung von Zweitursachen kümmern und gewöhnlich die ganze Wirkung, sogar jene, in der der menschliche Wille beteiligt ist, der Allursächlichkeit Gottes zuschreiben, (b) dass sie nicht unterscheiden zwischen dem, was Jahwe wirkt und zulässt, und dem, was er veranlasst« (Vorsehung, 1860).

143 Kern, Zur theologischen Auslegung, 532, Anm. 12.
144 Johannes Paul II., »Salvifici doloris«, 14, in: AAS 76 (1984), 213.
145 Stump, Die göttliche Vorsehung, 22. Steenberghen: »Die Prüfungen, auch wenn sie den Menschen auf Erden noch so schwer treffen, sind kein ernstes Hindernis, wenn wir sie als Preis für ein endloses Glück begreifen« (Vorsehung heute, 40).
146 Guardini, Was Jesus, 16; vgl. Bantle, Eingeschrieben, 22f.; Beck, Vorsehung, 228; Carretto, Warum, Herr?, 37; Garrigou-Lagrange, Providence, 997; Harkness, The Providence, 11–15; Hophan, Vorsehung, 148; Steenberghen, Vorsehung heute, 5–21; Zilligen, Schicksal, 32.35. Rahner: »Es ist in der Praxis unserer Existenz eben doch so, dass die Annahme Gottes als des unverfügbaren Geheimnisses und die schweigende Annahme der Unerklärlichkeit und Unbeantwortbarkeit des Leides derselbe Vorgang sind« (Warum lässt, 464).
147 Hophan, Vorsehung, 147.
148 Vgl. Rad, Theologie, Bd. 1, 424.
149 Ebd., 429.
150 Eichrodt, Vorsehungsglaube, 66.
151 Gott antwortet mit dem Hinweis auf die »Herrlichkeit seiner alles Geschaffene tragenden Fürsorge. Diese Gerechtigkeit Gottes kann freilich vom Menschen nicht begriffen, sie kann nur angebetet werden« (Rad, Theologie, Bd. 1, 430). Ein »Erschauern jubelnder Anbetung und Bewunderung« (Eichrodt, Vorsehungsglaube, 66) wird deutlich.
152 Vgl. zum Folgenden Kilian, Ich bringe Leben, 47–66.
153 Ebd., 51.
154 Egloff verweist auf ein Erlebnis von Dr. F. Happich, dem Direktor der Heil- und Pflegeanstalt in Treysa, das dieser auch publizierte (vgl. Du gehst, 24f.). Käthe gehörte zu jenen Patienten, die am schwersten angeschlagen waren. Sie hatte

während ihres Lebens weder ein einziges Wort gesprochen noch je am Leben ihrer Umgebung partizipiert. Sie schlang ihre Nahrung wie ein Tier hinunter und verunreinigte sich Tag und Nacht. In ihrer Todesstunde sang sie sich nun selbst die Sterbelieder! »Das bis dahin so verblödete Gesicht war durchgeistigt und verklärt« (ebd., 25). Der Arzt stand vor einem Rätsel: »Durch eine Sektion kann ich, wenn es verlangt wird, nachweisen, dass Käthes Gehirnrinde vollständig zerstört ist und dass Denktätigkeit anatomisch nicht möglich war« (ebd.). Offensichtlich gibt »es eine Sinnvollendung auch für solche Schicksale ... die von der Welt her, wie sie ist, sinnlos erscheinen« (Guardini, Welt, 174).

155 »Unsere Väter haben gesündigt; sie sind nicht mehr. Wir müssen ihre Sünden tragen« (Klgl 5,7; vgl. Ez 18). Rad: »Eine Generation, die diese ungeheure Feststellung machen und so nüchtern auch aussprechen konnte, hatte die patriarchalischen Grundlagen des Jahweglaubens verlassen« (Theologie, Bd. 1, 404).

156 Schweizer, Das Evangelium nach Lukas, 144; vgl. Carretto, Warum, Herr?, 84; Glaubensverkündigung, 133; Trillhaas, Dogmatik, 175.

157 Bitschnau, Das Leben, 410.

158 Brugger, Summe, 425.

159 Schamoni: »Ich habe zwar auch die Leichenberge der von der ungerechten, gottfeindlichen Macht Ermordeten gesehen. Ich verspüre zwar die furchtbare Herausforderung – aber noch über dieser Todeslinie steht die Macht des Allmächtigen, und ich sehe die göttliche Vorsehung und bin überzeugt, dass die Leiden dieser Zeit keinen Vergleich aushalten mit der Herrlichkeit, die uns geschenkt werden soll« (Die Heiligen selbst, 532).

160 Vgl. Augustinus, »De civitate Dei«, I,35, in: PL 41,46.

161 Eine uns »jetzt schon vollkommen durchsichtige Theodicee wäre in der That ein Beweis gegen die Realität der Vorsehung« (Berlage, Katholische Dogmatik, Bd. 4, 403).

162 Guardini, Freiheit, 251.253.

163 Fritzsche, Lehrbuch, Bd. II, 324.

164 Caterina, Gespräch, 137.

165 Ebd., 138.

166 Ebd.

167 Ebd., 141.

11 Zusammenfassung und Ausblick

1 Marquard, Schwierigkeiten, 101 f.

2 Vgl. Steenberghen, Vorsehung heute, 21.

3 Vgl. Scheffczyk, <Diskussionsbeitrag>, in: Luyten, Zufall, 388.

4 Wickler, <Diskussionsbeitrag>, in: Luyten, Zufall, 375.

5 Jung, Mensch und Seele, 377.

6 Ratzinger: »Das Plausible kann auf die Spur des Wahren führen, es kann aber auch Gegensatz zur Wahrheit sein« (Die Tochter Zion, 56).

7 Scheffczyk, <Diskussionsbeitrag>, in: Luyten, Zufall, 375.

Anmerkungen 417

8 Ebd., 388.
9 Müller spricht von »Glaubensanfechtungen«, mit denen die Neodarwinisten immer mehr leben müssen, »die man in Anlehnung an die Problematik der Theodizée als *Evolutiodizée* bezeichnen könnte« (Wie hältst, 124).
10 Kessler, Der Begriff, 119.
11 Kessler, Sucht, 309.
12 Ders., Der Begriff, 118.
13 Löw: »Die praktischen Interessen sind leicht hergezählt: ›Wissen ist Macht‹ schreibt Bacon; Descartes gibt als viertes Postulat seiner provisorischen Moral ›Treibe Wissenschaft!‹ an mit der Begründung: ›Damit wir uns zu Herren und Meistern der Natur machen‹, und Hobbes schließlich formuliert ... ›Ein Ding kennen heißt, wissen, was man damit anfangen kann, wenn man es hat.‹« (Evolutionismus in naturphilosophischer Kritik, 266).
14 Spaemann/Löw, Die Frage Wozu?, 284.286 f.
15 Kessler, Sucht, 285.
16 Ders., Der Begriff, 126.
17 Lubac: »Der Mensch, jeder Mensch, wer er auch sei, war dem Schöpfer, dem Herrn der Gestirne selbst unmittelbar verbunden! Die ungezählten Mächte – Götter, Genien oder Dämonen –, die das menschliche Leben im Netz ihrer tyrannischen Willkür gefangen hielten und einschnürten und mit allen ihren Schrecknissen auf der Seele lasteten, siehe, sie zerfielen zu Staub, und das Heilige, das sich in sie verirrt hatte, fand sich zusammengefasst, geläutert und erhöht wieder in einem Gott und Befreier! Nicht mehr bloß eine kleine Schar von Auserwählten durfte hoffen, dem Kreislauf des Schicksals durch die Pforte irgendeiner Geheimlehre zu entrinnen: Die ganze Menschheit sah ihre Nacht plötzlich zum Tag gelichtet und erwachte zum Bewusstsein ihrer königlichen Freiheit« (Über Gott hinaus, 17 f.).
18 Guardini: »Es ist viel leichter, sich in ein dionysisches All zu werfen oder in einer ›ausgesetzten‹ Endlichkeit Stand zu halten, als zu wissen, dass für den guten Willen jede Situation ins Ewig-Gute führt – freilich durch eine Wahrheit, welche keinen Rausch duldet, eine Gerechtigkeit, welche jede Tat einem untrügbaren Gericht unterwirft, und ein Opfer, das für immer durch die Worte vorgezeichnet ist: ›Vater, nicht wie ich will, sondern wie Du‹ (Mt 26,39)« (Freiheit, 273).

Literaturverzeichnis

Albert, H., Traktat über die kritische Vernunft (= Studien in den Grenzbereichen der Wirtschafts- und Sozialwissenschaften 9), Tübingen ³1975.

Alszeghy, Z., <Diskussionsbeitrag>, in: Luyten, N. A. (Hg.), Zufall, Freiheit, Vorsehung (= Grenzfragen 5), Freiburg-München 1975, 357.381.384.

Amery, C., Das Ende der Vorsehung. Die gnadenlosen Folgen des Christentums, Reinbek 1987.

Arrupe, P., Erfahrungen mit der Eucharistie, Freiburg-Konstanz 1982.

Artz, J./Laros, M./Becker, W. (Hg.), Newman-Lexikon, Bd. IX der ausgewählten Werke von John Henry Kardinal Newman, Mainz 1975.

Auer, J., Die Welt – Gottes Schöpfung (= KKD 3), Regensburg ²1983.

Bachl, G., »Thesen zum Bittgebet«, in: QD 115, Freiburg u. a. 1988, 192–207.

Balkenohl, M., Gentechnologie und Humangenetik. Ethische Orientierungen, Stein am Rhein 1989.

Ballmer, K., Der Macher bin ich, den Schöpfer empfange ich, Besazio 1967.

Balthasar, H. U. v., »Ein exegetischer Laie über das »Leere Grab« <Leserbrief>, in: IKaZ 11 (1982), 198.

Balthasar, H. U. v., Gott und das Leid (= Antwort des Glaubens 34), Freiburg 1984.

Balthasar, H. U. v., Pneuma und Institution (= Skizzen zur Theologie IV), Einsiedeln 1974.

Balthasar, H. U. v., Stellvertretung: Schlüsselwort christlichen Lebens (= Leben im Geist 4), Freiburg 1976.

Bantle, F. X., Eingeschrieben in Gottes Hände. Der Mensch im Lichte der göttlichen Vorsehung (= Meitinger Kleinschriften 66), Meitingen-Freising 1978.

Barth, K., Der Römerbrief, Zürich ¹⁰1967.

Barth, K., Die Kirchliche Dogmatik, Bd. III/3: Die Lehre von der Schöpfung, Zürich ²1961.

Bartmann, B., Unser Vorsehungsglaube, Paderborn 1931.

Beck, H., Vorsehung und Vorherbestimmung in der theologischen Literatur der Byzantiner (= OCA 114), Rom 1937.

Beck, J., Weltkrieg und Vorsehung. Ein Gespräch, Köln-Mainz 1918.

Behler, W., »Abschließende Überlegungen zum heutigen Stand der Diskussion«, in: Masuch, G./Staudinger, H. (Hg.), Geschöpfe ohne Schöpfer? Der Darwinismus als biologisches und theologisches Problem, Wuppertal 1987, 129–145.

Behm, J., Art. »Pronoéo, Prónoia«, in: ThW 4, Stuttgart 1942, 1004–1011.

Bender, H., <Brief an Grochtmann vom 19.11.1984> 1.

Benn, G., »Gedichte«, in: Gesammelte Werke III (hg. v. D. Wellershoff), Stuttgart ⁶1978.

Benn, G., »Prosa und Szenen«, in: Gesammelte Werke II (hg. v. D. Wellershoff), Stuttgart ⁴1978.

Berlage, A., Katholische Dogmatik, Bd. 4 System der Dogmatik, zweiter Theil, erste Abtheilung, Münster 1853.

Bernhart, J., Heilige und Tiere, München 1937.

Betschart, I., Vorsehung und Weltvertrauen. Gedanken zu einer gläubigen Welterfassung, Salzburg 1956.

Bitschnau, O., Das Leben der Heiligen Gottes, Einsiedeln-Waldshut-Köln ^{34}1880.

Blank, J., Verändert Interpretation den Glauben?, Freiburg u. a. 1972.

Blechschmidt, E., »Das Gesetz von der Erhaltung der Individualität. Selbstbewusstsein – Körperbewusstsein – Werkzeugbewusstsein«, in: Scheidewege 12 (1982), 221–237.

Bloth, P.C., Art. »Gebet IX. Praktisch-theologisch«, in: TRE 12, 95–103.

Bodem, A., »›Leiden Gottes‹. Erwägungen zu einem Zug im Gottesbild der gegenwärtigen Theologie«, in: Ziegenaus, A./Courth, F./Schäfer P. (Hg.), Veritati Catholicae. Festschrift für Leo Scheffczyk zum 65. Geburtstag, Aschaffenburg 1985, 586–611.

Bökmann, J., »Schamonis Forschungen werden ausgewertet«, in: Theologisches 20 (1990), 534–538.

Bonhoeffer, D., Widerstand und Ergebung. Briefe und Aufzeichnungen aus der Haft (hg. v. E. Bethge), Gütersloh ^{13}1985.

Borchert, W., »Das ist unser Manifest«, in: ders., Das Gesamtwerk, Hamburg 1970, 308–315.

Borchert, W., »Draußen vor der Tür«, in: ders., Das Gesamtwerk, Hamburg 1970, 99–165.

Borchert, W., »Generation ohne Abschied«, in: ders., Das Gesamtwerk, Hamburg 1970, 59–61.

Borchert, W., »Gespräch über den Dächern«, in: ders., Das Gesamtwerk, Hamburg 1970, 48–58.

Bosco, T., Dominikus Savio, Abensberg 1988.

Bosshard, S. N., Erschafft die Welt sich selbst? Die Selbstorganisation von Natur und Mensch aus naturwissenschaftlicher, philosophischer und theologischer Sicht (= QD 103), Freiburg u. a. ^{2}1987.

Bouhler, P. (Hg.), Der großdeutsche Freiheitskampf. Reden Adolf Hitlers vom 16. März 1941 bis 15. März 1942, Bd. III, München 1942.

Boykin, J., The Gospel of Coincidence: Is God in Control?, Grand Rapids 1990.

Brenner, F., Katholische Dogmatik, Bd. 1: Generelle Dogmatik, Bd. 2: Specielle Dogmatik 1, Rottenburg 1831.

Bresch, C., Zwischenstufe Leben. Evolution ohne Ziel?, München-Zürich 1977.

Breuning, W., Art. »Vorsehung«, in: Beinert, W. (Hg.), Lexikon der katholischen Dogmatik, Freiburg u. a. ^{2}1988.

Brinktrine, J., Die Lehre von der Schöpfung, Paderborn 1956.

Bro, B., »Doit-on être dans l'angoisse en face de la prédestination?«, in: VS 44 (1962), 40–57.

Bröker, W, ‹Rezension zu Weissmahr, Gottes Wirken›, in: ThRv 70 (1974), 503 f.

Brugger, W., Summe einer philosophischen Gotteslehre, München 1979.
Büchel, W., »Zur Kritik an der Parapsychologie«, in: Zeitschrift für Parapsychologie und Grenzgebiete der Psychologie 18 (1976), 161–186.
Bultmann, R., Neues Testament und Mythologie. Das Problem der Entmythologisierung der neutestamentlichen Verkündigung. Nachdruck der 1941 erschienenen Fassung (= Beiträge zur evangelischen Theologie. Theologische Abhandlungen 96), hg. v. E. Jüngel, München 1986.
Burk, J. C. F., Vorsehung und Menschenschicksale oder Preis der Weisheit und Liebe Gottes in der besonderen Lebensführung einzelner Menschen. Eine Auswahl geschichtlicher Thatsachen, Stuttgart ²1841.
Bürkle, H., »Nach ewigen Gesetzen des Daseins Kreise fortsetzen? Zur Wiederkehr der Wiedergeburtserwartungen«, in: IKaZ 19 (1990), 37–46.
Büttner, M., Regiert Gott die Welt? Vorsehung Gottes und Geographie. Studien zur Providentialehre bei Zwingli und Melanchthon (= Calwer Theologische Monografien 3), Stuttgart 1975.
Büttner, O., Die Vorsehung Gottes im Kriege, Berlin 1916.
Calvin, J., Institutio christianae religionis (hg. v. A Tholuck), Bd. I, Berlin 1835.
Capánaga, V., <Rezension zu Weissmahr, Gottes Wirken>, in: Augustinus 21 (1976), 212.
Carrel, A., La Prière, Paris 1944.
Carretto, C., Warum, Herr? Erfahrungen der Hoffnung über das Geheimnis des Leids, Freiburg u. a. 1986.
Caterina von Siena, Gespräch von Gottes Vorsehung (= Lectio spiritualis 8), Einsiedeln ³1985.
Caussade, P. de, Ewigkeit im Augenblick. Von der Hingabe an die göttliche Vorsehung, Freiburg ³1951.
Chaillié, R., »Gespräch mit Pierre-P. Grassé. Das ›Spiel des Zufalls‹ – eine Theorie der Hoffnungslosigkeit«, in: Integral 6 (1981), Nr. 5, 22–25.
Colli, G./Montinari, H. (Hg.), Nietzsche. Werke, Bd. V/2, Berlin-New York 1973.
Congar, Y., Der Heilige Geist, Freiburg u. a. ²1986.
Cosgrove, C. H., »The Divine Dei in Luke-Akts. Investigations into the Lukan Understanding of God's Providence«, in: NT XXVI,2 (1984), 168–190.
Couturier, M.-A., »Il a toujours raison?«, in: VS 44 (1962), 9–12.
Dantine, W., »Regnum Christi – Gubernatio Dei. Dogmatische Überlegungen zum Begriff der ›Herrschaft‹«, in: ThZ 15 (1959), 195–208.
Darwin, C., Die Entstehung der Arten durch natürliche Zuchtwahl (mit einem Nachwort v. G. Heberer), Stuttgart 1989.
Darwin, F., The Life and Letters of Ch. Darwin, Bd. II, New York 1959.
Dawkins, R., Das egoistische Gen, Berlin u. a. 1978.
Dederichs, W., Der Krieg im Lichte der Vorsehung, Paderborn 1914.
Degenhardt, J. J., Dienstbereit in der Liebe Christi. Pauline von Mallinckrodt (= Worte zur Zeit 14), Paderborn 1985.
Delbrück, K., Göttliche Vorsehung oder Zufall im gegenwärtigen Kriege?, Halle 1915.

Deroo, A., L'homme à la jambe coupée ou le plus étonnant miracle de Notre-Dame del Pilar, Montsurs 1977.
<Deutsche Bischöfe>, Katholischer Katechismus der Bistümer Deutschlands, München 1956.
Deutsche Bischöfe, Schreiben an alle, die von der Kirche mit der Glaubensverkündigung beauftragt sind, vom 22.9.1967 (= Hirtenschreiben und Erklärungen der deutschen Bischöfe 01), Trier ³1968.
Deutsches Bücherverzeichnis, Bd. 27 (1941–1950), Leipzig 1956.
Deutsches Bücherverzeichnis, Bd. 6, 2. Hälfte (1915–1920), Leipzig 1924.
Diekamp, F./Jüssen, K., Katholische Dogmatik nach den Grundsätzen des heiligen Thomas, Bd. I (¹²/¹³1958), Bd. II (¹¹/¹²1959), Münster.
Dieringer, F. X., Lehrbuch der katholischen Dogmatik, Mainz 1847.
Dilthey, W., »Weltanschauung und Analyse des Menschen seit Renaissance und Reformation«, in: Gesammelte Schriften II, Stuttgart-Göttingen ⁵1957.
Ditfurth, H. v., Im Anfang war der Wasserstoff, Hamburg 1972.
Ditfurth, H. v., Kinder des Weltalls. Der Roman unserer Existenz, Hamburg ⁷1980.
Ditfurth, H. v., Wir sind nicht nur von dieser Welt. Naturwissenschaft, Religion und die Zukunft des Menschen, Hamburg ³1982.
Dolch, H., <Diskussionsbeitrag>, in: Luyten, N. A. (Hg.), Zufall, Freiheit, Vorsehung (= Grenzfragen 5), Freiburg-München 1975, 358.
Dolch, H., <Rezension zu Weissmahr, Gottes Wirken>, in: BiKi 29 (1974), 25 f.
Donceel, J., <Rezension zu Weissmahr, Gottes Wirken>, in: ThSt 35 (1974), 191 f.
Ebeling, G., Dogmatik des christlichen Glaubens, Bd. I u. II, Tübingen 1979.
Eberts, G., »Ein Mose für den Weg in die Freiheit«, in: Ulrichsblatt. Kirchenzeitung für die Diözese Augsburg 45 (19./20.5.1990), 1.
Eccles, J., Die Evolution des Gehirns – die Erschaffung des Selbst, München-Zürich 1989.
Eckey, W., Schicksal und Glaube (= Das Gespräch 39), Wuppertal-Barmen 1962.
Editorial, in: IKaZ 17 (1988), 193 f.
Eggers, K., Vom mutigen Leben und tapferen Sterben, Oldenburg 1942.
Egloff, B., Du gehst nicht allein. Ein Gespräch über die Vorsehung, St. Gallen 1963.
Eichrodt, W., Theologie des Alten Testamentes, Bd. 2/3, Stuttgart ⁴1961.
Eichrodt, W., »Vorsehungsglaube und Theodizee im Alten Testament«, in: Festschrift für Otto Proksch, Leipzig 1934, 45–70.
Eigen, M., Vorrede, in: Monod, J., Zufall und Notwendigkeit. Philosophische Fragen der modernen Biologie, München 1971, IX–XVI.
Engel, O, »Die Ferne Gottes«, in: Die Pforte 1 (1947/48), 38–54.
Engert, J. Th., Art. »Deismus«, in: LThK III, 195–199.
Engert, J. Th., »Zur Geschichte und Kritik des Deismus«, in: BZThS 7 (1930), 214–225.
<Erklärung der Kardinalskommission zum Holländischen Katechismus>, in: AAS 40 (1968), 690 f.
Eßer, G., Krieg und göttliche Vorsehung (= Frankfurter Zeitgemäße Broschüren XXXIV), Hamm 1915.

Farley, B. W., The Providence of God, New York 1990.
Fascher, E., »Theologische Beobachtungen zu dei«, in: Eltester, W. (Hg.), Neutestamentliche Studien für Rudolf Bultmann, Berlin 1954, 228–254.
Feiner, J./Vischer, L. (Hg.), Neues Glaubensbuch. Der gemeinsame christliche Glaube, Freiburg u. a. ¹⁸1988.
Fischer, B., »Geistliches Wort zur Wiederbelebung der Herz-Jesu-Verehrung. Eine Skizze«, in: Sekretariat der Deutschen Bischofskonferenz (Hg.), Unter dem Zeichen des Herzens. Handreichung der Liturgie-Kommission der Deutschen Bischofskonferenz zum Herz-Jesu-Fest (= Arbeitshilfen 81), Bonn 1990, 12f.
Fischer, J., Das Buch Isaias. 2. Teil: Kapitel 40–66, Bonn 1939.
Fischer, K. P., Zufall oder Fügung? (= Theologische Meditationen 47), Zürich u. a. 1977.
Florez, I., <Rezension zu Weissmahr, Gottes Wirken>, in: ATG 36 (1973), 284f.
Frankenberger, E., Gottbekenntnisse großer Naturforscher, Leutesdorf ¹²1982.
Freeman, J. A., God Is Not Fair: Coming to Terms with Life's Raw Deals, San Bernardino 1987.
Frenes, A., Spuren eines jungen Lebens, Landshut o. J. (6. Auflage).
Freundorfer, J., Vorsehung, Leid und Krieg. Biblische Gedanken, Würzburg 1940.
Freyer, H., Theorie des gegenwärtigen Zeitalters, Stuttgart 1961.
Fries, H., »Ernst Wiechert. Eine theologische Besinnung«, in: ThQ 127 (1947), 358–398.
Frisch, M., »Homo faber – Ein Bericht«, in: Gesammelte Werke in zeitlicher Folge, Bd. IV/1, (hg. v. H. Mayer u. W. Schmitz), Frankfurt ²1976, 5–203.
Fritzsche, H.-G., Lehrbuch der Dogmatik, Bd. II: Lehre von Gott und der Schöpfung, Göttingen 1967.
Fromm, E., Die Kunst des Liebens (neu übersetzte Ausgabe), Frankfurt u. a. 1981.
Frossard, A., Gott existiert. Ich bin ihm begegnet, Freiburg u. a. ²1970.
Fuchs, J., »Das Gottesbild und die Moral innerweltlichen Handelns«, in: StdZ 202 (1984), 363–382.
Fussenegger, G., »Der Künstler und sein Gott«, in: Wetter, F./Fussenegger, G., Das Eis bricht. Aschermittwoch der Künstler, München 1987.
Ganoczy, A./Scheld, S., Herrschaft – Tugend – Vorsehung. Hermeneutische Deutung und Veröffentlichung handschriftlicher Annotationen Calvins zu sieben Senecatragödien und der Pharsalia Lucans (= Veröffentlichungen des Instituts für europäische Geschichte Mainz 105), Wiesbaden 1982.
Garrigou-Lagrange, R., Art. »Providence IV. La providence selon la théologie«, in: DThC 13/1, 985–1023.
Garrigou-Lagrange, R., Des Christen Weg zu Gott. Aszetik und Mystik nach den drei Stufen des geistlichen Lebens, Bd. 1, München 1952.
Garrigou-Lagrange, R., La providence et la confiance en Dieu. Fidélité et abandon, Paris 1932.
Gatterer, Gottes Vorsehung und der Krieg, Kalksburg 1916.
Gawlick, G., Art. »Deismus«, in: HWP 2, 44–47.
Gehlen, A., Anthropologische Forschung. Zur Selbstbegegnung und Selbstent-

deckung des Menschen (= Rowohlts deutsche Enzyklopädie 138), Reinbek 1970.

Geiger, M., Johann Heinrich Jung-Stilling. Christlicher Glaube zwischen Orthodoxie und Moderne. Historisch-theologische Meditation anlässlich des 150. Todestages (= Theologische Studien 97), Zürich 1968.

Geiger, M., »Providentia Dei. Überlegungen zur christlichen Vorsehungslehre und dem Problem der Beziehung Gott – Welt«, in: Parrhesia. Festschrift für Karl Barth zum 80. Geburtstag am 10. Mai 1966, Zürich 1966, 673–707.

Gerl, H.-B., Anfechtung und Treue. Romano Guardinis geistige Gestalt in ihrer heutigen Bedeutung, Donauwörth 1989.

Gesamtverzeichnis des deutschsprachigen Schrifttums 1700–1910, Bd. 152 (bearbeitet unter der Leitung v. H. Schmuck u. W. Gorzny), München u. a. 1986.

Gesamtverzeichnis des deutschsprachigen Schrifttums 1911–1965, Bd. 139 (hg. v. R. Oberschelp), München u. a. 1981.

Gessel, W., Die Theologie des Gebetes nach »De Oratione« von Origenes, München 1975.

Geyer, C.-F., »Das Theodizeeproblem – ein historischer und systematischer Überblick«, in: Oelmüller, W. (Hg.), Theodizee – Gott vor Gericht?, München 1990, 9–32.

Gironella, J. R., »Estudio sobre los problemas filosóficos que plantea ›El azar y la necesidad‹ de Jacques Monod«, in: Espiritu 21 (1972), 56–92.

Glaubensverkündigung für Erwachsene. Deutsche Ausgabe des Holländischen Katechismus, Nijmegen-Utrecht 1968.

Glöckner, R., Biblischer Glaube ohne Wunder? (= Sammlung Horizonte. Neue Folge 15), Einsiedeln 1979.

Glöckner, R., Die Wunder Jesu. Herausforderung des Glaubens – Zeichen der Hoffnung (= Antwort des Glaubens 25), Freiburg 1982.

Glückauf! Taschenbuch der Aktion »neu anfangen« in Castrop-Rauxel, Herne und Wanne-Eickel, Sprockhövel o. J. <1990>.

Gnilka, Das Matthäusevangelium, Bd. 1 (= HThK I/1), Freiburg u. a. 1986.

Gnilka, J., »Zeichen/Wunder«, in: HThG 2, 876–885.

Görge, E., Gottes Vorsehung in der Geschichte. Verkündigung zum Zeitgeschehen, Leutesdorf 1991.

Goethe, J. W. v., »Faust«, in: Werke III. Dramatische Dichtungen 1 (hg. v. E. Trunz), Hamburg [8]1967.

Goldmann, G., Tödliche Schatten – Tröstendes Licht, Bergisch Gladbach <1990>.

Gonzales, M., Lettre-Preface, in: Deroo, A., L'homme à la jambe coupée ou le plus étonnant miracle de Notre-Dame del Pilar, Montsurs 1977, 1 f.

Goritschewa, T., Die Kraft der Ohnmächtigen. Weisheit aus dem Leiden, Wuppertal [3]1988.

Goritschewa, T., »Herausforderung an das Christentum im Westen«, in: Rhonheimer, M. (Hg.), Ethos und Menschenbild. Zur Überwindung der Krise der Moral (= Sinn und Sendung 2), St. Ottilien 1989, 135–146.

Gray, A., Darwiniana. Essays and Reviews Pertaining to Darwinism (Neuausgabe des Originals von 1876 durch A. Hunter Dupree), Cambridge, Massachusetts 1963.

Greinacher, N., »Der Glaube wird anders«, in: Harenberg, W. (Hg.), Was glauben die Deutschen? Die Emnid-Umfrage. Ergebnisse. Kommentare, München-Mainz 1968, 123–151.

Greiner, S., Gewissheit der Gebetserhörung. Eine theologische Deutung, Köln 1990.

Greshake, G., Der Preis der Liebe. Besinnung über das Leid, Freiburg u. a. 1978.

Greshake, G., »Grundlagen einer Theologie des Bittgebetes«, in: Greshake, G./Lohfink, G. (Hg.), Bittgebet – Testfall des Glaubens, Mainz 1978, 32–53.

Greshake, G./Lohfink, N., »Zur Einführung«, in: Greshake, G./Lohfink, N., Bittgebet – Testfall des Glaubens, Mainz 1978, 7–9.

Grochtmann, <Brief an Weissmahr vom 18.12.1984>, 1 f.

Grochtmann, H., Unerklärliche Ereignisse, überprüfte Wunder und juristische Tatsachenfeststellung, Langen [2]1990.

Grün, S., Gespräche über die göttliche Vorsehung, Aschaffenburg 1948.

Gspann, J. C., Blutiger Weltkrieg und gütige Vorsehung, Regensburg 1915.

Guardini, R., Freiheit, Gnade, Schicksal. Drei Kapitel zur Deutung des Daseins, München [5]1967.

Guardini, R., Glaubenserkenntnis. Versuche zur Unterscheidung und Vertiefung, Würzburg 1949.

Guardini, R., Wahrheit und Ordnung. Nr. 12: Der Anfang aller Dinge. Eine Auslegung der ersten drei Kapitel der Genesis. II. Erschaffen und Erschaffensein (277–285), III. Der erste Schöpfungsbericht und der Tag des Herrn (287–298). Nr. 29: Die vierte Bitte. II. Die Vorsehung (677–686), München 1959.

Guardini, R., Was Jesus unter der Vorsehung versteht (= Christliche Besinnung 1), Würzburg 1939.

Guardini, R., Welt und Person. Versuche zur christlichen Lehre vom Menschen, Würzburg [5]1962.

Gutiérrez, G., Von Gott sprechen in Unrecht und Leid – Ijob, München-Mainz 1988.

Habitzky, M., <Glosse zu Pesch, »Das ›leere Grab‹«>, in: IKaZ 11 (1982), 403–406.

Hackenbroch, M., Zeitliche Herrschaft der göttlichen Vorsehung. Gesellschaft und Recht bei Joseph de Maistre, Bonn 1964.

Hacker, P., »Zur Ausrottung des Wunderglaubens bei der lernenden Jugend«, in: Theologisches Nr. 103 (Nov. 1978), 2981–2986.

Haeckel, E., Die Welträthsel. Gemeinverständliche Studien über Monistische Philosophie, Bonn 1903.

Haecker, T., Vergil, Vater des Abendlandes, Leipzig [3]1938.

Hahn, F., »Methodische Überlegungen zur Rückfrage nach Jesus«, in: QD 63, Freiburg u. a. 1974, 11–77.

Hanselmann, J./Hild, H./Lohse, E. (Hg.), Was wird aus der Kirche? Ergebnisse der zweiten EKD-Umfrage über Kirchenmitgliedschaft, Gütersloh 1984.

Harbsmeier, G., »Historisch-kritische Exegese und personale Existenz«, in: Ascher, P. (Hg.), Evangelium und Geschichte in einer rationalisierten Welt. Dokumenta-

tion der Tagung des Deutschen Instituts für Bildung und Wissen in Trier vom 30. September bis 5. Oktober 1968, Trier 1969, 102–112.
Häring, B., Frei in Christus. Moraltheologie für die Praxis des christlichen Lebens, Bd. 2 (^{3}1982), Bd. 3 (^{2}1982), Freiburg u. a.
Häring, H., »Ijob in unserer Zeit. Zum Problem des Leidens in der Welt«, in: QD 115, Freiburg u. a. 1988, 168–191.
Harkness, G., The Providence of God, New York-Nashville 1960.
Hartmann, F. v., Die göttliche Vorsehung. Hirtenbrief, Köln 1915.
Heberer, G., »Nachwort«, in: Darwin, C., Die Entstehung der Arten durch natürliche Zuchtwahl, Stuttgart 1989, 679–687.
Heer, F., Der Glaube des Adolf Hitler. Anatomie einer politischen Religiosität, München-Esslingen 1968.
Hegel, G. W. Fr., »Briefe von und an Hegel«, Bd. 1 (1785–1812), in: Sämtliche Werke XXVII (hg. von J. Hoffmeister), Hamburg 1952.
Hegel, G. W. Fr., »Philosophie der Weltgeschichte«, Bd. I (1920), Bd. II (^{2}1923), in: Sämtliche Werke VIII u. IX (hg. von G. Lasson), Leipzig.
Heijden, B. van der, Karl Rahner. Darstellung und Kritik seiner Grundpositionen (= Sammlung Horizonte. Neue Reihe 6), Einsiedeln 1973.
Heinrich, J. B., Dogmatische Theologie, Bd. V, Mainz 1884.
Hemmerle, K., Glaube – Mitte der Berufung; Berufung – Mitte des Glaubens, in: Hemmerle, K./Spath, E., Verantwortung der Ortskirche für die geistlichen Berufe. Perspektiven – Impulse (= Päpstliches Werk für geistliche Berufe – Sonderdrucke 21), Freiburg 1983, 1–10.
Hengsbach, F., »Geleitwort«, in: Grochtmann, H., Unerklärliche Ereignisse, überprüfte Wunder und juristische Tatsachenfeststellung, Langen ^{2}1990, 2 f.
Hengstenberg, H.-E., Evolution und Schöpfung. Eine Antwort auf den Evolutionismus Teilhard de Chardins (= Salzburger Studien zur Philosophie 3), München 1963.
Hengstenberg, H.-E., »Evolutionismus und Schöpfungslehre«, in: IKaZ 17 (1988), 242–250.
Hengstenberg, H.-E., »Heute sagen viele Theologen ... Evolutionistische Spuren im neuen Erwachsenenkatechismus«, in: Theologisches Nr. 184 (Aug. 1985), 6547–6555.
Hengstenberg, H.-E., Von der göttlichen Vorsehung, Regensburg-Münster 1940.
Hertz, A., »Zur Problematik des Bittgebetes«, in: Greshake, G./Lohfink, G. (Hg.), Bittgebet – Testfall des Glaubens, Mainz 1978, 10–18.
Hettinger, F., Apologie des Christenthums, Bd. I u. II, Freiburg ^{6}1885.
Hildegard von Bingen, Scivias – Wisse die Wege, Salzburg ^{8}1987.
Hoeres, W., »Ditfurths Evolutionismus als neues Credo?«, in: Macht der Mysterien. Heutige Naturwissenschaftler vor Glaubensfragen. Sonderbeilage zu Theologisches Nr. 140 (Dez. 1981), 13–20.
Hoeres, W., »Evolution und Geist. Der Neodarwinismus als Weltanschauung«, in: Bökmann, J. (Hg.), Evolution und Geist. Der Neodarwinismus als Weltanschauung (= Respondeo 4), Abensberg 1983, 9–58.

Hoeres, W., »Zweckmäßigkeit oder blinder Zufall? Sensationelle Ehrenrettung der Teleologie«, in: Theologisches Nr. 148 (Aug. 1982), 4774–4780.

Hoffmann, N., »›Sühne‹, ein umstrittener Grundbegriff neutestamentlicher Erlösungslehre. Erwägungen im Licht trinitarischer Kreuzesontologie«, in: Internationales Institut vom Herzen Jesu (Hg.), Entwicklung und Aktualität der Herz-Jesu-Verehrung, Aschaffenburg 1984, 180–222.

Hophan, O., Vorsehung, Chur 1943.

Horbach, Philipp, Gebet und Vorsehung in Kriegsnot oder: Wie verträgt sich der Glaube an die Erhörbarkeit des Gebetes mit dem Glauben an die göttliche Vorsehung? (= Näher, mein Gott zu dir 3), Hamburg 1914.

Hossfeld, F.-L., »Wie sprechen die Heiligen Schriften, insbesondere das Alte Testament, von der Vorsehung Gottes?«, in: QD 115, Freiburg u. a. 1988, 72–93.

Hossfeld, P., »Zufall und Vorsehung«, in: FZThPh 12 (1965), 259–273.

Huber, A., Die göttliche Vorsehung (= Die Kreuzesfahne im Völkerkrieg 9), Freiburg ²1915.

Huber, G., Machtvoll wirkt sein Arm. Vom Walten der Göttlichen Vorsehung, Aschaffenburg 1984.

Hume, D., Eine Untersuchung über den menschlichen Verstand (= Philosophische Bibliothek 35), hg. v. R. Richter, Hamburg 1961.

Hürlimann, C./Krömler, H., Hat Gott die Sache in der Hand? Eine Meditation über Zufall und Vorsehung, Köln-Freiburg 1979.

Huxley, A., Schöne neue Welt, Frankfurt 1986.

Huxley, J., Entfaltung des Lebens, Hamburg 1956.

Huxley, J., Ich sehe den künftigen Menschen. Natur und neuer Humanismus, München 1966.

Illies, J., Der Jahrhundert-Irrtum: Würdigung und Kritik des Darwinismus, Frankfurt 1983.

Imbach, J., »Das Bittgebet«, in: Ulrichsblatt. Kirchenzeitung für die Diözese Augsburg 45 (25.3.1990), 5.

Imhof, P., »Gedanken zur Herz-Jesu-Verehrung heute«, in: Sekretariat der Deutschen Bischofskonferenz (Hg.), Unter dem Zeichen des Herzens. Handreichung der Liturgie-Kommission der Deutschen Bischofskonferenz zum Herz-Jesu-Fest (= Arbeitshilfen 81), Bonn 1990.

Imschoot, P.v., Art. »Vorsehung«, in: BL 1859f.

Informationszentrum Berufe der Kirche (Hg.), Schöpfung, Freiburg 1988.

Institut für Marxismus-Leninismus beim ZK der SED (Hg.), Karl Marx. Friedrich Engels. Werke, Bd. 29, Berlin 1963.

Jacob, B., Das erste Buch der Tora. Genesis, Berlin 1934.

Jaeger, L., »Geleitwort«, in: Schamoni, W., Wunder sind Tatsachen. Eine Dokumentation aus Heiligsprechungsakten, Würzburg u. a. ²1976, XIf.

Jahn, T., »Das Werk Darwins und die Grundthesen des Darwinismus«, in: Masuch, G./Staudinger, H. (Hg.), Geschöpfe ohne Schöpfer? Der Darwinismus als biologisches und theologisches Problem, Wuppertal 1987, 7–24.

Janßen, H.-G., Das Theodizee-Problem der Neuzeit. Ein Beitrag zur systematischen

Grundlegung politischer Theologie (= Europäische Hochschulschriften Reihe XXIII; Theologie, Bd. 198), Frankfurt-Bern 1982.

Jaspers, K., Philosophie, Bd. III, Metaphysik, Berlin u. a. ³1956.

Jenssen, H.-H., <Rezension zu Weissmahr, Gottes Wirken>, in: ThLZ 100 (1975), 299–301.

Jeremias, J., Neutestamentliche Theologie. Erster Teil. Die Verkündigung Jesu, Gütersloh ²1973.

Johannes Paul II., »Ansprache an die Teilnehmer der 35. Generalversammlung des Weltärztebundes (29.10.1983)«, in: AAS 76 (1984), 389–395.

Johannes Paul II., »Ansprache an die Teilnehmer des 81. Kongresses der italienischen Gesellschaft für Innere Medizin und des 82. Kongresses der italienischen Gesellschaft für Allgemeinchirurgie« (27.10.1980), in: AAS 72 (1980), 1125–1129.

Johannes Paul II., »Apostolisches Schreiben ›Salvifici doloris‹«, in: AAS 76 (1984), 201–250.

Johannes Paul II., »Enzyklika ›Sollicitudo rei socialis‹. Zwanzig Jahre nach der Enzyklika ›Populorum progressio‹«, in: AAS 80 (1988), 513–586.

Johannes Paul II., Wort und Weisung im Jahr 1981, Città del Vaticano-Kevelaer 1982.

Jonas, H., »Is Faith Still Possible Today? Memories of Rudolf Bultmann and Reflections on Philosophical Aspects of his Work«, in: HThR 75 (1982), 1–23.

Jonas, H., Organismus und Freiheit. Ansätze zu einer philosophischen Biologie, Göttingen 1973.

Jonas, H., »Technik, Ethik und Biogenetische Kunst. Betrachtung zur neuen Schöpferrolle des Menschen«, in: IKaZ 13 (1984), 501–517.

Jonas, H., »Von Gott reden nach Auschwitz?«, in: Dokumentation zum 88. Deutschen Katholikentag München 1984, Paderborn 1984, 235–246.

Jordan, P., Der Naturwissenschaftler vor der religiösen Frage. Abbruch einer Mauer, Oldenburg-Hamburg ⁵1968.

Jordan, P., »Religion und Naturwissenschaft in ihrer Wechselbeziehung«, in: Theologisches Nr. 108 (April 1979), 3170–3174.

Jordan, R., Vom Sinn dieses Krieges, Berlin 1941.

Jung, C. G., Mensch und Seele. Aus dem Gesamtwerk 1905–1961 ausgewählt und hg. v. J. Jacobi, Olten-Freiburg 1971.

Jüngel, E., Einleitung, in: Bultmann, R., Neues Testament und Mythologie. Das Problem der Entmythologisierung der neutestamentlichen Verkündigung. Nachdruck der 1941 erschienenen Fassung (= Beiträge zur evangelischen Theologie. Theologische Abhandlungen 96), hg. v. E. Jüngel, München 1986.

Junker, R./Scherer, S. (Hg.), Entstehung und Geschichte der Lebewesen. Daten und Deutungen für den Biologieunterricht, Gießen ²1988.

Kaehler, S. A., »Neuere Geschichtslegenden und ihre Widerlegung«, in: Bußmann, W. (Hg.), Studien zur Geschichte des 19. und 20. Jahrhunderts. Aufsätze und Vorträge, Göttingen 1961, 306–335.

Kahle, H., »Die ›Mechanismen‹ der Evolution. Eine Überprüfung aus der Sicht von Genetik und Paläontologie«, in: Scheidewege 12 (1982), 112–131.320–364.

Kant, I., »Allgemeine Naturgeschichte und Theorie des Himmels oder Versuch von der Verfassung und dem mechanischen Ursprunge des ganzen Weltgebäudes, nach Newtonischen Grundsätzen abgehandelt«, in: Werke I (hg. v. A. Buchenau), Hildesheim 1973.

Kant, I., »Die Religion innerhalb der Grenzen der bloßen Vernunft«, in: Werke VII (hg. v. W. Weischedel), Darmstadt [5]1975, 645–879.

Karrer, O. (Hg.), Franz von Assisi. Legenden und Laude, Zürich [6]1975.

Karrer, O., Gebet, Vorsehung, Wunder. Ein Gespräch, Luzern-Leipzig 1941.

Käsemann, E., Exegetische Versuche und Besinnungen, Bd. 1, Göttingen 1960.

Kasper, R., »Über die Wahrheit der Evolutionstheorie«, in: Integral 7 (1982) Nr. 4, 40–43.

Kasper, W., <Brief an Grochtmann vom 25.5.1987>, 1 f.

Kasper, W., <Brief an Grochtmann vom 27.9.1984>, 1 f.

Kasper, W., »Brief zum Thema ›Jungfrauengeburt‹«, in: IKaZ 16 (1987), 531–535.

Kasper, W., Der Gott Jesu Christi (= Das Glaubensbekenntnis der Kirche 1), Mainz [2]1983.

Kasper, W., »Die Gottesfrage als Problem der Verkündigung. Aspekte der systematischen Theologie«, in: QD 56, Freiburg 1972, 143–161.

Kasper, W., Jesus der Christus, Mainz [6]1977.

Kasper, W., »Reinhold Schneider: Zeuge christlichen Glaubens in der Sinnkrise der Zeit«, in: IKaZ 12 (1983), 465–475.

Kaufmann, R., Die Menschenmacher. Die Zukunft des Menschen in einer biologisch gesteuerten Welt, Hamburg 1964.

Kehl, M., Eschatologie, Würzburg 1986.

Kern, W., <Rezension zu Weissmahr, Gottes Wirken>, in: ZKTh 96 (1974), 136–139.

Kern, W., »Zur theologischen Auslegung des Schöpfungsglaubens«, in: MySal 2, 464–545.

Kessler, H., »Der Begriff des Handelns Gottes. Überlegungen zu einer unverzichtbaren theologischen Kategorie«, in: Brachel, H.-U.v./Mette, N., Kommunikation und Solidarität. Beiträge zur Diskussion des handlungstheoretischen Ansatzes von Helmut Peukert in Theologie und Sozialwissenschaften, Freiburg-Münster 1985.

Kessler, H., Sucht den Lebenden nicht bei den Toten. Die Auferstehung Jesu Christi in biblischer, fundamentaltheologischer und systematischer Sicht, Düsseldorf 1985.

Kilian, R., Ich bringe Leben in euch. Propheten sprechen uns an, Stuttgart 1975.

Klee, H., Katholische Dogmatik, Bd. 2, Specielle Dogmatik 1, Mainz [3]1844.

Klinger, E., Art. »Seele«, in: HTTL 6, 393–397.

Knauer, P., <Rezension von Grochtmann, Unerklärliche Ereignisse>, in: ThPh 65 (1990), 615 f.

Knoch, O., <Brief an Grochtmann vom 23.7.1987>, 1 f.

Knoch, O., <Brief an Grochtmann vom 31.7.1987>, 1–4.

Knoch, O., »Natürliche Phänomene und Wunder aus der Sicht der Heiligen Schrift«, in: CGG 4, Freiburg u. a. 1982, 122.125–133.

Koebner, T., »Dramatik und Dramaturgie seit 1945«, in: ders. (Hg.), Tendenzen der deutschen Literatur seit 1945, Stuttgart 1971, 348–461.

Köhler, L., Theologie des Alten Testamentes, Tübingen ^{4}1966.

Kolping, A., Wunder und Auferstehung Jesu Christi (= Theologische Brennpunkte 20), Bergen-Enkheim 1969.

Kongregation für die Glaubenslehre, »Instruktion über die Achtung vor dem beginnenden menschlichen Leben und die Würde der Fortpflanzung. Antworten auf einige aktuelle Fragen« (10.3.1987), in: AAS 80 (1988), 70–102.

König, F., »Einführung. Verschiedene Wege zu Gott«, in: Riedl, R./Kreuzer, F. (Hg.), Evolution und Menschenbild, Hamburg 1983, 13–20.

Konrad, J., Art. »Vorsehung«, in: RGG³ 6, 1496–1499.

Konrad, J., Schicksal und Gott, Gütersloh 1947.

Koslowski, P., »Der leidende Gott. Theodizee in der christlichen Philosophie und im Gnostizismus«, in: IKaZ 19 (1990), 352–376.

Koslowski, P., »Evolutionstheorie als Soziobiologie und Bioökonomie. Eine Kritik ihres Totalitätsanspruchs«, in: Spaemann, R./Löw, R./Koslowski, P. (Hg.), Evolutionismus und Christentum (= Civitas-Resultate 9), Weinheim 1986, 29–56.

Kraus, H.-J., Systematische Theologie im Kontext biblischer Geschichte und Eschatologie, Neukirchen-Vluyn 1983.

Kraushaar, H., Zufall oder Fügung?, Lahr-Dinglingen 1968.

Kretschmer, A., »Schöpfung oder Evolution?«, in: Integral 6 (1981), Nr. 5, 18–21.

Kröger, D./Seehaber, W., Linien des Lebens. Eine Meditation über menschliches Schicksal, Hamburg 1973.

Krolzik, U., Säkularisierung der Natur. Providentia-Dei-Lehre und Naturverständnis der Frühaufklärung, Neukirchen-Vluyn 1988.

Krötke, W., »Gottes Fürsorge für die Welt. Überlegungen zur Bedeutung der Vorsehungslehre«, in: ThLZ 108 (1983), 241–252.

Kuhn, O., Die Widerlegung des Materialismus, München 1970.

Kuhn, W., »Blind für Wesen und Sonderstellung. Die ideologische Verzeichnung unseres Bildes vom Menschen«, in: Theologisches Nr. 141 (Jan. 1982), 4406–4412.

Kuhn, W., Darwins Evolutionstheorie. Eine bleibende Herausforderung (= KuG 116), Köln 1985.

Kuhn, W., Der Mensch – Gottes Geschöpf oder Zufallsprodukt? (= KuG 122), Köln 1985.

Kuhn, W., »Evolution – der Jahrhundertirrtum«, in: Theologisches 17 (1987), 43–47.

Kuhn, W., »Ursachen der Schwierigkeit einer Klärung der Gesamtproblematik«, in: Masuch, G./Staudinger, H. (Hg.), Geschöpfe ohne Schöpfer? Der Darwinismus als biologisches und theologisches Problem, Wuppertal 1987, 66–83.

Kuhn, W., Zwischen Tier und Engel. Die Zerstörung des Menschenbildes durch die Biologie, Stein am Rhein 1988.

Küng, H., »Es gibt nicht zwei Wahrheiten«, in: Der Spiegel 35 (1981), Nr. 42, 255–262.

Künneth, W., Fundamente des Glaubens. Biblische Lehre im Horizont des Zeitgeistes, Wuppertal 1975.
Kuss, O., »Zum Vorsehungsglauben im Neuen Testament«, in: ders., Auslegung und Verkündigung, Bd. II, Regensburg 1967, 139–152.
Lais, H., Das Naturwissenschaftliche Weltbild in theologischer Sicht (= Akademievorträge 4), Würzburg ²1968.
Lais, H., »Das Wunder im Spannungsfeld der theologischen und profanen Wissenschaft«, in: MThZ 12 (1961), 294–300.
Lais, H., Dogmatik, Bd. 1 (= Berckers Theologische Grundrisse IV), Kevelaer 1965.
Landau, R., Die Nähe des Schöpfers. Untersuchungen zur Predigt von der Vorsehung Gottes (= Calwer Theologische Monografien 13), Stuttgart 1988.
Langan, T., »Das Leiden des Kosmos. Reflexionen und Erwägungen«, in: IKaZ 17 (1988), 500–508.
Langemeyer, B., »Das Phänomen Zufall und die Frage nach der göttlichen Vorsehung«, in: GuL 45 (1972), 25–41.
Lauer, H. E., Geschichte als Stufengang der Menschwerdung. Ein Beitrag zu einer Geschichtswissenschaft auf geisteswissenschaftlicher Grundlage, Bd. 3, Wille und Vorsehung. Der moralische Aspekt der Geschichte, Freiburg 1961.
»Leben, ungeheures Leben. Adolf Portmann über Selbstverständnis und Grenzen des Forschers« (Gesprächsaufzeichnung des Bayerischen Rundfunks), in: Nürnberger Zeitung vom 7.7.1979, 9.
Lehmkuhl, A. (Hg.), Die göttliche Vorsehung, Köln ⁵1905.
Lejonne, B., Das Wunder von Turin. Josef Benedikt Cottolengo und das Kleine Haus der göttlichen Vorsehung, Luzern 1960.
Lemonnyer, A., Art. »Providence I. La providence dans la sainte Écriture«, in: DThC 13/1, 935–941.
Lenoir, T., »Christliche Antworten auf den Darwinismus«, in: Spaemann, R./Löw, R./Koslowski, P. (Hg.), Evolutionismus und Christentum (= Civitas-Resultate 9), Weinheim 1986, 117–142.
Lense, F. (Hg.), Biologie (= Fischer*Kolleg* 5), Frankfurt ⁴1977.
Lewis, C. S., Was der Laie blökt. Christliche Diagnosen (= Kriterien 43), Einsiedeln 1977.
Lewis, C. S., Wunder. Eine vorbereitende Untersuchung, Köln-Olten 1952.
Linnemann, E., Wissenschaft oder Meinung? Anfragen und Alternativen (= Tagesfragen 29), Stuttgart 1986.
Lobkowicz, N., <Stellungnahme zu Pesch, »Das ›leere Grab‹«>, in: IKaZ 11 (1982), 408.
Löbsack, T., Versuch und Irrtum. Der Mensch: Fehlschlag der Natur, München 1974.
Locker, A., »Das Phänomen Rahner in kritischer Sicht. Sprachvertuschte Selbstzerstörung der Theologie«, in: Theologisches Nr. 181 (Mai 1985), 6382–6393.
Loduchowski, H., Auferstehung – Mythos oder Vollendung des Lebens? (= Der Christ in der Welt, V. Reihe, Bd. 13), Aschaffenburg 1970.
Lohfink, G., »Die Grundstruktur des biblischen Bittgebetes«, in: Greshake, G./Lohfink, G. (Hg.), Bittgebet – Testfall des Glaubens, Mainz 1978, 19–31.

Lohfink, G., Wie hat Jesus Gemeinde gewollt? Zur gesellschaftlichen Funktion des christlichen Glaubens, Freiburg u. a. 1987.

Lorenz, K., Der Abbau des Menschlichen, München-Zürich 1983.

Lorenz, K., »Die Vorstellung einer zweckgerichteten Weltordnung«, in: Anzeiger der philosophisch-historischen Klasse der Österreichischen Akademie der Wissenschaften 113 (1976), 39–51.

Lorenz, K., »Nichts ist schon dagewesen«, in: Riedl, R./Kreuzer, F. (Hg.), Evolution und Menschenbild, Hamburg 1983, 138–144.

Louvel, F., »Peut-on connaître la volonté de Dieu?«, in: VS 44 (1962), 72–81.

Löw, R., »Anthropologische Grundlagen einer christlichen Bioethik«, in: IKaZ 19 (1990), 97–107.

Löw, R., »Evolutionismus in naturphilosophischer Kritik«, in: IKaZ 17 (1988), 263–272.

Löw, R., »Evolutionismus und Wirklichkeit. Philosophischer Essay«, in: Informationszentrum Berufe der Kirche (Hg.), Schöpfung, Freiburg 1988, 65–76.

Löw, R., »Neue Träume eines Geistsehers. Zu Hoimar von Ditfurths ›Wir sind nicht nur von dieser Welt‹«, in: Scheidewege 12 (1982), 685–697.

Löw, R., »Wahrheit und Evolution«, in: IKaZ 16 (1987), 314–319.

Löw, R., »Zur Interpretation evolutionärer Entwicklungen bei Augustinus und Thomas von Aquin«, in: Spaemann, R./Löw, R./Koslowski, P. (Hg.), Evolutionismus und Christentum (= Civitas-Resultate 9), Weinheim 1986, 7–27.

Löwith, K., Von Hegel zu Nietzsche. Der revolutionäre Bruch im Denken des neunzehnten Jahrhunderts, Stuttgart u. a. 1969.

Lubac, H. de, Über die Wege Gottes, Freiburg 1958.

Lubac, H. de, Über Gott hinaus. Tragödie des atheistischen Humanismus, Einsiedeln 1982.

Lülsdorff, R., Creatio Specialissima Hominis: Die Wirkweise Gottes beim Ursprung des einzelnen Menschen (= Theologie im Übergang 10), Frankfurt u. a. 1988.

Luther, M., »De servo arbitrio«, in: WA 18, 551–787.

Luyten, N. A. (Hg.), Zufall, Freiheit, Vorsehung (= Grenzfragen 5), Freiburg-München 1975.

Luyten, N. A., »Das Kontingenzproblem. Das Zufällige und das Einmalige in philosophischer Sicht«, in: ders. (Hg.), Zufall, Freiheit, Vorsehung (= Grenzfragen 5), Freiburg-München 1975, 47–64.

MacNutt, F., Die Kraft zu heilen. Das fundamentale Buch über Heilen durch Gebet, Graz 1976.

Marquard, O., »Schwierigkeiten beim Ja-Sagen«, in: Oelmüller, W. (Hg.), Theodizee – Gott vor Gericht?, München 1990, 87–102.

Martin-Palma, J., Gnadenlehre. Von der Reformation bis zur Gegenwart (= HDG III/5b), Freiburg u. a. 1980.

Masuch, G., »Zum gegenwärtigen Stand der Diskussion«, in: Masuch, G./Staudinger, H. (Hg.), Geschöpfe ohne Schöpfer? Der Darwinismus als biologisches und theologisches Problem, Wuppertal 1987, 47–65.

Mayer, E., ER riss mich heraus – Zufall oder Vorsehung? Ein sehr persönliches Büchlein, Metzingen 1985.

Mayr, E., »Wie weit sind die Grundprobleme der Evolution gelöst?«, in: Nova Acta Leopoldina NF 218, Bd. 42, 171–179.

McManus, J., Die heilende Kraft der Sakramente und des Gebetes, Salzburg 1985.

Meessen, A., <Diskussionsbeitrag>, in: Luyten, N.A. (Hg.), Zufall, Freiheit, Vorsehung (= Grenzfragen 5), Freiburg-München 1975, 362.

Meessen, A., »Die Unbestimmtheit der quantenmechanischen Voraussagen und die freien Willensentscheidungen«, in: Luyten, N. A. (Hg.), Zufall, Freiheit, Vorsehung (= Grenzfragen 5), Freiburg-München 1975, 155–183.

Meessen, A., »Freiheit, Determinismus und Zufall im Rahmen der klassischen Physik«, in: Luyten, N. A. (Hg.), Zufall, Freiheit, Vorsehung (= Grenzfragen 5), Freiburg-München 1975, 103–123.

Metz, J. B., »Theologie als Theodizee?«, in: Oelmüller, W. (Hg.), Theodizee – Gott vor Gericht?, München 1990, 103–118.

Meyer-Abich, K. M., »Determination und Freiheit«, in: CGG 4, Freiburg u. a. 1982, 5–45.

Mitscherlich, A., Auf dem Weg zur vaterlosen Gesellschaft, München 1967.

Möhler, J. A., Symbolik oder Darstellung der dogmatischen Gegensätze der Katholiken und Protestanten nach ihren öffentlichen Bekenntnisschriften (hg. v. J. R. Geiselmann), Köln-Olten 1958.

Moltke, H. J. Graf v., Letzte Briefe aus dem Gefängnis Tegel, Berlin ^{8}1959.

Moltmann, J., Art. Leiden/Theodizee, in: Schütz, C. (Hg.), Praktisches Lexikon der Spiritualität, Freiburg u. a. 1988, 775–782.

<Monitum des Offiziums vom 30.6.1962 zu Werken Teilhard de Chardins> , in: AAS 54 (1962), 526.

Monod, J., Zufall und Notwendigkeit. Philosophische Fragen der modernen Biologie, München 1971.

Morris, D., Der nackte Affe, München-Zürich 1968.

Mössinger, R., Zur Lehre des christlichen Gebets. Gedanken über ein vernachlässigtes Thema evangelischer Theologie (= Forschungen zur systematischen und ökumenischen Theologie 53), Göttingen 1986.

Müller, G., Art. »Gebet VIII. Dogmatische Probleme gegenwärtiger Gebetstheologie«, in: TRE 12, 84–94.

Müller, H., »Die Gottesfrage bei Adolf Portmann«, in: FKTh 4 (1988), 98–110.

Müller, H., Philosophische Grundlagen der Anthropologie Adolf Portmanns (= Schriften zur Naturphilosophie 3), Weinheim 1988.

Müller, H., »Wie hältst Du's mit der Evolution? Zur Gretchenfrage des Religionslehrers«, in: FKTh 7 (1991), 120–127.

Muschalek, H., Gottbekenntnisse moderner Naturforscher, Berlin 1964.

Mussard, J., Gott und der Zufall, Bd. I 1965, Bd. II 1966, Bd. III 1967 (= Lebendige Bausteine VI–VIII), Zürich.

Mußner, F., Die Auferstehung Jesu (= Biblische Handbibliothek VII), München 1969.

Neufeld, K. H., »Theologie durch Kritik. Zum Tod Rudolf Bultmanns«, in: StdZ 194 (1976), 773–784.

Newman, J.H., Betrachtungen und Gebete, München [3]1952.

Newman, J. H., Über die Entwicklung der Glaubenslehre (VIII. Band der ausgewählten Werke von John Henry Kardinal Newman; hg. v. M. Laros, W. Becker u. J. Artz), Mainz 1969.

Niermann, E., Art. »Vorsehung«, in: HTTL 8, 70–74.

Nordhofen, E., »Wovon man nicht schweigen kann. Eine Tagung über die Theodizee und warum Philosophen darüber noch immer verhandeln«, in: Frankfurter Allgemeine Zeitung vom 27.2.1991, Seite N 3.

Nossol, A., »Maximilian Kolbe: Beispiel christlicher Proexistenz«, in: IKaZ 11 (1982), 459–463.

Nwigwe, B. E., Die Lehre von der göttlichen Vorsehung und menschlichen Freiheit bei Thomas von Aquin und ihre zeitlogische Kritik durch A. N. Prior u. P. T. Geach, Münster 1985.

Oelmüller, W. (Hg.), Theodizee – Gott vor Gericht?, München 1990.

Oelmüller, W., »Philosophische Antwortversuche angesichts des Leidens«, in: ders. (Hg.), Theodizee – Gott vor Gericht?, München 1990, 67–86.

Oelmüller, W., Vorwort, in: ders., Theodizee – Gott vor Gericht?, München 1990.

Olivieri, A., Gibt es noch Wunder in Lourdes? Achtzehn Fälle von Heilungen (1950–1969), Aschaffenburg 1973.

Orwell, G., 1984, Frankfurt u. a. 1983.

Ott, L., Grundriss der katholischen Dogmatik, Freiburg u. a. [10]1981.

Overhage, P., »Das Problem der Hominisation«, in: ders./Rahner, K., Das Problem der Hominisation. Über den biologischen Ursprung des Menschen (= QD 12/13), Freiburg u. a. [3]1965, 91–374.

Packard, V., Die große Versuchung. Eingriff in Körper und Seele, Düsseldorf-Wien 1978.

Patres Societatis Iesu facultatum theologicarum in Hispania professores (Hg.), Sacrae Theologiae Summa iuxta Constitutionem Apostolicam »Deus scientiarum Dominus«, Bd. II: De Deo uno et trino. De Deo creante et elevante. De peccatis, Madrid 1955.

Paul VI., »Enzyklika ›Populorum progressio‹«, in: AAS 59 (1967), 257–299.

Paul VI., »Professio fidei«, in: AAS 60 (1968), 434–445.

Pauleser, S., An der Hand der göttlichen Vorsehung (gehört zum Jahrbuch »Jeder Tag – ein Schritt«), Miltenberg 1965.

Peddie, J. C., Die vergessene Gabe. Heilen als biblischer Auftrag heute, Metzingen [2]1980.

Pesch, O. H., »Theologische Überlegungen zur ›Vorsehung Gottes‹ im Blick auf gegenwärtige natur- und humanwissenschaftliche Erkenntnisse«, in: CGG 4, Freiburg u. a. 1982, 48 f.74–119.

Pesch, R., »Das ›leere Grab‹ und der Glaube an Jesu Auferstehung«, in: IKaZ 11 (1982), 6–20.

Pesch, R., Das Markusevangelium, Bd. 2 (= HThK II/2), Freiburg u. a. [3]1984.

Pesch, R., »Gegen eine doppelte Wahrheit. Karl Rahner und die Bibelwissenschaft«, in: Lehmann, K. (Hg.), Vor dem Geheimnis Gottes den Menschen verstehen. Karl Rahner zum 80. Geburtstag, München-Zürich 1984, 10–36.

Pesch, R., Vorsicht vor der Vorsehung (= Kleine Reihe zur Bibel 7), Stuttgart 1969.

Petri, H., »Möglichkeiten einer Vermittlung zwischen theologischen und biologischen Forschungsergebnissen«, in: Masuch, G./Staudinger, H. (Hg.), Geschöpfe ohne Schöpfer? Der Darwinismus als biologisches und theologisches Problem, Wuppertal 1987, 105–128.

Pfau, R., Wenn du deine große Liebe triffst. Das Geheimnis meines Lebens, Freiburg u. a. [4]1986.

Pfeil, H., Gott und die tragische Welt (= Der Christ in der Welt, XVIII. Reihe, Bd. 3), Aschaffenburg 1971.

Pfeil, H., »Gott und die Übel der Welt. Bemerkungen zu W. Kaspers Buch ›Der Gott Jesu Christi‹«, in: Theologisches Nr. 161 (Sept. 1983) 5371–5375; Nr. 162 (Okt. 1983), 5434–5440.

Philipp, W., Das Werden der Aufklärung in theologiegeschichtlicher Sicht, Göttingen 1957.

Pius XII., »Enzyklika ›Flagranti cura‹«, in: AAS 29 (1937), 145–167.

Pius XII., »Enzyklika ›Humani generis‹«, in: AAS 42 (1950), 561–578.

Pius XII., »Enzyklika ›Mystici corporis‹«, in: AAS 35 (1943), 193–248.

Pohle, J., Lehrbuch der Dogmatik, Bd. I, neu bearbeitet von J. Gummersbach, Paderborn [10]1952.

Pöhlmann, H. G., Abriss der Dogmatik. Ein Repetitorium, Gütersloh 1973.

Pollard, W. G., Zufall und Vorsehung. Wissenschaftliche Forschung und göttliches Wirken, München 1960.

Popper, K. R., Objektive Erkenntnis. Ein evolutionärer Entwurf, Hamburg [2]1974.

Popper, K. R./Eccles, J. C., Das Ich und sein Gehirn, München-Zürich [5]1985.

Popper, K. R./Lorenz, K., Die Zukunft ist offen. Das Altenberger Gespräch. Mit den Texten des Wiener Popper-Symposiums, München 1985.

Portmann, A., Aufbruch der Lebensforschung, Zürich 1965.

Portmann, A., Der Pfeil des Humanen. Über P. Teilhard de Chardin, Freiburg [4]1962.

Pressel, W., Die Kriegspredigt 1914–1918 in der evangelischen Kirche Deutschlands (= Arbeiten zur Pastoraltheologie 5), Göttingen 1967.

Pröpper, T., »Thesen zum Wunderverständnis«, in: Greshake, G./Lohfink, G. (Hg.), Bittgebet – Testfall des Glaubens, Mainz 1978, 71–91.

Rad, G. v., Theologie des Alten Testamentes, Bd. 1: Die Theologie der geschichtlichen Überlieferungen Israels, München [4]1987.

Rahner, K., »Die Hominisation als theologische Frage«, in: Overhage, P./Rahner, K., Das Problem der Hominisation. Über den biologischen Ursprung des Menschen (= QD 12/13), Freiburg u. a. [3]1965, 13–90.

Rahner, K., Grundkurs des Glaubens. Einführung in den Begriff des Christentums, Freiburg u. a. 1984.

Rahner, K., »Jesus Christus – Sinn des Lebens«, in: Schriften zur Theologie, Bd. 15: Wissenschaft und christlicher Glaube, Zürich u. a. 1983, 206–216.

Rahner, K., »Warum lässt Gott uns leiden?«, in: Schriften zur Theologie, Bd. 14: In Sorge um die Kirche, Zürich u. a. 1980, 450–466.

Ranft, J., Der Vorsehungsbegriff in seiner Bedeutung für die katholische Dogmatik (= Schriftenreihe des Klerusblattes 3), Eichstätt 1928.

Rascol, E., Art. »Providence III. La providence selon saint Augustin«, in: DThC 13/1, 961–984.

Ratschow, C. H., »Das Heilshandeln und das Welthandeln Gottes. Gedanken zur Lehrgestaltung des Providentia-Glaubens in der evangelischen Dogmatik«, in: NZSTh 1 (1959), 25–80.

Ratzinger, J. Einführung in das Christentum. Vorlesungen über das Apostolische Glaubensbekenntnis, München [10]1969.

Ratzinger, J., Art. »Stellvertretung«, in: HThG II, 566–577.

Ratzinger, J., Auf Christus schauen. Einübung in Glaube, Hoffnung und Liebe, Freiburg u. a. 1989.

Ratzinger, J., »Der Mensch zwischen Reproduktion und Schöpfung. Theologische Fragen zum Ursprung des menschlichen Lebens«, in: Löw, R. (Hg.), Bioethik. Philosophisch-theologische Beiträge zu einem brisanten Thema, Köln 1990, 28–47.

Ratzinger, J., Die Krise der Katechese und ihre Überwindung. Rede in Frankreich, Einsiedeln 1983.

Ratzinger, J., Die Tochter Zion. Betrachtungen über den Marienglauben der Kirche (= Kriterien 44), Einsiedeln [3]1978.

Ratzinger, J., Dogma und Verkündigung, München [3]1977.

Ratzinger, J., Eschatologie – Tod und ewiges Leben (= KKD IX), Regensburg [5]1978.

Ratzinger, J., »Geleitwort«, in: Spaemann, R./Löw, R./Koslowski, P. (Hg.), Evolutionismus und Christentum (= Civitas-Resultate 9), Weinheim 1986, VII–IX.

Ratzinger, J., »Ich glaube an Gott den allmächtigen Vater«, in: IKaZ 5 (1975), 10–18.

Ratzinger, J., Öffnet die Türen für Christus und fürchtet euch nicht. Silvesterpredigt 1978, München 1979.

Ratzinger, J., »Schöpfungsglaube und Evolutionstheorie«, in: Schultz, H. J. (Hg.), Wer ist das eigentlich – Gott?, München-Frankfurt [2]1975, 232–245.

Ratzinger, J., »Theologie und Kirche«, in: IKaZ 15 (1986), 515–533.

Ratzinger, J., Theologische Prinzipienlehre. Bausteine zur Fundamentaltheologie, München 1982.

Ratzinger, J., Zur Lage des Glaubens. Ein Gespräch mit Vittorio Messori, München u. a. 1985.

Rawer, K., <Kausalität>, in: CGG 4, Freiburg u. a. 1982, 47–73.105–119.

Reckinger, F., »Fakten und ihre Bezeugung. Neuere Veröffentlichungen zum Thema Wunder«, in: FKTh 7 (1991), 132–139.

Reckinger, F., »Psychogene Wirkungen? Wunder und Parapsychologie«, in: FKTh 8 (1992), 60–73.

Reimarus, H. S., Apologie oder Schutzschrift für die vernünftigen Verehrer Gottes, Bd. II (hg. v. G. Alexander), Frankfurt 1972.

Reiter, J., »Prädikative Medizin – Genomanalyse – Gentherapie«, in: IKaZ 19 (1990), 115–129.
Renan, E., »Vie de Jésus«, in: Œuvres complètes de Ernest Renan IV (hg. v. H. Psichari), Paris 1949.
Resch, A., »Wissenschaft und Teufel«, in: Tod und Teufel in Klingenberg. Eine Dokumentation, Aschaffenburg 1977, 102–107.
Ridley, M., »Who Doubts Evolution?«, in: New Scientist (25.6.1981), Bd. 90, 830–832.
Riedl, R./Kreuzer, F. (Hg.), Evolution und Menschenbild, Hamburg 1983.
Riedlinger, H., Jesus – Sohn der Jungfrau Maria (= Antwort des Glaubens 23), Freiburg 1981.
Robinson, N. H. G., »Is Providence Credible Today?«, in: SJTh 30 (1977), 215–231.
Rodrigo, M. A., »Genmanipulation beim Menschen der Zukunft«, in: IKaZ 13 (1984), 485–500.
Roqueplo, H.-D., »Est-il raisonnable de prier pour la pluie? La science exclurait-elle Dieu?«, in: VS 44 (1962), 58–71.
Rosenberg, A., Der Mythus des 20. Jahrhunderts, München 1939.
Ruh, U., »Wo und wie handelt Gott? Zur Erfurter Tagung der Dogmatiker und Fundamentaltheologen«, in: HerKorr 41 (1987), 81–84.
Ruppert, L., »Der Jahwist – Künder der Heilsgeschichte«, in: Schreiner, J. (Hg.), Wort und Botschaft. Eine theologische und kritische Einführung in die Probleme des Alten Testamentes, 88–107.
Sadunaite, N., Geborgen im Schatten Deiner Flügel. Verfolgt um des Glaubens willen, Stein am Rhein 1989.
Sadunaite, N., Gottes Untergrundkämpferin. Vor Gericht – Erinnerungen – Briefe, Stein am Rhein 1985.
Saier, S. M., Die Wege der Vorsehung. Trostgedanken für Zeiten der Heimsuchung, Innsbruck 1917.
Samjatin, J., Wir, Köln 1984.
Sartre, J.-P., L'être et le néant. Essai d'ontologie phénoménologique, o. O. 1971.
Saxer, E., Vorsehung und Verheißung Gottes. Vier theologische Modelle (Calvin, Schleiermacher, Barth, Sölle) und ein systematischer Versuch (= Studien zur Dogmengeschichte und Systematischen Theologie 34), Zürich 1980.
Schaller, H., »Das Bittgebet – ein Testfall des Glaubens«, in: Greshake, G./Lohfink, G. (Hg.), Bittgebet – Testfall des Glaubens, Mainz 1978, 92–102.
Schaller, H., »Das Bittgebet und der Lauf der Welt«, in: Greshake, G./Lohfink, G. (Hg.), Bittgebet – Testfall des Glaubens, Mainz 1978, 54–70.
Schaller, H., Das Bittgebet. Eine theologische Skizze (= Sammlung Horizonte. Neue Folge 16), Einsiedeln 1979.
Schamoni, W., Auferweckungen vom Tode. Aus Heiligsprechungsakten übersetzt, Paderborn 1968.
Schamoni, W., »Die Heiligen selbst: Ein Wunder Gottes«, in: Theologisches 20 (1990), 530–534.
Schamoni, W., Parallelen zum Neuen Testament. Aus Heiligsprechungsakten übersetzt, Abensberg 1971.

Schamoni, W., Wunder sind Tatsachen. Eine Dokumentation aus Heiligsprechungsakten, Würzburg u. a. ²1976.

Schamoni, W./Besler, K., Charismatische Heilige. Besondere Gnadengaben bei Heiligen nach Zeugenaussagen aus Heiligsprechungsakten, Stein am Rhein 1989.

Scheeben, M. J., Handbuch der katholischen Dogmatik, Bd. 2, Freiburg 1880.

Scheffczyk, L., »Jungfrauengeburt«: Biblischer Grund und bleibender Sinn«, in: IKaZ 7 (1978), 13–25.

Scheffczyk, L., Auferstehung. Prinzip des christlichen Glaubens (= Sammlung Horizonte. Neue Folge 9), Einsiedeln 1976.

Scheffczyk, L., »Christwerden als Vollendung der Menschwerdung«, in: Luyten, N. A. (Hg.), Aspekte der Personalisation. Auf dem Wege zum Personsein (= Grenzfragen 8), Freiburg-München 1979, 218–249.

Scheffczyk, L., »Das Gebet – Ernstfall des Gottesglaubens«, in: Theologisches Nr. 73 (April 1976), 1958–1967.

Scheffczyk, L., »Der christliche Vorsehungsglaube und die Selbstgesetzlichkeit der Welt (Determinismus – Zufall; Schicksal – Freiheit)«, in: Luyten, N. A. (Hg.), Zufall, Freiheit, Vorsehung (= Grenzfragen 5), Freiburg-München 1975, 331–353.

Scheffczyk, L., Die theologischen Grundlagen von Erscheinungen und Prophezeihungen, Leutesdorf 1982.

Scheffczyk, L., <Diskussionsbeitrag>, in: Luyten, N. A. (Hg.), Zufall, Freiheit, Vorsehung (= Grenzfragen 5), Freiburg-München 1975, 365.370.375.388.389.

Scheffczyk, L., Einführung in die Schöpfungslehre, Darmstadt ³1987.

Scheffczyk, L., »Evolution und Schöpfung«, in: Spaemann, R./Löw, R./Koslowski, P. (Hg.), Evolutionismus und Christentum (= Civitas-Resultate 9), Weinheim 1986, 57–73.

Scheffczyk, L., Glaube als Lebensinspiration, Einsiedeln 1980.

Scheffczyk, L., Gott-loser Gottesglaube? Die Grenzen des Nichttheismus und ihre Überwindung, Regensburg 1974.

Scheffczyk, L., Katholische Glaubenswelt. Wahrheit und Gestalt, Aschaffenburg ²1978.

Scheffczyk, L., »Kinder Gottes oder ›Kinder des Alls‹? Der Schwund des Schöpfungsglaubens«, in: Schamoni, W. (Hg.), Kosmos, Erde, Mensch und Gott (= Respondeo 3), Abensberg 1983, 34–46.

Scheffczyk, L., »Lokalisierbarkeit des Bösen? Zur Frage nach Gegenwart und Wirkweise von bösen Geistwesen in der Welt«, in: IKaZ 8 (1979), 214–225.

Scheffczyk, L., Schöpfung und Vorsehung (= HDG II/2a), Freiburg u. a. 1963.

Scheffczyk, L., »Schöpfung: Geheimnis in den Geheimnissen. Theologischer Durchblick«, in: Informationszentrum Berufe der Kirche (Hg.), Schöpfung, Freiburg 1988, 83–98.

Scheffczyk, L., Schwerpunkte des Glaubens (= Sammlung Horizonte. Neue Folge 11), Einsiedeln 1977.

Scheffczyk, L., Verheißung des Friedens. Theologische Betrachtungen zur Botschaft von Fatima, Mödling ³1985.

Scheffczyk, L., »Von der Not und der Seligkeit des Glaubens«, in: Praedica Verbum 88 (1983), 13–18.

Scheffczyk, L., »Wunder und Heiligsprechung«, in: MThZ 32 (1981), 292–303.

Schellong, D., »Hinweis und Widerspruch. Zum Verständnis der Wunder Jesu«, in: Zeitwende 45 (1974), 390–407.

Schillebeeckx, E., Jesus. Die Geschichte von einem Lebenden, Freiburg u. a. ³1975.

Schilson, A., Art. »Vorsehung/Geschichtstheologie«, in: NHThG 4, 252–262.

Schindewolf, O. H., »Darwins Abstammungslehre in der Sicht eines Paläontologen«, in: Bähr, H. W. (Hg.), Naturwissenschaft heute, Gütersloh 1965, 80–91.

Schindewolf, O. H., »Phylogenie und Anthropologie aus paläontologischer Sicht«, in: Gadamer, H.-G./Vogler, P. (Hg.), Neue Anthropologie, Bd. 1: Biologische Anthropologie 1, Stuttgart 1972, 230–292.

Schlier, H., »Kurze Rechenschaft«, in: Hardt, K. (Hg.), Bekenntnis zur Katholischen Kirche, Würzburg ²1955, 167–193.

Schluckebier, F. W., Schicksal oder Gott, Hamburg 1964.

Schlüter, J., »Versuch einer kritischen Aufarbeitung des gegenwärtigen Standes der Forschung und Theoriebildung«, in: Masuch, G./Staudinger, H. (Hg.), Geschöpfe ohne Schöpfer? Der Darwinismus als biologisches und theologisches Problem, Wuppertal 1987, 84–104.

Schmaus, M., Der Glaube der Kirche, Bd. I/2 (²1979), Bd. III (²1979), Bd. IV/1 (²1980), St. Ottilien.

Schmaus, M., Der Glaube der Kirche. Handbuch katholischer Dogmatik, Bd. I, München 1969.

Schmaus, M., Katholische Dogmatik, Bd. II/1: Gott, der Schöpfer, München ⁵1954.

Schmid, J./Rahner, K., Art. »Vorsehung«, in: LThK X, 886–889.

Schmidt, W. H., Art. »br«, in: THAT I, 336–339.

Schmidtchen, G., Was den Deutschen heilig ist. Religiöse und politische Strömungen in der Bundesrepublik Deutschland, München 1979.

Schmitz, S. (Hg.), Charles Darwin – ein Leben. Autobiografie, Briefe, Dokumente, München 1972.

Schneider, H., »Der Ursprung des Lebens: immer mehr ein Wunder. Eindrücke von der 7. internationalen Konferenz über die Ursprünge des Lebens 10.–15. Juli 1983 in Mainz«, in: Theologisches Nr. 171 (Juli 1984), 5899–5904.

Schneider, H., »Ein grotesker Wunderglaube. Zitate zur Evolutionslehre«, in: Bökmann, J. (Hg.), Evolution und Geist. Der Neodarwinismus als Weltanschauung (= Respondeo 4), Abensberg 1983, 62–71.

Schneider, H., Gott am Steuer. Ein Büchlein von der göttlichen Vorsehung, Speyer 1940.

Schneider, R., Der Mensch vor dem Gericht der Geschichte (= Abendländische Reihe 1), Augsburg o. J. <1945>.

Schneider, R., Winter in Wien. Aus meinen Notizbüchern 1957/58, Freiburg u. a. ¹⁵1988.

Schneider, T./Ullrich, L. (Hg.), Vorsehung und Handeln Gottes (= QD 115), Freiburg u. a. 1988.

Schneider, T./Ullrich, L., Einführung, in: Schneider, T./Ullrich, L. (Hg.), Vorsehung und Handeln Gottes (= QD 115), Freiburg u. a. 1988, 7–11.

Scholz, W. v., Der Zufall. Eine Vorform des Schicksals. Die Anziehungskraft des Bezüglichen, Stuttgart ²1924.

Schönborn, C., »Schöpfungskatechese und Evolutionstheorie. Vom Burgfrieden zum konstruktiven Konflikt«, in: Spaemann, R./Löw, R./Koslowski, P. (Hg.), Evolutionismus und Christentum (= Civitas-Resultate 9), Weinheim 1986, 91–116.

Schopenhauer, A., »Die Welt als Wille und Vorstellung«, in: Sämtliche Werke I (hg. v. E. Griesebach), Leipzig ²1892.

Schreiber, C., Der Krieg und die Vorsehung Gottes. Feldpostbrief an unsere Soldaten und die Daheimgebliebenen, Fulda 1915.

Schulte, R., »Die Entstehung des (Einzel-)Menschen in der Sicht des Dogmatikers«, in: Luyten, N. A. (Hg.), Aspekte der Personalisation. Auf dem Wege zum Personsein (= Grenzfragen 8), Freiburg-München 1979, 37–91.

Schulte, R., »Die Sakramente als Ermöglichung der Teilnahme am Sterben und neuen Leben Jesu Christi«, in: Luyten, N. A. (Hg.), Tod, Ende oder Vollendung? (= Grenzfragen 10), Freiburg-München 1980, 261–322.

Schulte, R., »Gottes Wirken in Welt und Geschichte«, in: Waldenfels, H. (Hg.), Theologie – Grund und Grenzen. Festschrift für Heimo Dolch zur Vollendung des 70. Lebensjahres, Paderborn u. a. 1982, 161–189.

Schulte, R., »Wie ist Gottes Wirken in Welt und Geschichte theologisch zu verstehen?«, in: QD 115, Freiburg u. a. 1988, 116–167.

Schulze, S., »Gottes Vorsehung bei Lukas«, in: ZNW 54 (1963), 104–116.

Schumacher, J., »Rationale Glaubensrechtfertigung heute«, in: Ziegenaus, A./Courth, F./Schäfer P. (Hg.), Veritati Catholicae. Festschrift für Leo Scheffczyk zum 65. Geburtstag, Aschaffenburg 1985, 114–155.

Schürmann, H., Das Lukasevangelium, Bd. 1 (= HThK III/1), Freiburg u. a. ³1984.

Schürmann, H., Gottes Reich – Jesu Geschick. Jesu ureigener Tod im Licht seiner Basileia-Verkündigung, Freiburg u. a. 1983.

Schütze, A., Vom Sinn des Schicksals, Stuttgart 1954.

Schützeichel, H., <Rezension zu Weissmahr, Gottes Wirken>, in: TThZ 84 (1975), 192.

Schweitzer, A., Geschichte der Leben-Jesu-Forschung, Bd. 1, Tübingen ³1977.

Schweizer, E., Das Evangelium nach Lukas (= Neues Testament Deutsch 3), Göttingen 1982.

Seifert, J., »Gott und die Sittlichkeit innerweltlichen Handelns. Kritische philosophische Reflexionen über den Einfluss anthropomorpher und agnostischer Gottesvorstellungen auf Ethik und Moraltheologie«, in: FKTh 1 (1985), 27–47.

Seifert, J., Leib und Seele. Ein Beitrag zur philosophischen Anthropologie, Salzburg-München 1973.

Sekretariat der Deutschen Bischofskonferenz (Hg.), Der Apostolische Stuhl 1986. Ansprachen, Predigten und Botschaften des Papstes. Erklärungen der Kongregationen. Vollständige Dokumentation, Köln 1987.

Seneca, L. A., »De providentia«, in: Rosenbach, M. (Hg.) Philosophische Schriften von L. Annaeus Seneca. Lateinisch und Deutsch, Bd. 1, Darmstadt 1969.

»Senkrecht zur Hölle«, in: Der Spiegel 24 (1970), Nr. 52, 114–124.
Siegmund, G., Wunder. Bedeutung und Wirklichkeit, Stein am Rhein 1981.
Simmel, O., »Gott schafft Himmel und Erde. Leseprobe aus einem noch nicht veröffentlichten Glaubensbuch«, in: IKaZ 14 (1985), 273–280.
Simonin, H.-D., Art. »Providence II. La providence selon les Pères grecs«, in: DThC 13/1, 941–960.
Simpson, G. G., Zeitmaße und Ablaufformen der Evolution, Göttingen 1951.
Siri, J., Gethsemani, Überlegungen zur theologischen Bewegung unserer Zeit, Aschaffenburg 1982.
Solschenizyn, A., Der Archipel GULAG, Bd. 1, 2 u. 3, Reinbek 1978.
Spaemann, H., Sorget nicht. Ein Wort zur Unzeit und ein Wort zur Zeit, Münster 1947.
Spaemann, R., Einführung, in: ders./Löw, R./Koslowski, P. (Hg.), Evolutionismus und Christentum (= Civitas-Resultate 9), Weinheim 1986, 1–5.
Spaemann, R., »Evolution – Wissenschaft oder Weltanschauung?«, in: IKaZ 17 (1988), 251–262.
Spaemann, R./Löw, R., Die Frage Wozu? Geschichte und Wiederentdeckung des teleologischen Denkens, München-Zürich 1981.
Spaemann, R./Löw, R./Koslowski, P. (Hg.), Evolutionismus und Christentum (= Civitas-Resultate 9), Weinheim 1986.
Spinoza, B. de, Theologisch-politischer Traktat auf der Grundlage der Übersetzung von C. Gebhardt, hg. v. G. Gawlick (= Philosophische Bibliothek 93), Hamburg 1976.
Spirago, F., Katholischer Volks-Katechismus, Lingen [8]1914.
Stakemeier, E., Über Schicksal und Vorsehung, Luzern 1949.
Staub, W., »Beobachten, Beschreiben und Erklären in der Parapsychologie – eine methodologische Kritik«, Teil II, in: Zeitschrift für Parapsychologie und Grenzgebiete der Psychologie 21 (1979), 23–39.
Staudinger, H., Die historische Glaubwürdigkeit der Evangelien, Gladbeck-Würzburg [4]1977.
Staudinger, H., »Die Wirkungen Darwins und des Darwinismus«, in: Masuch, G./Staudinger, H. (Hg.), Geschöpfe ohne Schöpfer? Der Darwinismus als biologisches und theologisches Problem, Wuppertal 1987, 25–46.
Staudinger, H., »Gottes Allmacht und moderne Welterfahrung. Überlegungen zum Problem der Integration modernen Weltverständnisses und überkommener Offenbarungswahrheiten«, in: FKTh 2 (1986), 120–133.
Staudinger, H./Schlüter, J., An Wunder glauben? Gottes Allmacht und moderne Welterfahrung, Freiburg u. a. 1986.
Steenberghen, F. v., Vorsehung heute, München 1971.
Stegmüller, W., Hauptströmungen der Gegenwartsphilosophie. Eine kritische Einführung, Bd. III, Stuttgart [8]1987.
Steiner, R., Zufall, Notwendigkeit und Vorsehung. Imaginative Erkenntnis und Vorgänge nach dem Tode. Acht Vorträge, gehalten in Dornach zwischen dem 23. August und 6. September 1915 (hg. von H. Huber u. R. Friedenthal), Dornach 1975.

Sterzinsky, G., »Herzlich willkommen in Berlin«, in: Wie im Himmel so auf Erden. Zeitschrift zum 90. Deutschen Katholikentag. 23. bis 27. Mai 1990 Berlin, Augsburg 1990, 5.

Stimpfle, J., »Alles hat seinen tiefen Sinn. Predigt anlässlich des 75. Geburtstages am 23. März 1991 im Hohen Dom zu Augsburg«, in: Ulrichsblatt. Kirchenzeitung für die Diözese Augsburg 46 (30./31.3.1991), 3.

Stöger, A., Das Evangelium nach Lukas, 1. Teil (= Geistliche Schriftlesung 3/1), Düsseldorf ³1982.

Strauß, D. F., »Das Leben Jesu für das deutsche Volk bearbeitet«, Bd. I, in: Gesammelte Schriften von D. F. Strauß III (Eingeleitet und mit erklärenden Nachweisungen versehen von E. Zeller), Bonn ⁴1877.

Strauß, D. F., Das Leben Jesu, kritisch bearbeitet, Bd. I, Tübingen ³1838.

Strauß, D. F., Die christliche Glaubenslehre in ihrer geschichtlichen Entwicklung und im Kampfe mit der modernen Wissenschaft, Bd. II (Nachdruck der Ausgabe von 1841), Darmstadt 1973.

Strindberg, F., Lieb, Leid und Zeit. Eine unvergessliche Ehe. Mit zahlreichen unveröffentlichten Briefen von August Strindberg, Hamburg-Leipzig 1936.

Stuhlmacher, P., »Kritischer müssten mir die Historisch-Kritischen sein!«, in: ThQ 153 (1973), 244–251.

Stump, E., Die göttliche Vorsehung und das Böse. Überlegungen zur Theodizee im Anschluss an Thomas von Aquin (= Fuldaer Hochschulschriften 8), Frankfurt 1989.

Sudbrack, J., »Die Wunder und das Wunder«, in: IKaZ 18 (1989), 229–247.

Suhl, A., Einleitung, in: ders. (Hg.), Der Wunderbegriff im Neuen Testament (= Wege der Forschung CCXCV), Darmstadt 1980, 1–38.

Swedenborg, E., Die Weisheit der Engel betreffend die göttliche Vorsehung, Zürich ⁴1963.

Szilasi, W., Wissenschaft als Philosophie, Zürich-New York 1945.

Tardif, E./Flores, J. H. P., Jesus lebt, Münsterschwarzach 1988.

Taylor, G. R., Das Geheimnis der Evolution, Frankfurt 1983.

Teilhard de Chardin, P., Der Mensch im Kosmos, München ⁵1988.

Tennis, D., Is God the Only Reliable Father?, Westminster 1985.

Thils, G., <Rezension zu Weissmahr, Gottes Wirken>, in: EThL 50 (1974), 132–134.

Thürkauf, M., Evolution, Naturwissenschaft und Glaube, Leutesdorf 1985.

Thürkauf, M., Vorwort, in: Kuhn, W., Zwischen Tier und Engel. Die Zerstörung des Menschenbildes durch die Biologie, Stein am Rhein 1988, 7–13.

Torrell, J.-P., <Rezension zu Weissmahr, Gottes Wirken>, in: RThom 76 (1976), 123–125.

Trillhaas, W., Dogmatik, Berlin-New York ⁴1980.

Troeltsch, E., »Der Deismus«, in: Gesammelte Schriften, Bd. 4: Aufsätze zur Geistesgeschichte und Religionssoziologie, Tübingen 1925, 429–487.

Troeltsch, E., »Über historische und dogmatische Methode in der Theologie«, in: Gesammelte Schriften, Bd. 2: Zur religiösen Lage, Religionsphilosophie und Ethik, Tübingen ²1922, 729–753.

Turner, H. A. (Hg.), Hitler aus nächster Nähe. Aufzeichnungen eines Vertrauten 1929–1932, Frankfurt u. a. 1978.

Uexküll, J. v., Bausteine zu einer biologischen Weltanschauung, München 1913.

Uexküll, J. v., »Darwins Verschulden!«, in: Deutsche Allgemeine Zeitung 82 (14.1.1943), 1.

Uexküll, J. v./Kriszat, G., Streifzüge durch die Umwelten von Tieren und Menschen – Bedeutungslehre, Frankfurt 1970.

Unkel, H. W., Leben aus dem praktischen Vorsehungsglauben. 2. Teil der Gesamtschrift: Theorie und Praxis des Vorsehungsglaubens nach Pater Josef Kentenich (= Schönstatt-Studien 2/2), Vallendar-Schönstatt 1981.

Unkel, H. W., Theologische Horizonte des praktischen Vorsehungsglaubens. 1. Teil der Gesamtschrift: Theorie und Praxis des Vorsehungsglaubens nach Pater Josef Kentenich (= Schönstatt-Studien 2/1), Vallendar-Schönstatt 1980.

Uschmann, G., Ernst Haeckel. Biografie in Briefen, Gütersloh 1984.

Valle, P., Don Johannes Bosco. Bilder aus Leben und Wirken, München o. J. <1925>.

Vögtle, A., Art. »Wunder IV. Im NT«, in: LThK X, 1255–1261.

Volksverein (Hg.), Göttliche Vorsehung im Weltkrieg, Mönchengladbach 1918.

Vollmert, B., Das Molekül und das Leben. Vom makromolekularen Ursprung des Lebens und der Arten: Was Darwin nicht wissen konnte und die Darwinisten nicht wissen wollen, Reinbek 1985.

Voltaire, F.-M., Dictionnaire philosophique, Paris 1967.

Vorgrimler, H., »Überlegungen zur Geschichtsmächtigkeit Gottes«, in: Brachel, H.-U. v./Mette, N., Kommunikation und Solidarität. Beiträge zur Diskussion des handlungstheoretischen Ansatzes von Helmut Peukert in Theologie und Sozialwissenschaften, Freiburg-Münster 1985.

Waldstein, M., »Die Fundamente der Theologie Rudolf Bultmanns«, Teil I, in: IKaZ 17 (1988) 451–467; Teil II, in: IKaZ 17 (1988), 550–557.

Weber, O., Grundlagen der Dogmatik, Bd. I, Göttingen ^{4}1972.

Weigl, A. M., Wunder des Vertrauens, Altötting ^{3}1963.

Weimer, L., »Wodurch kam das Sprechen von Vorsehung und Handeln Gottes in die Krise? Analyse und Deutung des Problemstandes seit der Aufklärung«, in: QD 115, Freiburg u. a. 1988, 17–71.

Weissmahr, B., »Bemerkungen zur Frage der Möglichkeit eines nicht durch Geschöpfe vermittelten göttlichen Wirkens in der Welt«, in: ZKTh 96 (1974), 426–430.

Weissmahr, B., <Brief an Grochtmann vom 12.11.1984>, 1.

Weissmahr, B., <Brief an Grochtmann vom 6.2.1985>, 1 f.

Weissmahr, B., »Gibt es von Gott gewirkte Wunder? Grundsätzliche Überlegungen zu einer verdrängten Problematik«, in: StdZ 191 (1973), 47–61.

Weissmahr, B., Gottes Wirken in der Welt. Ein Diskussionsbeitrag zur Frage der Evolution und des Wunders (= Frankfurter Theologische Studien 15), Frankfurt 1973.

Weissmahr, B., »Kann Gott die Auferstehung durch innerweltliche Kräfte bewirkt haben?«, in: ZKTh 100 (1978), 441–469.

Weissmahr, B., <Natürliche Phänomene und Wunder im geistesgeschichtlichen Durchblick>, in: CGG 4, Freiburg u. a. 1982, 122.134–148.

Weissmahr, B., Philosophische Gotteslehre, Grundkurs Philosophie 5, Stuttgart u. a. 1983.

Weissmahr, B., »Zauber – Mirakel – Wunder. Auf der Suche nach einem ausgewogenen Wunderverständnis«, in: BiKi 29 (1974), 2–5.

Weizsäcker, C. F. v., Die Tragweite der Wissenschaft, Bd. 1: Schöpfung und Weltentstehung. Die Geschichte zweier Begriffe, Stuttgart ²1966.

Wenisch, B., Geschichten oder Geschichte? Theologie des Wunders, Salzburg 1981.

Wickler, W., <Diskussionsbeitrag>«, in: Luyten, N. A. (Hg.), Zufall, Freiheit, Vorsehung (= Grenzfragen 5), Freiburg-München 1975, 375.

Wiechert, E., »Das einfache Leben«, in: Sämtliche Werke 4, Wien u. a. 1957, 357–726.

Wiechert, E., »Der Totenwald«, in: Sämtliche Werke 9, Wien u. a. 1957, 197–329.

Wiesner, W., Art. »Vorsehung«, in: EKL III, 1705–1710.

Wilder, T., »Die Brücke von San Luis Rey«, in: ders., Die Cabala. Die Brücke von San Luis Rey. Die Iden des März. Drei Romane, Frankfurt 1967, 145–252.

Wilson, E. O., Sociobiology – The New Synsthesis, Cambridge, Massachusetts 1975.

Wimmer, O./Melzer, H., Lexikon der Namen und Heiligen, Innsbruck-Wien ⁵1984.

Wischmann, A., Führung und Fügung: Erinnerungen aus meinem Leben, Hannover 1987.

Wittkemper, K., Herz-Jesu-Verehrung HIER UND HEUTE (= Respondeo 10), Abensberg 1990.

Wolff, H., Die Vorsehung Gottes und das Schicksal des Menschen, Kempten 1988.

Wright, J. H., <Rezension zu Weissmahr, Gottes Wirken>, in: Thomist 38 (1974), 656 f.

Wright, J. H., »The Eternal Plan of Divine Providence«, in: ThSt 27 (1966), 27–57.

Wuketits, F. M., Biologie und Kausalität. Biologische Ansätze zur Kausalität, Determination und Freiheit, Berlin-Hamburg 1981.

Wust, P., Ungewissheit und Wagnis, Salzburg 1937.

Zenger, E., Gottes Bogen in den Wolken. Untersuchungen zu Komposition und Theologie der priesterschriftlichen Urgeschichte (= SBS 112), Stuttgart 1983.

Ziegenaus, A., »Bringt die Biotechnik einen neuen Menschen hervor? Überlegungen aus theologisch-anthropologischer Sicht«, in: Bäumer, R./Stockhausen, A. v. (Hg.), Verabschiedung oder naturphilosophische Weiterführung der Metaphysik? Festschrift der Gustav-Siewerth-Akademie, Frankfurt u. a. 1990, 175–190.

Ziegenaus, A./Courth, F./Schäfer, P., Veritati Catholicae. Festschrift für Leo Scheffczyk, Aschaffenburg 1985.

Ziegenaus, A., Die geistigen Werke der BARMHERZIGKEIT, Leutesdorf 1991.

Ziegenaus, A., »Die Präexistenz Christi als Maßstab des christlichen Zeugnisses angesichts der Verneinung Gottes«, in: MThZ 33 (1982), 83–98.

Ziegenaus, A., »Judentum und Christentum – Erwägungen im Blick auf Edith Stein«, in: FKTh 3 (1987), 253–268.

Ziegenaus, A., <Rezension von Schamoni/Besler, Charismatische Heilige>, in: FKTh 6 (1990), 150.
Zilligen, P., Schicksal oder Vorsehung, Konstanz u. a. 1970.
Zuckermann, S., Beyond the Ivory Tower. The Frontiers of Public and Private Science, London 1970.
Zürich, A., <Rezension zu Weissmahr, Gottes Wirken>, in: DTh 77 (1974), 268 f.

Über den Autor

Richard Kocher, geb. 1959, studierte Theologie und Philosophie in Augsburg und Rom. Nach seiner Priesterweihe im Jahr 1986 war er zunächst als Kaplan und dann als Pfarrer in verschiedenen Gemeinden eingesetzt. Seine Doktorarbeit schrieb er 1992 zum Thema „Herausgeforderter Vorsehungsglaube. Die Lehre von der Vorsehung im Horizont gegenwärtiger Theologie". Nach einer weiteren Pfarrstelle und seiner Tätigkeit an der Hochschule der Salesianer Don Boscos in Benediktbeuern wurde er Programmdirektor von *radio horeb* und Vorstandsvorsitzender des Trägervereins. Gleichzeitig ist er Pfarrer von Balderschwang im Allgäu. 2022 veröffentlichte er im Media Maria Verlag das Buch „Zeitgeist oder Hl. Geist der Zeit".

Richard Kocher

Zeitgeist oder Hl. Geist der Zeit

Geb., 192 Seiten
13,5 x 20,5 cm
ISBN 978-3-947931-44-6

Als Programmdirektor von *radio horeb* erfährt Pfarrer Dr. Richard Kocher durch 50 bis 60 Rückmeldungen täglich die Nöte der Menschen unserer Zeit. Die derzeitigen Entwicklungen in Gesellschaft und Kirche verunsichern diese wie selten zuvor. Viele fragen nach dem, was Bestand haben wird. Darauf gibt dieses Buch Antwort, indem es Kriterien zur Unterscheidung von Zeitgeist und Heiligem Geist der Zeit an die Hand gibt.

Der Autor legt mittels eines reichen Materials biblischer und historischer Untersuchungen dar, dass die Anpassung an den Zeitgeist die christliche Botschaft verfälscht und die Menschen in die Irre führt. Die derzeitige Praxis der Sakramentenspendung wird kritisch hinterfragt und Konturen von Lösungsansätzen werden aufgezeigt.

Spirituelle Betrachtungen und persönliche Erlebnisse ermutigen zudem zu einem vertrauensvollen Glauben, der die Angst besiegt und den Lebensweg mit innerer Freude begleitet.